Carl Djerassi · Die Mutter der Pille

NATIONAL
INVENTORS

HALL OF FAME

Certificate of Induction
of

Carl Djerassi

CARL DJERASSI

Die Mutter der Pille

EINE AUTOBIOGRAPHIE

AUS DEM AMERIKANISCHEN
VON
URSULA-MARIA MÖSSNER

HAFFMANS VERLAG

Die Originalausgabe erschien unter dem Titel
»The Pill, Pygmy Chimps, and Degas' Horse«
1992 bei BasicBooks, New York.
Copyright © 1992 by Carl Djerassi.
Die vorliegende Ausgabe wurde vom Autor
durchgesehen und abweichend von der amerikanischen
Originalausgabe aktualisiert, neu gefaßt
und um die Kapitel 7 und 15
erweitert.
Kapitel 7: »Ein Rhinozeros hat meine Rolex geschluckt«
erschien, deutsch von Ursula-Maria Mössner,
zuerst im Magazin für jede Art von Literatur
Der Rabe Nr. 32

Für
Dale und Alexander Djerassi
Für
Gordon Harvey
Und, wie immer, für
Diane und Leah Middlebrook

Umschlagfoto von
Abe Frajndlich

Frontispiz:
Carl Djerassis Aufnahme in die National Inventors Hall of Fame
aufgrund des Patents für orale Kontrazeptiva
im Jahr 1978 – das erste Patent eines Arzneimittels,
das auf diese Weise gewürdigt wurde;
im Hintergrund die Handelsministerin
Juanita Kreps

1.–6. Tausend, August 1992

Alle deutschen Rechte vorbehalten
Copyright © 1992 by
Haffmans Verlag AG Zürich
Satz: Fosaco AG, Bichelsee
Herstellung: Clausen & Bosse, Leck
ISBN 3 251 00205 8

INHALT

O wärest du
Daheim
In einem
Einem
Wort

So schrieb Werner Lansburgh in seinen Memoiren *Strandgut Europa*, während er den Verlust seines deutschen Spracherbes beklagte. Diese Worte riefen einen tiefen Widerhall in mir hervor, als ich ihnen im März 1992 in Lippstadt in Westfalen anläßlich einer Lesung aus meinen gesammelten Kurzgeschichten und meinem Roman *Cantors Dilemma* zum erstenmal begegnete.

Meine eigenen autobiographischen Erinnerungen wurden in der Sprache geschrieben, in der ich inzwischen träume. Obwohl ich in akzentfreiem Englisch *träume*, ist mein *gesprochenes* Wort noch immer mit Akzenten aus meiner deutschen Muttersprache durchsetzt, wohingegen letztere wiederum Spuren meiner über ein halbes Jahrhundert währenden Vertiefung in das amerikanische Englisch aufweist. Und obgleich ich noch andere Sprachen beherrsche, spreche ich doch keine perfekt. Kein Wunder also, daß Werner Lansburghs Worte mich bewegten.

Als Heranwachsender in Wien hatte ich Belletristik geradezu verschlungen. Selbst mit englischen und amerikanischen Klassikern wie Charles Dickens und Mark Twain kam ich erstmals in Deutsch in Berührung. Dennoch habe ich in den letzten 50 Jahren – abgesehen von wissenschaftlichen Aufsätzen und einer Zeitung dann und wann – weder Prosa noch Gedichte auf deutsch gelesen. Tatsächlich war der erste deutsche Roman, den ich von Anfang bis Ende aufmerksam durchlas, Ully Mössners Übersetzung meines eigenen Romans *Cantors Dilemma*. So denkwürdig diese Erfahrung auch war, ließ sie sich doch, was die psychologische Wirkung betraf, in keiner Weise mit meiner ersten Durchsicht der deutschen Übersetzung dieser Autobiographie vergleichen. Plötzlich las ich, vermittels der Worte eines anderen, in der Sprache, die ich früher in meinen Träumen sprach, *meine* Geschichte meiner Jugend, wie sie sich in dieser Sprache abgespielt hatte, eine

7

Schilderung, die ich Jahre später nur in Englisch – der Sprache meines Mannesalters – zu Papier bringen konnte. Als ich den übersetzten Text Absatz für Absatz, ja Wort für Wort durchging, fielen mir Sprachnuancen wieder ein, derer ich mich längst für unfähig gehalten hatte. Schon bald mußte ich jedoch in langen Telefongesprächen zwischen San Francisco und Ulm – zum Vergnügen meiner Übersetzerin und meinem eigenen – erfahren, daß viele der von mir vorgeschlagenen deutschen Änderungen praktisch anachronistisch waren, da sie von einem in den dreißiger Jahren in Wien gesprochenen Deutsch ausgingen, das noch frei war von den englischen Wörtern, die nach dem Kriege Eingang in die deutsche Sprache fanden. Ein Satz wie »Sie sind ein cleverer Kerl« wäre mir folglich, so merkwürdig das scheint, nie über die Lippen gekommen. Dazu war ich einfach nicht clever genug.

In gewisser Hinsicht ist Ully Mössners zeitgenössische deutsche Wiedergabe meiner englischen Schilderung meiner österreichischen Jugend psychologisch genau richtig, nun da ich in Deutsch die Wurzeln meiner lange verborgenen, aber nie ganz verschütteten europäischen Persona wiederzuentdecken beginne.

Lippstadt, Westfalen, 18. März 1992   Carl Djerassi

Vorwort

Im Herbst 1981 wanderte ich einige Wochen im westlichen Bhutan nahe der tibetischen Grenze. Als wir auf dem Weg zum Chomo Lhari, dem höchsten und heiligsten Himalayagipfel Bhutans, immer höhere Pässe überquerten, erlebte ich eine unerwartete Befreiung des Geistes. Stundenlang ging ich in völliger Einsamkeit durch eine unbeschreiblich erhabene und demütig stimmende Landschaft. Die einzigen menschlichen Laute waren mein schweres Atmen und das Knirschen meiner Stiefel auf dem Geröll. Zum erstenmal in meinem Leben hatte ich Zeit, den ganzen Tag meinen Gedanken nachzuhängen, aus denen die Chemie faktisch verschwunden war. Diese Erfahrung war so eindrucksvoll, daß ich vier Jahre später im Begriff war, zu einer weiteren Periode physischer Strapazen und psychischen Großreinemachens aufzubrechen, diesmal zu einer Trekkingtour von Tibet nach Nepal. Doch am Tag meiner geplanten Abreise nach Asien wurde ich ins Krankenhaus eingeliefert, um mich einer Krebsoperation zu unterziehen. Statt die Augen auf einem Berg im Himalaya aufzuschlagen, erwachte ich aus der Narkose mit Schläuchen in der Nase, in den Armen und im Bauch. Die Wochen im Krankenhaus stellten eine andere Art von Reise dar – eine Reise der onkologisch begründeten Selbsterforschung –, die ihren Ausgangspunkt zwar in der tiefsten Depression hatte, mich jedoch veranlaßte, Memoiren zu schreiben, aus denen schließlich eine richtige Autobiographie wurde.

Was löste diese öffentliche Selbstenthüllung aus? Die meisten Menschen haben vermutlich etwas von einem Exhibitionisten und einem Voyeur in sich. In der Literatur offenbart sich Exhibitionismus oft als Autobiographie, die, je nach Inhalt und Behandlung, eine ganze Palette von Voyeuren anziehen kann. Stellt die Veröffentlichung dieses Buches in Anbetracht der Tatsache, wie zwanghaft einzelgängerisch, ja sogar heimlichtuerisch ich früher war, einen plötzlichen Ausbruch von Exhibitionismus dar? Wenn das der Fall ist, dann bin ich vermutlich der letzte, der diese offene Zurschaustellung erkennt. Der Pädagoge in mir geht einer anderen Frage nach: Läßt sich aus meinem Leben als Wissenschaftler etwas lernen?

Ich glaube schon, und zwar aus zwei Gründen: erstens, weil sich mein Arbeitsstil jahrzehntelang von dem der meisten meiner Wissenschaftlerkollegen stark unterschied; zweitens, weil ich durch Glück und richtiges Timing von Anfang an eng an einer der wichtigsten technisch-sozialen Errungenschaften der Nachkriegsjahre beteiligt war, nämlich an der Anti-Baby-Pille.

Die erste Synthese eines hormonellen oralen Kontrazeptivums – heute auf der ganzen Welt als »die Pille« bekannt – ist keineswegs meine bedeutendste *wissenschaftliche* Leistung. Auch nicht die Synthese von Cortison aus einem pflanzlichen Rohstoff, obwohl dies Anfang der fünfziger Jahre als eine chemische Glanzleistung betrachtet wurde. Wie der Titel dieses Buches bereits andeutet, ist dies keine herkömmliche wissenschaftliche Autobiographie, da die wissenschaftliche Arbeit, die ich im Laufe von fast fünf Jahrzehnten ausgeführt habe, nur ein paar Kapitel einnimmt, wenn auch lange. Aber vom *gesellschaftlichen* Standpunkt aus hatte die Entwicklung der Pille Auswirkungen, die bis in das nächste Jahrhundert hinein anhalten werden und zwar aus Gründen, die – zu Lasten der Öffentlichkeit und der Regierung der USA – gemeinhin ignoriert werden. So wie die erste Explosion einer Atombombe viele Physiker nachhaltig geprägt hat, weil durch sie die Akademiker im Elfenbeinturm über Nacht zu Personen wurden, die mit den gesellschaftlichen Auswirkungen ihrer Forschungsarbeit besudelt waren, so hat die chemische Geburt der Pille am 15. Oktober 1951 in unserem Labor in Mexico City mich dazu gebracht, mich mehr und mehr mit den sozialen Weiterungen dieser wissenschaftlichen Arbeit auseinanderzusetzen. In zwei Kapiteln – »Die Pille mit zwanzig« und »Die Pille mit vierzig« – zeichne ich auf, wie sich nicht nur meine Gedanken und Einstellungen, sondern auch die der Gesellschaft während der letzten 40 Jahre verändert haben.

Meine wissenschaftliche Arbeit und mein Interesse beschränkten sich nicht auf die menschliche Geburtenkontrolle. Die Kontrolle der Fortpflanzung von Insekten mit neuartigen Methoden – tatsächlich mit Methoden, die konzeptionell der menschlichen Empfängnisverhütung ähneln – war ein bestimmendes Thema meines Lebens als Unternehmer in der Industrie. Von den vielen Ehren, die mir im Laufe der Jahre als Wissenschaftler zuteil wurden, freut mich besonders, daß zwei vom

Präsidenten der Vereinigten Staaten im Weißen Haus überreichte Auszeichnungen mit Geburtenkontrolle zu tun hatten: die *National Medal of Science*, die mir 1973 für die Verbesserung der Empfängnisverhütung beim Menschen verliehen wurde, und die *National Medal of Technology* im Jahre 1991 für die Entwicklung neuer Vorgehensweisen bei der Schädlingsbekämpfung. In dieser Zeit der Chemophobie ist das Balsam für mein verletztes chemisches Ego.

Wie konnte ein Mann, der sich intellektuell als Grundlagenforscher betrachtet, mehrere bedeutsame Ergebnisse auf dem Gebiet der angewandten Chemie erzielen? Ich habe schon immer einen Hang zur intellektuellen Bigamie, ja sogar Polygamie erkennen lassen, und viel von dem, was ich in diesem Buch schreibe, läßt sich als ein Loblied auf diese Art polygamen Verhaltens auslegen. Daß dies nicht unbedingt ein Rezept für uneingeschränktes Glück ist, wird jedem Leser klar sein, doch ich hoffe, daß der Reiz und die Abwechslung eines solchen Lebens auf diesen Seiten deutlich werden.

Wie jeder Küchenchef, der ein verführerisches, aber auch komplettes Festessen servieren möchte, habe ich Dinge eingefügt, um den Gaumen zu kühlen und Zeit zum Verdauen nach einem besonders schweren Gang zu erlauben. Einige der Intermezzi in dieser Autobiographie sollen anschaulich machen, daß ich mich nicht allzu ernst nehme. Wenn ich das täte, würde ich wohl kaum etwas von meinen Pannen in der Filmwelt oder dem Entfalten meines Stutzertums verraten. Bei den schwereren Gängen des Menüs habe ich mich sogar auf ein gewagtes Experiment eingelassen: die Schilderung der wissenschaftlichen Höhepunkte des Cortisons und der Pille in zwei Kapiteln unter Verwendung chemischer Strukturzeichnungen von Steroiden, und dies in einer Form, die seitens des Lesers keinerlei chemische Kenntnisse erforderlich macht.

Im Grunde genommen wollte ich mit dieser Autobiographie etwas unterstreichen, das in dieser Zeit des wissenschaftlichen Analphabetentums und des Anti-Intellektualismus besonders relevant ist, nämlich, daß Wissenschaftler nicht unbedingt Fachidioten sind, die in einer unverständlichen Sprache kommunizieren und sich in der klösterlichen Atmosphäre ihrer Labors mit Themen beschäftigen, die von den Belangen des täglichen Lebens weit entfernt sind. Wissenschaftler können genauso umfassend wißbegierig und genauso egozentrisch unvollkommen sein wie Gelehrte und Denker in allen intellektuellen Bereichen und sich doch gleichzeitig mit brennenden sozialen Fragen auseinandersetzen. Letzteres führte zu meinem allmählichen Übergang vom typisch »harten« Wissenschaftler zu einem mit merklich »weichen« Anklän-

gen – eine Verwandlung, der ich in dieser autobiographischen Aufzeich-
nung anhand meiner sich ändernden Einstellung zur Geburtenkontrolle
im allgemeinen und der Pille im besonderen nachzugehen versuche.

KAPITEL 1

Freud und ich

Es ist der 3. Juli 1988, als ich, aus San Francisco kommend, auf dem Wiener Flughafen Schwechat lande. Obwohl ich wegen der Zeitverschiebung benommen bin, dringt die Tragweite dieses Datums doch zu mir durch, als ich die Formulare für den Mietwagen ausfülle: Morgen ist der 50. Jahrestag meiner Abreise aus dem nationalsozialistischen Wien. Die historische Bedeutung des Vierten Juli ging mir erst eininhalb Jahre später auf, als ich in Amerika ankam. Obgleich ich bis zum 15. Lebensjahr im Unterricht viel über amerikanische Literatur erfuhr – Poe, Hawthorne, Crane, Longfellow –, hatte amerikanische Geschichte meinen schulischen Horizont noch nicht gekreuzt, und meine Briefmarkensammlung (aus der ich meine geographischen Esoterika bezog) enthielt keine Marken aus den USA. Während meiner Jugendjahre in Europa war der 4. Juli für mich nur der Tag meiner Flucht vor Hitler. Heute dagegen, da ich als Amerikaner in Wien ankomme, sind die emotionalen Resonanzen vielschichtiger, stellt meine psychische Reaktion eine Mischung aus Stolz und boshafter Nörgelei dar, garniert mit einem Tupfer Nostalgie.

Es fängt schon an der Paßkontrolle an. Bei unserer Zwischenlandung in Hamburg hatte man meinen Paß mit teutonischer Gründlichkeit geprüft, jede Seite umgeblättert, mein bärtiges Gesicht gemustert und mit dem auf dem Photo verglichen. Auf dem Wiener Flughafen sehe ich, daß die Passagiere vor mir ihre Reisedokumente dem gelangweilten Beamten hinter der Trennscheibe nur kurz hinhalten und von diesem einfach durchgewinkt werden. »Schlamperei«, möchte ich in schönstem Österreichisch sagen, bin aber auch von dem Vertrauen des Mannes in dieser Zeit der Kidnapper und Bombenwerfer gerührt. Mit meiner dritten Frau – einer waschechten Amerikanerin aus dem Westen, die in Idaho geboren wurde, im Staate Washington zur Schule ging und jetzt in Kalifornien lebt – fahre ich in das Dorf Kirchberg am Wechsel. Die Schilder an der Autobahn beginnen in meinem Gehirn Neuronen in Gang zu setzen: Favoriten, Wiener Neustadt, Bucklige Welt, Aspang . . . Orte, wo ich in den dreißiger Jahren sonntags und in den Ferien Wanderungen machte.

Gleich nach der Ankunft in unserem kleinen Gasthof essen wir zu Mittag. Die Auswahl beschränkt sich auf diverse Schnitzel. Beim Anblick meines Naturschnitzels mit Champignons, das in Sahnesauce ertrinkt, läuft dem Wiener in mir das Wasser im Munde zusammen, wohingegen der auf sein Gewicht bedachte lipophobe Kalifornier entsetzt zurückschreckt. Ich beruhige mein schlechtes Gewissen, indem ich beschließe, beim Abendessen kalorienmäßige Abstinenz zu üben. Nachdem wir einige Stunden tief geschlafen haben, schlendern wir zu dem Restaurant, wo die anderen angereisten Akademiker versammelt sind, um der zweiten österreichischen Mahlzeit des Tages ins Auge zu sehen. »Kein Hauptgericht«, verkünde ich meiner Frau mit sittsamer Stimme, »nur Suppe und eine einfache Nachspeise.« Ich hätte es besser wissen müssen, aber schließlich war ich lange nicht mehr in Österreich gewesen: »Nur« und »einfach« haben in diesem Land – zumindest was kulinarische Dinge betrifft – eine völlig andere Bedeutung. Die Suppe ist eine Leberknödelsuppe, die ich, der ich mit einem Suppenlöffel im Mund zur Welt gekommen bin, seit Jahrzehnten nicht mehr gegessen habe. Als ich über den riesigen Leberknödel herfalle, entdecke ich das Archimedische Prinzip von neuem: Ich habe den Knödel erst halb aufgegessen, als ich feststelle, daß die verbliebene Brühe kaum noch den Boden des Suppentellers bedeckt. Kulinarische Symmetrie und geschmackliche Nostalgie verleiten mich, Germknödel als Dessert zu wählen. Seit meiner Abreise aus Wien im Jahre 1938 habe ich zwar hin und wieder *Marillen-* oder *Zwetschkenknödel* gegessen – also kleine Knödel, die mit Aprikosen oder Zwetschen gefüllt sind –, doch mein letzter Germknödel geht auf die Zeit vor dem Anschluß zurück. Ich habe vergessen, daß es sich dabei um ein Knödelungetüm handelt, das einen ganzen Eßteller einnimmt, großzügig mit Mohn bestreut ist, vor Butter trieft und, als Gipfel der Köstlichkeit, mit *Powidl* gefüllt ist, dem österreichischen Pflaumenmus. In Kalifornien hätte ich vier Tage gefastet, um diese Kalorienbombe wiedergutzumachen, aber hier in Kirchberg am Wechsel liegt mir der erste Bissen des Germknödels nicht wie ein Stein im Magen, sondern überwindet unverzüglich meine Blut-Hirn-Schranke. Wie ein Crack-Raucher nach dem ersten Zug bin ich auf der Stelle high.

Als Selbstverteidigung gegen den Schuldkomplexe auslösenden Stärke- und Proteingehalt unserer österreichischen Landgasthofkost kaufe ich am nächsten Tag, dem 4. Juli, im einzigen Lebensmittelgeschäft des Städtchens frisches Obst. Als ich die Kirschen mit einem 50-Schilling-Schein bezahle, geht mir ein vertrautes Gesicht durch die Hände. Draußen auf dem Bürgersteig hole ich die Brieftasche heraus, um mir die österreichischen Banknoten genauer anzusehen. Den 20-Schilling-Schein ziert das Gesicht von Carl Ritter von Ghega, ein Name, der mir überhaupt nichts sagt, ebensowenig wie Eugen Bohm von Bawerk auf dem 100-Schilling-Schein. Beide Männer tragen einen Bart, genau wie ich und wie der Mann auf dem 50-Schilling-Schein, Sigmund Freud, dessen Gesicht Erinnerungen wachruft und festhält. Gestern abend zeigte mir meine Frau, die Peter Gays Freud-Biographie mitgebracht hat, einen Hinweis auf Freuds Schule im Zweiten Bezirk, der sogenannten Leopoldstadt – vor dem Anschluß das vorwiegend jüdische Viertel Wiens. Freud ging auf das Leopoldstädter Communal-Real- und Obergymnasium in der Taborstraße 24, das später gleich um die Ecke in die Sperlgasse verlegt wurde. (Nach dem Ersten Weltkrieg und dem Verschwinden der Habsburger wurde es gemeinhin das Sperlrealgymnasium genannt, wobei anzumerken ist, daß an einem Gymnasium Latein und Griechisch Pflicht waren, an einem

Realgymnasium dagegen an Stelle des Griechischen eine moderne Sprache gelehrt wurde.) In diese Schule trat ich mit zehn Jahren ein, als, wie zu Freuds Zeiten, drei Viertel der Schüler des Sperlrealgymnasiums Juden waren. Freud machte mit siebzehn an »unserer« Schule Abitur und bekam ausnahmslos ein »Musterhaft« in Betragen, der ersten Rubrik in unseren Zeugnisheften; ich verließ Wien 1938, als ich knapp fünfzehn war, ohne in Betragen jemals mehr als ein »Befriedigend« erreicht zu haben. Ich hatte seit Jahren nicht mehr an das Sperlrealgymnasium gedacht, bis mich die »Freudlichkeit« Kirchbergs zu durchströmen begann.

Ich erinnere mich noch an eine weitere indirekte Verbindung mit Freud: Mein Vater erzählte mir oft, selbst als er schon in den Neunzigern war, wie er als bulgarischer Medizinstudent an der Universität Wien einige von Freuds Vorlesungen besucht hatte. Jetzt sitze ich in einer anderen Schule, in der Volksschule von Kirchberg am Wechsel, wo gleich die 5. Europäisch-Amerikanische Konferenz über Literatur und Psychoanalyse beginnt. Als Chemiker bin ich als Begleiter meiner neuen Frau hier, die ein Referat halten wird. Mir gefällt dieser Rollentausch, bei dem ich als akademischer Troß fungiere. Mitten im ersten Vortrag, der die Funktion der Sprache in der Psychoanalyse zum Thema hat, schleiche ich auf Zehenspitzen hinaus, um irgendwo in Ruhe die auf mich einstürmenden Assoziationen in meiner eigenen Sprache zu Papier zu bringen. Ich entdecke eine junge Frau, die alles vorbereitet, was zu einer anständigen Jause gehört: Brotscheiben, die mit Liptauer und anderen Käsesorten belegt sind, zwei verschiedene Kuchen und jede Menge Schlagobers, der Signatur aller österreichischen Desserts. »Ich kann Sie in dieses Klassenzimmer hineinlassen«, sagt sie und schließt eine Tür auf, um dann entschuldigend zu lachen. »Die Schülerbänke sind sicher zu klein für Sie, aber Sie können sich ja ans Lehrerpult setzen.«

Als ich allein bin, denke ich an einen weiteren Wiener jüdischer Abstammung, an Ludwig Wittgenstein, und seine »verlorenen Jahre« von 1919 bis 1926, als er nach Vollendung seines *Tractatus logico-philosophicus* der Philosophie vorübergehend Lebewohl sagte, um sich genau hier in Kirchberg als Volksschullehrer zu betätigen. Durch das Fenster sehe ich, wie das Sonnenlicht vom kupfernen Turm der St. Wolfgangskirche im Wald reflektiert wird. Die Bäume sind höher, und heutzutage unterbricht gelegentlich das Geräusch von Kraftfahrzeugen das Gezwitscher der Vögel, aber ansonsten muß Wittgenstein Anfang der zwanziger Jahre genau den gleichen Ausblick gehabt haben. Alle Schullehrer des Ortes wurden von der neuen sozialdemokratischen Obrigkeit in dieser Kirchberger Schule zusammengerufen, um über die Bildungsreformen der Nachkriegszeit zu diskutieren. (Wittgenstein war, wie ich heute im Wittgenstein-Museum von einem hiesigen Philosophen erfahre, strikt dagegen.)

Ich denke an Lehrer aus meiner Schulzeit und kann mich auf keinen einzigen Namen besinnen. Ich erinnere mich an den Geographielehrer, der uns mit seiner Gefängniswärterstimme in Angst und Schrecken versetzte, nur um schließlich selbst im Gefängnis zu enden und zuletzt in einem Gasofen. Und an unseren spindeldürren Klassen- und Lateinlehrer mit dem hüpfenden Adamsapfel, der hohen Stimme und der überängstlichen Miene, der mein schlechtes Betragen im Klassenbuch vermerkte. Nach drei derartigen Einträgen wurde die Mutter in die Schule bestellt. Doch meine Mutter war keine geduldige Hausfrau; sie war Ärztin und hatte auf Zahnärztin umgesattelt; Einbestellungen seitens des Lehrers ihres Sohnes schätzte sie überhaupt nicht, wie sie mir klipp und klar zu verstehen gab. Entschlossen griff ich zu jedem erdenklichen Mittel, um meinem Lehrer diese häuslichen Probleme heimzuzahlen. Noch bevor ich dreizehn war, lernte ich beispielsweise Stenographie, um hieroglyphische Übersetzungen der lateinischen Texte zwischen den Zeilen meines Buches einzufügen – meine private Methode, ihm eins auszuwischen und zugleich auch eine Art Spiel mit dem Feuer. Denn was wäre gewesen, wenn er ebenfalls Steno gekonnt hätte? Zu den wenigen Büchern, die mich aus dem Wien meiner Knabenzeit über Bulgarien, New Jersey, Missouri, Ohio, Wisconsin, Mexiko und Michigan nach Kalifornien begleitet haben, gehört eine zerfledderte Taschenbuchausgabe der *Metamorphoses*, von denen wir ganze Abschnitte auswendig lernen und ihre Prosodie skandieren mußten. Ich höre noch den Rhythmus der ersten Zeilen: *In nova fert animus mutatas dicere formas*, aber ich bin nicht mehr imstande, auch nur ein einziges Wort der darübergekritzelten deutschen Kurzschrift zu entziffern.

Eine noch raffiniertere Rache war die Art und Weise, wie ich mit einem meiner Freunde *sub rosa* kommunizierte. Als wir zwölf oder dreizehn waren, gingen unsere Lehrer davon aus, daß wir bei Klassenarbeiten schummelten; es war daher Usus, den einzelnen Reihen unterschiedliche Aufgaben zu stellen, damit Banknachbarn nie die gleichen Fragen bekamen. Eigentlich hatte ich gar keinen Grund, in der Schule zu schummeln; ich tat es rein aus Prinzip: Mißtrauen macht listig. Bei den Pfadfindern hatte ich ein Leistungsabzeichen im Signalisieren erworben, was die Beherrschung des Flaggenalphabets und des Morsecodes voraussetzte. Ich benutzte diese Fähigkeiten, die ich gemäß dem bereitwillig akzeptierten und strengen Ehrenkodex der Pfadfinder erworben hatte, um ein akademischer Robin Hood zu werden. Bei Klassenarbeiten pflegte ich, scheinbar in Gedanken versunken, die Hände vor mir zu falten, so daß die Daumen parallel lagen. In Wirklichkeit kontrollierte ich, ob der Lehrer meine verstohlenen Fingerbewegungen bemerkte: Zwei erhobene Daumen waren ein Strich, ein erhobener Daumen war ein Punkt. Zwei Reihen weiter und einen Platz nach hinten versetzt konnte mein Freund und Pfadfinderkamerad mir mühelos folgen. Sobald das umherschweifende Polizeischeinwerferauge des Lehrers über meine Hände strich, verharrten sie in absoluter Bewegungslosigkeit, während ein oder zwei Daumen zur Decke zeigten. Als diese Bilder aus meiner Kindheit am 4. Juli 1988 in Kirchberg am Wechsel an mir vorbeirasen, frage ich mich, welche Streiche wohl Freud an »unserem« Realgymnasium ausgeheckt haben mag. Sein Biograph Peter Gay erwähnt nichts diesbezügliches; in seinem ansonsten ziemlich vollständigen Register taucht das Stichwort *Morse* nicht auf. Die photographische Dokumentation des Sigmund-Freud-Museums in der Berggasse 19 in Wien ist zwar umfassend, aber nur ehrerbietig. Das einzige, was dort zu sehen ist, sind die hervorragenden Noten in Freuds Zeugnis aus seinem letzten Jahr an »unserer« Schule. Waren wir zwei verschiedene Versionen des »Muttersöhnchens«, Freud der Brave und ich der Freche?

Ich bin überwältigt von der Leichtigkeit, mit der ich im Bruchteil einer Sekunde eine Kluft von fünf Jahrzehnten überfliege. Wittgensteins Schulbezirk, Freuds Realgymnasium, Morsecode, die Pfadfinder – sie alle sind Wegweiser meines geistigen Herumflitzens. Der Wechsel, wo ich jetzt stehe, und der nahe Schneeberg und die Rax waren die Berge, wo unsere Pfadfindergruppe im Sommer zeltete und im Winter Ski lief. Unser Gruppenführer war der 18jährige Kurt, ein Opernliebhaber. Es gelang ihm, unentgeltlich die Wiener Staatsoper zu besuchen, indem er sich einer Claque anschloß – einer Schar Groupies gewissermaßen, die von einem Opernstar bezahlt wurden, den sie mit stehenden Ovationen und Bravorufen empfingen. Kurt war Wiener, doch sein Idol war nicht Mozart, sondern Wagner. Ich weiß nicht, was andere österreichische Pfadfinder nachts am Lagerfeuer sangen, aber ich weiß, daß ich meine erste Einführung in *Tristan und Isolde* in den Waldern bei Kirchberg am Wechsel erhielt. Vielleicht ist dies sogar der Ort, wo das einzige Photo aufgenommen wurde, das ich aus meiner Pfadfinderzeit besitze. Es zeigt mich in meiner Kluft, stolz lächelnd, die rechte Hand zum Pfadfindergruß erhoben, Zeigefinger und Mittelfinger an die Krempe des Pfadfinderhutes gelegt.

Ich erhebe mich vom Stuhl des Lehrers, um mir die Tische der Schüler näher anzusehen. Auch 1988 hat jeder noch sein eigenes Tintenfaß, genau wie meine Bank im Sperlrealgymnasium in den dreißiger Jahren. Die Graffiti auf den Tischplatten sind unleserlich nach dem Sommerputz, aber einige Initialen und zwei ganze Namen, Maria und Martin, sind noch zu entziffern. Die Kombination dieser beiden Namen erinnert mich an meine ersten bewußten pubertären Regungen. Ich muß elf oder zwölf gewesen sein, als mich meine Mutter für einige Wochen in ein Ferienlager bei Kirchberg schickte. Die Namen und sogar die Gesichter einiger meiner Geliebten aus den dazwischenliegenden fünf Jahrzehnten sind in den Tiefen meines Gedächtnisses versunken, aber der Name der ersten Frau, die mich einen trockenen Mund und feuchte Hände bekommen ließ, schwebt noch an der Oberfläche. Manja Brazlawska war dunkeläugig und hellhäutig und strahlte die unvergleichliche Sicherheit der älteren Frau aus. Sie war schließlich mindestens ein oder sogar zwei Jahre älter als ich – ein unüberwindlicher Altersunterschied für einen Zwölfjährigen, der den ersten Testosteron-Stoß verspürt. Die aufreizende und gefährliche Art, wie sie mich anlachte, war eine furchtbare Herausforderung. Es gab Augenblicke, in denen ich sicher war, daß sie sich von mir küssen lassen würde, doch nichts passierte. Am Nachmittag meiner geplanten Rückreise nach Wien näherte ich mich während der obligaten Mittagsruhe im Lager mit wild klopfendem Herzen und trockenem Mund Manjas offenem Erdgeschoßfenster. Sie lag auf dem Bauch, das Kinn in die Hände gestützt, und las ein Buch. Als ich mit einem Blick, der vor schändlichem Verlangen nur so getrieft haben muß, am Fenster erschien, stand sie auf und kam auf Zehenspitzen herüber. »Ich fahre heim«, stotterte ich. »Ich wollte . . .« »Was?« half sie nach, während noch immer die Breite des Fensterbretts meinen ausgedörrten Mund von ihren feuchten Lippen trennte. Am 4. Juli 1988 bin ich felsenfest davon überzeugt, daß sie im Begriff war, mich zu küssen, aber 1935 wurde ich bloß rot. »Ich wollte nur auf Wiedersehen sagen«, murmelte ich schließlich und streckte die Hand durch das offene Fenster. »Wiedersehn«, sagte sie und schüttelte meine Hand. Wir sahen uns nie wieder.

Meine Gedanken wandern, wie Freud vorhergesagt hätte, zu meiner Mutter, die seit ihrem Tod vor fast einem Dutzend Jahren aus meiner täglichen Erinnerung faktisch verschwunden ist. Meine Eltern ließen sich scheiden, als ich sechs war, brachten es jedoch fertig, mir diese Tatsache zu verheimlichen, bis ich etwa vierzehn war, und das, was ich von beiden weiß, deutet auf rätselhafte Lücken hin. Meine Mutter war die Geheimnisvollere, obwohl ich sie als Kind und Jugendlicher wesentlich mehr sah als meinen Vater, der in Bulgarien lebte, wo ich zwischen dem 6. und 14. Lebensjahr die Sommerferien verbrachte. Ich verlebte immer herrliche Wochen bei meinen bulgarischen Vettern und Kusinen, Onkeln und Tanten, obgleich Ladino, das sie untereinander sprachen, für mich *lingua incognita* war.

Dieser Rhythmus hörte 1938 beim Anschluß auf, als jedermann in Wien mit Abzeichen herumzulaufen begann: mit Hakenkreuzen die Nazis und die feigen Nichtjuden, mit dem Davidstern die Juden und mit diversen nationalen Emblemen die glücklichen Ausländer. Dieser Elite schlossen sich meine Mutter und ich nach einigen Monaten an, als mein Vater nach Wien kam, meine Mutter gerade lange genug zum zweitenmal heiratete, um ihr und mir bulgarische Pässe zu verschaffen, und uns dann nach Sofia mitnahm, wo meine Eltern die Ehe prompt beendigten. Meine Mutter, die immer nur Verachtung und Abneigung für Bulgarien übrig gehabt hatte (wie für alles außer »*Wien, Wien, nur du allein. . .*«), änderte ihre Meinung über den Balkan nicht. Sie reiste nach England ab, um dort auf unsere amerikanischen Visa zu warten, während ich im amerikanischen Internat in Sofia blieb und an den Wochenenden und in den Ferien meinen neuen Status als »Papasöhnchen« genoß. Mit 16 Jahren, einige Monate nach Kriegsausbruch im September 1939, wechselte ich erneut die Bezugsperson, als ich mit meiner Mutter Europa verließ.

Ich weiß nicht, in welchem Jahr meine Mutter geboren wurde. Sie war das älteste Kind von den drei Töchtern und dem einen Sohn von Karl und Sophie Friedmann – einer jüdischen Wiener Familie des Mittelstandes. Irgendwie schaffte sie es, ihr Geburtsjahr vor meinem Vater und allen Männern geheimzuhalten. In Amerika stieß ich eines Tages auf ihr Doktordiplom und wurde auf das Datum aufmerksam. Als ich die Jahre zwischen dem Abschluß ihres Medizinstudiums und ihrem angeblichen Geburtsdatum ausrechnete, merkte ich, daß mindestens sieben Jahre fehlten. Andernfalls wäre sie die jüngste Ärztin in der Geschichte der Universität Wien gewesen. In den ersten 50 Jahren ihres Lebens sah meine Mutter tatsächlich wesentlich jünger aus, als sie war. Ich habe ein Photo von ihr, das sie vermutlich Ende der Zwanzig zeigt: eine eher kleine Frau mit einem bildhübschen Gesicht und vollem Haar, einen rätselhaft hochmütigen und melancholischen Blick in den Augen, über denen sich kräftig gezeichnete Augenbrauen wölben. Keines der Bilder zeigt sie lachend.

Mein Großvater mütterlicherseits, nach dem ich genannt wurde, starb, als ich ein Säugling war, und den Bruder meiner Mutter habe ich weder jemals kennengelernt, noch je seinen Namen erfahren. Tatsächlich wußte ich überhaupt nichts von der Existenz meines Onkels, bis mein Vater ihn einmal beiläufig erwähnte. Eine Art kindliches Feingefühl – oder war es eine böse Vorahnung? – hielt mich davon ab, meine Mutter auf das Thema anzusprechen. Heute wünschte ich, ich wäre neugieriger gewesen.

Meine Großmutter, die im Schlaf starb, als ich elf war, war eine warmherzige, silberhaarige Matriarchin, die nie die Stimme erhob, nie weinte und in krassem Gegensatz zu meiner Mutter nie klagte. Die einprägsamsten Jahre meiner Kindheit – ab dem sechsten Lebensjahr – verbrachten wir in Omamas Heim in Wien, in das meine Mutter nach der Scheidung von meinem Vater aus Sofia zurückgekehrt war. Die riesige Wohnung, die auch die Zahnarztpraxis meiner Mutter beherbergte, bestand aus einem Dutzend oder mehr Zimmern, von denen die meisten derart hohe Plafonds hatten, daß es trotz der Doppelfenster und der Polsterrollen (die dafür sorgten, daß es nicht zog) mangels Zentralheizung nicht möglich war, alle Zimmer im Winter warm zu bekommen. Da kalte Schlafzimmer angeblich gesund waren, benutzten wir dicke Daunendecken und Wärmflaschen, um im Bett nicht zu frieren.

Unsere in der zweiten Etage gelegene Wohnung hatte einen langen Balkon, der auf den Donaukanal blickte, einen Nebenarm der Donau, der den eleganten Ersten Bezirk vom weitgehend jüdischen Zweiten Bezirk trennte. Am Tag nach dem Anschluß kauerte ich hinter der Balustrade des Balkons und schaute zu, wie die Braunhemden mit den Hakenkreuz-Armbinden über die Brücke strömten. Rückblickend erscheint es mir seltsam, daß ich keine Vorahnung von Hitlers Einmarsch in Österreich hatte. War es die Naivität eines Lebens in einem Haushalt voller apolitischer Frauen, oder war dies nur eine weitere schützende Decke, die eine Mutter über ihr einziges Kind warf? Vor der Nazizeit hatte meine Mutter den Balkon gelegentlich als Beobachtungsstand benutzt und zugesehen, wie ich im Park auf der anderen Seite des Donaukanals vor der Polizei weglief. Fußballspielen war auf dem Rasen des Parks untersagt – ein lächerliches Verbot im fußballbegeisterten Österreich –, und sobald einer der Spieler »Polizei!« brüllte, packten wir den Ball und rannten davon. Mit dem Fußballspielen in diesem Park war es nach dem Anschluß abrupt vorbei, als allein der Gedanke an ein jüdisches Kind in den Händen der Polizei Alpträume verursachte. Auf einer Ausstellung von Wiener Kunst des *Fin de siècle*, die vor kurzem im Museum of Modern Art in New York stattfand, waren unser Eckhaus Aspernbrückengasse Nr. 5 und unser illegaler Fußballplatz jenseits des Donaukanals auf einem Gemälde von Otto Wagner, Wiens berühmtestem Architekten, ganz genau zu sehen. Ein überwältigendes Heimweh veranlaßte mich, im Laden des Museums eine Unmenge Postkarten zu kaufen, die eine Reproduktion dieser Zeichnung zeigten.

Den Rest des heutigen Tages verbringe ich damit, zum erstenmal seit Jahrzehnten an andere Mitglieder der Familie meiner Mutter zu denken: an meine Tante Muschi, eine kleine, gescheite und sarkastische Frau, die keine Kinder hatte, fast nie das Heim meiner Großmutter besuchte, aus ungenannten Gründen nie mit meiner Mutter sprach und erst wieder lockeren Kontakt aufnahm, als sie nach dem Anschluß nach Amerika emigriert war. Meine Lieblingstante war die jüngste der drei Schwestern, meine Tante Grete. Da sie unverheiratet und kinderlos war, lebte sie zeitweise in der Wohnung meiner Großmutter und beging, als sie Mitte dreißig war, in London Selbstmord. Diese hinreißende Schönheit, Europameisterin im Fechten und angehende Schauspielerin voll unbefriedigter Ambitionen, war leidenschaftlich in einen der berühmtesten Schauspieler Mitteleuropas verliebt, dessen Totenmaske später auf dem Flügel in unserem Wohnzimmer in Wien lag. Ich besitze ein Photo von Tante Grete im Fechtanzug, die Hände auf ihrer Fechtmaske ruhend, das Florett, bereit mir das Herz zu durchbohren, unter dem linken Arm.

Meine Eltern waren beide Juden – meine Mutter arrogant aschkenasisch, mein Vater aggressiv sephardisch. Die Arroganz und die Aggressivität spiegelten die Meinung der Ehepartner über die Herkunft des anderen wider. Doch im häuslichen Leben spielte die Religion faktisch keine Rolle, mit zwei Ausnahmen, die eine öffentlich, die andere privat. An den öffentlichen Schulen Wiens war Religionsunterricht obligatorisch. Dreimal in der Woche wurden die Juden von den Katholiken getrennt und jede Gruppe in religiösen Dingen gedrillt. Daheim kam meine Mutter jeden Abend an mein Bett, um zu hören, wie ich mein Gebet sprach: »Müde bin ich, geh zur Ruh' . . .« Es hatte fast den Anschein, als hätte Herr Hassan, der Bewohner der anderen Wohnung auf unserer Etage und Ältester der einzigen sephardischen Synagoge Wiens, dem Türkischen Tempel, diesen Beweis der Assimilation dunkel geahnt, der für die aschkenasischen Juden Österreichs so typisch war, und beschlossen, der Sache ein Ende zu machen. Als ich mich dem jüdischen Mannesalter, meinem dreizehnten Geburtstag, näherte, schlug Herr Hassan meiner Mutter vor, mich eine *richtige* Bar Mizwa feiern zu lassen; alle weiteren Vorbereitungen sollte sie ruhig ihm überlassen. Meine Mutter, die die Bedeutung dieses *richtig* nicht erfaßte, sagte nicht nein, und so kam ich zu einer Bar Mizwa der Superklasse: Für einen Tag wurde ich zur Hauptfigur des ganzen Gottesdienstes in der »türkischen« Synagoge. (Selbst die Bezeichnung »türkisch« – diese generische Übersimplifizierung für sephardisch – war ein Hinweis auf die Geringschätzung der Aschkenasim.) Nachdem ich wochenlang die hebräischen Gebete und Melodien für den bewußten Tag des jüdischen Kalenders gelernt hatte, traf ein Telegramm von meinem Vater in Sofia ein, der meiner Mutter mitteilte, daß mein Initiationsritus wegen eines neuen Syphilis-Patienten um eine Woche verschoben werden mußte. Das Spezialgebiet meines Vaters waren Geschlechtskrankheiten, und in jener Zeit vor der Entdeckung des Penicillins bedeutete ein wohlhabender Syphilitiker ein festes Einkommen für mindestens drei Jahre. Infolgedessen mußte ich mich im Schnellgang auf einen völlig anderen Gottesdienst vorbereiten, wobei der

Rabbi mir alles vorsang und ich ihm nachsang, bis alles saß, einschließlich des Blickes gen Himmel, sobald Gott erwähnt wurde. Als der Intensivkurs endlich vorbei war, fragte mich der Rabbi, was ich anziehen würde. Ich hatte noch nie lange Hosen getragen; meist lief ich in Lederhosen herum, und die längsten Hosen, die ich besaß, waren Knickerbocker. Als der religiöseste Tag meines Lebens kam, trat ich, wie ich mich erinnere, in neuen Knickerbockern und mit einem Herrenhut in das Mannesalter ein. Einige Jahre später brannten die Nazis den »türkischen« Tempel nieder, und seither gibt es nicht mehr genug Sephardim in Wien, um einen neuen zu bauen.

Meine Mutter verwöhnte mich, vielleicht um einem etwaigen Verlangen meinerseits nach Geschwistern vorzubeugen. In dieser Hinsicht war sie absolut erfolgreich: Ich bedauerte es nie, ein Einzelkind zu sein. In Wien war ich von Klassenkameraden umgeben, mit denen ich im Frühling und Herbst Fußball und Hockey spielte, im Winter Schlittschuh und Ski lief und, was angesichts unseres Alters das Erstaunlichste war, am Spätnachmittag vor dem Abendessen scharf pokerte. Als wir Österreich verließen, war ich darin ein ziemliches As. Aber kaum in Amerika angelangt, wurde ich zum Puritaner: Ich kam zu der Überzeugung, die ich heute noch teile, daß Kartenspielen eine Zeitverschwendung ist – vielleicht weil es für mich nie ein entspannender Zeitvertreib war, im Gegensatz zu Herrn Professor Freuds lebenslanger Neigung.

An diesem 4. Juli gibt es in Kirchberg am Wechsel kein Feuerwerk – kaum ein menschliches Geräusch. Ich liege wieder in unserem kleinen Waldgasthof im Bett, wo mich das Rauschen des Baches vor dem Fenster wachhält. Meine Kindheitserinnerungen sind eine staubige Linse, die Einstellung ist unscharf, das Bild zusammengestoppelt. Endlich lassen mich die Strapazen der 20stündigen Reise von San Francisco nach Kirchberg, und dann 50 Jahre in die Vergangenheit, einschlafen. Als ich aufwache, haben wir den 5. Juli 1988 – wieder ein Jahrestag, diesmal in scharfer Einstellung: Vor zehn Jahren hat sich mein erstes Kind, meine einzige Tochter, umgebracht.

KAPITEL 2

»*Dear Mrs. Roosevelt*«

So fing ich den Brief schließlich an, nachdem ich eine Reihe von blumigeren Anreden verworfen hatte. Am ernsthaftesten hatte ich »Eure Exzellenz« erwogen. Immerhin war sie für mich, den Sechzehnjährigen, der vor Hitler geflohen und gerade erst in diesem Land angekommen war, eindeutig die Königin von Amerika, die Frau, die mit einer einzigen Bewegung ihres Zauberstabes alles geschehen lassen konnte. Doch ihr schüchternes Lächeln und ihre vorstehenden Zähne, die ich auf zahllosen Zeitungsphotos studiert hatte, ließen mich zu der Überzeugung gelangen, daß einer so populistischen Königin eine schlichte, alltägliche Form der Anrede bestimmt am liebsten war. »*Dear Mrs. Roosevelt*« schrieb ich Anfang 1940, ohne in meinen kühnsten Träumen damit zu rechnen, daß dieser Brief mir eine Karriere als Vortragsreisender im Maisgürtel bescheren würde.

I.

Anfang September des Jahres 1939, kurz nach dem Einmarsch der deutschen Armee in Polen, schrieb meine Mutter aus London, daß unsere amerikanischen Einwanderungsvisa erteilt worden seien: Es war Zeit, Europa zu verlassen. Ich scheine diese Nachricht mit beträchtlichem Gleichmut aufgenommen zu haben, denn das bulgarische Zwischenspiel war schlicht zu einem lindernden Balsam für das traumatische

Herausgerissenwerden aus meiner Wiener Kindheit geworden. Bulgarien war das Land meines Vaters – die Djerassis hatten seit Hunderten von Jahren dort gelebt, seit sie Spanien während der Inquisition verlassen hatten –, und ich wurde sofort mit typisch balkanischer Wärme in die Familie meines Vaters aufgenommen. Doch das machte mich trotz meines kostbaren bulgarischen Passes noch nicht zum bulgarischen Patrioten. Abgesehen von den ersten und weitgehend vergessenen Jahren meiner frühen Kindheit in Sofia (ich war zwei Monate alt, als ich Wien zum erstenmal verließ), war Bulgarien einfach zu einem Synonym für Sommerferien geworden; nun wurde es zu einer bemerkenswert effektiven Vorbereitung auf das Leben in Amerika, denn mein Vater hatte beschlossen, mich am *American College* einzuschreiben, einem privaten Internat am Stadtrand von Sofia, wo ich in einer bunten Mischung von Sprachen unterrichtet wurde, was in meiner Ausdrucksweise bleibende Spuren hinterlassen hat. (Ich träume in akzentfreiem Englisch, aber wenn man mich sprechen hört, werde ich unweigerlich gefragt: »Woher sind Sie?«) Der überwiegende Teil des Unterrichts fand in Englisch statt und wurde von Yankees, Briten und Bulgaren erteilt, aber es gab auch Fächer in Bulgarisch (insbesondere Mathematik, da die amerikanischen High-School-Lehrbücher nicht den Anforderungen der örtlichen Gymnasien genügten) und in Französisch – allesamt Fremdsprachen für meine Wiener Ohren und Zunge. Dieses mehrsprachige Schuljahr am *American College* in Sofia machte mich auch mit der amerikanischen Literatur bekannt, aber aus irgendeinem Grund wurde amerikanische Geschichte erst in einer höheren Klasse gelehrt, und bis dahin war ich bereits in dem Land, wo der Vierte Juli eine ganz andere Bedeutung hatte als in meiner persönlichen Lebensgeschichte.

Meine Erfahrungen mit der bulgarischen Sprache sind ziemlich kurios: Ich bin wohl einer der ganz wenigen Menschen, die eine bestimmte Sprache gleich zweimal vergessen haben. Während der ersten fünf Jahre meines Lebens, die ich in Sofia verbrachte, wohin wir kurz nach meiner Geburt in Wien gezogen waren, sprachen wir zu Hause deutsch statt bulgarisch, weil meine Mutter diese Sprache niemals lernte. Mein eigenes bulgarisches Geplapper ging größtenteils auf den Umgang mit unserem Dienstmädchen und unserer Köchin zurück, was zur Folge hatte, daß ich, wenn ich von mir selbst sprach, weibliche Endungen benutzte, und das meiste davon war vergessen, sobald ich wieder in Wien war und in die Volksschule kam. (Der weibliche Einfluß auf meine Wiener Jugend begann in spektakulärem Stil: Koedukation gab es damals noch nicht, und so gingen Buben und Mädchen in getrennte Schulen in benachbarten Gebäuden in der Czeringasse. Ich war erst nach dem Beginn des Wiener Schuljahres aus Sofia eingetroffen, und da die Knabenschule bereits voll war, wurde ich, zusammen mit drei weiteren männlichen Spätankömmlingen, zu den Mädchen gesteckt. Für Sigmund Freud wäre diese Information zweifellos ein gefundenes Fressen gewesen.) Während meines Aufenthalts in Sofia in den Jahren 1938 und 1939 lernte ich von meinen Klassenkameraden am *American College* Teenager-Bulgarisch, doch dieser zweite Eindruck war zu schwach, um meiner späteren jahrzehntelangen Vertiefung in die amerikanische Sprache standzuhalten, nachdem ich den Atlantik überquert hatte.

Als die Zeit unserer Abreise nach Amerika kam, begleitete mein Vater meine Mutter und mich auf der Bahnfahrt nach Genua. Ich erinnere mich noch, wie er am Pier seinen Hut schwenkte, als meine Mutter und ich an Bord des italienischen Passagierschiffes *Rex* gingen, das kurz darauf im Krieg versenkt werden sollte. Es gab mehrere Gründe, warum mein Vater nicht mit uns kam. Er hatte eine lukrative Arztpraxis in Sofia, führte dort ein intensives und extensives gesellschaftliches Leben (von dem ich in Umrissen erst kurz vor seinem Tod erfuhr) und fühlte sich in seiner Heimat rundum zu Hause. Er sprach kein Englisch und hätte in Amerika ganz alleine von vorne anfangen müssen, da er und meine Mutter bestimmt nicht mehr unter einem Dach gelebt hätten. Selbst wenn er sich uns hätte anschließen wollen, wäre dies unmöglich gewesen, weil die amerikanischen Einwandererquoten sich nach dem Geburtsort richteten und nicht nach der Staatsbürgerschaft. Da meine Mutter und ich in Wien geboren waren, fielen wir in die österreichische Quote, die gewaltig war verglichen mit der winzigen bulgarischen, für die es eine Warteliste von zehn Jahren gab. Außerdem glaubte mein Vater nicht, daß Bulgarien in den Krieg verwickelt werden würde und sah sich daher weder bedroht noch zu der Annahme veranlaßt, der Krieg könnte sehr lange dauern. Am Ende trafen wir uns erst zehn Jahre später wieder, als ich bereits erwachsen und verheiratet war.

Im Dezember trafen meine Mutter und ich mittellos in New York City ein. Die Überfahrt war so stürmisch gewesen, daß unser riesiges Schiff mehr als einen Tag Verspätung hatte. Von unserer Unterkunft im Zwischendeck ist mir nur in Erinnerung geblieben, daß ich fast auf der ganzen Transatlantikpassage seekrank war. Als wir die Gangway hinuntergingen, waren wir nicht völlig mittellos; tatsächlich hatten wir 20 Dollar in begehrter amerikanischer Währung bei uns, die in Bulgarien nur schwer zu beschaffen gewesen waren. Doch dieses Mini-Vermögen verloren wir in weniger als einer Stunde an den Taxifahrer, der uns vom Pier zu der im Stadtteil Washington Heights gelegenen Wohnung von Wiener Verwandten meiner Mutter brachte (die einige Monate früher eingetroffen waren) und der genau wußte, wann er es mit *greenhorns* zu tun hatte.

Schon nach wenigen Tagen hatte uns die jüdische Flüchtlingsorganisation HIAS eine Studiowohnung in einem großen Sandsteinhaus an der 68. Straße West in Manhattan besorgt und uns etwas Geld gegeben, damit wir über die Runden kamen, bis wir etwas Dauerhaftes fanden. Meine Mutter, die keine Zulassung hatte, um in den USA Medizin zu praktizieren, bekam eine Stelle bei einem österreichischen Arzt, der im Jahr davor herübergekommen war und das notwendige Prüfungsverfahren bereits durchlaufen hatte. Er hatte sich als Landarzt in Ellenburg Center niedergelassen, einem kleinen Dorf nahe der kanadischen Grenze im Norden des Bundesstaates New York, und meine Mutter wurde von ihm als Assistentin und Haushälterin eingestellt. Ich hatte mehr Glück.

Was die Zensuren betraf, war ich am Realgymnasium in

Wien nur ein durchschnittlicher Schüler gewesen, und statt zu lernen, verbrachte ich die Zeit sowieso lieber mit Sport und Pokern. Doch das änderte sich drastisch vor meinem 15. Geburtstag, als ich in das *American College* in Sofia eintrat und mir klar wurde, daß dies der erste Schritt zu meiner anvisierten Ausbildung in Amerika war. Da es mit Sicherheit auf die Noten ankam, wurde ich in den zweieinhalb Semestern, die ich in Bulgarien verbrachte und auf das »Sesam öffne dich«-Visum wartete, ein Musterschüler.

Mein mit Einsern gespicktes Zeugnis aus Bulgarien, das in Englisch abgefaßt war – ganz im Gegensatz zu den Zeugnissen, die die meisten Flüchtlinge damals mitbrachten –, legte ich wenige Tage nach meiner Ankunft in Manhattan einem Fakultätsmitglied der Universität New York vor. Er war mit einem meiner ehemaligen amerikanischen Lehrer in Sofia befreundet, der mir empfohlen hatte, ihn aufzusuchen und um Rat zu bitten, wo ich den High-School-Abschluß machen sollte. Schließlich fehlten mir noch knapp zwei Jahre bis zur Matura, als ich Sofia verließ, und ich wollte keine Zeit verlieren. Der Mann hatte anscheinend nicht auf mein Alter geachtet. Als er hörte, daß ich in Bulgarien auf einem »College« gewesen war (womit in den USA auch die ersten vier Jahre des Universitätsstudiums gemeint sein können), setzte er mir auseinander, daß es zu spät sei, um mich noch für dieses Studienjahr an der Universität New York anzumelden, aber daß er es vermutlich arrangieren könne, daß mich das mittlerweile nicht mehr existierende Newark Junior College in Newark, New Jersey, zu dem im Januar beginnenden Semester aufnahm. Ich wies ihn nicht darauf hin, daß er sich in einem Irrtum befand; ich dachte mir zu Recht, daß, wenn ich erst einmal von diesem zweijährigen *Junior College* an ein *College* wechselte, das in vier Jahren zum ersten akademischen Grad führte, sich kein Mensch mehr mein High-School-Zeugnis ansehen und die zwei fehlenden letzten Jahre bemerken würde. Während meine Mutter in den Norden des Staates New York aufbrach, wurde ich von der HIAS in das Haus einer außergewöhnlich großzügigen Familie in Newark vermittelt. Bei meiner relativ schmerzlosen Anpassung an Amerika halfen mir Frank Meier, der als Anorganiker bei Engelhardt Industries arbeitete; seine Frau Clara, die Lehrerin an einer örtlichen High-School war; und ihre beiden schulpflichtigen Söhne, August (heute Professor für Geschichte an der Kent State University) und Paul (heute Professor für Statistik an der Universität Chicago). Sie behandelten mich nicht wie Pflegeeltern, und rückblickend war ihr Familienleben ein Beispiel für alles Gute und Anständige in Amerika: liberal, großzügig, gütig.

Meiner Ansicht nach, und höchstwahrscheinlich auch nach der meiner Eltern (auch wenn ich mich nicht erinnern kann, daß jemals konkret darüber gesprochen wurde), ging man stillschweigend davon aus, daß ich einmal in die Fußstapfen meiner Eltern treten und Arzt werden würde; aber noch war die Saat der Inspiration nicht gesät worden. In Anbetracht meines logischen Verstandes und meines streitbaren Charakters hätte ich mich der Juristerei zuwenden können; wenn ich an die Bücher über antike Geschichte denke, die ich in Europa verschlang, und an die Freude, die ich in späteren Jahren beim Herumklettern in Maya-, Inka- und Khmer-Ruinen und anderen Stätten früher Kulturen hatte, kann ich mir auch eine Laufbahn als Archäologe vorstellen. Doch der Zufall wollte es, daß der Mann, der eines der ersten chemischen Samenkörner einpflanzte und benetzte, Nathan Washton war, mein Chemielehrer am Newark Junior College, wo ich die auf das Medizinstudium vorbereitenden Pflichtfächer Chemie und Biologie belegte.

Ich brauchte nicht lange, um zu erkennen, daß das Newark Junior College, abgesehen von der Tatsache, daß es meine beiden fehlenden High-School-Jahre wirksam verschleierte, nur als erstes Sprungbrett dienen konnte, da ich im darauffolgenden Jahr eine Hochschule mit vierjährigem Studiengang finden mußte, um meine College-Ausbildung abzuschließen. Statt zu warten, bis ich das Potential des Newark Junior College erschöpft hatte, wandte ich mich an Mrs. Roosevelt.

II.

»I am writing already now because next year I must have a scholarship to continue my schooling . . .« (»Ich schreibe schon jetzt, weil ich nächstes Jahr ein Stipendium haben muß, um meine Ausbildung fortzusetzen. . .«) Noch Jahrzehnte danach ist mein gesprochenes und geschriebenes Englisch mit *»already now«* (»schon jetzt«) durchsetzt, einer Art verbaler Warze aus meiner deutschsprachigen Kindheit. Was kümmert mich der Hauch von Redundanz, der idiomatische Beigeschmack! Wenn ich *already now* den nächsten Winterurlaub buche, dann tue ich dies, weil mein *now* sich ohne die Sicherheit eines *already* nackt und unvollständig vorkommt.

Widerwillig akzeptierte ich die Tatsache, daß dringende Staatsgeschäfte unter Umständen verhinderten, daß mein Brief unverzüglich die Spitze von Mrs. Roosevelts Poststapel erreichte. Dennoch mußte ich mir eine gewisse Enttäuschung eingestehen, als endlich eine knappe Antwort aus dem *Institute for International Education* eintraf, an das sie meine Bitte weitergeleitet hatte. Es dauerte mehrere Monate, bevor mein Glaube an die grenzenlose Macht dieser demokratischsten Königin der Welt durch eine Postkarte eines Angestellten dieses Instituts wiederhergestellt wurde: »Ich habe gute Nachrichten für Sie. Ihnen wurde für das nächste Semester ein Stipendium am Tarkio College in Tarkio, Missouri, zugesprochen.«

Mein erster Kontakt mit gesprochenem Englisch geht auf einen Lehrer in Wien zurück, der ein gewisses Savoir-faire besaß, was die falsche Aussprache amerikanischer Ortsnamen betraf. Die Art, wie er »Sihkeigo, Illinoa« sagte, hat bei mir einen unauslöschlichen Eindruck hinterlassen. Bis zum heutigen Tag zucke ich jedesmal zusammen, wenn ich auf dem Flug zum O'Hare Airport den Kapitän über Lautsprecher unsere bevorstehende Landung in »Schikahgo« ankündigen höre. Kein Wunder, daß es mir gelang, »Misuhri« einen Wiener Beiklang zu geben, als ich meiner Mutter verkündete, daß ich in den Westen ging, in ein Dorf, das ich auf keiner mir damals zur Verfügung stehenden Landkarte finden konnte. Sogar der

Mann am Greyhound-Schalter in New York hatte Probleme, bevor er herausfand, daß die Nordwestecke von Missouri mein Ziel war. Das Dorf, in dem mich der Greyhound dann absetzte, nachdem ich in Pittsburgh und Kansas City hatte umsteigen müssen, war St. Joseph (»Sint Joe, Mesura« für die Einheimischen), wo ich einen Nahverkehrsbus bestieg, der schließlich das Schild *»Welcome to Tarkio, Queen of the Cornbelt«* passierte. Hier, in der »Königin des Maisgürtels«, begann im Alter von 17 Jahren meine Karriere als öffentlicher Redner.

Wenige Stunden nach meiner Einschreibung am *Tarkio College* – einer presbyterianischen Schule, wo eine gottesfürchtige 140köpfige Studentenschaft von einem zwanzigköpfigen Lehrkörper (einschließlich des Verwaltungschefs, einer Hausmutter und des Hausmeisters) angeleitet wurde –, kam mir eine historische Information zu Ohren, die ein ausgezeichnetes Omen für einen angehenden Chemiestudenten wie mich war: Tarkios berühmtester Schüler war kein anderer als Wallace Carothers, der Erfinder des Nylons. Niemand erwähnte, daß er nur wenige Jahre nach seiner Entdeckung Selbstmord begangen hatte, und ich hätte nie gedacht, daß dieses einst so konservativ geführte College fast auf den Tag genau 50 Jahre nach meiner Ankunft Bankrott machen sollte wegen größerer finanzieller Manipulationen, die es, vermutlich zum erstenmal in seiner Geschichte, auf die Titelseite der *New York Times* brachten.

Mrs. Roosevelt wäre sprachlos gewesen, wenn sie erfahren hätte, was Tarkio mich in dem einen Semester, das ich in der »Königin des Maisgürtels« verbrachte, sonst noch lehrte, bevor ich an das Kenyon College wechselte. Am Ende meiner ersten Woche wurde ich vom Programmplaner des Rotary Clubs von Tarkio eingeladen, dessen Mitgliedern einen Vortrag über »Die derzeitige Lage in Europa« zu halten. »Eingeladen« ist vielleicht zuviel gesagt. Er teilte mir einfach mit, daß vorgesehen war, daß ich zu den örtlichen Mitgliedern sprach, die ihr Scherflein zu meinem Stipendium beigetragen hatten. Sie waren gespannt, das Objekt ihrer Freigebigkeit in Augenschein zu nehmen. Ich war viel zu aufgeregt und viel zu naiv, um mir die vielen Fallstricke auch nur vorstellen zu können, die auf einen in der Großstadt aufgewachsenen Jugendlichen vor einem Publikum aus gestandenen Farmern und Geschäftsleuten mittleren Alters lauerten. Allerdings war ich nicht zu naiv, um hemmungslos John Gunthers *Inside Europe* zu plagiieren. Seine Anspielung auf den Balkan – »Muß denn jede kleine Sprache ihr eigenes Land haben?« – habe ich bis heute nicht vergessen.

Mein merkwürdiger Akzent verlieh dem Vortrag eine Authentizität, der niemand – nicht einmal jemand, der die Fakten kannte – widerstehen konnte. Seine Wiener Basis aus fernen »Sihkeigo, Illinoa«-Tagen war am *American College* durch den Kontakt mit bulgarisch sprechenden Klassenkameraden verhunzt worden, deren slawische Vergewaltigungen der englischen Sprache dem britischen und amerikanischen Akzent des Lehrkörpers wenig Raum gelassen hatten. Schon im weltoffenen New York hatte ich gelernt, daß das Wort »Bulgarien« eine viel geheimnisvollere Antwort auf die ständige Frage: »Woher bist du?« darstellte als »Wien«. Selbst die Bewohner des ländlichen »Mesura« hatten schon von Schnitzel und Strauss-Walzern gehört. Aber Bulgarien? Jede Wette, daß kaum ein Tarkioter die vier an Bulgarien angrenzenden Länder nennen konnte.

Am Ende meines Debüts bei den Rotariern gratulierte mir der Geistliche der presbyterianischen Kirche des Ortes zu meinem Auftritt und schlug mir vor, nach seiner sonntäglichen Predigt seiner Gemeinde einen ähnlichen Vortrag zu halten. Um mich nicht zu wiederholen, stürzte ich mich wieder auf meine Quelle – *Inside Europe* war nicht nur aktuell, sondern auch voller unterhaltsamer Schmankerln – und entnahm ihr schamlos neues Material, das ich mit meinem wienerisch-bulgarisch-britischen Akzent aufmotzte. Dieser zweite Vortrag katapultierte mich praktisch über Nacht aus dem Amateur- ins Profilager. Mit einem entschuldigenden Hinweis auf den Umfang der Kollekte schob mir mein erfreuter Gastgeber an jenem Sonntag im Pfarrbüro den Inhalt des Klingelbeutels zu – Fünfcentstücke, Zehncentstücke und vereinzelte Vierteldollar-Münzen. Es war mein erstes Vortragshonorar.

Die geistliche Flüsterpropaganda kannte offenbar keine Glaubensgrenzen. Von dem Sonntag an wurde ich fast jede Woche eingeladen, vor den verschiedensten Kirchengemeinden im Nordwesten von Missouri und im Südwesten von Iowa über »Die Lage in Europa« zu sprechen. Meine Anleihen bei Gunther wurden raffinierter. Ich vermischte seine journalistischen Bonmots, beispielsweise seine Definition für Balkanfrieden (»eine Periode der Betrügerei zwischen zwei Perioden der bewaffneten Auseinandersetzung«) oder Balkanrevolutionen (»abrupte Veränderungen in der Form der Mißregierung«) mit Hinweisen auf meine persönlichen Erinnerungen aus dem Leben im Vorkriegs-Bulgarien. Der Bereich Wien, ob vor oder nach dem Anschluß, war für mich in meinen Vorträgen *off limits*. Indem ich mich auf Bulgarien konzentrierte, lief ich kaum Gefahr, unter meinen ländlichen Zuhörern auf Kenner der Materie zu stoßen. Gleichzeitig schloß ich dadurch etwaige Fragen zu Wiener Erlebnissen aus, die ich lieber begraben als wieder ausgraben wollte. So wie Tarkio mit seiner Basketball-Mannschaft angab, prahlte ich mit dem überragenden Niveau der Oper von Sofia, der Tatsache, daß Bulgarien das Herkunftsland fast des gesamten Rosenöls der Welt war und daß alle Buben, die staatliche Schulen besuchten, sich das Haar rasieren mußten. Lange Haare waren Anfang der vierziger Jahre im ländlichen Missouri alles andere als der letzte Schrei. Trotzdem reagierten meine Zuhörer sehr verständnisvoll, wenn ich die üppig wallenden Frisuren einiger meiner Klassenkameraden am privaten *American College* beschrieb, wo derart drakonische Präventivmaßnahmen gegen Kopfläuse nicht vorgeschrieben waren.

Als die Wochen verstrichen, wurden die Klingelbeutel zu meiner vorzüglichsten Taschengeldquelle. Statt zu kellnern oder einer anderen plebejischen Teilzeitbeschäftigung nachzugehen, dozierte ich vor Damenkränzchen, kirchlichen Gruppen und einmal sogar bei der Abschlußfeier einer Schule mit der Selbstsicherheit des noch nicht aufgeflogenen Plagiators. Meine Vorträge fanden nach den Gottesdiensten statt, die ich immer besuchte, weil gewöhnlich ein Gemeindemitglied mein

Gastgeber war und meinen Transport übernahm. Ich fand heraus, daß das kleine Format des *Reader's Digest* ideal in die Schutzhülle aller Bibeln oder Gesangbücher paßte. Während andere aus voller Kehle fromme Lieder schmetterten, verschlang ich, was zu der Zeit als aktuelle Literatur und gehobener Humor galt. Die tugendhafte Tarnung des *Reader's Digest* sorgte für einen sündigen Touch, der den ansonsten ziemlich faden Inhalt eindeutig aufwertete. Aber es gab noch einen subtileren Grund für mich, profane Literatur zu lesen, während die anderen beteten und sangen: Unbewußt stellte ich dadurch mein agnostisches Judentum unter den Goyim zur Schau.

Eines Sonntags folgte ich dem Ruf der Ersten Methodistenkirche von Shenandoah, Iowa. Wenn ich die Szene heute durch die Doppellinse der Nostalgie und der verblassenden Erinnerung betrachte, sehe ich noch fünf Jahrzehnte später den an einem langen Stiel hängenden Klingelbeutel langsam auf mich zukommen; wenn ich mich ein bißchen anstrenge, höre ich noch das blecherne Geräusch der Zehncentstücke, die auf weitere Zehn- oder Fünfcentstücke fallen. In der Hosentasche hielt ich bereits das übliche Fünfcentstück in der Hand, als mir eine tollkühne Idee kam: Warum nicht mal ein Fünfzigcentstück hineinlegen? Schließlich war es ja spätestens in ein paar Stunden wieder in meiner bedürftigen Tasche. Vielleicht beschämte es andere Gemeindemitglieder so, daß sie großzügiger spendeten. Vermutlich ist es nur Einbildung, wenn ich mich heute daran erinnere, daß das majestätische Päng, mit dem mein halber Dollar auf dem armseligen Häufchen kleiner Münzen aufschlug, meinen Nachbarn zur Rechten so aufschreckte, daß er einen Vierteldollar spendete. Ich nahm mir vor, von nun an bei allen meinen zukünftigen Vortragsterminen einen halben Dollar bei mir zu haben. Bis zum heutigen Tag bin ich der festen Überzeugung, daß an diesem Sonntag in Shenandoah, Iowa, mein Vortrag über Bulgarien besonders ausgefeilt, mein Akzent außergewöhnlich rätselhaft, meine Anekdoten nur eine winzige Spur schmalzig waren. Ich fand, daß mein in Aussicht stehendes Honorar, durch gewaltige Fünzigcentmünzen geziemend angereichert und möglicherweise sogar von einer noch nie dagewesenen Dollarnote überlagert, die zusätzliche Anstrengung wert war.

Als Reverend J. Richard Sneed mir die Hand schüttelte, empfand ich seinen Griff als besonders fest. Seine Stimme schien geradezu zu beben, als er mir dankte. Seine Hoffnung, mich in nicht allzu ferner Zukunft wieder bei sich zu sehen, schien aus vollem Herzen zu kommen. Die Hand auf meine Schulter gelegt, begleitete er mich zum wartenden Wagen des Farmers, der sich erboten hatte, mich nach Tarkio zurückzubringen. Erst als er seine Hand wegnahm und mich ganz leicht in Richtung des Autos schob, ging mir die ganze Infamie der Ersten Methodistenkirche von Shenandoah auf: Ich hatte die empörende Summe von fünfzig Cents bezahlt – ein skandalöser Betrag in einer Zeit, als Cola und U-Bahnfahrten noch fünf Cents kosteten –, um mich selbst sprechen zu hören.

»Liebe Mrs. Roosevelt«, hätte ich zu gerne geschrieben, »warnen Sie den Präsidenten davor, den Methodisten zu trauen«, aber natürlich tat ich nichts dergleichen. Inzwischen war mir nämlich aufgegangen, daß Briefe von einem Teenager – selbst einem, der als Vortragsredner den Maisgürtel bereiste – aller Wahrscheinlichkeit nach nicht von der Frau des Präsidenten gelesen wurden. Außerdem wäre es außerordentlich flegelhaft von mir gewesen, den Geistlichen einer gottesfürchtigen und alles in allem außerordentlich gastfreundlichen Gemeinde für mein Verlangen nach einem handfesteren Vortragshonorar verantwortlich zu machen. Auf jeden Fall war dieses methodistische Fiasko einer meiner letzten Kirchenauftritte, bevor ich in den Osten abreiste, um den Sommer bei meiner Mutter im Staate New York zu verbringen. Obwohl ich nie wieder in die Nordwestecke von Missouri zurückkehrte, wurde ich dort in einer Art und Weise in das Herzland Amerikas eingeführt, wie sie nur wenigen geflohenen Studenten meiner Generation vergönnt war. Die meisten von ihnen blieben an der Ostküste hängen oder wurden eingezogen, während meine Knieverletzung mich vom Wehrdienst fernhielt. So konnte ich einen zivilen D-Zug besteigen,

der mich, nach einem kurzen, aber sehr produktiven Zwi-
schenaufenthalt in der Industrie, geradewegs zum Doktortitel
und zu einer Forschungskarriere in organischer Chemie
führte.

KAPITEL 3

Die Suche nach Alfred E. Neuman

I.

Ausser an Mrs. Roosevelt hatte ich mich auch an die Universität Chicago und an das Kenyon College gewandt, da diese beiden Hochschulen spezielle Studiengänge für begabte Absolventen von *Junior Colleges* anboten. Durch meinen plötzlichen Wechsel an das vierjährige Tarkio College kam ich für diese speziellen Stipendien nicht mehr in Frage. Doch als ich – auf dem Weg von Missouri zu meiner Mutter in den Norden des Staates New York – in Gambier, Ohio, Zwischenstation machte, verliebte ich mich in das exquisite kleine Männercollege des kleinen Ortes. Ich weiß nicht, warum Kenyon eine Ausnahme machte und mir ein Stipendium anbot, das Kost, Logis und Studiengebühren einschloß; vielleicht hatte irgendeine protestantische amerikanische Fee beschlossen, den jüdischen Jungen aus Europa unter ihre Fittiche zu nehmen: erst die Presbyterianer von Tarkio und nun die Episkopalen am Kenyon College. Die Beziehungen des letzteren zur Kirche waren sogar enger als am Tarkio College – Kenyon war stolz auf sein episkopalisches Priesterseminar, Bexley Hall –, doch der Gottesdienstbesuch war weitgehend freigestellt und nur sonntags Pflicht, im Gegensatz zu den täglichen Andachten im Maisgürtel. Nach amerikanischen Maßstäben blickte Kenyon auf eine lange Tradition zurück: Es war das erste Männercollege westlich der Alleghenies, und seine schöne Oxbridge-Architektur ließ es wie ein verpflanztes Stück England aussehen. Im Gegensatz zu der überwiegend ländlichen Studentenschaft in Tarkio kamen die 300 männlichen Studenten des Kenyon College hauptsächlich aus wohlhabenden Familien zwischen Illinois im Westen und New York im Osten. Viele von ihnen hatten Autos, die meisten gehörten Studentenverbindungen an, und faktisch alle tranken. Ich war eine Ausnahme: Ich hatte weder Geld noch ein Auto, lebte im Douglas House – einem bescheidenen, in Collegebesitz befindlichen Schindelhaus in Gambier, das von einigen einzelgängerischen Intellektuellen und Schülern von John Crowe Ransom, dem berühmten Literaturkritiker und Herausgeber der *Kenyon Review*, bewohnt wurde – und rührte keinen Alkohol an. Die Ausbildung war ausgezeichnet, und obwohl die Abteilung Englische Literatur, Kenyons hervorragendste Fakultät, fünfmal soviel Personal hatte wie die chemische Abteilung, wurde ich dennoch hier zum Chemiker.

Ich war noch keine achtzehn, als ich im Herbst des Jahres 1941 in das zweitletzte Studienjahr des Kenyon College eintrat und daranging, binnen eines Jahres meinen *Bachelor* zu machen. Rein technisch gesehen war das nicht so schwierig, wie es klingt: In den nächsten zwei Semestern belegte ich möglichst viele Vorlesungen und Seminare und blieb während der Sommerferien dort, da wegen des Krieges einige Schnellkurse eingerichtet worden waren. Abgesehen von dem Wunsch, mir meinen Lebensunterhalt zu verdienen, hatte ich es auch deshalb eilig, weil die Möglichkeit bestand, daß ich nach meinem 18. Geburtstag eingezogen wurde. Ich dachte, daß ich als College-Absolvent eine bessere Chance hatte, zum Offiziersausbildungskorps zu kommen.

Das eine Semester in Missouri hatte kaum dazu gedient, die chemischen Samenkörner zu benetzen, die am Newark Junior College gesät worden waren. Das denkwürdigste Studienfach am Tarkio College wurde von einem Schüler des Parapsychologen Joseph B. Rhine gelehrt; obwohl es sich angeblich um ein Seminar in Gestaltpsychologie handelte, wurde die meiste Zeit darauf verwandt, uns davon zu überzeugen, daß außersinnliche Wahrnehmungen eine wissenschaftliche Basis haben. Aber dafür lieferte die zweiköpfige chemische Abteilung des Kenyon College den wahrhaft fruchtbaren Boden für mein chemisches Aufblühen, und zwar in Seminaren, die faktisch Privatstunden waren, da nur eine Handvoll Studenten daran teilnahmen: Walter H. Coolidge führte mich in die organische Chemie ein; Bayes M. Norton unterrichtete mich in physikalischer Chemie und war außerdem der Mann, mit dem zusammen ich mein allererstes Forschungsprojekt auf dem Gebiet der Photochemie ausführte. Als ich einige Monate vor meinem 19. Geburtstag, und mit dem Schlüssel der Studentenverbindung Phi Beta Kappa am Krawattenhalter, *summa cum laude* am Kenyon College graduierte, war ich für eine berufliche Entscheidung bereit, die mir durch einen früheren Skiunfall in Bulgarien erleichtert wurde.

In Österreich war ich ein begeisterter Skiläufer gewesen und hatte diesen Sport auch in Bulgarien in den Ausläufern der Witoscha betrieben, wo das *American College* lag. Zu der Zeit waren die Skier noch aus Holz und die Bindungen primitiv, so daß sie sich bei einem Sturz nicht automatisch lösten. Als ich eines Tages auf einer Slalomstrecke trainierte, verletzte ich mir das linke Knie. Einige Tage Ruhe, ein fester Verband und die Diagnose »Wasser im Knie« überzeugten mich davon, daß nichts Ernstes passiert war. Doch da irrte ich mich. Obwohl ich weiterhin Sportarten wie Fußball, Schwimmen und Tennis betrieb, war mein Knie, als ich am Kenyon College war, ständig geschwollen und fühlte sich immer warm an. Als ich zur Musterung erscheinen mußte, stufte mich der Militärarzt als untauglich ein, weil ich keine tiefen Kniebeugen ausführen konnte. (Drei Jahre später, gerade als ich in Madison, Wisconsin, meine amerikanischen Einbürgerungspapiere erhielt, deutete eine Biopsie meines Knies darauf hin, daß sich vermutlich, als Folge einer tuberkulösen Erkrankung während meiner Kindheit in Wien, eine chronische Entzündung des Kniegelenks entwickelt hatte; am Ende mußte ich das Knie versteifen lassen.) Während also meine Altersgenossen in den Krieg zogen, der mich in die Vereinigten Staaten verschlagen hatte, konnte ich mir den Luxus erlauben, meine beruflichen Ambitionen zu verfolgen.

Meine europäische Kindheit bei Eltern, die Ärzte waren,

hatte mich vermutlich für die Medizin empfänglich gemacht, doch erst die Lektüre von Paul de Kruifs Buch *Mikrobenjäger* in Newark verlieh der medizinischen Forschung in meinen Augen einen besonderen Zauber. Meine finanzielle Lage schloß jedoch jeden Gedanken an ein Medizinstudium aus; bevor ich an eine Fortsetzung meiner Ausbildung denken konnte, mußte ich erst einmal Geld verdienen. Bei einem Besuch bei meiner Mutter in Ellenburg Center, die zu der Zeit mit dem Arzt zusammenlebte, bei dem sie auch als Assistentin tätig war, blätterte ich in den bunten Broschüren und anderem Werbematerial, das in der Praxis des Arztes auslag. Dabei wurde mir plötzlich klar, daß die Mehrzahl der pharmazeutischen Unternehmen in New Jersey lagen, faktisch in Reichweite von Newark, meiner gefühlsmäßigen amerikanischen Heimat. Daraufhin ging ich daran, an alle Firmen in New Jersey, die ich finden konnte, Bewerbungsschreiben zu schikken. Die meisten antworteten nicht, aber eine davon, nämlich die amerikanische Niederlassung des großen Schweizer Pharmakonzerns Ciba, machte mir ein Angebot. Und so überschritt ich in Summit, New Jersey, meinen Rubikon und betrat den Boden der organischen Chemie.

Wie es der Zufall wollte, wurde ich als Jungchemiker dem Labor von Charles Huttrer zugeteilt, der ebenfalls vor Hitler aus Wien geflohen war und mich, obwohl er mindestens 20 Jahre älter war, wie einen Gleichgestellten behandelte. In weniger als einem Jahr entdeckten wir eines der ersten Antihistamine – Pyribenzamin (Tripelennamin) – durch Herstellung einer Gruppe von Verbindungen, sogenannten Ethylendiaminen, die von Rudolf L. Mayer, einem weiteren europäischen Flüchtling, pharmakologisch auf ihre potentielle Nutzanwendung untersucht wurden. Mayer hatte das Ciba-Management auch auf die Rolle des Histamins bei allergischen Reaktionen aufmerksam gemacht. Ich erschien auf der Erfinderliste meines, wie sich herausstellte, allerersten Patents und war auch einer der Mitautoren der späteren wissenschaftlichen Veröffentlichung im *Journal of the American Chemical Society* – was einem angehenden Chemiker, der noch keine zwanzig war, schon zu Kopf steigen konnte. Die Geschwindigkeit, mit der

Pyribenzamin für Hunderttausende, wenn nicht gar Millionen von Allergikern zum bevorzugten Mittel wurde, verdarb mich für längere Zeit; ich wurde ein unverbesserlicher Optimist, was den wissenschaftlichen Erfolg betraf.

Die Schweizer Muttergesellschaft, die Ciba AG in Basel, gehörte zu den ersten ganz Großen auf dem Gebiet der Steroidchemie und Medizin. Daher kam ich, obwohl ich im ersten Jahr bei Ciba ausschließlich mit Antihistaminen zu tun hatte, durch einige meiner älteren Laborkollegen auch mit Steroiden in Berührung. Außerdem las ich die Erstausgabe von *Natural Products Related to Phenanthrene*, einer technischen Abhandlung von Louis F. Fieser, einem der bekanntesten amerikanischen Organiker jener Zeit. Dieses ungeheuer lesbare Buch machte mich, mehr als jeder andere Faktor, für immer steroidsüchtig.

Mein Jahr in Summit, das ich in fröhlicher Unabhängigkeit in einer hochanständigen Pension verbrachte (wo Damenbesuch nur im Salon gestattet war), war sehr ausgefüllt. Die amerikanischen Mädchen hatte ich schon in Newark, Tarkio und Ohio entdeckt (wo ich, wenn mich nach weiblicher Gesellschaft verlangte, vom rein männlichen Kenyon College per Anhalter zu der Unzahl kleiner gemischter Colleges in Ohio fahren mußte, die von Gambier aus in ein paar Stunden zu erreichen waren), und nun setzte ich diese leidenschaftliche, aber jungfräuliche Entdeckungsreise in Summit fort. Meinen amourösen Erforschungen waren jedoch durch die Tatsache Grenzen gesetzt, daß ich weder ein Auto besaß noch Autofahren konnte, was zur Folge hatte, daß mir der Schlüssel zum typisch amerikanischen Schlafzimmer fehlte. Aber statt den Führerschein zu machen, nahm ich Cellounterricht und belegte Abendkurse in Chemie für Doktoranden, erst an der Universität New York und dann am Brooklyn Polytechnic Institute.

Ich brauchte nicht lange, um zu erkennen, daß das kein Weg zum Doktortitel war, zumindest nicht für jemanden wie mich, bei dem es schnell gehen mußte: Nach einem vollen Arbeitstag bei Ciba während der Bahnfahrt mit der Lackawanna Railroad einen Imbiß hinunterschlingen, dann mit der

Fähre von Hoboken über den Hudson nach Manhattan übersetzen und mit der U-Bahn weiter zur Universität. Den Ausschlag gab ein Professor für organische Chemie an der Universität New York, der die Hälfte seiner Seminare aufgrund von Alkoholproblemen ausfallen ließ, eine unverzeihliche Sünde in den Augen eines jungen Abstinenzlers. Die ausgefallenen Unterrichtsstunden hatten jedoch zwei positive Auswirkungen. Sie machten mir klar, daß ich ganztägig als Doktorand arbeiten mußte, und lehrten mich noch Jahre später, niemals eine meiner Vorlesungen ausfallen zu lassen.

Nach einem Jahr bei Ciba bewarb ich mich mit Erfolg um ein Forschungsstipendium der *Wisconsin Alumni Research Foundation*, das mir erlaubte, an der Universität Wisconsin in Madison zu promovieren, ohne durch eine zusätzliche Lehrtätigkeit belastet zu sein. Im Herbst des Jahres 1943 gab es in der chemischen Abteilung der Universität Wisconsin zwei junge Professoren, nämlich Alfred L. Wilds und William S. Johnson, die gerade im Begriff waren, ehrgeizige Projekte zu starten, die sich mit der Totalsynthese von Steroiden befassen sollten. Zu der Zeit war erst ein einziges Steroidhormon von Grund auf synthetisiert worden: Equilenin, ein Östrogenhormon, das im Harn von Pferden vorkommt und eine etwas einfachere chemische Struktur besitzt als menschliche Östrogene. Wilds hatte dem berühmten Bachmann-Cole-Wilds-Team angehört, dem diese Leistung an der Universität Michigan gelungen war, und ihn wählte ich als Doktorvater. Meine Dissertation stellte einen Kompromiß dar zwischen Wilds' Interesse an der Totalsynthese und meinem aufkeimenden (basierend auf Fiesers Buch und dem bei Ciba erworbenen Wissen) an der chemischen Umwandlung des männlichen Sexualhormons Testosteron in ein menschliches Östrogen. Diese Entscheidung hatte für mich erstaunlich langfristige Folgen, ebenso wie meine Bekanntschaft mit William Johnson, der letzten Endes dafür verantwortlich war, daß ich nach Stanford ging.

Ich verblüffte Wilds gleich zu Beginn mit der Ankündigung, daß ich vorhätte, innerhalb von zwei Jahren meinen Doktor zu machen. Diese Erklärung war wohl auf meine übersteigerte Meinung von den chemischen Fähigkeiten, die ich bei Ciba erworben hatte, zurückzuführen – einem zusätzlichen Jahr anspruchsvoller Labortätigkeit, wie es nicht viele Doktoranden vorzuweisen hatten. Statt dessen verwies ich auf das Studienverzeichnis der Universität Wisconsin, wo als Mindestvoraussetzung für den Erwerb des Doktorgrades sechs Semester genannt waren; diese Voraussetzung wollte ich dadurch erfüllen, daß ich die zwei Sommer über in Madison blieb. »Sechs Semester in Madison zu sein, ist zwar notwendig, aber nicht genug«, warnte mich mein angehender Doktorvater. »Noch wichtiger ist ein erfolgreiches Forschungsprojekt, und dazu braucht es Ausdauer und Glück.«

Ich hatte beides. Im Herbst des Jahres 1945 kehrte ich als amerikanischer Staatsbürger mit Doktortitel und Ehefrau für weitere vier Jahre zu Ciba zurück (die Firma hatte mich an der Universität Wisconsin mit einem zusätzlichen Stipendium unterstützt), wo ich wieder an Antihistaminen und anderen medizinischen Präparaten zu arbeiten begann. Da uns gestattet war, etwa 20 Prozent unserer Zeit für eigene Forschungen zu verwenden, konnte ich mich nebenher weiter mit Steroiden beschäftigen. Tatsächlich gelang es mir trotz des industriellen Rahmens, ziemlich viel Eigenes in der wissenschaftlichen Literatur zu veröffentlichen. Ich betrachtete diese Veröffentlichungen als ausschlaggebend, weil ich gehofft hatte, mir in der organischen Chemie einen Namen zu machen, der mir erlauben würde, auf einer höheren Ebene in die akademische Welt einzutreten. Dieses Vorhaben erwies sich als ziemlich naiv. Zu der Zeit war der Weg aus der Industrie an eine Universität größtenteils eine Einbahnstraße in der umgekehrten Richtung, auch wenn einige Chemiker das Gegenteil bewiesen hatten. Im reifen Alter von fünfundzwanzigeinhalb Jahren hatte ich fast fünf Jahre Erfahrung in der Industrie gesammelt und glaubte, für eine akademische Laufbahn bereit zu sein. Selbst heute, nachdem ich den Professorenhut seit fast vier Jahrzehnten trage, bin ich mir immer noch nicht sicher, was diesen akademischen Ehrgeiz anheizte, außer dem traditionellen in der Doktorandenzeit erworbenen Snobismus, nur die akademische Leiter führe zu aufregenderen und erhabeneren intellektuellen Höhen. Aber da ich absolut kein Glück hatte – es kam nur zu ganz wenigen Vorstellungsgesprächen und keinem einzigen Angebot seitens einer Universität –, sah ich mich in meinem eigenen industriellen Revier nach Herausforderungen um.

Die späten vierziger Jahre waren eine aufregende Zeit in der Steroidchemie, insbesondere deshalb, weil gerade erst die antiarthritischen Eigenschaften des Cortisons entdeckt worden waren. Ich brannte darauf, bei Ciba an einer verbesserten Cortisonsynthese zu arbeiten. Zum Glück bekam ich dazu nicht die Erlaubnis, da der Hauptteil dieser Arbeit bei Ciba in der Schweiz durchgeführt wurde. Als daher Martin Rubin von der Firma Schering, ein befreundeter Chemiker, dem meine Rastlosigkeit bei Ciba nicht entgangen war, mich für die freie Stelle des stellvertretenden Forschungsleiters bei Syntex in Mexico City vorschlug, lehnte ich eine Möglichkeit dieser Art nicht kurzerhand ab – so verrückt sie auch klang. Nicht nur, daß ich noch nie von Syntex gehört hatte, schon der bloße Gedanke, in Mexiko chemische Forschung zu betreiben, erschien mir absurd: »Ernsthafte« Chemie hörte doch wohl am Rio Grande auf. Als ich jedoch eine Einladung erhielt, Syntex in Mexico City zu besuchen, und zwar auf Kosten der Firma und völlig unverbindlich, nahm ich an. Ich war noch nie in Mexiko gewesen und beschloß, als Dreingabe einen touristischen Abstecher nach Havanna zu machen. George Rosenkranz, der 32jährige technische Direktor von Syntex und ebenfalls vor Hitler aus Europa geflohen, bezauberte mich sofort menschlich wie fachlich.

Rosenkranz, ein erstklassiger Steroidchemiker ungarischer Abstammung, machte mir ein verlockendes Angebot. Ich, der ich immer alleine oder mit ein bis zwei technischen Mitarbeitern gearbeitet hatte, bekam plötzlich die Möglichkeit geboten, eine Forschungsgruppe zu leiten, die eine praktische Synthese des Cortisons in Angriff nehmen und an anderen Aspekten der Steroidchemie, die mich eventuell auch interessieren würden, arbeiten sollte – und dies in überraschend gut ausgestatteten Labors. Eine neue Sprache zu lernen, schien mir ein zusätzlicher Bonus zu sein. Nichtsdestoweniger meinten meine Freunde an der Universität Wisconsin und in Harvard, als ich ihnen nach der Rückkehr in die Vereinigten Staaten die Gründe für meine Entscheidung darlegte, daß das doch nicht mein Ernst sein könne.

Ich war überzeugt, daß der beste Weg zu der akademischen Anstellung, die sich mir noch immer entzog, darin bestand, mir in der wissenschaftlichen Literatur einen Namen zu machen. Obwohl mich meine Freunde für verrückt hielten, daß ich das ausgerechnet in Mexiko versuchen wollte, spürte ich instinktiv, daß dies der richtige Ort war. Syntex und ich hatten ein gemeinsames Ziel: uns in der Naturwissenschaft einen Namen zu machen. Unser gemeinsames Anliegen – eine neue und produktivere Synthese des Cortisons aus einem pflanzlichen Rohstoff – war damals eines der aktuellsten Themen auf dem Gebiet der organischen Chemie. Ich war jung und bereit, es auf ein paar Jahre in Mexiko ankommen zu lassen – teils weil es mich reizte, in einem anderen Land zu leben und eine neue Sprache zu lernen, aber auch weil ich mir dachte, daß eine wissenschaftliche Leistung, die von einem Labor in Mexiko vollbracht wurde, bei der Veröffentlichung viel mehr Eindruck auf die akademische Welt machen mußte als eine, die aus den üblichen Labors in Nordamerika oder Europa kam.

Daher hatte ich im Grunde nur eine Bedingung, bevor ich die angebotene Stelle bei Syntex annahm, und das war, daß jede wissenschaftliche Entdeckung umgehend in den chemischen Fachzeitschriften veröffentlicht wurde. Syntex war damit einverstanden und hielt sich an diese Abmachung, und ich hatte natürlich meine eigenen guten Gründe, mich daran zu halten. Aufgrund meiner früheren Erfahrung in der Industrie verstand ich voll und ganz, daß eine Firma alle in ihren Labors gemachten Entdeckungen erst patentieren lassen mußte, bevor diese in einer Veröffentlichung abgehandelt werden konnten. Aber statt es Patentanwälten zu überlassen, ob und wann veröffentlicht werden durfte, ging Syntex genau umgekehrt vor; hier hatten Rosenkranz und ich das Sagen – was für ein Unternehmen der Pharmabranche äußerst ungewöhnlich war.

Infolge dieser Geschäftspraktik veröffentlichten wir während meiner ersten zwei Jahre bei Syntex schneller in der chemischen Literatur als jedes andere Pharmaunternehmen oder auch als manches Universitätslabor. Lange bevor Syntex unter eigenem Namen Arzneimittel auf den Markt brachte (um bei den Medizinern bekannt zu werden), war der wissenschaftliche Ruf der Firma in der Chemie bereits wohl begründet. (Zehn Jahre später, nämlich 1959, berichtete Professor Louis F. Fieser aus Harvard auf einer internationalen Steroidkonferenz über seine Analyse der Zitate in der aus dem gleichen Jahr stammenden neuesten Auflage seines Buches *Steroids*. Er hatte die abertausend Zitate gemäß ihres Ursprungs in die aus der akademischen Welt und die aus der Industrie aufgeteilt und sie dann hinsichtlich ihres institutionellen Ursprungs aufgeschlüsselt. Obwohl diese Übersicht nur zehn Jahre nach der Gründung der Forschungsabteilung von Syntex durchgeführt wurde, hatte kein Labor der Welt – weder einer Universität noch eines Industrieunternehmens – in diesem Zeitraum so viel auf dem Gebiet der Steroide veröffentlicht wie diese Firma in Mexiko. Die Chemie südlich des Rio Grande hatte also endlich das Klassenziel erreicht.)

II.

Dieses erste Jahrzehnt meines Lebens in Amerika war eine Periode der scheinbar völligen Assimilation (außer daß ich meinen Akzent nicht verlor) und der fast völligen Vertiefung in die Chemie. Aber ich war ja nicht bloß Chemiker; ich war ein jüdischer Chemiker. Damals hätte ich eine derartige Erklärung nur sehr zögernd abgegeben, denn meine jüdische Herkunft auszuposaunen (im Unterschied zu sie zuzugeben), war das letzte, wozu ich bereit gewesen wäre. In den vierziger Jahren gab es an vielen chemischen Abteilungen großer amerikanischer Universitäten kein einziges jüdisches Fakultätsmitglied, eine Tatsache, die ich ohne weiteres aktiver Diskriminierung zuzuschreiben gewillt war. Bis zum heutigen Tag kenne ich viele jüdische Kollegen meiner Generation – Fakultätsmitglieder einiger unserer berühmtesten Universitäten –, die sich weigern, das Thema ihrer jüdischen Herkunft auch nur anzuschneiden.

Jahrelang lebte ich mit der selbstauferlegen, aber selten eingestandenen Belastung, mir zu überlegen, wie ich der Frage: »Sind Sie Jude?« ausweichen konnte, ohne zu lügen; diese Frage mit typisch jüdischer Paranoia vorauszusehen und zu versuchen, dem Gespräch eine andere Richtung zu geben, während dieses Thema meinem Gegenüber womöglich nie in den Sinn gekommen wäre; und dennoch bei zahlreichen Gelegenheiten die gleiche Neugier an den Tag zu legen: »Ist *er* Jude?« Ich schien nie zu fragen, ob *sie* Jüdin war, da meine Psyche nur männliche Antisemiten gelten ließ. (Kein Wunder, daß meine drei Ehefrauen allesamt Nichtjüdinnen waren.) Obwohl ich nicht aufgehört habe, mir darüber Gedanken zu machen, ob jemand Jude ist, stelle ich fest, daß ich heutzutage mein eigenes Judentum unter Berufskollegen geradezu zur Schau stelle. Ist das der Fall, weil ich endlich gegen offenen Antisemitismus unempfindlich geworden bin oder auch weil ich erkannt habe, daß ich nicht Chemiker geworden wäre, wenn ich nicht als Jude in Wien zur Welt gekommen wäre? Ich hatte als Kind nie einen Chemiebaukasten; ich sprengte nie unseren Keller in die Luft; vor meinem 16. Geburtstag hatte ich überhaupt keine Chemie und auch kein einziges »chemisches« Idol, nicht einmal Madame Curie. Wenn ich nicht als Jude geboren worden wäre, hätte ich Wien nicht verlassen und wäre schließlich zweifellos ein österreichischer Arzt geworden – und hätte möglicherweise für Kurt Waldheim gestimmt. Doch ich bin Jude – eine Tatsache, die mir immer bewußt ist.

Daher erinnere ich mich, obwohl seither fast ein halbes Jahrhundert vergangen ist, noch an jedes Detail: die großen Ohren, die abstanden wie die eines wachsamen Hirsches; die Zahnlücke direkt über der dicken Unterlippe, deren feiste Derbheit dadurch unterstrichen wurde, daß ihr oberes Pendant faktisch fehlte; die Augen, die groß und doch irgendwie zusammengekniffen waren; das zerwühlte schwarze Haar; das schwachsinnige Grinsen, das aber auch verschlagen war; und schließlich die Nase – nach den Ohren das hervorstechendste Merkmal des Jungen.

Sein Bild befand sich mitten auf einem widerlichen Plakat, mit dem die Wände unseres Viertels bepflastert waren, nachdem die Nazis 1938 die Macht übernommen hatten. Der Kopf saß auf einem dünnen Hals, der wiederum aus einem viel zu erwachsenen Anzug herausragte. Selbst wenn das Bild in Farbe gewesen wäre, hätte man gewußt, daß das Hemd schmutzig-weiß, Jacke und Weste schwarz sein mußten. Letztere war fast bis zum Brustbein zugeknöpft, so daß nur der Knoten der schwarzen Krawatte zu sehen war. Auf eine erstaunlich prägnante Art und Weise wurde der Junge durch seine Kleidung zum hinterhältigen Hausierer abgestempelt. Die brutale Botschaft des Plakats bestand nur aus drei Worten: *Tod den Juden!*

Als ich diesem Gesicht zum zweitenmal begegnete, geschah das Anfang der vierziger Jahre in einem Zeitungskiosk im Mittleren Westen. Da ich auf jede tatsächliche oder eingebildete antisemitische Anspielung noch immer wahnsinnig empfindlich reagierte, rührte ich das Bild nicht an. Ich wußte genau, was es zu bedeuten hatte. Und in meinem Schock entging mir die Tatsache, daß die Nase dieses grinsenden Burschen ein Zwischending zwischen dreieckig und knollig und nicht ausgeprägt semitisch war.

Für die meisten Kunden des Kiosks waren die Zeitschriften und Comic-Hefte, die dieses Gesicht umgaben, bestimmt völlig harmlos und alltäglich. Für mich, der erst wenige Jahre davor auf der Flucht vor Hitlers fanatischem Antisemitismus in die Staaten gekommen war, machte diese Tarnung das Gesicht in ihrer Mitte nur um so bedrohlicher.

Damals erzählte ich keinem, was ich gesehen hatte, so wie ich ja auch kaum jemals etwas über mein früheres Leben enthüllte. Das war meine Methode, nur ja nicht aufzufallen, was selbst ohne meinen Akzent nicht allzu leicht gewesen wäre in dieser Kleinstadt im Mittleren Westen, wo ich der einzige Hitler-Flüchtling war; viele der Einheimischen waren noch nie einem Juden begegnet.

»Woher bist du?« wurde ich gefragt, kaum daß ich ein paar Sätze gesagt hatte.

»Meine Mutter lebt im Norden des Staates New York«, antwortete ich dann und erwähnte gelegentlich das Dorf an der kanadischen Grenze, wo sie arbeitete.

»Ja, aber wo bist du *her?*« wurde dann weitergebohrt. »Was für ein Akzent ist das?«

»Bulgarien«, sagte ich, wohl wissend, daß das nicht stimmte, und warf ihnen dann einen weiteren Krümel hin in der Hoffnung, ihre Wißbegierde in eine andere Richtung zu lenken. »Ich bin in Sofia auf eine amerikanische Schule gegangen.« Damit schaffte ich es gewöhnlich. Wie viele junge Leute gab es schließlich im Nordwesten Missouris, die auf das *American College* in Sofia, Bulgarien, gegangen waren?

Natürlich waren einige der Fragenden hartnäckiger. (War es meine sephardische Abstammung väterlicherseits, die mich unweigerlich veranlaßte, der harmlosen Neugier der Menschen im Mittleren Westen inquisitorische Motive aus dem Spanien des 15. Jahrhunderts zu unterstellen?) »Warum bist du nicht in Bulgarien geblieben?« (»Idiot«, hätte ich am liebsten erwidert, tat es aber nicht, weil dann Erklärungen fällig gewesen wären, die mit »ja nicht auffallen« unvereinbar waren.) »Bist du da geboren?« Wenn ich erst einmal zugab, in Wien geboren zu sein, pflegten die Fragen präziser und, was das Schlimmste war, zudringlicher zu werden. Also gebrauchte ich Ausflüchte. Nur wenn ich geradeheraus gefragt wurde: »Bist du Jude?« gab ich diese Tatsache zu und wechselte dann sofort das Thema. In Tarkio, Missouri, war ich der einzige Jude; zumindest dachte ich das bis zu dem Tag, an dem das Bild dieses Jungen mich so anzüglich aus dem Zeitungsstand angrinste.

Jahre später – vermutlich in Michigan, wo ich lehrte und wo rabiate Antisemiten wie Gerald L. K. Smith und Father Coughlin zugange waren – stieß ich wieder auf dieses Gesicht: auf der Titelseite eines Druckwerks mit dem unwahrscheinlichen Namen *MAD*. Da ich mittlerweile amerikanischer Staatsbürger geworden war, fühlte ich mich diesmal sicherer. Ich schlug die Zeitschrift auf und stellte verblüfft fest, daß sie nichts als Comics enthielt.

Obwohl ich inzwischen fünf Jahrzehnte in den Vereinigten Staaten verbracht habe, gibt es in diesem Land drei Dinge, an die ich mich bis heute nicht gewöhnen konnte: American Football, Erdnußbutter und Comics. Während meiner formativen Jahre auf dem College und an der Universität sowie zu Beginn meiner beruflichen Laufbahn beschränkte sich meine Lektüre auf eine Tageszeitung *(The New York Times)*, eine Zeitschrift *(The New Yorker)*, eine ansehnliche Menge Belletristik und literarische Prosa sowie viele Fachzeitschriften aus den Bereichen organische und medizinische Chemie. Der einzige gemeinsame Nenner dieses Sammelsuriums von Druckerzeugnissen war das völlige Fehlen von Comics. Dennoch ist es merkwürdig, daß mich Comics nie gereizt haben, wo meine berufliche Literatur doch gespickt ist mit der Piktographie chemischer Strukturen. Das Blättern in *MAD* besänftigte daher nicht meinen Argwohn, daß dies nur ein weiteres Machwerk irgendeiner antisemitischen Kabale war.

Ich war zu sehr mit anderen Dingen beschäftigt und auch zu ungeduldig, um mich in den Inhalt der Zeitschrift zu vertiefen. Der Titel schien mir bereits alles zu sagen. Dennoch zog ich diskrete Erkundigungen über dieses Titelbild ein. Zu meiner Überraschung kannte fast jeder, den ich fragte, den Namen des Jungen: Alfred E. Neuman.

»Wo kommt er her?« Nun war es an mir, diese gezielte Frage zu stellen, nur um daraufhin gesagt zu bekommen, daß das niemand wußte und daß das auch keinen interessierte. Es gab ihn einfach schon, solange meine Informanten zurückdenken konnten.

»NEWMAN?« buchstabierte ich.

»Nein«, korrigierte man mich, »NEUMAN.«

»Aha!« rief ich triumphierend aus. »Ich wußte es doch! Ein Deutscher natürlich!«

Jahrzehnte vergingen, in denen das Gesicht des Jungen in meinem bewußten Gedächtnis wieder verblaßte. Eines Tages besuchte ich Yad Vashem, die Holocaust-Gedächtnisstätte in Jerusalem. Während ich einige der vergrößerten Photos aus dieser verabscheuungswürdigsten und furchtbarsten Periode der europäischen Geschichte betrachtete, schien hie und da das Gesicht von Alfred E. Neuman aufzutauchen. Daraufhin kam ich zu dem Schluß, daß es an der Zeit war, den Ursprung des Gesichts aufzudecken, das mich nie ganz verlassen hatte.

Sobald ich wieder in Kalifornien war, ging ich zum nächsten Zeitungskiosk. »Haben Sie *MAD?*« erkundigte ich mich, ohne zu wissen, ob die Zeitschrift überhaupt noch existierte. »Dort drüben«, sagte der Mann mit einer Handbewegung. Ich traute meinen Augen nicht, als ich einen fröhlich grinsenden Alfred E. Neuman in einem Schneehasenkostüm aus einem offenen Kamin treten sah, während der Rest der Titelseite des neuesten *MAD* vom Januar 1988 vor Weihnachtsstimmung nur so triefte. Ich händigte 1,35 Dollar aus und verzog mich in eine Ecke des Ladens. Und dann las ich zum erstenmal in meinem Leben ein Comic-Heft von der ersten bis zur letzten Seite. Trotz meines tiefsitzenden Argwohns wurde mir klar, daß kein Nazi jemals etwas mit dieser Ausgabe zu tun gehabt hatte. Tatsächlich leuchtete mir nicht einmal ein, warum Kinder das Blatt lasen: Die politischen Karikaturen auf der letzten Seite, die Gary Hart und Ronald Reagan zeigten, waren raffiniert und bissig. Und zwar so sehr, daß es mich nicht gewundert hätte, sie auf der Titelseite einer radikalen Zeitschrift wie *Mother Jones* zu finden.

Ich war verwirrt: Wie war meine Erinnerung an dieses höhnische Gesicht von vor knapp 50 Jahren mit diesem netten Comic zu vereinbaren? Meine erste Begegnung mit dem Gesicht von Alfred E. Neuman in Amerika hatte in etwa im Jahre 1942 stattgefunden. Doch als ich die Redaktion von *MAD* anrief, um mich zu erkundigen, wann die erste Ausgabe erschienen war und wie ich an ein Exemplar davon kommen konnte, erhielt ich eine groteske Auskunft: Die erste Nummer von *MAD* war erst im Oktober 1952 auf den Markt gekommen. Noch absurder war die Behauptung dieser Leute, Alfred E. Neumans Gesicht und Name hätten die Titelseite von *MAD* nicht vor 1956 geziert. Hatten die Nazis die ursprüngliche Zeitschrift etwa an einen nichtsahnenden Käufer veräußert unter der Bedingung, daß der Ursprung des Druckwerks verschleiert wurde? Jedermann weiß doch, wie historische Fakten verfälscht werden. Falls *MAD* nur ein weiteres Opfer einer Geschichtsklitterung war, dann war es an der Zeit, daß ich die Tatsachen aufdeckte – wenn nicht der Öffentlichkeit zuliebe, dann zumindest meinetwegen. Zwei Wochen später flog ich nach New York und begab mich in die Madison Avenue Nr. 485, wo *MAD* damals residierte.

Die verdutzte Nachsicht, mit der mich der kleine Redaktionsstab empfing, spiegelte sich in dem genialen Durcheinander der Büros wider, in denen nach erstaunlich kurzem Suchen die gebundenen Bände der Zeitschrift ausfindig gemacht wurden, und zwar beginnend mit der ersten Ausgabe. Deren Titelseite zeigte eine verängstigte Familie; der Mann japst: »Gräßlich! Der schleimige Klumpen kommt direkt auf uns zu!«; die Frau kreischt: »Was ist das?«, und das kleine Kind zu ihren Füßen ruft aus: »Das ist Melvin!« Melvin Coznowski war, wie ich erfuhr, Alfred E. Neumans Vorgänger.

Das Gesicht, an das ich mich erinnerte, das ich seit Jahrzehnten im Kopf hatte und das mich in das New Yorker Büro von *MAD* geführt hatte, tauchte erstmals im November 1955 in *MAD* auf. Es erschien über dem Impressum der Nummer 26 (umgeben von Sokrates, Napoleon, Freud und Marilyn Monroe), aber so klein, daß es nicht einmal halb soviel Raum einnahm wie das *A* im Namen der Zeitschrift. In der nächsten Ausgabe, der Nummer 27 vom April 1956, kauerte ein etwas größerer Junge zu Füßen General Eisenhowers inmitten einer verwirrenden Menge von mindestens 60 bekannten Persönlichkeiten, von Dewey, Stevenson und Nixon bis hin zu Churchill, König Faruk und Chruschtschow. Es dauerte bis zur Dezemberausgabe des Jahres 1956, bevor das Bild Alfred E. Neumans – das berühmte von Norman Mingo stammende Porträt, das offenbar allen Amerikanern außer mir vertraut war – in einsamer Pracht die Titelseite füllte. Er war als Präsidentschaftskandidat dargestellt unter dem Slogan: »*What – Me Worry?*« (»Ich und mir Sorgen machen?«)

Die Unvereinbarkeit dieser Fakten mit meiner Erinnerung brachte mich völlig durcheinander, bis sich der erste Schimmer einer Erklärung abzeichnete. Eine frühe Leserbriefspalte, eine amüsante Sammlung penetranter und eindeutiger Sendschreiben, enthielt nicht weniger als elf verschiedene Photos von Alfred alias Was-weiß-ich, eingesandt von Lesern, die behaupteten, den Ur-Alfred zu kennen. Auf drei Bildern war das Haar sogar angeklatscht. Es hätte fast ein x-beliebiger Junge aus der Nachbarschaft sein können. Die drei schwachsinnigsten Bilder zeigten ihn mit Hüten diversester Art; der Rest begann sich meiner Vision aus Nazi-Tagen anzunähern.

Diese Briefe und viele andere faszinierende Beweisstücke befanden sich in einem dicken Ordner, der Hintergrundmaterial aus einer Copyright-Klage enthielt, die in den fünfziger Jahren gegen *MAD* eingereicht wurde. Ich sah mich plötzlich für *MAD* Partei ergreifen – meine verspätete und inzwischen liebste Einführung in die amerikanische Comic-Welt. Folglich war ich erleichtert festzustellen, daß die Zeitschrift gewonnen hatte, weil sie eine Fülle früherer Kunstwerke mit diesem Gesicht und mit Unterzeilen wie *»Me worry?«* oder *»Da-a-h. . . Me worry?«* vorlegen konnte. Es gab Verweise auf eine Veröffentlichung dieses Gesichts durch Gertrude Breton Park aus Los Angeles um das Jahr 1914; auf eine Werbung des Dental-Labors Brotman in Winnipeg im Jahre 1936; auf ein ziemlich kitschiges Buch, *Hall of Fame*, das 1943 von einem gewissen J. J. Carrick in Toronto herausgebracht wurde. Es bestand kein Zweifel, daß dieses Gesicht, zumindest was die Chronologie betraf, bereits existierte, als ich ein Teenager im Mittleren Westen war.

Ich hatte meine Rolle als Nazijäger schon fast vergessen, als ich doch noch wärmer wurde. Zwar nicht heiß und auch nicht ganz fündig, aber immerhin wärmer: eine Postkarte mit der Nazi-Version des Gesichts außer der Hakennase sowie der Unterzeile: *»Sure – I'm for Roosevelt«* (»Klar – ich bin für Roosevelt«). Auf der Rückseite stand: »Wenn Sie gegen eine dritte Amtszeit sind, dann schicken Sie diese Karte an Ihre Freunde. 15 Stück für 25 Cents. Legen Sie Münzen oder Briefmarken bei. Mengenrabatt auf Anfrage. Zu bestellen bei: Bob Howdale, Box 625, Oak Park, Illinois.«

Vermutlich hätte ich nach Chicago fliegen, alte Telephonbücher wälzen und diesen Bob Howdale aufspüren können. Vielleicht war er ein Anhänger von Father Coughlin. Aber inzwischen war mir die Lust an der Jagd nach dem echten

Alfred E. Neuman vergangen. Ich war sicher, daß weder *MAD* noch Bob Howdale imstande waren, mich die Schatten meiner Jugend vergessen zu lassen. Was meine eigene Erinnerung an Alfreds Gesicht betrifft, gibt es da eine Zeile in einem Gedicht von Bruce Bawer, die alles sagt: »Die Vergangenheit geht nicht unverfälscht in die Gegenwart über.«

KAPITEL 4

Keine Erniedrigung

DAS Telegramm vom 8. Juni 1951 trug den Namen Tadeus Reichstein, der im Vorjahr für seine Isolierung und Strukturaufklärung des Cortisons den Nobelpreis für Medizin (gemeinsam mit Hench und Kendall) erhalten hatte. Das Telegramm war von Basel nach Mexico City gesandt worden, dem damaligen Sitz der winzigen Syntex S. A. (*Sociedad Anonima*, was zu der Zeit, wörtlich übersetzt, eine durchaus passende Abkürzung war). Darauf stand nur: *Keine Erniedrigung*, was bedeutete, daß der Schmelzpunkt des authentischen Steroids, das Reichstein aus Adrenalindrüsen isoliert hatte, nicht erniedrigt wurde, wenn man es mit der synthetischen Probe vermischte, die wir in die Schweiz geschickt hatten. (1951 war die Bestimmung des »Mischschmelzpunktes« eines der Standardverfahren, um die Identität zweier kristalliner Substanzen nachzuweisen, auch wenn Sprachpuristen mit Fug und Recht fragen könnten, wie ein Schmelzpunkt denn gemischt sein kann. »Mischungsschmelzpunkt« wäre vermutlich korrekter, doch dieses Wort gehörte nicht zum gängigen Chemikerjargon). Das hieß, daß unsere unbekannte Forschungsgruppe, deren ältestes Mitglied mit 34 Jahren sieben Jahre älter war als ich, den Wettlauf »gewonnen« hatte, der in jenem Jahr in *Harper's Magazine* in folgendem atemlosen Satz beschrieben worden war: »Die neuen Methoden, Cortison herzustellen, bilden den Höhepunkt eines ungezügelten, dramatischen Wettlaufs unter Beteiligung eines Dutzends der größten amerikanischen Arzneimittelhersteller, mehrerer führender ausländischer Pharmaunternehmen, dreier Regierungen und eines größeren Aufgebots an Forschungspersonal, als je an einem medizinischen Problem seit dem Penicillin gearbeitet hat.«

Das war die Zeit des ungezügelten Optimismus, als man Cortison für ein Wundermittel zur Behandlung von Arthritis und anderen entzündlichen Krankheiten hielt. Philip Hench, einer von Reichsteins Mitpreisträgern von der Mayo-Klinik, hatte im Jahre 1949 Filme von hilflosen Arthritikern gezeigt, die Cortison bekamen und schon wenige Tage später aufstanden und tanzten. Das Problem war nur, daß Cortison knapp 200 Dollar das Gramm kostete und von einem begrenzt verfügbaren Ausgangsstoff abhängig war, nämlich von Schlachttieren. Lewis H. Sarett von der Firma Merck & Co. in Rahway, New Jersey, hatte 36 chemische Stufen benötigt, um es aus der Gallenflüssigkeit von Rindern zu isolieren. Man brauchte also dringend eine potentiell unbegrenzte Cortisonquelle. Wenn nicht mittels *Totalsynthese* – indem man ganz von vorne mit Luft, Kohle oder Erdöl sowie Wasser anfing –, dann mittels *Partialsynthese*, indem man von einem in der Natur vorkommenden Steroid ausging und es auf chemischem Wege in Cortison verwandelte. Sarett hatte die ersten paar Gramm Cortison durch eine solche Partialsynthese gewonnen – in etwa vergleichbar mit dem Umbau einer Scheune in eine Villa. Saretts Scheune war die Gallensäure, das Cortison seine Villa. Um zu verstehen, warum eine *Sociedad Anonima* in Mexiko die Tollkühnheit besaß, sich an diesem wissenschaftlichen Wettlauf auch nur zu beteiligen, ganz zu schweigen davon, ihn angesichts wesentlich potenterer internationaler Konkurrenten, sowohl aus dem universitären wie dem industriellen Bereich, auch noch zu »gewinnen«, muß man sich mit den Anfangsgründen der Steroidsprache des Chemikers bekannt machen. Im folgenden will ich versuchen, Einsteins Diktum nachzueifern: »Wir sollten die Dinge so einfach wie möglich machen, aber nicht einfacher.«

Steroid stammt aus dem Griechischen und heißt »wie ein Sterol«. Sterole oder Sterine, wie sie im Deutschen üblicherweise genannt werden, sind feste Alkohole, die in allen Pflanzen und Tieren vorkommen – am bekanntesten ist das Cholesterin, das im Menschen und anderen Wirbeltieren am reichlichsten vorhandene Sterin. Im Gegensatz zu der allgemeinen Annahme ist *Steroid* eine rein chemische Definition ohne biologische Bedeutung: Alle Steroide (und alle Sterine) sind Substanzen, die auf dem in Abbildung 4.1 gezeigten chemischen Grundskelett basieren, das aus Kohlenstoff- und Wasserstoffatomen besteht, die in vier kondensierten Ringen angeordnet sind, und das in der Nomenklatur als Perhydrocyclopentaphenanthren bezeichnet wird. Wenn sich Steroidchemiker unterhalten, brauchen sie Papier und Bleistift oder Tafel und Kreide, um sich verständlich zu machen. Kein Wunder, daß sie eine derart unpraktische graphische Darstel-

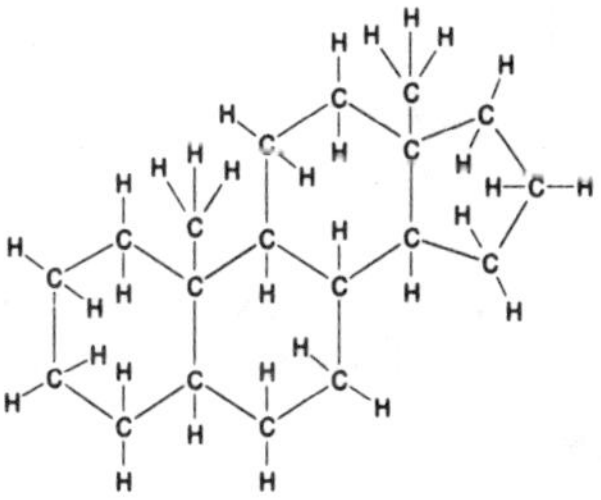

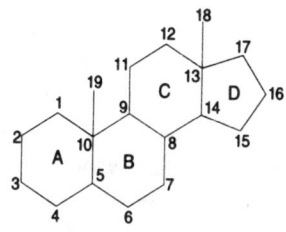

Abb. 4.1
Grundskelett der Steroide
(Perhydro-cyclopentaphenanthren)

Abb. 4.2
Verkürzte Schreibweise des
Steroid-Grundskeletts

lung vereinfacht haben, indem sie die Symbole für Kohlenstoff (C) und Wasserstoff (H) einfach weglassen und davon ausgehen, daß Kohlenstoff vierbindig ist (das heißt, daß von jedem Kohlenstoffatom vier Bindungen ausgehen). Die verkürzte Darstellung in Abb. 4.2 zeigt deutlich die drei Sechsringe (A, B, C) und einen Fünfring (D), die ein Steroid ausmachen. In dieser Schreibweise steht jede Ecke eines jeden Ringes für ein Kohlenstoffatom, dessen Vierbindigkeit durch Wasserstoffatome gesättigt wird, die nicht schriftlich angegeben sind. Die Kohlenstoffatome sind von 1 bis 19 durchnumeriert; die Atome 18 und 19 sind nicht Bestandteil eines Ringes, sondern haften als Methylgruppen an (CH_3 in Abb. 4.1).

Es gibt Abertausende von synthetischen und Hunderte von natürlichen Verbindungen, die auf diesem einfachen Steroidskelett basieren und sich in ihrer chemischen Struktur nur geringfügig unterscheiden. Diese geringfügigen Abweichungen verändern jedoch nicht nur die Zusammensetzung des Moleküls, sondern können auch zu völlig unterschiedlichen biologischen Auswirkungen führen. Viele der wichtigsten biologisch aktiven Moleküle in der Natur stellen in der Tat geringfügige Variationen des Steroid-Grundskeletts dar: die männlichen und weiblichen Sexualhormone, Gallensäuren, Cholesterin, Vitamin D, die herzaktiven Bestandteile von Digitalis, die Nebennierenrindenhormone (die mit dem Cortison verwandt sind und kurz als «Corticoide» bezeichnet werden). Die sehr unterschiedliche biologische Wirkung der Steroide – beispielsweise die Tatsache, daß eines für die sekundären Geschlechtsmerkmale des Mannes und ein anderes für die der Frau verantwortlich ist – hängt zum Teil mit dem Einbau eines dritten Elements – Sauerstoff (O) – an besonderen Stellen des Steroidskeletts zusammen. In gewisser Weise läßt sich die ganze Steroid-Bibel als ein Text betrachten, der mit Hilfe eines Alphabets aus drei Buchstaben (C, H und O) geschrieben ist, wobei die Lage des O-Atoms hauptsächlich dazu dient, die Art der biologischen Wirkung zum Ausdruck zu bringen.

Die Struktur des Nebennierenrindenhormons Cortison mit

seinen fünf Sauerstoffatomen ist in Abb. 4.3 dargestellt. Cortison war schwer zu synthetisieren, weil es im Gegensatz zu den Sexualhormonen, die nur zwei Sauerstoffatome besitzen (z. B. Progesteron, Abb. 4.4), fünf aufweist. Eines davon liegt an einem chemisch unzugänglichen Platz: in Stellung 11 von Ring C. Deshalb wählte Sarett, bei seiner *partiellen* Synthese

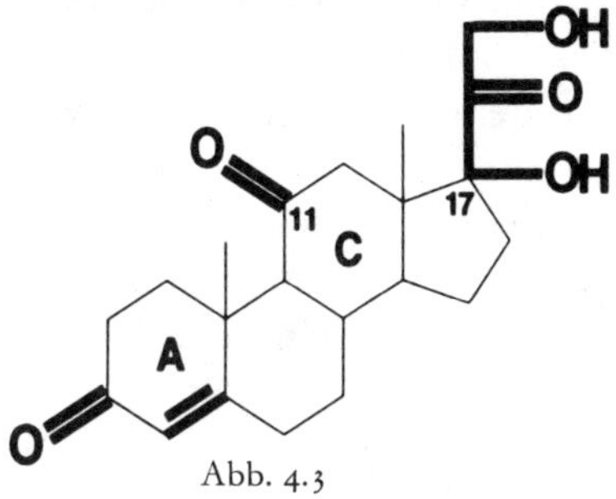

Abb. 4.3
Cortison

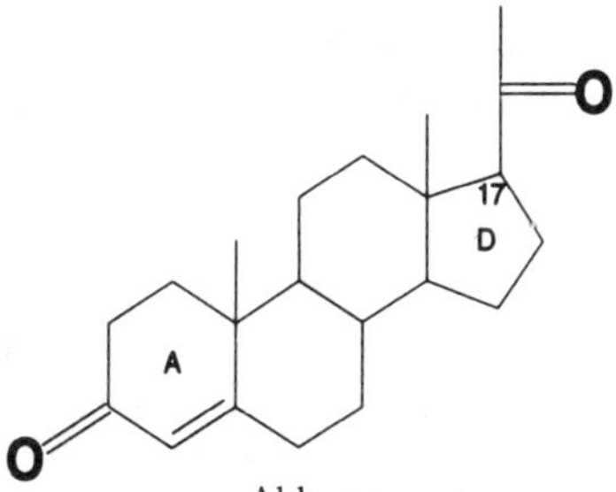

Abb. 4.4
Progesteron
(weibliches gestagenes Hormon)

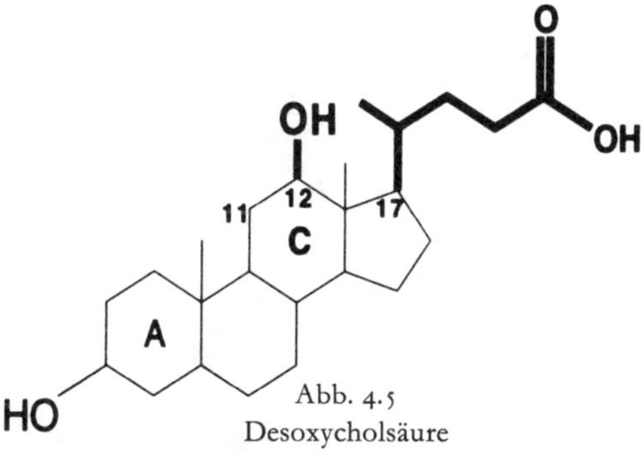

Abb. 4.5
Desoxycholsäure
(aus Rindergalle)

des Cortisons im Jahre 1944, die Gallensäure Desoxycholsäure als Ausgangsstoff. Dieses in der Natur vorkommende
Steroid wies zumindest ein an Ring C haftendes Sauerstoffatom auf, wenngleich an der falschen Stelle (C-Atom 12,
Abb. 4.5). Als erstes ging Sarett daran, das Sauerstoffatom
vom C-12 zum C-11 zu verschieben. Dann wandelte er die aus
fünf Kohlenstoffatomen bestehende »Seitenkette«, die am
C-17 der Desoxycholsäure haftet (Abb. 4.5, oben rechts), in
die aus zwei Kohlenstoffatomen bestehende Kette des Cortisons mit ihren drei Sauerstoffatomen um (Abb. 4.3, oben
rechts); und schließlich entwickelte er das für Cortison cha-
rakteristische Substitutionsmuster für Ring A. Alles in allem
benötigte er fast vierzig chemische Stufen, um zum Ziel zu
kommen. Zu der Zeit war es die längste organische chemische
Synthese, die jemals im industriellen Maßstab durchgeführt
worden war.

Der Ausgangsstoff, den unser Syntex-Team als weitaus
verfügbarere Alternative zu Saretts Gallensäure wählte, war
Diosgenin. Auf den ersten Blick scheint diese Wahl weder
chemisch noch geographisch einen Sinn zu ergeben. Die
chemische Struktur des Diosgenins (Abb. 4.6) weist zwar die
für Steroide typischen vier Ringe auf (siehe Abb. 4.2), doch
darüber hinaus ist diese Verbindung mit chemischen Anhäng-
seln befrachtet, nämlich zwei weiteren Ringen (E und F in
Abb. 4.6), die am C-16 und C-17 haften. Diosgenin war jedoch der Zweck der wenige Jahre zuvor erfolgten Gründung
von Syntex gewesen. Ende der dreißiger und Anfang der

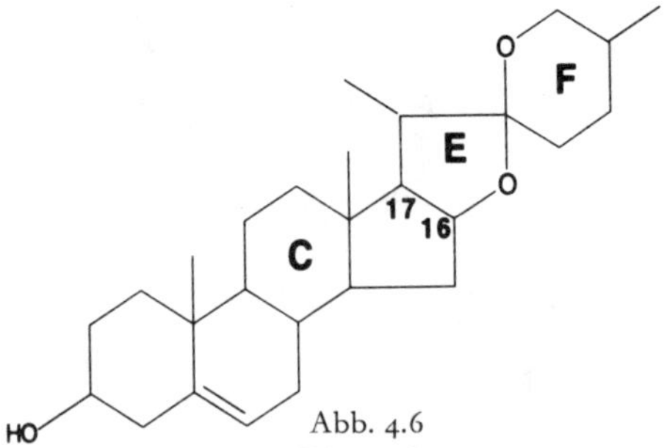

Abb. 4.6
Diosgenin
(aus mexikanischer Yamswurzel)

vierziger Jahre untersuchte Russell E. Marker, ein brillanter, aber unorthodoxer Professor für Chemie an der Pennsylvania State University, eine spezielle Gruppe von Steroiden, genannt Sapogenine. Das sind Pflanzenstoffe, deren Name darauf zurückgeht, daß sie in Verbindung mit Zuckern (sogenannten *Saponinen*) in wäßrigen Lösungen seifenartige Eigenschaften an den Tag legen. Die Eingeborenen Mexikos und Mittelamerikas, wo saponinhaltige Pflanzen in großer Zahl wild wachsen, hatten sie schon seit langem dazu benutzt, um Wäsche zu waschen und Fische zu töten. Marker konzentrierte sich auf die Chemie des Steroid-Sapogenins Diosgenin, das in bestimmten Arten ungenießbarer Yamswurzeln vorhanden war, die in Mexiko wild wuchsen. Er entdeckte eine verblüffend einfache Methode, mittels derer die beiden komplexen Ringe E und F (die aus unserer Sicht molekularer Schrott waren) in eine Substanz abgebaut werden konnten, die sich dann problemlos auf chemischem Wege in das weibliche Sexualhormon Progesteron umwandeln ließ. Da es Marker nicht gelang, einen amerikanischen Pharmakonzern von dem kommerziellen Potential des Diosgenins zu überzeugen, gründete er 1944 in Mexiko eine kleine Gesellschaft namens Syntex (aus *Synt*hese und Me*x*iko) zusammen mit Emeric Somlo und Federico Lehmann – zwei europäischen Immigranten, denen ein örtliches pharmazeutisches Unternehmen namens *Laboratorios Hormona* gehörte, das aus Drüsenextrakten gewonnene Hormone wie Progesteron verkaufte. Einige Monate später begann Syntex, anderen Pharmaunternehmen reines, kristallines Progesteron zu verkaufen, das durch *Partialsynthese* in fünf Stufen aus Diosgenin hergestellt wurde.

Ein Jahr später hatten sich die Partner zerstritten, und Marker verließ die Firma. Zu Beginn seiner akademischen Laufbahn hatte er, noch an der Pennsylvania State University, bereits eine wissenschaftliche Beschreibung seiner chemischen Verfahren im *Journal of the American Chemical Society* veröffentlicht, und da niemand seine Entdeckungen in Mexiko zum Patent angemeldet hatte, stand die kommerzielle Herstellung von Progesteron aus Diosgenin jedermann in diesem Lande frei. Somlo und Lehmann sahen sich nach einem anderen Chemiker um, der die Progesterongewinnung aus Diosgenin bei Syntex wiederaufnehmen sollte, und rekrutierten Dr. George Rosenkranz aus Havanna. Rosenkranz, der wie Somlo aus Ungarn stammte, war einige Jahre davor nach Kuba immigriert, nachdem er in der Schweiz bei dem Nobelpreisträger Leopold Ruzicka (einem der Giganten der frühen Steroidchemie) promoviert und dort auch Markers Veröffentlichungen gelesen hatte. Keine zwei Jahre später hatte Rosenkranz bei Syntex nicht nur die Progesterongewinnung aus Diosgenin in großem Maßstab wieder in Gang gebracht, sondern hatte auch, was noch wichtiger war, die großangelegte Synthese des kommerziell wertvolleren männlichen Sexualhormons Testosteron aus den gleichen mexikanischen Yamswurzeln erreicht. Beide Synthesen waren soviel einfacher als die Verfahren, die von europäischen Pharmakonzernen wie Ciba benutzt wurden, die damals das Feld der Steroidhormone beherrschten, daß der Winzling Syntex schon nach kurzer Zeit das internationale Hormonkartell aufbrach. Das hatte beträchtlich niedrigere Preise und eine stark gestiegene Verfügbarkeit dieser Hormone zur Folge. Ende der vierziger Jahre fungierte Syntex als Grossist für Pharmaunternehmen auf der ganzen Welt, doch außerhalb dieser Firmen wußten wenige von der Existenz dieses kleinen chemischen Betriebs in Mexico City, der schon bald die Steroidchemie und die Steroidindustrie überall auf der Welt revolutionieren sollte.

II.

In den Augen unserer europäischen und amerikanischen Konkurrenten im Wettlauf zum Everest der Organiker, also zur Cortison-Synthese, war unsere Mannschaft ein bunt zusammengewürfelter Haufen. Unser chemisches Basislager war ausschließlich mit jungen Mexikanerinnen besetzt, die bestenfalls Volksschulbildung hatten und zunächst von Marker und später von Rosenkranz angelernt worden waren, Progesteron und das männliche Sexualhormon Testosteron herzustellen.

Als *gringo*, der erst eineinhalb Jahre davor dazugestoßen war, um die Position des stellvertretenden Leiters der chemischen Forschung zu übernehmen, fand ich das ziemlich merkwürdig, aber ich lernte schon bald die Vorzüge dieser Arbeiterinnen gegenüber den in den USA anzutreffenden Laborassistentinnen mit High-School- oder Collegeabschluß zu schätzen. Durch eine Mischung aus Nachahmung und Osmose hatten sich unsere mexikanischen Arbeitskräfte die notwendigen chemischen Prozesse angeeignet, und wenn sie dieses Wissen erst einmal verinnerlicht hatten, wurden die gewünschten chemischen Substanzen stets pünktlich geliefert. Ihre gelegentlichen Improvisationen waren erfrischend originell. Eine Frau namens Teodora (deren Nachname mir stets unbekannt blieb gleich dem von Heiligen), zu deren Aufgaben es gehörte, bestimmte Stufen bei der Synthese eines wichtigen Zwischenprodukts auszuführen, schaffte es irgendwie, jedes Mal genau die gleiche Ausbeute – sagen wir 82 Prozent – zu erreichen, wenn sie diese Reaktion durchführte. Selbst der erfahrenste Organiker rechnet damit, von Versuch zu Versuch abweichende Ergebnisse zu erhalten. Schwankungen zwischen 77 und 85 Prozent wären in diesem Fall völlig akzeptabel gewesen. Wir brauchten Monate, um hinter Teodoras Geheimnis zu kommen: Wenn sie bei einer Reaktion eine Ausbeute von 85 Prozent erreichte, versteckte sie die überschüssigen drei Prozent in ihrer Schublade. Wenn sie bei einer späteren Wiederholung nur 80 Prozent der erwarteten Ausbeute erzielte, gab sie die fehlenden zwei Prozent aus ihrem Geheimvorrat dazu.

Die Sherpas, die das Versorgungsmaterial in die vorgeschobeneren Lager trugen, waren wiederum größtenteils Frauen, und zwar Studentinnen von der riesigen Universität Mexiko, wo die chemische Ausbildung zu der Zeit ziemlich schlecht war. Was den Studentinnen an formaler Vorbereitung fehlte, machten sie jedoch durch ihre angeborene Intelligenz und das Verlangen wett, Erfolg zu haben. Um graduieren zu können, mußten sie unter anderem eine Diplomarbeit vorlegen und durften die dazu erforderlichen Forschungsarbeiten bei Syntex durchführen – unter unvergleichlich günstigeren Bedingungen als in den mexikanischen Universitätslabors jener Zeit. Dies waren vermutlich die ersten Diplomarbeiten von mexikanischen Studenten, die in der internationalen chemischen Literatur wie dem *Journal of the American Chemical Society* oder dem *Journal of Organic Chemistry* veröffentlicht wurden.

Unsere Bergkameraden beim Gipfelsturm waren alles Männer. Octavio Mancera, der einzige Mexikaner seiner Generation mit einem Doktortitel in organischer Chemie, hatte an der Universität Oxford bei einem der größten Organiker aller Zeiten, bei Sir Robert Robinson, promoviert. Ein zweiter Mexikaner, der verstorbene Jesus Romo, wurde später einer der führenden Professoren des *Instituto de Quimica* der Universität. Juan Pataki, ein ungarischer Flüchtling wie Rosenkranz, hatte in der Schweiz studiert.

Rosenkranz und ich, die Expeditionsleiter, unternahmen gelegentlich Erkundungsgänge, um die kürzeste chemische Route zum Gipfel zu finden. Fast vierzig Jahre danach lächeln wir noch immer voller Stolz, wenn wir uns an jenen Sonntag vormittag erinnern, an dem wir beide die leeren Labors betraten, um zum erstenmal eine Reaktion auszuprobieren, mit der unser Versuch begann, Ring A des Cortisons zu bilden (siehe Abb. 4.3, unten links). Sogar der Tortilla-Stand auf der anderen Straßenseite, an dem sich unter der Woche die Angestellten in der Mittagspause drängten, war geschlossen.

Dies war die erste Komponente unseres dreizinkigen Vorstoßes. Die zweite – der Abbau der beiden zusätzlichen Ringe E und F (siehe Abb. 4.6) des Diosgenins und der Aufbau der in Stellung 17 haftenden und aus zwei Kohlenstoff- und drei Sauerstoffatomen bestehenden Seitenkette des Cortisons (siehe Abb. 4.3) – war verzwickt und voller Hindernisse. Nichtsdestoweniger gab es in der chemischen Literatur Beispiele für die verschiedenen Arbeitsgänge, so daß dieser Teil von der Gruppe unter Patakis Kommando rechtzeitig abgeschlossen wurde. Die wahre *terra incognita* war die Einfügung eines Sauerstoffatoms in Stellung 11 von Ring C des Cortisons. Einige Jahre davor hatte Sarett etwas Ähnliches mit Hilfe einer lateralen Bewegung erreicht: In etwa einem halben

66

Dutzend Stufen war es ihm gelungen, das Sauerstoffatom aus Stellung 12 seiner Gallensäure (Abb. 4.5) auf das benachbarte Zentrum in Stellung 11 zu verlagern. Wir hatten uns ein sehr viel ehrgeizigeres Ziel gesetzt, ähnlich wie Arbeitsgruppen in Europa und in den USA: den Einbau eines Sauerstoffatoms in Ring C einer Vorstufe, die in diesem Ring keinerlei Sauerstoffatome aufwies. Diosgenin aus mexikanischen Yamswurzeln stand so reichlich zur Verfügung, kostete so wenig und der Abbau der Seitenkette zu einem nützlichen Steroidhormon-Zwischenprodukt war so einfach, daß wir es darauf ankommen ließen und fast alle unsere intellektuellen und materiellen Ressourcen auf diesen Teil des Problems ansetzten.

Dies war der Bereich, in dem ich persönlich die meiste Zeit verbrachte und in dem wir auf unsere einzige Unterstützung von der anderen Seite des Rio Grande zählen konnten, nämlich auf Gilbert Stork, der wie Rosenkranz und ich aus Europa emigriert war, im gleichen Semester wie ich an der Universität Wisconsin studiert hatte und dann Dozent in Harvard geworden war. Ich hielt ihn für einen der intelligentesten amerikanischen Organiker und hatte Syntex dazu bewegt, ihn kurz nach meinem Umzug nach Mexiko als Berater anzuheuern. Stork flog alle drei bis vier Monate für einige Tage nach Mexico City und wurde so zu unserem Geheimdienst in der Außenwelt. Aus heutiger Sicht fällt es vermutlich schwer, sich die Einsamkeit des Wissenschaftlers in Mexiko Anfang der fünfziger Jahre vorzustellen oder sich auszumalen, wie lange wissenschaftliche Fachzeitschriften brauchten, um uns zu erreichen. Ferngespräche zwischen Mexico City und Cambridge, Massachusetts – mit atmosphärischen Störungen, Rauschen und plötzlich toten Leitungen – ähnelten Funkverbindungen im Himalaya. Nach einem besonders aufregenden Telefongespräch über chemische Dinge war ich vor lauter Brüllen oft heiser, und die Ohren taten mir weh – das eine vom Druck des Hörers, das andere vom Druck des rechten Zeigefingers, den ich in das Ohr steckte in dem vergeblichen Versuch, Außengeräusche zu eliminieren.

Als wir uns dem Gipfel näherten, als die chemischen Hindernisse – einschließlich der Auswirkung der dünnen Luft von Mexico City auf den Verlauf bestimmter chemischer Reaktionen – überwunden waren und wir uns für den letzten Ansturm rüsteten, gingen wir zum Zwei-Schicht-Betrieb über. Das ist in chemischen Fabriken nichts Ungewöhnliches, aber in der Forschung deuten Anweisungen wie »unter Rückfluß über Nacht kochen«, »24 Stunden rühren» oder »48 Stunden extrahieren« im allgemeinen darauf hin, daß der Laborchemiker nachts schläft oder sich den Sonntag oder auch das ganze Wochenende freigenommen hat. Doch in dieser Periode Anfang des Jahres 1951 überredeten wir unser Team, sich einer Zellteilung in zwei Gruppen zu unterziehen, deren eine von 8 bis 17 Uhr, die andere von 16 Uhr bis Mitternacht arbeitete. Die einstündige Überlappung war nötig, damit die erste Gruppe das Tagesprotokoll übergeben konnte und damit die zweite planen konnte, wie sich Reaktionen ohne die üblichen »Über-Nacht«-Rezepte fortsetzen ließen.

Gilbert Stork half nicht nur bei der Planung der chemischen Strategie, sondern informierte uns auch telefonisch über relevante wissenschaftliche Artikel, die schon in der Zeitschriftenabteilung der Bibliothek von Harvard auslagen, lange bevor sie Mexiko erreichten. Außerdem war er uns behilflich, einen verständnisvollen Informanten (Deckname »Flash« – Blitz) zu rekrutieren, einen Harvarder Doktoranden, der mit einer bildschönen mexikanischen Chemikerin verlobt war. Wie Woodward und Bernstein von der *Washington Post* hatten also auch wir unseren »Maulwurf«, nur daß unser Weißes Haus die Harvard-Universität und unser Nixon nicht mit ruchlosen Machenschaften beschäftigt war. Es handelte sich vielmehr um Robert Burns Woodward, damals Professor für organische Chemie in Harvard und heute anerkanntermaßen der führende amerikanische Synthetiker dieses Jahrhunderts. Und auch an unserem Verlangen nach Informationen war nichts Ruchloses. Wir arbeiteten damals an einem völlig anderen chemischen Verfahren als Woodward. Wir wollten nur wissen, wie nahe seine Gruppe dem Ziel war. Das gleiche galt für unser Interesse am Team von Louis Fieser, einem weiteren Harvard-Professor, der sich ebenfalls darum bemühte, ein Sauerstoffatom in die schwer zugängliche Stellung 11 einer »nackten« Steroid-Vorstufe einzubauen.

Unsere Teilnahme am Cortison-Wettlauf war kein Geheimnis. Daß wir Konkurrenten waren, hatten wir durch das altbewährte wissenschaftliche Äquivalent eines Expeditionskommuniqués bekanntgegeben, nämlich in Form einer *Communication to the Editor* im *Journal of the American Chemistry Society*. Diese äußerst renommierte chemische Fachzeitschrift, allgemein *JACS* genannt, nimmt zwei Arten von Veröffentlichungen an. Die üblichen Aufsätze, samt experimentellen Einzelheiten und ohne Seitenlimit, werden mindestens zwei und manchmal sogar bis zu vier anonymen Gutachtern zur Begutachtung vorgelegt, die der Chefredakteur der Zeitschrift auswählt. Anfang der fünfziger Jahre dauerte es vom Tag des Eingangs an über ein halbes Jahr, bis ein durchschnittlicher Artikel die Gutachter und Redakteure zufriedengestellt hatte und zur Veröffentlichung gelangte; Zeitspannen von mehr als einem Jahr waren keine Seltenheit. Eine zweite und besonders renommierte Form der Veröffentlichung ist die *Communication to the Editor*. Sie ist auf eintausend Worte oder den entsprechenden Umfang an Tabellen und Formeln begrenzt, und ihr Thema muß wichtig, zeitgemäß und neu sein. Experimentelle Einzelheiten lassen sich auf derart engem Raum kaum unterbringen, aber selbst eine *Communication* muß so viel an Information liefern, daß ein Fachmann den Versuch bewerten kann. Das Gutachterverfahren ist besonders streng – von vier eingereichten *Communications* erscheint bestenfalls eine im Druck –, aber dafür wird der gesamte Veröffentlichungsprozeß stark beschleunigt.

Der wahre Grund für *Communications* liegt darin, die Priorität zu begründen, also der Konkurrenz zuvorzukommen, doch in unserem Fall war die Bekanntgabe teilweiser Fortschritte bei Cortison an mehreren chemischen Fronten auch eine Möglichkeit, unsere wissenschaftliche Glaubwürdigkeit zu begründen. Abgesehen von Markers Arbeit – die im Grunde weder Mexiko noch den Mexikanern zugeschrieben wurde – war in der internationalen chemischen Literatur noch nie eine bedeutende Forschungsarbeit auf dem Gebiet der organischen Chemie erschienen, die in Mexiko ausgeführt worden war.

Aber im Frühjahr 1951 nahm jedermann zumindest *einen* mexikanischen Coup ernst. Bis dahin hatte unser Syntex-Team eine *Communication* im *JACS* veröffentlicht, die eine originelle Methode – »Oxidation von 7,9(11)-Dienen mit Peroxyameisensäure, gefolgt von Basenisomerisierung der resultierenden Epoxyketone«, wie es in der exakten, wenn auch allgemein unverständlichen Sprache des Steroidchemikers hieß – beschrieb, die sterisch gehinderte Sauerstoff-Funktion in Stellung 11 eines »nackten« Rings C einzubauen. Eine weitere *Communication* behandelte unsere Entdeckung eines neuartigen Weges, um zu der charakteristischen Struktur von Ring A des Cortisons oder anderer Hormone wie Progesteron zu gelangen, und dies von einem Zwischenprodukt aus, das für steroidale Sapogenin-Vorläufer wie Diosgenin (Abb. 4.6) besonders geeignet war. Im Sinne meiner Ausgangsmetapher hieß das: Wir hatten öffentlich bekanntgegeben, daß wir wußten, wie man eine moderne Heizung und sanitäre Anlagen in einer Scheune installiert, ohne Decken oder Wände zu beschädigen; wir hatten gezeigt, wie man Balkone an Scheunen jeglicher Art anbringt, Heuböden in Schlafzimmer verwandelt, ein neues Dach konstruiert, ohne die Balken und Sparren abzubauen. Und wir waren bereit, dieses Wissen bei unserer spezifischen Scheune anzuwenden und sie in das wunderschöne Wohnhaus zu verwandeln, das die Pläne des Architekten zeigten, so daß der ursprüngliche Bau nicht wiederzuerkennen war – obwohl er die tragenden Teile und das Balkenwerk des neuen Gebäudes lieferte.

In diesem Stadium gingen wir zum Schichtbetrieb über, der zu den synthetischen Kristallen führte, die an Reichstein in der Schweiz geschickt wurden. Nur wenige Stunden nach Ankunft des *Keine-Erniedrigung*-Telegramms schrieb ich den ersten Entwurf unserer *Communication* mit dem Titel »Synthese des Cortisons«. Nachdem Rosenkranz und Pataki ihre Kommentare dazu abgegeben hatten, sandten wir den Artikel an die Universität Rochester, wo sich die neuen Redaktionsräume des *JACS* befanden. Eilzustellungen über Nacht gab es damals nicht; die in Propellermaschinen beförderte Luftpost aus Mexiko war nicht besonders zuverlässig, aber da Einschreiben ein paar Tage länger dauerten, setzten wir auf die Luftpost. Nun konnten wir nichts weiter tun als warten. Rosenkranz und seine Frau reisten nach Texas zu einem internationalen Bridge-Turnier (im Laufe der Zeit wurde er zu einem Meister olympischen Ranges und Autor von acht Büchern über Bridge); meine Frau und ich fuhren nach Chiapas, um die präkolumbianischen Ruinen von Palenque zu erkunden, eine der schönsten Stätten der klassischen Maya-Zeit und damals nur unter Schwierigkeiten zu erreichen.

Einige Tage nach unserer Rückkehr und noch bevor wir aus Rochester eine Bestätigung über den Eingang unserer *Communication* erhalten hatten, traf bei mir zu Hause ein beunruhigendes Telegramm unseres Harvarder Maulwurfs ein. Datumsstempel und Ankunftszeit – 8. Juli, 7.41 Uhr – sind auf meiner Kopie noch deutlich zu erkennen:

Woodward Donnerstag Cortison beendet. Schreibt Aufsatz Titel Totalsynthese des Cortisons. Überläßt nichts der Phantasie und Intelligenz des Lesers. Auf seinem Schreibtisch Zettel gesehen Zitat Bliss informieren, daß Gates sagt, die Ausgabe soll ein bis zwei Tage zurückgehalten werden Zitat Ende. Bedeutung mir nicht klar. Mit Fieser abgesprochen gleichzeitig zu publizieren. Empfehle euch Titeländerung. Flash.

Nun wußten wir, daß unsere beiden Harvarder Konkurrenten – Woodward und Fieser – das Ziel nur wenige Wochen nach uns erreicht hatten. Der zweite und dritte Satz des Telegramms bezogen sich hauptsächlich darauf, anderen immer eine Nasenlänge voraus sein zu wollen. Woodwards Gruppe war in Wahrheit gar keine *Totalsynthese* des Cortisons gelungen; sie hatten in Wahrheit gar keine Villa von Grund auf gebaut. Sie hatten nur eine *formale Totalsynthese* beendet – den Aufbau einer Cortison-Vorstufe, einer Scheune, die von Fieser in ein weiteres Zwischending (sagen wir ein so eben bewohnbares Haus) umgewandelt worden war und schließlich von anderen Arbeitern in die Cortison-Villa. Im *formalen* Sinn war Woodwards Gruppe tatsächlich die Totalsynthese des Cortisons gelungen, und zumindest ich konnte ihnen keinen Vorwurf daraus machen, daß sie aus dieser Leistung ein Höchstmaß an Publicity herausschlagen wollten. (Woodward zitierte häufig die Redensart: »Keine Publicity ist schlechte Publicity!«)

Beunruhigender dagegen war der Satz: »Bliss informieren, daß Gates sagt, die Ausgabe soll ein bis zwei Tage zurückgehalten werden.« Wir, die wir unsere *Communication* einige Wochen früher eingesandt hatten, wußten nicht einmal, ob unser Manuskript angenommen worden war; Woodward und Fieser, die ihre Aufsätze noch schrieben, hatten bereits dafür gesorgt, daß sie in einer Ausgabe des *JACS* erschienen, die ihretwegen zurückgehalten wurde. Es war klar, daß die Aufsätze aus Harvard nicht dem üblichen Gutachterverfahren unterworfen würden und daß die Harvarder Gruppe vom Eingang unseres eigenen Manuskripts erfahren hatte. Da mußte man sich doch zwangsläufig Gedanken über den übermächtigen, geradezu inzestuösen Einfluß machen, den das chemische Establishment von Harvard auf das *JACS* ausübte! Der vorhergehende Chefredakteur, Arthur Lamb, war Professor für Chemie in Harvard gewesen; als er sich zur Ruhe setzte, ging die Position des stellvertretenden Chefredakteurs für organische Chemie an Marshall Gates von der Universität Rochester über. Gates hatte in Harvard studiert und bei Louis Fieser promoviert, einem der Harvarder Teilnehmer am Cortison-Wettlauf – aber Lambs leitender Chefredakteur, Allen Bliss, blieb in Harvard. Robert Burns Woodward, unser stärkster akademischer Konkurrent, war Professor in Harvard; Max Tishler, der für die Forschung verantwortliche Vizepräsident von Merck und Leiter des dortigen Cortison-Teams, war selbst Harvard-Absolvent und hatte enge Beziehungen zu Fieser. Einige Tage lang wurden wir von einer Woge der Paranoia niedergedrückt. Obwohl ich ein *gringo* war, kam ich mir plötzlich wie ein einheimischer Mexikaner vor – mißbraucht und diskriminiert von den Yankees droben im Norden. Selbst heute, vier Jahrzehnte danach, spüre ich noch, wie meine Nebennieren zu arbeiten beginnen.

Am Ende erschienen im *JACS* vom August 1951 nicht weniger als vier *Communications to the Editor*, die unterschiedliche synthetische Annäherungen an Cortison behandelten.

Unsere war am 22. Juni eingetroffen (jeder *JACS*-Artikel weist das Eingangsdatum des Manuskripts auf), Woodwards und Fiesers am 9. Juli und die der Merck-Gruppe am 13. Juli. Trotz seiner unleugbar exzellenten Leistung und Sachkenntnis hatten wir das Gefühl, daß das Merck-Team sich offenbar alles erlauben konnte. Die beiden letzten Stufen ihrer Cortison-Synthese setzten nämlich »ein später noch zu beschreibendes Verfahren« voraus. Natürlich konnte kein Chemiker eine derartige Verlautbarung beurteilen oder reproduzieren; man mußte sie einfach auf Treu und Glauben hinnehmen – was unter normalen Umständen im Rahmen der Veröffentlichungspraktiken des *JACS* unzulässig gewesen wäre.

Ich führe diese Details an, um die Sensibilität einer kleinen, in der chemischen Wüste von Mexiko arbeitenden Forschungsgruppe zu veranschaulichen, die das Gefühl hatte, daß *ihr* derartige Sonderrechte *nie* eingeräumt worden wären: *Quod licet Jovi, non licet bovi* (Was Jupiter erlaubt ist, ist nicht dem Ochsen erlaubt). Doch die Anstrengungen in einer naturwissenschaftlichen Einöde hatten auch ihre Vorteile, da sie besondere Aufmerksamkeit auf unsere Leistungen lenkte.

Life Magazine brachte ein riesiges Photo von uns: Rosenkranz, Stork und ich in Jackett und Krawatte, der Rest unseres Teams (Octavio Mancera, Jesús Romo, Juan Pataki, Juan Berlin, Rosa Yashin, Mercedes Velasco, Alexander Nussbaum und Enrique Batres) in blütenweißen Labormänteln um einen funkelnden Glastisch gruppiert und wie gebannt auf eine riesige Yamswurzel starrend, die das daneben liegende Molekularmodell des Cortisons schier erdrückt. Rosenkranz hält ein Reagenzglas in der Hand, das fast bis zum Rand mit weißen Kristallen gefüllt ist – das Äquivalent des Chemikers für die Fahne des Bergsteigers auf dem Gipfel des Mount Everest. Dem Photographen zuliebe war das Reagenzglas mit Natriumchlorid gefüllt worden, weil wir zu der Zeit erst wenige Milligramm Cortison synthetisiert hatten. Über dem Bild stand als Schlagzeile »CORTISON AUS RIESENYAMSWURZEL« und als Unterzeile »*Wissenschaftler (Durchschnittsalter 27) entdecken großen Nachschub in mexikanischer Knolle*«. *Newsweek* hatte *Life* sogar um eine Woche geschlagen. (Unterstelle ich den Medien etwa Prioritätsbesessenheit, um zu beweisen, daß wir Wissenschaftler nicht die einzigen sind, die daran leiden?) Hier lautete die Schlagzeile »SYNTHETISCHES CORTISON – AUS YAMSWURZELN!«, gefolgt von weiterem Balsam für die schnell heilenden Wunden, die uns unsere von Yankees ausgelöste Paranoia geschlagen hatte: »Unerwarteterweise wurde der Cortison-Wettlauf von Syntex, Inc., in Mexico City gewonnen . . .« Das Zitat jedoch, das wohl unserem ganzen Team das Gefühl gab, in vollem Umfang gewürdigt zu werden, erschien in der Septemberausgabe von *Harper's Magazine*, ein letzter Luftstoß des Blasebalgs in die flackernde Flamme unseres Stolzes:

> *Wie wohl keine andere Entwicklung der jüngsten Zeit unterstreicht es [Cortison] . . . auch einen entscheidenden Punkt, der in einer Periode des großen finanziellen Aufwands oft übersehen wird. Nicht große Forschungsetats führen zu großen Entdeckungen, sondern große Geister . . . Abschließend ist hervorzuheben, daß der Spitzenreiter in diesem Rennen eine Chemiefabrik im angeblich rückständigen Mexiko war.*

III.

Was ich hier geschildert habe, sollte die kompetitiven Aspekte der wissenschaftlichen Forschung illustrieren; aber es verrät nichts von der Kollegialität und der gegenseitigen Wertschätzung, die selbst erbitterte Konkurrenten genau wie Sportler oder Bergsteiger an den Tag legen, wenn erst alles vorbei ist. Im Sommer darauf fand in New Hampton, einem kleinen Ort mitten in New Hampshire, eine *Gordon Conference* statt, auf der es ausschließlich um das Thema Steroidchemie ging. Gordon-Konferenzen sind prestigeträchtige fünftägige Forschungsseminare in ganz speziellen Disziplinen und auf weniger als hundert Teilnehmer begrenzt, die dort nichts anderes tun, als sich Tag und Nacht mit wissenschaftlichen Fragen zu beschäftigen. Die Vormittage und Abende sind bei Gordon-Konferenzen dem Wettbewerb und der Selbstdarstellung gewidmet: der Präsentation der neuesten wissenschaftlichen Errungenschaften des einzelnen vor einem Stall voll Kollegen, die

Zustimmung und Zweifel unterschiedlichen Grades äußern. Sogar die Adjektive, die man zur Beschreibung der Arbeit eines Konkurrenten verwendet, werden sorgfältig gewählt: »solide« ist abschätzig gemeint, während »nützlich« einer Verurteilung gleichkommt; »brillant« ist die Standardanerkennung; es braucht schon Kombinationen wie »messerscharf«, um einen aufmerken zu lassen. Die Nachmittage, die man gewöhnlich am Ufer des Winnipesaukee-Sees verbringt, sind dem kollegialen Gedankenaustausch gewidmet. Manch eine wissenschaftliche Zusammenarbeit wurde schon ausgebrütet, während die Chemiker an diesem See Moskitos totschlugen.

Alle Cortison-Konkurrenten – die vier, die den Gipfel bereits erreicht hatten, und die anderen, die noch ein Stück zu klettern hatten – waren bei dieser Konferenz anwesend, zusammen mit anderen Chemikern und Biochemikern, die aktiv in der Steroidforschung tätig waren. Eines Nachmittags sprachen die Leiter der diversen Cortison-Teams über die Ereignisse des zurückliegenden Jahres. Unser Konkurrenzdenken und unsere Paranoia waren vergessen. Schließlich war die Syntex-Gruppe dem exklusiven Club inzwischen beigetreten: Eine zweite *Communication* von uns, die sich mit der Synthese des Cortisons aus Hecogenin befaßte (ein weiteres Steroid-Sapogenin, das Marker vor Jahren aus dem bei der Sisalherstellung anfallenden Saft isoliert hatte), hatte die Redaktionsmaschinerie des *JACS* ohne ein einziges Gutachten durchlaufen. Die Struktur des Hecogenins (Abb. 4.7) war ganz anders als

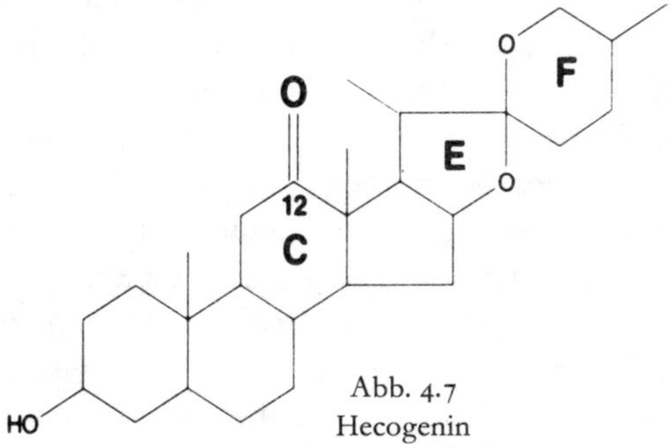

Abb. 4.7
Hecogenin
(aus Sisalabfällen)

75

die des Diosgenins (Abb. 4.6) – sie ähnelte eher der der Gallensäure (Abb. 4.5) –, da sie in Ring C ein Sauerstoffatom besaß. Es war uns gelungen, eine partielle Synthese des Cortisons aus eben diesem industriellen Abfallprodukt zu entwikkeln, ein Verfahren, das in der Folge von dem britischen Pharmakonzern Glaxo (als Lizenznehmer von Syntex) jahrelang unter Verwendung von Sisalabfällen aus ostafrikanischen Plantagen benutzt wurde.

Ich weiß nicht mehr, ob es Woodward oder Gilbert Stork war, der bemerkte: »Ich wette, man braucht heutzutage nur den Titel ›Synthese des Cortisons‹ und eine annehmbare Adresse, schon erscheint in der nächsten Ausgabe des *JACS* eine *Communication.*« Zwei Tage später hatten Stork, Woodward, Sarett (der Chemiker von Merck, dem die Ursynthese des Cortisons gelungen war) und ich ein Manuskript von weniger als tausend Worten ausgetüftelt, das den Titel trug: »Partielle Synthese des Cortisons aus Neohamptogenin«. Als Autoren firmierten F. Nathaniel Greene und Alvina Turnbull; die Adresse war die denkbar renommierteste: *Converse Memorial Laboratory, Harvard University, Cambridge, Massachusetts.* Dres. Greene und Turnbull, unser gemeinsames Pseudonym, hatten die sensationelle Entdeckung gemacht, daß Ahornsirup aus New Hampshire eine potentiell unerschöpfliche Quelle eines neuen Steroids namens Neohamptogenin darstellte. Dieses Steroid aus den gottesfürchtigen Dschungeln Neu-Englands enthielt bereits das entscheidende Sauerstoffatom in Stellung 11 von Ring C – das strukturelle Merkmal des Cortisons (Abb. 4.3), das der Syntex-, Harvard- und Merck-Gruppe solches Kopfzerbrechen bereitet hatte – sowie die aus zwei Kohlenstoff- und drei Sauerstoffatomen bestehende Seitenkette des Cortisons. Was Neohamptogenin (Abb. 4.8) angeblich fehlte, war ein Sauerstoffatom in Stellung 3 von Ring A, in der alle herkömmlichen Steroide sonst immer oxidiert sind. Greene und Turnbull standen vor der – in der Steroidchemie der fünfziger Jahre (und sogar der neunziger Jahre) beispiellosen – Aufgabe, ein Sauerstoffatom aus einer Vorstufe, die das entscheidende Sauerstoffatom des

Cortisons in Ring C bereits aufwies, in einen »nackten« Ring A einzubauen. Die *Communication* bestand aus einer Beschreibung, samt gefälschten Literaturverweisen, wie dies bewerkstelligt worden war. Subtil eingeflochten war eine Version der *Communication* der Merck-Gruppe aus dem August des Vorjahres, in der wir uns bei dem entscheidenden Schritt des Tricks mit dem »Ihr könnt uns ruhig glauben – später verraten wir mehr« bedienten.

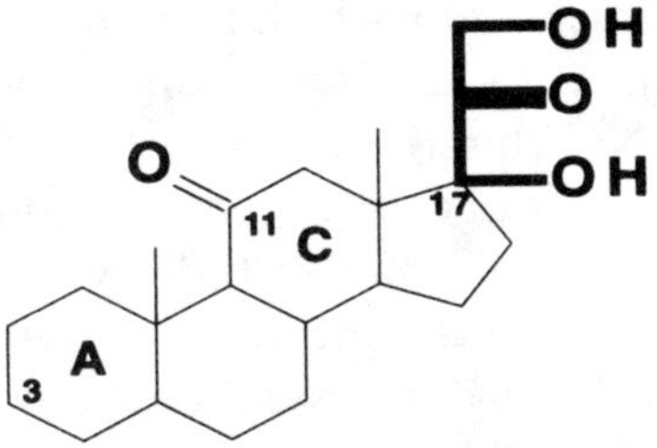

O   OH
     O
  11 C 17 OH
  A
3

Abb. 4.8
»Neohamptogenin«
(aus Ahornsirup)

Am letzten Abend der Konferenz verkündete Woodward, er sei von zwei Kollegen aus Harvard gebeten worden, einen Vorausbericht vorzulegen. Woodward hatte eine bemerkenswerte Fähigkeit, keine Miene zu verziehen, und war ein vollendeter Redner, der dafür bekannt war, hartnäckig Tafel und Kreide (mindestens zwei Farben) statt Dias zu verwenden, da er so seine Virtuosität im Zeichnen chemischer Strukturen besser demonstrieren konnte. Langsam führte er die versammelten Zuhörer Schritt für Schritt durch die Umwandlung von Neohamptogenin in Cortison. Mitten im Vortrag, als er gerade über Greenes und Turnbulls Entdeckung einer neuen chemischen Reaktion dozierte, wurde er von einem bekannten Steroidchemiker aus der Schweiz unterbrochen, einem noch in der Wand hängenden Cortisonkonkurrenten, der verkündete, daß seine Gruppe diese Reaktion ebenfalls durchgeführt habe. Woodward warf einen seiner berühmten starren Blicke ins Publikum; Stork, Sarett und ich bogen uns vor Lachen angesichts dieser Entfaltung von Prioritätshascherei, ohne einen Gedanken daran zu verschwenden, daß wir alle uns mit diesem allgegenwärtigen Virus infiziert hatten. Erst als Woodward zum Ende seines Vortrags kam und erklärte, daß die Reinigung des zweitletzten synthetischen Zwischenprodukts über eine Säule erfolgt sei, in der sich Milorganite (ein handelsüblicher Kunstdünger) befunden habe, den der Dachverband der Ahornsirupproduzenten von New Hampshire zur Verfügung gestellt habe, erst da begann sich im Publikum unterdrücktes Lachen breitzumachen.

Nach seiner Rückkehr nach Harvard berichtete Woodward in einem seiner Abendseminare – die schon damals, Jahre bevor er den Nobelpreis bekam, wegen ihrer Rigorosität berüchtigt waren – über die letzten Neuigkeiten von der Gordon-Konferenz, einschließlich der vermeintlichen Cortison-Synthese aus Neohamptogenin. Ich war bereits wieder in Mexico City, aber sowohl unser Agent Stork als auch unser Maulwurf »Flash« meldeten, was dort ablief. Woodward präsentierte die Arbeit derart eindrucksvoll, daß die versammelten Diplomanden und Doktoranden in der festen Überzeugung nach Hause gingen, von einer aufregenden neuen Forschungsarbeit gehört zu haben. Die Leichtgläubigkeit von Woodwards Zuhörern ärgerte Stork dermaßen, daß er später einige der Studenten darauf ansprach und ihnen den wahren Sachverhalt enthüllte, jedoch ohne den geringsten Erfolg. Nicht einer von diesen Studenten war bereit zu glauben, daß Neohamptogenin ein Schwindel war. Diese Begebenheit brachte uns mehr als alles andere zu der Überzeugung, unsere fingierte *Communication* lieber nicht an den Chefredakteur des *JACS* zu senden. Denn was wäre gewesen, wenn er den Redaktionsweg derart geebnet hätte, daß das Manuskript im Druck erschien, bevor wir Zeit gehabt hätten zuzugeben, daß es ein Jux war? Das *JACS* war nicht gerade für seinen Humor bekannt, und keiner von uns wollte, daß seine *echten* Aufsätze in Zukunft mit einem Bann belegt wurden.

Am Ende trug keine der Cortison-Synthesen, die in der Augustausgabe des Jahres 1951 erschienen, zur Behandlung eines einzigen Arthritispatienten bei. Einige Monate später erhielt das Syntex-Management ein Schreiben der Firma Upjohn in Kalamazoo, die anfragte, ob wir ihnen *zehn Tonnen* des weiblichen Sexualhormons Progesteron liefern könnten. In Anbetracht der Tatsache, daß die Jahresproduktion damals *weltweit* vermutlich weniger als ein Prozent dieser Menge betrug, erschien dieses Ansinnen völlig abwegig. Keiner aus unserer Gruppe konnte sich eine medizinische Verwendung von Progesteron vorstellen, die dieses Steroidhormon gleich tonnenweise erforderlich machte. Wir kamen zu dem Schluß, daß Upjohn vorhatte, Progesteron wohl eher als chemisches Zwischenprodukt denn als therapeutisches Hormon zu benutzen. Unsere Schlußfolgerung erwies sich als zutreffend, denn einige Wochen später erfuhren wir in Zusammenhang mit einem Patent, das Upjohn in Südafrika erteilt worden war (wo das Patentieren schneller geht als in den USA), daß zwei Wissenschaftler des Unternehmens, Durey H. Peterson und Herbert C. Murray, eine sensationelle Entdeckung gemacht hatten: Eine enzymatische Reaktion von Progesteron mit bestimmten Mikroorganismen ermöglichte den einstufigen Einbau mit hoher Ausbeute des Sauerstoffatoms an der gewünschten Stellung 11 in Ring C. Was wir Chemiker in Mexico City, Cambridge und Rahway mühsam durch eine Reihe komplizierter chemischer Umwandlungen erreicht hatten, schafften Upjohns Mikroorganismen in einem einzigen Arbeitsgang binnen weniger Stunden.

Nichtsdestoweniger hatte unsere erfolgreiche Synthese des Cortisons aus Diosgenin Mexiko für alle Zeiten einen Platz auf der Landkarte der Steroidforschung gesichert. Und es war Upjohns Nachfrage nach Tonnen von Progesteron, die zu der Zeit in diesem Umfang nur aus Diosgenin befriedigt werden konnte, die Syntex zum Start als Pharmariese verhalf. Beschleunigt wurde dieser Prozeß durch unsere einige Monate später und wiederum in Mexico City erfolgte Synthese des ersten oralen Kontrazeptivums. Reichsteins Telegramm *Keine Erniedrigung*, das nur wenige Monate davor eingetroffen war, galt für Cortison, nicht für uns. Wir waren in Hochstimmung. *Que viva Mexico!*

KAPITEL 5

Die Geburt der Pille

Nᴀᴄʜ einer Krebsoperation gibt es eine Zeit, in der dem Patienten fast nach Belieben Morphium zugestanden wird. Die Wirkung der letzten Injektion hatte nachgelassen, und ich hatte der Schwester geklingelt, damit sie mir wieder eine Spritze gab. Ich konzentrierte mich auf die schokoladenfarbene teflonglatte Haut des Oberarms der Schwester und strich leicht darüber: »Wie sind Sie denn zu so tollen Muskeln gekommen?« fragte ich. »Ich mache Bodybuilding«, antwortete sie und fuhr dann fort: »Sind Sie wirklich der Vater der Pille?«

Ich werde das oft auf diese phallozentrische Art und Weise gefragt; hätte die Frage, wenn ich eine Frau gewesen wäre, auch gelautet: »Sind Sie die Mutter der Pille?« Gewöhnlich antworte ich im gleichen genealogischen Stil, indem ich darauf hinweise, daß es bei der Geburt eines neuen Medikaments auch einer Mutter bedarf und häufig auch einer Hebamme oder eines Geburtshelfers. Der Organiker muß zunächst die Substanz liefern; der Biologe muß dann ihre Wirkung bei Tieren nachweisen; und erst danach kann der Kliniker den Stoff Menschen verabreichen. Ich leitete das kleine Chemikerteam bei Syntex in Mexico City, dem am 15. Oktober 1951 die erste Synthese eines steroidalen oralen Kontrazeptivums gelang. Gregory Pincus von der *Worcester Foundation for Experimental Biology* in Shrewsbury, Massachusetts, leitete die Biologengruppe, die als erste über die ovulationshemmenden Eigenschaften dieser Steroide bei Tieren berichtete. Der Harvarder Gynäkologe John Rock und seine Kollegen führten die klinischen Studien zum Nachweis der empfängnisverhütenden Wirkung bei Menschen durch. Wenn ich der Vater bin, dann muß Pincus die Mutter sein – oder ist es genau umgekehrt? Zumindest besteht kein Zweifel hinsichtlich der Rolle, die John Rock bei dieser Geburt spielte.

Aber um genau zu sein, muß man die Genealogie der Pille mindestens bis zu den Großeltern und einigen Onkeln zurückverfolgen. Von der Definition her stammt jedes synthetische Medikament aus dem Labor eines Chemikers; was mit diesem chemischen Stoff jedoch passiert, nachdem er synthetisiert wurde, wie er letztendlich zu einem Arzneimittel wird, das den Verbraucher erreicht, das hängt in hohem Maße von den Umständen ab. Häufig wird eine Substanz, die im Zusammenhang mit einem bestimmten chemischen Problem synthetisiert wurde, erst im nachhinein, manchmal sogar erst nach Jahren, einem umfangreichen pharmakologischen Screening unterzogen in der Hoffnung, quasi als Dreingabe eine irgendwie geartete nützliche Wirkung festzustellen. So wurde die insektizide Wirkung von DDT durch ein solches Screening entdeckt, und zwar Jahrzehnte nach der erstmaligen Synthetisierung dieser Substanz in einem deutschen Universitätslabor. Andererseits kann eine Substanz auch für einen spezifischen biologischen Zweck synthetisiert werden, sich in dieser Hinsicht als inaktiv erweisen und dann einer umfassenderen pharmakologischen Prüfung unterworfen werden, weil man hofft, doch noch irgend etwas zu retten. Die Literatur der Arzneimittelchemie ist voller Beispiele dafür, wie durch willkürliches Screening eine unerwartete biologische Wirkung entdeckt wurde, die den Anstoß zu weiteren chemischen, pharmakologischen und klinischen Untersuchungen gab.

Es ist kaum verwunderlich, daß der moderne Arzneimittelchemiker über diesen Sachverhalt alles andere als glücklich ist, da die Voraussagbarkeit und nicht der blinde Zufall die Essenz der Wissenschaft ist, besonders in der Chemie. Seit Paul Ehrlich, der Anfang dieses Jahrhunderts die moderne Chemotherapie begründete, haben Chemiker versucht, Beziehungen zwischen chemischer Struktur und biologischer Wir-

kung nachzuweisen, die *a priori* zur Voraussage eines potentiell nützlichen Medikaments führen. In beachtlichem Maße
stellt die Entwicklung steroidaler oraler Kontrazeptiva ein
erfolgreiches Beispiel für diese voraussagende Vorgehensweise dar, bei der wir bewußt darangingen, eine Substanz zu
synthetisieren, die die biologische Wirkung des weiblichen
Sexualhormons Progesteron nachahmt, wenn sie oral verabreicht wird, da Progesteron selbst auf diesem Wege weitgehend inaktiv ist, es sei denn, es wird in sehr hohen Dosen
verabreicht.

I.

Mitte dieses Jahrhunderts waren die vielfältigen biologischen
Funktionen des weiblichen Sexualhormons Progesteron bereits wohlbekannt: darunter die Erhaltung der entsprechenden uterinen Bedingungen während der Schwangerschaft und
die Verhinderung einer erneuten Ovulation (so daß eine
Schwangere während der Schwangerschaft nicht befruchtet
werden kann). Folglich könnte man Progesteron als das
«Kontrazeptivum der Natur» betrachten, und in der Literatur
der vorhergehenden drei Jahrzehnte waren auch Hinweise
aufgetaucht – insbesondere seitens des österreichischen Endokrinologen Ludwig Haberlandt –, daß Progesteron, das vom
Gelbkörper oder Corpus luteum des Eierstocks abgesondert
wird, bei der Fertilitätskontrolle von Nutzen sein könnte.
Haberlandt war derart in das empfängnisverhütende Potential
des Corpus-luteum-Hormons vernarrt, daß seine Studenten in
den zwanziger Jahren einmal in der Faschingszeit ein riesiges
Banner vor seinem Haus in Innsbruck aufhängten, mit dem
Vers: »Verdirb nicht Deines Vaters Ruhm mit Deinem Corpus
Luteum.« Wenn die Tatsache nicht gewesen wäre, daß das
natürliche Hormon nur schwache Wirkung zeigt, wenn es
oral verabreicht wird, und daß für eine anhaltende Wirkung
tägliche Injektionen erforderlich sind, hätte Progesteron auch
praktische Anwendung als Kontrazeptivum finden können
und nicht nur bei der Behandlung von Menstruationsstörun-

gen und als gelegentliches Palliativ bei bestimmten Arten von Fehlgeburten.

Bis in die späten vierziger Jahre galt der Lehrsatz, die gestagene Wirkung sei extrem strukturspezifisch, um in der im letzten Kapitel eingeführten Terminologie der Steroidchemie zu sprechen, und beschränke sich auf Progesteron selbst sowie einige analoge Verbindungen mit einer zusätzlichen Kohlenstoff-Kohlenstoff-Bindung zwischen Stellung 6 und 7 oder Stellung 11 und 12 (siehe Abb. 5.1). Diese angebliche strukturelle Besonderheit wurde gestützt durch die Beobachtung von Schweizer Forschern, daß selbst Stereoisomere des Progesterons keine gestagene Wirkung zeigten.

Dieser Tatbestand macht einen weiteren Abstecher in die Sprache des Steroidchemikers erforderlich, und zwar in einen Aspekt, der im vorhergehenden Kapitel nicht behandelt wurde. Die zweidimensionale Zeichnung in Abb. 5.1 sagt nichts über die *Stereochemie* des Progesterons aus, das heißt über die Lage der einzelnen Atome im Raum. Tatsächlich aber sollte man es sich so vorstellen, daß die Ring-Kohlenstoffe in der Papierebene liegen und alle anderen Substituenten (beispielsweise die Wasserstoffatome) entweder über oder unter die Papierebene vorragen. Mit Hilfe einer verfeinerten Steroid-Kurzschrift, die der Stereochemie Rechnung trägt, läßt sich die Struktur des Progesterons auch wie in Abb. 5.2 gezeigt darstellen, indem man die planare Lage nur bei den Atomen angibt, auf die man aufmerksam machen möchte: Die übliche verkürzte Darstellung verwendet einen ausgezogenen Strich (auch β genannt) für Bindungen oberhalb der Papierebene (z. B. die Kohlenstoffatome 18 und 19 und das Wasserstoffatom in Stellung 8) und eine punktierte Linie (auch α genannt) für Substituenten unterhalb der Papierebene (z. B. die in Stellung 9 und 14 haftenden Wasserstoffatome).

Die Schweizer Wissenschaftler stellten fest, daß weder 17-Isoprogesteron (Abb. 5.3) noch 14-Iso-17-isoprogesteron (Abb. 5.4), die sich von dem natürlichen Hormon (Abb. 5.2) nur durch die *räumliche Orientierung* des 17- beziehungsweise des 14- und des 17-Substituenten unterscheiden, eine erkennbare gestagene Wirkung zeigten.

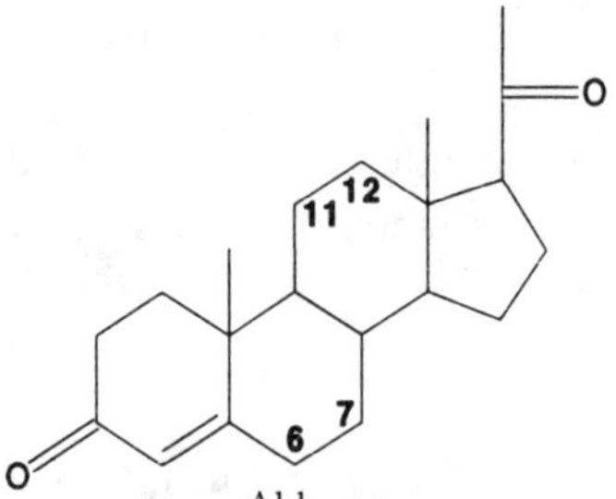

Abb. 5.1
Progesteron
(spezifisch weibliches Gestagen)

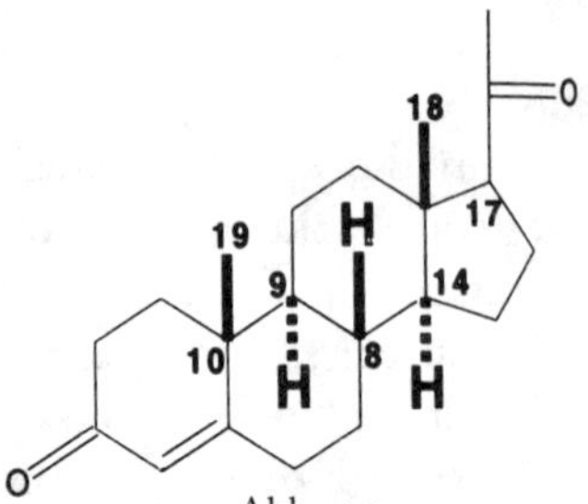

Abb. 5.2
Progesteron
(stereochemische Darstellung)

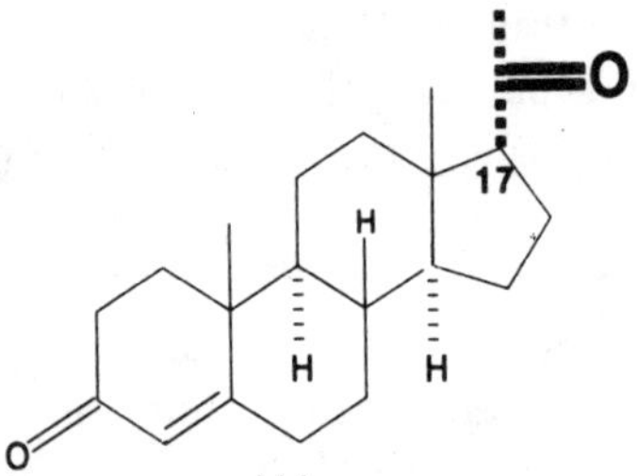

Abb. 5.3
17-Isoprogesteron

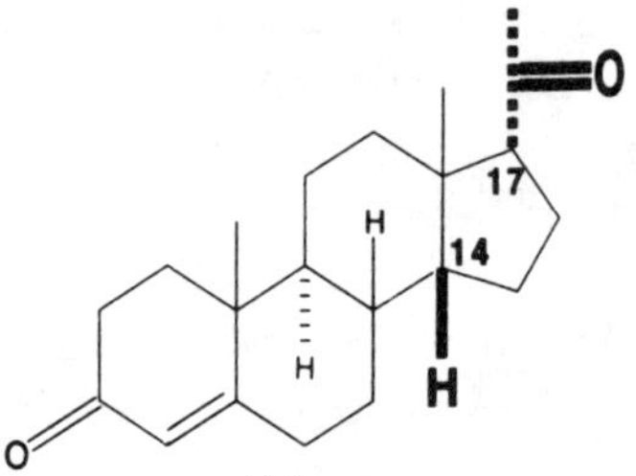

Abb. 5.4
14-Iso-17-isoprogesteron

Aus diesem Grund war ich als Doktorand so beeindruckt, als Maximilian Ehrenstein von der Universität Pennsylvania 1944 über die mehrstufige chemische Umwandlung des Herz-Stimulans Strophanthidin, einer weiteren in der Natur vorkommenden Steroid-Art (Abb. 5.5), in ein öliges »19-Norprogesteron« (Abb. 5.6) berichtete – so genannt, weil der Methylkohlenstoff 19 fehlte, denn »nor« bedeutet »weniger«. Ehrensteins synthetische Substanz unterschied sich von dem natürlichen Hormon Progesteron (Abb. 5.2) in zwei wichtigen Punkten:

1. Es hatte in Stellung 14 und 17 die falsche Ausrichtung – stereochemische Veränderungen (siehe Abb. 5.3 und 5.4), die im natürlichen Hormon die gestagene Wirkung zerstörten.

2. Noch entscheidender war der strukturelle Unterschied, der darin lag, daß das C-Atom 19, das bei dem natürlichen Hormon Progesteron (Abb. 5.2) in Stellung 10 haftet, nun

84

durch ein Wasserstoffatom (siehe Stellung 10 in Abb. 5.6)
ersetzt war.

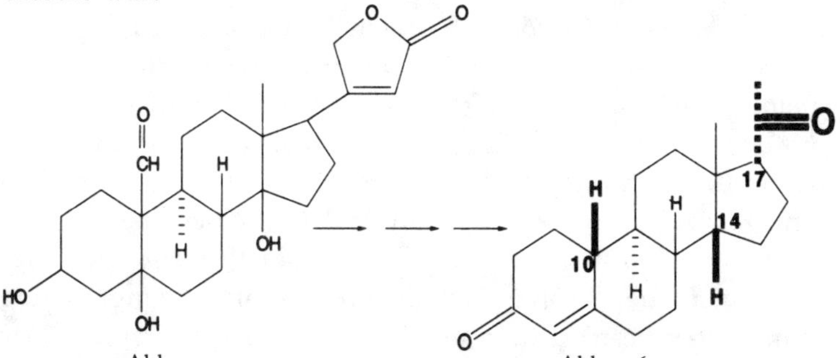

Abb. 5.5
Strophanthidin

Abb. 5.6
Ehrensteins 19-Norprogesteron
(14-Iso-17-iso-19-norprogesteron)

Ehrensteins winzige Menge dieses öligen Produkts (genauer
bezeichnet als 14-Iso-17-iso-19-norprogesteron) reichte nur
aus, um ganze *zwei* Kaninchen auf seine biologische Aktivität
hin zu untersuchen, und bei einem von ihnen zeigte es eine
hohe gestagene Wirkung. Unter normalen Umständen wäre
es völlig unakzeptabel, ein Experiment mit nur zwei Kaninchen durchzuführen, aber mehr Material stand nun einmal
nicht zur Verfügung. Wie sich herausstellte, war Strophanthidin, das aus Fingerhut isoliert wurde, als Ausgangsmaterial
absolut ungeeignet, weil seine chemische Struktur (Abb. 5.5)
sich so stark von der des Progesterons (Abb. 5.2) oder auch
des 14-Iso-17-iso-19-norprogesterons (Abb. 5.6) unterschied,
daß Ehrenstein volle zehn Jahre brauchte, um die Synthese,
die ihm 1944 gelungen war, auch nur zu wiederholen. Somit
blieb 1951 die Frage: War die hohe gestagene Wirkung, die
1944 bei einem der beiden Kaninchen beobachtet worden
war, purer Zufall oder aber eine Realität? Wenn sie eine
Realität war, dann warf die Tatsache, daß die biologische
Wirkung trotz umfangreicher struktureller *und* stereochemi-
scher Veränderungen erhalten blieb, die damals geltende Annahme über den Haufen, daß jeder chemische Eingriff in die
Struktur des Progesterons dessen biologische Wirkung verringert oder zerstört.

Dieser offenbare Widerspruch eines allgemein anerkannten

Lehrsatzes hatte mich als Doktorand fasziniert, als ich zum erstenmal auf Ehrensteins Aufsatz stieß. Aber wie so oft in der Wissenschaft fügten sich plötzlich viele andere Dinge ein. Es war fast so, als wären meine frühere Ausbildung und meine persönlichen Ambitionen bewußt zusammengebracht worden, um mich in Mexico City aus den scheinbar unvereinbaren Beobachtungen, die ich gerade zitiert habe, Kapital schlagen zu lassen. Zum ersten Mal in meinem beruflichen Leben stand mir genügend Laborpersonal zur Verfügung, auch wenn der größte Teil davon aus örtlich angelernten Hilfskräften bestand statt aus ausgebildeten Laboranten. Das erlaubte mir, zusammen mit George Rosenkranz, neben der Cortison-Synthese noch andere Projekte auf dem Gebiet der Steroide zu initiieren. So konnte ich beispielsweise meine erste Liebe auf dem Gebiet der Steroide (und das Hauptthema meiner Dissertation an der Universität Wisconsin) weiterverfolgen: die Möglichkeit, Östrogene auf chemischem Wege aus dem wesentlich leichter verfügbaren männlichen Sexualhormon Testosteron (Abb. 5.7) zu gewinnen. Im Gegensatz zu letzterem, das in Europa in industriellem Maßstab aus Cholesterin (und bei Syntex aus Diosgenin) synthetisiert wurde, mußte das für klinische Zwecke verwendete weibliche Sexualhormon Östradiol (Abb. 5.8) aus riesigen Mengen des Harns trächtiger Stuten isoliert werden, weil es äußerst schwierig war, Östradiol aus zugänglichen Steroid-Rohstoffen zu synthetisieren.

Anfang des Zweiten Weltkrieges hatte Hans H. Inhoffen bei Schering in Deutschland ein diesbezügliches chemisches Verfahren entdeckt, und Syntex war daran interessiert, über eine zweite Produktionsmethode verfügen zu können. Tatsächlich behandelte eine unserer ersten Veröffentlichungen im Jahre 1950 eine innovative Lösung des Problems der chemischen Synthese der Östrogene aus dem leichter verfügbaren Testosteron. Im technischen Jargon war das, was uns gelungen war, die *Aromatisierung* von Ring A des Testosterons (Abb. 5.7) in den *aromatischen* Benzolring A des Östradiols (Abb. 5.8) – das heißt, wir entdeckten einen Weg, selektiv die in Stellung 10 des Testosterons haftende Methylgruppe

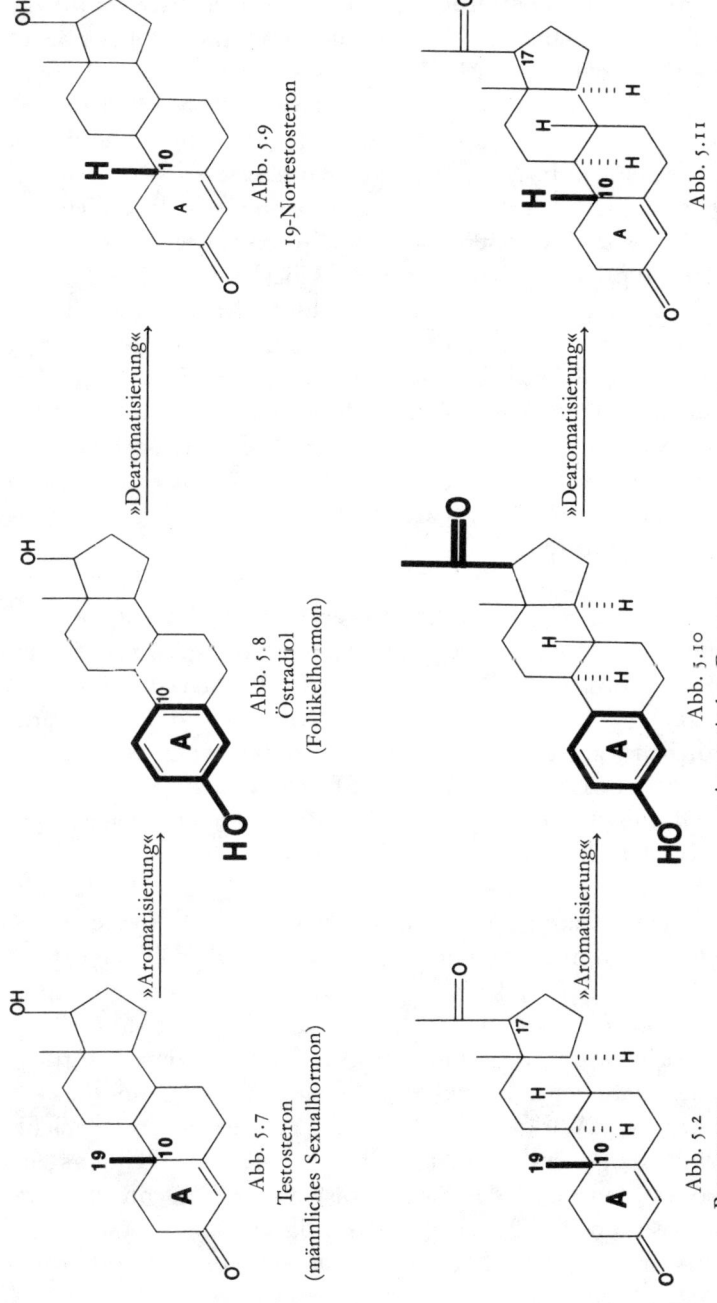

Abb. 5.7
Testosteron
(männliches Sexualhormon)

»Aromatisierung«

Abb. 5.8
Östradiol
(Follikelhormon)

»Dearomatisierung«

Abb. 5.9
19-Nortestosteron

Abb. 5.2
Progesteron

»Aromatisierung«

Abb. 5.10
»Aromatisches Progesteron«

»Dearomatisierung«

Abb. 5.11
19-Norprogesteron

87

(C-Atom 19) zu entfernen, die die natürliche Barriere für die einfache Umwandlung des männlichen in das weibliche Sexualhormon darstellte. Mit Hilfe dieses Verfahrens beschlossen wir, die in Stellung 10 des Progesterons (Abb. 5.2) haftende Methylgruppe (C-Atom 19) abzuspalten und dadurch ein Hybridmolekül (Abb. 5.10) zu synthetisieren, das den für Östradiol (Abb. 5.8) charakteristischen aromatischen Ring A besaß sowie eine Seitenkette in Stellung 17, wie sie für Progesteron typisch ist. Wir hofften, daß dieser chemische siamesische Zwilling (Abb. 5.10) sowohl biologische Eigenschaften des Progesterons als auch des Östradiols aufweisen würde; wie sich herausstellte, war dieses synthetische Hybridmolekül ohne jede interessante biologische Wirkung. Nichtsdestoweniger erwies sich diese Untersuchung, die eine Sackgasse zu sein schien, als Schlüssel zu allen nachfolgenden chemischen Arbeiten, die zur Entwicklung eines oral aktiven Ovulationshemmers führten.

Die Wahrscheinlichkeit, daß Ehrensteins *strukturelle* Veränderung – die Abspaltung der angularen Methylgruppe (C-Atom 19 in Abb. 5.2) des Progesterons – für die starke biologische Wirkung seines »19-Norprogesterons« (Abb. 5.6) verantwortlich war, schien plötzlich noch entfernter zu sein, als der australische Chemiker Arthur J. Birch 1950 die Synthese von 19-Nortestosteron (Abb. 5.9) beschrieb. Diese Substanz war in jeder stereochemischen Einzelheit identisch mit dem männlichen Sexualhormon Testosteron (Abb. 5.7), nur daß ihr dessen angulare Methylgruppe am C-Atom 10 fehlte. Birch war dies durch *Dearomatisierung* aus dem Follikelhormon Östradiol (Abb. 5.8) gelungen. Laut Birch hatte diese Abspaltung (Abb. 5.9) der angularen Methylgruppe am C-Atom 19 des Testosterons (Abb. 5.7), verglichen mit dem ursprünglichen männlichen Sexualhormon, eine deutliche *Abnahme* der androgenen Wirkung zur Folge. Da uns jedoch eine beträchtliche Menge des synthetischen siamesischen Zwillings des Progesterons und des Östradiols, also des »aromatischen« Progesterons (Abb. 5.10), zur Verfügung stand, beschlossen wir, bei ihm Birchs *Dearomatisierung* anzuwenden und erhielten so zum ersten Mal kristallines, reines 19-Norprogesteron (Abb. 5.11), das – im Gegensatz zu Ehrensteins öligem 14-Iso-17-iso-19-norprogesteron (Abb. 5.6) – in allen stereochemischen Beziehungen mit dem natürlichen Hormon Progesteron identisch war, nur daß es in Stellung 10 ein Wasserstoffatom statt einer Methylgruppe besaß.

1951 hatten wir bei Syntex in Mexico City nicht die entsprechenden Einrichtungen, um die biologische Wirkung unseres neuen Steroids zu untersuchen, und schickten es daher umgehend per Post an ein kommerzielles Labor in Madison, Wisconsin, mit der Bitte, es auf seine gestagene Wirkung zu untersuchen. Die Substanz erwies sich als sehr aktiv und bestätigte damit die sieben Jahre zuvor gemachte Beobachtung Ehrensteins, daß die Abspaltung des C-Atoms 19 des Progesterons die biologische Wirkung nicht nur *nicht* verminderte, wie man aufgrund vorheriger Arbeiten hätte annehmen können, *sondern sie in Wirklichkeit steigerte.*

Außerdem schickten wir eine kleine Menge unseres synthetischen kristallinen 19 Norprogesterons an Dr. Roy Hertz vom National Cancer Institute in Bethesda, Maryland, der sich zu der Zeit für die mögliche Behandlung des Gebärmutterhals-Karzinoms durch örtliche Injektionen hoher Progesteron-Dosen interessierte. Da es sich dabei um eine schmerzhafte Prozedur handelte, war es selbstverständlich wünschenswert, ein potenteres gestagenes Präparat in Betracht zu ziehen. Hertz bestätigte die gestagene Wirkung unserer Substanz – tatsächlich wies er sogar nach, daß sie, wenn sie *injiziert* wurde, vier- bis achtmal so aktiv war wie das natürliche Hormon, was sie zum stärksten gestagenen Wirkstoff machte, den man damals kannte. Am 21. Mai 1951 reichten wir unseren Aufsatz beim *Journal of the American Chemical Society* zur Veröffentlichung ein und gingen unverzüglich daran, ein Verfahren zu entwickeln, ein *oral wirksames* gestagenes Analogon zu synthetisieren.

Wiederum war es ein Hinweis aus der wissenschaftlichen Literatur, der unsere Arbeit beschleunigte; in der Wissenschaft baut man ja stets auf den Arbeiten seiner Vorgänger auf. Über ein Dutzend Jahre früher, nämlich kurz vor Ausbruch des Zweiten Weltkrieges, hatten Hans H. Inhoffen und seine Kollegen in den Berliner Labors der Firma Schering Acetylen (zwei durch Dreifachbindung verknüpfte Kohlenstoffatome, geschrieben HC≡CH) in Stellung 17 des Follikelhormons Östradiol und des männlichen Sexualhormons Testosteron eingebaut. Das daraus resultierende Produkt der Östrogenreihe, genannt 17α-Ethinyl-östradiol (Abb. 5.12), wies überraschenderweise eine erhöhte orale östrogene Wirkung auf. (Fünfundzwanzig Jahre später sollte daraus eine der östrogenen Komponenten der kombinierten Anti-Baby-Pille werden.) Das Produkt, das durch die Einführung von Acetylen in Stellung 17 des männlichen Sexualhormons Testosteron entstand, nämlich 17α-Ethinyl-testosteron (Abb. 5.13), besaß völlig unerwartete Eigenschaften.

Dieses synthetische Steroid war nicht nur oral aktiv, sondern zeigte, den deutschen Wissenschaftlern zufolge, merklich

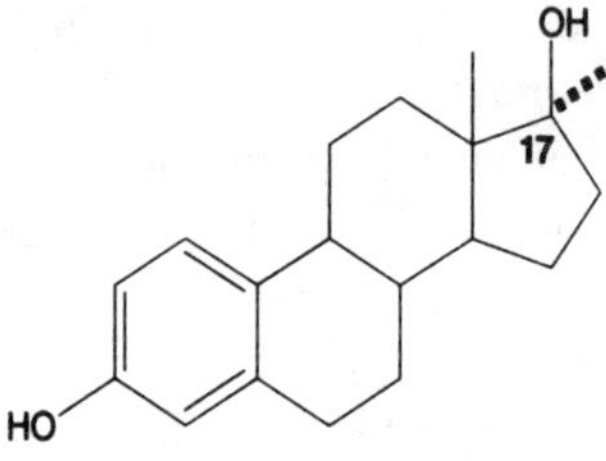

Abb. 5.12
17α-Ethinyl-östradiol

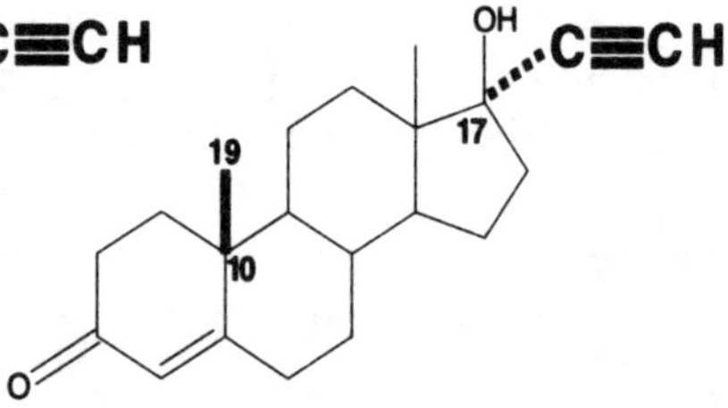

Abb. 5.13
17α-Ethinyl-testosteron
Ethisteron

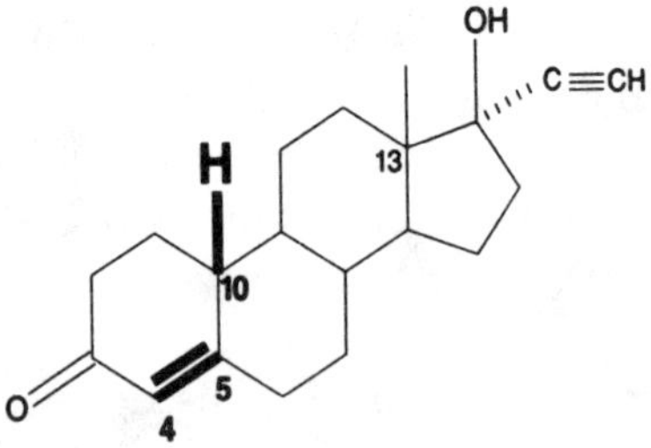

Abb. 5.14
Norethisteron oder Norethindron
(19-Nor-17α-ethinyl-testosteron)

gestagene Eigenschaften (also spezifisch weiblicher Sexualhormone) statt der erwarteten androgenen Wirkung (spezifisch männlicher Sexualhormone). Das war die erste Beobachtung, daß sich ein oral wirksames gestagenes Präparat synthetisieren ließ, und obwohl dieses synthetische Steroid (Abb. 5.13), auch unter der Kurzbezeichnung *Ethisteron* bekannt, nie große Nutzanwendung in der Medizin fand, war dies doch genau der Hinweis, den wir im Sommer 1951 brauchten.

Nachdem wir festgestellt hatten, daß die Abspaltung der Methylgruppe in Stellung 19 des Progesterons (Abb. 5.2), die zu 19-Norprogesteron (Abb. 5.11) führte, die gestagene Wirkung stark steigerte, wenn diese Substanz injiziert wurde, brauchten wir nicht lange, um vorauszusagen, daß die Abspaltung der Methylgruppe in Stellung 19 des oral aktiven Ethisterons dessen gestagene Wirkung steigern würde, ohne daß dadurch (wie wir hofften) seine orale Wirksamkeit verloren ging. Mit Hilfe der bei der Synthese von 19-Norprogesteron (Abb. 5.11) entwickelten chemischen Methodologie gelang es Luis Miramontes, einem mexikanischen Chemiestudenten, der seine Diplomarbeit in den Syntex-Labors bei George Rosenkranz und mir schrieb, am 15. Oktober 1951, 19-Nor-17α-ethinyl-testosteron (Abb. 5.14) zu synthetisieren, kurz *Norethisteron* oder *Norethindron* genannt. In unseren kühnsten Träumen hätten wir nicht gedacht, daß diese Substanz eines Tages der aktive gestagene Bestandteil fast der Hälfte aller weltweit benutzten oralen Kontrazeptiva werden würde.

Wir schickten die Substanz umgehend zur biologischen Auswertung an unser bevorzugtes kommerzielles Testlabor in Wisconsin und waren überglücklich, als der Bericht eintraf, daß es als orales Gestagen aktiver war als jedes andere damals bekannte Steroid. In weniger als sechs Monaten hatten wir unser Ziel erreicht, einen superpotenten, oral aktiven gestagenen Wirkstoff zu synthetisieren.

Am 22. November 1951 meldeten wir Norethindron zum Patent an (es ist das erste Patent für ein Arzneimittel, das in der *National Inventors Hall of Fame* – der Ruhmeshalle der

Erfinder – in Akron, Ohio, aufgeführt ist), und im April 1952 berichtete ich auf einer Tagung des Bereichs Arzneimittelchemie der *American Chemical Society* in Milwaukee über die Einzelheiten unserer chemischen Synthese sowie über die biologische Wirkung der Substanz. Die Zusammenfassung dieses Referats wurde im März 1952 veröffentlicht, und der vollständige Aufsatz mit sämtlichen experimentellen Einzelheiten erschien 1954 im *Journal of the American Chemical Society*.

Einige Wochen nachdem wir die Substanz synthetisiert hatten, schickten wir sie an verschiedene Endokrinologen und Kliniker: zunächst an Roy Hertz am *National Cancer Institute* und an Alexander Lipschutz in Chile, später an Gregory Pincus an der *Worcester Foundation* in Shrewsbury, Massachusetts, an Robert Greenblatt in Georgia und an Edward Tyler vom *Planned Parenthood Center* in Los Angeles. Tatsächlich war es Dr. Tyler, der im November 1954 die ersten klinischen Resultate bezüglich der Verwendung von Norethindron bei der Behandlung von Menstruationsstörungen und Fertilitätsproblemen vorlegte.

Am 31. August 1953, über ein Jahr nach meinem ersten öffentlichen Vortrag über Norethindron, reichte Frank D. Colton von Searle ein Patent für die Synthese eines sehr eng verwandten Präparats (Abb. 5.15) ein, kurz Norethinodrel genannt, das sich von Norethindron (Abb. 5.14) nur dadurch unterschied, daß es die Doppelbindung zwischen Stellung 5 und 10 statt zwischen Stellung 4 und 5 besaß. Eine leichte Behandlung von Coltons Norethinodrel mit Salzsäure, oder auch nur einer so schwachen Säure wie dem menschlichen Magensaft, verwandelt sie in großem Umfang in Norethindron.

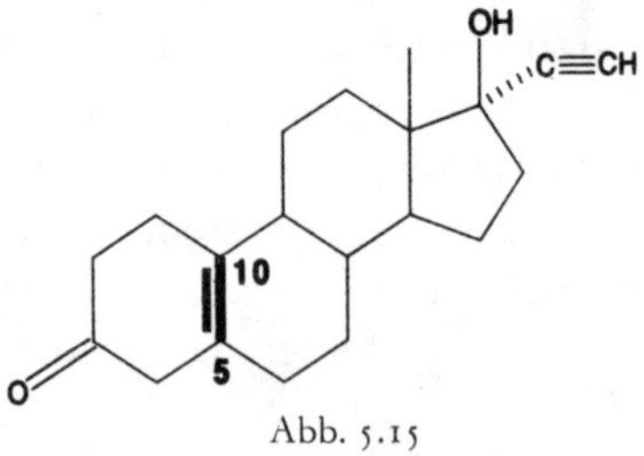

Abb. 5.15
Norethinodrel

Das Syntex- und das Searle-Präparat wurden, zusammen mit vielen anderen Steroiden, in den Jahren 1953 und 1954 von Gregory Pincus und seinen Mitarbeitern an der *Worcester Foundation* auf ovulationshemmende Eigenschaften hin geprüft. Pincus und Dr. John Rock, der Harvarder Kliniker, interessierten sich für Ovulationshemmer als mögliche Wirkstoffe bei der Empfängnisverhütung (und ließen schließlich Haberlandts 30 Jahre davor gemachte Voraussage wahr werden, wonach eine Substanz mit den biologischen Eigenschaften des Progesterons ein nützliches Kontrazeptivum sein konnte) und stellten fest, daß Syntex' Norethindron und Searles Norethinodrel die beiden in dieser Hinsicht aktivsten Steroide waren.

Pincus, der als Berater für Searle tätig war, wählte verständlicherweise das Searle-Präparat für seine weiteren biologischen und klinischen Untersuchungen. Syntex – ein Winzling im Vergleich zu anderen Pharmaunternehmen, ohne biologische Labors und ohne Vertriebsabteilung – versuchte es inzwischen auf eigene Faust, diese Entdeckung in sein erstes eigenes Handelsprodukt zu verwandeln. Die fehlenden biologischen Labors machten wir dadurch wett, daß wir die von uns entwickelten Steroide an firmenfremde Einrichtungen schickten. Unsere fehlende Vertriebsorganisation zwang uns jedoch, mit einem anderen pharmazeutischen Unternehmen zusammenzuarbeiten. Aus einem merkwürdigen historischen Grund entschieden wir uns für Parke-Davis.

Von Ende der vierziger bis Mitte der fünfziger Jahre bestand nicht gerade große Zuneigung zwischen den beiden Unternehmen, vor allem deshalb nicht, weil Parke-Davis, einer der konservativsten Pharmakonzerne der Vereinigten Staaten, die Entwicklung auf dem Steroid-Sektor völlig verpaßt hatte, da er aus Markers Arbeit mit Steroiden in Mexiko (siehe vorhergehendes Kapitel) kein Kapital geschlagen hatte, obwohl Parke-Davis der wichtigste Geldgeber bei Markers akademischer Forschung an der Pennsylvania State University gewesen war. Der Winzling Syntex dagegen hatte die industrielle Nutzung von Markers Beobachtung, daß steroidale Sapogenine pflanzlichen Ursprungs vielseitige Ausgangsstoffe für die Herstellung von Steroidhormonen darstellten, weiterverfolgt. Wir waren der Meinung, daß eine Möglichkeit, diesen Groll gegenüber Syntex zu besänftigen, darin bestand, Parke-Davis eine ausschließliche Lizenz für den Vertrieb von Norethindron anzubieten. Nach ziemlich intensiven Verhandlungen wurde 1956 eine Übereinkunft erzielt. Parke-Davis erhielt die ausschließliche Lizenz, Norethindron zu vertreiben, und kaufte es dafür von Syntex zu einem Preis, der in einem festen Verhältnis zum Endverkaufspreis von Parke-Davis stand. Syntex war daher stark am kommerziellen Erfolg von Parke-Davis interessiert.

Ich nahm an diesen Verhandlungen teil, weil ich, obwohl ich Syntex 1952 verlassen hatte, um an der Wayne State University in Detroit (gleich neben Parke-Davis) zu lehren, als Berater weiter in engem Kontakt mit der mexikanischen Firma stand. Wir stellten Parke-Davis alle Labor- und vorläufigen klinischen Werte zur Verfügung, die wir durch unsere externen Prüfer zusammengetragen hatten, und nachdem weitere erforderliche toxikologische Untersuchungen und Experimente mit Affen durchgeführt worden waren, erhielt Parke-Davis 1957 die Zulassung des FDA (Food and Drug Administration, das amerikanische Bundesgesundheitsamt) für Norethindron – zur gleichen Zeit wie Searle für sein Präparat – zur Behandlung von Menstruationsstörungen und für bestimmte Fälle von Unfruchtbarkeit. Somit kamen Norethindron und Norethinodrel unabhängig voneinander im gleichen Jahr auf den Markt.

Wir bei Syntex hatten im November 1951 eine Patentanmeldung auf Norethindron eingereicht und die Ergebnisse im darauffolgenden Jahr veröffentlicht; Searle meldete Norethinodrel erst im August 1953 zum Patent an. In welchem Maße ihre Arbeit schlicht auf den Wunsch zurückging, unsere Patentpriorität zu umgehen, wird man vermutlich nie erfahren, weil Searle sich nie dazu herabließ, irgend etwas von Coltons chemischer Forschung in der wissenschaftlichen Literatur zu veröffentlichen, obgleich Searle-Wissenschaftler ansonsten dafür bekannt waren, ihre Ergebnisse allgemein zu veröffentlichen. Es sei hier angefügt, daß sich dadurch, daß ihr Norethinodrel (Abb. 5.15), auf das sich das Syntex-Patent nicht erstreckte, nach der Einnahme im Körper durch die Magensäure in unser patentiertes Norethindron (Abb. 5.14) verwandelt wird, eine interessante juristische Frage erhebt. Stellt die Synthese eines patentierten Präparats im Magen einen Verstoß gegen das Patentrecht dar? Ich drängte darauf, diese Frage gerichtlich klären zu lassen, womit Parke-Davis aber nicht einverstanden war. Searle verkaufte nämlich ein sehr wichtiges Mittel gegen Reisekrankheit, Dramamine, das das Antihistamin Benadryl von Parke-Davis enthielt, und 1957 schien unser Norethindron viel zu unwichtig zu sein, um sich deswegen mit einem geschätzten Kunden anzulegen.

Vorausgehende klinische Versuche durch Pincus, Rock und ihre Mitarbeiter in Puerto Rico hatten gezeigt, daß die ovulationshemmenden Eigenschaften dieser Substanzen sowohl zur Empfängnisverhütung als auch zur Menstruationsregulation verwendet werden konnten. Pincus, ein Mann von bemerkenswertem Unternehmergeist, überzeugte Searle davon, daß das kommerzielle Potential eines oralen Kontrazeptivums es rechtfertigte, gewisse Risiken in Kauf zu nehmen. Er verdient große Anerkennung, weil er den Konzern dazu bewegte, weiterzumachen und Befürchtungen außer acht zu lassen, andere Searle-Arzneimittel könnten infolge des Widerstands der katholischen Kirche gegen die Geburtenkontrolle von den Verbrauchern boykottiert werden. (In einigen Ländern wie Spanien und Italien, wo die Verwendung dieser Steroide zur Empfängnisverhütung aufgrund religiösen Widerstandes jahrelang nicht zugelassen war, diente der Euphemismus »Menstruationsregulation« – wofür diese Präparate in den USA schon 1957 zugelassen worden waren – zur Tarnung ihres wesentlich breiteren Gebrauchs als Kontrazeptiva. In Japan galt diese Ausrede über 30 Jahre.) Syntex hatte natürlich keine derartigen Probleme, da es keine anderen Arzneimittel auf dem Markt hatte, die Gegenstand eines echten oder eingebildeten Boykotts werden konnten. Wir hatten ein ganz anderes Problem, nämlich keine Vertriebsorganisation, aber dafür fehlte es uns nicht an unternehmerischen Geistern.

Pincus' unternehmerisches Pendant bei Syntex war Dr. Alejandro Zaffaroni, der 1951, kurz nachdem er an der Universität Rochester promoviert hatte, zu Syntex gekommen war, um im Alter von 28 Jahren eine neugegründete biochemische Abteilung zu leiten. Zaffaroni, ein gebürtiger Uruguayer, hatte als Doktorand die Anwendbarkeit einer neuen Trennmethode, nämlich der Papierchromatographie, bei Steroiden nachgewiesen – eine Beobachtung, die ihm prompt einen internationalen Ruf einbrachte. Obwohl er mit der ursprünglichen wissenschaftlichen Arbeit an oralen gestagenen Steroiden nichts zu tun hatte, war er doch die treibende Kraft hinter parallel laufenden klinischen Versuchen, die von Klinikern in Mexico City, San Antonio und Los Angeles für Syntex durchgeführt wurden, um die erforderlichen humanen Versuchswerte für die FDA-Zulassung von Norethindron als empfängnisverhütendes Mittel zusammenzutragen.

Die geographische Lage dieser frühen klinischen Erprobungen lassen einen Abstecher in die medizinische Ethik angebracht erscheinen. Von Zeit zu Zeit wird Kritik laut, insbesondere seitens relativ wohlhabender Frauen in Amerika, daß die allerersten klinischen Studien zu der Pille von Searle mit Puertorikanerinnen und von Syntex mit Mexikanerinnen – in beiden Fällen aus den ärmeren Schichten dieser Gesellschaften – durchgeführt wurden, ohne daß den Frauen ein Formular vorgelegt wurde, mit dem, nach umfassender Aufklärung über die Risiken, ihre Zustimmung eingeholt wurde, wie es heute in den USA bei allen klinischen Versuchen mit neuen Arzneimitteln gang und gäbe ist. War das etwa nur ein weiterer Beweis für die Ausbeutung der Armen?

Auch wenn diese Frage gewöhnlich von Personen gestellt wird, die durch die Brille von heute die Probleme von gestern betrachten, ist die Antwort dennoch unbefriedigend, nämlich »jein«. Ja, die Armen sind tatsächlich häufig die Versuchskaninchen bei der Erprobung von Arzneimitteln, so wie sie ähnliche Funktionen bei jungen Zahnärzten, Chirurgen oder Friseuren ausüben, die ihre Kunstfertigkeit ausfeilen. Wie realistisch ist es denn zu erwarten, daß sich reiche Vorstädter freiwillig für derartige Zwecke melden? Noch komplizierter wird die Sache jedoch, wenn es um Empfängnisverhütung geht und vor allem um Frauen, die oft verzweifelt bemüht sind, ungewollte Schwangerschaften zu vermeiden, aber keinen Zugang zu Maßnahmen der Geburtenkontrolle haben. Wenn die klinische Arbeit sorgfältig und unter entsprechender Aufsicht gemacht wird, ist es dann unethisch, arme Freiwillige zu benutzen und ihnen dadurch zum ersten Mal die Möglichkeit zu bieten, selbst über ihre Fertilität zu bestimmen? Und ist es dann verwunderlich, daß klinische Nebenwirkungen zuerst bei ärmeren Versuchspersonen entdeckt werden, wenn diese Nebenwirkungen, wie Übelkeit, unregelmäßige Blutungen und Auswirkungen auf die Libido, *nur* durch klinisches Experimentieren festgestellt werden können? Wo ist denn diese lange Liste reicher Damen, die sich freiwillig für klinische Studien mit einem neuen experimentellen Kontrazeptivum zur Verfügung stellen? Die Problematik, in welchem Maße derartige Untersuchungen an spanisch sprechenden ärmeren Frauen eine grobe Ausbeutung der Benachteiligten darstellte, wird im Zusammenhang mit den Nebenerscheinungen der Pille in den Kapiteln 9 und 21 weiter erörtert.

Oder um eine noch kompliziertere Frage anzuschneiden: Mehrere Frauengruppen in den USA, z. B. die intellektuelle *Women's Health Book Collective* in Boston, widersetzen sich leidenschaftlich der Verwendung bestimmter injizierbarer hormoneller Kontrazeptiva. Doch die Gesundheitsbehörden bestimmter ärmerer Staaten wie Thailand oder Mexiko forderten eben diese injizierbaren Präparate für ihre Länder aus ganz pragmatischen Gründen, wie leichte Verteilung und allgemeine Akzeptanz injizierbarer Mittel verglichen mit der von Amerikanerinnen bevorzugten oralen Verabreichung, und führten, unter der Schirmherrschaft der Weltgesundheitsorganisation der Vereinten Nationen, klinische Versuche mit ländlichen Bevölkerungsgruppen durch. Haben verhältnismäßig wohlhabende Amerikanerinnen das Recht, diese klinischen Studien in Thailand oder Mexiko als »Ausbeutung der

Armen« zu bezeichnen? Und sind Formulare, mit denen Bostonerinnen mit Hochschulabschluß ihre Zustimmung geben, für analphabetische Bäuerinnen geeignet, die nichtsdestoweniger ebenso Anspruch auf Zugang zu moderner Empfängnisverhütung haben? Diese Probleme sind selbst in den neunziger Jahren noch nicht gelöst, und sie waren noch viel schwieriger in den fünfziger Jahren, als die Abtreibung verboten war und noch verhältnismäßig hohe Dosen der ersten hormonellen Kontrazeptiva verabreicht wurden, um zu verhindern, daß diese Methode bei den ersten Gruppen weiblicher Freiwilliger versagte, weil die Frauen dann mit einer ungewollten Schwangerschaft hätten rechnen müssen.

Aber um zu der Geschichte der späten fünfziger Jahre zurückzukehren: Gerade als klar wurde, daß die orale Empfängnisverhütung im Begriff war, praktische Realität zu werden, bekam Parke-Davis kalte Füße und weigerte sich, auch nur zu *erwägen*, Norethindron als orales Kontrazeptivum zu vertreiben. Während Searle mit Volldampf auf die FDA-Zulassung lossteuerte, sah sich Syntex plötzlich gezwungen, einen anderen Vertriebspartner zu finden oder aber davon ausgeschlossen zu sein, irgendwelche finanziellen Vorteile aus einem Gebiet zu ziehen, in das es, relativ gesprochen, einen größeren Teil seiner Ressourcen investiert hatte als sonst irgend jemand. Parke-Davis' Angst vor einem möglichen Boykott einiger seiner anderen Produkte durch katholische Kreise war vielleicht nicht ganz unbegründet, doch zu einem derartigen Gegenschlag der Verbraucher kam es nie. Tatsächlich hatte Charles Pfizer & Company drei Jahre davor eine Option auf den Vertrieb von Norethindron von Syntex gehabt, von dieser jedoch keinen Gebrauch gemacht, weil der Präsident des Unternehmens, ein sehr aktiver römisch-katholischer Christ, die Meinung vertrat, daß Pfizer nichts mit einem Wirkstoff zu tun haben dürfe, der auch nur im entferntesten mit Geburtenkontrolle im Zusammenhang stand.

Folglich war es an Zaffaroni, praktisch von vorne anzufangen und einen neuen Vertriebspartner zu finden. Er traf eine brillante Wahl, indem er einen sehr vorteilhaften Vertrag mit der Tochterfirma Ortho von Johnson & Johnson aushandelte, dem zu der Zeit wohl erfolgreichsten und bedeutendsten Anbieter von empfängnisverhütender Hardware in Amerika. Aber die Sache hatte einen monumentalen Haken: Parke-Davis weigerte sich nämlich, die Affenstudien an Ortho weiterzugeben, die der Konzern mit Norethindron durchgeführt hatte. Über den Grund dieser Weigerung kann ich nur spekulieren: »Wenn ich mich schon nicht traue, von diesem leckeren Kuchen zu kosten, warum sollte ich dann einem anderen etwas davon abgeben? Und obwohl die Köchin ihn mir zuerst angeboten hat, kann ich sie trotzdem nicht leiden.«

Infolgedessen mußte Ortho eine Reihe von Untersuchungen wiederholen, die bereits durchgeführt worden waren. Dieser Rückzieher war der Grund, daß Ortho die FDA-Zulassung für den Vertrieb von Norethindron von Syntex als Kontrazeptivum erst 1962 erhielt (unter dem Markennamen Ortho Novum), zwei Jahre nachdem Searle mit seinem oralen Kontrazeptivum Norethinodrel auf den Markt gekommen war (unter dem Markennamen Enovid). 1964 rappelte sich Parke-Davis dann endlich auf und beschloß, doch noch in die Empfängnisverhütung einzusteigen. Nachdem sie von Syntex eine Lizenz für ein Derivat von Norethindron – Norethindron-Acetat – erworben hatten, erhielten sie die FDA-Zulassung, das Präparat als orales Kontrazeptivum zu vertreiben. Damit hatte Syntex, obwohl Searle anfänglich den Markt für orale Kontrazeptiva für sich allein hatte, bis Mitte der sechziger Jahre durch seine zwei Lizenznehmer Ortho und Parke-Davis und durch seine eigene Verkaufsabteilung – die 1964 durch die Initiative und unter direkter Leitung von Zaffaroni gegründet worden war – den größten Anteil am amerikanischen Markt für orale Kontrazeptiva erzielt.

III.

Ab den sechziger Jahren bekam ich oft die Frage zu hören: »Was halten Sie von den sozialen Auswirkungen dieser Arbeit?« Je nachdem, wie und wo sie gestellt wurde, grinste ich freundlich, zuckte bescheiden die Achseln oder antwortete sogar ernsthaft, daß es, wenn ich es noch einmal zu tun hätte, wenig gäbe, was ich *als Chemiker* anders machen würde oder könnte. Relevanter ist vielleicht das Gefühl, daß ich, wenn ich eine Frau wäre, unheimlich stolz sein würde, an der Erzeugung eines oralen Empfängnisverhütungsmittels beteiligt gewesen zu sein. Ich empfinde kein Bedauern, daß die Pille zur sexuellen Revolution unserer Zeit beigetragen und sie vielleicht sogar beschleunigt hat, weil die meisten dieser Veränderungen im Sexualverhalten ohnehin eingetreten wären. Aber da man diese Frage auch in den siebziger und achtziger Jahren noch stellte, wurde meine Antwort in zunehmendem Maße komplizierter. Wie ich in den Kapiteln 9 und 19 schildern werde, waren die letzten zwei Jahrzehnte für die Gesellschaft und für mich eine wichtige Übergangszeit, in der ich mich vom »harten« Naturwissenschaftler zum wesentlich »weicheren« Chemiker wandelte, der sich mit den tieferen sozialen Folgeerscheinungen seiner Arbeit auseinandersetzt.

Doch es gibt *eine* Frage, häufig nur impliziert oder durch einen Blick oder eine Modulation der Stimme geäußert, die mich gereizt in die Defensive gehen läßt. Sie betrifft die Vorstellung des Fragenden von den Unsummen, die vermeintlich in meine Tasche gewandert sind, weil mein Name als erster auf der Erfinderliste des US-Patents Nr. 2 744 122 erscheint. Darauf kann ich zwei Antworten geben.

Eine ist kurz, frei von Humor und überhaupt nicht spannend. Als Vollzeitangestellter der Firma Syntex enthielt mein Arbeitsvertrag die Standardklausel, der jeder für ein pharmazeutisches Unternehmen in den USA arbeitende Chemiker zustimmt: Für 1,00 Dollar und/oder »andere Nebenleistungen« erklärt sich der Erfinder bereit, alle Patentanmeldungen zu unterschreiben und alle Rechte an jedwelchem erteilten Patent an die Firma abzutreten. »Andere Nebenleistungen« beziehen sich auf die Sicherheit des Arbeitsplatzes, das Gehalt, das man bekommt, und möglicherweise auch auf eine Sonderzulage oder auf Vorzugsaktien, aber niemals auf Tantiemen auf der Basis eines bestimmten Prozentsatzes eventueller Verkäufe. Letzteres blieb firmenfremden Erfindern oder anderen Dritten vorbehalten.

Ich möchte diese Frage lieber in Form der Schilderung meiner Kontroverse mit dem *Berkeley Barb* beantworten, einem boshaften Skandalblättchen, das 1980 ins Gras biß. Drei Jahre vor seinem Ableben veröffentlichte das Blatt einen langen Artikel, in dem die finanziellen Gewinne kritisiert wurden, die diversen Universitätsprofessoren zugeflossen waren infolge ihrer Verbindung mit den vielen in der neuen Biotechnologie tätigen Firmen, die im Großraum San Francisco und im Schatten Harvards und des MIT um Boston herum zu florieren begonnen hatten. Obwohl meine eigene wissenschaftliche Forschung die biotechnologische Revolution kaum beeinflußt hatte, zitierte der Reporter einen anscheinend untadeligen Professor aus Berkeley dahingehend, daß mein akademisches Amt »den Stanforder Chemiker Carl Djerassi nicht daran gehindert hatte, von ihm entdeckte Steroide zur Geburtenkontrolle privat unter seinem eigenen Namen aus Profitgier patentieren zu lassen, obwohl er sie entdeckt hatte, während er an einem von den NIH (National Institutes of Health) finanzierten Forschungsprojekt arbeitete. Am bezeichnendsten ist vielleicht, daß Djerassi . . . für den Vertrieb dieser Steroide seine eigene Firma benutzte.«

Ich gehörte nicht zu den Lesern des *Berkeley Barb*, aber von dieser Ausgabe landeten prompt mehrere Exemplare auf meinem Schreibtisch. Da die Unterstellung, ich hätte staatliche Mittel dazu benutzt, meine Schäfchen und die meines industriellen Arbeitgebers ins trockene zu bringen, sich auf meine akademische Laufbahn und die weitere staatliche Finanzierung meiner akademischen Forschung hätten auswirken können und müssen, reagierte ich unverzüglich. Ich verwies auf die öffentlichen Unterlagen, die zeigten, daß die Patentanmeldung für das orale Kontrazeptivum im November 1951 eingereicht wurde, daß das Patent meinem damaligen Arbeitgeber Syntex erteilt wurde, daß meine Verbindung mit der Stanford-Universität erst 1959 begonnen hatte und daß ich seit dieser Zeit kein einziges Patent angemeldet hatte. (Obwohl es weder unrechtmäßig noch ungehörig ist, besonders unter den derzeit geltenden staatlichen Bestimmungen, persönliche Patente für Erfindungen anzumelden, die mit Hilfe staatlicher Forschungsmittel an Universitäten gemacht wurden, habe ich es vorgezogen, mich dieser Praxis nicht anzuschließen.) Außerdem setzte ich hinzu, daß ich weder für meine Arbeit an oralen Kontrazeptiva noch für irgendeines der rund hundert anderen Patente, zu deren Erfindern ich während meiner Tätigkeit in der Industrie gehörte, niemals irgendwelche Tantiemen erhalten hatte. Der *Berkeley Barb* war nicht gerade dafür bekannt, Widerrufe zu veröffentlichen, doch in diesem Fall veröffentlichte er eine Palinodie, die eine ganze Seite einnahm.

Der Grund, weshalb ich diese Geschichte erzähle, ist der, daß der Reporter zwar ein uneingeschränktes *mea culpa* veröffentlichte, weil er weder die öffentlichen Unterlagen geprüft noch mich interviewt hatte, jedoch beteuerte, den Professor aus Berkeley korrekt zitiert und den Eindruck gewonnen zu haben, »daß Dr. Djerassis angebliche private Patente auf Mittel zur Geburtenkontrolle in der wissenschaftlichen Gemeinschaft allgemein bekannt waren«. In dieser Hinsicht glaube ich, daß der Reporter absolut recht hatte. Es gibt wenig, was ich gegen diese Auffassung unternehmen könnte, die auf eine Mischung aus akademischer Naivität und Wunschdenken samt einer gelegentlichen Spur Konkurrenzneid zurückgeht. Vielleicht hätte ich dem *Berkeley Barb* mitteilen sollen, daß die anhaltende Akzeptanz der Pille durch Millionen von Frauen überall auf der Welt eine »Nebenleistung« ist, die mit allem Gold in Fort Knox nicht aufzuwiegen ist.

KAPITEL 6

Wie der Vater so der Sohn

Im Jahre 1953 lehrte ich an der Wayne State University in Detroit und war daneben als Berater für Syntex in Mexico City tätig. Auf einem meiner zahlreichen Flüge zwischen diesen Städten war ich wieder einmal in das *Journal of the American Chemical Society* vertieft, als einen Moment lang der Schatten eines vorbeigehenden Passagiers auf meine Seite fiel. Ich blickte kurz auf und erhaschte den flüchtigen Anblick meiner ersten Frau, die durch den Mittelgang zur Lounge im Heck der DC-6 ging. Sie sprach mit einem dunkelhaarigen Mann. Obwohl ich sie seit über drei Jahren nicht gesehen hatte, wußte ich, daß sie einen Mexikaner geheiratet hatte und möglicherweise irgendwo *south of the border* lebte. Mit einiger Anstrengung wartete ich bis zur Landung, um sie zu überraschen. Als dann die Reihe der Passagiere an mir vorbeidrängte, stand ich endlich auf, um ihr direkt ins Auge zu sehen und den ersten Gesichtsausdruck zu erhaschen, wenn ihr Blick ohne Vorwarnung auf ihren ersten Mann fiel. Irgendwie dachte ich, daß so ein nackter Blick mir sagen würde, was sie nach drei Jahren für mich empfand. Sie war höchstens noch einen Meter entfernt, als sie meinen Blick bemerkte. Sie blieb verwirrt stehen, sagte jedoch nichts. »Virginia . . .« begann ich. Irgend etwas stimmte nicht: Ich merkte, daß ich mich geirrt hatte. Ich murmelte »Verzeihung«, und ließ sie weitergehen, ohne ihr zu sagen, daß ich sie für meine frühere Frau gehalten hatte.

Wenn Sie meine derzeitigen Freunde fragen, dann würden

sie sagen, ich sei zweimal verheiratet gewesen; tatsächlich aber hatte ich drei Ehefrauen. Virginia heiratete ich, bevor ich zwanzig war. »Ach so«, werden Sie jetzt sagen und verständnisvoll nicken, aber so war es nicht. Ich heiratete, nicht weil meine Braut schwanger war, sondern weil ich glaubte, alt genug dazu zu sein, obwohl — oder gerade weil — ich noch sexuell unberührt war. Ich hatte bereits das College absolviert (wo ich meine spätere Frau bei einem Rendezvous mit einer Unbekannten kennengelernt hatte) und ein Jahr lang als Chemiker bei Ciba in der Forschung gearbeitet. Auf dem Weg an die Universität Wisconsin in Madison, wo ich ein Promotionsstipendium bekommen hatte, machte ich in Dayton halt, um meine 24jährige Braut in ihrem Elternhaus zu heiraten. Unsere Hochzeitsnacht verbrachten wir im Zug in einem Pullman-Abteil – einem Ort, der genau den Phantasievorstellungen entsprach, die ich als Teenager gehabt hatte, wenn ich jeden Sommer mit dem sagenumwobenen Orientexpreß von Wien nach Sofia reiste, um dort meinen Vater zu besuchen.

Sechs Jahre später, noch immer kinderlos, zogen meine Frau und ich nach Mexico City, wo ich bei Syntex eine Stelle als stellvertretender Leiter der chemischen Forschungsabteilung angenommen hatte. Anfang 1950 bat ich Virginia um die Scheidung, um die Frau zu heiraten, die mit meinem ersten Kind schwanger war. Meine Frau hätte gemein oder böswillig sein können, doch sie war keines von beiden. Da wir uns nicht über Geld steiten mußten – außer meinem Gehalt besaßen wir nicht viel –, beschlossen wir, uns einen gemeinsamen Anwalt zu nehmen und die schnellstmögliche mexikanische Scheidung zu erreichen. Die Fahrt nach Cuernavaca (wo mexikanische Einwohner innerhalb eines Tages geschieden werden konnten) und unser *déjeuner à trois* waren so zivilisiert, daß unser *licenciado* fragte, ob es uns mit der Scheidung auch wirklich ernst sei; er habe noch nie mit einem Ehepaar zu tun gehabt, das so *simpatico* war und geschieden werden wollte. Aber zwei Stunden später war ich ein Exehemann und einige Wochen darauf ein frischgebackener Vater mit einer neuen Ehefrau. Bald darauf heiratete auch Virginia jemanden in Mexiko und wurde prompt Mutter. Meine Erleichterung, als ich diese Nachricht hörte, war natürlich teilweise auf die Verflüchtigung der letzten Schuldgefühle wegen meiner außerehelichen Affäre zurückzuführen; nun hatte ich das Gefühl, daß unsere beiden Familienporträts auf ähnlicher Leinwand ausgeführt wurden.

Als ich gebeten wurde, einen biographischen Fragebogen für *Who's Who in America* oder ein ähnliches Handbuch auszufüllen, trug ich als Antwort auf die Frage »Name der Ehefrau« meine zweite Frau ein. »Tag der Eheschließung« ließ ich frei. Das waren keine Lügen, aber nachdem ich die Existenz meiner ersten Frau im Druck einmal geleugnet hatte, war es nicht leicht, sie wieder zum Leben zu erwecken, nicht einmal für meine nächsten Angehörigen. Hätte ich, sobald meine beiden Kinder alt genug waren, um es zu verstehen, etwa verkünden sollen: »Übrigens, ich war schon einmal verheiratet«? Es kam mir doch allzu forciert vor, ohne guten Grund ein Thema anzuschneiden, über das ihre Mutter und ich niemals sprachen. Als meine neunjährige Tochter mich einmal an einem Hochzeitstag fragte: »Papa, wann haben Mama und du geheiratet?«, druckste ich herum und verlegte das Datum um ein Jahr zurück.

Ich brauchte Jahre, um die Parallele zu meinen eigenen Eltern zu sehen, die sich scheiden ließen, als ich sechs war, und diese Tatsache vor mir geheimhielten, bis ich fast vierzehn war. Leute, denen ich das erzähle, sind gewöhnlich schockiert. Wieso hatte ich das nicht gemerkt? Und, was meine eigene Geschichte stärker betrifft, warum hatten es meine Eltern geheimgehalten?

I.

Meine Mutter und mein Vater hatten sich an der Universität Wien kennengelernt, wo beide Medizin studierten; nach dem Abschluß hatten sie sich in einem Haus in der Ulitza Marin Drinov in Sofia niedergelassen. Als meine Mutter im achten Monat schwanger war, kehrte sie in das Wiener Krankenhaus zurück, wo sie ihre praktische Ausbildung erhalten hatte und das in ihren Augen das einzige für die Entbindung ihres ersten Kindes angemessene Spital war. Zwei Monate nach meiner Geburt am 29. Oktober 1923 trafen wir in Sofia ein, an einem Tag, der so kalt war, daß alle Wasserleitungen eingefroren waren. Das war kein gutes Omen für meine Mutter, die sehr ungern in Sofia lebte, nie richtig Bulgarisch lernte und begreiflicherweise Probleme hatte, dort eine Praxis aufzubauen. Außerdem war Sofia für eine weltgewandte Wienerin finsterste Provinz und kein Ort für die Erziehung des einzigen Sohnes. Als ich ins schulpflichtige Alter kam, zogen meine Mutter und ich daher wieder nach Wien; und von da an kam es mir nicht merkwürdig vor, daß ich meinen Vater nur sah, wenn er uns an den Feiertagen besuchte oder wenn ich im Sommer nach Sofia fuhr. Ich glaube, ich war einfach zu jung und im großen und ganzen viel zu glücklich, um mir darüber Gedanken zu machen, warum meine Eltern nicht zusammenlebten.

Die extrem besitzergreifende Art meiner Mutter gegenüber ihrem einzigen Sohn – ein Trost während meiner Kindheit, aber eine ständig wachsende Belastung, als ich um die Zwanzig war – führte zuletzt zum totalen Bruch, als ich dann wirklich im Mannesalter war. (»Jawohl, Herr Doktor Freud, ich benutze bewußt dieses Wort.«) Da sie versuchte, ihren Platz als die dominierende Frau in meinem Leben zu behaupten, benahm sie sich meiner ersten Frau gegenüber immer aufdringlicher. Ihre wiederholten Selbstmorddrohungen, verbunden mit griffbereiten Flaschen voller Tabletten – sowohl vor als auch nach meiner Heirat –, wurden unerträglich. Obwohl meine Frau bemerkenswerte Geduld an den Tag legte, war meine Mutter eindeutig mitschuldig am Scheitern dieser Ehe, die endete, als ich 26 war. Die Anpassung an die neue mexikanische Umgebung, an meine zweite Frau, an mein erstes Kind und die praktisch völlige Vertiefung in aufregende Forschungsprojekte machten mich wenig duldsam gegenüber den von meiner Mutter ausgeübten Pressionen. Bei der ersten Selbstmorddrohung in meiner zweiten Ehe sagte ich: »Jetzt reicht's!« und bat meine Mutter, mich in Ruhe zu lassen. Erst da nahm sie ihre ärztliche Tätigkeit an einem New

Yorker Krankenhaus wieder auf. Abgesehen von seltenen Briefen und meiner finanziellen Unterstützung während ihrer letzten Jahre war der Bruch zwischen uns total. Als ich meine Mutter wieder traf, litt sie im fortgeschrittenen Stadium an der Alzheimerschen Krankheit und erkannte mich nicht mehr.

Mein Vater dagegen gestattete mir in dem Sommer, als ich dreizehn war, einen kurzen Einblick in sein Privatleben. Das Spezialgebiet meines Vaters waren Geschlechtskrankheiten. Da es zu der Zeit noch kein Penicillin gab, mußten Syphilispatienten mehrere Jahre mit arsenhaltigen Medikamenten behandelt werden und legten keinen Wert darauf, im Wartezimmer meines Vaters angetroffen zu werden. Die Termine so zu legen, daß sich die Patienten nicht über den Weg liefen, war immer ein Problem. Ich begegnete fast nie einem Patienten, obwohl sich die Praxis und die Wohnung meines Vaters im gleichen Haus befanden. Eines Tages stieß ich jedoch auf eine hübsche Frau, die auf dem Sofa saß und las und überhaupt nicht verlegen war, sondern mich mit meinem Namen ansprach. Am Sonntag darauf schloß sie sich meinem Vater und mir bei unserer wöchentlichen Wanderung im Witoscha-Gebirge an, an dessen Fuß Sofia liegt. Als wir am Abend nach Hause kamen, brachte mein Vater – der, wie ich selbst damals klar erkannte, ein ungeheuer selbstsicherer und redegewandter Mann war – keinen Ton heraus. Schließlich stammelte er, daß meine Mutter und er geschieden seien, aber daß nun die Zeit gekommen sei, wo ich verstehen würde, warum er eine Freundin habe – »keine Patientin«, wie er sich beeilte hinzuzufügen. Zu seiner sichtlichen Überraschung machte die Enthüllung der Scheidung meiner Eltern keinen besonderen Eindruck auf mich. Ich hatte mich gerade zum ersten Mal verliebt und fragte mich, wann und wo ich meinen ersten Kuß bekommen würde. Die Tatsache, daß mein Vater ebenfalls eine Freundin hatte, machte alles nur noch aufregender.

Viele Jahre später, als meine eigene Tochter etwa das gleiche Alter erreicht hatte, kam sie eines Abends nach dem Essen in mein Arbeitszimmer und setzte sich auf meinen Schreibtisch. Mit zufriedener Miene erzählte sie mir, daß eine ihrer

Klassenkameradinnen, die bereits beim dritten Vater lebte, sie
morgens in der Schule zu der offenkundigen Stabilität unseres
häuslichen Lebens beglückwünscht hätte. Einer plötzlichen
Eingebung folgend, beschloß ich, in den sauren Apfel zu
beißen. »Eigentlich war ich ja schon einmal verheiratet«,
verkündete ich ganz nonchalant, als wäre mir dieser Sachverhalt eben erst wieder eingefallen, und fuhr schnell fort: »Aber
nicht mit eurer Mutter. Für sie ist es die erste Ehe.«

Genau wie meinem Vater stand mir eine Überraschung
bevor. »Papa! Du auch?« rief sie aus und begann zu kichern,
statt schockiert zu sein. »Erzähl mir davon.« Meine Tochter
brauchte nicht lange, um die ganze Geschichte aus mir heraus-
zuholen: wie sie hieß, wie wir uns kennengelernt hatten, wie
sie aussah und wie unglaublich jung ich geheiratet hatte. Ich
mußte sogar die Photos aus meinem früheren Eheleben holen,
die ich vor allen so sorgfältig zwischen meinen chemischen
Aktenordnern versteckt hatte. Nachdem sie sie eingehend
betrachtet hatte, fragte sie: »Wie lange wart ihr verheiratet?«

»Sechs Jahre«, antwortete ich. Dann fragte ich: »Wie sollen
wir das deinem Bruder beibringen? Möchtest du es ihm
sagen?«

Meine Tochter sah mich abwesend und schweigend an. Ich
wollte meine Frage schon wiederholen, als sie mich unterbrach.

»Sechs Jahre? Aber ich bin doch . . .«

Als ich endlich alles gestanden hatte – ich, der Mann, der
das erste orale Verhütungsmittel synthetisiert hat! –, stieß sie
einen Freudenschrei aus. »Das muß ich gleich Dale erzählen«,
rief sie und rannte los, um ihren Bruder zu suchen.

Mein Vater, den ich in den zwei Jahrzehnten nach 1939
kaum sah, erfuhr nie etwas von diesem Gespräch mit meiner
Tochter. Vielleicht hätte ich ihm davon erzählen sollen. Denn
es gab auch mindestens *eine* Sache, die er mir hätte erzählen
müssen.

Mein Vater war ziemlich schneidig und unkonventionell
für Vorkriegsbulgarien – seine Schwäche für Frauen ging
sogar so weit, daß er gelegentlich mit seinen Geliebten
protzte. (*Concubinage* pflegte er das, französisch ausgespro-

chen, zu nennen.) Dennoch stand er vor einem echten Dilemma: Er glaubte nämlich fest an die Institution der Ehe, und keiner aus seiner großen Familie oder seinem ausgedehnten Bekanntenkreis war jemals geschieden worden. Sein einziger Sohn, so dachte er, würde sich schämen, das Kind geschiedener Eltern zu sein. Erst als er mit fast 60 Jahren nach Amerika kam, heiratete er wieder und blieb bis an sein Lebensende mit meiner wunderbaren Stiefmutter Sarina verheiratet, die 20 Jahre jünger war.

Da er erst 1949 in die Vereinigten Staaten kam, genau in dem Jahr, als ich für zwei Jahre nach Mexico City ging, sahen wir uns erst, als ich in den Vierzigern war, regelmäßig. Aber von da an hatten wir benachbarte Plätze in der Oper von San Francisco. Schließlich war mein Vater derjenige gewesen, der mich in Sofia mit vier Jahren zum ersten Mal in die Oper mitgenommen hatte. In San Francisco beugte er sich so manches Mal zu mir herüber und flüsterte *sotto voce*: »Nicht schlecht, aber da hättest du mal Caruso hören sollen!« oder Schaljapin oder Gigli oder Christov oder sonst eine legendäre Operngröße, die in dieser Rolle in Europa brilliert hatte.

Bis mein Vater 95 war, wurde er von den meisten Leuten geistig wie körperlich zwanzig Jahre jünger eingeschätzt. Mit 50 lernte er Skilaufen, in einem Alter, in dem andere Männer vorsichtig werden und sich lieber an Golf halten; in den Sechzigern machte er den Führerschein und fuhr Auto, bis er knapp 95 war. Obwohl er sein Lebtag lang wasserscheu gewesen war, lernte er kurz nach seinem 85. Geburtstag noch Rückenschwimmen. Von da an gehörten 40 Minuten im Pool zu seiner täglichen Routine, bis er sich im Jahr vor seinem Tod die Hüfte brach, als er im Fitneßraum von der Waage stieg.

Am letzten Tag seines Lebens lag er bewußtlos im Krankenhaus. Alle Intensivmaßnahmen waren beendet worden. Ich saß an seinem Bett und hielt seine Hand. Mein Sohn Dale und sein Vetter Ilan von der väterlichen Seite der Familie waren ebenfalls da. Plötzlich schreckte mich die geflüsterte Frage meines Sohnes auf: »Papa, warum hast du mir nie gesagt, daß Großpapa davor schon einmal verheiratet war?«

»Davor?« wiederholte ich verständnislos, da ich dachte, daß er damit meine Mutter meinte. »Ja, in Bulgarien. Bevor er nach Amerika kam.« Er deutete auf seinen Vetter. »Ilan hat es mir gerade gesagt. Seine Mutter hat sie in Bulgarien gekannt.« Ich sah meinen Vater an und wollte ihn anflehen: »Papa, bitte stirb noch nicht! Wer war sie? Warum hast du mir nie von ihr erzählt?« Doch es war zu spät. Er atmete nicht mehr.

II.

Über ein Vierteljahrhundert nach dem Tag, an dem ich glaubte, Virginia im Flugzeug nach Mexico City gesehen zu haben, und Jahre nachdem ich meinen Kindern von ihr erzählt hatte, war ihre Existenz noch immer niemandem sonst aus meinem zweiten Eheleben bekannt. Und dann, nach meiner zweiten Scheidung, traf eines Tages aus heiterem Himmel ein Brief von ihr aus ihrem Wohnort im Mittleren Westen ein. Sie hatte mich in einer Fernsehsendung gesehen und mich, trotz meiner silbergrauen Haare und der Halbmaske des Bartes, sofort wiedererkannt. Sie erkundigte sich, ob wir uns treffen könnten, da sie in Kürze Urlaub in Kalifornien machen wollte. Ich errötete insgeheim und fragte mich, ob ich sie wiedererkennen würde, nachdem ich schon drei Jahre nach unserer Scheidung so kläglich versagt hatte.

Unsere Mutmaßungen über lange aufgeschobene Enthüllungen stellen sich gewöhnlich als übertrieben heraus. Ich erkannte Virginia sofort wieder. In groben Zügen hatten wir uns unser jeweiliges Leben in ein paar Stunden erzählt. Aber wie rekonstruiert man ein Vierteljahrhundert der Abwesenheit? Sie konnte nicht wissen, und ich konnte ihr nicht sagen, daß ich die Existenz unserer Ehe – die ganzen sechs Jahre – geleugnet hatte. Wie ein Stalin der Gefühle hatte ich einen Abschnitt unserer gemeinsamen Geschichte aus den öffentlichen Annalen ausradiert. Falls sie es erriet, so ging sie diskret darüber hinweg, wie sie auch während eines Großteils unserer Ehe diskret über so manches hinweggegangen war.

Als sie wieder zu Hause war, schickte sie mir ein Dankschreiben und ein Geschenk. Der Deckel der Schachtel deutete darauf hin, daß es ein elektrischer Joghurtmixer war. Das war das letzte, was ich brauchte. Ich bin zwar ein moderner Laborchemiker, aber meinen Joghurt mache ich immer noch auf die altmodische bulgarische Art: Ich bringe Milch zum Kochen, lasse sie abkühlen, bis ich gerade so eben den Finger hineinhalten kann, rühre ein paar Löffel Joghurt hinein und lasse die Mischung über Nacht in einer Thermosflasche mit breiter Öffnung stehen. Ich dankte Virginia für das Geschenk, legte es unausgepackt beiseite und vergaß es. Mehrere Monate später fiel mir die Schachtel in die Hand. Als ich etwas darin herumkullern hörte, dachte ich, daß das Ding vermutlich kaputtgegangen war und daß es mir recht geschah, weil ich so nachlässig gewesen war. Erst als ich die Schachtel aufriß, entdeckte ich, daß es sich bei dem Geschenk um 30 Osterglocken-Zwiebeln handelte – eine für jedes Jahr seit unserer Scheidung.

Dem beiliegenden Brief zufolge waren sie in Virginias eigenem Garten ausgegraben worden und für mein Ranchhaus in Nordkalifornien bestimmt. Ich pflanzte sie binnen einer Woche ein, und im Frühjahr darauf standen alle dreißig in Blüte.

III.

Als Präsident Richard Nixon am 10. Oktober 1973 – genau an dem Tag, an dem Vizepräsident Spiro Agnew zurücktrat – im East Room des Weißen Hauses elf Männern die *National Medal of Science** verlieh, war ich einer der Empfänger. Auf

* Während seiner zweiten Amtszeit bewies Präsident Richard Nixon sein Unbehagen gegenüber Wissenschaftlern, indem er das *President's Science Advisory Committee* (PSAC) abschaffte und den Wissenschaftsberater des Weißen Hauses herabstufte. Somit wurde die *National Medal of Science* zwei Jahre lang nicht verliehen, die zusammen mit dem PSAC in der Eisenhower-Ära eingeführt worden war. Zyniker sahen die Veranstaltung im Jahre 1973 als reine Public-Relations-Maßnahme und nicht als ein Zeichen einer bevorstehenden Entspannung des Verhältnisses, das der Präsident zu den Wissenschaften hatte.

meiner Urkunde stand: »In Anerkennung seiner bedeutenden Beiträge auf dem Gebiet . . . der Steroidhormone und ihrer Anwendung in der Arzneimittelchemie und Bevölkerungskontrolle mittels oraler Kontrazeptiva.« Bei diesem festlichen Ereignis, an dem neben den Preisträgern, ihren Frauen und anderen Angehörigen auch die First Lady und Kabinettsmitglieder teilnahmen, besaß ich eine ganz besondere Auszeichnung, von der ich aber erst zwei Monate später erfuhr, als der *San Francisco Examiner* einen Artikel veröffentlichte, dessen Schlagzeile lautete: »Nixon verleiht Medaille an Wissenschaftler aus der ›White House Enemies‹-Liste.«

Ich war überhaupt nicht bestürzt, daß ich auf der durch Watergate bekannt gewordenen Liste der »Feinde des Weißen Hauses« gelandet war, einesteils wegen meines Engagements für Senator McGovern im Präsidentschaftswahlkampf, einschließlich meiner Funktion als Pro-McGovern-Delegierter beim Wahlparteitag der Demokraten im Jahre 1972 in Miami, zum anderen wegen meines offenen Widerstands gegen unsere Vietnam-Politik. Als ich erfuhr, daß mir von Nixon die *National Medal of Science* verliehen werden sollte, nahm ich mir fest vor, mich nicht dabei erwischen zu lassen, daß ich den Präsidenten anlächelte, wenn wir gemeinsam photographiert wurden. Doch ich unterschätzte die Geistlosigkeit des kurzen Tête-à-têtes, das sich ergeben sollte, als Nixon mir die Hand schüttelte und mir die Medaille überreichte.

»Wie wird sich Stanford gegen Cal schlagen?« fragte er. Da er aufgrund meines Herumgedruckses vermutlich erriet, daß er es mit einem dieser seltsamen Stanforder Professoren zu tun hatte, die noch nie an einem »Big Game« des American Football teilgenommen haben, wechselte er das Thema: »Wissen Sie, ich habe am Whittier College nie Chemie belegt«, sagte er. »An der High-School hatte ich eine Eins, aber verstanden habe ich Chemie nie.« Da flammten die Blitzlichter auf. Und so kommt es, daß auf jeder der 20 mal 25 cm großen Farbphotographien, die mir das Weiße Haus zuschickte, einschließlich der Widmung: »Für Carl Djerassi mit den besten Wünschen, Richard M. Nixon«, zu sehen ist, wie ich den Präsidenten anlache und anstrahle, als wäre ich der siegreiche

Quarterback des bewußten Footballspiels und er der Trainer. Neben dem gerahmten Photo, das an der Wand meines Büros hängt, befindet sich eine Erklärung, die von einem meiner Studenten in wunderschöner Kalligraphie verfaßt wurde: »*Support Your Local Enemy*« – »Unterstützen Sie Ihren örtlichen Feind.«

Ich zeichnete mich noch durch etwas anderes unter den übrigen Preisträgern aus: Ich war der einzige, der ohne Begleitung an der Verleihungszeremonie teilnahm. Auf die wiederholte Frage: »Wo ist Ihre Frau?« brachte ich irgendwelche harmlosen Ausreden vor. Ich konnte ja nicht gut sagen, daß Norma noch *nie* anwesend gewesen war, wenn ich eine Auszeichnung für meine wissenschaftliche Arbeit erhielt. Bei derartigen Anlässen dachte ich immer an andere Gelegenheiten, die ihr entgangen waren.

Nach meiner Rückkehr vom Kenyon College, wo man mir 1958 zusammen mit dem Dichter Robert Lowell und dem episkopalischen Bischof von Süd-Ohio einen Ehrendoktor verliehen hatte, erzählte ich ihr, daß der Zeremonienmeister, der die Prozession anführte, feierlich zu mir gesagt hatte: »Bischof Blanchard, würden Sie mir bitte folgen?« Sie lachte. Aber sie sagte nicht etwa: »Ich wünschte, ich wäre dabeigewesen.« Selbst gegen Ende unserer Ehe war unsere Beziehung nach außen hin so höflich, daß sie an jenem sonnigen Tag im Mai des Jahres 1975 durchaus an der Abschlußfeier der Columbia-Universität hätte teilnehmen können. Nachdem Arthur Rubinstein der Ehrendoktor verliehen worden war, erhob sich das Publikum wie ein Mann und brachte ihm eine Ovation dar, als hätte er gerade die letzte Note eines Konzerts in der Carnegie Hall gespielt. Ich war als nächster an der Reihe. Als der Präsident der Columbia-Universität sagte, die bedeutsamste Auswirkung habe meine Forschung auf dem Gebiet oraler Empfängnisverhütung auf die Emanzipation der Frau gehabt, sprangen die Absolventinnen von Barnard, dem Frauen-College, auf und jubelten, woraufhin eine zweite Woge menschlicher Stimmen erschallte. »*Yeah*!« donnerten die Absolventen des nur von Männern besuchten Columbia-Colleges, die rechte Faust in die Luft gereckt. (Die Unterbrechung wurde prompt in der *New York Times* vermerkt und später auch in Rubinsteins Autobiographie.) Ich glaube nicht, daß ich meiner Frau von der Reaktion der Studenten, die mich so erfreut hatte, auch nur erzählt habe. Selbst ein köstliches Mahl schmeckt nicht mehr so gut, wenn es aufgewärmt ist.

Vielleicht hätten ihr die frühen, rein wissenschaftlichen Anlässe nicht gefallen, beispielsweise der *Award in Pure Chemistry*, den die American Chemical Society jedes Jahr an eine Person unter 35 verleiht, wo nur Chemiker und Konsorten aufmarschierten. Doch es gab auch Feiern, die Norma vermutlich gefallen hätten. Jahrelang gingen wir miteinander in die Oper und ins Theater; doch als ich zusammen mit Sherill Milnes, dem Opern-Bariton, oder 1974 mit der Schauspielerin Julie Harris an einer Ehrendoktor-Verleihung teilnahm, fuhr ich allein hin.

In der Woche, nachdem mir 1976 die Scheidungsklage überreicht worden war, hatten meine Frau und ich ein Marathon-Wortgefecht – vielleicht das längste unseres gemeinsamen Lebens und mit Sicherheit das freimütigste. Fest verriegelte Türen wurden aufgestoßen, die Wunden eines Vierteljahrhunderts aufgerissen. Schließlich schwiegen wir, erschöpft von dieser brutalen Katharsis. Aber als ich meinen Katalog von Vorwürfen – kürzer zwar als der meiner Frau, aber dennoch ziemlich umfangreich – nochmals durchging, fand ich noch einen weiteren Punkt, der am tiefsten saß.

»Nicht ein einziges Mal hast du es für nötig befunden mitzukommen, wenn ich irgendwo geehrt wurde«, legte ich los, »nicht ein einziges Mal in all den Jahren.«

»Das ist nicht wahr«, sagte sie leise. Und erinnerte mich dann an den einen Anlaß vor 20 Jahren, den ich vergessen hatte und sie nicht. Sie wußte sogar noch, daß ich mir dafür meinen ersten Smoking gekauft hatte. Der Optimist in mir hatte kalkuliert, daß sich diese Investition nach vier weiteren feierlichen Verleihungen amortisiert hätte. Der Ton ihrer Antwort, in dem fast ein Hauch Traurigkeit lag, hielt mich davon ab, das Thema weiter zu verfolgen. Ich sagte: »Darauf kommt es jetzt wohl auch nicht mehr an.«

Aber offensichtlich hatte Norma die ganze Zeit gewußt, daß es eben doch darauf ankam; trotzdem hatte keiner von uns in all den Jahren diese Sache zur Sprache gebracht, genausowenig wie viele andere Themen, die wir nicht angeschnitten hatten. In den fünfziger und sechziger Jahren die Professorenfrau spielen zu müssen, war schon schwer genug für eine intelligente und sehr gebildete Frau, die vor der Ehe an ihre Unabhängigkeit gewohnt gewesen war. Das Zusammenleben mit einem Wissenschaftler, dessen Alltag in einer unverständlichen Sprache verlief, dessen Arbeitstag sechzehn Stunden hatte und der jeden Abend seine Geliebte mit nach Hause brachte, war vermutlich kaum zu verkraften. Daß es sich bei der Geliebten nicht um eine Frau, sondern um eine zwanghafte intellektuelle Leidenschaft für die Chemie handelte, machte die Sache auch nicht erträglicher. Kein Wunder, daß das einzige, woran sich meine Frau erinnerte, der Ehemann im Smoking war, der eine Auszeichnung für eine Arbeit erhält, die sie nicht teilte und die sie irritierte, die sie aber trotzdem erleichtert hatte. War es wirklich vernünftig, von ihr zu erwarten, daß sie an Feierlichkeiten teilnahm, die öffentlich die Lebensweise ihres Mannes ehrten? Obwohl es mir bei unserem letzten Streit noch nicht richtig aufgegangen war, erscheint mir Normas stummer Boykott fast wie eine zivilisierte Reaktion auf längeren Groll. Aber in der damaligen Zeit hätten nur wenige Leute diesen Sachverhalt als legitimen Grund zur Klage gelten lassen. »Worüber regt sie sich eigentlich auf?« hätte es geheißen. »Er kommt doch jeden Abend nach Hause. Er trinkt nicht. Er sorgt gut für sie, er läuft nicht anderen Weibern hinterher.« (»Wissen sie das so genau?« dachte sie vermutlich, ohne es auszusprechen.)

Den Smoking hatte ich vergessen, aber dafür erinnerte ich mich an einen anderen Aspekt jener Zeremonie. Wie gewöhnlich wurde erwartet, daß ich einen Vortrag über die Arbeit hielt, die durch den Preis geehrt worden war. Chemiker sind von Natur aus unfähig, dies ohne visuelle Hilfsmittel zu tun, wenn sie die komplexen zwei- und dreidimensionalen Strukturformeln organischer Moleküle darzulegen haben, beispielsweise der Steroide, über die ich sprechen wollte. Damals benutzten die meisten Chemiker 7,5 mal 10 cm große Glasdias, doch ich hatte beschlossen, modern zu sein: Ich hatte eine leichte Plastikversion dieser Diapositive mitgebracht. Im Laufe meines Vortrags merkte ich, daß der Mann am Vorführgerät gestikulierte, als wollte er mich veranlassen, schneller zu machen. Im Raum war es dunkel, doch sein Gesicht wurde vom Licht des Projektors beleuchtet, so daß ich seine aufgerissenen Augen sah, seinen Finger, der auf die Leinwand deutete, seinen Mund, der wieder und wieder lautlos Worte formte. Als ich mich schließlich zur Leinwand umdrehte, sah ich, daß sich um die chemischen Strukturen herum eine riesige Amöbe entwickelte. Sekunden später waren die Strukturen völlig verschwunden, und es war nur noch die zitternde, faktisch durchsichtige Amöbe vorhanden. Der Vorführer nahm das Dia heraus und deutete einen Knockout an: Das Licht des Projektors war für meine Plastikdias offenbar zu heiß gewesen. Mein Vortrag wurde zu einer Symphonie in Timing, der Vorführer zu meinem Toscanini, dessen erhobene Hand sich in ständig schneller werdendem Tempo zu einem Crescendo bewegte und dann plötzlich herabfiel. Alle paar Sätze drehte ich mich um, um die Bilder hinter mir zu betrachten; sobald ich es an den Rändern zucken sah, was die unmittelbar bevorstehende Kernschmelze ankündigte, sagte ich ganz nonchalant: »Das nächste Bild bitte.«

Als ich meine Dias holen ging, traf ich einen schweißgebadeten Vorführer an, der auf den Detritus meines Vortrags deutete: einen Stapel Diarähmchen, an denen Klumpen von geschmolzenem Plastik hingen. Das ist das Bild, das mir in den Sinn kam, als ich an die einzige Zeremonie dachte, an der Norma teilgenommen hatte. Hatte auch sie sich an den Zwischenfall mit den Dias erinnert? Hatte sie schon damals die Analogie zu unserem Leben erkannt? Die wunderschön gezeichneten Strukturformeln, mit denen ich das Publikum beeindrucken wollte, hatten ihren Zweck erfüllt, aber nur ein einziges Mal und nur für eine ganz begrenzte Zeit. Da ich kein Manuskript hatte und der Vortrag nicht aufgezeichnet wurde, blieb davon nur das übrig, was sich den Zuhörern eingeprägt hatte. Ich fragte Norma nicht danach; dafür schien es Jahre zu spät zu sein.

KAPITEL 7

Intermezzo: Ein Rhinozeros hat meine Rolex gefressen

Ich saß auf dem Balkon und war wunschlos glücklich. Das war 1954, in der Zeit vor dem Aufkommen des Düsenflugzeugs, und wir hatten die lange Reise von Peru zurück nach Michigan in Panama City unterbrochen. Anstatt jedoch die Stadt und die Kanalschleusen zu erkunden, saß ich auf dem Hotelbalkon und wartete darauf, daß Montezuma (oder sein Inka-Pendant Atahualpa) aufhörte, Rache an meiner Frau zu nehmen. Ich war rundum zufrieden, weil ich mir endlich den Wunschtraum meiner Wiener Kindertage erfüllt hatte, als ich über die Inka in Peru gelesen und mich gefragt hatte, ob es wirklich einen See mit dem unanständigen Namen Titicaca gab. Ich hatte es geschafft, Cuzco und die Inka-Ruinen von Machu Picchu zu besuchen, mit dem Zug durch den *Altiplano* nach Puno auf der peruanischen Seite des Titicacasees zu reisen und mit dem Nachtdampfer über den See in die bolivianische Stadt Guaqui zu fahren – und all das unter dem Deckmantel akademischer Forschungsarbeit, ohne zugeben zu müssen, daß mein Interesse an Südamerika der frühen Beschäftigung mit Karl May entsprang.

Nur wenige Amerikaner können sich vorstellen, welche Wirkung Karl Mays Abenteuerromane auf Generationen von deutschen und österreichischen Buben hatten. (Nach letzten Berechnungen sind über fünfzig Millionen Exemplare seiner Bücher im Druck erschienen.) Die haarsträubenden Abenteuer spielten unter nord- und südamerikanischen Indianern, an Schauplätzen, die May nie besucht hatte, aber nichtsdestoweniger packend und bis in alle Einzelheiten beschrieb. Tatsächlich war es ein immer wieder auftretendes Detail in Karl Mays Landschaft – nämlich der Riesenkaktus –, das mir den beruflichen Vorwand für diese Reise geliefert hatte. Da ich einige Jahre zuvor ein Forschungsprogramm gestartet hatte, um die chemische Zusammensetzung von Riesenkakteen zu untersuchen, für die Mexiko bei weitem die größte Fundgrube darstellte, verkündete ich meinen Studenten, daß wir der Vollständigkeit halber auch südamerikanische Exemplare untersuchen würden. Und es war auch kein purer Zufall, daß die Arten, die ich für die Studie auswählte, in der Nähe von Cuzco und auf der bolivianischen Seite des Titicacasees wuchsen.

Als ich nun auf dem Balkon saß, abwechselnd las und mit zusammengekniffenen Augen durch die Helligkeit auf die weißgetünchten Gebäude unter mir schaute, mußte ich daran denken, wie ich selbst ein Opfer der *sorroche*, der peruanischen Version der Höhenkrankheit, geworden war, als wir Cuzco erreichten, nachdem wir die Anden, von Lima kommend, in einem Flugzeug ohne Druckkabine überquert hatten. Wir Passagiere hatten ununterbrochen Sauerstoff eingeatmet, während die Flugbegleiterin mit einer kleinen tragbaren Flasche auf dem Rücken und einer Sauerstoffmaske über dem Gesicht im Gang auf und ab spazierte. Ich war derart mit Sauerstoff vollgepumpt, als ich in Cuzco (3380 Meter ü. d. M.) ankam, daß ich darauf bestand, schnurstracks bergauf und bergab durch die steilen Straßen zu marschieren. Beim Mittagessen, gerade als ich mit der Suppe angefangen hatte, wurde ich ohnmächtig.

Ich dachte wieder einmal, wie klein doch die Welt ist. Eine Woche später, nachdem wir den Titicacasee überquert und Bolivien erreicht hatten, waren meine Frau und ich in einen Laden gegangen, um Postkarten zu kaufen. Als der Ladenbesitzer zu einem anderen Kunden etwas auf deutsch sagte, brachten diese Worte aus irgendeinem Grund lange nicht mehr benutzte Synapsen in Schwung. Siebzehn Jahre davor, kurz nach dem Anschluß Österreichs durch Hitler, war ich in einer Pfadfindergruppe aktiv gewesen, deren Mitglieder fast

ausschließlich Juden waren. Unser Leiter, ein großer Opern-
freund, pflegte stundenlang Wagner-Arien zu singen, wenn
wir am Lagerfeuer saßen. Ein Jahr später hatten sich die
meisten von uns nach Großbritannien, in die USA oder nach
Australien zerstreut; der Opernfan war nach Südamerika geflohen. Ich konnte mich nicht mehr auf das Land besinnen,
nur, daß er in eine sehr hoch gelegene Hauptstadt gezogen
war und ein Restaurant aufgemacht hatte. Das schränkte die
Möglichkeiten auf drei ein: Bogotá, Quito oder La Paz. Ich
fragte den Ladenbesitzer auf deutsch, ob es in La Paz ein
österreichisches Restaurant gab. »Natürlich«, antwortete er.
»Das ›Café Vienna‹ und ein Restaurant im ›Hotel Austria‹.«
Letzteres lag drei Straßen weiter, einen steilen Hang hinauf.
Als wir einige Minuten später dort ankamen, keuchte ich.
Noch bevor ich wieder zu Atem kommen konnte, drehte sich
der Mann, der am Eingang lehnte – scheinbar nur eine über-
gewichtige Hilfskraft, ein schmerbäuchiger Handlanger – zu
mir um, sah mich kurz an und fragte, ohne eine Miene zu
verziehen: »Was machst du denn in La Paz, Karli?«
Meine Frau lag auf ihrem Bett im abgedunkelten Zimmer und stöhnte. Da ich aufgrund eigener, Anfang der
fünfziger Jahre in Mexiko gemachter Erfahrungen mit in-
nerem Aufruhr wußte, daß alles Mitgefühl der Welt die
Krämpfe nicht lindern konnte, verhielt ich mich ruhig,
blieb jedoch in der Nähe. Meine gesamte Lektüre war erschöpft; ich hatte sogar die letzte *Time* ausgelesen. Vor
lauter Langeweile stürzte ich mich auf die Anzeigen. Sie
deckten die übliche Bandbreite vom Cadillac und der
Piper Cub bis hin zu Parfums und Pelzen ab, als plötzlich
mein Blick auf eine Reklame für Rolex-Uhren fiel, deren
Überschrift lautete: »Unter griechischen Gewässern«. Ein
Sporttaucher – mit zwei Sauerstoffflaschen auf dem Rücken
und einem Mundstück, aus dem Luftblasen hochstiegen, um
ihn herum Seeanemonen, Quallen und Tang – griff nach einer
Armbanduhr zwischen den Korallen. Im Hintergrund
schwamm ein einzelner Fisch. Neben dieser Zeichnung stand
der folgende Text:

1938 verlor ein Unterwasserfischer seine Rolex Oyster im tiefen Wasser vor der griechischen Küste. Er konnte sie deutlich in einer Spalte zwischen zwei Felsen liegen sehen, konnte sie jedoch nicht erreichen.

1946 kam er wieder nach Griechenland und ging abermals auf Unterwasserjagd. Als ihm jemand ein Atemgerät lieh, fiel ihm sofort seine verlorene Uhr ein. Mit Hilfe der neuen Ausrüstung war er in der Lage, hinunter auf den Meeresboden zu schwimmen. Eine kurze Suche zwischen den Pflanzen, die die Felsen bedeckten, brachte die Uhr genau dort zum Vorschein, wo er sie vor 7 Jahren zuletzt gesehen hatte. Nachdem sich ein örtlicher Uhrmacher ihrer angenommen hatte, ging sie wieder genauso exakt wie früher.

Was für ein Kompliment für die überragende Genauigkeit des Rolex-Uhrwerks! Und was für ein anschaulicher Beweis, wie perfekt dieses Uhrwerk durch das wasserdichte Oyster-Gehäuse geschützt wird!

»Das mußt du lesen!« rief ich meiner Frau zu und wedelte mit der Zeitschrift. Stöhnend erhob sie sich von ihrem Krankenlager, nahm die Zeitschrift und verzog sich auf die Toilette. Als sie zurückkam, blieb sie an der Balkontür stehen, um mir die Zeitschrift und einen ihrer typischen »Na-und«-Blicke zuzuwerfen. »Kannst du dir vorstellen, daß sich irgend jemand aufgrund dieses Ammenmärchens eine Rolex kauft?« attackierte ich den Blick.

»Warum denn nicht? Es scheint ja wahr zu sein. Sieh die Fußnote an.« Die eingeklammerte Anmerkung hatte ich völlig übersehen:

(Dies ist eine wahre Geschichte, die Mr. D. F. Pawson an Rolex geschickt hat. Das Original des Briefes kann eingesehen werden in den Räumen der Rolex Watch Company, 18 rue du Marché, Genève, Schweiz.)

Aber war die Geschichte deshalb wahr? Ein in Panama gemachtes Angebot, in Genf Einsicht in einen Brief zu nehmen! Jetzt hat Rolex seinen Meister gefunden, dachte ich. Ich werde sie zwingen, Farbe zu bekennen. Ich riß die Anzeige heraus und legte sie sorgfältig zusammen, bevor ich sie einsteckte – so sorgfältig, daß sogar heute, vierunddreißig Jahre danach, keine weiteren Knickspuren auf der vergilbten Seite sind. »Wir werden im August in Genf Station machen«, verkündete ich meiner Frau triumphierend. Mit einem letzten leidenden Blick begab sie sich wieder auf die Toilette.

Als wir acht Monate später, an einem sonnigen Augustmorgen, die Rhône auf der Pont du Mont-Blanc überquerten, dort, wo sie in den Genfer See mündet – in der Ferne die Berge à la Titicacasee –, hatte ich kalte Füße bekommen. Wir waren auf dem offenen Rücksitz eines Tourenwagens nach Genf gekommen, der von einem englischen Freund, einem Professor aus Cambridge, gesteuert wurde, vor dem ich seit Tagen damit geprahlt hatte, wie ich den Firmensitz von Rolex auf den Kopf stellen würde. Doch als er mich – zerzaustes Haar, ohne Krawatte, das Jackett zerknautscht wie eine Ziehharmonika – in der Rue du Marché vor der eleganten Zentrale der Firma Rolex absetzte, sagte ich zu meiner Frau: »Du kannst ruhig im Wagen bleiben, ich bin gleich wieder da.«

»Von wegen!« verkündete sie in entschiedenem Ton, der auf keinerlei Bauchgrimmen schließen ließ. »*Das* lasse ich mir auf gar keinen Fall entgehen.« »Na schön«, brummte ich, »bringen wir's hinter uns.«

Also marschierten wir in die kühle marmorne Empfangshalle. Meine feuchte rechte Hand hielt sich an der zusammengelegten *Time*-Anzeige in meiner Jackentasche fest. »Ich bin hier, um das Original dieser Anzeige einzusehen«, erklärte ich der Empfangsdame barsch und knallte die zusammengefaltete Seite auf den glänzenden Schreibtisch, als würde ich eine päpstliche Bulle überbringen, und versteckte so meine Verlegenheit hinter einer aggressiven Maske. Ohne mit der Wimper zu zucken, faltete sie den Träger meiner Kampfansage auf. »Warten Sie bitte«, sagte sie, deutete auf das Sofa in der Ecke und griff zum Telefon. Als sich uns einige Minuten später ein junger Mann im weißen Mantel näherte, dachte ich einen Augenblick lang, ein Irrenwärter sei gekommen. Der Labormantel war jedoch Standardkleidung in den unteren Rängen der Rolex-Angestellten, so auch dieses Vertreters der Werbeabteilung. »*Voilà, Monsieur*«, sagte er und reichte mir einen dicken, schwarzen Ringordner. Darin fand ich eine Reihe von Klarsichthüllen vor. Die Hülle auf der linken Seite enthielt jeweils eine Seite aus *Time* mit einer Rolex-Anzeige; die ge-

genüberliegende Hülle enthielt den Brief, auf dem die Anzeige basierte.

Der Mann ließ uns allein, und zwanzig Minuten oder länger war aus unserer Ecke nur Gekichere oder Gewieher zu hören. Es müssen mindestens ein Dutzend verschiedener Anzeigen gewesen sein, auch wenn ich mich jetzt nur noch an den Inhalt von zwei erinnern kann. Kein Wunder, daß mir, als Chemiker, die erste im Gedächtnis blieb. Sie zeigte einen brodelnden Kessel, der leicht gekippt war und aus dem eine dickflüssige Schmiere in einen flachen Trog lief. »Versehentlich ließ ich meine Rolex in ein Faß mit kochender Lauge fallen. Als Stunden später der abgekühlte Inhalt vorsichtig ausgeschüttet wurde, entdeckte ich auf dem Boden meine Rolex. Nachdem ich sie mit Wasser abgespült hatte . . .« Die andere war sogar noch exotischer, denn darin ging es um eine Bootsfahrt auf dem Amazonas und einen Piranha, der sich eine Rolex schnappte. Ein paar Wochen oder Monate später angelte der ehemalige Besitzer im Amazonas und fing einen gefährlichen Piranha, der, *mirabile dictu*, die tickende Rolex im Bauch hatte.

Es stimmte zwar, daß jede illustrierte Anzeige einem anscheinend echten Brief entsprach. Was die Anzeigen aber nicht verraten hatten, war, daß jede Epistel faktisch mit dem gleichen Satz begann: »Ich bin darüber unterrichtet, daß ich, wenn ich Ihnen eine originale Geschichte über meine Rolex-Armbanduhr einsende, von Ihnen eine neue goldene Rolex Oyster Perpetual erhalte.«

»*Ça va, Monsieur?*« sagte unser Betreuer im weißen Mantel lächelnd, als er die Hand nach dem Ordner ausstreckte; aber ich gab ihn nicht her. »Das ist zwar alles sehr amüsant, aber nicht das, weswegen ich hier bin. Wo ist *diese* Anzeige?« fragte ich und deutete auf meine Seite aus Panama. Er beugte sich herunter und blätterte schnell um. »*Excusez-moi*«, hauchte er und verschwand. Nach einigen Minuten tauchte ein zweiter Weißkittel auf, diesmal eine Frau. »Entschuldigen Sie bitte«, sagte sie außer Atem, »*Ihr* Exemplar war vorübergehend entfernt worden. Hier ist es. Bitte prüfen Sie es.« Und da war er tatsächlich, der handgeschriebene Brief von Mr. D. F. Pawson, auf dem Briefpapier eines Londoner Clubs, samt dem üblichen einleitenden Satz mit dem Scharwenzeln um eine neue goldene Rolex. Ich verglich den Brief mit dem Text der Anzeige, wobei ich eine ziemliche Schau abzog, und notierte mir dann ostentativ Mr. Pawsons Adresse auf einem Blatt Briefpapier der Firma Rolex, das ich mir vom Schreibtisch der Empfangsdame geholt hatte.

Als sich die Frau mit dem Ordner unter dem Arm verzog, starrte ich auf das weiße Blatt mit Pawsons Adresse oben drauf. Worte begannen zu erscheinen:

Als ich am Ngorongoro-Krater bei den Massai kampierte, legte ich meine treue Rolex neben mein Feldbett. Während der Nacht kam ein Rhinozeros in mein Zelt gestürmt. In dem resultierenden Durcheinander sah ich, als ich meine Taschenlampe auf die Szene richtete, entsetzt mit an, wie das Rhinozeros meine Armbanduhr fraß.

Als ich drei Jahre später mit dem Herzog von Bulloughshire nach Tansania zurückkam und wir gerade bei Tee und Gebäck vor unserem Zelt saßen, rief der Herzog aus: »Donnerwetter! Das Rhinozeros will uns angreifen!« Schon hatte ich mich auf ein Knie niedergelassen, mein Gewehr angelegt . . .

Ich hatte das Untier mit einem einzigen Schuß niedergestreckt; die überglücklichen Massai hatten den Kadaver enthäutet und zerlegt; Hyänen und Geier hatten die Überreste umkreist; zwei Tage später hatten wir ein tadellos sauberes Skelett mit einem glänzenden Gegenstand vorgefunden, in dem sich der Sonnenschein spiegelte. Ich suchte noch nach einer plausiblen Erklärung, wieso meine Rolex im Magen des Rhinozerosses zurückgeblieben und nicht ausgeschieden worden war, als mir einfiel, daß im Ngorongoro-Krater Jagen strengstens verboten ist. Die Schweizer sind viel zu gewissenhaft – ein derartiger Lapsus wäre ihnen aufgefallen.

»Gehen wir«, sagte ich zu meiner Frau und stand auf.

»Doch nicht etwa in diesen Club in London?« antwortete sie mit leiser Panik in der Stimme.

KAPITEL 8

Was für ein Chemiker
sind Sie?

I.

Wenn ich in den ersten zehn Jahren meines Berufslebens, nachdem ich 1945 an der Universität Wisconsin promoviert hatte, gefragt wurde, was für ein Chemiker ich sei, sagte ich gewöhnlich: »Arzneimittelchemiker«. Die Leute verstanden darunter die Arbeit an Antihistaminen, Antispasmodika, Corticoiden, oralen Kontrazeptiva, Anabolika und anderen Steroid-Analoga, und sie fanden das gut. Später sagte ich dann: »Ich bin Organiker« oder einfach »Chemiker«; doch seit den sechziger Jahren hat eine immer mehr um sich greifende Chemophobie und »Organik«-Masche die breite Öffentlichkeit dazu verleitet, organische Chemie (also das Studium der Kohlenstoffverbindungen) mit synthetischen Substanzen gleichzusetzen – eine Definition, die heute mit eindeutig negativen Assoziationen befrachtet ist.

Die notorischsten Übeltäter sind die Besitzer und Zulieferer von Naturkostläden sowie viele ihrer Kunden. Obwohl auch ich derartige Geschäfte frequentiere, kaufe ich dort wegen der Qualität der Waren ein und nicht, weil sie angeblich frei von anorganischen Stoffen sind. »Aus rein organischem Anbau« oder eine ähnliche Leerformel ist entweder eine Manifestation der Ignoranz, sprachlicher Schlamperei oder absichtlicher Ungenauigkeit. Wie will man denn irgendeine Pflanze ohne anorganische Komponenten wie Düngemittel, Spurenelemente und dergleichen anbauen? Im übrigen sollten alle, die synthetische organische Stoffe unweigerlich mit Toxizität gleichsetzen, sich einmal in Erinnerung rufen, daß einige der stärksten und tödlichsten Gifte in der Natur vorkommende »organische« Substanzen sind. Tatsächlich ist der renommierte Biochemiker Bruce Ames von der Universität Kalifornien, wegen seiner Entwicklung des einfachen »Ames-Tests« zum Nachweis einer vermuteten Karzinogenität einst der Liebling aller Chemophoben, mittlerweile für sie zum Buhmann geworden aufgrund seiner späteren Erkenntnis, daß das mit »natürlichen« Lebensmitteln verbundene Krebsrisiko viel höher sein kann als jede Gefahr, die von Organikern synthetisierte Pestizide darstellen.

Obwohl ich, wie ich in Kapitel 13 demonstrieren werde, ein aktiver und unübersehbarer Befürworter besserer Alternativen zu herkömmlichen Pestiziden bin, habe ich dennoch das Gefühl, daß es selbst in diesem Bereich der organischen Chemie hinsichtlich der Nuancen von *organisch* und *synthetisch* und sogar *chemisch* und *biologisch* dringend einer gewissen Klarstellung bedarf. Umweltschützer, die eine *biologische* Insektenbekämpfung verfechten, verwenden beispielsweise Fallen, die mit etwas Klebstoff ausgestattet sind und als Köder den Sexuallockstoff enthalten, den das weibliche Tier eines bestimmten Insektenschädlings absondert. Diese »biologische« Insektenbekämpfung verwendet jedoch Pheromone, die von einem Chemiker im Labor synthetisiert wurden und deren chemische Struktur identisch ist mit der der natürlichen Substanz. Das ist wesentlich praktischer, als sexuell unberührte weibliche Tiere einzufangen, sie in Käfigen in derartige Fallen zu setzen und sie winzige Mengen eben dieses Sexuallockstoffs erzeugen zu lassen. In Anbetracht der Tatsache, daß Pheromone organische Substanzen sind und daß die Entomologen bei Feldstudien synthetische Stoffe verwenden, könnte man diese »biologische« Form der Schädlingsbekämpfung ebensogut als »chemisch-synthetische Methode« bezeichnen.

Da man dies als semantische Pingeligkeit abtun könnte, möchte ich einige weitere Aspekte des Problems der synthetischen Pestizide in die richtige Perspektive rücken. Ich habe synthetische Pestizide gewählt statt anderer organischer

Stoffe, weil eine Umfrage aus dem Jahre 1990 gezeigt hat, daß auf einem Diagramm, das den Bekanntheitsgrad und Stellenwert aufzeigt, den verschiedene Industriezweige in der Öffentlichkeit haben, nur die Atomkraft eine schlechtere Beurteilung erhielt als Agrarchemikalien. Bruce Ames' Sündenfall liegt für traditionelle Chemophoben darin, daß er in jüngster Zeit mehrere weitverbreitete falsche Vorstellungen wie die folgenden widerlegte:

1. Abgesehen von Lungenkrebs ist bei allen Krebsarten die altersbereinigte Sterblichkeitsziffer seit 1950 zurückgegangen (ausgenommen bei Personen über 85), was bedeutet, daß das Leben in der modernen industrialisierten Welt im großen und ganzen nicht zu einer Zunahme der Todesfälle infolge von Krebs beigetragen hat.

2. Laut Ames gehen 99,9 Prozent aller vom Menschen aufgenommenen Pestizide nicht auf synthetische Stoffe zurück, sondern auf die Pflanzen selbst, die diese Toxine produzieren, um sich vor natürlichen räuberischen Lebewesen (Insekten, Pilzen, Tieren) zu schützen. Er schätzt, daß die Amerikaner jeden Tag 10 000mal mehr natürliche Pestizide aufnehmen als synthetische Pestizid-Rückstände, und kommt zu dem Schluß, daß nahezu jedes pflanzliche Produkt in einem Bioladen natürliche Karzinogene enthält. Er unterstreicht, daß zwar der überwältigende Prozentsatz unserer Nahrungsaufnahme aus »natürlichen« Stoffen besteht, aber nur wenige davon – im Gegensatz zu *allen* synthetischen Pestiziden – bislang einer systematischen toxikologischen Untersuchung unterzogen wurden. Folglich ist bei normaler Exponiertheit das von synthetischen Pestiziden ausgehende Krebsrisiko für Menschen wahrscheinlich minimal verglichen mit den stets vorhandenen Gefahren natürlicher pflanzlicher Pestizide. Das rechtfertigt aber keinesfalls die zunehmende chemische Belastung der Umwelt durch wahllose Beimengungen synthetischer Substanzen – vor allem dann nicht, wenn der Verbraucher keine Wahl hat –, aber es beweist, daß die allgemeine Angst und Medienhysterie die Vernunft längst hinter sich gelassen haben.

Wie die meisten des Lesens und Schreibens kundigen Verbraucher bin ich für eine informative Kennzeichnung der Zutaten in vorverpackten Lebensmitteln, aber wie ist das bei frischem Obst und Gemüse zu bewerkstelligen, falls Ames' Erkenntnisse stichhaltig sind? Nehmen wir beispielsweise Rückstände chemisch-synthetischer Zusatzstoffe wie im Falle des in den USA weitgebrauchten Reifungsbeschleunigers Alar, von dem winzige Rückstände in einigen Äpfeln entdeckt wurden. Wir sollten diesen Vorfall nicht nur mit den Augen von Meryl Streep betrachten – einer hervorragenden Schauspielerin, aber eben keiner Chemikerin –, die ein entscheidender Faktor bei dem Medienrummel war, der dazu führte, daß Äpfel aus den Cafeterias von Schulen verschwanden (und daß Alar daraufhin vom Hersteller freiwillig vom amerikanischen Markt genommen wurde), sondern auch durch die ganz andere Brille zweier renommierter Chemiker, die beide in ihrer Danksagung anläßlich der Verleihung der Priestley-Medaille, der höchsten Auszeichnung der American Chemical Society, auf diese Sache eingingen.

George Pimentel von der Universität Kalifornien schlug Meryl Streep und den Medien die schlichten Tatsachen um die Ohren: Selbst wenn man, wie Frau Streep und andere Gegner, vom schlimmsten anzunehmenden Fall ausgeht, nämlich daß Alar in Äpfeln ursächlich daran schuld sein könnte, daß jährlich 5000 Kinder im Alter an Krebs erkranken, so stellt dies eine kaum merkliche Zunahme – um 0,025 Prozent – dar, weil 5,5 Millionen der derzeit 22 Millionen Vorschulkinder in den USA als Erwachsene ohnehin Krebs bekommen werden. Dazu kommt noch, daß nur fünf Prozent der Apfelerzeuger ihre Produkte mit Alar besprüht hatten.

Ein ebenso renommierter Chemiker, nämlich der Nobelpreisträger Roald Hoffmann von der Cornell-Universität, äußerte sich dagegen folgendermaßen:

»Ich wußte gar nicht, daß es Alar gab. Natürlich wußte ich, daß Äpfel auf vielfältige Weise behandelt werden . . . Aber ich wußte nicht, oder wollte vielleicht nicht wissen, was auf diese Weise eindrang . . . Dieses Gefühl der Unwissenheit behagte mir nicht. Schließlich hatte ich an der Columbia-Universität studiert und in Harvard promoviert, war angeblich ein guter Chemiker . . . und selbst als ich erfuhr, was darin war – Alar, Daminozid – wußte ich nicht, was das war. Ich war nicht glücklich darüber, daß ich das nicht wußte; ich war nicht glücklich darüber, daß die Apfelproduzenten diese chemischen Präparate hineintaten, ohne mich das wissen zu lassen. Ich war nicht glücklich darüber, daß mir meine Ausbildung diese Information vorenthalten hatte.«

Ich und höchstwahrscheinlich auch 99,9 Prozent aller Chemiker kannten, genau wie Roald Hoffmann, weder die chemische Struktur von Alar noch seine biologischen Eigenschaften, und wir wußten auch nicht, daß Äpfel damit behandelt wurden. Aber ich kann mir keine einfache Lösung – durch bessere Aufklärung oder bessere Kennzeichnung – vorstellen, um ein Problem wie Alar in Äpfeln aus der Welt zu schaffen außer der, auf gesetzgeberische Rahmenrichtlinien und die Klugheit (statt auf die raffinierte Publicity) aufmerksamer und *sachkundiger* Störenfriede zu vertrauen. Zu den Letztgenannten würde ich nicht viele Schauspielerinnen und Schauspieler zählen.

Nachdem ich nun meine aufgestauten Ressentiments als Organiker losgeworden bin, wende ich mich Möglichkeiten zu, den Bereich der organischen Chemie an sich in einer Art und Weise zu unterteilen, die weniger Wortverdrehungen unterworfen ist und gleichzeitig meine eigene »chemische« Persönlichkeit beschreibt. Die breiteste Differenzierung liegt zwischen theoretischer und experimenteller organischer Chemie, wobei letztere mein Fachgebiet ist. Von ihren vielfältigen Unterabteilungen möchte ich nur zwei erörtern, nämlich Synthese und Strukturaufklärung. Meine gesamte Forschung in der Industrie, erst bei Ciba und später bei Syntex, fand auf dem Gebiet der synthetischen organischen Chemie statt, während der überwiegende Teil meiner universitären Forschung, angefangen bei meinen ersten Kakteenstudien im Jahre 1952, auf die eine oder andere Weise mit der Aufklärung der chemischen Strukturen von Naturstoffen zu tun hatte.

Im Januar 1952 packte ich unsere Habseligkeiten in unseren Chevy und fuhr mit meiner zweiten Frau Norma und unserer zweijährigen Tochter Pamela von Mexico City meilenweit durch Kakteenlandschaften nach Michigan. Ich hatte

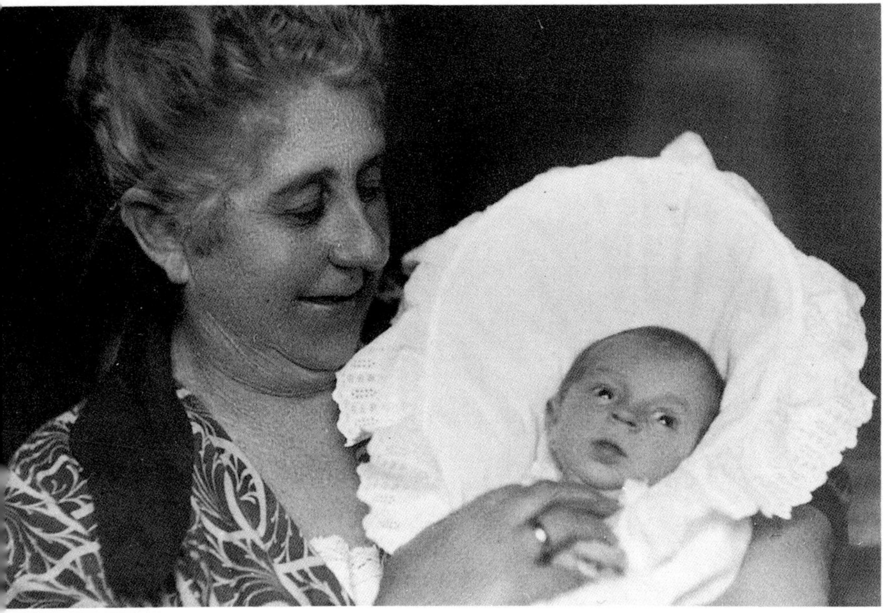

Autor im Alter von zwei Monaten mit Großmutter Sophie Friedmann 1923 in Wien

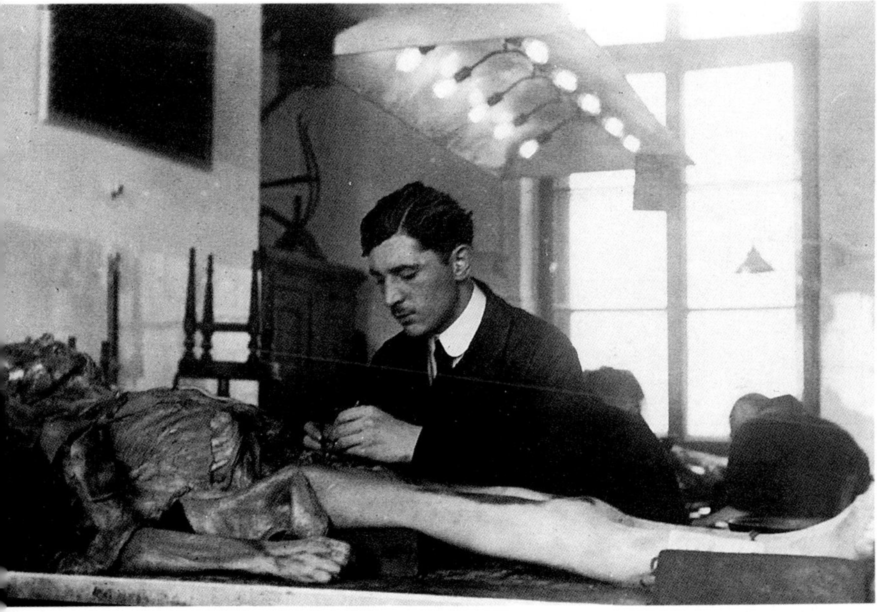

Vater, Samuel Djerassi, in der Anatomie der medizinischen Fakultät der Universität Wien

Die Mutter, Alice Friedmann, während des Medizinstudiums an der Universität Wien

Donaukanal, die Aspernbrücke (Bildmitte) und ganz rechts das Haus, in dessen zweiter Etage die
nnung der mütterlichen Familie lag. Der Park unten links war der Schauplatz der verbotenen Fußballspiele

der Mutter, Alice Friedmann Djerassi, um 1928

Um 1935 in der Kluft der österreichischen Pfadfinder

1940, einige Monate nach der Ankunft in USA, im Haus von Frank und Clara Meier Newark, New Jersey

Sure - I'm for Roosevelt

Das berüchtigte Bild von Alfred E. Neuman aus der Zeit vor dem Erscheinen der Zeitschrift MAD

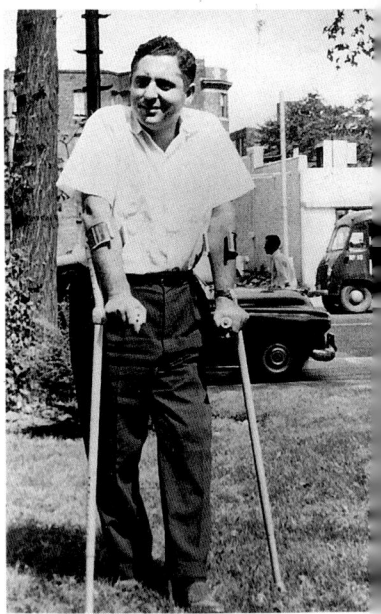

1956 mit Krücken in Detroit, dem Jahr vor operativen Versteifung des Knies

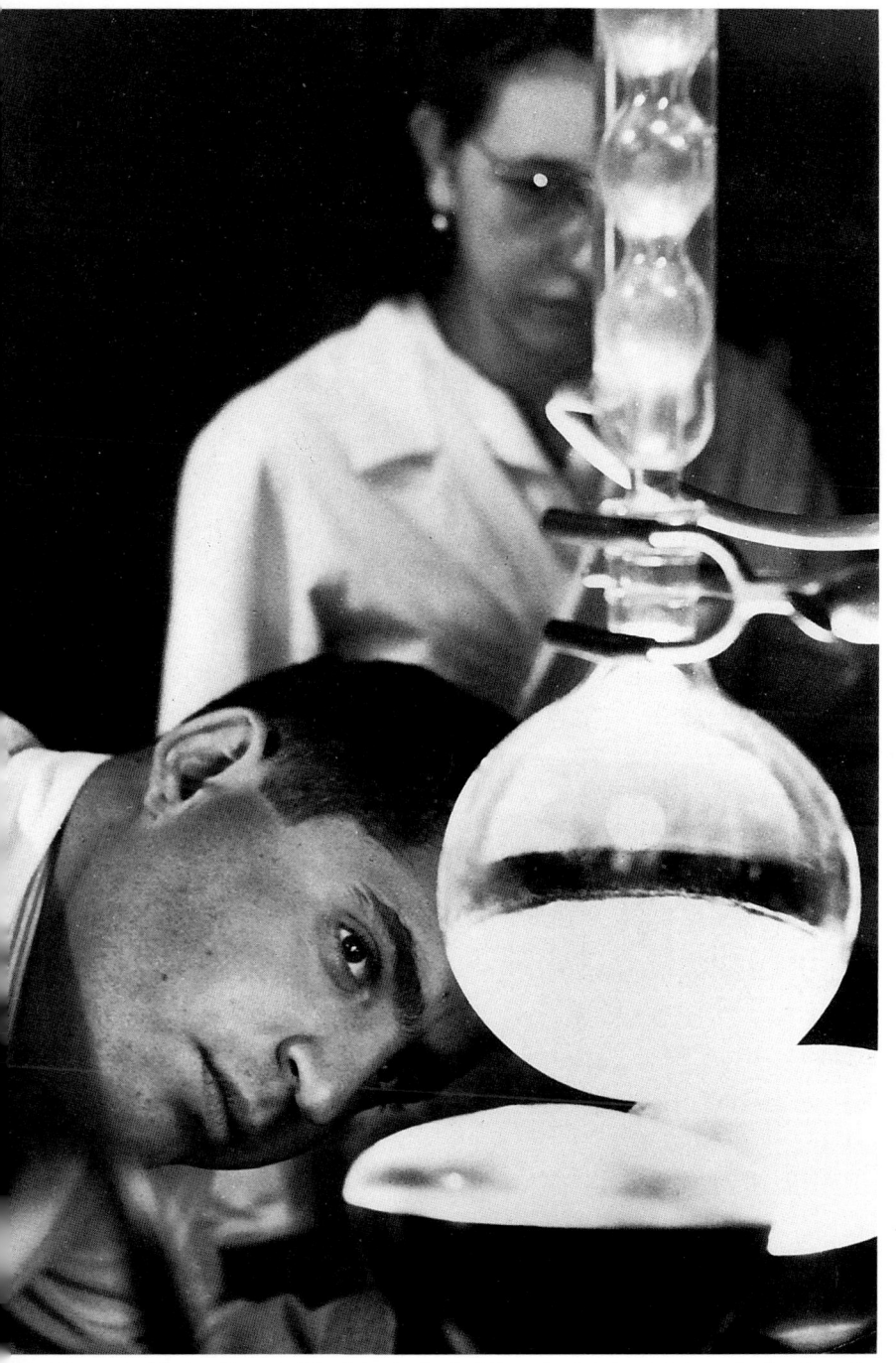

ı bei Syntex in Mexico City mit Mitarbeiterin Arelina Gonzalez bei der Arbeit an der Synthese des
:agenen Wirkstoffs der Pille

Pressekonferenz 1951 bei Syntex in Mexico City anläßlich der ersten Synthese des Cortisons aus eine Pflanzenstoff. Stehend von links nach rechts: A. L. Nussbaum (später einer der ersten Doktoranden d Autors an der Wayne University), Mercedes Velasco, Gilbert Stork (damals Professor in Harvard u Berater bei Syntex), Juan Berlin und Octavio Mancera. Sitzend von links nach rechts: Juan Pataki, Geor Rosenkranz, Enrique Batres, der Autor, Rosa Yashin und Jesus Romo

1958 mit Alejandro Zaffaroni, der im Konferenzraum von Syntex in Mexico City auf das entscheide chemische Merkmal aller steroidalen oralen Kontrazeptiva zeigt

Verleihung der National Medal of Science durch Präsident Nixon im Jahr 1973 für die erste Synthese eines steroidalen oralen Kontrazeptivums

im Forschungslabor der Stanford-Universität mit der Doktorandin Barbara Grant

Mit dem Pianisten Arthur Rubinstein 1975 bei der Verleihung der Ehrendoktorwürde der Columb Universität; im Hintergrund Chien-shiung Wu, die Mitentdeckerin der Nichterhaltung der Parität

König Carl XVI. Gustaf von Schweden 1984 vor zwei immobilisierten Küchenschaben, die der Leiter biologischen Forschung bei Zoecon, Gerardus Staal, in der Hand hält. Zwischen dem König und Autor (in einer Jacke von Tegen Greene) steht Karl-Erik Sahlberg, Präsident der Perstorp AB; ganz re Bengt Modeer von der Königlich-Schwedischen Akademie der Ingenieurswissenschaften

endlich eine akademische Stelle angeboten bekommen, nämlich einen Lehrauftrag an der Wayne-Universität mit der Zusage einer Professur innerhalb weniger Jahre. Wiederum handelte ich entgegen dem Rat meiner Freunde und Kollegen droben im Norden. Zweieinhalb Jahre davor hatten sie mir empfohlen, nicht nach Mexiko zu gehen, um dort in der chemischen Forschung zu arbeiten. Nun hielten sie mich für verrückt, weil ich eine gutbezahlte und produktive Karriere in der Forschungsabteilung von Syntex im sonnigen Mexiko aufgab, um in das kalte und matschige Detroit zu gehen. Wayne befand sich nicht gerade an der Spitze des akademischen Totempfahles: Was Doktorandenprogramme betraf, war es damals sogar ziemlich weit unten – eine Großstadt-Universität, deren Studenten in erster Linie aus dem Fabrikarbeiter-Milieu kamen. Aber es war das einzige akademische Angebot, das ich bekommen hatte, und mit 28 Jahren hielt ich es für an der Zeit herauszufinden, ob die erträumte akademische Laufbahn tatsächlich das war, was ich wollte.

Als ich nach Detroit kam, war Wayne noch nicht die Wayne State University geworden. Abgesehen von einem neuen Gebäude für die Naturwissenschaften befanden sich die meisten Hörsäle, Büros und Labors im sogenannten »Old Main«, einem riesigen Kasten aus dem 19. Jahrhundert, der einmal eine High-School gewesen war, sowie in einer Reihe von Privathäusern, die die Universität übernommen hatte, als sich die städtischen Slums auf den Campus zuschoben. Da in dem neuen naturwissenschaftlichen Bau nicht Platz für alle Fakultätsmitglieder war, landete ich als Neuankömmling im »Old Main«. Ich habe zwar nicht alle chemischen Labors sämtlicher amerikanischen Universitäten gesehen, aber doch eine ganze Menge davon, und »Old Main« war mit Abstand das schäbigste. Außerdem zeichnete es sich durch etwas aus, was in amerikanischen Universitäten bestimmt seinesgleichen suchte: Der Lagerraum, aus dem alle benötigten Chemikalien, Glasbehälter und andere Gerätschaften geholt werden mußten, befand sich in dem neuen naturwissenschaftlichen Gebäude, und um dort hinzukommen, mußten meine Studenten mehrmals am Tag eine der befahrensten vierspurigen Straßen

Detroits überqueren, ohne Rücksicht auf Regen, Schnee, Matsch und den dahinrasenden Verkehr. Meine erste chinesische Postdoktorandin, Liang Liu (heute Huang Liang und Direktorin des Instituts für Materia Medica der chinesischen Akademie der Medizinischen Wissenschaften in Peking), wurde einmal von einem Polizisten bis ins Labor verfolgt, nachdem sie bei einem Wolkenbruch bei Rot über die Straße gerannt war. Sie ist wohl die einzige Chemikerin (Chemiker eingeschlossen) in Amerika, die einen Strafzettel wegen verkehrswidrigen Verhaltens erhielt, während sie ihrer Forschungsarbeit nachging.

Zum Glück war der Lagerraum gut gefüllt, die Ausstattung mit Instrumenten mehr als ausreichend und die chemische Bibliothek hervorragend. »Old Main« war im Sommer heiß und im Winter überheizt, aber immerhin leckte es nicht; Wasser- und Stromversorgung funktionierten, und obgleich die Labortische alt waren, erfüllten sie doch ihren Zweck. Und es wurde intensiv gearbeitet: Die Arbeitsmoral, die in den fünfziger Jahren in Detroit herrschte, war auch bei den Studenten zu spüren, die an die Wayne-Universität gingen, um eine Ausbildung zu erhalten, und nicht, um sich zu amüsieren. Es gelang mir, Forschungsmittel zu erhalten von Organisationen wie den National Institutes of Health, der American Heart Association, der National Science Foundation, der American Cancer Society und verschiedenen Pharmaunternehmen wie Merck und Schering. Schon nach wenigen Jahren hatte ich ein Dutzend Doktoranden und Postdoktoranden in meiner Forschungsgruppe.

Auf meinen Streifzügen durch Mexiko, wo ich die präkolumbianischen Ruinen in Yucatan, Chiapas, Oaxaca und anderen Regionen besichtigte, hatte ich mich für die mexikanische Flora zu interessieren begonnen, besonders für die Yuccas, Agaven und Riesenkakteen. Ich kannte die chemische Zusammensetzung der Yuccas und Agaven; aus ihnen werden viele Steroid-Sapogenine isoliert, und eines davon, nämlich Hecogenin, das in den bei der Sisalgewinnung aus der *Agave sisalana* entstehenden Industrieabfällen reichlich vorhanden ist, diente als Ausgangsmaterial für eine der Cortison-Synthesen, die wir 1951 abgeschlossen hatten. Auf meinen Reisen hatte ich gelegentlich etwas von einem Kaktus abgeschnitten und die Stücke dann kräftig in einem mit Wasser gefüllten Reagenzglas geschüttelt, ein einfacher Nachweis für Saponine (eine wasserlösliche, zuckerhaltige Form der Steroid-Sapogenine, mit denen wir gearbeitet hatten). Viele der Kakteen hatten einen seifenartigen Schaum hervorgebracht, wenn sie in Wasser geschüttelt wurden, und das war mir nicht aus dem Kopf gegangen.

Sobald ich an der Wayne-Universität war, suchte ich die Literatur durch und entdeckte, daß über die chemischen Komponenten der Riesenkakteen faktisch nichts bekannt war. Über einen Botaniker in Arizona besorgte ich mir einige Proben und überredete zwei neue Doktoranden und einen Schweizer Postdoktoranden, mit den beiden einzigen Anhaltspunkten anzufangen, die ich damals hatte. Der eine war meine einfache Reagenzglas-Beobachtung, daß diese Kakteen reich an Saponinen zu sein schienen; der andere war, daß das halluzinogene Alkaloid Mescalin und verwandte Stoffe in mexikanischem Peyotl vorkamen, einem Kaktus der Gattung *Lophophora*. Wir hatten von Anfang an Glück: Einige der Riesenkakteen enthielten neue Alkaloide, und die meisten waren reich an Saponinen. Wie sich herausstellte, handelte es sich bei den Saponinen nicht um Steroide; sie gehörten zu einer Klasse von Naturstoffen, nämlich zu den pentacyclischen Triterpenen, die damals in Europa eingehend erforscht wurden. Diese pflanzlichen Produkte wiesen strukturell eine gewisse Ähnlichkeit mit den Steroiden auf – heute wissen wir, daß sie einen gemeinsamen biogenetischen Vorläufer haben –, basierten jedoch auf einem aus fünf statt aus vier Ringen bestehenden chemischen Gerüst. Obgleich diese Kaktus-Triterpene keine interessanten biologischen Eigenschaften zeigten, waren sie doch von großer Bedeutung für die Richtung, oder vielmehr die zwei Richtungen, meiner weiteren akademischen Forschung. Sie stellten meine erste ernsthafte Beschäftigung mit der Strukturaufklärung dar und weckten dadurch indirekt mein Interesse an der Entwicklung physikalischer Methoden; letztere wurden für mich zu einer anhaltenden intellektuellen Leidenschaft, von der ich in diesem Kapitel mehr berichten werde.

II.

Die besten Synthetiker sind sowohl Architekten als auch Baumeister und finden ihre Arbeit in der wissenschaftlichen Literatur häufig mit Worten wie »vorzüglich«, »elegant« oder »frappierend« geschmückt. Als Architekt entwirft der Chemiker eine Strategie zur Synthese eines komplexen Moleküls, die Aberdutzende von separaten chemischen Schritten erforderlich macht. Als Baumeister und Ingenieur tüftelt der Chemiker neue chemische Reaktionen aus und entdeckt neue synthetische Reagenzien. Sowohl Architekt als auch Baumeister wissen ganz genau, wie das Gebäude am Ende aussehen soll.

Die Strukturaufklärung eines neuen Naturstoffes hat aber etwas Geheimnisvolles und Spannendes an sich, was bei der Synthese fehlt. Als ich auf dem Gebiet der Strukturaufklärung zu arbeiten begann, handelte es sich dabei um eine chemische Variante des Spiels »Du hast 20 Fragen«. Obwohl diese Fragen einem Nichtchemiker nicht viel sagen (Enthält die Substanz ausschließlich Kohlenstoff und Wasserstoff? Enthält sie Sauerstoffatome? Wie viele? Enthält sie Stickstoff? Andere Heteroatome? Ist sie gesättigt oder ungesättigt?), stellen sie doch einen Einengungsprozeß dar, durch den man allmählich ein Bild von der chemischen Zusammensetzung der Substanz gewinnt. Diese Vorgehensweise muß man sich etwa so vorstellen, als würde man ein stockdunkles Zimmer betreten zum Zweck, seinen Inhalt, den exakten Standort der Möbel, die Farbe und Beschaffenheit jedes einzelnen Gegenstandes zu bestimmen. Einige Leute treten so forsch ein, daß sie gegen einen Stuhl oder einen Tisch rennen, den sie dann befühlen, um eine Vorstellung von seinen Dimensionen und seiner Beschaffenheit – Holz, Plastik, Polstermaterial – zu bekommen. Andere gehen vorsichtiger und systematischer ans Werk: Sie tasten sich erst einmal an der Wand entlang, zählen vielleicht sogar die Schritte, um das Ausmaß des Raumes zu bestimmen, und durchqueren das Zimmer in regelmäßigen Abständen, um in etwa den Standort gewisser Gegenstände zu ermitteln, bevor sie sich diese einzeln vornehmen. Einer kommt vielleicht mit einer kleinen Taschenlampe an, die nur eine begrenzte Fläche beleuchten kann, oder mit einer starken Stablampe, um sich schnell einen Eindruck vom ganzen Zimmer und seinem Inhalt zu verschaffen. Ein anderer ist mit einer Weitwinkelkamera und Blitz ausgerüstet, um mit einer einzigen Aufnahme den Inhalt des ganzen Zimmers festzuhalten – sogar die Farben, wenn er einen Farbfilm eingelegt hat.

Die organische Chemie begann im 19. Jahrhundert als ein Versuch, die Strukturen chemischer Substanzen zu bestimmen, die aus pflanzlichen und tierischen Stoffen isoliert worden waren, die wiederum interessante biologische Eigenschaften besaßen; erst als dies gelungen war, konnte der Synthetiker, der Architekt und Baumeister, in Aktion treten. Die frühen Methoden der Strukturaufklärung, das Herumtasten und Herumstolpern in dem dunklen Zimmer, konnten sich nur mit relativ einfachen chemischen Strukturen befassen. Als jedoch immer bessere »Lichtquellen« verfügbar wurden, ließen sich auch immer kompliziertere chemische Strukturprobleme in immer kürzerer Zeit lösen. Die große Epoche der Naturstoffchemie waren die Jahre zwischen 1930 und 1960, als alle wichtigen Steroidhormone, Vitamine und Antibiotika sowie eine Fülle anderer biologisch bedeutsamer Moleküle isoliert und ihre Strukturen bestimmt wurden. Die hauptsächlichen Verfahren – also die immer leistungsfähigeren »Lichtquellen« – waren Ultraviolett- und Infrarotspektroskopie, magnetische Kernresonanzspektroskopie und Massenspektrometrie. Die diesen Verfahren und den allerersten Geräten zugrunde liegenden Prinzipien wurden von Physikern entdeckt. Doch es war der mehr an der Strukturaufklärung als an der Synthese interessierte Chemiker, der diese neuen physikalischen Hilfsmittel bei der Lösung von Problemen der organischen Chemie anwandte. Der Grund liegt natürlich auf der Hand: Der Architekt und Baumeister weiß ja schon, wie das Zimmer aussieht. Für Taschenlampen interessiert sich nur der, der einen dunklen Raum zum ersten Mal betritt.

Die Ultraviolettspektroskopie entspricht nicht direkt einer gewöhnlichen Taschenlampe. Sie beleuchtet nur bestimmte Strukturmerkmale, nämlich die sogenannten Doppelbindungen (zur Unterscheidung von den üblichen Einfachbindungen zwischen zwei Atomen), die in vielen ungesättigten organischen Molekülen vorhanden sind (Substanzen, die keine Doppelbindungen aufweisen, gelten als gesättigt). Die Ultraviolettspektroskopie ähnelt folglich einer Taschenlampe, die in einem dunklen Zimmer nur Holz oder Stoff oder Metall beleuchtet oder – auf den Menschen übertragen – einer Abtastmethode, die ausschließlich auf Haar reagiert, nicht aber auf Haut, Knochen oder Fleisch. Von einem absolut haarlosen Menschen wäre also kein Bild zu bekommen, während bei einem stark behaarten Mann große Abschnitte der Körperkonturen festgehalten würden. Organiker, die in den dreißiger Jahren Carotinoide untersuchten, gehörten zu den ersten, die sich die Ultraviolettspektroskopie zunutze machten, da diese Substanzen (die mit Vitamin A verwandt sind) im Sinne meiner Haar-Metapher tatsächlich die chemischen Äquivalente behaarter Männer sind. Steroide, deren Grad der Ungesättigtheit eher dem begrenzten Umfang der Haarverteilung bei Frauen entspricht, wurden als nächstes anhand dieser Methode untersucht, was die Aufmerksamkeit auf einige sehr ausgewählte Bereiche (analog den behaarten Teilen des Kopfes, der Achseln und der Leiste einer Frau) ihres chemischen Kerns lenkte.

Die Infrarotspektroskopie ist, da sie die Schwingungen chemischer Bindungen reflektiert, eine leistungsfähigere »Lichtquelle«: Derartige Schwingungen treten bei allen Bindungen innerhalb eines organischen Moleküls auf, nicht nur bei »ungesättigten« Komponenten. Fortschritte in der Gerätetechnik machten es Ende der vierziger Jahre möglich, das Infrarotspektrum eines organischen Moleküls schnell zu messen, und bald darauf leiteten Steroidchemiker eine Reihe empirischer Verallgemeinerungen ab, die ihnen erlaubten, aus einem einzigen derartigen Spektrum auf viele strukturelle Merkmale zu schließen.

Die dritte spektroskopische Methode, die magnetische

Kernresonanzspektroskopie (NMR – *n*uclear *m*agnetic *r*esonance) wurde erstmals in den fünfziger Jahren angewendet. Sie ist vermutlich die stärkste »Lichtquelle« von allen, weil sie zur Aufklärung der gegenseitigen Verbindung einzelner Kohlenstoff- und Wasserstoffatome beiträgt, die in allen organischen Substanzen vorhanden sind. Von einem Wasserstoffatom ausgehend, kann man häufig über lange Abschnitte eines Moleküls hinweg Aussagen über die Anordnung der Nachbaratome machen. Ein Vierteljahrhundert später hat sich die NMR-Spektroskopie auch in der Medizin zu einer wichtigen »Lichtquelle« entwickelt, da sie zu einem wesentlichen bildgebenden Untersuchungsverfahren geworden ist, um Anomalien im menschlichen Körper aufzuspüren, die mit Röntgenstrahlen häufig nicht zu entdecken sind.

Die Massenspektrometrie war schon seit einigen Jahrzehnten bekannt, ehe sie Anfang der sechziger Jahre im Labor für allgemeine organische Chemie Einzug hielt. Ein Massenspektrometer schießt einen Strahl hochenergetischer Elektronen auf das fragliche organische Molekül ab, das beim Aufprall in viele Komponenten zersplittert, die dann in einem Magnetfeld getrennt werden. Wenn sich dabei zu viele Fragmente ergeben, ist das Verfahren unbrauchbar; dann hat man nur Trümmer. Aber häufig wird nur eine begrenzte Anzahl dieser Komponenten erzeugt, die eine Menge Informationen über die Struktur des Muttermoleküls liefern – so wie ein Archäologe, der, wenn er ein Fragment eines Armes und eines Fußes findet, daraus schließen kann, daß dies Bruchstücke einer menschlichen Statue sind –, nur daß die für das Massenspektrometer benötigte Materialmenge mit dem bloßen Auge gewöhnlich nicht auszumachen ist.

In den späten fünfziger und frühen sechziger Jahren wurde die Strukturaufklärung durch die Einführung der Röntgenbeugung, des Äquivalents einer Blitzlichtkamera, zu einer weniger aufregenden intellektuellen Übung. Dieses Verfahren ist nur für perfekte Kristalle geeignet (viele organische Verbindungen sind gar keine Kristalle, und andere kristallisieren zu Formen, die für dieses Verfahren ungeeignet sind), und am Anfang eignete es sich nicht für komplizierte Moleküle, weil dazu ungeheuer zeitaufwendige Berechnungen erforderlich waren. Verbesserte Geräte und insbesondere das Aufkommen leistungsfähiger Computer haben es jedoch ermöglicht, sogar von außerordentlich großen Molekülen, wie Proteinen oder Nukleinsäuren, präzise Bilder zu erhalten. (Francis Cricks und James Watsons Modell der Doppelhelix der DNA beruhte beispielsweise auf Informationen, die aus röntgenkristallographischen Analysen stammten, und im Laufe der Jahre sind für diverse Aspekte der Röntgenkristallographie mehr Nobelpreise verliehen worden als für jedes andere Verfahren.) Dort, wo sie anwendbar ist, hat diese »Blitzlichtkamera« daher die Funktion des an der Strukturaufklärung interessierten Chemikers überflüssig gemacht, so daß er nur noch das Kristall züchten und den Auslöser der Kamera betätigen muß.

III.

Als meine Studenten und ich an der Wayne-Universität mit der Erforschung der chemischen Komponenten von Riesenkakteen begannen, war über die Kaktus-Chemie noch nicht viel bekannt, von einer unrühmlichen Ausnahme abgesehen: dem chemisch sehr einfachen, aber biologisch komplizierten Alkaloid Mescalin aus dem Peyotl-Kaktus – einem etwa radieschengroßen Mitglied der Gattung *Lophophora*. Unsere eigenen Studien der Gattung *Lophocereus* hatten in der Tat wesentlich kompliziertere Alkaloide zutage gefördert. Chemische Komplexität bedeutet jedoch nicht unbedingt hohe biologische Aktivität, und im übrigen hatten wir noch gar nicht genug Material für biologische Untersuchungen isoliert. Ich hatte jedoch viel über die halluzinogenen Eigenschaften des Mescalins gelesen – besonders über seine Verwendung bei religiösen Zeremonien amerikanischer Ureinwohner – und war von einem Artikel fasziniert worden, den Dr. Marinesco, ein rumänischer Arzt, 1933 in *La Presse Medicale* zusammen mit farbigen Reproduktionen veröffentlicht hatte. Darin schilderte er die Auswirkung, die subkutan injiziertes Mescalin auf das Kunstschaffen zweier Maler hatte, deren Arbeiten ungemein farbenfreudig, aber für meinen Geschmack doch etwas zu wirr waren. Da keine Gemälde aus der Vor-Mescalin-Zeit gezeigt wurden, war mir der wahre Beitrag dieses Alkaloids nicht ganz klar. Dennoch stimmte mich der Artikel nachdenklich: Würde ich, wenn ich Maler wäre, Mescalin nehmen?

Was mich am Ende dazu bewegte, waren jedoch nicht diese wilden Reproduktionen, sondern die Prosa von Aldous Huxley. In jüngeren Jahren war Huxley einer meiner Lieblingsautoren gewesen. Als 1954 sein kleines Buch *Die Pforten der Wahrnehmung* erschien, faszinierte mich seine Beschreibung, wie »ich an einem schönen Maimorgen vier Zehntelgramm Mescalin, in einem halben Glas Wasser aufgelöst, schluckte und mich dann hinsetzte, um die Ergebnisse abzuwarten«, in einer Weise, wie es den Malern nicht gelungen war. Der skeptische Wissenschaftler in mir hatte seine Vorbehalte hinsichtlich Huxleys Behauptung, daß Mescalin »die Qualität des Bewußtseins gründlicher . . . als jede andere Substanz« verändert: Wie viele andere hatte er denn ausprobiert? Was mich dagegen zu Huxley hinzog, war seine Betonung der Wahrnehmung, eine Einstellung, für die ich schon immer empfänglich war. Die spannendsten Passagen der *Pforten der Wahrnehmung* waren für mich die, in denen die Reaktionen des Autors auf eine Lieblingsrose, einen Komponisten, einen Maler geschildert wurden.

Ich fand den Ästheten Huxley derart unwiderstehlich, daß ich bereit war, dem Mystiker Huxley zu verzeihen, der dazu neigte, Fragen nachzugehen, die mir ausgesprochen schwachsinnig vorkamen: »Und wie kann ein Mensch, der an den äußeren Grenzen von Ektomorphismus und Zerebrotonie steht, sich an die Stelle des an den Grenzen von Endomorphismus und Viszerotonie Stehenden denken oder in mehr als gewissen eng umschriebenen Bereichen die Gefühle eines Menschen teilen, der an den Grenzen des Mesomorphismus und der Somatotonie steht?« Ich suchte zwar tatsächlich nach einem wissenschaftlichen Grund, um meine eigenen Experimente mit Mescalin durchzuführen, aber ich war sicher, daß dies eine Frage war, die ich nicht zu beantworten brauchte.

Ich war vielmehr der Meinung, daß ich als einer der wenigen Menschen auf der Welt, die an neuen Kaktusalkaloiden arbeiteten, am eigenen Leib die biologischen Auswirkungen erfahren müßte, die Mescalin in einem von exogenen verhaltensverändernden Drogen bislang unberührten Wesen hervorrufen. Huxleys grundlegende Botschaft war, daß Mescalin zum Opium der Intelligenzija werden müsse; in meinem nächsten Forschungsseminar gab ich bekannt, daß diese These am Sonntag darauf bei einem Picknick in meinem Garten experimentell untersucht werden würde. Wer meldete sich freiwillig? Zu meiner Überraschung wollten sich mir nur zwei anschließen: Sandy Figdor, ein Postdoktorand, und Mickey Gorman, ein Doktorand, der später einen hohen Posten im Management eines der größten amerikanischen Pharmakonzerne innehatte. Noch heute, einige Jahrzehnte nach diesem Ereignis, scheint der Entschluß, Mescalin zu nehmen, höchst verwunderlich für einen Puritaner wie mich: Ich habe nie geraucht, und Alkohol kam mir nicht über die Lippen (von Rumkugeln einmal abgesehen), bis ich Ende vierzig war. Das war, als ich eine Woche im Zentralkongo verbrachte, wo das Trinkwasser die Farbe von Urin hatte und man kein Mikroskop brauchte, um festzustellen, was darin herumschwamm. Da lauwarmes Bier das einzige in Flaschen erhältliche Getränk war, machte ich in nur sieben heißen, schwülen Tagen Jahrzehnte der Abstinenz wett. Außerdem bin ich wohl einer der wenigen Bewohner Nordkaliforniens, die noch nie Marihuana geraucht haben. Und obwohl ich mehrere Arzneimittel erfunden habe, die noch immer von Millionen Menschen genommen werden, halte ich mich persönlich von psychoaktiven Molekülen fern – selbst von Schlaftabletten. Ich mag die Genüsse des Lebens nun einmal am liebsten *au naturel*. Sollte mir jedoch ein selbstgerechter Senator fest in die Augen sehen und sagen: »Und nun, Herr Professor, würden Sie diesem Ausschuß bitte mitteilen, ob Sie jemals unerlaubte Substanzen zu sich genommen haben«, so könnte ich mich nur verlegen räuspern und murmeln, daß das, was ich 1955 tat, damals nicht gegen das Gesetz verstieß.

Die entsprechende Menge Mescalin zu besorgen, stellte

kein Problem dar. Ich hatte nicht vor, mich mit Mescal-Plättchen abzugeben, dem Rohmaterial, das die Indianer bei ihren religiösen Zeremonien verwendeten. Die Arbeit des österreichischen Chemikers Ernst Späth hatte gezeigt, daß dieser Stoff neben Mescalin noch viele andere Alkaloide enthielt. Wenn ich mich schon auf irgendwelche chemisch-induzierten Erfahrungen einließ – insbesondere sublimer Art –, dann wollte ich wenigstens, daß der kausative Stoff unvermischt war. Außerdem hatte ich zufällig genug reines Mescalinsulfat in meinem Labor, um eine Herde Elefanten high zu machen. Das Problem war nur die richtige Dosierung. Dr. Marinesco hatte seinen Bukarester Malern die Droge subkutan verabreicht; wir wollten sie selbstverständlich oral zu uns nehmen wie die Indianer und Huxley, deren Erfahrungen wir reproduzieren wollten. Aber als wir uns wieder *Die Pforten der Wahrnehmung* vornahmen, stellten wir fest, daß Huxley es versäumt hatte anzugeben, ob er freies Mescalin oder ein Salz wie unser Sulfat eingenommen hatte. Da Mescalin selbst ein ziemlich geringes Molekulargewicht hat, besteht, was den aktiven Bestandteil betrifft, ein beträchtlicher Unterschied, ob man Mescalin oder Mescalinsulfat schluckt. Trotz Huxleys medizinmännischer Aussage bezüglich der Sicherheit von Mescalin (»weniger toxisch als jede andere Substanz im Repertorium der Pharmakologen ... hinterläßt keinen Katzenjammer und daher auch kein Lechzen nach einer Erneuerung der Dosis«) beschlossen wir, auf Nummer Sicher zu gehen. Wir schlugen die akute Toxizität von Mescalin bei Mäusen nach, korrigierten den Unterschied im Körpergewicht zwischen Maus und Mensch und nahmen ein Zehntel dieser Dosis in Form von Sulfat ein.

Das Menü für das Sonntagspicknick bestand aus Pizza für die Studenten und ihre Frauen und aus Pizza mit Mescalinsulfat für die drei Versuchspersonen. Zumindest hatten wir es so geplant. Tatsächlich war das Mescalinsulfat aber so bitter, daß wir es mit Orangensaft einnahmen. Mir war dabei doch etwas mulmig, so daß ich auf die Pizza verzichtete. Statt dessen legte ich mich ins Gras und wartete auf meine Erfahrungen. Es fiel mir nicht leicht, mich zu entspannen, da mindestens 20 Pizza-

Esser mich und die beiden anderen Versuchskaninchen aus den Augenwinkeln beobachteten.

Huxleys *Pforten der Wahrnehmung* und alle anderen Berichte nennen Farbhalluzinationen als die auffälligste Wirkung von Mescalin. Ich starrte auf die Blumen in unserem Garten, schloß in regelmäßigen Abständen die Augen und versuchte das Bild der Blume festzuhalten, die ich zuletzt visuell besessen hatte. Ich hatte kein Glück. Die Blumen sahen nicht anders aus, ob mit offenen oder geschlossenen Augen, und auch die Farben waren nicht intensiver als in meinem früheren drogenlosen Leben. Gewiß, wir hatten keine Rosen, aber daran konnte es ja wohl nicht liegen. War mit meinem Empfindungsvermögen etwas nicht in Ordnung? Ich war viel zu verlegen, um diesbezügliche Fragen meinen beiden Kollegen zu stellen, die sich verdächtig nahe am Geranienbeet neben dem Haus herumtrieben.

Am Tag davor hatte ich in *The Alkaloids: Chemistry and Physiology*, Ausgabe 1953, den Abschnitt über Mescalin nachgelesen. Dieses ansonsten trockene Werk schwärmte von den Wirkungen des Mescalins in Worten, wie man sie in chemischen Abhandlungen nur selten findet: »Gewöhnliche Gegenstände scheinen wunderschön zu sein ... Geräusche und Klänge werden in Farbe ›gesehen‹ ... Farbsymphonien und neue, unbekannte Farben von unvorstellbarer Schönheit und Leuchtkraft werden wahrgenommen.« Ich stellte den Plattenspieler auf der Terrasse an. Mozarts Klavierkonzert in c-Moll – das Stück, das Huxley erwähnt hatte – wartete schon auf die Abtastnadel. Während Mozart durch den Garten flutete, spürte ich nur die Übelkeit, die jedesmal in mir aufstieg, wenn mich einer meiner nach Peperoni riechenden Studenten fragte: »Na, wie ist es?« So vergingen zwei bis drei Stunden, ohne daß irgendwelche weiteren Wirkungen bei diesem Kolloid junger Chemiker, das mir ständig schiefe Blicke zuwarf, festzustellen gewesen wären.

Und dann, als die ersten Studenten aufbrachen, stand ich auf, um sie zum Tor zu begleiten – und verspürte die erste Wirkung. Bei jedem Schritt schien ich schwerelos der Straße entgegenzuschweben. Eine ganz untypische Kameradschaftlichkeit vortäuschend, legte ich zwei Studenten die Arme um die Schultern, als sie zu ihrem Wagen gingen. Sie konnten nicht wissen, daß ich sie als Ballast brauchte, um nicht in den Himmel hinauf zu segeln.

Als ich in den Garten zurückschwebte, war meine Übelkeit fast verflogen. Ich steuerte auf den Zaun zu und formte voller Vorfreude die Worte: »magentarot, cremeweiß, blaß violett, muschelrosa . . .« Ich sah über die Büsche hinweg auf die Rosen unseres Nachbarn, die nahe genug waren, daß ich etwas von ihrem Duft auffangen konnte, doch ich sah nur Rosen. Zum Teufel mit Rosen, dachte ich, sei dankbar für die Schwerelosigkeit.

Nach einer Weile waren wir nur noch sechs: drei mescalinisierte Männer, die aus irgendwelchen Gründen bis zu diesem Moment nicht miteinander gesprochen hatten, und drei nüchterne und leicht beunruhigte Ehefrauen. Als wir unsere Erfahrungen zu vergleichen begannen, merkten wir, daß uns die Verlegenheit voneinander ferngehalten hatte. Jeder hatte Angst gehabt, von den anderen hören zu müssen, daß er der einzige Mescalin-Versager war. Das daraufhin ausbrechende schallende Gelächter war nicht allein ein Ausdruck der Erleichterung, sondern auch eine Manifestation unserer verzögerten Reaktion auf das Mescalin. Wir schwebten nicht nur, wir waren auch außer Rand und Band. Wie drei schnatternde Falstaffs verlangten wir nach Atzung. »Nicht bloß Pizza«, sagte ich zu meiner Frau, »wir wollen Schinken und Mixed Pickles und Chutney und Pastete!« Weder mein Verhalten noch die Wahl der Speisen waren für mich typisch (Zunge, Pumpernickel, bulgarischer Feta, Dolmades – vielleicht Baklavah zum Dessert – wären eher mein Stil gewesen), doch unser Führer Aldous hätte unsere Gattinnen beruhigen können. Obwohl er selten um Substantive oder Adjektive verlegen war, hatte er über Mescalin und Speisen nur dies zu sagen: »Eine Mahlzeit stand bereit. Jemand, der noch nicht mit mir selbst identisch war, stürzte sich mit Wolfshunger darauf.«

Gegen Ende des Abends wurde ich von einer weiteren Woge der Mescalin-Erfahrung gepackt. Mein »wahres« Ich schien in einer Ecke des Zimmers zu sitzen und kühl das

Spektakel zu verfolgen, wie sich mein anderes Ich hemmungslos zum Narren machte. Ich erinnerte mich, daß Huxley und die meisten Kliniker dies als den großen Vorteil von Mescalin gegenüber anderen Entspannungsdrogen hervorgehoben hatten – die Fähigkeit, sich an die unter Mescalin-Einfluß gemachten Erfahrungen zu erinnern und sie schriftlich festzuhalten. Ich begann zu erwägen, noch einmal Mescalin zu nehmen, und zwar drei bis vier Stunden vor einer meiner Chemievorlesungen. Würden meine Studenten einen Unterschied bemerken? Aber was würde ich tun, wenn sie mir zu meinem neuen professoralen Stil gratulierten? Noch unter dem Einfluß meines ersten Mescalin-Experiments gab ich den Gedanken daran, es zu wiederholen, auf.

Selbst von einem wissenschaftlichen Standpunkt aus betrachtet war das vermutlich nur gut. Denn obwohl meine Persönlichkeitsveränderung über zehn Stunden dauerte, sind mir bis auf eine Ausnahme nur banale Dinge – beispielsweise, daß ich mein Spiegelbild ankicherte, als ich mir die Zähne putzte – in Erinnerung geblieben. War die Erfahrung so wertlos, daß mein Gedächtnis diesen Speicher löschte, um Platz für weniger frivole Eingaben zu schaffen? Oder hinderte, damals vor 35 Jahren, mein »wahres« Ich mein anderes Ich daran, auf einer entscheidenden Ebene loszulassen? War ich selbst dann noch ein Puritaner, wenn ich mit Mescalin vollgepumpt war?

Jedoch ein Ereignis, an das ich mich erinnere, erscheint mir bezeichnend. Gewöhnlich spreche ich sehr schnell – viel zu schnell, wie man mir immer wieder sagt. An dem Abend sprach ich im Bett so langsam, daß sogar mein neugieriges »wahres« Ich ungeduldig wurde und mich drängte voranzumachen. Umständlich setzte ich meiner Frau auseinander, daß ich mit Mescalin anscheinend eine Schutzschicht meiner Persönlichkeit um die andere abwarf. Es sei so, als würde man eine Zwiebel schälen, setzte ich hinzu, stolz auf diesen brillanten Vergleich. Schon bald, verkündete ich, würde ich bei meiner höchsten Wahrheit angelangt sein. Rund drei Jahrzehnte danach führe ich Normas Antwort weniger auf eine Zen-artige Einsicht zurück als vielmehr darauf, daß sie meine verbale Schwülstigkeit satt hatte. »Du hast offenbar noch nie eine Zwiebel geschält. Wenn du mit dem Schälen fertig bist, ist nichts mehr übrig.« Einige Jahre später wurden wir geschieden.

IV.

Meine Begegnung mit Kakteen und ihren pentacyclischen Triterpenen während meiner ersten Jahre an der Wayne-Universität veranlaßte mich, das mächtige Gebäude der Terpenoidchemie mit seinen vielen dunklen Zimmern zu betreten. Die Terpene umfassen eine große Klasse von natürlichen Stoffen, die vor allem in ätherischen Ölen und pflanzlichen Harzen zu finden sind. Schon bald war meine Forschungsgruppe in der Strukturaufklärung aller Arten aktiv. Chemisch gesehen sind Terpene aus jeweils fünf Kohlenstoffatome enthaltenden Einheiten aufgebaut, sogenannten Isoprenen, die auch Bausteine in der biologischen Synthese der Steroide sind – daher die enge biosynthetische Beziehung zwischen Steroiden und Terpenen. Substanzen, die aus zwei derartigen Isoprenbausteinen bestehen (z. B. Kampfer, Pinen und viele ätherische Öle), sind Monoterpene, die aus drei Bausteinen Sesquiterpene, die aus vier Diterpene. Die Triterpene, wie wir sie aus Riesenkakteen isolierten, bestehen aus sechs Isoprenbausteinen und enthalten folglich 30 Kohlenstoffatome als chemisches Grundgerüst.

Ein merkwürdiges Resultat meiner Bemühungen, diese Substanzen zu studieren, war ein Abstecher in die Chemie des Kaffees. Abgesehen von einer Tasse süßen türkischen Kaffees hin und wieder, eine geschmackliche Verbeugung vor meiner zum Teil balkanischen Herkunft, begann ich erst 25 Jahre später Kaffee zu trinken, nämlich als ich meine dritte Frau, Diane Middlebrook, kennenlernte, die verblüffende Mengen dieses Gebräus metabolisieren kann. Somit war es nicht der Geschmack des Kaffees, der mich veranlaßte, zwei israelische Postdoktoranden – zunächst den verstorbenen Hillel Bendas und dann Michael Cais, heute Professor am Technion in

Haifa – zu überreden, die Aufklärung der chemischen Struktur des Cafestols in Angriff zu nehmen, eines wichtigen Bestandteils des Kaffeeöls. Vielmehr war es die interessante Geschichte des Cafestols. Karl Slotta, der deutsche Chemiker, der Anfang der dreißiger Jahre erstmals das weibliche Sexualhormon Progesteron isolierte und dann aus Hitler-Deutschland nach Brasilien floh, isolierte aus Kaffeeöl eine Substanz namens *Cafestol* und berichtete, daß sie östrogene Eigenschaften aufweise. Das erregte ziemliches Aufsehen in den verschiedenen Pharmaunternehmen, die auf dem Gebiet der steroidalen Sexualhormone aktiv waren. Die Möglichkeit, aus Kaffee – einem potentiell unerschöpflichen Ausgangsmaterial – eine östrogene Substanz zu isolieren, war so faszinierend, daß Forscher bei Ciba in der Schweiz darangingen, Slottas Arbeit zu wiederholen. Sie stellten fest, daß der Bericht über die östrogene Wirkung unrichtig war, und sie führten chemische Untersuchungen durch, die sie davon überzeugten, daß Cafestol kein Steroid war. Der Ausbruch des zweiten Weltkrieges hatte zur Folge, daß sie diese Arbeit fallenließen. Im Jahre 1951, als wir bei Syntex und eine ganze Reihe weiterer Forscher mit Volldampf an einer brauchbaren Synthese des Cortisons arbeiteten, kam ein italienischer Forscher mit dem passenden Namen Ferrari aus dem Nichts angebraust und behauptete, daß Cafestol ein Steroid sei und daß es überdies ähnliche therapeutische Eigenschaften wie das Cortison besitze. Eine italienische Firma begann sogar, Cafestol-Zäpfchen zu vertreiben. Aber 1955 hatten wir an der Wayne nachgewiesen, daß Ferraris Entdeckung ein Blindgänger war. Wir bestimmten die komplette Struktur des Cafestols, die die Form eines ungewöhnlichen Diterpens (vier Isoprenbausteine, die zu einem einzigartigen aus fünf Ringen bestehenden Molekül verknüpft sind) und nicht die eines Steroids hatte, und die italienische Firma zog ihr Produkt schon bald zurück.

Aber das war keineswegs das Ende meines Kontakts mit Kaffee. Um genügend Cafestol für unsere chemischen Untersuchungen isolieren zu können, benötigten wir erhebliche Mengen an Kaffeeöl, das durch ständig wiederholende Extraktion grüner Kaffeebohnen gewonnen wird. Der größte amerikanische Kaffeeproduzent war General Foods, und diese Firma, die ihren Sitz damals in Hoboken, New Jersey, hatte, lieferte uns großzügige Mengen dieses Öls. General Foods hatte gerade erst mit der Erforschung anderer Bestandteile des Kaffees begonnen, vor allem flüchtiger, die mit Aroma und Geschmack zu tun hatten, und so bat man mich (den vermutlich einzigen amerikanischen Organiker, der sich damals mit der Chemie des Kaffees beschäftigte), der Firma einige Jahre als Berater zu dienen. Diese flüchtigen Bestandteile waren zwar von der Struktur her viel einfacher als unser Cafestol, stellten jedoch eine unglaublich komplizierte Mischung dar; mindestens 300 davon waren bereits aus Kaffee isoliert worden (viele davon von dem Steroidchemiker Tadeus Reichstein, dem Entdecker des Cortisons), und diese Zahl stieg im Laufe der Jahre fast auf das Doppelte, da die Trennungs- und Detektionsmethoden – insbesondere die Gaschromatographie und die Massenspektrometrie – immer raffinierter wurden. Die naive Hoffnung, einen vollkommen synthetischen Kaffee-Ersatz herzustellen, ließ sich nicht verwirklichen; bis zum heutigen Tag erfüllt mich demütige Bewunderung, wenn ich eine gute Tasse Kaffee rieche und schmecke. (Mich schaudert, wenn ich daran denke, welche wirtschaftlichen Auswirkungen es auf mindestens ein halbes Dutzend Länder in Lateinamerika und Afrika gehabt hätte, falls aus dieser Forschung ein annehmbarer synthetischer Kaffee hervorgegangen wäre.)

Der Hauptnutznießer meiner Beratertätigkeit für General Foods war letztendlich mein Sohn Dale. Seine Grundschule in Portola Valley (einem wohlhabenden Vorort, in dem Professoren aus Stanford, Ingenieure aus dem Silicon Valley und Manager von Unternehmen im Großraum San Francisco lebten) veranstaltete jedes Jahr einen naturwissenschaftlichen Projekttag, der eher das Konkurrenzdenken der Väter als die wissenschaftliche Genialität der Schüler widerspiegelte. Ich beschloß, Dale bei einem Experiment zu helfen, das Nichtwissenschaftler wohl verblüffen würde: ein einfacher Nachweis anhand des Beispiels Kaffee, daß etwas, das man riechen kann, flüchtig sein muß. Ich lieh ihm eine Destillationsapparatur und einen elektrischen Heizpilz, seine Mutter kochte ihm einen Topf starken Kaffee, und dann zeigte ich ihm, wie man den Kaffee destilliert und das farblose Destillat in einem eiskalten Behälter auffängt, damit keine flüchtigen Bestandteile in die Atmosphäre entweichen. Nachdem Dale einige Tassen destilliert hatte, ließ ich ihn an dem farblosen Kondensat in dem eiskalten Behälter riechen und dann an der schwarzen Flüssigkeit, die im Destillierkolben zurückgeblieben war. Letztere sah zwar wie Kaffee aus, hatte aber keinen wahrnehmbaren Geruch; dagegen hatte die farblose Flüssigkeit das Aroma einer passablen Tasse Kaffee. Als es bei dem Schulfest um die Entscheidung ging, bot Dale den Juroren jeweils eine Tasse der farblosen Flüssigkeit an und fragte sie, ob sie Zucker und Sahne dazu wollten. Wir bekamen den zweiten Preis.

v.

So wie mein Interesse an Kaktus-Saponinen uns von Triterpenen auf das wesentlich weitere Feld der Terpenoidchemie führte, so veranlaßte mich auch unsere anfängliche Untersuchung von Kaktusalkaloiden (die sich, was die Struktur betraf, als viel komplizierter als Mescalin erwiesen, jedoch keine halluzinogenen Eigenschaften besaßen), mich eingehend mit dem Gebiet der Alkaloidchemie zu beschäftigen. Anfang der fünfziger Jahre bestimmte Emil Schlittler, ein Schweizer Chemiker bei Ciba, die chemische Struktur von Reserpin, einem Alkaloid aus einer indischen *Rauwolfia*-Art, das in der Medizin breite Anwendung als Beruhigungsmittel und Sedativ fand. Ich schlug zwei meiner Doktoranden vor, herauszufinden, ob diese medizinisch wichtige Substanz auch in mexikanischen *Rauwolfia*-Arten vorkam. Dabei stießen wir nicht nur auf Reserpin, sondern auch auf andere Alkaloide unbekannter Zusammensetzung, die den gleichen Indol-Baustein (ein Benzolring, verbunden mit einem 5-Ring, der ein Stickstoffatom enthält) besaßen wie Reserpin und viele psychedelische Alkaloide, beispielsweise LSD oder Psilocybin (aus halluzinogenen mexikanischen Pilzen). Im Laufe der nächsten 20 Jahre isolierte ein Teil meiner Forschungsgruppe an die hundert derartige Indolalkaloide und bestimmte ihre Struktur, wobei der Schwerpunkt auf Pflanzen von der brasilianischen Seite des Amazonas-Beckens lag.

Ich hatte inzwischen eine ganze Reihe von Postdoktoranden angezogen, die hinsichtlich ihrer Herkunft ebenso mannigfaltig und exotisch waren wie die Pflanzen, die wir analysierten. Chemiker aus England, der Schweiz, Japan, Italien, Indien, China, Mexio, Israel, Neuseeland, Australien, Costa Rica und Brasilien arbeiteten gemeinsam in einem riesigen Labor und vergewaltigten in vielfacher Weise die englische Sprache. Kurz bevor mein erster italienischer und mein erster japanischer Postdoktorand eintrafen, nämlich Riccardo Villotti aus Rom und Tatsuhiko Nakano aus Kyoto, war Jim Gray aus Glasgow in mein Labor gekommen. Er sprach ein gutturales Schottisch, das, was Lautstärke und Reinheit betraf, selbst für Amerikaner nahezu unverständlich war. Villotti und Nakano waren noch so gut wie nie mit gesprochenem Englisch in Berührung gekommen. Die drei teilten sich eine Laborbox, und viele Wochen lang beschrankte sich ihre Verständigung auf Zeichensprache oder schriftliche Mitteilungen. Als Villotti schließlich im Umgang mit gesprochenem Englisch mehr Selbstsicherheit gewonnen hatte, fragte er Gray eines Tages zögernd: »Jim, deine Muttersprache, sie ist was?«

Mein erster brasilianischer Postdoktorand war Walter Mors, der fließend Englisch sprach. Bevor er an das Instituto de Quimica Agricola (das im Botanischen Garten von Rio de Janeiro lag) zurückkehrte, fragte er mich, ob es nicht möglich wäre, eine amerikanisch-brasilianische Kooperation zu starten ähnlich der, die damals zwischen meiner Gruppe an der Wayne und dem Instituto Quimica der Nationaluniversität von Mexiko bestand. Während meiner Zeit als Leiter der chemischen Forschung von Syntex in Mexico City hatte eine ganze Reihe mexikanischer Chemiestudenten ihre Diplomarbeit bei mir geschrieben (einer von ihnen, Luis Miramontes, synthetisierte die ersten Milligramm Norethindron, des gestagenen Wirkstoffs der Pille). Einige dieser mexikanischen Chemiker bildeten später den Kern eines kleinen Forschungsinstituts, des Instituto de Quimica, das auf dem Campus der Universität eingerichtet und von Syntex mitfinanziert wurde. Als ich nach Detroit ging, setzte ich die Zusammenarbeit mit dieser Gruppe von dort aus fort; ich fand, daß die beste Methode, ein akademisches Forschungszentrum in Mexiko zu etablieren, darin bestand, die Chemiker auf einheimische Probleme anzusetzen. Zum akademischen Gegenstück des industriellen Beispiels von Syntex, Steroidhormone aus mexikanischen Yamswurzeln zu gewinnen, wurde die Strukturaufklärung von Naturstoffen aus einer Vielzahl von mexikanischen Pflanzen, insbesondere solcher, die seit alters her in der Heilkunde der Eingeborenen verwendet wurden, und aus Kakteen. Ich bat meinen ersten britischen Postdoktoranden an der Wayne, Alan Lemin aus Manchester, ein Jahr an der Universität Mexiko zu verbringen und eine Gruppe junger mexikanischer Chemiker in die Techniken und Methodologien einzuführen, die wir gerade erst an der Wayne entwickelt hatten. Da ich in meiner Funktion als Berater von Syntex häufig nach Mexiko flog, konnte ich dieses Programm weiterhin betreuen. So wie Forschungsreisende und Astronomen das Privileg haben, neuentdeckte Gebiete zu benennen, so verhält es sich auch bei Chemikern und neu isolierten Naturstoffen. Eine Art von sprachlichem Machismo, den ich in meiner mexikanischen Zeit entfaltet hatte, veranlaßte mich, ausgesprochene Zungenbrecher wie *Tlatlancuayin* und *Cuauchichicin* in die chemische Literatur einzuführen, indem ich auf die aztekischen Namen ihrer pflanzlichen Vorfahren zurückgriff.

In den fünfziger Jahren unterstützte die Rockefeller Foundation unser Wayne-Mexiko-Projekt. Folglich mußten die amerikanischen Fachzeitschriften für Chemie feststellen, daß sie plötzlich Forschungsarbeiten mexikanischen Ursprungs nicht nur von Syntex zu veröffentlichen hatten, sondern auch von der UNAM (Universidad Nacional Autonoma de Mexico). Meine allererste Ehrendoktorwürde kam von eben dieser Universität; jedesmal, wenn ich bei der Verleihung akademischer Grade in Stanford den schwarzen sechseckigen

Hut trage, der von einer blauen Puderquaste gekrönt und auf allen Seiten mit Fransen behangen ist, muß ich daran denken, wie Gilbert Stork, meinem Freund von der Columbia Universität, ein Blitzlichtbirnchen in der Hand explodierte, als er den Moment festhalten wollte, in dem der Rektor der UNAM mir diesen albernen Hut aufsetzte. Da es in Mexico City um diese Zeit mehrere Bombenanschläge gegeben hatte, geriet alles in Panik (wie die Zeitungen später meldeten), als handelte es sich um einen weiteren Terroranschlag. Als ich den völlig entgeisterten Gesichtsausdruck meines Freundes sah, war ich unfähig, auch nur *muchas gracias* zu sagen; ich setzte mich einfach hin und lachte schallend, daß mir die Tränen über die Wangen liefen.

Die Rockefeller Foundation kam großzügig für die Kosten der häufigen Reisen auf, die ich nach Brasilien zu unternehmen begann, und für die einjährigen Aufenthalte der Postdoktoranden aus Detroit, die zusammen mit Walter Mors' Gruppe im Botanischen Garten von Rio arbeiteten. Der erste dieser wissenschaftlichen Botschafter, Ben Gilbert, lernte seine spätere Frau im Labor von Mors kennen und blieb in Brasilien, wo er heute ein wichtiges Projekt leitet, das Brasilien weniger abhängig von importierten Arzneimitteln machen soll. Wir beschlossen, uns auf Alkaloide aus der reichen Amazonas-Flora zu konzentrieren, insbesondere auf Indolalkaloide, die bekanntermaßen vielfältige pharmakologische Auswirkungen auf das zentrale Nervensystem haben. Die Produktivität dieser Zusammenarbeit, die noch über ein Jahrzehnt bestand, auch nachdem ich selbst von der Wayne-Universität nach Mexiko und dann nach Stanford gegangen war, war sowohl hinsichtlich der chemischen Errungenschaften als auch auf menschlichem Gebiet beeindruckend. Als ich Ende der sechziger Jahre Vorsitzender des *Latin America Science Board* der amerikanischen Akademie der Wissenschaften war, regte ich die Gründung eines amerikanisch-brasilianischen Chemieprogramms an nach dem Vorbild unserer bescheideneren Naturstoff-Kooperation, an dem ein halbes Dutzend bedeutender Professoren aus Stanford, des Caltech, der Universität Michigan und der Universität Indiana teilnahmen. An den Universitäten von São Paulo und Rio wurden Studiengänge in synthetischer organischer Chemie, anorganischer Chemie, physikalischer Chemie und Polymerchemie eingerichtet, an denen über ein Dutzend junger amerikanischer Postdoktoranden beteiligt war. Die Leitung dieses Programms über mehrere Jahre hinweg gehört für mich zu den schönsten Erfahrungen, wie die Wissenschaft geographische und politische Grenzen überwinden kann. Diese Freude wurde jedoch in den siebziger Jahren vergällt, als Brasilien, das so viele vor Hitler geflohene Wissenschaftler aufgenommen und von ihnen profitiert hatte, in der UNO zusammen mit Kuba für die berüchtigte Resolution stimmte, die Zionismus mit Rassismus gleichsetzt. Da mir kein Aufschrei brasilianischer Wissenschaftler zu Ohren kam, trat ich aus Protest aus der brasilianischen Akademie der Wissenschaften aus.

VI.

Bis jetzt habe ich die »dunklen Zimmer«, die Naturstoffe von mexikanischen Kakteen, Kaffee und brasilianischen Pflanzen behandelt; aber was ist mit den »Lichtquellen«, die meine Forschungsgruppe gleichzeitig zu entwickeln begann? So wie mein Interesse an der Naturstoffchemie durch die mexikanische Flora geweckt wurde, so war meine zweijährige Tätigkeit bei Syntex in Mexico City in den Jahren 1950 und 1951 indirekt für meinen ersten akademischen Abstecher in die Erforschung physikalischer Methoden verantwortlich.

Viele Naturstoffe, und *alle* in der Natur vorkommenden Steroide, sind optisch aktiv, das heißt, daß sie in spiegelbildlicher Form auftreten können. Wenn man einen Lichtstrahl durch eine Lösung eines solchen optisch aktiven Moleküls passieren läßt, wird die Ebene des polarisierten Lichts entweder nach links (lävogyr) oder nach rechts (dextrogyr) gedreht. Nur eines dieser Spiegelbilder behält die biologische Wirkung bei: So ist beispielsweise das in der Natur vorkommende D-(dextrogyr)-Testosteron für alle androgenen Eigenschaften dieses männlichen Sexualhormons verantwortlich, während die (durch Synthese erhältliche) linksdrehende Antipode biologisch inaktiv ist. Zu der Zeit, als ich in Mexiko arbeitete, wurden die einzelnen Steroide anhand verschiedener physikalischer Parameter charakterisiert, unter anderem durch den Schmelzpunkt und die optische Rotation. Letztere wurde üblicherweise dadurch ermittelt, daß man feststellte, in welchem Maße der Winkel des polarisierten gelben Natriumlichts beim Passieren einer Lösung der fraglichen Substanz gedreht wird. Mich reizte die Möglichkeit, diese optische Rotation eines Steroids nicht nur auf dieser einen (sichtbaren) Wellenlänge – der gelben Natriumlinie, die man häufig in Nebelscheinwerfern sieht – zu messen, sondern auf vielen verschiedenen Wellenlängen bis hinunter in den ultravioletten Bereich des Spektrums. Die Auftragung von Wellenlänge gegen Drehwinkel wird als »optisches Rotationsdispersionsspektrum« bezeichnet.

Als ich meine neue Stelle an der Wayne-Universität antrat, betraf eines der ersten Forschungsvorhaben, die ich bei der National Science Foundation einreichte, Mittel zum Bau eines »Spektropolarimeters«, das uns gestatten würde, derartige Messungen an Steroiden vorzunehmen. Ihre chemische Struktur basiert auf einer einzigen Schablone, nämlich dem tetracyclischen Steroidskelett, das ich in Kapitel 4 und 5 im Zusammenhang mit Cortison und steroidalen Kontrazeptiva illustriert habe. Die einzelnen Steroide unterscheiden sich folglich nur sehr geringfügig, insbesondere durch die Stelle, an der bestimmte Sauerstoffatome mit Doppelbindung, sogenannte Ketone, anhaften. Nachdem wir die optischen Rotationsdispersionsspektren vieler Steroidketone im ultravioletten Bereich gemessen hatten, stellten wir fest, daß die Form und das Vorzeichen dieser Kurven (positiv oder negativ, je nachdem, ob die Kurven über oder unter der Null-Linie verliefen) mit wichtigen strukturellen und stereochemischen Parametern in Verbindung standen. Anhand einer Forschungsreihe, die viele Doktoranden- und Postdoktoranden-Mannjahre umfaßte, gelang es uns, dieses Verfahren – das inzwischen unter seinen Anfangsbuchstaben ORD in die chemische Terminologie eingegangen war – in eine leistungsfähige Lichtquelle zu verwandeln. Am Ende erwies sich ORD nicht nur bei Steroiden als nützlich, sondern auch bei der Erforschung vieler anderer Naturstoffklassen. Eine der wichtigsten Anwendungen war die »Ermittlung der absoluten Konfiguration« optisch aktiver Moleküle, der spezifische Nachweis des Spiegelbilds einer bestimmten Substanz. (Diese Arbeit war der Hauptgrund dafür, daß ich 1958 den *Award in Pure Chemistry* der American Chemical Society erhielt.) In den ersten Jahren brauchten wir mindestens drei Stunden, um ein ORD-Spektrum zu messen. Gegen Ende jenes Jahrzehnts beschafften wir uns ein Gerät, das diese Messungen automatisch aufzeichnete, so daß sich die Meßdauer auf wenige Minuten reduzierte.

Diese Zeit an der Wayne State University hatte zwar viele Gipfel der intellektuellen Befriedigung, aber auch ständig tiefere und breitere Täler der körperlichen Beschwerden. Mein Knie verursachte mir inzwischen, besonders in den kalten Wintern Michigans, solche Schmerzen, daß ich täglich mindestens zwei Dutzend Aspirin schluckte. Schließlich ließ ich im Krankenhaus eine Biopsie vornehmen, die den früheren Verdacht bestätigte, daß ich an einer tuberkulösen Infektion des Kniegelenks litt. Als ich erfuhr, daß ich künftig eine Beinschiene und Krücken würde benutzen müssen, entschloß ich mich, das Gelenk entfernen und mein linkes Bein versteifen zu lassen. Ich entschied mich dazu, diese Operation während eines zweijährigen Urlaubs von der Wayne-Universität in Mexico City vornehmen zu lassen, wo ich als Vizepräsident von Syntex für die stark erweiterte Forschungsabteilung verantwortlich war. (Die Firma war gerade erst von Allen & Company, einer New Yorker Privatbank, von ihrem mexikanischen Eigentümer erworben und an der Börse eingeführt worden. Im Laufe der nächsten 15 Jahre waren Syntex-Aktien, trotz einer gewissen Berg-und-Tal-Bahn-Fahrt, einer der großen Erfolge an der Wall Street.) Ich nahm eine Gruppe von Postdoktoranden von der Wayne mit nach Mexiko, um etwas ins Leben zu rufen, aus dem sich mit der Zeit das erste industrielle Postdoktorandenprogramm innerhalb eines pharmazeutischen Unternehmens entwickelte. Einige von ihnen blieben bei Syntex – erst in Mexiko und später dann in Palo Alto, als die Firma mir nach Kalifornien folgte – und wurden Abteilungsleiter, Vizepräsidenten und, im Falle von Albert Bowers, schließlich Vorstandsvorsitzender des Unternehmens.

Aus meiner ursprünglich zweijährigen Beurlaubung von der Wayne State University wurde eine dreijährige Tätigkeit bei Syntex, die mich nie wieder nach Detroit führte außer zu einer persönlich bewegenden Verleihung der Ehrendoktorwürde im Jahre 1974. Daß ich nicht mehr nach Detroit zurückkehrte, hatte nichts mit Unzufriedenheit mit der Universität zu tun, die es mir ermöglicht hatte, meine akademische Laufbahn zu starten. Der Grund war vielmehr, daß gegen Ende meines zweiten Jahres in Mexico City, als ich wieder schmerzfrei und so mobil war, wie man mit einem versteiften Knie sein kann, ein Professor aus meiner Doktorandenzeit an der Universität Wisconsin, nämlich William S. Johnson, die Leitung der chemischen Fakultät in Stanford angeboten bekam. Ob ich daran interessiert wäre mitzukommen, fragte er eines Tages telephonisch über die knackende Fernleitung an. Bis zum Jahre 1959 hatte ich ziemlich viel veröffentlicht, hatte meinen Anteil an Auszeichnungen und Ehren erhalten, war ordentlicher Professor, wenn auch beurlaubt, und konnte folglich aus einer Position der Stärke heraus verhandeln. Also flog ich nach San Francisco, fuhr die Halbinsel hinunter nach Palo Alto und suchte den legendären Frederic Terman auf, damals Provost der Stanford-Universität und der Mann, der allgemein als der Begründer des Stanford Industrial Park und des Silicon Valley gilt. Während viele Akademiker mein berufliches Doppelleben über die Jahre hinweg mit Argwohn betrachtet hatten, war Terman davon fasziniert. Nur zwei Jahre zuvor war die medizinische Fakultät der Stanford-Universität von San Francisco auf den Campus in Palo Alto verlegt worden, was eine dramatische Gewichtsverlagerung zugunsten der grundlegenden medizinischen Wissenschaft und Forschung zur Folge hatte, da nicht länger nur die praktische Ausübung der Heilkunde vermittelt wurde. Terman war der Meinung, daß die Nähe einer erstklassigen medizinischen Fakultät und einer erweiterten chemischen Abteilung biomedizinisch oder chemisch orientierte Industrieunternehmen ermutigen würde, sich den Elektronik- und Computerfirmen im Stanford Industrial Park anzuschließen. Aus seiner Sicht machte mich meine Industrie-Connection mit Syntex nicht verdächtig, sondern attraktiv.

Johnson und ich beschlossen, entweder gemeinsam oder gar nicht nach Stanford zu gehen. Terman war das recht, und er verlor nur vorübergehend die Fassung, als wir uns weigerten, auch nur zu erwägen, Räumlichkeiten zu beziehen, die für uns in dem bereits vorhandenen Chemiegebäude renoviert werden sollten. Für mich ähnelte dieser Bau, der das Erdbeben von 1906 überlebt hatte, in fataler Weise dem »Old Maine« der Wayne-Universität. Ich fand, daß ich nicht erneut demonstrieren mußte, daß aufregende und produktive Forschungsarbeit auch in einem betagten Gebäude möglich ist. Inzwischen war ich bereit, den Beweis anzutreten, daß neue, moderne Einrichtungen ebenfalls kein Hindernis sind. In nicht mehr als acht Wochen fand Terman einen Geldgeber in der Person des Chemieindustriellen John Stauffer, der sich, zusammen mit seiner Nichte, bereit erklärte, das Gebäude zu finanzieren, das der Köder sein sollte, um Johnson und mich nach Stanford zu holen.

Ich erinnere mich noch an das Mittagessen im Faculty Club, als Terman und ich uns über die Bedingungen einig wurden. Bei Tisch erwähnte ich ein Buch des australischen Journalisten Alan Moorehead über die Russische Revolution, das ich auf dem Flug nach San Francisco gelesen hatte. Ich bemerkte, wie gut Moorehead die Figur Kerenskijs gezeichnet hatte und wie anders doch die Geschichte verlaufen wäre, wenn dieser gemäßigte russische Revolutionär nur in ein paar Fällen eine andere Entscheidung getroffen hätte, was möglicherweise verhindert hätte, daß die Bolschewisten an die Macht kamen. Mit blitzenden Augen beugte sich Terman über den Tisch. »Das sollten Sie Kerenskij selbst sagen. Er sitzt direkt hinter Ihnen.« Ich hatte angenommen, daß Aleksandr Fjdorowitsch Kerenskij tot sei; nun stellte ich fest, daß der kleine alte Mann, der da alleine aß, ein *Research Fellow* der Hoover Institution der Stanford-Universität war. Ich dachte über den Unterschied zwischen seinem Schicksal und dem seines Mitrevolutionärs Leon Trotzkij nach (dessen Enkel zu der Zeit bei mir bei Syntex arbeitete), den Stalins Handlanger bis nach Mexiko verfolgten und trotz hoher Mauern und Leibwächtern ermordeten.

Es war klar, daß es fast ein Jahr dauern würde, den neuen Stauffer-Bau für Organische Chemie zu errichten, und so beschloß ich, bis zum Ende der Bauarbeiten in Mexico City zu bleiben und meinen Aufenthalt bei Syntex zu verlängern. Während dieser Zeit entwickelte Syntex eine Fülle neuer Arzneimittel, der Pharmaunternehmen von einem Vielfachen unserer Größe nichts Vergleichbares entgegenzusetzen hatten. (Unser größter Coup, und indirekt die bedeutungsvollste Anerkennung, die uns zuteil wurde, war, daß Eli Lilly, damals einer der zwei größten amerikanischen Pharmakonzerne, sich verpflichtete, fünf Jahre lang 50 Prozent unserer Forschung zu finanzieren, wobei die Wahl der Forschungsthemen und die Patentinhaberschaft bei Syntex verblieben, vorausgesetzt, daß Lilly bei allen Erfindungen Vertriebsrechte eingeräumt wurden.) In diesen drei Jahren legten wir nicht nur den größten Teil des Fundaments für unsere Norethindron-Pille, sondern erzeugten auch einen zweiten gestagenen Wirkstoff (Chlormadinon, den Lilly schließlich als östrogenfreies Kontrazeptivum vertrieb), das starke Anabolikum Oxymetholon, das meistverkaufte Corticoid Synalar, ein mit dem Prednison verwandtes äußerlich aufzutragendes systemisches Corticoid, und schließlich Dromastonolon-Propionat, ein steroidales Palliativ zur Behandlung von Brustkrebs, das Lilly Anfang der sechziger Jahre in den USA auf den Markt brachte.

Daneben betreute ich meine akademische Forschungsgruppe in Detroit bei verschiedenen Projekten zur Strukturaufklärung von Antibiotika (was zur ersten vollständigen Strukturaufklärung eines Makrolidantibiotikums, Methymycin, führte, zu dem klinisch wichtige Verbindungen wie Erythromycin gehören), Alkaloiden, Terpenen und, was das Wichtigste war, bei der optischen Rotationsdispersion. Während dieses dritten Jahres in Mexico City schrieb ich nicht nur viele Artikel, sondern vollendete sogar mein erstes Buch: *Optical Rotatory Dispersion: Applications to Organic Chemistry.* Das war keineswegs ein solcher Gewaltakt, wie man meinen könnte: Der Großteil des Inhalts befaßte sich mit unserer eigenen Forschung, so daß ich die gesamte Literatur parat hatte. Außerdem hatte ich zu diesem Zeitpunkt aufgehört, selbst im Labor zu arbeiten. Wie faktisch alle Wissenschaftler, die rasch die akademische Stufenleiter erklimmen wollen oder aber in die höheren Ränge des industriellen Managements streben, leitete ich eine ziemlich große Forschungsgruppe, die es mir praktisch unmöglich machte, weiterhin regelmäßig oder auch nur gelegentlich im Labor zu stehen. Die Alternativen sind gewöhnlich ganz klar: Wenn man selbst im Labor arbeiten will, muß man das allein tun oder zusammen mit einem kleinen Team. Wenn man eine große Gruppe braucht – weil man in Eile ist oder mehrere Probleme gleichzeitig in Angriff nehmen will –, sollte man im Büro oder in der Bibliothek bleiben. Für mich bestand nie der geringste Zweifel: Ich legte nicht nur immer großen Wert auf den Zeitfaktor, sondern wollte unweigerlich auch an einer Vielzahl von Projekten gleichzeitig arbeiten, und dies noch dazu Seite an Seite in zwei Welten, in der akademischen und in der industriellen. Seit 1952 habe ich mir den Labormantel, bildlich wie buchstäblich, nicht mehr schmutzig gemacht.

Ein Passus meines Autoren-Vertrages mit McGraw-Hill verdient jedoch erwähnt zu werden. Als der Verlag mich aufforderte, diese erste Monographie über Anwendungsmöglichkeiten der optischen Rotationsdispersion in der organischen Chemie zu schreiben, bestand ich auf einer Strafklausel, derzufolge meine Tantiemen jede Woche, um die sich das Erscheinen des Buches über den von mir festgesetzten Stichtag in sechs Monaten hinaus verzögerte, um ein Prozent stiegen, bot jedoch als Gegenleistung eine Tantiemen-Kürzung in gleicher Höhe für jede Woche an, die das Buch vor dem von mir gewünschten Termin erschien. Zur Überraschung aller gingen die Juristen von McGraw-Hill auf meinen Vorschlag ein unter der Bedingung, daß ich mich bereit erklärte, die korrigierten Fahnen binnen 24 Stunden nach

Erhalt aus Mexico City zurückzuschicken. Auf diese Weise sollte dem Horrorszenario vorgebeugt werden, daß meine Tantiemen ins Unermeßliche stiegen, weil ich einfach die Korrekturfahnen nicht herausrückte. Als letzten Kompromiß setzte der Verlag jedes Kapitel, wie er es erhielt, statt das ganze Manuskript abzuwarten. Es gelang mir, das Buch rechtzeitig zu beenden, indem ich mich strikt an einen festen Montag-Mittwoch-Freitag-Plan hielt, und McGraw-Hill war ebenso fleißig. Die Tantiemen dieses Buches bezahlten später den Swimmingpool meines neuen Hauses in Kalifornien, dessen Stufen mit mexikanischen Kacheln verkleidet wurden, auf denen stand: *Built by optical rotatory dispersion* (Erbaut mittels optischer Rotationsdispersion).

Dieses Haus entstand nicht ganz so problemlos wie das neue Chemiegebäude. In Detroit »besaßen« wir (die Anführungszeichen sollen die Höhe meiner Hypothek unterstreichen) ein kleines Einzelhaus mit zwei Schlafzimmern in einem nördlichen Vorort der Stadt, das kurz nach dem Krieg gebaut worden war und sich durch nichts von seinen Nachbarn unterschied. Als 1953 mein Sohn Dale geboren wurde, bauten wir den winzigen Dachboden aus, damit meine Tochter Pamela ihr eigenes Zimmer hatte. Nun, sieben Jahre danach, konnte ich mir, da die Syntex-Aktien zu ihrem ersten Höhenflug ansetzten, eine größere Hypothek und ein Haus leisten, das auf unsere Bedürfnisse und Neigungen zugeschnitten war. Meine Frau Norma und ich fanden einen idealen Platz in Portola Valley, nur 15 Minuten mit dem Wagen von der Universität entfernt. Das Grundstück hatte knapp 8000 Quadratmeter und lag in einer hügeligen und stark bewaldeten Gegend; es war auf drei Seiten durch Immergrüne Eichen, Fichten- und Eukalyptusbäume von den Nachbarn abgeschirmt und bot einen wundervollen Ausblick auf die fernen Santa-Cruz-Berge. Norma erinnerte sich, daß die frühere Frau eines meiner Kollegen aus der chemischen Abteilung der Wayne-Universität nach Taliesin West gegangen war, um bei Frank Lloyd Wright Architektur zu studieren, dann einen Wright-Schüler geheiratet hatte und jetzt in Sausalito, auf der anderen Seite der Bucht von San Francisco, lebte. Als wir die beiden besuchten, um uns architektonisch beraten zu lassen, boten sie uns »aus alter Freundschaft und ganz unverbindlich« an, nicht nur einen Plan zu machen, sondern auch ein Modell zu bauen. Also führten wir sie auf unser Traumgelände und zählten unsere Wünsche auf: offene Terrassen auf drei Seiten des Hauses, dessen Grundriß einem Kreuz ähneln sollte, so daß vier separate Bereiche entstanden, und jede Menge Wandfläche für Bilder und Bücher. »Bloß keine Wohnküche und kein Eßzimmer!« betonte ich. »Drei große Schlafzimmer, ein Arbeitszimmer und ein großes Wohnzimmer, mehr wollen wir nicht.« Wenn ich diese Worte heute durch meine selbstanalytische Brille lese, frage ich mich, ob »kreuzförmig« und »bloß keine Wohnküche« nicht unbewußt präzise Formulierungen meiner Ansichten vom angemessenen Lebensstil eines akademischen *pater familias* waren.

Sechs Wochen später, im Oktober 1959, kamen wir wieder nach San Francisco und fuhren voll gespannter Erwartung über das Golden Gate nach Sausalito. Als wir das Wohnzimmer unseres Architekten betraten, stand dort unter einem weißen Tuch unser Modell. Mit einer schwungvollen Handbewegung nahm der Architekt das Tuch ab, um sein penibel konstruiertes Modell vorzuführen. Aber wo waren die Terrassen, von denen ich die ganzen Wochen geträumt hatte? Ich sah meine Frau an, der schiere Mißbilligung ins Gesicht geschrieben stand. Der Architekt hielt meinen verzweifelten Blick fälschlicherweise für scheue Bewunderung. »Nehmen Sie mal das Dach ab«, forderte er mich auf, »und sehen Sie sich das Innere an.« Es war liebevoll konstruiert, wie ein Puppenhaus, aber eben völlig falsch. Ich wußte gar nicht, wo ich anfangen sollte. »Sind die Bücherregale verstellbar?« brachte ich schließlich hervor, indem ich mich auf etwas Einfaches stürzte, das für mich, den Kleinigkeitskrämer, aber äußerst wichtig war.

»Natürlich nicht.« Er schien schockiert, als hätte ich eine törichte Frage gestellt. »Das sieht immer so unordentlich aus.«

»Aber ich habe doch gesagt, daß ich verstellbare Regale haben möchte«, nörgelte ich. »Wir haben jede Menge Kunstbände.«

»Die können Sie ja jederzeit horizontal stapeln.« Sein Ton war der eines Erwachsenen, der einem Kind beibringt, wie man ein Dreirad verstaut.

»Da ist ja kaum Platz für Bilder«, bemerkte ich und deutete auf das Mini-Wohnzimmer. »Ich habe doch gesagt ...« Mein Einwand wurde mit einer erhobenen Polizistenhand abgeblockt. »Hier«, sagte er und deutete auf eine Stelle neben dem Liliputkamin, »das ist die Ausstellungsfläche. Da paßt ein ziemlich großes Bild hin.«

»Bild?« Es riß mich geradezu vom Sofa hoch. »Ich habe doch gesagt, wir brauchen Platz für Bilder.« Ich rollte das R, als hätte das Wort gleich ein halbes Dutzend davon. »Für viele Bilder.«

»Kein Problem«, meinte der Architekt lächelnd, »es ist an alles gedacht. Hier befindet sich der Stauraum für die Kunst. Sie stellen immer nur ein Stück aus und lassen die anderen im Magazin. Das turnusmäßige Wechseln wird Ihnen zusagen.«

Ich frage mich, was wohl der Direktor des New Yorker Guggenheim-Museums dachte, als Frank Lloyd Wright zum ersten Mal die geschwungenen Wände und die schrägen Böden seiner Entwürfe für das geplante Gebäude erläuterte. Sollen sich doch die Museumsleute damit herumschlagen, wie man große Ölgemälde an geschwungenen Wänden aufhängt! Aber hier hatte ich es nicht mit Frank Lloyd Wright zu tun, wie ich mir immer wieder sagte, und unser zukünftiges Heim war auch kein öffentliches Gebäude. Ich wurde herablassend behandelt von einem seiner vielen Schüler, der sich die Manieren seines Lehrmeisters nur zu gut angeeignet hatte. Mittlerweile stieß ich mich nicht einmal mehr an den fehlenden Terrassen – »zu überladen«, wie mir später gesagt wurde; ich wußte, daß das Projekt nicht mehr zu retten war und daß ich soviel Verstand hätte haben müssen zu wissen, daß man geschäftliche und private Kontakte auseinanderhält.

Als wir am Abend darauf bei Joshua Lederberg, dem Leiter der neuen Abteilung Genetik der Stanford-Universität, zum Essen eingeladen waren und jammerten, wieviel Zeit wir bei der Planung unseres Hauses vertan hatten, lobten die Lederbergs ihren eigenen Architekten in den höchsten Tönen. Zwei

Tage später waren wir wieder in Mexico City, von wo aus ich William Hempel anrief und ihn fragte, ob er schon einmal in Mexiko gewesen sei. Da dies nicht der Fall war, lud ich ihn ein, drei Tage bei uns daheim zu verbringen, um zu sehen, wie wir lebten, und um herauszufinden, was wir von unserem Haus in Kalifornien erwarteten. Binnen eines Monats hatte uns Hempel drei verschiedene Pläne für kreuzförmige Häuser geschickt, umgeben von offenen Terrassen und mit mehr als genug Wandfläche für Bilder. Über verstellbare Bücherregale, so beschloß ich, würden wir später reden. Im Januar 1960 flogen wir wieder nach Kalifornien, um die endgültigen Pläne abzusegnen. Der Architekt und der finnische Baumeister und Zimmermann waren sprachlos, daß wir alle Detailfragen auf der Stelle entscheiden wollten, bis hin zu den Türklinken und den Badezimmerarmaturen.

»Das Haus muß am Abend des 8. September fertig sein«, verkündete ich, »weil wir an dem Tag mit dem Flugzeug aus Mexico City kommen, um rechtzeitig zum Schulbeginn unserer Kinder hier zu sein. Und wir wollen gleich in der ersten Nacht hier schlafen.« Nach dem Muster meines Autorenvertrags mit McGraw-Hill verlangte ich eine Konventionalstrafe für jeden Tag, den das Haus später fertig wurde, bot aber gleichzeitig einen Bonus für den schnelleren Abschluß der Bauarbeiten. In der fraglichen Nacht schliefen wir tatsächlich in dem Haus, das uns vom ersten Tag an nichts als Freude machte. Es fiel mir ungeheuer schwer, es 16 Jahre später verlassen zu müssen, als es im Rahmen unserer Scheidungsregelung an meine Frau ging.

VII.

Meine Forschung in Stanford begann mit einem fliegenden Start. Mein gesamter Detroiter Forschungsstab aus 17 Doktoranden und Postdoktoranden war nach Kalifornien gezogen und hatte sich innerhalb einer Woche in einem Großraumlabor eingerichtet, das nach meinen Spezifikationen gebaut worden war. Johnson, der das zweite Stockwerk innehatte, zog vier 5-Mann-Labors vor. Ich hatte um ein Labor mit 20 Arbeitsplätzen, 20 Waschbecken und 20 Schreibtischen gebeten, weil ich keine Trennungen haben wollte: Jeder sollte wissen, womit die anderen beschäftigt waren; die Geräte sollten von allen genutzt werden; Zusammenarbeit sollte großgeschrieben werden. Ich stellte mir eine Art sozialistisches intellektuelles Unternehmen vor, über das ein wohlwollender Diktator die Aufsicht führte. Hugo Monteiro, einer meiner brasilianischen Doktoranden und später Dekan der chemischen Fakultät der Universität Brasilia, verwies mich jedoch in meine Schranken, indem er mich ständig mit einem impertinenten Grinsen *El Supremo* nannte. Außerdem prellte er mich um 100 Dollar, indem er mich zwang, Farbe zu bekennen, als ich einmal mit ihm wettete, daß ein bestimmter Versuch nie und nimmer bis Ende der Woche abgeschlossen werden könne. Er hatte sogar die Frechheit, den stornierten Scheck von mir zu verlangen, nachdem er gestanden hatte, daß er die Wette nur gewonnen hatte, weil er drei andere Doktoranden als Subunternehmer angeheuert hatte, mit denen er dann das Geld teilte.

Unsere Forschung auf dem Gebiet brasilianischer Indolalkaloide ging damals mit Volldampf weiter. Das hatte sich derart herumgesprochen, daß ich auf einer meiner häufigen Reisen nach Mexiko eines Tages von Timothy Leary (damals Dozent für Psychologie in Harvard) aufgesucht wurde, der mir mit entwaffnender Naivität den Vorschlag machte, ihn mit einer größeren Menge LSD zu beliefern. Ein paar Jahre später wurde Leary der Guru eines LSD-Kultes mit dem Motto: *Tune in, turn on and drop out* (einsteigen, antörnen, ausflippen), aber das Halluzinogen bekam er von mir nicht.

Unsere gleichzeitige Erforschung zweier ganz verschiedener Naturstoffe, nämlich der Steroide und Alkaloide, war ein weiteres anschauliches Beispiel für die Vorteile, Seite an Seite an mehreren Dingen zu arbeiten – als würde man Steine in einen Teich werfen, um immer mehr Wellen zu erzeugen. Unsere Steroidarbeit hatte mich zur optischen Rotationsdispersion geführt; unsere Alkaloidstudien veranlaßten mich, eine weitere »Lichtquelle«, die Massenspektrometrie, zu untersuchen. Neben vielen anderen Anwendungen ist dieses Verfahren – das die Identifizierung von Verunreinigungen im Verhältnis eins zu einer Milliarde ermöglicht – derzeit die bevorzugte Methode, um die Luftverschmutzung zu messen und toxische Stoffe in Obst und Gemüse zu ermitteln. Ursprünglich war die Massenspektrometrie in erster Linie von Erdölchemikern für ganz spezielle Analysen von Kohlenwasserstoffen benutzt worden, doch in den späten fünfziger Jahren hatten Gruppen in Schweden, Schottland und am MIT begonnen, sie auch bei der Erforschung komplexerer Moleküle, beispielsweise Fetten und Alkaloiden, zu verwenden. Sobald ich in Palo Alto war, beantragte ich bei den National Institutes of Health die entsprechenden Mittel zum Kauf eines Massenspektrometers, um eine systematische Studie dieser Technik durchzuführen, bei der zunächst Steroide als Modellsubstrate dienen sollten, um sie dann bei der strukturell wesentlich vielfältigeren Gruppe der Alkaloide anzuwenden. Wir wollten herausfinden, ob sich spezielle Regeln hinsichtlich der Fragmentierung und des erneuten Zusammenbaus entwickeln ließen (ob also vorzugsweise ganz bestimmte Teile des Moleküls zerlegt wurden), die dieses Verfahren von allgemeinerem Nutzen machen würden. Unter Verwendung von Steroiden als Substrate gingen wir daran, bestimmte Abschnitte des Moleküls mit stabilen, nichtradioaktiven Wasserstoff- und Kohlenstoff-Isotopen zu »markieren«, um den Zusammenbau der zerbrochenen Stücke zu erleichtern. Später benutzten wir diese Markierungstechnik, die allein schon viele Mannjahre an Synthesen erforderte, um die Regeln der massenspektrometrischen Zerlegung einer Vielzahl von Molekülen zu bestimmen, beispielsweise von Steroiden, Triterpenen, Alkaloiden und ähnlichen. Vier Monographien und weit über 200 Veröffentlichungen später hat unsere Gruppe entscheidend dazu beigetragen, die Massenspektrometrie zu einem der leistungsfähigsten und allgemein brauchbarsten Verfahren in der organischen Chemie zu machen.

Wir waren bei unserer massenspektrometrischen Forschung bereits ein schönes Stück vorangekommen, als mir Joshua Lederberg Mitte der sechziger Jahre eines Tages eine

Zusammenarbeit vorschlug. Sein Interesse für die Kosmobiologie (Beweise für Leben im Weltraum) hatte ihn veranlaßt, in der Abteilung Genetik der medizinischen Fakultät der Stanford-Universität eine Meßstation einzurichten als Vorbereitung für einen späteren unbemannten Flug zum Mars. Wie auch andere auf diesem Gebiet tätige Forscher glaubte er, daß ein an Bord des Raumschiffes befindliches Massenspektrometer mit einem ferngesteuerten Gerät zur Probenentnahme die effektivste Methode wäre, um Moleküle zu analysieren, die auf organisches Leben hinweisen, beispielsweise Aminosäuren, die Bausteine der Proteine, und Porphyrine, Substanzen, die mit dem Chlorophyll verwandt sind. Lederberg und Edward Feigenbaum, ein Professor aus der Informatikabteilung und einer der Pioniere der Expertensysteme (AI – *artificial intelligence*), wollten, daß ich ihnen dabei half festzustellen, ob AI dazu dienen konnte, aus einem einzigen Massenspektrum, das mittels Telemetrie aus dem Weltraum zurückgesandt wurde, chemische Strukturen abzuleiten. Über einen Zeitraum von rund 12 Jahren hinweg gingen unsere drei Forschungsgruppen gemeinsam daran, einige der Ecksteine für das imposante Gebäude zu legen, das wissensbasierte Computersysteme heute in der Chemie darstellen. Wie Lederberg es in einem Interview ausdrückte: »Wir versuchen, einem Computer beizubringen, wie Djerassi über die Massenspektrometrie denkt.«

In den sechziger und siebziger Jahren wurden noch zwei weitere »Lichtquellen« in meinem Labor untersucht. Die eine war die spektroskopische Erweiterung der optischen Rotationsdispersion, bekannt als Circulardichroismus. Er liefert die gleichen Informationen wie die optische Rotationsdispersion, nur bequemer, da er die bevorzugte Absorption von polarisiertem Licht durch ein linkshändiges oder rechtshändiges organisches Molekül mißt. Diese Chiralität (aus dem Griechischen *cheir*, »Hand«) tritt nur bei optisch aktiven Molekülen auf, was faktisch alle biologisch aktiven Substanzen in der Natur einschließt, aber die überwiegende Mehrzahl der organischen Substanzen ausschließt – Millionen synthetischer und auch viele in der Natur vorkommende Stoffe. Wie Michael Faraday im 19. Jahrhundert jedoch festgestellt hatte, läßt sich optische Aktivität in jedem Molekül *induzieren*, wenn man es einem Magnetfeld aussetzt, wobei die induzierte Rotation direkt proportional zu der Stärke des Magnetfeldes ist. Dieses Phänomen, der sogenannte »Faraday-Effekt«, schien mir eine nähere Untersuchung wert zu sein, besonders nun, da sich starke Magnetfelder (unter Verwendung von supraleitenden Magneten und flüssigem Helium) problemlos im Labor erzeugen ließen. Ich bewegte die Japan Spectroscopic Company dazu, ein prototypisches Gerät zu bauen, das es uns erlaubte, unter diesen Bedingungen den Circulardichroismus organischer Moleküle zu messen. Wir arbeiteten über ein Jahrzehnt an der Erforschung des magnetischen Circulardichroismus (MCD). In dieser Zeit entwickelten wir eine Vielzahl nützlicher Anwendungen, vom Nachweis einer Bleivergiftung im Urin bis zum Nachweis subtiler Strukturveränderungen in biologisch wichtigen Molekülen der Porphyrin-Klasse, die im Chlorophyll und in vielen Enzymen vorhanden sind.

VIII.

Unsere zunehmend detailliertere Kenntnis des massenspektrometrischen Verhaltens von Steroiden brachte mich zu meinem letzten Forschungsgebiet, der Struktur und Biosynthese ungewöhnlicher Sterine von Meerestieren, was letztendlich zur Folge hatte, daß sich meine Gruppe mit der Verwendung einer weiteren »Lichtquelle« beschäftigte und daß sich merkwürdigerweise ein Kreis schloß, der zu unserer Arbeit an den aktiven Wirkstoffen der Pille in den frühen fünfziger Jahren zurückführte. Als Bonus lernte ich durch diese Forschung die Freuden des Sporttauchens und die zauberhafte Unterwasserwelt Papua-Neuguineas, Hawaiis, des Indischen Ozeans und der Karibik kennen.

Bis 1969 hatten wir erst eine einzige Untersuchung eines Naturstoffes marinen Ursprungs durchgeführt. Ich hatte Berichte gelesen, daß Seegurken-Gifte in der Natur steroidal zu sein schienen, und so bat ich Ben Tursch, einen belgischen Postdoktoranden von mir, der damals zum Stanford-Team in Brasilien gehörte, mir welche zu besorgen. Tursch, der seine Kindheit im Kongo verbracht hatte, ist ein ausgezeichneter Taucher und der abenteuerlustigste Chemiker, der mir je begegnet ist. (In den siebziger Jahren entdeckte er eine idyllische unbewohnte Insel vor der Nordküste Papua-Neuguineas, wo er, im Stil eines Robinson Crusoe, ein kleines meeresbiologisches Labor einrichtete und mir meine erste Lehrstunde im Tauchen gab.) Tursch lokalisierte eine reiche Seegurken-Quelle im nordöstlichen Brasilien, aber da wir frisches Material brauchten, und das in großen Mengen, mußten wir eine Möglichkeit finden, die Ladung nach Rio zu transportieren, ohne daß sie in dem tropischen Klima in Verwesung überging. Turschs Einfallsreichtum wurde durch eine Danksagung in unserer Veröffentlichung in der chemischen Fachzeitschrift *Tetrahedron* verewigt: »Unser aufrichtiger Dank gilt der brasilianischen Luftwaffe, die uns mehrere Flugzeuge zur Verfügung stellte, von kleinen Maschinen für Erkundungsflüge bis hin zu einem B-25-Bomber und seiner Besatzung, als ertragreiche Fanggründe entdeckt wurden.« Wie Ben erzählte, war es ihm gelungen, einen brasilianischen Bomberpiloten zu überreden, mit seiner alten Maschine auf einem aufgegebenen Behelfsflugplatz in der Nähe des Strandes zu landen. Während sich die Besatzung im Sand räkelte, sammelte Ben seine Gurken ein. Auf dem Rückflug war der ganze Bombenschacht mit Seegurken vollgestopft, und Tursch saß bis nach Rio auf dem Platz des Heckschützen. Ich habe in dieser Verwendung der brasilianischen Luftwaffe stets eine moderne Variante des Mottos »Schwerter zu Pflugscharen« gesehen.

Im Jahre 1969 schickte mir Paul Scheuer, einer der amerikanischen Pioniere auf dem Gebiet mariner Naturstoffchemie, aus Hawaii eine Probe eines Sterins, das er für rein hielt; er hatte es bei einer Untersuchung von Meeresgiften isoliert. Als wir seine Probe massenspektrometrisch analysierten, stellten wir fest, daß sie aus mindestens drei Sterinen bestand: zwei herkömmlichen von der Art des Cholesterins und einem dritten mit einer scheinbar beispiellosen Anzahl von Kohlenstoffatomen. Ich ermunterte Scheuer, mehr von dieser »Verunreinigung« zu isolieren, die wir dann in Stanford einigen unserer »Lichtquellen« aussetzten, beispielsweise der Kernresonanzspektroskopie und der Massenspektrometrie. In einer gemeinsamen Verlautbarung mit Scheuer veröffentlichten wir die Struktur von »Gorgosterol«, das den gleichen tetracyclischen Steroidkern wie Cholesterin besitzt, aber eine äußerst ungewöhnliche »Seitenkette« aufweist – nämlich 11 Kohlenstoff-Atome, die in Stellung 17 des Steroidskeletts haften.

Die vollständige Struktur von Gorgosterol konnten wir erst mit Hilfe der Röntgenkristallographie bestimmen – der physikalischen Technik, die der Blitzlichtkamera in meinem dunklen Zimmer entspricht – und wurden prompt von einer Forschungsrichtung fasziniert, der meine Gruppe in den letzten 20 Jahren nachging. Als wir 1970 die Struktur von Gorgosterol deduzierten, waren die Strukturen der wesentlichsten pflanzlichen und tierischen Sterine längst bestimmt, und man wußte auch schon eine Menge über ihre Biogenese – wie der Organismus sie tatsächlich synthetisiert und welche chemischen Bausteine er benutzt – sowie ihre biologische Bedeutung. Wir wissen, daß Cholesterin, um nur das wichtigste Sterin aller höheren Tiere und des Menschen als Beispiel zu nehmen, zwei Funktionen erfüllt: Es ist das Ausgangsmaterial, aus dem alle steroidalen Hormone (männliche und weibliche Sexualhormone sowie die in der Nebenniere gebildeten Corticoide) erzeugt werden; und es ist ein entscheidender Bestandteil aller Zellmembranen. Angesichts unserer umfangreichen Kenntnisse auf dem Gebiet der Sterinchemie und -biologie schien es äußerst ungewöhnlich, auf ein Sterin eines marinen Lebewesens zu stoßen, an dessen konventionellem Steroidkern eine noch nie dagewesene Seitenkette haftete. Wir gingen daran, die sterine Zusammensetzung einer Vielzahl von Meeresorganismen, insbesondere Schwämmen, aus tropischen und subtropischen Gewässern überall auf der Welt zu untersuchen. Da sich auch Gruppen in Kanada, Japan und Italien diesem Thema zuzuwenden begannen, wurden in den siebziger und frühen achtziger Jahren über einhundert neue

Sterine isoliert, die Strukturen besaßen, die in vielen Fällen bei terrestrischen Pflanzen und Tieren ohne Beispiel waren. Während die frühen Studien über Naturstoffe eine Menge mühsamer chemischer Zerlegungen erforderten, was bei einer einzigen Substanz häufig Jahre dauerte, gestattet heute die Anwendung in der Nachkriegszeit entstandener physikalischer Methoden – insbesondere der Kernresonanzspektroskopie und der Massenspektrometrie – und neuentwickelter Trennungsverfahren, viele dieser Strukturprobleme in wenigen Wochen und mit winzigen Mengen an Material zu lösen. Aber wenngleich die Ausschaltung des Bedarfs an »Naßchemie« – dem experimentellen Pendant des »Zwanzig Fragen«-Spiels – viel Zeit und Material spart, so macht sie die Strukturaufklärung doch zu einem mechanischen Unterfangen. Ironischerweise hat ein Großteil unserer eigenen Forschung auf dem Gebiet besserer »Lichtquellen« die herkömmlichen und oft intellektuell reizvolleren Methoden, ein dunkles Zimmer zu erkunden, obsolet gemacht.

In den letzten Jahren hat sich der Brennpunkt in der Naturstoffchemie daher von der Struktur auf die Biosynthese und die biologische Funktion verlagert. Nun, da der Chemiker den Inhalt eines Zimmers ziemlich schnell bestimmen kann, interessiert er sich mehr dafür, *wie* die einzelnen Gegenstände darin hergestellt wurden und welchem Zweck sie dienen. Das sind die Fragen, die wir Sterinen aus Meeresschwämmen stellten – den niedrigsten Mitgliedern des Tierreiches, aber den reichsten Quellen einzigartiger Sterine. Wir glaubten nicht einen Moment lang, daß sie nur dazu da waren, die Neugier des Chemikers zu kitzeln. Durch mühsame und raffinierte Trennungsverfahren sortierten wir die einzelnen Zelltypen der Schwämme aus und fraktionierten sie des weiteren in reine Zellmembran-Fraktionen, die, wie wir nachweisen konnten, immer noch einzigartige marine Sterine enthielten. Es ist daher wahrscheinlich, daß diese das Cholesterin höherer Lebewesen durch einen Prozeß ersetzen, der mit der Integrität und Funktion der Membran zusammenhängt. Neben den Sterinen untersuchten wir auch die andere Lipidkomponente der Zellmembran der Schwämme, die sogenannten Phospholipide, und stellten fest, daß sich diese Klasse mariner Naturstoffe ebenfalls auf einzigartige Weise von den Phospholipiden höherer Tiere unterschied. Vielleicht ist es gar nicht so verwunderlich, daß festsitzende Filtrierer ungewöhnliche Zellmembranen besitzen, die den Durchfluß von Nährstoffen aus dem sie umgebenden Medium gestatten, da dieser Vorgang doch so grundlegend anders ist als die Art und Weise, wie wir uns ernähren. Außerdem unterscheidet sich ihre Umwelt, was Temperatur, Salzgehalt und Druck betrifft, von der terrestrischer Organismen. Diese Hinweise sollten weiter verfolgt werden; sie könnten Aufklärung darüber geben, wie lebende Organismen die Strukturintegrität ihrer Zellmembranen regulieren. Ohne Membran kann es keine Zelle geben; ohne Zelle kann es kein Leben geben.

Noch interessanter war für uns die Frage, wie der Schwamm diese Sterine synthetisiert. Da Schwämme Filtrierer sind, die ihre Nährstoffe aus dem sie umgebenden Wasser beziehen, synthetisieren sie sie vielleicht gar nicht, sondern erwerben sie durch die Nahrung. Wir testeten diese Möglichkeit, indem wir in der Nähe des natürlichen Lebensraums der Schwämme, meist in einer Tiefe von 15 bis 25 Metern, einfache Unterwasserlabors einrichteten, die aus Metallgittern bestanden, an denen Schwammproben angebracht wurden, und das Ganze mit Maschendraht vor räuberischen Wesen schützten. Ein Chemiker mit Taucherausrüstung kann bis zu einer Stunde dort verbringen und die entsprechenden Experimente durchführen. Dazu gehört, den Schwamm mit radioaktiv markierten Ausgangsstoffen, die im Labor synthetisiert wurden, zu »füttern«, um festzustellen, ob diese von dem Schwamm weiterverwertet und in das endgültige Sterin verwandelt werden, das zuvor identifiziert worden war. Dieses »Füttern« ist nicht einfach. Es kann nicht durch Unterwasserinjektion mit einer Spritze erfolgen, weil das Material vom Meerwasser sofort bis zur Unkenntlichkeit verdünnt würde; und nur in wenigen Fällen kann der Schwamm an die Oberfläche gebracht und in Aquarien, die mit zirkulierendem Meerwasser gefüllt sind, am Leben erhalten werden. Oft mußten wir diese Experimente nach der »Fütterung« mehrere Wochen lang im natürlichen Lebensraum des Schwammes durchführen, bevor die Proben in einer Form eingesammelt werden konnten, die für die spätere chemische Analyse im Labor und die Bestimmung der Radioaktivität (eine weitere »Lichtquelle«, derer wir uns bedienten) geeignet war. Manchmal benutzten wir kleine osmotische Pumpen, die mit dem Schwamm verbunden waren und ihm langsam über einen langen Zeitraum hinweg eine Lösung der Vorstufe verabreichten. Manchmal führten wir schnelle Unterwasseroperationen durch, indem wir ein Stückchen Schwamm herausschnitten, eine Gelatinekapsel einsetzten, die die radioaktive Vorstufe enthielt, und die Öffnung wieder mit dem herausgeschnittenen Stück Schwamm verschlossen. Auf diese Weise bestimmten wir den Verlauf von mindestens drei verschiedenen biosynthetischen Wegen: Viele Schwämme synthetisieren ihre Sterine *de novo* aus Essigsäure, genau wie Landbewohner; andere beziehen sie aus ihrer Umwelt und führen dann eine Reihe schlauer enzymatischer Schritte durch, um die einzigartigen strukturellen Merkmale zu entwickeln, die bei Sterinen von Meerestieren anzutreffen sind; manchmal sind sie faul und benutzen einfach Sterine aus der Nahrung in unveränderter Form.

Ein ungemein positiver Aspekt dieser Experimente, der in der herkömmlichen chemischen Forschung im allgemeinen nicht auftritt, ist die beglückende Erfahrung, die außerordentliche Schönheit der Unterwasserwelt der Tropen erleben zu können. Keiner meiner Studenten und Mitarbeiter hat sich jemals über eine Dienstreise zum australischen Great Barrier Reef, nach Papua-Neuguinea und Hawaii, in die Karibik und ans Mittelmeer beklagt. Doch es gab auch Enttäuschungen: Bevor wir den schützenden Maschendraht anzubringen begannen, konnte es passieren, daß der Chemiker, der einige Wochen später wieder zu der Unterwasserplattform kam, feststellen mußte, daß irgendein Tier (Fisch? Schildkröte?) unsere kostbaren Proben verspeist hatte. Der teuerste Zwischenfall ereignete sich, als einer meiner Studenten eigens von San Francisco nach Neapel flog, um über 30 Proben auszusetzen, in die Vorstufen eingebaut waren, die von mehreren

Mitgliedern meines Forschungsteams mühsam in monatelanger Arbeit synthetisiert worden waren. Obwohl sich das Metallgitter in einer Tiefe von 25 Metern befand, sorgte ein heftiger Herbststurm für derartige Unterwasserturbulenzen, daß die Taucher, die die Proben für uns einsammeln sollten, nichts mehr fanden. Dieser eine Sturm warf uns über ein Jahr zurück.

Buchprüfer von Einrichtungen, die Forschungsmittel vergeben, werden vielleicht fragen, warum wir einige unserer Versuche ausgerechnet vor Capri im Mittelmeer durchführen müssen, wo Stanford doch nur eine Stunde von der kalifornischen Küste entfernt ist. Zur Rechtfertigung will ich ihnen nur ein einfaches Beispiel nennen, das auch die Vollendung eines für mich wichtigen Kreises illustrierte. Zwei italienische Chemiker aus Neapel, Luigi Minale und Guido Sodano, machten die erstaunliche Beobachtung, daß eine in dieser Gegend heimische Schwammart eine Gruppe von Sterinen aufwies, die sich hinsichtlich der Natur der Seitenkette *nicht* von den Sterinen terrestrischer Tiere unterschied, dafür aber in bezug auf den Kern. Sie stellten fest, daß alle Sterine dieses Schwammes den »19-Norsteroid«-Kern aufwiesen. In meiner Schilderung der Geburt der Pille (siehe Kapitel 5) unterstrich ich, daß dieses Strukturmerkmal, das wir 1951 *synthetisch* einführten, für die starke gestagene Wirkung des wichtigsten Bestandteils der Pille verantwortlich war. Tatsächlich sind alle derzeit auf dem Markt erhältlichen oralen Kontrazeptiva 19-Norsteroide und werden hauptsächlich durch Totalsynthese hergestellt, da kein in der Natur vorkommender Ausgangsstoff mit diesem Kern verfügbar ist. Und da taucht plötzlich ein potentieller Lieferant eben dieses Ausgangsstoffes in Form einer einzelnen Spezies auf, die zu der niedrigsten Form tierischer Lebewesen gehört und drunten im Ozean lebt! Folglich dürfte es kaum überraschen, daß wir uns aktiv darum bemühten, Antworten auf zwei faszinierende Fragen zu finden: Was tun diese 19-Norsterine da, und wie synthetisiert sie der Schwamm? Zudem fragt man sich, wie orale Kontrazeptiva heute hergestellt würden, wenn diese Forschungsarbeit ein Vierteljahrhundert früher durchgeführt worden wäre.

»Was für ein Chemiker sind Sie?« ist im Grunde eine Touristenfrage. Kein Wunder, daß ich wie ein Fremdenführer antworte: bildhaft, anekdotisch, manchmal metaphorisch, gelegentlich historisch. Um jedoch Einblick in die intellektuelle Persönlichkeit zu gewinnen, muß man andere Fragen stellen:

»Warum sind Sie Wissenschaftler geworden?« »Glücklicher Zufall«, wäre wohl die kürzeste, aber auch die ehrlichste Antwort.

»Warum sind Sie es so lange geblieben?« würde vermutlich mit »Nervenkitzel, Neugier und Ehrgeiz« beantwortet werden.

»Haben Sie vor, im Labormantel zu sterben?« Meine Antwort auf die letzte Frage lautet: »Nein.« Ich blieb der Chemie mein ganzes Erwachsenenleben hindurch treu, weil die Befriedigung meiner Neugier mir sehr viel Freude bereitete: Jede Frage, die beantwortet wurde, warf eine neue auf. Und ich konnte gleichzeitig in zwei Welten leben, der der Forschung, in der scheinbar nichts der unmittelbaren Nutzanwendung dient, und in der der praktischen Projekte, die potentiell Millionen zugute kommen. Aber warum ziehe ich dann meinen Labormantel aus?

Cynthia Ozick hat einmal in einem Interview in der *Paris Review* Dichter und Prosaautoren mit Amphoren verglichen, die darauf warten, mit Wein oder Wasser gefüllt zu werden. Wissenschaftler, so meine ich, warten nicht darauf, daß ihre Amphoren gefüllt werden; sie suchen nach Zapfhähnen, die eine Flüssigkeit abgeben. Nur der Lauf der Zeit kann sagen, ob Ambrosia oder Essig herausgekommen ist. Was zählt, ist die Suche nach dem Zapfhahn. Wie ich im abschließenden Kapitel festhalte, drehe ich nun keine weiteren Hähne auf, sondern prüfe den Inhalt meiner eigenen literarischen Amphore, indem ich Belletristik schreibe. Dieses Genre bietet mir nicht nur Gelegenheit, von dem ausschließlich monologischen schriftlichen Diskurs des Wissenschaftlers zum dialogischen Stil des Schriftstellers zu wechseln, sondern gibt mir auch einmal die Freiheit, meine Phantasie sowohl durch autobiographisches als auch durch imaginäres Terrain schweifen zu lassen, ohne daß ihr Verlegenheit oder Scham irgendwelche Hindernisse in den Weg legen. Sagen zu können: »Es ist ja nur erfunden«, ist für einen Wissenschaftler ein erstaunlich erfrischender Luxus.

KAPITEL 9

Die Pille mit zwanzig

ICH stelle mir immer vor, daß es einer dieser knallharten Journalisten der späten fünfziger Jahre war – die Hemdsärmel hochgekrempelt, die Augen zusammengekniffen wegen des Qualms der Zigarette, die in seinem Mundwinkel hängt, mit zwei Fingern auf die Remington einhämmernd –, der, während er einen saftigen Artikel über orale Kontrazeptiva schrieb, plötzlich beschloß, dem Wort *Pille* immer den bestimmten Artikel voranzustellen und dadurch aus diesem prosaischen Oberbegriff ein starkes Reizwort machte. Seit damals hat man die Pille mit allem möglichen gleichgesetzt, vom Allheilmittel für die Frau bis hin zum Gift für die Frau.

Die Pille wurde in der denkbar günstigsten Zeit geboren – am 15. Oktober 1951 – und reifte in der denkbar schlechtesten heran. Sie wurde auf dem Höhepunkt neuer Arzneimittel synthetisiert. Pharmaunternehmen, die Medien und die Öffentlichkeit proklamierten und akzeptierten die Vorteile der chemotherapeutischen Revolution der Nachkriegszeit geradezu vorbehaltlos. Jedes Problem, ob ein medizinisches oder ein soziales wie die Bevölkerungsexplosion, erschien technologisch lösbar. Ein Beispiel für diese entwaffnend naive Technikgläubigkeit ist das folgende Zitat aus einem Leitartikel der *New York Times* aus den sechziger Jahren: »Wenn das Bevölkerungswachstum merklich verringert werden soll, dann muß es auf dem Gebiet der Empfängnisverhütung einen ähnlichen technologischen Durchbruch geben wie auf dem der Nahrungsmittelproduktion.«

Ende der fünfziger Jahre war die Suche nach neuen Wegen der Empfängnisverhütung – veranschaulicht durch das kometenhafte Erscheinen der Anti-Baby-Pille – zu einem faszinierenden und aufregenden Betätigungsfeld geworden, das den Kurs der Familienplanung und Geburtenkontrolle mit einem Schlag zu ändern versprach. Ende der sechziger Jahre waren noch 13 Pharmakonzerne – darunter neun amerikanische – aktiv in der Forschung und Entwicklung neuer Methoden der Geburtenkontrolle tätig. Das Thema selbst war brandaktuell und hatte bei Wissenschaftlern aus der akademischen wie industriellen Welt hohe Priorität. Doch bald darauf begann sich der Schauplatz der Handlung von der wissenschaftlichen Arena auf immer kleinere Provinzbühnen zu verlagern, wobei die Pille weiterhin der große Star war. Anfang der achtziger Jahre gab es nur noch vier Pharmakonzerne, darunter ein amerikanischer, die in irgendeiner Form auf diesem Gebiet weiterforschten. Eine 1988 durchgeführte Umfrage nach den Forschungsprioritäten der internationalen Pharmaindustrie zeigte, daß die Suche nach neuen Methoden der Geburtenregelung nicht einmal zu den ersten 35 genannten Themen zählte. Ich halte diese Marktbeurteilung für tragisch, weil die Geschichte sowohl in kapitalistischen wie auch in sozialistischen Ländern beweist, daß es bei der Arzneimittelinnovation keinen bedeutenden Fortschritt geben kann ohne die aktive Beteiligung der Pharmaindustrie – an der Produktion, dem Vertrieb, der Entwicklung und sogar an der Forschung. Die Ursachen dieser bedauerlichen Situation gehen auf die frühen Jahre der Pille zurück, insbesondere auf die Zeit kurz nach ihrer allgemeinen Zulassung durch die FDA in den Vereinigten Staaten.

I.

Im Gegensatz zu den fünfziger Jahren, in denen die aktiven steroidalen Wirkstoffe der Pille synthetisiert und ihre biologischen Eigenschaften bestimmt wurden, erwiesen sich die sechziger Jahre – die Periode der ständig zunehmenden klini-

schen Anwendung der Pille – als die denkbar schlechteste
Zeit. Ausgelöst worden war diese Klimaveränderung durch
die Contergan-Tragödie, die zur Folge hatte, daß (hauptsäch-
lich in Europa, wo dieses Mittel allgemein gebräuchlich war)
Hunderte von Kindern mit schweren Mißbildungen der
Gliedmaßen geboren wurden, deren Mütter das hochwirksame Schlaf- und Beruhigungsmittel während der ersten
Schwangerschaftsmonate, in denen der Embryo am gefähr-
detsten ist, genommen hatten. Ende der fünfziger Jahre hatte
der demokratische Senator Estes Kefauver aus Tennessee den
Vorsitz bei einer Reihe aufsehenerregender Anhörungen des
Kongresses geführt, in denen Kritik an der Pharmaindustrie
und der FDA geübt wurde. Kefauvers Gesetzesvorschläge,
gegen die sowohl die Ärzteschaft als auch die Industrie Sturm
lief, schienen zunächst kaum eine Chance zu haben, verwirklicht zu werden; dann explodierte die Contergan-Bombe, was
die Annahme seiner Gesetzesvorlage sicherstellte und 1962
zur Novellierung des *Federal Food, Drug and Cosmetic Act*
(Lebensmittel-, Arzneimittel- und Kosmetikagesetz) führte,
den sogenannten »Kefauver-Harris-Amendments«. Die Contergan-Tragödie brachte jedermann zu Bewußtsein, wie
wichtig vorausgehende teratologische Studien an geeigneten
Tiermodellen sind, bevor man ein Arzneimittel einführt, das
möglicherweise auch von Schwangeren genommen wird.
Während der Nachweis der Sicherheit schon immer der Kern
der FDA-Voraussetzungen war, legten die Kefauver-Amendments nun ausdrücklich fest, daß auch die Wirksamkeit nachgewiesen werden mußte – eine Voraussetzung, die der Auftrag der FDA bislang nur impliziert hatte.

Im Prinzip hatten alle diese Änderungen Hand und Fuß,
nur daß die FDA für diese neuen Aufgaben überhaupt nicht
gerüstet war. In den Worten von Peter B. Hutt, dem ehemaligen Rechtsberater der FDA: »Während der ersten zehn Jahre
dieses Gesetzes [der Kefauver-Amendments von 1962] spielte
die FDA im Grunde genommen Fangball ... eine schlichte
Widerspiegelung der Tatsache, daß die FDA nicht über die
entsprechenden Hilfsmittel verfügte, als das Gesetz erlassen
wurde, und diese Hilfsmittel nach dessen Inkrafttreten auch

nicht erhielt . . . und daß man überhaupt keine Zeit hatte, die Probleme zu Ende zu denken, bevor Entscheidungen getroffen werden mußten.« Hutt räumte außerdem ein, daß »FDA-Beamte nur gelobt werden für die Weigerung, ein neues Arzneimittel zuzulassen, und nicht etwa für die mutige Entscheidung, ein neues Arzneimittel zuzulassen, das tatsächlich schon Patienten geholfen hat und der Volksgesundheit zugute gekommen ist«. Ein Beispiel für diese Einstellung ist die Tatsache, daß die FDA sich zehn Jahre lang weigerte, irgendeinen neuen kardiovaskulären Wirkstoff zuzulassen, weil irgendwelche Beamten der Behörde darauf beharrten, daß eine Senkung des Bluthochdrucks nicht zwangsläufig zu einer Abnahme der Herzattacken, Schlaganfälle und Nierenleiden führen würde. In Europa waren derartige Arzneimittel seit Jahren eingeführt, bevor sie den amerikanischen Verbraucher erreichten; einige Kritiker der FDA behaupteten, diese Verzögerung hätte jedes Jahr mindestens 50 000 unnötige Todesfälle verursacht und über 200 000 Menschen zu Krüppeln gemacht. Kein Wunder, daß ein solches Behördenklima die Einführung neuer Kontrazeptiva weitgehend verhinderte: Empfängnisverhütung wird nach allgemeiner Auffassung von einem Gesunden praktiziert, den staatliche Einrichtungen (und die Gesellschaft, was das betrifft) keinesfalls potentiellen Risiken aussetzen wollen, die man bei einem Menschen, der an einer Krankheit leidet, zu tolerieren gewillt wäre. In den meisten Gesellschaften gilt eine ungewollte Schwangerschaft noch nicht als Krankheit.

Das Problem der gesundheitsschädlichen Nebenwirkungen eines neuen Arzneimittels begann die amerikanische Öffentlichkeit erst infolge eines weitverbreiteten Mißverständnisses hinsichtlich der wahren Bedeutung des Wortes Sicherheit in der Medizin zu beschäftigen. Ein kurzer Ausschnitt aus einem Dialog zwischen dem demokratischen Senator Gaylord Nelson aus Wisconsin und dem FDA-Direktor Charles C. Edwards während einer Kongreß-Anhörung am 4. März 1970 unterstreicht diesen Punkt:

> *Senator Nelson:* Was den Gebrauch des Wortes »sicher« im Hinblick auf die oralen Kontrazeptiva betrifft, glaube ich, daß

sowohl in der Ärzteschaft als auch in der Öffentlichkeit beträchtliche Verwirrung darüber herrscht, in welchem Sinn das Wort »sicher« gebraucht wurde.

Direktor Edwards: Wenn ich diese Arzneimittel als »sicher« einstufe, will ich damit in keinster Weise zu verstehen geben, daß das ein harmloses Mittel ist ... Es bestehen immer gewisse Gefahren, wenn man ein Medikament nimmt, und es muß genau nach den Angaben genommen werden, die klar und deutlich auf der Packung stehen.

Senator Nelson: Dann war die Verwendung in diesem Zusammenhang nicht im üblichen lexikalischen Sinn des Wortes?

Direktor Edwards: Ganz bestimmt nicht. Es handelte sich um eine von der Food and Drug Administration gebrauchte Beschreibung des Wortes »sicher«, was tatsächlich »sicher unter den auf der Packung angegebenen Bedingungen« heißt ...

Umfangreichere FDA-Voraussetzungen für alle verschreibungspflichtigen Arzneimittel und die anhaltende Debatte über die Definition und Zweideutigkeit des Wortes *sicher* haben seit den späten sechziger Jahren zu einer deutlichen Verlangsamung der Rate und Zahl neuer Pharmazeutika, besonders neuer Kontrazeptiva, geführt. Aber folgt daraus, insbesondere auf dem Gebiet der Geburtenkontrolle, daß der erste Grundsatz in der Medizin – *primum non noceri* (»vor allem nicht schaden«) – automatisch zu *primum bonum faceri* (»vor allem Gutes tun«) führt?

Natürlich bestand zwischen der sexuellen Revolution und der Pille ein intimer Kausalzusammenhang; noch stärker aber wurden in den USA Fortschritte auf dem Gebiet der Empfängnisverhütung in den sechziger Jahren durch das Aufkommen von drei der für die gegenwärtige Gesellschaft förderlichsten Bewegungen beeinflußt: die Frauenbewegung, den Umweltschutz und den Verbraucherschutz. Alle drei standen der Technik und sogar der Wissenschaft im Grunde argwöhnisch gegenüber, und alle drei verließen sich zur Förderung ihrer Ziele in hohem Maße auf die typisch amerikanische Strafprozeßordnung. Obwohl diese Prozeßsucht in vielen wichtigen Fällen Erfolg hatte, richtete sie doch auch unbeabsichtigten Schaden an, insbesondere dadurch, daß sie letzt-

177

endlich die Auswahl an Kontrazeptiva reduziert, die Frauen und Männern in Zukunft zur Verfügung steht. Um dieses unerwartete Resultat zu verstehen, müssen wir uns den ersten zehn Jahren des klinischen Lebens der Pille zuwenden, das mit dem Vertrieb von Enovid – G. D. Searles Handelsbezeichnung für Norethinodrel (siehe Kapitel 5) – begann, als das Unternehmen die FDA-Zulassung für die begrenzte Verwendung (ursprünglich ein Jahr) dieses Arzneimittels bei der Empfängnisverhütung erhielt.

Ende des Jahres 1961 benutzte fast eine halbe Million Amerikanerinnen eine empfängnisverhütende Pille, bestehend aus 10 Milligramm von Searles Norethinodrel (als Ovulationshemmer) und 0,15 Milligramm des Östrogens Mestranol (um das Auftreten von Blutungen zu verringern, wenn ein reiner gestagener Wirkstoff allein verwendet wird). Die Zahl der Benutzerinnen verdoppelte sich binnen eines Jahres und stieg dann steil an (2,2 Millionen im Jahre 1963, vier Millionen 1964, fünf Millionen 1965 und fast neun Millionen im Jahre 1970), als die FDA 1962 die Erlaubnis auf Ortho ausdehnte, und 1964 auf Parke-Davis und Syntex, Norethindron von Syntex (kombiniert mit Mestranol) als orales Kontrazeptivum unter verschiedenen Handelsbezeichnungen wie Ortho-Novum, Norlestrin und Norinyl zu vertreiben. Zu diesem Zeitpunkt war die auf ein Jahr befristete FDA-Zulassung für die empfängnisverhütende Anwendung aufgehoben und die Dosis des gestagenen Steroids von 10 Milligramm auf 2,00 Milligramm gesenkt worden. Zu einer weiteren Senkung des gestagenen Anteils auf 1,0 Milligramm und der östrogenen Komponente auf 0,05 Milligramm kam es dann in der zweiten Hälfte der sechziger Jahre, auf die später weitere beträchtliche Reduzierungen folgen sollten.

Die ersten klinischen Studien in Puerto Rico, Mexiko und Los Angeles (siehe Kapitel 5) und die darauf folgende Beachtung in den Medien und in der Öffentlichkeit konzentrierten sich zunächst auf die Wirksamkeit und auf naheliegende, kurzfristige Nebenwirkungen (darunter Übelkeit, Gewichtszunahme, unregelmäßige Blutungen) und dann auf die Frage nach der erneuten Fruchtbarkeit nach dem Absetzen der Pille;

erst später verlagerte sich die Aufmerksamkeit auf das Problem der langfristigen Sicherheit, als die unerwartet schnelle und breite Akzeptanz der Pille das Schreckgespenst heraufbeschwor, daß im Grunde gesunde Menschen jahrelang ein starkes Hormon einnehmen. George Bernard Shaw hätte auch die Pille meinen können, als er sagte: »Die Wissenschaft hat immer unrecht: Sie löst niemals ein Problem, ohne zehn neue zu schaffen.«

Im Sommer des Jahres 1962 begannen vereinzelte Berichte zu erscheinen, die von ernsten Vorkommnissen und sogar Todesfällen infolge von Lungenembolien, Blutgerinnseln und Venenentzündungen bei Frauen sprachen, die die 10-Milligramm-Dosis Enovid genommen hatten. Die FDA setzte einen eigenen Ausschuß ein, um dieser Sache nachzugehen, doch dessen im August 1963 veröffentlichter Bericht bestätigte zwar 272 Fälle von ernsten Blutgerinnseln und 30 Todesfälle unter den 1,5 bis zwei Millionen Benutzerinnen der Pille, kam jedoch zu dem Schluß, daß die Pille kein erhöhtes Risiko thromboembolischer Krankheiten zur Folge hatte. Zu den Gründen für diese offensichtliche Entlastung der Pille gehörten die spärlichen epidemiologischen Daten über das Auftreten ernster Thrombosen und Embolien unter jungen Amerikanerinnen, die die Pille nicht nahmen. John Rock, der die ersten klinischen Versuche mit Enovid durchgeführt hatte, nannte die neuen Kritiker der Pille »verantwortungslos und ununterrichtet«. Gregory Pincus, der die ursprünglichen biologischen Untersuchungen an der Worcester Foundation for Experimental Biology geleitet hatte, ging 1963 in einem Artikel im *Ladies' Home Journal* noch weiter: »Die sorgfältige Prüfung aller dieser Erkrankungen hat ergeben, daß zwischen ihnen und der Einnahme des Kontrazeptivums kein Zusammenhang besteht.«

Die Debatte, ob bei einer kleinen Zahl von Pillenbenutzerinnen ernste Nebenwirkungen auftraten, hörte damit nicht auf. Die in Großbritannien gesammelten epidemiologischen Daten waren aufgrund des dort bestehenden staatlichen Gesundheitsdienstes qualitativ und quantitativ den damals vorliegenden Daten aus den Vereinigten Staaten, wo es eine vergleichbare Einrichtung nicht gibt, weit überlegen. 1967 konstatierte ein gut dokumentierter Bericht einer Arbeitsgruppe des British Medical Research Council: »Die Summe der Beweise ... ist so gewichtig, daß es keinen berechtigten Zweifel daran geben kann, daß bei der Verwendung oraler Kontrazeptiva bestimmte Arten von trhomboembolischen Erkrankungen auftreten.« Diese Ansicht wurde 1969 vom beratenden Ausschuß der FDA für Geburtshilfe und Gynäkologie bekräftigt; nach Aussage des FDA-Direktors vor dem Kongreß war in den USA bei einer von 2000 Pillenbenutzerinnen mit Blutgerinnseln zu rechnen. Außerdem starben je Million Frauen, die die Pille nahmen, dreißig an Komplikationen dieser Art verglichen mit nur fünf tödlichen Blutgerinnseln je Million Frauen der gleichen Altersgruppe, die die Pille nicht nahmen. In anderen Worten: Das erhöhte Risiko *durch die Pille der sechziger Jahre* war sechsmal so hoch, aber die absolute Zahl der Todesfälle war immer noch niedriger als die Zahl der Frauen, die bei der Entbindung starben. Bei starken Raucherinnen, insbesondere bei Pillenbenutzerinnen über 35, sind die Risiken wesentlich höher – eine Feststellung, die zu der allgemein gültigen Empfehlung geführt hat, daß starke Raucherinnen über 30 auf andere Arten der Empfängnisverhütung zurückgreifen sollten. Wie ich in Kapitel 21 erläutern werde, sind die kardiovaskulären Risiken der *Pille von heute* inzwischen stark reduziert, in erster Linie deshalb, weil die umfangreichen Studien mit der *Pille von gestern* die östrogene Komponente der Pille als den Hauptschuldigen ausmachten. Infolgedessen wurden beträchtliche Reduzierungen der Östrogendosis und sogar ihrer Zusammensetzung vorgenommen: Mestranol, chemisch gesehen der Methyläther von 17α-Ethinyl-östradiol, wurde inzwischen durch 17α-Ethinyl-östradiol selbst ersetzt.

Ich führe diese komplizierte Geschichte einer der ernstesten erkannten Nebenwirkungen der Pille an, um zu illustrieren, daß ein so seltenes Vorkommen bei den ersten klinischen Studien mit ein paar Hundert Frauen nie und nimmer aufzudecken war (die FDA verlangte vorklinische Studien mit 200 weiblichen Freiwilligen, bevor sie die Vertriebszulassung erteilte). Die Gefahrlosigkeit eines neuen Arzneimittels ist fast immer erst dann mit Sicherheit zu bestimmen, wenn es auf dem Markt ist – besonders wenn damit eine so heterogene Bevölkerung in Berührung kommt, wie es bei der Pille der Fall war. Damit komme ich zu einem Problem zurück, das ich schon in Kapitel 5 angeschnitten habe, wo ich den Schauplatz und die Eigentümlichkeiten der ersten klinischen Studien geschildert habe: Puerto Rico, Mexiko und Los Angeles. Ist dies tatsächlich ein weiteres Beispiel für die Ausbeutung der Armen, die als menschliche Versuchskaninchen dienen mußten und folglich am meisten unter den unvorhergesehenen Nebenwirkungen zu leiden hatten? Die Antwort ist im wesentlichen Nein.

Der Zweck dieser frühen und relativ kurzen klinischen Untersuchungen Mitte und Ende der fünfziger Jahre war es, die geeignete Dosierung zu ermitteln, die Wirksamkeit nachzuweisen und akute Nebenwirkungen beim Menschen aufzudecken, die in der Tiertoxikologie, wie sie *damals* bei jeder neuen Arzneimittelforschung üblich war, fast oder gar nicht zu entdecken waren. Fragen der langfristigen Unbedenklichkeit – ob bei Frauen etwa Morbidität oder Mortalität verursachende Wirkungen auftraten oder sich Jahre später Tumore entwickelten – ließen sich nur anhand epidemiologischer Untersuchungen umfangreicher Gruppen studieren, die erst zur Verfügung stehen, wenn ein Medikament auf dem Markt ist. Im Falle oraler Kontrazeptiva lagen sowohl das wirtschaftliche Niveau als auch der Bildungsstand der ersten zwei bis drei Millionen amerikanischen Pillenbenutzerinnen weit über dem Durchschnitt. In anderen Worten: Die Frauen, die bei der Bewertung eventueller langfristiger Nebenerscheinungen als menschliche Versuchskaninchen dienten, waren überwiegend wohlhabende weiße Angelsächsinnen und keine verarmten Minderheiten.

II.

Aus naheliegenden und wohlverdienten Gründen, die ursprünglich nichts mit der Pille zu tun hatten, haben die Frauen in den sechziger Jahren ihre Stimme erhoben und wurden auch viel mehr gehört. Die frühen einflußreichen Bücher der modernen feministischen Bewegung unterstrichen das dringende Bedürfnis nach verbesserter *weiblicher* Kontrazeption. Simone de Beauvoirs *Das andere Geschlecht* und Betty Friedans *Der Weiblichkeitswahn* konstatierten ausdrücklich beziehungsweise indirekt, daß eine befreite Frau selbst über ihre Fertilität bestimmen können muß. Die meisten Frauen werden wohl beipflichten, daß die Pille dazu mehr beitrug als jeder andere Einzelfaktor. Aber eine gebildete und hochmotivierte Minderheit von Frauen – in erster Linie Nordamerikanerinnen und, nach internationalen Maßstäben, äußerst wohlhabend – brachte nicht nur ihren Zorn und Abscheu wegen der Vorherrschaft des Mannes zum Ausdruck, sondern machte auch ihrer Enttäuschung über die Pille Luft – und behauptete dabei häufig, für die Frauen der ganzen Welt zu sprechen (wie Germaine Greer in ihrem Buch *Die heimliche Kastration*). Wie üblich waren die Reichen gegen die wahren Probleme der Armen blind: Das empfängnisverhütende Pendant zu »Dann sollen sie doch Kuchen essen« wurde »Dann sollen sie doch ein Pessar benutzen«, ohne auch nur einen Gedanken daran zu verschwenden, daß Millionen armer Frauen in der dritten Welt nicht einmal einen Platz haben, um ein Pessar aufzubewahren und sich noch dazu kulturellen Barrieren gegenübersehen, die weltkluge Amerikanerinnen oder Europäerinnen überhaupt nicht kennen.

Es ärgerte diese eloquenten Frauen, daß faktisch die gesamte chemische, biologische und klinische Arbeit an der Pille von Männern durchgeführt worden war. Und statt in diesem Sachverhalt ein weiteres Beispiel für den Ausschluß der Frau von vielen Bereichen der Wissenschaft und der Medizin zu sehen, sahen sie darin eine sexuelle Verschwörung, die auf einen intimen Aspekt ihrer eigenen Sexualität abzielte. Als die ersten großangelegten epidemiologischen Studien nach der Marktzulassung einige der weniger offensichtlichen gesundheitsschädigenden Nebenwirkungen der Pille belegten, fragten Frauen, die zuvor dagegen protestiert hatten, als menschliche Versuchskaninchen benutzt zu werden: »Warum wurde die Pille nicht gründlicher getestet?« Die Tatsache, daß ein weibliches Kontrazeptivum letzten Endes an Frauen und nicht nur an Tieren getestet werden muß und daß die meisten Experimentatoren damals Männer waren, steigerte nur noch das Gefühl der Frauen, hilflos und ausgebeutet zu sein.

Eine Unterströmung derartiger Gefühle besteht fort. Selbst die Verfasserinnen der jüngsten Ausgabe (1984) des von der Bostoner Women's Health Book Collective herausgegebenen Buches *Our Bodies, Ourselves* konstatierten: »Die Food and Drug Administration ließ die Pille 1960 ohne ausreichende Erprobung oder Prüfung für den Verkauf zu ... Die Pille wurde zu einem gigantischen Experiment: Zwei Jahre später wurde sie von etwa 1,2 Millionen Amerikanerinnen genommen.« In ihrem Ärger vergessen die Autorinnen, daß solche großangelegten »Experimente« nach der Marktzulassung eher die Regel als die Ausnahme sind bei Impfstoffen und Arzneimitteln, denen ein Mensch über längere Zeit hinweg ausgesetzt ist.

Bis zur Einführung der Pille Anfang der sechziger Jahre war die Abtreibung (die damals in allen Staaten außer einer Handvoll verboten war) die einzige Methode der Geburtenkontrolle, die vom Koitus getrennt war. Meiner Meinung nach war es diese Trennung sowie die Unabhängigkeit, die die Pille der Frau bot, und weniger ihre Wirksamkeit, die dafür sorgte, daß sie so schnell angenommen wurde. Ende der sechziger Jahre hatte die Entscheidung von fast zehn Millionen Amerikanerinnen, und vermutlich doppelt so vielen Frauen in anderen Ländern, die Pille zur beliebtesten Methode der Geburtenkontrolle gemacht.

Dennoch wurden einige Frauen noch argwöhnischer, als die nachfolgende Lawine klinischer Studien die Pille zu dem am intensivsten geprüften Arzneimittel der modernen Medizin machte, aber dennoch keine eindeutigen Antworten lieferte. Ich frage mich, ob die Frauen nach der Lektüre des Berichts über einen klinischen Versuch in der Schweiz im Jahre 1969 beruhigter waren, bei dem verschiedene orale Kontrazeptiva auf mutmaßliche psychosomatische Auswirkungen untersucht wurden, indem man den Testpersonen alle sechs Monate eine andere Anti-Baby-Pille gab. Dazu die Schweizer Forscher: »Die Bedeutung des psychischen Einflusses [auf die Empfindung von Nebenwirkungen] wird durch die Tatsache bewiesen, daß das Auftreten von Übelkeit in jedem sechsten Zyklus zunimmt, wenn die Frau auf ein anderes Präparat gesetzt wird und dann offensichtlich das Vertrauen zu der Pille und/oder zu ihrem Arzt verliert. Die Veränderungen der Libido weisen ein ähnliches Muster auf: Bei jedem Wechsel des Präparats tritt bei mehr Frauen eine Zunahme der Libido auf, bei weniger Frauen eine Abnahme.«

Die Frauen waren weder beeindruckt noch belustigt, von so esoterischen Dingen wie der Abnahme der Ohrenschmalz-Bildung bei Pillenbenutzerinnen zu hören; sie wollten ein klares Ja oder Nein, ob die Pille Krebs verursacht. Sie hätten Dr. Alexander M. Schmidt, Mitte der siebziger Jahre Direktor der FDA, niedergebrüllt, wenn sie seine Meinung gekannt hätten, daß es sich dabei hauptsächlich um eine politische Frage handelte: »Was die Wissenschaft tun kann, ist, uns sagen, daß eine Substanz unter einer ganz bestimmten Reihe sorgfältig kontrollierter Bedingungen vermutlich Krebs verursacht, daß bei bestimmten Dosierungen, die einer Anzahl von Mäusen ihr ganzes Leben hindurch verabreicht werden, ein paar Mäuse, vielleicht eine Zahl, die beträchtlich höher liegt als die der Kontrollgruppe, Leberkrebs entwickelte. Bis dahin kann uns die Wissenschaft führen, aber nicht weiter. Ob und wie man diese Mäusestudien auf menschliche Bedingungen übertragen kann und dann in einem weiteren Schritt entscheidet, ob man es zulassen kann, Menschen dieser Substanz auszusetzen, das sprengt meiner Meinung nach den Rahmen der Wissenschaft und gehört in den Bereich der Politik.« Die Empörung einiger Frauen kannte keine Grenzen, als gewisse Teile der Presse, die die Vorzüge der Pille zunächst mit außerordentlicher Naivität gepriesen hatten, jede Nebenwirkung mit Schlagzeilen wie »Todesursache: die Pille!« ausschlachtete. In einer Zeit, als Kongreßausschüsse die FDA aller möglichen tatsächlichen und vermeintlichen Versäumnisse beschuldigten, betrachteten sich die Frauen als die Opfer einer finsteren Verschwörung habgieriger Arzneimittelhersteller und unfähiger Bürokraten, deren technologischer Output von den Mitgliedern des damals patriarchalischsten medizinischen Spezialgebiets, nämlich der Gynäkologie, verhökert wurde. Gelegentlich äußerten sich derartige Gefühle in wüsten Beschimpfungen, so 1970 in der Dezembernummer von *Science for the People:*

> Wie wird Geburtenkontrolle in unserer Gesellschaft praktiziert?
> ... Wir gehen zum Arzt, wo wir die Augen niederschlagen, weil wir uns wegen unserer Abhängigkeit schämen, und mit einer Mischung aus Angst und Zorn den furchtbaren Satz stottern: »Was muß ich tun, damit ich nicht schwanger werde?« Und diese Frage stellen wir einem Arzt, wohlgemerkt, einem Mann, hinter dem der ganze Power-Penis-Potenz-Komplex (PPP) steht. Was glaubst du, was er uns antwortet? Richtig! »Schlucken Sie einfach unser neuestes Sonderangebot, die Pille des PPP.« Eine tolle neue Wunderdroge! Sie startet einen Frontalangriff auf die Hypophyse und »schützt uns vor einer Schwangerschaft« im Austausch gegen eine zwei Seiten lange Liste von Nebenwirkungen ... die unser Apotheker, ein Mann, oder unser Arzt, ein Mann, in den Papierkorb geworfen hat und die wir nie zu sehen bekommen werden. Was wir dagegen zu sehen bekommen, sind niedliche Broschüren der Pharmaindustrie, verziert mit Rosen, Tulpen und Pfirsichblüten und angefüllt mit beruhigendem Geschwafel.

Aufschreie dieser Art und die schlechte Presse der Pharmaindustrie kamen Ende der sechziger Jahre zusammen und gipfelten, zwischen Januar und März 1970, in Anhörungen vor dem Senate Subcommittee on Monopoly of the Select Committee on Small Business, glücklicherweise bekannt unter der Abkürzung »Nelson-Hearings« nach dem Vorsitzenden des Unterausschusses, Senator Gaylord Nelson – damals bei der amerikanischen Pharmaindustrie als Torquemada verschrieen, von der Öffentlichkeit als Robin Hood gepriesen. Ich bin fest davon überzeugt, daß diese Anhörungen niemals stattgefunden hätten ohne die Ängste – von denen viele berechtigt waren, besonders aus der Sicht des Jahres 1991 –, die von den Frauen der sechziger Jahre zur Sprache gebracht wurden, die die gleiche Katalysatorrolle spielten wie Contergan im Zusammenhang mit den Kefauver-Amendments von 1962. Trotz der Zirkusatmosphäre und der Jupiterlampen hellten die Nelson-Hearings zweifellos viele wenig verstandene Aspekte der Benutzung und der Verbreitung der Pille auf, einschließlich vieler mit der Empfängnisverhütung verbundener Themen. Kaum jemand sah damals jedoch voraus, daß diese Senatsinquisition – an die man sich heute kaum mehr erinnert – zum Schlüsselereignis werden würde und die Kontrazeptiva-Forschung auf Dauer in die zweite Liga verbannen sollte.

III.

Die Nelson-Hearings bewirkten auch etwas Gutes, insbesondere indem sie Druck auf die FDA ausübten, zu verlangen, daß jeder Packung Anti-Baby-Pillen schriftliche Gebrauchsinformationen beigegeben werden, die die potentiellen Nebenwirkungen hervorheben. Leider wurde diese Forderung von den amerikanischen Ärzten und Apothekern bekämpft, die in derartigen Packungsbeilagen einen Eingriff in ihren beruflichen Aufgabenbereich sehen und denen es bislang gelungen ist, sie von faktisch allen Arzneimittelpackungen außer der Anti-Baby-Pille fernzuhalten. Die Apotheker verschlimmern das Problem, weil sie an einer archaischen und vorwiegend amerikanischen Gepflogenheit festhalten: Sie öffnen die verschlossene Flasche oder Schachtel des Herstellers, die, was *empfohlenen Preis*, Zusammensetzung und warnende Hinweise betrifft, korrekt beschriftet ist, und füllen den Inhalt in einen anonymen braunen Behälter, der im allgemeinen nur den Namen des Patienten, des Arztes und des Apothekers aufweist, gefolgt von der unverständlichen Handelsbezeichnung des Medikaments und einer schlichten Anweisung wie »3x täglich einnehmen«. Derart getarnt wird der Preis der veordneten Medizin zur Entscheidung des amerikanischen Apothekers.

Die Folge war, daß, als die Anwälte der Pharmaindustrie erst einmal an dem Text der Packungsbeilage zu arbeiten begannen, daraus ein eng bedrucktes dreiseitiges Dokument wurde, das praktisch einen akademischen Grad in englischer Juristensprache und in Biologie voraussetzte, wenn man es voll und ganz verstehen wollte. Ich war schon immer für Packungsbeilagen bei *allen* Arzneimitteln gewesen, von im freien Verkauf erhältlichen Dingen wie Aspirin bis hin zu verschreibungspflichtigen Medikamenten. Nichtsdestoweniger bezweifelte ich ernsthaft, ob die legalistische Art und Weise, wie die negativen Nebenwirkungen der Pille, und wenn sie noch so selten waren, beschrieben wurden, um den Hersteller vor einer etwaigen Haftbarmachung zu schützen, die hilfreichste Methode war, wichtige Informationen zu vermitteln. Derartige Overkill-Beipackzettel können Nichtfachleute einschüchtern und sogar überfordern. Einer Pille, die als Nebenwirkungen Asthma, Allergien, Nesselfieber, Ödeme, Übelkeit, Erbrechen, Hör- und Sehstörungen, Anämie, geistige Verwirrung, Schweißausbrüche, Durstgefühl, Diarrhöe und Magenbluten auflistet, würde man doch wohl mit Vorsicht oder gar Mißtrauen begegnen. Und doch sind dies die genannten Nebenwirkungen einer Aspirintablette und nicht etwa einer Anti-Baby-Pille. (Was letztere betrifft, wurden erst 1991 Anstrengungen unternommen, um den obligatorischen Beipackzettel oraler Kontrazeptiva zu verbessern. Das Fertility and Maternal Health Drugs Advisory Committee der FDA empfahl einstimmig, die Hinweise so abzufassen, daß sie dem Stand eines Fünftkläßlers entsprachen, nämlich in großem Druck und leicht verständlichen Sätzen, und hervorhoben, wie die Anweisungen zu befolgen sind und was zu tun ist, wenn einmal vergessen wurde, eine Pille einzunehmen. Experten wie Hersteller in den USA sind sich heute darin einig, daß die Formulierung der Packungsbeilagen für Patienten vereinfacht werden muß, haben aber bislang noch keine Übereinstimmung bezüglich der Standardisierung der Hinweise für Hersteller erzielt.)

Bei den Nelson-Hearings kam Hysterie auf, als ein Zeuge nach dem anderen beigebracht wurde, um die potentiellen Gefahren der Pille zu schildern. Die meisten der lautstarken Pillengegner sollten während des ersten Teils der Anhörungen aussagen, der in der Presse ein Höchstmaß an Publicity erhielt. Obwohl Nelson erklärte, daß der Zeugenstand auch Vertretern von Pharmaunternehmen offenstand, sagte nicht einer aus – meiner Meinung nach ein bedeutender taktischer Fehler, der jedoch die paranoide Vorstellung der Pharmaindustrie von den Hearings sowie von dem Senator als Gegner widerspiegelte.

Eine Quelle der Hysterie war die Aussage eines gewissen Herbert Ratner, eines Beamten des öffentlichen Gesundheitsdienstes, am 22. Januar 1970 als Antwort auf Fragen des republikanischen Senators Robert Dole aus Kansas:

> *Dr. Ratner:* Übrigens hat das Herumliegenlassen der Pille, damit man sie nicht zu nehmen vergißt, zu zahlreichen Tablettenvergiftungen bei Kindern geführt.
> *Senator Dole:* Haben wir Unterlagen darüber, wie viele Fälle Ihnen bekannt sind?
> *Dr. Ratner:* Was Tablettenvergiftungen bei Kindern betrifft, stand es vor zwei Jahren in Missouri an zweiter Stelle und kommt in den Vereinigten Staaten sehr häufig vor.
> *Senator Dole:* Ich will Sie ja nicht aufhalten, aber hat es aufgrund der Pille zahlreiche Fälle von Vergiftungen bei Kindern gegeben? Es wäre sehr hilfreich, wenn Sie uns Beweise dafür vorlegen könnten.

Etwas später lieferte Dr. Ratner den folgenden dokumentarischen Nachweis: »Empfängnisverhütende Pillen sind zu einer bedeutenden . . . Ursache von Tablettenvergiftungen bei Kindern geworden, wie der öffentliche Gesundheitsdienst meldet. Zwischen 1962 und 1965 wurden 962 Fälle derartiger Vergiftungen durch die Pille bei Kindern registriert, so Mr. Henry L. Verhulst, der Leiter der Abteilung Giftbekämpfung des öffentlichen Gesundheitsdienstes. *Modern Medicine*, 9. Mai 1966, Seite 28.«

Ratners Aussage machte in der Presse Furore. Jack Andersons landesweit veröffentlichte Kolumne *Merry-Go-Round* trug die Schlagzeile: »Neue beängstigende Gefahren der ›Pille‹« und fuhr in folgendem Tenor fort:

> Für die acht Millionen Amerikanerinnen, die die Anti-Baby-Pille nehmen und die bereits mit dem erhöhten Risiko einer Herzattacke und von Blutgerinnseln rechnen müssen, hat diese Ko-

lumne eine neue und beängstigende Gefahr aufgedeckt ... In den meisten Fällen nahmen die Kinder die Pillen ihrer Mütter, weil sie sie für Bonbons hielten... Es ist nur allzu bezeichnend, daß die meisten Arzneimittelhersteller mehr an den Profit denken als an den Schutz der Kinder.

Diese Vergiftungen waren mir völlig neu, und ich beschloß, Ratners Behauptungen nachzugehen – was jeder verantwortungsbewußte Reporter in ein paar Minuten hätte tun können, denn länger brauchte ich nicht, um die wahren Fakten zu entdecken. In dem ursprünglichen Verweis in *Modern Medicine* hatte Ratner, als er die Pille beschuldigte, eine »bedeutende ... Ursache von Tablettenvergiftungen bei Kindern« zu sein, unbekümmert die folgenden entscheidenden Worte »wenn auch relativ harmlose« ausgelassen. Aber das war noch nicht alles. *Modern Medicine* hatte nur einen Kommentar über den ursprünglichen Artikel von H. L. Verhulst und J. J. Crotty in einer Nummer des *Journal of Clinical Pharmacology* aus dem Jahr 1967 veröffentlicht. Über die versehentliche Einnahme von oralen Kontrazeptiva durch Kinder schrieben diese Autoren: »Eine kürzlich durchgeführte Analyse von Meldungen im Zusammenhang mit oralen Kontrazeptiva hat gezeigt, daß dort, wo die Symptome auf dem Formular angegeben waren, 99 Prozent der Fälle keine übereinstimmenden Anzeichen und keinerlei Symptome hatten.«

Eine weitere Quelle der Panikmache hatte mit Krebs zu tun, was, wie zu erwarten war, bei den Anhörungen umfassend zur Sprache kam. Eine potentielle Tumorbildung ist und bleibt für die Menschen die wichtigste Frage, und das sollte sie auch sein, wenn es um ein Arzneimittel geht, das über lange Zeitabschnitte eingenommen wird. (Nur Medikamente, die zur Behandlung akuter Leiden dienen und nur kurze Zeit verabreicht werden, können während der klinischen Testphase vor der Marktzulassung auf die meisten Nebenwirkungen hin überprüft werden.) Selbst heute, drei Jahrzehnte nach der Einführung der Pille in die Allgemeinpraxis, streiten epidemiologische Berichte darüber, ob ihre langfristige Einnahme die Gefahr von Brustkrebs erhöht. Es wird viele Frauen entmutigen, wenn sie hören, daß mit einer endgültigen Antwort nicht vor Ende dieses Jahrhunderts zu rechnen ist, weil die Dosierungen sowohl der gestagenen wie der östrogenen Komponente der Pille seit Mitte der siebziger Jahre fortwährend reduziert wurden, wohingegen die Induktionszeiten für Tumore in Jahren und Jahrzehnten gemessen werden. Die Langzeitstudien sagen nur etwas über die potentiellen Wirkungen der *Pille von gestern* aus. Der gleiche Vorbehalt gilt für einige der positiven *nichtkontrazeptiven* Wirkungen der Pille, wie der Schutz vor gutartigen Brusttumoren und vor einem Ovarial- und Endometrium-Karzinom, die erstmals Mitte der siebziger Jahre festgestellt wurden. Ob dieser Schutz auch bei Frauen weiterbesteht, die die schwächer dosierte Anti-Baby-Pille nehmen, wird man erst in ein bis zwei Jahrzehnten wissen.

Etwa zur Zeit der Nelson-Hearings hatten sorgfältige epidemiologische Studien an vielen Tausenden von Pillenbenutzerinnen nachgewiesen, daß eine verschwindend kleine Gruppe junger Frauen – 3 von 100 000 – an Leberkrebs erkrankt. Das ist eine äußerst seltene und meist tödlich verlaufende Krankheit – für die drei Betroffenen und ihre Familien eine furchtbare Tragödie. Die Schlagzeile »Todesursache: die Pille!« war zwar sachlich korrekt, aber war sie auch vom Standpunkt der Gesellschaft aus gerechtfertigt? Penicillin tötet mehr als 3 Personen von 100 000, aber deshalb würde doch kein Mensch raten, es vom Markt zu nehmen, wie mehrere Zeugen bei den Nelson-Hearings in bezug auf die Pille empfahlen.

Hätte man 1980 – als die Nelson-Hearings längst vergessen waren – eine Gruppe von Amerikanerinnen nach der negativsten Entwicklung auf dem Gebiet empfängnisverhütender Mittel für die Frau gefragt, dann hätte wohl die überwiegende Mehrheit, einschließlich entschiedener Pillengegnerinnen, das »Dalkon-Shield« genannt. Dieses mangelhafte Intrauterinpessar fügte Tausenden von Frauen Schaden zu und hatte in den Vereinigten Staaten Klagen in Milliardenhöhe zur Folge, die den Hersteller in den Bankrott trieben. Der Erfinder des Dalkon-Pessars, Dr. Hugh J. Davis, damals an der John-Hopkins-Universität, war einer von Nelsons frühen Starzeugen gewesen und in der Presse viel zitiert worden. Gleich zu Beginn hatte er bei der Beantwortung einer Frage des republikanischen Senators Thomas J. McIntyre aus New Hampshire klipp und klar gesagt, wo er in bezug auf hormonelle Empfängnisverhütungsmittel stand:

> *Dr. Davis:* Ich glaube, man kann mit Fug und Recht behaupten, daß noch nie in der Geschichte so viele Personen so starke Arzneimittel genommen haben, bei denen so wenig Informationen über die tatsächlichen und potentiellen Risiken zur Verfügung standen. Die synthetischen Wirkstoffe der Pille sind völlig unnatürlich, sowohl bezüglich ihrer Herstellung als auch bezüglich ihres Verhaltens, wenn sie sich erst einmal im menschlichen Körper befinden. Durch die Verwendung dieser Stoffe lassen wir uns in Wahrheit auf ein umfangreiches endokrinologisches Experiment mit Millionen gesunder Frauen ein.
>
> *Senator McIntyre:* Abschließend folgende Frage, Doktor: Läßt die Tatsache, daß viele der Gefahren der Pille, die Sie heute morgen hier geschildert haben, erst jetzt ans Licht kommen, also rund zehn Jahre nachdem sie für den Markt zugelassen wurde, Ihrer Meinung nach darauf schließen, daß sie vor der Zulassung nicht richtig getestet wurde?
>
> *Dr. Davis:* Nun, ich bin kein Salomo, aber ich glaube, daß wir vieles von dem, was 1959 und 1960 getan wurde, nicht mehr tun würden. Die Erfahrung mit ein paar hundert Frauen in Puerto Rico vor der Zulassung der Pille war mit Sicherheit sehr begrenzt.

Davis konstatierte natürlich mit Recht, daß man Aktionen, die vor zehn Jahren durchgeführt wurden, im nachhinein fast immer besser machen kann. Doch dann empfahl der gute Doktor in der Weisheit, die ihm die nachträgliche Einsicht beschert hatte: »Nach unserer Erfahrung bieten einige moderne Intrauterinpessare einen 99prozentigen Schutz vor einer Schwangerschaft und können von 94 Prozent der Frauen erfolgreich benutzt werden, um nur eine Alternative zu nennen.« Dabei bezog er sich, ohne es direkt auszusprechen, auf seine eigene Erfindung – das Dalkon-Shield. Ferner wies er nicht von sich aus darauf hin, daß Intrauterinpessare selten Frauen empfohlen werden, die noch nicht geboren haben. Senator McIntyre und der Rechtsberater der republikanischen Minderheit, James J. Duffy III., mußten ihm diese Information durch weitere Fragen entlocken:

> *Senator McIntyre:* Doktor, eines der Argumente, die häufig gegen das Intrauterinpessar vorgebracht werden, ist, daß es sich nicht für Frauen eignet, die noch nie ein Kind gehabt haben. Wie würden Sie das mit Ihrer Erklärung in Einklang bringen, daß Pessare von 94 Prozent der Frauen erfolgreich benutzt werden können?
>
> *Dr. Davis:* . . .In Baltimore haben wir mittlerweile eine Gruppe, die etwas über 300 Frauen umfaßt, die noch nie geboren haben und die recht erfolgreich mit Intrauterinpessaren ausgestattet worden sind.

In anderen Worten: Nachdem Davis die ersten klinischen Untersuchungen der Pille verurteilt hatte, weil sie nur auf »ein paar hundert Frauen in Puerto Rico« basierten, war er *zehn Jahre später* ohne weiteres bereit zu empfehlen, die Pille durch das Dalkon-Pessar zu ersetzen, und das aufgrund der Erfahrung mit »etwas über 300 Frauen« in Baltimore! Aus irgendeinem Grund nahmen Senator Nelson und die Presse keine Notiz von diesem monumentalen Fauxpas. Davis gab seine Befangenheit und seinen finanziellen Interessenkonflikt erst nach den folgenden zwei Fragen zu:

> *Senator McIntyre:* Trifft es zu, daß Sie selbst ein Intrauterinpessar [das Dalkon-Shield] entwickelt haben, das sehr gut ist?
>
> *Mr. Duffy:* Doktor, da wir gerade von Intrauterinpessaren sprechen. Bei der Vorbereitung auf diese Anhörungen wurden wir auf einen Bericht aufmerksam, der darauf hindeutet, daß Sie vor kurzem ein solches Pessar patentieren ließen. Entspricht dieser Bericht den Tatsachen?

Zwei Monate davor, bei der Eröffnung der Anhörungen, hatte Senator Nelson ausgesprochen ermutigend geklungen:

> Ich hoffe, daß diese Anhörung als ein wichtiger Ansporn für Forscher, Ärzte, Biologen, Chemiker, Pharmaunternehmen und staatliche Stellen betrachtet werden wird, Antworten auf die vielen Fragen zu finden, die orale und andere Kontrazeptiva aufgeworfen haben. Es ist dringend erforderlich, daß so schnell wie möglich Lösungen gefunden werden, die mit der Gesund-

heit, dem Wohlergehen und der Würde des Menschen hier und überall auf der Welt vereinbar sind.

Doch am Ende führte die Kombination aus lautstarken Pillengegnerinnen und dem politisch liberalen Demokraten, der Mitgefühl und Sorge um das öffentliche Wohl, einschließlich vermehrter und verbesserter Familienplanung in Amerika und im Ausland, gezeigt hatte, unabsichtlich den bestürzenden Niedergang der Kontrazeptivaforschung herbei, der um 1970 einsetzte. Diese Kritiker gaben sich nicht nur der erbitterten Verurteilung der Pharmaindustrie hin, die die Pille erfunden und propagiert hatte, sondern auch unaufhörlichen Vorwürfen gegenüber der Behörde, die finanziell von allen am schlechtesten ausgestattet war, nämlich der FDA, und versetzten sie dadurch in Panik. Daß die FDA darauf, wie vorherzusehen war, mit übertriebener Vorsicht reagierte, hatte langanhaltende Konsequenzen, zu deren bedeutsamsten die Beagle-Geschichte gehört, eine weitere Affäre, die die meisten inzwischen vergessen haben, aber nicht ich. Vielleicht ist das der Grund, warum ich seit Anfang der siebziger Jahre keinen Hund mehr gehabt habe.

IV.

Das ungelöste Problem bei der Entwicklung neuer Medikamente, vor dem sowohl Hersteller als auch ausführende Behörden stehen, ist die Forderung der Öffentlichkeit, daß alle denkbaren Nebenwirkungen im voraus erkannt und dokumentiert werden müssen, und zwar mit einem Minimum an klinischem Experimentieren. Der Begriff *menschliches Versuchskaninchen* stört jeden: Experimentator, Versuchsobjekt und Öffentlichkeit. Am deutlichsten wird dieses Dilemma auf dem Gebiet der Krebsforschung, und das ist auch der Grund, weshalb Toxizitätsexperimente zunächst an Tieren durchgeführt werden. Eine noch immer unbeantwortete Frage ist jedoch, in welchem Maße sich Daten von Tieren auf Menschen extrapolieren lassen. Obgleich jedes Mittel, das beim Menschen Krebs erregt, dies auch bei *einigen* Tierarten tut, ist das Gegenteil noch nicht nachgewiesen worden. Da das Untersuchen auf eine mögliche Karzinogenität hin ein brennendes Problem ist, wurden große Anstrengungen unternommen, um schnelle, abgekürzte Screeningmethoden zu entwickeln (z. B. durch Untersuchungen auf mutagene Wirkungen bei Bakterien), die häufig eine potentielle Karzinogenität eines bestimmten Mittels aufdecken, bevor die Tierversuche beginnen. Leider sprechen Steroide jedoch auf diese einfachen und schnellen Bakterientests nicht an.

Damit komme ich zum größten Einzelhindernis in der Empfängnisverhütungsforschung überhaupt: dem Fehlen eines zufriedenstellenden Versuchstiers, abgesehen vom Menschen, zur Beurteilung der kontrazeptiven Wirksamkeit und Sicherheit. Wegen der stark abweichenden Wirkungen steroidaler Sexualhormone bei unterschiedlichen Spezies und der extrem artspezifischen Natur der Fortpflanzung selbst, ist es außerordentlich schwierig, Werte auf Menschen zu extrapolieren, die bei der Verabreichung steroidaler Medikamente an Versuchstieren gewonnen wurden. Trotz dieser Unsicherheit setzte die FDA kurz vor Beginn der Nelson-Hearings eine beispiellose mehrstufige Anforderung für Tierversuche mit kontrazeptiven Mitteln für Frauen durch (Anforderungen, die für andere Medikamente nie zuvor in Betracht gezogen worden waren): zweijährige Toxizitätsstudien mit hohen Dosen an Ratten, Hunden und Affen, bevor größere klinische Versuche mit Menschen durchgeführt werden dürfen, gefolgt von *siebenjährigen* Toxizitätsstudien mit dem *2-, 10- und 25fachen der menschlichen Dosis* (auf der Basis von einem Milligramm Steroid je Kilogramm Körpergewicht) an Beagles und *zehnjährige* Studien mit dem *2-, 10- und 50fachen der menschlichen Dosis* bei Affen. (Die letztgenannte Anforderung führte dazu, daß ich mich für die Zwergschimpansen Afrikas sowie für ihre Endokrinologie und Fortpflanzung zu interessieren begann, wie ich in Kapitel 16 erläutern werde.)

Die Beweggründe für die beispiellose Länge dieser Toxizitätsstudien, die die Entwicklungsdauer jeder neuen empfängnisverhütenden Pille (ob für Frauen oder Männer) ungeheuer verlängerte, war aus menschlicher und politischer Sicht verständlich. Schließlich werden diese Arzneimittel über lange Zeitabschnitte hinweg von Millionen gesunder Frauen genommen und sollten daher mit minimalen Risiken verbunden sein. Die Verfügung dieser strengen Voraussetzungen war die verständliche Antwort der FDA auf den Druck, den Frauen, Politiker und sogar die breite Öffentlichkeit ausübten. Die Beweggründe der FDA waren zwar verständlich, aber das *wissenschaftliche Grundprinzip* hinter der Wahl der speziellen Versuchstiere war äußerst fragwürdig.

Die FDA entschied sich für Affen wegen ihrer angeblichen engen evolutionären Beziehung zum Menschen. Obwohl kein Zweifel besteht, daß die höheren Primaten die engsten verfügbaren tierischen Verwandten sind, kann der Allgemeinbegriff *Affen* bezüglich der Charakteristika einer speziellen Affenart faktisch bedeutungslos sein. Es sollte einleuchten, daß derartige Studien nur dann nützliche Informationen liefern, wenn sie auf einem Tiermodell basieren, das bei der metabolischen Umwandlung des fraglichen Arzneimittels dem Menschen am stärksten ähnelt. 1970 faßte ich in *Science* eine Studie zusammen, in der das Ausscheidungsmuster und die Plasma-Halbwertzeit (die Zeitspanne, in der 50 Prozent des verabreichten Arzneimittels noch im Blutkreislauf vorhanden sind) eines neuen Arzneimittels beim Menschen und bei sieben Tierarten verglichen wurden; dabei stellte sich heraus, daß die Unterschiede zwischen Rhesus- und Kapuzineraffen bei weitem größer sind als die Unterschiede zwischen allen anderen Tierarten dieser Studie, einschließlich eines Vergleichs zwischen Mensch und Ratte! Falls Gertrude Stein gesagt hätte: »Ein Affe ist ein Affe ist ein Affe«, dann hätte sie vom Standpunkt des Stoffwechsels aus absolut unrecht gehabt.

Die Wahl der Hunde (Beagles) basierte auf deren jahrzehntelanger Verwendung als Versuchsobjekte pharmakologischer und toxikologischer Untersuchungen; folglich war eine Menge über ihre Reaktion auf verschiedene Arzneimittel bekannt. Allerdings war auch bekannt, daß die Hündin auf weibliche Sexualhormone ungeheuer empfindlich reagiert und daß ihre *halbjährliche* Läufigkeit wenig Ähnlichkeit mit der *monatlichen* Menstruation einer Frau aufweist. Derartige

Unterschiede lassen kaum eine sinnvolle Extrapolation von Hunden auf Frauen zu.

Und obwohl eigentlich niemand die Notwendigkeit strenger toxikologischer Tierversuche bestritt, wurde die unnachgiebige Haltung der FDA bezüglich der Verwendung von Beagles zu einer reinen Katastrophe. Obwohl alle wichtigen europäischen Behörden die »Beagle-Bedingung« bald fallenließen und die Weltgesundheitsorganisation ein eigenes wissenschaftliches Beratergremium zu diesem Thema eingesetzt hatte (das zu dem Schluß kam, daß »es keine Beweise gibt, die die jüngste Betonung der angeblichen Vorteile der Beobachtung ... von Hunden rechtfertigen«), strich die FDA diese Bedingung erst 1988. Zu diesem Zeitpunkt waren bereits mehrere hormonelle Empfängnisverhütungsmittel vom Markt genommen oder, in einem fortgeschrittenen klinischen Stadium, nicht mehr berücksichtigt und fallengelassen worden, und dies allein aufgrund zweideutiger Resultate bei Beagles. Ich glaube, daß sich infolge der Unnachgiebigkeit der FDA mindestens vier große amerikanische Pharmaunternehmen ganz aus der Empfängnisverhütung zurückzogen. Aber handelte die Behörde denn aus ihrer Sicht tatsächlich so unvernünftig? Die Kritik, der die FDA in den sechziger Jahren ausgesetzt gewesen war, hatte den Beamten eine entscheidende Lehre erteilt: Das Vorantreiben der Zulassung eines neuen Arzneimittels bringt einem niemals Ehre ein, wohingegen man für das Versäumnis, jede erdenkliche Nebenwirkung vorherzusehen, gekreuzigt werden kann. Kein Wunder, daß die übermäßige Vorsicht siegte und die Kontrazeptionsforschung verlor.

Die Ängste der Frauen, die Politisierung des Themas durch die Politiker, die Reaktion der FDA, zehnjährige toxikologische Tests an Primaten – all das waren Probleme, die ich verstehen und, von einer Ausnahme abgesehen, sogar nachempfinden konnte – zumindest abstrakt. Doch ihre Kombination im Rahmen des täglichen Lebens erschien mir doch äußerst kontraproduktiv: Letzten Endes bestraften sie nur genau den Personenkreis, der von einer kontinuierlichen oder gar beschleunigten Forschung auf dem Gebiet der Empfängnisverhütung zu profitieren hatte. Meine Ungeduld (»Wieso kapieren die nicht, was ich kapiere?«) war die verständliche Reaktion eines Wissenschaftlers, der seine Arbeit fortsetzen wollte – in diesem Fall die Entwicklung neuer und besserer empfängnisverhütender Mittel. Meine Frustration veranlaßte mich, 1973 einen Leitartikel für *Science* unter der Überschrift »Research Impact Statements« (Aussagen über den Einfluß auf die Forschung) zu schreiben. Der Impact – sowohl der direkte als auch der indirekte Einfluß – regelnd eingreifender Behörden, insbesondere der Food and Drug Administration (FDA) und der Environmental Protection Agency (EPA), auf die Forschung ist heute so enorm, daß diese Behörden eigentlich eine gewisse Mitverantwortung für die *prospektive* Forschungsplanung übernehmen müßten – vor allem, wenn deren Auswirkungen landesweit zu verspüren sind. In Anbetracht der allgemeinen Akzeptanz und Nützlichkeit von »Aussagen über den Einfluß auf die Umwelt« in anderen Bereichen des öffentlichen Interesses wäre es doch wohl sinnvoll zu verlangen, daß von Behörden auch forschungspolitische Impact-Statements vorbereitet werden. Eine Aussage dieser Art müßte eine Kosten-Nutzen-Bewertung enthalten: Eine neue staatliche Anforderung könnte beispielsweise einen relativ kleinen Gewinn an Sicherheitsinformation zu Lasten einer gesellschaftlich wichtigen Forschungsrichtung bedeuten. Wenn dem so wäre, welche Alternativen würden diese Sicherheitsinformationen dann liefern, ohne daß dafür der Preis beträchtlicher Verzögerungen oder totaler Aufgabe eines bestimmten Forschungsbereichs zu bezahlen wäre?

Leider kam mein diesbezüglicher Versuchsballon nie über die Startposition hinaus. Etwa zur Zeit des 20. Jahrestages der chemischen Geburt der Pille öffnete ich in einem Restaurant in der Chinatown von San Francisco ein Glücksplätzchen. Der darin enthaltene Text, »Deine Probleme sind für Glücksplätzchen viel zu kompliziert«, war vielleicht der Grund, warum ich mich – wie ich in Kapitel 21 erläutern werde – in den darauffolgenden Jahren weit mehr veränderte als das Gebiet der Empfängnisverhütung.

KAPITEL 10

Kondome für den Lehrer

Wᴇɴɴ ich heute an meine späten Zwanziger zurückdenke, bin ich überzeugt, daß mein Streben nach einer Universitätslaufbahn hauptsächlich auf meinem Verlangen basierte, ohne sichtbare Einmischung oder Kontrolle von außen in meinem persönlichen intellektuellen Revier zu arbeiten. Diese Vorstellung vom Leben in der akademischen Welt ist naiv, besonders heute, da die Suche nach finanzieller Unterstützung der eigenen Forschung so schwierig, zeitraubend und sogar entwürdigend ist, daß sie eine Form der Kontrolle darstellt, die häufig bedrückender ist als die, die man immer in der Industrie voraussetzt. Obwohl diese mutmaßliche Freiheit der Forschung, gepaart mit dem nebulösen Nimbus und Prestige eines Professors der Hauptanreiz war, gefiel mir doch auch die Aussicht zu lehren.

Eine Reporterin, die 1976 einige meiner Vorlesungen in Stanford besuchte, war von einem Geschenk beeindruckt, das ich von zwei Studentinnen erhielt. »Es war nicht gerade der sprichwörtliche Apfel für den Herrn Lehrer«, schrieb die Reporterin in *People*, »sondern eine Packung rosaroter Kondome. Djerassi war begeistert.« Sie hatte recht, doch derartige Details vermitteln ein völlig schiefes Bild von meinen Unterrichtsmethoden und meiner Karriere als Lehrer. Kondome waren nie Gegenstand meiner Chemievorlesungen, auch wenn sie als aparter Ausgangspunkt einer Vorlesung über die chemische Zusammensetzung von Latex oder Gleitmitteln hätten dienen können. Trotzdem sind es die aparten Aspekte meines Unterrichts, die mir am deutlichsten in Erinnerung geblieben sind.

Als ich 1952 als Dozent an die Wayne-Universität kam, hatte ich noch nie unterrichtet – nicht einmal als Assistent während des Studiums. Aber wie ein Robbenbaby beim ersten Kontakt mit dem Wasser war ich in meinem Element, als ich zum ersten Mal vor meinen Studenten stand. Zum Teil ging diese Selbstsicherheit auf die Tatsache zurück, daß ich im wahrsten Sinn des Wortes bereits ein äußerst erfolgreicher Lehrer gewesen war: Ich hatte meinen Laborkollegen in Mexico City mit Worten und Taten gezeigt, wie man chemische Forschung betreibt. Diplomanden und Doktoranden in einem Fach zu unterrichten, in dem ich mich bestens auskannte, schien mir nicht viel anders zu sein, als Anleitungen im Labor zu geben. (Mein Mangel an Nervosität vor Publikum mag seine Wurzeln auch in meinen öffentlichen Auftritten als Teenager vor Kirchengemeinden im Maisgürtel gehabt haben.) Aber selbst einige Jahrzehnte später muß ich zugeben, daß ich mich in der Chemie noch nie als Lehrer auf dem schwierigsten Terrain überhaupt beweisen mußte, nämlich vor Hörsälen voller Studenten aus den ersten Semestern.

Ich unterrichtete die unteren Semester deshalb nicht, weil mich die Wayne-Universität und später Stanford anstellten, um ihre Doktorandenprogramme in organischer Chemie auszubauen. Als Frederick Terman, der damalige Provost der Stanford-Universität, Ende der fünfziger Jahre beschloß, sich eine chemische Abteilung zuzulegen, die genauso gut war wie die anderen naturwissenschaftlichen und technischen Fakultäten in Stanford, holte er nicht weniger als sieben neue ordentliche Professoren an die Universität. William Johnson, einer meiner früheren Professoren für organische Chemie an der Universität Wisconsin, und ich fingen 1960 an. Im Jahr darauf kam Paul Florey vom Mellon Institute in Pittsburgh und 1962 Henry Taube von der Universität Chicago. Beide erhielten später den Nobelpreis: Florey für seine Arbeit auf dem Gebiet der physikalischen Polymerchemie und Taube für seine vielen Beiträge zur anorganischen Chemie. Harden McConnell, ein Physikochemiker vom Caltech, Eugene van Tamelen, ein weiterer Organiker von der Universität Wisconsin, und der Anorganiker James P. Collman von der Universität North Carolina komplettierten die ursprüngliche Liste. Neben der Beaufsichtigung der wissenschaftlichen Arbeit von Doktoranden und Postdoktoranden leitete jeder von uns Seminare und hielt Vorlesungen für Fortgeschrittene in seiner jeweiligen Unterdisziplin. Mein Metier war die Naturstoffchemie; in Stanford unterrichtete ich die Spezialgebiete, die meine wissenschaftlichen Interessen widerspiegelten: Steroidsynthese, Strukturaufklärung und die Anwendung physikalischer Methoden bei organisch-chemischen Problemen.

Diese Themen hören sich vielleicht etwas trocken an – was sie auch tatsächlich sein können. Es kommt durchaus vor, daß Studenten aus purer Neugier eine Poesie- oder Geschichtsvorlesung belegen und dann dank eines brillanten Lehrers für dieses Fach gewonnen werden. Selbst Chemiker spazieren schon mal ganz spontan in eine Poesie-Übung. Aber Studenten betreten nicht einfach Chemie- oder Physikhörsäle, es sei denn, daß sie die jeweilige Vorlesung belegen müssen oder schon vorher beschlossen haben, sich mit diesem Thema näher zu befassen. Auf Chemie-Doktoranden trifft das noch mehr zu: Sie haben ihre Berufswahl bereits getroffen; in diesem Stadium kann ein Professor durch guten Unterricht bewirken, daß sie sich einem bestimmten chemischen Spezialgebiet zuwenden oder aber sie durch langweilige oder stumpfsinnige Vorlesungen auf ein anderes Fachgebiet treiben. Ich habe meine Lehrtätigkeit immer ernst genommen, besonders da das formelle Unterrichtspensum in Stanford nie eine Last war. Aber ich wollte die Studenten nicht nur stimulieren; ich wollte sie auch vielfältigen pädagogischen Erfahrungen aussetzen – und mit Variationen zu der üblichen Einbahnstraße vom vortragenden Professor zum Notizen machenden Studenten experimentieren.

I.

Mein erstes pädagogisches Experiment war gleichzeitig das ehrgeizigste. Im Herbst des Jahres 1962 bot ich ein Seminar an über die jüngsten Fortschritte auf dem Gebiet der organischen Synthese. Um dem Thema handliche Proportionen zu geben, beschloß ich, Steroide als Unterrichtsschablone zu nehmen, weil die Synthese natürlicher Steroid-Hormone und ihrer Analoga in den zehn Jahren davor den Gipfel an Komplexität und Subtilität darstellten. Nur wenige neuentdeckte synthetisch-organische Reaktionen wurden nicht umgehend auf dem Gebiet der Steroide angewendet. Es war, als wollte ich einem angehenden Koch die neuesten kulinarischen Entwicklungen illustrieren und beschränkte mich zu diesem Zweck auf die französische *nouvelle cuisine*. Die chinesische, deutsche, griechische oder indische Küche wollte ich außer acht lassen; dennoch würde der junge Koch durch die Einführung in eine ganz neue Methodologie lernen, wie man alle Gänge eines Menüs zubereitet, von der Suppe über die Vorspeise und das Hauptgericht bis hin zum Dessert. Ich beschloß jedoch, noch einen Schritt weiter zu gehen: Ich forderte die Kochlehrlinge nämlich auf, ein Kochbuch zu schreiben, bei dem jeder Student für ein Kapitel verantwortlich sein sollte.

Da mein Seminar für Doktoranden der organischen Chemie obligatorisch war, wußte ich bereits im Frühjahr, welche Studenten im Herbstquartal teilnehmen würden. Vor der Sommerpause rief ich alle 16 Studenten zusammen und legte ihnen 16 Themen aus dem Gebiet der Steroidsynthese zum eingehenden Studium zur Auswahl vor. Ich gab jedem Studenten einen kurzen Überblick über das von ihm gewählte Thema und die maßgeblichen Literaturhinweise. Dann bat ich sie – anstelle von Prüfungen nach Beendigung des Seminars –, den Sommer über sämtliche Ausgaben von 16 internationalen chemischen Fachzeitschriften (amerikanische, englische, deutsche, französische, Schweizer, japanische, kanadische und tschechoslowakische) aus den letzten zehn Jahren durchzugehen und alle Artikel herauszusuchen, die sich auf ihr Thema bezogen. Im kulinarischen Sinne sollte der eine Student alle Rezepte für Suppen ausfindig machen, der zweite die für Saucen, der dritte alle Fischrezepte und so weiter. Zu Beginn des Herbstquartals legten mir die Studenten die ersten Entwürfe für 16 Kapitel vor – die zumeist ziemlich abgehackt formuliert waren und die meisten Informationen in Form von chemischen Strukturen enthielten –, die wir dann im Laufe des Quartals gemeinsam studierten.

Von diesem Text wurden etwa hundert Kopien an Steroidchemiker auf der ganzen Welt versandt mit der Bitte um Kommentare und *Kritik*. Die Reaktion war so enthusiastisch, daß die 16 Autoren im Quartal darauf ihre Kapitel ausfeilten und daß zwei der Studenten die chemischen Strukturen neu zeichneten, so daß sie für eine kommerzielle Veröffentlichung geeignet waren. Das Buch erschien 1963 unter dem Titel *Steroid Reactions: An Outline for Organic Chemists*, »erarbeitet von 16 Doktoranden der Stanford-Universität unter der Herausgeberschaft von Carl Djerassi«. Unter jedem Kapitel stand der Name des jeweiligen Autors; für die meisten Studenten war es die erste berufliche Veröffentlichung. Acht dieser Autoren sind inzwischen ordentliche Professoren an verschiedenen Universitäten; ich denke gerne, daß diese Erfahrung zu ihrer Berufswahl beigetragen hat. Das Buch war auf der Stelle ein Erfolg, und wir kamen überein, die beträchtlichen Tantiemen an die Universität abzutreten, die sie für den Bau und die Ausstattung eines kleinen Seminargebäudes benutzen sollte, das heute auf allen Plänen der Stanford-Universität als »Chemistry Gazebo« ausgewiesen ist.

II.

Nicht in allen meinen Seminaren gab es keine Prüfungen, obgleich ich Klausuren mit Hilfsmitteln oder auch zu Hause den üblichen Ja-oder-Nein-Fragen und Multiple-choice-Tests vorzog; es ging mir nicht darum, stures Pauken zu fördern oder ein gutes Gedächtnis zu honorieren. Ich wollte, daß sich die Studenten auf die Tatsachen des wirklichen Lebens einstellten: daß Zeit die teuerste Ware ist und daß man, um schwierige Probleme so schnell wie möglich lösen zu können, wissen muß, *wo* man nach den Antworten suchen muß. Diese Denkweise führte mich schließlich zu der – jedenfalls für mich – zeitaufwendigsten Prüfungsform überhaupt. Ich gab ihr sogar einen Namen, nämlich Maximaler Leverage-Effekt-Test.

Diese Art der Prüfung wandte ich in den frühen sechziger Jahren in einem Seminar an, das sich mit den damaligen Methoden der Strukturaufklärung komplexer Naturstoffe befaßte. Zu der Zeit war dazu ziemlich viel chemisches Experimentieren und Intuition erforderlich; die Anwendung physikalischer Methoden war noch nicht gut entwickelt und auch noch nicht überall üblich. Im Sinne meines Vergleichs mit dem dunklen Zimmer, den ich in Kapitel 8 eingeführt habe, waren unsere »Taschenlampen« noch nicht stark genug, und der Modus operandi war noch immer das »20-Fragen-Spiel«. Ziel meines Seminars war es, den Studenten chemisches Fingerspitzengefühl beizubringen – das intellektuelle Gespür, das früher beispielsweise den echten Diagnostiker auszeichnete, als sich die diagnostische Medizin noch mehr auf die berühmten »20 Fragen« als auf Laboranalysen und hochempfindliche Abtastmethoden verließ. An Stelle von Klausuren gab ich den Studenten chemische Rätsel, die sie zu Hause oder in der Bibliothek lösen mußten. Derartige Rätsel auszuarbeiten ist nicht einfach, und als ich eines Tages über die Mitte des Quartals fällige Prüfung nachzudenken begann, kam ich auf die Idee, mir einmal eine Pause zu gönnen. Warum brachte ich den Studenten nicht bei, wie man Fragen stellt, statt immer nur, wie man sie beantwortet? Als die Stunde der Abrechnung nahte, erschien ich mit leeren Händen. Während sich die nervöse Gruppe unruhig im ganzen Raum nach den Klausurtexten umsah, gab ich bekannt, daß jeder Student bis zum nächsten Mal einen Katalog von Fragen vorzubereiten hatte, die sich für eine Prüfung zu Hause und mit Hilfsmitteln eigneten und den Stoff der ersten Hälfte des Seminars abdeckten. Die Benotung sollte anhand der Verwendbarkeit und des pädagogischen Werts der Fragen erfolgen. Die Studenten waren begeistert und verwirrt zugleich. Das schien alles so einfach zu sein, aber wo war der Haken? Tatsächlich hatte die Sache sogar zwei Haken.

Erstens ist es, wie die Studenten daheim bald herausfanden,

gar nicht so leicht, jemandem Prüfungsfragen zu stellen, der Zugang zu allen möglichen Nachschlagewerken hat; es ist sogar noch schwerer, als ein Kreuzworträtsel für Leute auszuarbeiten, die über ein gutes Lexikon und einen Thesaurus verfügen. Wie ich erwartet hatte, waren viele der Fragen, die die Studenten stellten, viel schwerer als die, die ich vorgelegt hätte; viele Studenten verwechselten Tücke, ja sogar Hinterhältigkeit, mit Scharfsinn. Zweitens lernten die Studenten, als sie die Fragen abgaben, eine neue Definition des Wortes »Leverage-Effekt« kennen. Ich begann nämlich, die Fragen auszuteilen, wobei ich darauf achtete, daß ein Student nie die Fragen des Kommilitonen bekam, der seine eigenen Fragen erhalten hatte. Dann ließ ich sie die von ihren Kommilitonen gelieferten Fragen beantworten. Nachdem sie das getan hatten, mußte der Verfasser der Fragen die Antworten benoten, und der Beantworter mußte die Qualität der Fragen benoten. Zuletzt benotete ich nicht nur alle Antworten, sondern auch die Fairness der Notengebung, die die Studenten untereinander angewandt hatten. Jeder, der die Geduld aufbringt, diesen Dschungel von Noten und Gegennoten zu durchdringen, wird erkennen, wie zeitaufwendig dieses Verfahren für mich war – jeder Student hatte schließlich andere Prüfungsfragen –, aber auch wie viele verschiedene Noten ich aus einer einzigen solchen Prüfung erhielt. Die große Mehrheit der Studenten räumte ein, dabei nicht nur Chemie, sondern auch Pädagogik gelernt zu haben.

Als der Zeitpunkt der nächsten Prüfung, das Quartalsende, näherrückte, teilte ich den Studenten mit, daß ich von ihnen wiederum einen Fragenkatalog erwartete, der dieses Mal den Stoff des ganzen Seminars abdeckte und innerhalb von zwei Stunden im Hörsaal beantwortet werden sollte. Am Tag der Abschlußprüfung sammelte ich die Fragen ein und teilte sie dann aus. Ich hatte bereits dem ersten und dem zweiten Studenten die entsprechenden Fragen gegeben und wollte mich gerade dem dritten zuwenden, als der erste ausrief: »Professor Djerassi, das sind ja meine eigenen Fragen!« Ich nahm keine Notiz von dieser Unterbrechung, sondern fuhr mit dem Austeilen fort. »Professor Djerassi«, beschwerte sich

der zweite, »bei mir haben Sie den gleichen Fehler gemacht!«
»Und bei mir auch!« fiel der dritte ein. Allmählich ging ihnen
auf, daß genau das meine Absicht gewesen war. Die meisten
Studenten waren begeistert, aber eine ganze Reihe war doch
entsetzt. Sie hatten sich überhaupt keine Gedanken über die
Antworten gemacht – schließlich handelte es sich ja nicht um
eine Klausur mit Hilfsmitteln; sie gedachten ihr überragendes
Wissen anhand der Komplexität der Fragen zu demonstrieren, die sie gestellt hatten. Sie waren sich selbst auf den Leim
gegangen!

III.

Bis zu den siebziger Jahren war die Strukturaufklärung weitgehend zu einer Übung in der wohlüberlegten Anwendung
physikalischer Methoden, also der diversen Lichtquellen, geworden, und die meisten meiner Chemievorlesungen konzentrierten sich auf diese Übung. Das war auch die Zeit, in der
wir am intensivsten auf dem Gebiet der computergestützten
Strukturaufklärung tätig waren, wo wir mit den Forschungsgruppen von Joshua Lederberg und Edward Feigenbaum
zusammenarbeiteten. Ich fand, daß es an der Zeit war, nicht
nur meine eigenen wissenschaftlichen Mitarbeiter, sondern
auch eine vielförmige Gruppe von Chemikern mit den Möglichkeiten und Grenzen von Expertensystemen (Artificial Intelligence – AI) bekannt zu machen. Statt Vorlesungen über
die diversen spektroskopischen Methoden und ihre Anwendungen zu halten, teilte ich den Studenten mit, daß ich davon
ausging, daß sie in den verschiedenen physikalischen Methoden hinlänglich bewandert waren. Falls ihre Kenntnisse nicht
ausreichten, sollten sie sich die Standardwerke vornehmen
und sich selbst auf den entsprechenden Stand bringen. Es
ging mir darum zu demonstrieren, wie man vielfältige Informationen – die einzelnen Bereiche des dunklen Zimmers, die
von unterschiedlichen Lichtquellen beleuchtet werden – so
zusammensetzt, daß sich ein vollständiges Bild ergibt, und
wie man sicherstellt, daß nur *diese* Kombination der korrekten

räumlichen Anordnung des Zimmerinhalts entspricht. Die Computerprogramme, die unsere AI-Gruppe entwickelt hatte, waren dazu bestimmt, eine Aufgabe zu erledigen, für die der Computer am besten geeignet ist, und die zugleich manuell äußerst schwierig auszuführen ist: die *erschöpfende* Erzeugung aller möglichen Strukturformeln, die mit den *isolierten* Informationen übereinstimmen, die anhand der verschiedenen Lichtquellen gesammelt wurden. Wenn alle diese Struktur-Kandidaten durch Intuition und Wissen zusammengetragen wurden, kann der Chemiker gewöhnlich einige entscheidende Versuche oder Meßreihen ersinnen, die experimentell alle diese Alternativen bis auf eine ausschließen, so daß nur die korrekte Struktur übrigbleibt.

Unsere Software-Programme waren in benutzerfreundlichem Englisch geschrieben und den Studenten daher direkt zugänglich. Ich ließ jeden Studenten in der chemischen Literatur nach einer Veröffentlichung forschen, in der die Strukturaufklärung eines Naturstoffes auf Schlußfolgerungen basierte, die sich aus einer Vielzahl von physikalischen Methoden (»Taschenlampen«) ableiteten, jedoch nicht anhand der unzweideutigen Methode der Röntgenkristallographie (dem Pendant des Farbphotos in meinem dunklen Zimmer) bestätigt worden waren. Nachdem sich jeder der Studenten einen derartigen Artikel ausgesucht hatte, wies ich sie an, die darin enthaltenen Daten und Werte von unserem Computerprogramm überprüfen zu lassen. Stimmte der Computer der Schlußfolgerung des Chemiker zu, daß keine andere Struktur-Alternative mit den veröffentlichten Daten in Einklang stand? Oder lauerte irgendwo im Hintergrund noch ein weiterer Kandidat, der aufgrund der vorliegenden Beweise nicht eliminiert worden war? Hatte der Chemiker womöglich einen Kandidaten übersehen? Dieses praktische Herangehen an Probleme aus dem wirklichen Leben sollte eindrucksvoll die Leistungsfähigkeit computergestützter Überprüfungen demonstrieren und den Studenten gleichzeitig eine Vorstellung von der ungeheuren Vielfalt der mit der Strukturaufklärung verbundenen Probleme vermitteln, die damals überall auf der Welt untersucht wurden.

Die Resultate dieses pädagogischen Experiments waren noch dramatischer, als ich erwartet hatte. Ohne Ausnahme entdeckte jeder Student, daß der in der Literatur genannte Nachweis mit mindestens einer weiteren Struktur-Alternative in Einklang stand, die die Autoren nicht berücksichtigt hatten. In einem Fall lieferte der Computer über zwei Dutzend Struktur-Kandidaten, die durch den in der Literatur veröffentlichten experimentellen Nachweis nicht eliminiert worden waren! Ich schrieb jedem Autor – in Japan, Italien, Spanien, England und Nordamerika –, schilderte ihm die Schlußfolgerungen des Studenten (eigentlich des Computers) und fragte, ob der Autor irgendwelche Kommentare zu der Zweideutigkeit seiner veröffentlichten Ergebnisse abzugeben habe. Die meisten Autoren antworteten erwartungsgemäß mit »Schon, aber . . .« und führten dann irgendwelche zusätzlichen spektroskopischen oder andere experimentelle Werte an, die in der Veröffentlichung nicht enthalten waren, die der empörte Autor jedoch ausgegraben hatte, um eine der vom Computer gelieferten Alternativen zu widerlegen. Meine Antwort lautete natürlich, daß diese Werte von vornherein in den Artikel gehört hätten; und den Chefredakteur eines Fachblattes wies ich leicht ironisch darauf hin, daß unser Computerprogramm doch ein vollautomatisierter und absolut unvoreingenommener Gutachter für alle Manuskripte werden könne, die sich mit Strukturaufklärung befassen. Ich machte diesen Vorschlag sogar in einer unserer Rezensionen; aber meines Wissens hat bislang noch keine Fachzeitschrift den Mut gehabt, sich auf ein solches Experiment einzulassen. Einige Autoren antworteten überhaupt nicht – möglicherweise vor Schreck oder aus Verärgerung; und deren Fälle benutzte ich, um meinen Studenten eine weitere lehrreiche Erfahrung zu vermitteln. Ich forderte sie nämlich auf, die zeit- und materialsparendsten Versuche auszuarbeiten, die zwischen diesen verbliebenen Struktur-Alternativen differenzieren sollten. Am liebsten war mir die dritte Gruppe von Autoren: Sie wollten wissen, wie sie an eine Kopie dieses Programms kommen konnten.

Ebenfalls in den frühen siebziger Jahren – einem Wendepunkt
im Vorgehen bei der Strukturaufklärung und in meiner eigenen Einstellung zur Lehre – begann ich schließlich auch
Studenten aus den unteren Semestern zu unterrichten. Wie
kommt es, daß ich mich als junger Lehrer ausschließlich auf
Doktoranden konzentrierte, die oft älter waren als ich, während sich in meiner späteren Professorenlaufbahn meine
Hauptkunden in junge Semester verwandelt haben? Wie mir
beim Schreiben über die lehrende Komponente meines Lebens klar geworden ist, fand meine allmähliche Verwandlung
vom »harten« Naturwissenschaftler in einen mit weicheren
Anklängen hauptsächlich im Hörsaal statt.

1969 hatte ich meine ersten »bevölkerungspolitischen« Artikel veröffentlicht, in denen ich den Rückgang der Forschung auf dem Gebiet der Empfängnisverhütung und die
damit verbundenen Kosten für die Gesellschaft voraussagte.
Mir wurde bald klar, daß die einzige Möglichkeit, diese Entwicklung umzukehren, darin bestand, für ein besser infor-
miertes Publikum zu sorgen, und daß dies von den Medien,
vor allem dem Fernsehen, nie und nimmer mit der derzeitigen
Methode zu erreichen war, ein bis zwei Minuten ihrer kostbaren Sendezeit für komplizierte Sachverhalte aufzuwenden, die
eine umfassende Erörterung und kritisches Denken erforderten. Zufälligerweise wurde genau zu der Zeit, mit finanzieller
Unterstützung der Ford Foundation, ein innovativer neuer
Studiengang in Stanford eingeführt. Der Studiengang
»Human Biology« (Biologie des Menschen) war dazu bestimmt, das zunehmende wissenschaftliche Analphabetentum
unserer Bevölkerung zu bekämpfen, da zu der Zeit die meisten bevölkerungspolitischen Fragen technologische oder
wissenschaftliche Aspekte bekommen hatten. Ein Großteil
dieses Analphabetentums ist auf die schlechte Qualität unserer
High-School-Ausbildung im Fach Mathematik und in den
Naturwissenschaften zurückzuführen, was sich noch immer
als Angst vor diesen Fächern seitens der Studenten selbst
renommiertester Universitäten manifestiert.

Eine Möglichkeit, dieser Tendenz entgegenzuwirken, besteht darin, die weniger physikalisch orientierten Bereiche der Naturwissenschaften, insbesondere die Biologie, zu betonen, und zwar an der anthropozentrischsten und folglich überzeugendsten Front: dem Studium des Menschen. Wenn man bedenkt, wie die Fakultäten der Universität damals zusammengesetzt waren, nimmt es nicht wunder, daß alle Gründer des neuen Studiengangs »Human Biology« der Stanford-Universität Männer waren: der Genetiker Joshua Lederberg, der Pädiater Norman Kretchmer, der Bevölkerungsbiologe Paul Ehrlich, der Neurobiologe Donald Kennedy (später Leiter des FDA in Washington und dann Präsident der Stanford-Universität), der Soziologe Sanford Dornbush, der Psychologe (und spätere Provost der Stanford-Universität) Albert Hastorf und der Psychiater David Hamburg, heute Präsident der Carnegie Foundation. Sie arbeiteten einen Lehrplan für ein zweijähriges Grundstudium aus, das Studenten durch minimalen Kontakt mit den physikalischen Wissenschaften gestattete, in der Biologie und den Sozialwissenschaften bewandert zu werden, gefolgt von einem zweijährigen weiterführenden Studium spezieller Fächer – und all dies zu den regulären geisteswissenschaftlichen Voraussetzungen der Universität hinzu. Diese renommierten Professoren hielten auch die wichtigsten Vorlesungen und Seminare dieses Studiengangs. Die Reaktion der Studenten war erstaunlich: Vorlesungen, die in Räumen angesetzt waren, die 50 Studenten faßten, mußten in Hörsäle mit 400 Plätzen verlegt werden. Nur wenige Jahre später hatte sich die Humanbiologie zu einem der beliebtesten Hauptfächer in Stanford gemausert und wurde von Studenten gewählt, deren Ziele die Medizin, das öffentliche Gesundheitswesen, Jura, Umweltwissenschaften und Politik sind – exakt die Klientel, die ich bezüglich Empfängnisverhütung und Bevölkerungsfragen ansprechen wollte. Da keine Chemieprofessoren am Studiengang Biologie des Menschen beteiligt waren, der inzwischen einen äußerst interdisziplinären Lehrkörper angelockt hatte, erbot ich mich, ein Seminar für höhere Semester unter der Rubrik »Biosoziale Aspekte der Geburtenkontrolle« anzubieten – ein Seminar, das mein Leben als Universitätslehrer völlig veränderte. Ich entschied mich für dieses Thema, weil ich fand, daß Geburtenkontrolle praktisch jeden betrifft: Man hat sie bereits praktiziert, wird sie noch praktizieren, oder aber man ist zumindest dagegen.

Ich hatte dabei mehrere Ziele im Sinn, aber das wichtigste war, die Studenten zu ermuntern, sich ernsthaft mit Bevölkerungspolitik zu beschäftigen und dabei stets an reale Probleme zu denken. In einer Zeit, als in Stanford keinerlei bevölkerungspolitische Kurse angeboten wurden, glaubte ich, daß ich zumindest aufgrund meines beruflichen Werdegangs, der die akademische Welt und einen Industriezweig umspannte, der in hohem Maße Risiko und Nutzen in Erwägung zog, für ein derartiges Seminar qualifiziert war. Ich wollte mich nicht auf angehende Naturwissenschaftler beschränken; die zukünftigen Gesetzgeber und Politiker kommen aller Wahrscheinlichkeit nach wohl kaum aus dieser Zunft. Durch die Modifizierung *biosozial* hoffte ich klarzustellen, daß ich den »weicheren« und allgemeineren Aspekten der Geburtenkontrolle besonderes Gewicht beimaß, und Studenten aus einem breiteren Spektrum zu gewinnen. Voraussetzung für die Teilnahme war nur, daß die Studenten Diplomanden und damit mindestens in einer relevanten Disziplin sachkundig waren. Theologie, Psychologie, Soziologie, Anthropologie, Volkswirtschaft und Politologie waren nur einige der Abteilungen, in denen ich Studenten warb. Ich wußte, daß ich in der Biologie und Chemie die Medizinanwärter finden würde. Noch nie in meinem Leben als Chemieprofessor hatte ich mich nach Kunden umgesehen; nun stellte ich fest, daß ich die Werbetrommel rührte. Ich verfaßte eine einseitige Informationsschrift, in der ich den Zweck meines Seminars umriß und die Art und Weise, wie es ablaufen sollte. Beigefügt war ein Fragebogen, den jeder interessierte Student ausfüllen sollte. Ich wollte nicht nur etwas über ihre akademischen Qualifikationen erfahren, sondern auch über ihren sozialen und geographischen Hintergrund, vor allem über ihre Reisen und Auslandsaufenthalte. Ich hatte ein ganz spezielles Experiment im Sinn, für das ich eine ganz spezielle Gruppe brauchte:

Sie sollte zu gleichen Teilen aus Männern und Frauen bestehen und die verschiedenen ethnischen, sozialen und religiösen Milieus angemessen repräsentieren. Ich begrenzte die Teilnehmerzahl auf 40. Da über 80 Studenten den Fragebogen ausfüllten, konnte ich mit einer sehr ausgewählten und hochmotivierten Gruppe starten.

Ich denke gerne, daß es nicht nur der Stoff war, der die Studenten reizte, auch wenn 1972 der Höhepunkt der sexuellen Revolution war und die Empfängnisverhütung ein Thema, das fast bei jedem auf Interesse oder Widerstand stieß. Ich möchte gerne glauben, daß es die ungewöhnliche Struktur des Seminars war, die ich auf meinem Info-Blatt beschrieben hatte. Prüfungen würden nicht stattfinden, verkündete ich, und meine offiziellen Vorlesungen würden nach zwei Wochen enden. In dieser Zeit konnten sich die Studenten aus einer Reihe von Bevölkerungsgruppen eine aussuchen, deren Möglichkeiten der Geburtenkontrolle sie dann in Projektgruppen aus sechs bis sieben Personen eingehend studieren sollten. Die Betonung sollte auf geplanten Verbesserungen auf dem Gebiet der Geburtenkontrolle liegen, wobei jeder Student die gewählte Bevölkerungsgruppe von einem bestimmten disziplinären Standpunkt aus zu untersuchen hatte. Eine typische Projektgruppe konnte aus Studenten der Medizin, der Rechtswissenschaft, Volkswirtschaft, Theologie, Anthropologie, Chemie und Psychologie bestehen. Die Studenten sollten ihre Arbeit gemeinsam organisieren, aber jedes Mitglied einer Projektgruppe hatte ein separates Kapitel des Berichts der Gruppe aus seiner beruflichen Sicht zu schreiben. Hauptzweck meines Seminars war es zu demonstrieren, daß die Vorstellung eines idealen, universellen Empfängnisverhütungsmittels eine Chimäre war – rückblickend ein naheliegender Schluß, aber einer, dem ich während meiner Zeit als »harter« Wissenschaftler in den fünfziger und frühen sechziger Jahren wenig Aufmerksamkeit geschenkt hatte. Aufgrund der ungeheuren Divergenz zwischen den verschiedenen Bevölkerungsgruppen kann etwas, das einer bestimmten Gruppe oder auch einer bestimmten Einzelperson angemessen ist, für die nächste überhaupt nicht geeignet sein. Ich wollte, daß die Studenten nicht nur erkannten, daß das, was die Welt braucht, eine Art Supermarkt für Kontrazeptiva ist, sondern auch anhand ihrer eigenen Untersuchungen vorschlugen, wie das Warenangebot dieses Supermarkts aussehen könnte. In meinem ersten Seminar über »Biosoziale Aspekte der Geburtenkontrolle« wurden die folgenden sieben Untergruppen gewählt: weiße amerikanische Studenten, verkörpert durch die Mehrheit der aus wohlhabendem Milieu stammenden Studentenschaft der Stanford-Universität; mexikanische Amerikaner (Chicanos) in San Jose, Kalifornien, eine politisch und wirtschaftlich entrechtete Gruppe von Katholiken; Puertorikaner in Manhattan, eine den Chicanos vergleichbare Gruppe an der Ostküste; Einwohner aus den unteren Einkommensschichten in Mexico City, eine Gruppe, die in wirtschaftlicher und religiöser Hinsicht mit den beiden vorhergehenden verwandt war, aber in ihrem eigenen politischen Milieu lebte; ägyptische Bauern im Nildelta und indische Slumbewohner in Kalkutta – zwei Gruppen aus der dritten Welt mit einem völlig anderen religiösen und politischen Hintergrund; und schließlich eine Gruppe, die die »Women's Lib«-Position repräsentierte.

Wie sich herausstellte, war dieses erste Seminar im Jahre 1972 sowohl für mich als auch für die Studenten eine wichtige pädagogische Erfahrung. Lehrer wie Schüler arbeiteten unheimlich hart. Nach der zweiten Woche, als ich meine mit vielen Dias illustrierten und jeweils knapp dreistündigen Vorlesungen abgeschlossen hatte, traf ich mich zweimal wöchentlich mit jeder einzelnen Projektgruppe. Bei diesen Besprechungen erkundigte ich mich bei jedem Studenten, wie er vorankam; ich gab ihnen wichtige Kontaktadressen und ermunterte sie, dank eines bescheidenen Fonds, den die Verwaltung der Fakultät »Human Biology« zur Verfügung gestellt hatte, Ferngespräche zu führen, weil so am schnellsten Informationen von Regierungsbeamten in den USA und im Ausland zu erhalten waren. Vor allen Dingen aber bestand ich darauf, daß die Studenten zusammenarbeiteten. Obgleich alle wichtigen sozialen und technischen Fortschritte im wirklichen Leben die Folge interdisziplinärer Teamleistungen sind, neigen wir dazu, dieses Konzept nicht offiziell im Lehrplan zu verankern. Unser gesamtes Benotungs- und Bewertungssystem ist auf die Leistung des einzelnen und Wettbewerb ausgerichtet; die Zusammenarbeit unter Studenten wird ausdrücklich oder stillschweigend als Schummeln angesehen. Bei der Bewertung meines Seminars durch die Studenten wurde dieser Teamansatz für die originellste und wertvollste Lernerfahrung gehalten. (Neunzehn Jahre später schrieb mir ein Teilnehmer dieses ersten Seminars, der inzwischen zwei Doktortitel hat, was jeder Lehrer nur allzu gerne hört: »Biosoziale Aspekte der Geburtenkontrolle‹ war das wichtigste Fach, das ich als Student jemals belegt habe. . . Denn Sie lehrten mich Fischen, statt mir einfach einen Fisch vorzusetzen, als ich hungrig war.«) Ich hatte keine Probleme, die Leistungen des einzelnen zu bewerten, da jeder ein separates Kapitel schrieb, doch diese Beiträge mußten in den Bericht der ganzen Gruppe integriert werden; jeder Student mußte also wissen, was alle anderen Mitglieder der Gruppe schrieben.

Der Höhepunkt des Seminars war die Präsentation der Schlußfolgerung jeder Projektgruppe vor den übrigen Seminarteilnehmern und geladenen Gästen. Jedem Team standen drei Stunden zur Verfügung – die Hälfte davon für die formelle Vorlage, die andere Hälfte für Fragen und Antworten. Dies war eine weitere Gelegenheit, die Leistung jedes Studenten zu beurteilen: anhand der Art der Darstellung, des Scharfsinns der Fragen und der Stichhaltigkeit der Antworten. Und bei diesen Präsentationen überraschten die Studenten mich nun wirklich. Ich hatte ihnen *carte blanche* gegeben, was den Vortrag ihrer Schlußfolgerungen betraf, vorausgesetzt, daß jedes Mitglied der Gruppe in irgendeiner Form daran beteiligt war und somit Gelegenheit hatte, ebenfalls Fragen gestellt zu bekommen. Die erste Projektgruppe benutzte ein Laterna-magica-Format ähnlich dem, das tschechische Filmemacher einmal mit beachtlichem Erfolg auf einer Weltausstellung einsetzten – woraufhin auch die anderen Gruppen ihre thespische Ader entdeckten. Von da an benutzten die Studenten alle erdenklichen Mittel, von Parodien bis hin zu ausgewachsenen Theaterstücken. Obwohl ich dieses Seminar in den siebziger

Jahren nur alle zwei Jahre abhielt, sprachen sich die Vorstellungen unter den Studenten herum, und spätere Gruppen versuchten sich gegenseitig zu übertreffen.

Zwei der denkwürdigsten Präsentationen wurden Mitte der siebziger Jahre von Projektgruppen geboten, die sich mit Problemen der Geburtenkontrolle unter schwarzen Amerikanern befaßten. In beiden Fällen waren alle Mitglieder des Teams außer einem schwarz. Die erste Darbietung wurde von Brenda Jo Young organisiert, heute praktizierende Psychiaterin, die sich in jenen Tagen der Unisex-Kleidung, gekennzeichnet durch Blue jeans und Turnschuhe, mit ihren hochhackigen Schuhen und eleganten Kleidern deutlich abhob. Ihre Gruppe übernahm den größten Chemie-Hörsaal, um eine Art Mini-Rockkonzert mit zuckenden Scheinwerfern, lauter Musik und raffinierten Parodien aufzuführen, die die unterschiedliche Mentalität von Schwarzen und Weißen beleuchteten. Ich saß wie gewöhnlich auf einem der äußeren Plätze in der ersten Reihe, damit ich mich nur ein wenig zur Seite drehen mußte, um auch das Publikum beobachten zu können. Gerade als eine der Studentinnen wild auf dem Demonstrationstisch tanzte, bemerkte ich die halb geöffnete hintere Tür und das entsetzte Gesicht unseres stellvertretenden Fachbereichsleiters. Er war herbeigeeilt, weil ihm gemeldet worden war, im Hörsaal sei die Hölle los. Erst als ich ihm fröhlich zuwinkte, zog er sich wieder zurück.

Die zweite schwarze Gruppe schrieb und inszenierte ein tragisch-komisches Theaterstück, das eindrucksvoll mehrere grundlegende Fakten demonstrierte, die ihrer Meinung nach berücksichtigt werden mußten, wenn es um empfängnisverhütende Alternativen für eine amerikanische, schwarze, städtische Bevölkerung ging: die hohe Schwangerschaftsrate unter Minderjährigen; die vorurteilslose Einstellung und Unterstützung seitens der Eltern oder Großeltern; das allgemeine Desinteresse junger schwarzer Männer an einer wirkungsvollen Geburtenkontrolle; und das mangelnde Verständnis weißer Sozialarbeiter für die Interaktionen schwarzer Familien. Eine hellhäutige Schwarze spielte die Rolle der weißen Sozialarbeiterin, die selbstverständlich davon ausgeht, daß die Minderjährige eine Abtreibung vornehmen lassen wird; doch als sie die Familie aufsucht, um alles Nötige in die Wege zu leiten, muß sie feststellen, daß der Freund, die Eltern des Mädchens und die Großmutter im bescheidenen Wohnzimmer sitzen und gemeinsam die Geburt des Babys planen. Die Studentin, die die Rolle des schwangeren Teenagers übernommen hatte, wurde bald darauf selbst schwanger. Ich war froh und auch stolz, als ich später erfuhr, daß sie als alleinstehende Mutter ihr Medizinstudium erfolgreich abgeschlossen hatte.

Die ehrgeizigsten Projekte wurden von meinem dritten Seminar im Wintersemester 1975/76 durchgeführt. Bis dahin hatte ich die Reaktionen der beiden ersten Gruppen erhalten, die nur ein Quartal lang »Biosoziale Aspekte der Geburtenkontrolle« belegt hatten und über den extremen Zeitdruck und das große Arbeitspensum klagten. Die meisten der Studenten erklärten, sie hätten in diesem Seminar mehr arbeiten müssen als in allen anderen Fächern, und das traf auch auf mich als Professor zu. Da jeder Student an einem anderen Projekt arbeitete und der größte Teil des Quartals Einzelgesprächen gewidmet war, mußte ich darauf vorbereitet sein, eine außerordentlich breite Themenpalette abzudecken. Am Ende mußte ich dann die Abschlußberichte jeder Projektgruppe lesen, beurteilen und benoten, Berichte, die gewöhnlich mindestens hundert Seiten hatten und oft mehrere hundert Verweise enthielten. Das war eine Arbeit, die ich nicht delegieren konnte, und so sah ich mich gezwungen, tagelang nur diese Aufsätze zu lesen und Randbemerkungen anzubringen – eine Erfahrung, durch die ich zwangsläufig für die zahlreichen mit der Geburtenkontrolle verbundenen sozialpolitischen und kulturellen Probleme weiter sensibilisiert wurde. Hinzu kam, daß diese zum Teil sehr anspruchsvollen Seminararbeiten auch mir neue Einblicke in mannigfaltige Bevölkerungsgruppen vermittelten, beispielsweise durch eine vergleichende Studie der Geburtenkontrolle dreier chinesischer Bevölkerungsgruppen, nämlich in der Chinatown von San Francisco, in Taiwan und in der Volksrepublik China. Am meisten lernte ich von diesem dritten Seminar, das sich über zwei Quartale erstreckte, so daß einige der Studenten die Weihnachtsferien für eine Feldforschung nutzen konnten, wie sie sich jüngeren Semestern nicht oft bietet.

Ich hatte bei der Rockefeller Foundation angefragt, ob sie, als einmaliges Experiment, die Reisekosten meines humanbiologischen Seminars für Feldstudien in entlegeneren Gegenden übernehmen würde. Bis dahin waren der Forschungsarbeit meiner Studenten sowohl durch den Zeitdruck Grenzen gesetzt als auch durch die ihnen zur Verfügung stehenden finanziellen Mittel. Diese bestanden aus der Erstattung der Kosten für Telephongespräche und Fahrten im Umkreis von rund 150 Kilometern von San Francisco. Studenten, die ägyptische, indische oder andere weit entfernte Bevölkerungsgruppen gewählt hatten, waren auf Bibliotheken oder bei früheren Reisen gemachte Erfahrungen angewiesen. Die Rockefeller Foundation, die sich besonders der Unterstützung von Forschungsprojekten in Entwicklungsländern widmet, war bereit, dieses pädagogische Experiment zu finanzieren, weil sie an der Geburtenkontrolle allgemein und ihrer Anwendung bei ärmeren Bevölkerungsschichten im besonderen interessiert war. Infolgedessen konnte ich das größte Seminar von allen – mit zehn Projektgruppen – veranstalten und jedem Team Gelegenheit geben, mindestens zwei und manchmal auch alle Mitglieder in das jeweilige Zielgebiet zu schicken, egal wo es lag. Die in geographischer Hinsicht ehrgeizigsten Projekte betrafen Bevölkerungsgruppen in Kenia, Java und bäuerlichen Gebieten Mexikos, aber auch die amerikanischen Projekte waren sehr interessant. So beschloß beispielsweise das Chicano-Team, bestehend aus vier Studenten namens Martinez, Ramos, Renteria und Rios, eine vergleichende Studie über drei Chicano-Gemeinschaften durchzuführen, und zwar in Denver, Colorado (mexikanische Amerikaner der zweiten und sogar dritten Generation), in El Paso, Texas (eine wechselnde Bevölkerung auf beiden Seiten der amerikanisch-mexikanischen Grenze) und in Los Angeles (ein Zentrum illegaler Einwanderer, die kein Englisch sprachen). Mehrere Mitglieder einer anderen Projektgruppe, die amerikanische Ureinwohner gewählt hatten, verbrachten einige Wochen bei einem Indianerstamm in New Mexico, mit dem einer der Anthropologiestudenten Verbindungen hergestellt hatte. Eine weitere Gruppe entschied sich für eine ländliche Gemeinschaft in den Südstaaten – Cherokee County in North Carolina, die Heimat eines der Studenten – und lieferte einen generell ungewohnten Einblick in die dort im Schul- und Gesundheitswesen herrschenden Einschränkungen.

Zwei besonders interessante Themen waren nicht geographisch definiert, sondern von der Funktion her: Das eine befaßte sich mit Problemen der Geburtenkontrolle bei Trägern von Erbkrankheiten, das andere mit geistig Behinderten. Alle diese Berichte zu lesen war ungeheuer strapaziös. Während der winterlichen Regenzeit in Kalifornien hatte ich mich einmal das ganze Wochenende in meinem Ranchhaus vergraben, um die Berichte zu lesen. Schon ziemlich erschöpft, holte ich spontan meinen Regenschirm und legte mich trotz des Nieselregens in meine hot tub im Freien (ein Beispiel meiner hedonistischen kalifornischen Person), wo ich nackt im Wasser trieb, ohne eine der Seiten hineinfallen zu lassen. Die Wirkung, die der Dampf auf jede Seite hatte, mußte ich ignorieren, und ich verriet den Studenten nie, warum sie die Seiten ihrer Berichte leicht lädiert zurückerhielten.

Die mündlichen Präsentationen dieser Gruppen waren insgesamt beeindruckend – glücklicherweise, denn beeindruckend war auch die Zusammensetzung des geladenen Publikums. Der medizinische Direktor der Rockefeller Foundation kam zu mehreren Aufführungen eigens aus New York angeflogen, und die Vorsitzende des Gesundheitsausschusses des kalifornischen Abgeordnetenhauses erschien zu den Vorträgen über genetische Störungen und geistig Behinderte – im Hinblick auf die damals bevorstehenden Anhörungen zu diesen Themen in Sacramento, der Hauptstadt des Bundesstaates Kalifornien. Der Bericht der Projektgruppe Indonesien, die sich mit Markt- und sozialen Anreizen für Kontrazeptiva in Java befaßte brachte einem der Studenten eine Stelle bei der Internationalen Entwicklungsbehörde in Washington ein; ein Medizinstudent aus der Kenia-Gruppe wurde von der Weltgesundheitsorganisation aufgrund seiner Feldstudie für ein

Praktikum in Genf ausgesucht. Sharon Rockefeller, die Frau des derzeitigen Senators aus West Virginia, nahm an der Präsentation der Projektgruppe Kenia teil, da sie auch dem Kuratorium der Stanford-Universität angehörte und mit einer der Studentinnen dieser Gruppe bekannt war – nämlich der, die mir die rosaroten Kondome überreichte, die die Aufmerksamkeit der *People*-Reporterin erregt hatten. Die Gruppe demonstrierte sehr anschaulich die Kluft zwischen unserer Mentalität und der der Kenianer, indem sie gebratene Termiten, eine kenianische Delikatesse, herumreichten und jedermann aufforderten, sie zu kosten. Ich glaube mich zu erinnern, daß Mrs. Rockefeller eine der wenigen war, die dieser Aufforderung nachkam.

Als ich das Seminar über Geburtenkontrolle zu halten begann, war das Verhältnis zwischen männlichen und weiblichen Studenten ziemlich ausgeglichen. Gegen Ende der siebziger Jahre schrieben sich jedoch immer weniger Männer ein; und Anfang der achtziger Jahre waren höchstens noch 20 Prozent der Teilnehmer männlich. Das mangelnde Interesse der männlichen Studenten an diesem Thema war noch ausgeprägter in einem ergänzenden Seminar, das ich erstmals 1983 veranstaltete. Mir war nämlich aufgefallen, daß das einzige Projektthema, das jedes Jahr gewählt wurde, der »Standpunkt der Women's Lib« war, wie ich es damals nannte. Abgesehen von der offenkundigen Zeitlosigkeit dieses Themas gab es noch einen anderen Grund, weshalb es so beliebt war. Ich machte immer auf ein Zitat der Anthropologin Margaret Mead aufmerksam, das für mich die Quintessenz aller falschen Auffassungen ist, die von modernen Amerikanerinnen vertreten werden:

> »[Die Pille] ist ausschließlich die Erfindung von Männern. Und warum haben sie sie erfunden? . . . Weil sie äußerst abgeneigt sind, mit dem eigenen Körper zu experimentieren . . . und weil sie höchst geneigt sind, mit dem Körper der Frau zu experimentieren . . . Es wäre viel sicherer, an Männern herumzupfuschen als an Frauen . . . Die ideale Empfängnisverhütung wäre zweifellos eine Pille, die Mann und Frau gleichzeitig einnehmen müssen.«

Ich habe die Studentinnen jedesmal gebeten, von Margaret Meads Standpunkt auszugehen und dann Beweise dafür oder dagegen vorzulegen. Die Studentinnen, die Margaret Meads These für gerechtfertigt hielten, wurden dann aufgefordert, realistische Vorschläge zu machen, wie der angeblichen Vorherrschaft der Männer in der empfängnisverhütenden Forschung abzuhelfen ist. Als die Jahre vergingen, und besonders als Stanford einen eigenen Studiengang für Frauenfragen einrichtete, beschloß ich, eine spezielle Lehrveranstaltung mit dem Titel »Feministische Perspektiven der Geburtenkontrolle« anzubieten. Inzwischen habe ich sie fünfmal durchgeführt, einmal davon am Bard College in New York, weil es mich reizte, die Perspektive von Studenten einer kleinen Hochschule an der Ostküste mit der ihrer westlichen Pendants an einer großen Universität zu vergleichen. Von einer einzigen Ausnahme abgesehen, waren alle Teilnehmer dieser Lehrveranstaltungen Frauen.

Haben die Männer plötzlich aufgehört, an die Geburtenkontrolle zu glauben? Hat die »Yuppiefizierung«, die Konzentration der derzeitigen Studentengeneration auf materielle Güter und beruflichen Aufstieg, die Männer veranlaßt, der Geburtenkontrolle einen niedrigen Stellenwert zuzuweisen? Ich glaube, der wahre Grund ist der, daß die Studenten der achtziger Jahre allesamt Kinder von Müttern der Pillengeneration sind. Die Pille hat viele wichtige soziale Beiträge geleistet, nicht zuletzt den, daß Geburtenkontrolle zu einem akzeptablen Thema für Tischgespräche geworden ist. Gleichzeitig hat sie aber auch eine gesellschaftliche Atmosphäre geschaffen, in der eine weitere Verantwortung – in diesem Fall die Verantwortung für die Empfängnisverhütung – auf die Schultern der Frau abgewälzt wurde. Viele Frauen nahmen diese Verantwortung natürlich gerne auf sich, weil sie darin ein wichtiges Zeichen der Emanzipation und der Befreiung von der Vorherrschaft der Männer sahen, doch eine der Folgen dieser Errungenschaft war auch ein allgemeines Achselzucken seitens der Männer, eine Entwicklung, die ich zutiefst bedaure.

Es tat mir leid und amüsierte mich zugleich, daß es ausgerechnet die Frauen meines Seminars waren, die den unmittelbarsten Einfluß darauf hatten, daß an der Stanford-Universität Kondome erhältlich wurden. In Anbetracht der Tatsache, daß annähernd 40 Prozent aller Kondomkäufer in den Vereinigten Staaten heutzutage Frauen sind, hielt ich es nur für angebracht, einige der Studentinnen in »Feministische Perspektiven« zu ermuntern, sich auf diese Form der Empfängnisverhütung zu konzentrieren. In einer Zeit, als noch kaum jemand etwas mit dem Wort Aids anzufangen wußte, schrieb ich in einem Artikel, der sich mit Schwangerschaften minderjähriger Amerikanerinnen befaßte, daß die allgemeine Verfügbarkeit von Kondomen an weiterführenden Schulen und Colleges nicht nur im Zusammenhang mit der Volksgesundheit sinnvoll wäre, sondern auch eine Möglichkeit böte, jungen Männern in der prägendsten Phase ihres Lebens beizubringen, Mitverantwortung bei der Empfängnisverhütung zu übernehmen. Unter den Arbeiten, die die Frauen meines Seminars schrieben, waren auch kritische feministische Bewertungen der Kondomwerbung. Darin wurde gefragt, warum man statt einer phallozentrischen Terminologie wie »Scheich« oder »Ramses« und ähnlichem – oder auch des speerwerfenden Massai-Kriegers auf der Packung kenianischer Kondome, über die die Reporterin von *People* berichtete – Kondomen nicht einmal den Markennamen »Cleopatra« gab. Und warum man statt der derzeit angebotenen Farben Blau und Grün und Orange, wollte eine meiner streitbaren Feministinnen wissen, Cleopatras nicht einen Goldton gab.

Im Jahre 1980 untersuchten zwei weibliche Mitglieder einer Projektgruppe, was getan werden mußte, um an der Stanford-Universität Kondomautomaten einzuführen, die damals noch an keiner amerikanischen Universität installiert waren. Sie erhielten eine erstklassige Lektion in akademischer Bürokratie. Der für studentische Belange zuständige Dekan schickte sie zum amtierenden stellvertretenden Vizepräsidenten der Verwaltung, der ihnen empfahl, zunächst einmal einen der juristischen Berater der Universität zu konsultieren und dann den sportlichen Direktor, weil sie an Sporthallen als mögliche Standorte gedacht hatten. Selbst der Ombudsmann der Universität konnte ihnen nicht helfen, als sie ihm von der entsetzten Reaktion eines Bibliothekars berichteten, nachdem die Studentinnen vorgebracht hatten, daß die Toiletten der Bibliothek geeignet wären. »Überlegen Sie doch einmal, wie viele Oberschüler dann in die Bibliothek kämen, um sich Kondome zu holen!« meinte er schockiert. Ich konnte mir kaum eine bessere Verwendung von Kondomen vorstellen: die Schwangerschaftsrate bei Minderjährigen zu senken und gleichzeitig den Bildungsstand zu heben, selbst auf die Gefahr hin, daß gelegentlich ein benutztes Kondom zwischen den Regalen herumliegt. Erst 1987 gelang es einer weiblichen Fünferbande, die sich mit im freien Verkauf erhältlichen Empfängnisverhütungsmitteln beschäftigte und von meinen Studentinnen Shirley Wang und Jennifer Yu angeführt wurde, die Stanforder Verwaltung so zu zermürben, daß in einigen Toiletten die ersten Kondomautomaten aufgestellt wurden. Wenn ich nicht praktizieren würde, was ich predige, und nicht schon vor Jahren eine Vasektomie hätte vornehmen lassen, wäre ich mit Sicherheit einer der ersten Kunden gewesen. Somit liegt die Packung aus Kenia noch immer unbenutzt in meiner riesigen Kondomsammlung, in die ich hin und wieder zu Demonstrationszwecken greife. Dabei bin ich vermutlich einer der ganz wenigen Amerikaner, der aufgrund seiner Lehrtätigkeit die Kosten für Kondome von der Einkommensteuer absetzen könnte.

KAPITEL 11

Intermezzo: The Big Drop

Eın schweigsamer Mann, den ich nicht kannte, saß zwischen mir und Sheldon Glashow, dem Nobelpreisträger für Physik aus Harvard, der die Existenz Charm besitzender Hadronen vorhergesagt hatte. Wir waren auf dem Podium beim »Banquet of the Golden Plate«, einer Verleihungszeremonie, die von einer unternehmerischen Organisation mit dem großspurigen Namen American Academy of Achievements (Amerikanische Akademie der Errungenschaften) veranstaltet wurde. Eine Schar sogenannter »Captains of Achievement« saß einem Haufen Oberschüler gegenüber, die irgend etwas Tolles geleistet hatten: Preisträger des National-Merit-Wettbewerbs, Nationalspieler, junge Superfarmer, Sieger eines Wettbewerbs in patriotischer Kunst, die Miss Junior America (gesponsert von Coca Cola), der Champion des landesweiten Rechtschreibewettbewerbs und ein Zwölfjähriger namens David Glassner, der dem bebilderten Programmheft zufolge bei der College-Aufnahmeprüfung in Mathematik glatt die Höchstzahl von 800 Punkten erreicht hatte, eine Zahnklammer trug, einen norwegischen Elchhund namens King besaß und natürlich Zeitungen austrug. Die Namen meiner »Kapitäns«-Kollegen waren mir größtenteils unbekannt: Ed Asner, Cicely Tyson, Darrell Griffith, Henry Winkler waren nur einige der Namen, deren Identität mir später enthüllt wurde. Ich sehe selten fern (vor 1985 besaß ich nicht einmal ein Gerät), gehe nie zu Basketballspielen und setze nur hin und wieder Kopfhörer auf, wenn im Flugzeug ein Film gezeigt wird. Ich fliege so oft lange Strecken, daß ich die Gelegenheit genieße, ungestört lesen oder schreiben zu können. Um meine Neugier zu befriedigen, genügt es voll und ganz, wenn ich hin und wieder einen Blick auf die Leinwand werfe; folglich sehe ich auf diese Weise zwar ziemlich viele Filme, doch an ihre Titel oder an die Namen der Schauspieler erinnere ich mich nur selten.

Ich war darauf erpicht, mich mit den wenigen anderen anwesenden Wissenschaftlern zu unterhalten. Aber wer war nur der Mann neben mir, der im Mittelpunkt des Interesses eines Stroms verzückter Schülerinnen stand, die ihn immer wieder bestürmten, ihre Programmhefte zu signieren? Warum baten sie Glashow und mich nicht um ein Autogramm? »Leben Sie hier?« fragte ich den Mann. Einen Moment lang war er etwas verdutzt und folgte mit den Augen meiner den ganzen Festsaal umfassenden Handbewegung, bis er begriff, daß ich Los Angeles meinte. *»Yeah«*, sagte er und starrte mich mißtrauisch an. Er hatte harte Augen, eine scharfe, wohlgeformte Nase, dicke Koteletten und eine hohe Stirn – die weniger auf Intelligenz, sondern eher auf beginnenden Haarausfall hindeutete, was durch das dunkle Haar noch unterstrichen wurde, das ihm hinten über den Kragen fiel und seine Ohren teilweise bedeckte. Die Falten in seinem Gesicht sahen aus wie die Schmisse eines preußischen Offiziers. Er schien argwöhnisch zu sein, denn er beobachtete ständig meinen Mund. »Arbeiten Sie hier?« fragte ich, schon etwas verlegen. *»Yeah«*, sagte er nickend und kniff wieder die Augen zusammen. »Und was machen Sie?« fragte Glashow, der allzeit neugierige Physiker. Nachdem der Mann mit schwungvoller Gebärde und laut kratzender Feder ein paar Programme signiert hatte, sagte er zu Glashow gewandt: »Ich arbeite in Hollywood.« »Sie meinen, in der Filmindustrie?« mischte ich mich ein, um ihm weiterzuhelfen. *»Yeah«*, räumte er ein und brauchte lange dazu, das nächste Programmheft zu signieren, als wüßte er nicht so recht, was er schreiben sollte. »Und was machen Sie da?« hakte Glashow nach. »Sind Sie Regisseur?« fügte ich hinzu; für einen Schauspieler sah er einfach nicht fesch genug aus. *»Yeah«*, räumte er ein, »ich führe auch Regie.«

Ich war bereit aufzugeben, doch Glashow bohrte weiter:

»Bei was für Filmen?« Unser Nachbar antwortete: *»Play Misty for Me«,* und drehte sich dann zu mir um: *»Breezy, Bronco Billy.«* »Ah ja«, sagte ich, obwohl ich noch nie von einem dieser Filme gehört hatte, aber nichtsdestoweniger beeindruckt war. »Wie war doch gleich Ihr Name?« fragte Glashow und ersparte es uns, unauffällig das ganze 128 Seiten lange Programmheft durchblättern zu müssen. Darauf folgte eine wahrhaft bedeutungsschwangere Pause, bevor der Mann antwortete: »Eastwood.« »Sehr erfreut«, sagte Glashow und streckte ihm die Hand hin, »ich bin Shelly Glashow.« Bis zum heutigen Tag ist mir nicht klar, ob der Name »Eastwood« Glashow irgend etwas sagte, aber für mich bedeutete dieser schlichte amerikanische Name nur, daß der Mann ihn, in krassem Gegensatz zu mir, nicht jedesmal buchstabieren mußte, wenn er telephonisch einen Tisch im Restaurant bestellte. »Und ich bin Carl Djerassi«, fügte ich hinzu und fuhr leutselig fort: »Sagen Sie mal, Mr. Eastwood, warum wollen alle diese Leute ein Autogramm von Ihnen?« Darauf verzog sich Clint Eastwoods ernstes Gesicht zum ersten Mal zu einem Lachen. »Soll das ein Witz sein?« fragte er mich herausfordernd.

Meine Unwissenheit war derart groß, daß ich, wenn dazu Zeit gewesen wäre, Mr. Eastwood von meinen eigenen Erfahrungen als Filmboss erzählt hätte. Für diesen Reinfall war die riesige protzige Blechmedaille, die jeder »Captain of Achievement« an einem rot-weiß-blauen Band um den Hals hängen hatte, genau die richtige Auszeichnung. Desgleichen der dazugehörende Teller mit Goldrand, in dessen Mitte in erhabener Arbeit mein Name prangte – das passende Vehikel, um ein gerupftes Huhn zu servieren.

I.

Im Jahre 1957 verbrachte ich vier Wochen im amerikanisch-britischen Cowdray-Krankenhaus in Mexico City, wo die operative Versteifung meines Knies vorgenommen worden war, die die ständig zunehmenden Schmerzen zu lindern

versprach, unter denen ich seit Jahren gelitten hatte. Zu der
Zeit mußte man bei Knieversteifungen üblicherweise mehrere
Monate in einem Gipsbett verbringen. Aber Dr. Juan Farill in
Mexico City – der in einer Woche mehr Knieversteifungen
durchführte als die meisten amerikanischen Chirurgen in Monaten und der selbst ein versteiftes Knie hatte – setzte statt
dessen zwei Metallnägel in Schienbein- und Oberschenkel-
knochen ein und verschraubte sie von außen, wo sie aus dem
Bein ragten. Nachdem ich etwa einen Monat lang auf diese
Weise immobilisiert worden war, brauchte ich danach nur
noch einen Gehgips, bis die Knieversteifung vollständig ver-
heilt war. (Die Operation war so erfolgreich, daß ich einige
Jahre später, nach einer Zwangspause von zwei Jahrzehnten,
wieder Ski zu laufen begann, wenn auch mit einer seltsamen
steifbeinigen Technik und einem speziell angefertigten linken
Skistiefel.)

In dem Monat, den ich im Krankenhaus verbrachte, freun-
dete ich mich mit der amerikanischen Leiterin des Pflegeper-
sonals an. Bei ihren Besuchen erzählte mir Betty von ihrem
Mann Mike, der in der aufstrebenden mexikanischen Fernseh-
branche tätig war, aber eigentlich Drehbücher schreiben,
Regie führen und einen Spielfilm produzieren wollte. Einige
Wochen später, als ich das Krankenhaus verlassen hatte, lernte
ich Mike kennen, und er erzählte mir von der mexikanischen
Filmindustrie. Sie war ziemlich groß, wie er sagte, und verfügte über die ganze erforderliche Infrastruktur: Studios,
Toningenieure, Kameraleute, Beleuchter, Techniker – alles.
Einen Film in Mexiko zu machen, kostete nur einen Bruchteil
dessen, was in Hollywood erforderlich war, dem üblichen
Lieferanten zweitrangiger Filme für Doppelprogramme in
Autokinos und Provinztheatern, wo man nur hinging, um zu
schmusen und nicht, um sich etwas anzusehen. Wenn ein Film
in der Hauptsache aus Sex und Suspense bestand, dann waren
auch die wenigen, die tatsächlich den Film sehen wollten,
zufrieden. Bei genug S&S brauchte man nicht einmal einen
teuren Farbfilm zu nehmen. Laut Mike kostete das billigste
B-Movie in Hollywood damals mehrere hunderttausend Dollar, wohingegen ein ausgewachsener Spielfilm in Mexiko mit

einem mittleren fünfstelligen Budget zu produzieren war. Und wenn man keine Gewerkschaftsmitglieder nahm und den Hauptdarstellern und dem Stab eine Gewinnbeteiligung anbot, konnte man mit 30 000 Dollar einen zufriedenstellenden Happen für den unersättlichen Appetit der Gringos zustande bringen.

»Und warum macht man es dann nicht?« fragte ich, ohne zu merken, daß ich bereits am Köder knabberte.

»Weil die hiesige Filmindustrie nur spanische Filme für den lateinamerikanischen Markt macht: Mexiko, Zentren spanischsprechender Einwanderer jenseits der Grenze, wie Los Angeles und San Antonio, und andere lateinamerikanische Länder.« Er sah mich von der Seite an. »Der wahre Markt müßte natürlich der englischsprachige sein, aber die einzigen Filme, die in Mexiko für dieses Publikum gemacht werden, sind solche mit vielen Außenaufnahmen und Stars wie Elizabeth Taylor. Und darum . . .« sagte er langsam.

»Und darum?« wiederholte ich.

»Braucht man Drehbücher in Englisch mit mexikanischen Schauplätzen; ganz wenig Atelieraufnahmen, was auch die meisten Probleme mit der Gewerkschaft eliminiert; nur zwei oder drei Hauptpersonen, die Amerikaner sind, und Nebenrollen, die so angelegt sind, daß sie logischerweise Mexikaner sein können, die Englisch mit Akzent sprechen . . . schwarzweiß . . . Sex und Suspense . . . Geld sparen und synchronisieren . . . flotte Musik . . .«

Inzwischen drangen nur noch Schlagworte zu mir durch; im Geiste sah ich schon eine Art Metro-Goldwyn-Mayer im Kleinformat vor mir, und all das aufgrund dieser ersten Investition in Höhe von 30 000 Dollar. »Schön und gut«, murmelte ich, »aber wie kommt man an ein solches Drehbuch?«

»Wie? Ganz einfach. Ich hab eins.«

Schließlich las ich Mikes Drehbuch und, so unbegreiflich mir das heute auch erscheint, es gefiel mir. Ich hatte noch nie ein Filmscript gelesen, aber schon die ersten Zeilen klangen ungeheuer professionell: »WILLIE hat gerade ein Taschentuch herausgeholt. Er beginnt sich den Mund abzuwischen.

Er schaut nach oben, reagiert auf etwas außerhalb des Bildes. Die KAMERA fährt auf Nahaufnahme vor. Ein Grinsen macht sich auf WILLIEs Gesicht breit, während er langsam, bedächtig . . .«

Mike brauchte nur einen Teil der Summe, um anzufangen. Binnen weniger Wochen hatte ich drei Freunde überredet, sich an dieser garantierten Goldgrube zu beteiligen. Am leichtesten zu überzeugen war mein ältester Freund Gilbert Stork, damals Professor für Chemie an der Columbia-Universität, der genausowenig vom Filmgeschäft verstand wie ich; die beiden anderen waren meine Syntex-Kollegen George Rosenkranz und Alejandro Zaffaroni, zu denen ich während einer zweijährigen Beurlaubung von meiner Professur an der Wayne State University gestoßen war, um bei Syntex Vizepräsident der Forschung zu werden. Alex hatte sogar den Weitblick, eine panamaische Holding namens SOXA zu gründen. »Wer weiß«, meinte er, »wenn das ein *espektakulärer* Erfolg wird« – er setzte immer das spanische ›e‹ voran, wie in *estupido* – »dann sollten wir die Gewinne lieber gleich in einer Steueroase unterbringen, um den nächsten Film zu finanzieren.« Wir verstanden zwar nicht gerade viel vom Filmgeschäft, aber immerhin hatten wir Cortison und das erste hormonelle Empfängnisverhütungsmittel synthetisieren gelernt; einen Film zu produzieren war da doch wohl ein Klacks.

Wenn man ein Filmscript liest, ist es, als würde man die Rohentwürfe eines Architekten betrachten und sich das fertige Haus vorstellen. Oder, was noch schwerer ist, sich vorzustellen versuchen, wie es sich darin leben wird. Mikes Drehbuch hatte den – im Rückblick ominösen – Titel *The Big Drop* (etwa: Der große Reinfall). Die Story war ganz einfach, zu der Zeit sogar überzeugend einfach. Willie, ein amerikanischer Gangster, veruntreut mit Hilfe eines korrupten amerikanischen Polizisten eine Menge Geld, das der Mafia gehört. Aus irgendwelchen Gründen, die im Drehbuch nicht weiter erhellt werden, und dem Publikum später auch nicht, soll dieses Geld in Mexico City übergeben werden, wo Willie und sein Leibwächter, der Polizist, es abholen wollen. Die Sache geht schief, als die Hauptfiguren mit der Bahn in Mexiko eintreffen, dicht gefolgt von Killern, die die Mafia geschickt hat. Trotz des ehrlichen und dummen jüngeren Bruders des Gangsters, einer reizenden mexikanischen Hure und der neuen mexikanischen Freundin des Polizisten verhindert eine Folge von Komplikationen die Abholung des Geldes bis zum großen Showdown, der hoch droben auf der Spitze des zehnstökkigen *Monumento a la Revolución* in Mexico City stattfindet. Der Gangster stürzt auf der Spitze des Monuments über die Brüstung und wird drunten auf dem Pflaster zerschmettert.

Leider erging es den Filmproduzenten fast ebenso schlecht. *Item:* Mikes Script sah zwei amerikanische Hauptdarsteller vor, den Gangster und den Cop, sowie einige amerikanische Nebenfiguren – die Killer des Syndikats, den jüngeren Bruder. Alle anderen Schauspieler konnten einheimische Mexikaner mit minimalen Englischkenntnissen sein. Wie sich herausstellte, sprachen die mexikanischen Schauspieler besser Englisch als die beiden »amerikanischen« Hauptdarsteller, die Mike nach langer Suche aufgespürt hatte. Beide waren Franzosen. Marc, der Cop, sprach zwar passabel Englisch, aber mit starkem Akzent. Zumindest bewegte er die Lippen richtig, so daß man ihn synchronisieren konnte. Willie, der angeblich aus Jersey City stammende Gangster, wurde dagegen von einem kleinen zottelhaarigen Franzosen gespielt, der kein Wort Englisch sprach. Seine klassischen gallischen Handbewegungen und Gesichtsausdrücke hätten zu einem Mafioso aus Marseilles gepaßt, aber nicht zu einem aus Jersey City. »Keine Sorge«, versicherte uns Mike. »Wir synchronisieren alles, um Geld zu sparen. Wir schreiben einen speziellen französischen Text für Julien, damit sich seine Lippen passend zum englischen Text bewegen.« Das Resultat war zum Brüllen: Drohungen wie »Ich schlag dir den Schädel ein« kamen ihm als »*Je t'aime beaucoup*« oder ein ähnlich zärtliches Pendant über die Lippen.

Item: Am zweiten Tag der auf vierzig Tage angesetzten Dreharbeiten, als das Team zu Außenaufnahmen in Morelia war, wurde die Kamera gestohlen. Einfallsreiche Leute können bei unerwarteten Katastrophen improvisieren, aber diese

Kamera war der kostbare Besitz des einzigen nicht gewerkschaftlich organisierten Kameramanns in ganz Mexiko, der bereit war, für einen Prozentsatz der zukünftigen Gewinne zu arbeiten. Der Kauf einer Ersatzkamera hätte unser gesamtes Produktionsbudget gesprengt. Nachdem uns der Polizeichef von Morelia einige Tage hatte schmoren lassen, ließ er uns wissen, daß er den Gegenstand für eine unbescheidene, aber keineswegs exorbitante Summe wieder beschaffen könne. Natürlich konnte er das, denn die Kamera war von der örtlichen Polizei gestohlen worden.

Item: Die Dreharbeiten dauerten nicht vierzig Tage, sondern zogen sich mehr als acht Monate hin. Einige der Schauspieler, beispielsweise die Frau, die die Freundin des Polizisten spielte, mußten sich während dieses häufig unterbrochenen Marathons andere Arbeit suchen. In einer Szene gab die blonde Frau ihrem Freund einen Abschiedskuß. Eine Szene, die zehn Minuten später spielt, wurde vier Monate danach gedreht, und in dieser Zeit hatte sich die Frau die Haare schwarz gefärbt, um den Anforderungen eines lukrativeren Engagements zu entsprechen, das sich ihr inzwischen geboten hatte. Also mußte sie in der zweiten Szene ein Kopftuch tragen, das so eng anlag und alles verhüllte, daß keine einzige schwarze Strähne zu sehen war. Selbst der Ayatollah wäre zufrieden gewesen.

Item: Die letzte und blutrünstigste Szene, in der der Körper des Gangsters vom Himmel herunter auf die harte Erde knallt, mußte wiederholt werden. Als wir die Muster des Höhepunktes anschauten, trauten wir unseren Augen nicht. Da saß doch in einer Ecke des Bildes, zugegebenermaßen 10 bis 15 Meter von dem zerschmetterten Körper entfernt, ein Arbeiter und mampfte seelenruhig eine zusammengerollte Tortilla. »Mike«, flüsterte ich, »vielleicht hat er den Körper ja nicht fallen sehen, aber *gehört* hätte er ihn bestimmt.«

Item: Wären die Dreharbeiten nach 40 oder auch nach 80 Tagen abgeschlossen gewesen, dann hätte es auch kein Problem mit der Gewerkschaft gegeben. Wir benutzten kein Filmatelier, das Team war klein und der Ansporn, die ganze Operation geheimzuhalten, groß. Aber irgendwann im Laufe der achtmonatigen Dreharbeiten hatte die Gewerkschaft von *The Big Drop* Wind bekommen und ein Exportembargo veranlaßt, jedoch keine Konfiszierung – in der zutreffenden Annahme, daß es für unser Meisterwerk keinen Markt in Mexiko gab. Folglich mußten wir zu ungesetzlichen Mitteln greifen. Jedesmal, wenn einer von uns in die Staaten flog, verstauten wir neben Hemden und Unterwäsche auch zwei bis drei Filmbüchsen in unserem Gepäck. Nachdem wir mehrere Monate lang derart tröpfchenweise geschmuggelt hatten, lagen immer noch 16 Büchsen in Mexico City. Gilbert Stork wurde zu einem seiner wissenschaftlichen Beratertrips aus New York erwartet, und da er mit einem mexikanischen Touristenvisum reiste, bestand kaum Gefahr, daß sein Gepäck bei der Ausreise auf dem Flughafen von Mexico City durchsucht werden würde. Wir füllten einen ganzen Koffer mit den restlichen Büchsen, die wir alle sorgfältig mit der Aufschrift »Professor Gilbert Stork, Fachbereich Chemie, Columbia-Universität« versehen hatten.

»Ist das ein Lehrfilm?« fragte der Beamte am Idlewild Airport in New York respektvoll, als er den Aufkleber las.

»Nicht direkt«, erwiderte Gilbert.

»Handelt es sich um pornographisches Material?«

»Schön wär's!« sagte Gilbert und grinste.

»Werden Sie daran Geld verdienen?« hakte der Beamte nach.

Gilberts aufrichtiges »Das bezweifle ich« trug den Sieg davon.

»Der nächste!« bellte der Beamte und winkte *The Big Drop* durch.

Item: In New York wurde eine Arbeitskopie hergestellt, und Mike tat einige Verleiher auf, die bereit waren, sich unser episches Werk anzusehen. »Was glauben Sie eigentlich, was das ist, *Vom Winde verweht?*« war noch der nachsichtigste Kommentar. Uns wurde sehr bald klar, daß der Film drastisch geschnitten werden mußte, wenn er den Markt für B-Movies – oder überhaupt irgendeinen Markt, was das betrifft – befriedigen sollte, und daß die Kosten für dieses Schneiden in den Staaten untragbar wären. Also mußten wir die etwas über 30

Filmbüchsen allesamt wieder nach Mexiko schmuggeln. Für den Fall, daß es bei Vergehen dieser Art keine Verjährung gibt, will ich auf die Einzelheiten dieser Schmuggeloperation lieber nicht näher eingehen.

Item: Als die Filmbüchsen wieder in Mexico City eintrafen, zusammen mit der Forderung nach einer zusätzlichen Kapitalspritze zur Bezahlung der Schneidekosten, stellte Alex Zaffaroni seine Geschäftstüchtigkeit unter Beweis, indem er verkündete, daß seine Beteiligung an *The Big Drop* und alle entsprechenden panamaischen SOXA-Aktien zum Verkauf standen. Kein vernünftiges Angebot sollte ausgeschlagen werden. Mit dem gleichen Charme, dessen ich mich bediene, wenn ich neuen Doktoranden potentielle Dissertationsprobleme schildere, sprach ich einen weiteren Freund auf diese phantastische Gelegenheit an. Elkan Blout, der frühere Vizepräsident der Forschungsabteilung von Polaroid, hatte gerade eine Professur für Biochemie in Harvard übernommen. Ich vermutete, daß seine frühere Erfahrung bei Polaroid ihn für ein Unternehmen, das etwas mit Filmen zu tun hatte, empfänglich machen würde. Elkan nahm das Angebot an, beschloß jedoch, das Risiko zu streuen. Ob wir etwas dagegen hätten, wenn er nur die Hälfte von Zaffaronis Anteilen übernahm und seinen Schwager, Jack Dreyfus, als weiteren Partner einbrachte? Mir war's recht. Dreyfus hatte zwar keinen Doktortitel, doch er hatte den bekannten Dreyfus-Fond gegründet und war für unsere Gruppe von Geldgebern zweifellos ein Aushängeschild. Also wurde *The Big Drop* auf eine Länge von 75 Minuten gekürzt und eigens komponierte Musik in die Tonspur aufgenommen. Letzteres verzögerte die Fertigstellung um über ein Jahr, aber selbst heute halte ich die Musik noch für das Beste daran. Den Namen des Komponisten habe ich längst vergessen; ich weiß nur noch, daß er freiberuflich tätig war, nachdem er angeblich die Musik für den Frank-Sinatra-Film *Der Mann mit dem goldenen Arm* komponiert hatte.

Als *The Big Drop* seine endgültige Gestalt angenommen hatte, waren über vier Jahre vergangen und ich war wieder in den Staaten und lehrte Chemie an der Stanford-Universität.

Unsere neuen Partner von der Ostküste, Blout und Dreyfus, hatten gute Beziehungen. Der neue *Big Drop* wurde nach New York geschafft und umgehend Warner Brothers, Columbia und weniger bedeutenden Vertretern der Branche vorgeführt. Mein innerer Abwehrmechanismus sorgte dafür, daß ich mich nur an zwei der freundlicheren Äußerungen erinnere: »Viel zu künstlerisch für ein B-Movie« und »Viel zu B-haft für einen künstlerischen Film«. (Ich habe das Gefühl, daß diese Meinungen zunächst Jack Dreyfus übermittelt wurden, den die Studios nicht vor den Kopf stoßen wollten.) Also schraubten wir unsere Ansprüche zurück und stießen schließlich auf einen kleinen Filmverleiher in Georgia, der die Autokinos auf dem Lande belieferte. Mit der Arroganz der Nordstaatler gingen wir davon aus, daß unser gewagter *Big Drop* bei den Hinterwäldlern südlich der *Mason-Dixon-Line* ein Renner sein würde und daß das Geld nur so hereinströmen würde.

Wir warteten ein paar Jahre. Wir bekamen nichts; wir hörten nichts; wir konnten nicht einmal klären, wo unsere Kopie abgeblieben war. Der Verleiher aus Georgia hatte sich schlicht samt dem Film in Luft aufgelöst. Etwa zu der Zeit verbrachte ein Fakultätsmitglied der Emory-Universität in Atlanta sein Ferienjahr in meinem Labor in Stanford. Ihn fragte ich, ob er einen Anwalt (einen *billigen*, wie ich betonte) kannte, der uns helfen würde, diesen Film-Veruntreuer aufzuspüren, der sich mit unserem *Big Drop* abgesetzt hatte. Er kannte einen Scheidungsanwalt, der bereit war, unseren Fall zu übernehmen und es schließlich auch schaffte, den Missetäter aufzuspüren (der passenderweise E. M. Creamer – «Absahner« – hieß). Die markige Botschaft unseres Anwalts («Das hier ist eine ländliche Gegend, und obwohl Mr. Creamer nicht aus Georgia gebürtig ist, könnte es für uns schwierig werden, falls es zu einer Hauptverhandlung kommen sollte») schloß mit der Empfehlung, als Gegenleistung für die Rückgabe des Films und die Erstattung der Gerichtskosten von einer Klage abzusehen. Creamer hatte Glück: Das Bezirksgericht des Carroll County forderte die fürstliche Summe von 14.50 Dollar (Anno Domini 1965). Also ließen wir den Prozeß sausen und schnappten uns *The Big Drop*. Inzwischen war auch unser Anwalt in Atlanta vom Filmfieber gepackt worden: Gegen eine bescheidene Beteiligung an den zukünftigen Gewinnen bot er an, einen ehrlichen Verleiher in den Südstaaten zu finden. Wir gaben ihm diese Option, doch das einzige, was dabei herauskam, war, daß die Neugier des Anwalts befriedigt wurde. Er und sein potentieller Verleiher kamen zu dem Schluß, daß *The Big Drop* nichts für Georgia war. »Viel zu intellektuell«, erklärte er.

Neun Jahre waren vergangen seit der Zeit, als ich mein Krankenlager in Mexico City verlassen hatte, bis ich schließlich in Palo Alto, Kalifornien, den schweren Metallkoffer in Händen hatte, der alle Filmbüchsen der einzigen Kopie von *The Big Drop* enthielt. Zu diesem Zeitpunkt wollte ich nur noch endlich das fertige Opus sehen. Ich hatte zahllose Muster ohne Ton gesehen, Sequenzen mit getrennter und nicht übereinstimmender Tonspur, aber noch nie die komplette Version oder gar ihre feingeschnittene Kopie. Ich bekam eine Gänsehaut wie ein Prospektor, der sicher ist, daß der glitzernde Steinbrocken in seinen Händen Gold enthält.

Ich fand heraus, daß man sich einen 35-Millimeter-Projektor nicht einfach ausleihen konnte; man mußte ein ganzes Kino mieten. Meine Sekretärin stieß auf eine unwiderstehliche Gelegenheit: Als Fakultätsmitglied konnte ich in den Weihnachtsferien kostenlos das Memorial Auditorium der Stanford-Universität benutzen, vorausgesetzt, ich bezahlte dem Studenten, der den Projektor bediente, sechs Dollar die Stunde. Für die lächerliche Summe von 12 Dollar sollten meine Frau und meine beiden Kinder, die sich, während *The Big Drop* ausgetragen wurde, von Kleinkindern zu Teenagern entwickelt hatten, diesen Film in der einsamen Pracht eines 800 Personen fassenden Auditoriums zu sehen bekommen. Um die Pracht etwas weniger einsam zu machen, lud ich Gäste ein. Noch vor Ende der Woche waren über 500 Einladungen per Stanforder Hauspost verschickt oder an Schwarzen Brettern angeschlagen worden: »Carl Djerassi lädt ein zur Welturaufführung des Films THE BIG DROP um 20 Uhr im Memorial Auditorium.«

Meine großartigen Visionen trugen Früchte. Über 400 Leute erschienen: Dekane, Professoren, Studenten, Freunde, Freunde von Freunden, vereinzelte Passanten. Als ich vor der riesigen Leinwand stand und dem aufmerksam lauschenden Publikum erklärte, daß es im Begriff war, einen Film zu sehen, der, einem Odysseus gleich, durch die Welt geirrt war, ehe er Palo Alto erreichte; als ich, der routinierte Professor und gewöhnlich auf glasige Augen und unterdrücktes Gähnen eingestellt, die gespannte Erwartung der Zuschauer spürte, bekam ich einen flüchtigen Eindruck davon, wie es bei einer Oscar-Verleihung in Hollywood ist. Dies war der Höhepunkt aller meiner Filmträume. Ich beendete meine Ansprache und ließ mich neben meinem Sohn nieder, direkt vor dem Dekan der medizinischen Fakultät und seiner Frau, einer Ärztin. Auf mein Handzeichen hin ertönten die Trompetenklänge einer Mariachi-Band, und auf der Leinwand erschien die erste Szene von *The Big Drop*.

Je länger der Film dauerte, desto tiefer rutschte ich auf meinem Sitz nach vorn, bis mein Kopf praktisch hinter der Rückenlehne verschwunden war. Schuld daran war nicht die verzweifelte Frage des Dekans an seine Frau: »Was zum Teufel geht hier eigentlich vor, Helen?« Diese Frage hatte ich mir schon geraume Zeit davor zu stellen begonnen. Das sich vor unseren Augen offenbarende Desaster war in keinster Weise auf unsachgemäßes Schneiden oder auf die altmodische Form der Autos oder der Kleidung der Schauspieler zurückzuführen. Tatsächlich hatte der zehn Jahre währende Hiatus zwischen Empfängnis und Debüt dem Film das Wenige an Reiz verliehen, das er besaß. Man konnte nur zu dem Schluß kommen, daß das ursprüngliche Produkt miserabel gewesen war, daß die vier Doktoren und der Bankier vor lauter Habgier mit Blindheit geschlagen waren. Wie konnte man von Spannung sprechen, wenn die Zuschauer nicht den blassesten Schimmer hatten, was da vor ihren Augen vor sich ging? Und wie konnte man von Sex sprechen, wenn die erotischste Szene darin bestand, daß die mexikanische Hure geziert vor einem Himmelbett stand, in einem züchtigen Nachthemd, das ihr bis unter die Knie ging und nur die Spur eines Ansatzes zwischen ihren üppigen, aber sittsam verhüllten Brüsten erkennen ließ? Sie stand nur da, leckte sich die Lippen und ließ ihre Hände langsam einen der Bettpfosten auf und ab gleiten. (»Alles klar?« Mike hatte obszön gegrinst, als wir uns die Muster anschauten.) Aber in dem dazwischenliegenden Jahrzehnt hatte die sexuelle Revolution die Macht übernommen – zum Teil aufgrund des oralen Kontrazeptivums, das einige der Geldgeber des Films selbst entwickelt hatten; und was in den fünfziger Jahren sexy gewesen sein mochte, rief in den sechziger Jahren nur Gähnen hervor.

Als ich das Auditorium verließ, gab ich vor, niemanden zu sehen. Ich konzentrierte mich auf meinen grinsenden Sohn, der seinen Vater noch nicht oft so kläglich hat scheitern sehen. »Die Musik war doch gut, stimmt's?« fragte ich immer wieder. Zumindest wurde meinen Kollegen und Freunden das seltene Erlebnis zuteil, sowohl die erste als auch die letzte Aufführung eines Films an ein und demselben Abend zu sehen.

II.

Ich hätte Clint Eastwood mit meiner Geschichte ergötzen können, aber vielleicht war ein Bankett der »Academy of Achievement« nicht der richtige Ort. Auf jeden Fall war meine Verbindung mit der Filmindustrie damit nicht beendet. Wenn aus *The Big Drop* eine Lehre zu ziehen war, so hat mein Sohn sie gründlich ignoriert. Dale ist nämlich Filmemacher geworden und hat zusammen mit seiner früheren Frau einen Spielfilm, *'68*, produziert, der Anfang 1988 herauskam. Der Film schildert die Ereignisse des Jahres 1968 aus der Sicht einer ungarischen Einwandererfamilie in den USA. Das Ganze wurde 1987 an Schauplätzen in San Francisco gedreht. Einmal brauchte Dale Komparsen für eine Szene in einem Restaurant, wo eine ungarische Geburtstagsfeier stattfand. Also ging ich mit Alex Zaffaroni hin (der nach Palo Alto gezogen war, wo er ein eigenes pharmazeutisches Unternehmen, ALZA, gründete). Wir haben beide silbergraues Haar, sehen leidlich distinguiert aus und besitzen noch Anzüge aus den späten sechziger Jahren. Drei Stunden saßen wir in einem Film-Restaurant und spielten Film-Schach, während wir in Erinnerungen an unsere Abenteuer in Mexiko schwelgten. Ich wußte zwar, daß es keine Superrolle war, doch die Bedeutung meines kurzen Auftritts wurde mir erst klar, als eine der Assistentinnen die Dreharbeiten unterbrach und mich bat, meine Digitaluhr abzunehmen: »Gab's 1968 nicht!«

Dales Film wurde bei einer Wohltätigkeitsveranstaltung im Palace of Fine Arts in San Francisco vor über tausend Gästen uraufgeführt. Die erste Szene von '68 erschien auf der Leinwand: Wochenschauausschnitte von russischen Panzern, die 1956 durch Budapest rollten, gefolgt von einem Blick eine hügelige Straße in San Francisco hinunter, und der Film lief. Ich achtete kaum auf die Verrenkungen und den erstaunlichen Balanceakt des nackten Paares, das auf der Sitzbank eines Motorrads kopulierte. Ich trommelte mit den Fingern nervös den Takt der authentischen Musik aus den sechziger Jahren, während die Hippies bei einem Rockkonzert im Golden-Gate-Park ausflippten; ich wußte, daß wir Aufnahmen von der Ermordung Martin Luther Kings und Robert Kennedys im Jahre 1968 sehen würden. Aber wo blieb der Höhepunkt? Endlich kam die Restaurant-Szene mit lauter ausgelassenen Ungarn ins Bild, deren Singsang mir in den Ohren dröhnte. An einem Tisch erspähte ich die kleine Tochter des Regisseurs. »Schamloser Nepotismus«, dachte ich. Als die Geburtstagsfeier zu Ende ging und der letzte Gast das Restaurant verließ, dämmerte es mir, daß kein Mensch jemals die elegante Bewegung meines Seiko-losen Handgelenks zu sehen bekommen würde, mit der ich meinen Bauern aufnahm, um Alex' Königin zu schlagen. Wo waren diese wunderbaren Charakterstudien, die weder auf madjarisch noch englisch einer Erklärung bedurften, um starken Eindruck beim Publikum zu hinterlassen? Auf dem Boden des Schneideraums, wie ich schließlich erfuhr, dort war ich gelandet.

KAPITEL 12

»Wie kriegen Sie eine Kakerlake dazu, die Pille zu nehmen?«

Im Jahre 1972 überraschte ich jedermann, mich selbst eingeschlossen, indem ich als Präsident von Syntex Research zurücktrat, um den industriellen Teil meines Arbeitstages Insekten zu widmen. »Warum gerade Insekten?« bin ich oft gefragt worden. Bis Mitte der sechziger Jahre nahmen Insekten nur einen Bruchteil meines Nervennetzes in Anspruch. Meine formalen Kenntnisse in Entomologie waren minimal, meine Einstellung im wesentlichen entomophob: Wenn mir eine Spinne oder ein Käfer über den Weg lief, dann zertrat ich das Ding aller Wahrscheinlichkeit nach oder griff zum Insektenspray. Doch nur wenige Jahre später war ich eifrig mit Insekten beschäftigt, und zwar infolge des anscheinend wirren Verlaufs meiner industriellen Laufbahn, die von Steroiden über Supraleiter zu Drogen führte, um schließlich bei Moskitos, Flöhen und Schaben zu enden.

Normalerweise hält man die Wissenschaft für einen rationalen und methodischen Prozeß, bei dem Entdeckungen in vertikaler Folge nacheinander eintreten. Doch das Leben eines Wissenschaftlers zeichnet sich auch durch den glücklichen Zufall und eine Art Jungscher *Synchronizität* aus – wenn nämlich scheinbar willkürliches Timing und unvereinbare Umstände zusammentreffen und etwas hervorbringen, was einem zuletzt ganz zwangsläufig erscheint. Diese Zufälle treffen besonders an den entgegengesetzten Enden eines Forschungsprojekts zu: bei der anfänglichen Wahl des Themas und bei seiner endgültigen praktischen Anwendung. Meine

20 Jahre während Affäre mit Insekten ist ein typisches Beispiel dafür.

Um das Jahr 1970 herum, gleichzeitig mit meiner wachsenden Besorgnis wegen der gesellschaftlichen Weiterungen meiner industriellen Laufbahn, war ich auch zu der festen Überzeugung gelangt, daß klein schöner ist als groß. In Anbetracht der Richtung, die mein Leben genommen hatte, schien meine Metamorphose zum Supermanager unvermeidlich zu sein. Aber wieso war mein Leben in der Industrie so kompliziert und zeitraubend geworden? Ich erkannte allmählich, daß der Tag nicht genug Stunden hatte, um weiterhin neben meiner Professur an der Stanford-Universität sowohl als Präsident von Syntex Research als auch als Geschäftsführer beziehungsweise Vorstandsvorsitzender zweier weiterer Industrieunternehmen tätig zu sein, deren Entstehung ich im folgenden schildern werde. Syntex wuchs damals so schnell, daß jedermann erwartete, daß ich meine anderen industriellen Verpflichtungen aufgeben und mich auf Syntex konzentrieren würde. Doch ich wählte das jüngste Unternehmen für meine nichtakademischen Stunden. Ich hatte die Vision, das Syntex-Experiment noch einmal zu wiederholen – ein kleines, innovatives Forschungsunternehmen in einen integrierten Betrieb mit Forschung und Entwicklung, Produktion und Vertrieb zu verwandeln – und zwar in einer Sparte mit hohem gesellschaftlichem Nutzen. Am 31. Dezember 1972 verließ ich Syntex und erfuhr schon bald, wie kurz das Gedächtnis einer Firma ist. Wenn ich einen meiner ehemaligen Studenten anrufe, die noch in den höheren Rängen des Syntex-Managements arbeiten, kann es passieren, daß ich meinen Namen buchstabieren muß.

I.

Kurz nachdem ich im Spätsommer des Jahres 1960 von Mexico City nach Palo Alto übergesiedelt war, konnte ich die anderen Syntex-Direktoren davon überzeugen, daß die Zeit reif war, über Steroide hinaus zu diversifizieren. Mein erster

Freund in Stanford, Joshua Lederberg, hatte 1958 für die Entdeckung der bakteriellen Genetik den Nobelpreis für Medizin erhalten; Arthur Kornberg, der Leiter des neuen Fachbereichs Biochemie der Stanford-Universität, hatte ihn im Jahr darauf für seine enzymatische Synthese der DNA erhalten. Somit war Stanford fast über Nacht zu einem Weltzentrum auf dem neuen Gebiet der Molekularbiologie geworden. Da sich noch kein Pharmaunternehmen ernsthaft in diesem Bereich engagiert hatte, regte ich an, daß Syntex zu den ersten gehörte. Binnen eines Jahres richteten wir in einem neuen einstöckigen Gebäude im Stanford Industrial Park das Syntex-Institut für Molekularbiologie ein – mit mir als Chef in meiner Funktion als Teilzeit-Vizepräsident von Syntex und Joshua Lederberg als beratendem Forschungsdirektor. Er war hauptsächlich dafür verantwortlich, die wissenschaftlichen Prioritäten zu setzen und die Leiter der Forschungsgruppen einzustellen. (Fred Terman, der Provost, der mich nach Stanford geholt hatte, nahm 1962 stolz an der Einweihung unseres Instituts teil, weil er seinen Traum, biomedizinische Industriebetriebe in den Stanford Industrial Park zu locken, in Rekordzeit verwirklicht sah. Die Eröffnung war ein hochkarätiges Ereignis, das in keinem Verhältnis zu der tatsächlichen Größe unseres Instituts stand, mit Gästen wie dem Präsidenten der Stanford-Universität, J. Wallace Sterling; David Packard, damals Leiter der Geschäftsführung unseres nächsten industriellen Nachbarn, der Hewlett-Packard Company; und Charles Allen Jr., dem legendären New Yorker Privatbankier, der Syntex' Erfolg an der Wall Street in die Wege geleitet hatte.)

Als Syntex Anfang 1963 bereit war, mit Arzneimitteln, die wir in den späten fünfziger Jahren in Mexiko erfunden hatten, unter seinem eigenen Namen auf den amerikanischen Pharmamarkt zu gehen, drängte ich das Unternehmen, seinen Sitz in den USA in die Nähe von Stanford zu verlegen – wo wir bereits unser Institut für Molekularbiologie hatten und wo wir direkt neben einer bedeutenden medizinischen Fakultät und nur 30 Minuten von einem internationalen Flughafen mit Direktflügen nach Mexiko, Japan und Europa entfernt wären. Den Ausschlag gab mein Argument, daß wir, da faktisch alle amerikanischen Pharmakonzerne östlich des Mississippi angesiedelt waren, nicht konkurrieren müßten, um Spitzenwissenschaftler in den Großraum San Francisco zu locken. Alex Zaffaroni wurde überredet, nach Kalifornien zu übersiedeln und als Chef des amerikanischen Zweiges von Syntex und Präsident von Syntex Research den wunderschönen neuen Komplex zu beziehen, in den der Forschungsstab aus Mexico City schon bald verlegt wurde. Ich übernahm die Teilzeitposition eines geschäftsführenden Vizepräsidenten der Syntex Research, war aber gleichzeitig weiter als Professor für Chemie in Stanford tätig – eine Kombination, die Provost Terman begeistert begrüßte. Bevor das Jahrzehnt zu Ende ging, hatte Syntex' Umzug auf den Campus drei weitere forschungsintensive Unternehmen – ALZA, Syva und Zoecon – in unmittelbarer Nähe hervorgebracht.

Einige Jahre später zog auch der Fachbereich Molekularbiologie in den neuen Forschungskomplex von Syntex um, so daß das einstöckige Gebäude frei wurde, in dem er zunächst untergebracht gewesen war. Der Zeitpunkt hätte nicht günstiger sein können. William Little, Professor für Physik in Stanford, der gerade eine kontroverse Theorie über Supraleiter veröffentlicht hatte, war mit einem interessanten Problem zu mir gekommen. Bis dahin war Supraleitung nur bei einigen sorgfältig gereinigten Metallen nahe des absoluten Nullpunkts festzustellen gewesen, was die Verwendung von teurem flüssigen Helium erforderlich machte. (Eine Theorie, die dieses Phänomen erklärte, brachte John Bardeen, Leon N. Cooper und John R. Schrieffer 1972 den Nobelpreis für Physik ein.) Little meinte, daß bestimmte hypothetische *organische* Polymere ebenfalls supraleitende Eigenschaften aufweisen müßten – und zwar bei Raumtemperatur. Wenn das zutraf, dann hatte dies umwerfende Auswirkungen: Als erstes würde es die Energieübertragung revolutionieren. Um Littles Hypothese jedoch zu beweisen, mußte man erst einmal ein Polymer synthetisieren, das es noch nie gegeben hatte: ein lineares, leitendes Polymergerüst mit anhaftenden Farbmolekülen, die elektrische Ladungen trugen. Ein derartiges Projekt machte die Mitarbeit von Experten aus der Industrie erforderlich, die in organischer Synthese und der praktischen Anwendung in der Elektronik bewandert waren und das nötige Kleingeld hatten. Nachdem ich die Sache mit meinem Freund und Kollegen Elliott Levinthal durchgesprochen hatte (dem ersten Forschungsleiter von Varian, aber seit 1961 Mitglied der medizinischen Fakultät der Stanford-Universität), empfahl ich dem stets abenteuerlustigen Syntex-Vorstand, die Finanzierung von Littles Supraleiter-Projekt zu übernehmen und zu diesem Zweck ein Joint-venture mit Varian Associates zu gründen (zusammen mit Hewlett-Packard, einem der ersten Mieter des Stanford Industrial Park).

Nur wenige Monate später war Synvar Associates, wie die neue Partnerschaft getauft wurde, in dem kurz zuvor vom Institut für Molekularbiologie freigemachten Gebäude untergebracht. Da dieser Bau nur zehn Gehminuten vom Firmensitz der beiden Muttergesellschaften Syntex und Varian entfernt lag, war es für den Vorstand kein Problem, sich fast täglich in der Mittagspause zu treffen. Ich fungierte als Vorsitzender; die anderen Mitglieder waren Zaffaroni, Edward Ginzton (Leiter der Geschäftsführung bei Varian und früher Professor für Physik an der Stanford-Universität) und Martin Packard (Vizepräsident des Varian-Fachbereichs Wissenschaftliche Geräte). Wir beschlossen, daß alle wichtigen Entscheidungen einstimmig zu sein hatten – womit die Katastrophe vorprogrammiert schien, was aber in Wirklichkeit prächtig funktionierte. Die Physiker Ginzton und Packard redeten den Syntex-Chemikern nie in chemischen Dingen hinein, aber sie waren auch keine bloßen Jasager. Ich übernahm die Aufgabe, die Schlüsselpositionen zu besetzen und stellte als erstes Edwin Ullman, der in Harvard promoviert hatte und damals bei American Cyanamid eine Abteilung für Grundlagenforschung auf dem Gebiet der Photochemie leitete, als wissenschaftlichen Direktor ein.

Obwohl Ullman bezweifelte, daß es gelingen würde, Littles Designer-Molekül für organische Supraleitung zu synthetisieren, war er doch bereit, es auf einen Versuch ankommen zu lassen. Schließlich stand ihm als Berater mein Stanforder

Kollege Harden McConnell zur Seite, ein Physikochemiker, der selbst eine Supraleiter-Theorie entwickelt hatte (basierend auf bestimmten Arten von chemischen Metallsandwiches). Außerdem untersuchte McConnell damals gerade die biophysikalischen Eigenschaften sogenannter freier Radikale (Elektronenmangelverbindungen), deren Elektronenmangel es ermöglichte, sie mit Hilfe der Elektronenspinresonanz (ESR) in komplexen Gemischen nachzuweisen, einer Technik, bei der Varian der wichtigste Gerätelieferant war. Chemische freie Radikale haben normalerweise nur eine sehr kurze Lebensdauer, aber McConnell konzentrierte sich auf eine Gruppe organischer freier Radikale, die im wesentlichen sehr beständig waren. Für den Fall, daß sich unser Forschungsziel als unerreichbar erwies, gaben wir Ullman Gelegenheit, parallel zu Littles Projekt auch McConnells Idee nachzugehen, um festzustellen, ob derartige stabile freie Radikale möglicherweise tatsächlich einen praktischen Nutzen hatten. Und wir erklärten uns bereit, eine dritte Gruppe zu finanzieren, die sich mit neuen Anwendungen der Photochemie beschäftigen sollte, einem Gebiet, das Ullman am Herzen lag. Bei diesem Projekt ging es um die Suche nach farblosen Molekülen, die, wenn sie Lichtstrahlen einer Hautverbrennungen hervorrufenden Wellenlänge ausgesetzt wurden, sich allmählich in Moleküle verwandelten, die für diese Strahlen undurchlässig waren. Die Idee war, ein vorprogrammiertes Sonnenschutzmittel durch Synthese von Molekülen zu entwickeln, deren Umwandlungszeit von durchlässig bis undurchlässig eine breite Skala umfaßte.

Jedes Unternehmen, das eine Gruppe intelligenter und abenteuerlustiger Forscher unterhält, wird bewußt oder unbewußt zu einem Verfechter des glücklichen Zufalls, weil sich Operationen dieser Art aller Voraussicht nach früher oder später auszahlen, wenn auch möglicherweise nicht auf dem ursprünglich anvisierten Gebiet. 1971 gab Synvar den Versuch auf, Littles Wunsch-Polymer zu synthetisieren, das sich als zu schwierig erwies. Wir hatten auch Ullmans photochemisches Projekt auf die lange Bank geschoben, obwohl sich diese Forschung beinahe bezahlt gemacht hätte. Unsere Photochemiker hatten eine Gruppe von Verbindungen synthetisiert und patentiert, die alle erforderlichen Eigenschaften eines programmierten Sonnenschutzmittels besaßen, und wir waren sogar so weit gegangen, bei der FDA die Genehmigung für begrenzte Versuche am Menschen einzuholen (die wir auf unserem sonnigen Parkplatz durchführten). Ich wandte mich an Charles Revson, den Gründer von Revlon, als möglichen Vertriebspartner. Als ich Revson in seinem Penthaus in Manhattan aufsuchte, entdeckte ich, daß er ein überzeugter Anhänger von Sonnenschutzmitteln war, weil er Angst vor Hautkrebs hatte; er erkannte sofort, welche Möglichkeiten unser Produkt hatte und wieviel die erzieherische Werbekampagne kosten würde, die dafür nötig war. Wir beschlossen jedoch, Revsons Angebot, das Projekt zu finanzieren, als Gegenleistung für Eigentumsrechte an einem Drittel von Synvar, nicht anzunehmen, vor allem deshalb, weil wir Anfang der siebziger Jahre begonnen hatten, bei unserem dritten Forschungsprojekt fündig zu werden: der Suche nach praktischen Anwendungen organischer freier Radikale.

Ein Jahrzehnt danach hatten die Einnahmen des Unternehmens aus diagnostischen Produkten, die aus der ursprünglichen Beschäftigung mit stabilen freien Radikalen hervorgegangen waren, die 100-Millionen-Dollar-Marke überschritten. Die zukunftsweisende Idee stammte von Avram Goldstein, dem damaligen Leiter der Abteilung Pharmakologie der medizinischen Fakultät der Stanford-Universität und Berater von Synvar auf dem Gebiet möglicher biologischer Anwendungen der einzigartigen ESR-Eigenschaften stabiler freier Radikale. Goldstein, ein Neuropharmakologe von internationalem Rang, interessierte sich besonders für Drogenprobleme und machte uns darauf aufmerksam, wie dringend Methadon-Kliniken ein schnelles und empfindliches Verfahren brauchten, um Patienten zu überprüfen, die vielleicht heimlich Heroin nahmen. Er trug auch zu der Erfindung der *Free Radical Assay Technique* (FRAT) durch das Synvar-Team im Jahre 1970 bei, ein Verfahren, mit dem sich im Urin Spuren von Morphium, einem Metaboliten des Heroins, nachweisen lassen. Varian nahm einige prototypische Modifizierungen an seinem

Forschungszwecken dienenden ESR-Gerät vor, um klinischen Labors einen einfachen Apparat zur Verfügung zu stellen, der die ESR-Signale der freien Radikale in eine graphische Darstellung umwandelte, die anzeigte, ob und wieviel Morphium sich im Urin befindet. Von da an ging es in rasantem Tempo voran.

An einem Sonntag Anfang des Jahres 1971 arbeitete Bill McGlashan – ein aufgeweckter Betriebswirt aus Stanford, den Syntex zu Synvar abkommandiert hatte und der Vizepräsident unserer kaufmännischen Abteilung wurde, als er noch in den Zwanzigern war – auf dem Dach seines Hauses, als er ans Telephon gerufen wurde. Dr. Jerome Jaffe, der damalige Leiter des Methadon-Programms des Bundesstaates Illinois, wo einige der ersten praktischen Demonstrationen unseres FRAT-Verfahrens durchgeführt wurden, rief aus dem Weißen Haus an, um sich nach dem Verbleib der beiden FRAT-Prototypen zu erkundigen. Als er hörte, daß sie gerade für einen weiteren Feldversuch nach Seattle versandt werden sollten, sagte er McGlashan, daß ihn ein General aus dem Pentagon sprechen wollte. Die Mitteilung des Generals war kurz und bündig: »Das kommt nicht in Frage. Ich informiere Sie hiermit, daß die Geräte Eigentum der Regierung der Vereinigten Staaten sind. Sie gehen nach Vietnam, und jemand von Ihnen wird sie dort hinbringen und der Armee zeigen, wie man sie bedient.« Zwei Tage später wurden McGlashan, Richard Leute (der Synvar-Chemiker, der die größte Erfahrung mit FRAT hatte) und ein Varian-Techniker auf dem Stützpunkt Moffett Field in San Jose gegen Cholera, Typhus und andere Krankheiten geimpft; und am nächsten Morgen flogen die drei angeschlagenen Männer, die beiden Geräte und genug Reagenzien für Zehntausende von Drogentests von der Travis Air Base mit einer C-141-Transportmaschine nach Saigon ab. Das Synvar-Team installierte die Geräte in Cam Rahn Bay und in Long Binh, zwei der größten amerikanischen Basen in Vietnam, und brachte Armeeangehörigen bei, FRAT-Tests durchzuführen. Eine Woche später gab Präsident Nixon im Fernsehen die Ernennung Jaffes zum obersten Drogenchef des Landes bekannt sowie die Einführung einer obligatorischen Urinanalyse, die dazu bestimmt war, Drogenmißbrauch unter den Soldaten in Vietnam aufzudecken. Das wahre Ausmaß dieses Mißbrauchs war unbekannt, doch es herrschte große Sorge, die Epidemie könnte sich auch in den Staaten ausbreiten, falls wir Soldaten nach Hause schickten, die aktiv drogensüchtig und physisch von Opiaten abhängig waren. Geplant war daher, alle Soldaten in Vietnam zu untersuchen, um verläßliche Angaben über den Heroinmißbrauch zu erhalten, und jeden, dessen Urintest positiv war, festzuhalten und zu entgiften, bevor er in die Vereinigten Staaten zurückkehren durfte.

Die erste Reagenzien-Bestellung der Armee belief sich auf annähernd zwei Millionen Dollar, was uns über Nacht von einem Forschungsunternehmen in einen Betrieb verwandelte. Außerdem mußten wir nun über Markennamen nachdenken. Dabei entdeckten wir, daß SYNVAR der eingetragene Name einer Firma für synthetische Lacke in Delaware war. Also beschlossen wir, nur die beiden ersten Buchstaben der beiden Mutterfirmen beizubehalten und uns Syva zu nennen. Dieser Name wurde in klinischen Labors zu einem festen Begriff, als Ullmans Team eine zweite Methode entwickelte, das sogenannte EMIT-Verfahren (*Enzyme Multiplied Immunoassay Technique* = Enzymimmunoassay), das schließlich FRAT als bevorzugte Methode zum Nachweis von Drogen und vielen anderen therapeutisch bedeutsamen Medikamenten verdrängte. Der Grund für diese zweite Anwendung ist leicht zu verstehen: Da es bei der Behandlung vieler chronischer Krankheiten – wie Epilepsie, Asthma, Herzleiden – sehr wichtig ist, die Dosierung exakt auf den jeweiligen Patienten abzustimmen, sind bei diesen speziellen Medikamenten schnelle und einfache Tests vonnöten. Das EMIT-Verfahren erwies sich für diese Zwecke als ideal.

Syvas wissenschaftlicher und kommerzieller Erfolg ist ein erstklassiges Beispiel für die Synergie, die entsteht, wenn sich die Wechselwirkung zwischen akademischer Welt und Industrie in einem aufgeklärten Umfeld entfalten kann – besonders wenn die Akademiker nicht nur als Berater fungieren, sondern auch als Initiatoren von Forschungsprojekten. (Im allgemeinen funktioniert das am besten in kleinen Firmen und nicht etwa in großen Einrichtungen, wo unerbittlich das Parkinsonsche Gesetz regiert.) Wie die meisten in der Forschung tätigen amerikanischen Privatuniversitäten gestattet Stanford seinen Professoren umgerechnet einen Tag in der Woche für externe, private Tätigkeiten. Little, McConnell und Goldstein verteilten diesen »freien« Tag auf vier bis fünf Mittagspausen bei Syva, so daß sie fast täglich Gelegenheit zu Gesprächen mit Syva-Wissenschaftlern hatten. Diese äußerst konzentrierten Zusammenkünfte, die von Verwaltungskram und telephonischen Unterbrechungen unbehelligt blieben, brachten intellektuelle Funken hervor, die beiden Welten zugute kamen. Für mich steht es jedoch außer Frage, daß die Mitwirkung von Professoren eine unentbehrliche Komponente für Syvas Erfolg war: Littles Supraleiter-Theorie war der Daseinszweck des Unternehmens gewesen; McConnells freie Radikale hatten für Diversifikation gesorgt; und Goldstein hatte den Weg zu den ersten praktischen biomedizinischen Anwendungen gewiesen.

II.

Unterdessen war ein ganz anders geartetes Projekt angelaufen, das zu meiner Zukunft werden sollte. Im Jahre 1968, in dem Martin Luther King und Robert Kennedy ermordet wurden, Lyndon Johnsons Präsidentschaftsträume sich endgültig zerschlugen und die Studentenunruhen ihren Höhepunkt erreichten, schlug auch das letzte Stündlein des DDT (ausgelöst durch die Klage einer Umweltschutzorganisation in Wisconsin im gleichen Jahr), und es begann die schwierige Geburt des ersten amerikanischen Umweltschutzgesetzes (das später zur Schaffung der Umweltschutzbehörde EPA – Environmental Protection Agency – führte), beides teilweise ausgelöst durch die Veröffentlichung des Buches *Der stumme Frühling* von Rachel Carson. In diesem Jahr gründeten wir die erste Firma, die ausschließlich der Entwicklung neuer Wege bei der Insektenbekämpfung gewidmet war. Wir waren so optimistisch zu glauben, daß unser neues Baby nicht nur DDT und andere persistente Pestizide obsolet machen würde, sondern auch die neurotoxischen Organophosphate. Wir wollten die Firma Biocon nennen, eine Abkürzung aus biologische (oder biochemische) Bekämpfung *(biological control)*, was unterschwellig einleuchtend gewesen wäre, ohne irgend jemanden in Harnisch zu bringen. Aber da dieser Name bereits gesetzlich geschützt war, verfielen wir auf Zoecon (aus dem griechischen *zoe*, »Leben«). Zoecons Forschungsgeschichte spiegelte die fundamentalen Durchbrüche in der Endokrinologie der Wirbellosen wider, die in den sechziger Jahren stattfanden. Ihr Forschungsansatz machte diese Firma auf dem Gebiet der Wirbellosen zu einem Pendant von Syntex, aus dessen Unternehmensleitung sie hervorgegangen war.

In den dreißiger und vierziger Jahren war damit begonnen worden, die mit Sexual- und Nebennierenfunktionen verbundenen Steroidhormone zu isolieren und ihre chemische Struktur aufzuklären. In den fünfziger Jahren erfolgte dann die Entwicklung stärkerer synthetischer Analoga – entzündungshemmende Corticoide, orale Kontrazeptiva und andere »biorationale« Arzneimittel nach dem Vorbild natürlicher Hormone – und ihre Einführung in die Humanmedizin. Entsprechende Fortschritte in der Biologie der Wirbellosen hinkten 30 Jahre hinterher. Erst das Aufkommen empfindlicher moderner Analysen- und Trennungsverfahren, wie Massenspektrometrie und Gaschromatographie, machte es möglich, die winzigen Mengen natürlich vorkommender Insektenhormone zu isolieren und zu charakterisieren und Einblicke in die Endokrinologie der Gliederfüßler zu gewinnen, deren Komplexität der der Wirbeltiere gleichkommt.

Syntex' Interesse an Insekten begann Mitte der sechziger Jahre, als eine Gruppe deutscher Biochemiker unter der Leitung von Peter Karlson entdeckte, daß die Häutung – die periodische Abstoßung der äußeren Schichten der Körperdecke bei Insekten und anderen Gliederfüßlern – durch das Hormon Ecdyson gesteuert wird, das, wie sie nachwiesen, ein Steroid war. Obwohl Ecdyson strukturell mit dem Cholesterin verwandt war, besaß es mehrere Sauerstoffsubstituenten, die seine Synthese äußerst kompliziert gestalteten. Durch mühsames Isolieren Hunderttausender von sezierten Insekten ließen sich nur winzige Mengen dieses Hormons gewinnen; um seine Wirkungsweise eingehender studieren zu können, waren dringend größere Mengen erforderlich. Obwohl diese Sache für die Unternehmensziele von Syntex völlig irrelevant war, reizte uns die Herausforderung an die synthetische Chemie, die die Komplexität des Ecdysons darstellte. Wir übertrugen das Projekt einer kleinen Gruppe von Chemikern, unter ihnen John Siddall, ein britischer Postdoktorand, der später Leiter der Forschung bei Zoecon wurde.

Die Synthese des Ecdysons war so komplex und ihre biologische Funktion so faszinierend, daß sich eine ganze Reihe universitärer und industrieller Forschungsgruppen bemühten, als erste ausreichende Mengen davon zu produzieren. Die Syntex-Gruppe war die erste, die eine erfolgreiche Ecdyson-Synthese veröffentlichte (eine zweite Methode, entwickelt von einer gemeinsamen Arbeitsgruppe des Schweizer Pharmakonzerns Hoffmann-La Roche und des deutschen Arzneimittelherstellers Schering A.G., folgte bald darauf); aber wir waren nicht länger damit zufrieden, nur unsere intellektuellen Fähigkeiten und unser synthetisches Geschick zu demonstrieren. Uns lockten die biologischen Eigenschaften des Ecdysons, was uns veranlaßte, den Harvarder Insektenbiologen Carroll M. Williams als Berater zu gewinnen. Die Entdeckung des Ecdysons schien einen völlig neuen Weg bei der Insektenbekämpfung zu versprechen: Statt den Schädling zu vergiften, konnte man vielleicht in einen für das Überleben entscheidenden natürlichen Vorgang – wie die Häutung – eingreifen, der Gliederfüßlern eigen ist, bei Wirbeltieren dagegen fehlt. Ecdyson selbst zu verwenden war aus wirtschaftlichen Gründen unmöglich – Steroide sind viel zu teuer, um an Stelle von Pestiziden verwendet zu werden –, aber wenn es uns gelang, mehr über die biologische Funktion des Ecdysons zu erfahren, und besonders über seine Biosynthese im Körper des Insekts, dann konnten wir vielleicht eine preiswertere Substanz synthetisieren, die in die periodische Abstoßung der äußeren Schicht eingriff.

Gerade als wir anfingen, uns in die Physiologie der Insekten einzuarbeiten, platzte die zweite endokrinologische Bombe. Herbert Röller, ein in Deutschland geborener und ausgebildeter Insektenphysiologe, der damals an meiner Alma mater, der Universität Wisconsin, lehrte, gab die erfolgreiche Isolierung, Strukturaufklärung und Synthese eines Insektenhormons bekannt, das bestimmte Vorgänge steuert, die den frühen Entwicklungsstadien von Insekten, insbesondere der larvalen Phase, eigen sind. Erst wenn die Produktion dieses Hormons aufhört, kann sich das Insekt weiterentwickeln und fortpflanzen. Carroll Williams, der selbst auf diesem Gebiet tätig war, hatte auf die Möglichkeiten dieses Hormons als neue Methode der Insektenbekämpfung hingewiesen. Was Röllers Verlautbarung so aufregend machte, war die Tatsache, daß sein Juvenilhormon (JH) ein Sesquiterpenoid war – eine Verbindung mit nur 17 Kohlenstoffatomen (im Gegensatz zu den 27 des Ecdysons und des Cholesterins) und eng verwandt mit den bekannten Sesquiterpenen, einer Klasse natürlich vorkommender ätherischer Öle, basierend auf einem Gerüst aus 15 Kohlenstoffatomen. Die Struktur des JH war soviel einfacher als die des Ecdysons, daß man sich vorstellen konnte, eine hinlänglich wirtschaftliche Synthese für die Anwendung in der Agrarchemie zu entwickeln. Siddalls Gruppe bei Syntex schloß 1967 eine derartige Synthese ab. Der richtige Zeitpunkt ist immer ausschlaggebend – ob in der Liebe, in der Politik oder in der Wissenschaft. Syntex' Beschäftigung mit Insekten in der zweiten Hälfte der sechziger Jahre hatte aus purer intellektueller Wißbegierde, gewürzt mit etwas chemischem Machismo, begonnen: »Denen wollen wir doch mal zeigen, wie gut wir in Steroidchemie wirklich sind.« Doch Rachel Carsons *Der stumme Frühling* hatte die Öffentlichkeit dafür sensibilisiert, Insektenschädlinge mit anderen Augen zu betrachten. Was uns bei Syntex betraf, schien die neue Wissenschaft der Insektenhormone genau den richtigen Schlüssel zu einem umweltfreundlichen Ansatz zu bieten, und wir beschlossen, ihn zu finden.

1968 war auch das Jahr, in dem meine eigene Industrietätigkeit wirklich explosionsartig zunahm. Alex Zaffaroni hatte beschlossen, Syntex zu verlassen und eine eigene Firma namens ALZA zu gründen, die nicht stärkere oder speziellere Arzneimittel entwickeln sollte, sondern vielmehr neue Methoden der Verabreichung. Als Vizepräsident von Syntex Research war ich der zweite Mann des Unternehmens; ich hatte diese Position aber nur deshalb übernehmen können, weil ich den einen Tag in der Woche, der ordentlichen Professoren für Beratertätigkeiten und andere universitätsfremde Verpflichtungen gestattet war, optimal nutzte. Da mein Stanforder Büro nur fünf Minuten von der Syntex-Zentrale entfernt war, schlachtete ich diese nichtakademische Zeitspanne dadurch aus, daß ich jeden Tag lange bei Syntex zu Mittag aß. Durch Zaffaronis Weggang mußte sich das natürlich ändern. Ich trat das Amt des Präsidenten an und übernahm offiziell nur noch einen halben Lehrauftrag. Das entscheidende Wort ist *offiziell*, weil ich in Wirklichkeit weder mein universitäres Forschungsprogramm noch die Größe meiner Forschungsgruppe reduzierte. Sogar die Zahl meiner Lehrveranstaltungen war nicht viel geringer als die meiner Vollzeitkollegen.

Einer der ersten Schritte, die ich als Präsident unternahm, galt der Intensivierung unserer Arbeit auf dem Gebiet der Insekten. Genau wie die übrigen Mitglieder des Vorstands und der Geschäftsleitung von Syntex war mir klar, daß das viel Geld kosten würde. Selbst wenn alles gut lief, mußten wir bei einem derartigen Forschungsprojekt mit mindestens 10 Millionen Dollar rechnen und würden frühestens in fünf Jahren wissen, ob es erfolgreich war. 1968 war Syntex für ein derart gewagtes Unterfangen noch zu klein: Der gesamte jährliche Forschungs- und Entwicklungsetat der Firma lag bei etwa 10 Millionen Dollar. Doch das war auf dem Höhepunkt des Börsenfiebers, aus dem heraus viele spekulative neue Unternehmen finanziert wurden. Wir beschlossen, alle unsere Patente, unser ganzes Know-how und unsere besten Kräfte aus unserer Insektenforschung in ein separates Unternehmen einzubringen, von dem 49 Prozent im Besitz von Syntex bleiben sollten. Die restlichen 51 Prozent wollten wir bei Syntex-Aktionären unterbringen, die ein Bezugsrecht auf neue Aktien in Höhe von 10 Millionen Dollar erhalten sollten. Im Vergleich zu anderen Unternehmungen, die in diesem hektischen Börsenklima gestartet wurden, schien Zoecon eine absolut sichere Sache zu sein, vor allem weil es die Vorzüge wissenschaftlichen Glamours und der Empfänglichkeit für gesellschaftliche Bedürfnisse besaß.

Als ob ich nicht bei Syntex, Syva und in Stanford schon genug zu tun gehabt hätte, wurde ich nun auch noch Präsident und Vorstandsvorsitzender von Zoecon. Wir brachten die Firma in einem neuen Gebäude unter, dessen Parkplatz an das Gelände von Alex Zaffaronis ALZA grenzte, so daß wir uns problemlos zum Mittagessen treffen konnten. (Wir hatten beide eine Syntex-Tradition fortgesetzt, die zwar ein Luxus war, aber auch Zeit sparte: ein von einer erstklassigen Köchin geführtes privates Speisezimmer für leitende Angestellte, wo wir stilvoll und völlig ungestört unseren Geschäften nachgehen konnten.) Anfangs hatte Zoecon wenig Personal, aber was uns zahlenmäßig fehlte, machten wir durch Hingabe und Arbeitseifer wett. Genau wie in den Labors in Stanford brannte auch bei Zoecon bis tief in die Nacht hinein Licht. Herbert Röller, der gerade die Universität Wisconsin verlassen hatte, um eine Professur an der Texas A & M anzutreten, diente als Teilzeit-Vizepräsident für den Bereich Forschung. Zu seinen wichtigsten Aufgaben gehörte es, führende Wissenschaftler für unsere biologischen Labors zu gewinnen, ein erstklassiges Insektarium anzulegen und, mit Hilfe von Ferngesprächen und regelmäßigen Stippvisiten, den Fortschritt des biologischen Programms zu überwachen. John Siddall, der der entscheidende Syntex-Chemiker des Ecdyson- und des Juvenilhormonprojekts gewesen war, und Clive Henrick, ein früherer Syntex-Postdoktorand aus Australien, leiteten das Chemieprogramm. Verwaltung und Finanzen wurden unter einem Vizepräsidenten zusammengefaßt, nämlich unter Dan Lazare, der bei Syntex für die Verwaltung des Forschungsbereichs verantwortlich gewesen war. Zwei weitere junge Wissenschaftler, die später Schlüsselpositionen bei Zoecon einnahmen, waren meine ehemaligen Stanforder Doktoranden John Diekman, der in Zoecons aufstrebender Entwicklungs- und Registrierungsabteilung anfing und schließlich Präsident des Unternehmens wurde, und David Schooley, der Leiter des Bereichs Insektenbiochemie wurde und heute Professor für Biochemie an der Universität Nevada ist.

Obwohl die meisten von uns landwirtschaftliche Greenhorns waren, brauchten wir nicht lange, um herauszufinden, warum es den Insekten gelungen ist, Millionen von Jahren zu überleben. Um eine bestimmte Insektenpopulation zu bekämpfen, so folgerten wir, mußte man das betreffende Insekt nur kontinuierlich seinem eigenen Juvenilhormon aussetzen, damit es sich nicht weiterentwickeln und fortpflanzen kann. Der Farmer bräuchte dann nur noch eine einzige Generation juveniler Insekten zu ertragen, und alle seine Probleme hätten sich erledigt. Aber selbst wenn diese allzu grobe Vereinfachung zutraf, waren damit, wie wir feststellten, hohe wirtschaftliche Kosten verbunden. Den größten wirtschaftlichen Schaden verursacht ein Insekt nämlich während seines juvenilen Larvenstadiums, weil es da am meisten frißt. Anschließend verwandelt es sich in die Puppe, die keine Nahrung zu sich nimmt, und erst dann in ein fortpflanzungsfähiges adultes Tier, nachdem ein weiteres Hormon (inzwischen als Allatostatin identifiziert) die in der Corpora allata erfolgende JH-Produktion des Insekts abstellt. Auf den Menschen übertragen müßte man bei dieser Form der Geburtenkontrolle Kleinkindern ein Mittel eingeben, das den Beginn der Pubertät verhindert: Die Kinder würden zwar nie Eltern werden, könnten aber dennoch die Pubertät um einiges überleben und wären dadurch in wirtschaftlicher und sozialer Hinsicht zweifellos kostspielig. Doch selbst dieses Szenario war rein hypothetisch, weil das natürliche JH ziemlich instabil war, wenn es mit herkömmlichen Methoden wie Versprühen angewendet wurde. Sowohl bakterielle Enzyme als auch Sonnenlicht bauen das natürliche Hormon so schnell ab, daß seine Halbwertzeit unter Feldbedingungen vermutlich nicht mehr als ein bis zwei Tage beträgt. Die Anwendung müßte so häufig wiederholt werden, daß die Kosten unerschwinglich wären. Wir konnten nur hoffen, daß eine chemische Veränderung des Juvenilhormons eine aktive Variante hervorbrachte, die unter Feldbedingungen stabiler war – ähnlich dem, was uns auf dem

Gebiet der oralen Empfängnisverhütung durch die Synthese eines wirksameren Verwandten des natürlichen weiblichen Hormons Progesteron gelungen war. Im übrigen gibt es etwa eine Million Arten von Insekten: Woher wollen wir wissen, daß das JH, das Röller 1967 aus der *Cecropia*-Motte isoliert hatte, das gleiche Juvenilhormon ist wie bei allen anderen Insektenarten? Eine Forschungsgruppe in Ohio hatte aus einem anderen Insekt eine strukturell ähnliche Substanz namens JH-II isoliert. Selbstverständlich konnten wir nicht das natürliche Juvenilhormon jedes wirtschaftlich bedeutenden Insektenschädlings isolieren. Wir mußten uns also auf einige wissenschaftlich und wirtschaftlich relevante Insekten beschränken, die sich leicht im Insektarium züchten ließen und an denen wir dann die synthetischen Moleküle testen konnten.

Wir beschlossen, uns auf die Insektenschädlinge zu konzentrieren, die ihren Schaden als Erwachsene verursachen. Dadurch eliminierten wir die schlimmsten landwirtschaftlichen Schädlinge, die allesamt ihr Unheil im Larvenstadium anrichten, in dem sie sich von bestimmten Anbauprodukten ernähren. Dagegen sind gesundheitsschädliche Insekten – Fliegen, Stechmücken, Flöhe, Feuerameisen – im Juvenilstadium harmlos und werden erst als beißende, stechende oder blutsaugende Erwachsene gefährlich oder lästig. In den sechziger und frühen siebziger Jahren war die Malaria noch die Krankheit, die weltweit die meisten Todesopfer forderte; und die dafür verantwortlichen Überträger – die verschiedenen Moskitoarten – wurden damals in erster Linie mit DDT bekämpft. Doch nun, da DDT in vielen Teilen der Welt verboten war und einige Moskitoarten begonnen hatten, Resistenz gegen DDT und andere herkömmliche Insektizide zu entwickeln, schien uns die Welt für neue Wege in der Moskitobekämpfung reif zu sein. An der Spitze unserer Zielinsekten standen die Moskitoarten *Aedes* und *Anopheles*, gefolgt von Fliegen und bestimmten Käfern.

Zunächst lief unsere Forschungsarbeit recht gut – vielleicht zu gut. Siddalls Chemikerteam modifizierte systematisch die Struktur von Röllers JH, wodurch seine Wirkung stark gesteigert wurde. Die Verfügbarkeit sensibler Biotests war ein wesentlicher Bestandteil dieser Forschung, und ein Großteil von Zoecons anfänglichem Erfolg war auf die Methoden zurückzuführen, die Gerardus Staal eingeführt hatte, ein holländischer Entomologe, der als Postdoktorand in Carroll Williams Labor in Harvard gearbeitet hatte. Bis dahin hatten Wissenschaftler in der Industrie, die nach neuen Pestiziden forschten, neue chemische Präparate einfach auf ihre Fähigkeit zu töten hin untersucht. Aber wir waren eigentlich gar nicht auf der Suche nach neuen Insektiziden: Ein Juvenilhormon-Imitat würde das Insekt ja nicht töten, sondern nur seine Entwicklung zum Vollinsekt verhindern. Staals Methoden mußten sehr viel raffinierter sein, da sie die gesamte Lebenszeit des Insekts steuern mußten. In weniger als 18 Monaten synthetisierten unsere Chemiker mehrere hundert Varianten des natürlichen Juvenilhormons und gelangten schließlich zu einem Strukturanalog, das 2430mal wirksamer war als das natürliche Hormon in Staals Analyse des Moskitos *Aedes egypti* und sehr viel weniger anfällig für bakterielle oder photochemische Zersetzung in Feuchtgebieten. Wir gaben der neuen Verbindung den Namen ALTOSID (aus Palo Alto und John Siddall).

Im Gegensatz zu den meisten neugegründeten Unternehmen hatten wir von Anfang an Tausende von Aktionären, weil die Zoecon-Aktien in Form eines Bezugsrechts an die Besitzer von Syntex-Aktien ausgegeben worden waren. Bei unserer ersten Hauptversammlung war der Saal daher voll von Anlegern, die von Insekten keine Ahnung hatten und erfahren wollten, was sie da gekauft hatten. Außerdem war eine Gruppe von Wirtschaftsprüfern anwesend, die sich das Unternehmen genauer anschauen sollten. Ich kannte viele von ihnen vom Sehen von Syntex-Versammlungen her, wo ich gewöhnlich einer der beiden Vertreter des oberen Managements gewesen war, die über den Stand der Firma berichteten. Folglich waren wir keine blutigen Anfänger, was Aktionärsversammlungen oder Sitzungen mit Wirtschaftsprüfern betraf, und so zogen wir eine ziemliche Schau ab. Nach meinem eigenen Bericht schwärmte Herbert Röller in ausgefeilten, wenn auch etwas verschachtelten Sätzen, und mit deutschem Akzent wie ein Thomas Mann der Wissenschaften, von den aufregenden Möglichkeiten unserer Insektenwachstumshemmer (IGR – *insect growth regulators*) – ein neuer Begriff, den wir eingeführt hatten, um unsere Produkte von herkömmlichen Insektiziden zu unterscheiden. Zum Abschluß zeigte Röller Farbdias von Insekten mit Mißbildungen, die durch den Kontakt mit winzigen Mengen des JH aufgetreten waren: die paar Fliegen, die das Puppenstadium überlebt hatten, aber keine Flügel besaßen; die Kartoffelkäfer, die wie leprakranke Gliederfüßler aussahen; und die kremfarbene Singzikade, die plötzlich pechschwarz geworden war. Als er sich triumphierend erkundigte: »Irgendwelche Fragen?«, meldete sich die sprichwörtliche alte Dame in Tennisschuhen. »Aber, Herr Doktor Roller«, rief sie empört aus, unbekümmert den bewußt kultivierten Umlaut in seinem Namen ignorierend, »tun Ihnen die armen Tierchen denn gar nicht *leid?* Sehen Sie doch nur, was Sie ihnen angetan haben!« Röller starrte die Frau mit offenem Mund an. Fünfzehn bedeutungsschwere Sekunden lang war es im Raum so still, daß man ein herumschwirrendes Insekt hätte hören können. »Nein!« brüllte er plötzlich, woraufhin der ganze Saal tobte.

Doch wir, die wir gewohnt waren, Arzneimittel für Menschen zu entwickeln, bekamen plötzlich einen kräftigen Dämpfer, als wir den Realitäten des Schädlingsbekämpfungsmarktes gegenüberstanden. Kosten und Preis sind nie unüberwindliche Hindernisse für ein wirklich wichtiges neues Arzneimittel für Menschen – also eines, das Schmerzen lindert oder den Tod verhindert in der wohlhabenden Welt, auf die sich die meisten Pharmaunternehmen konzentrieren. Ganz anders sah es dagegen bei der Vorbeugung gegen Krankheiten oder Verderb bei Agrarprodukten aus. Hier bestimmt ausschließlich der Markt, was der Erzeuger bezahlen kann, um zu verhindern, daß seine Äpfel schlecht werden, seine Baumwolle vernichtet wird, sein Weizen den Rost bekommt. Dabei ist es völlig egal, wie umweltverträglich oder wie biologisch abbaubar das neue Insektenbekämpfungsmittel ist: Wenn es den zulässigen Betrag im äußerst knappen Budget des Landwirts übersteigt, läßt man die Äpfel eben verfaulen oder pflügt das Feld unter. Das war uns bekannt; aber es dauerte doch einige Zeit, bis uns klar wurde, wie wenig die Leute für die umfassende Bekämpfung von gesundheitsschädigenden Insekten an ihren Brutplätzen zu zahlen gewillt sind; wie wenig Wert auf Präventivmaßnahmen gegenüber akuter Bekämpfung gelegt wird. Die meisten Leute sind zwar bereit, etwas gegen Moskitos zu unternehmen, die sie stechen; schon weniger sind bereit, zukünftige Moskitogenerationen ernst zu nehmen, die vielleicht nie auftreten werden. IGR-Produkte haben aber auch einen inhärenten Nachteil: Obwohl sie gelegentlich auch erwachsenen Insekten verabreicht werden können (ihre wachstumshemmende Wirkung ist bei einigen Arten durch einen »venerischen« Mechanismus auf die nächste Generation übertragbar), ist die Anwendungszeit gewöhnlich auf eine kurze Zeitspanne während des Larvenstadiums begrenzt. Unser in hohem Maße biologisch abbaubares Produkt mußte also genau zum richtigen Zeitpunkt ausgebracht werden, was bei einem persistenten Pestizid wie DDT nicht der Fall war. Damit die Moskitobekämpfung mit ALTOSID Erfolg hatte, mußte sie in großem Maßstab erfolgen, am besten durch örtliche oder staatliche Behörden. Es hätte wenig Sinn, diesen Stoff im eigenen Gartenteich anzuwenden, wenn der Sumpf des Nachbarn nicht behandelt wird.

Um die öffentliche Aufmerksamkeit zu erregen, mußten wir uns auf ein betrieblich passendes Problem konzentrieren statt auf den größtmöglichen Markt; und so griffen wir ein Problem des wichtigsten Industriezweigs von Kalifornien auf. Landwirtschaft wird in Kalifornien zumeist auf künstlich bewässerten Feldern betrieben und erfordert den intensiven Einsatz von Pestiziden. Anfang der siebziger Jahre waren Moskitos in Anbaugebieten, die mit Hilfe von Überschwemmungen bewässert wurden, gegen DDT und andere Insektizide resistent geworden. Nur das Besprühen mit Öl half noch, aber diese Maßnahme erschien auf dem Höhepunkt der Ölkrise nicht gerade sinnvoll. Außerdem waren in der nordkalifornischen Deltaregion Fälle von Pferde-Enzephalitis aufgetreten, die durch Moskitos übertragen wird. Folglich entschieden wir uns für die Moskitobekämpfung in Überschwemmungsgebieten, da die für IGR anfälligen Larven sich nur während der Bewässerungsperiode ansammelten – einer so kurzen Zeitspanne, daß ALTOSID (in Form von Mikrokapseln) sie unverändert überdauerte.

Bevor wir Feldversuche durchführen konnten, mußten wir die potentielle Toxizität von ALTOSID ermitteln. Wir mußten erst seine LD_{50} bestimmen – die mittlere letale Dosis, bei der 50 Prozent der Tiere nicht überleben –, um zu einer subletalen Dosis zu gelangen, die Nagetieren und Hunden lange genug verabreicht werden konnte, um eine etwaige Karzinogenität oder andere ernste Probleme aufzudecken. Unsere ersten Versuche waren spektakulär: Wir konnten die LD_{50} von ALTOSID nicht bestimmen, weil wir nicht genug davon verabreichen konnten, um auch nur *eine* Ratte zu töten. Wir mußten aufhören, als wir die ungeheure, aber anscheinend ungefährliche Menge von 35 Gramm je Kilogramm Körpergewicht erreichten, weil die Ausscheidung die Zufuhr überstieg. Unser Jubel über diesen sensationellen Beweis der Unschädlichkeit muß die Götter herausgefordert haben. Statt uns zu gratulieren, tadelte uns die EPA, weil wir keine letale Dosis gefunden hatten, und verlangte von uns, es noch einmal mit anderen Tieren zu versuchen. Da das Umweltamt gewohnt war, sich mit toxischen Pestiziden zu befassen, wußte es nicht, was es mit Zoecons ALTOSID anfangen sollte. Andere Verzögerungen waren indirekt schmeichelhafter. In Anbetracht der Neuartigkeit unserer Vorgehensweise – von den Medien schon bald als »Pestizide der dritten Generation« gepriesen – wurde unser Antrag an Beamte der EPA weitergeleitet, die normalerweise überhaupt nichts mit der Registrierung neuer Insektizide zu tun hatten, sondern einfach nur neugierig waren. Die längsten Verzögerungen ergaben sich, weil ALTOSID, das auf Überschwemmungsflächen gesprüht werden sollte, für andere auf dem oder im Wasser lebende Organismen nachweislich unschädlich sein mußte. Was man von uns verlangte, war die reinste Sisyphusarbeit: Als wir von der EPA endlich grünes Licht für Feldversuche bekamen, war die fehlende Toxizität von ALTOSID nachgewiesen worden an Wasserflöhen, Protozoen, Ruderfüßlern, Borstenwürmern, Schlammwürmern, Blutegeln, Kaulquappen und Schnecken; an Zahnkärpflingen, Klumpfischen, Forellen, Katzenfischen, Lachsen, Karpfen und Stichlingen; an Krustentieren wie Strandkrabben, Echten Krabben, Krebsen, Panzerkrebsen, Rankenfußkrebsen und diversen Garnelenarten. Inzwischen brauchte man uns Austern erst gar nicht zu nennen; die untersuchten wir gleich freiwillig.

Vom Standpunkt einer vorsichtigen ausführenden Behörde aus, die vor einer völlig neuen Art der Pestizideintragung stand, war dieser Aufwand natürlich gerechtfertigt. Ihr oder der Öffentlichkeit wäre es völlig egal gewesen, wenn wir darauf hingewiesen hätten, daß hochwirksame Medikamente für Menschen, die einen jährlichen Umsatz in Höhe von aberhundert Millionen Dollar erzielten, nur einen Bruchteil dieser toxikologischen Untersuchungen erforderten. Ein nüchterner Geschäftsmann hätte schon viel früher das Handtuch geworfen – besonders wenn er gewußt hätte, daß unser jährlicher IGR-Absatz zur Moskitobekämpfung in kalifornischen Überschwemmungsgebieten schließlich kaum eine Million Dollar erreichte. Doch wir waren stur; wir glaubten, die praktische Anwendbarkeit einer Insektenbekämpfung auf IGR-Basis anhand eines konkreten Beispiels demonstrieren zu müssen und daß, falls uns dies in einem Feuchtgebiet gelang, alle zukünftigen Mittel leichter die bürokratischen Hürden der EPA überwinden würden. Tatsächlich war einer der überzeugendsten Hinweise auf die Sicherheitsspanne von ALTOSID die spätere Empfehlung der Weltgesundheitsorganisation, daß unser IGR geeignet war, dem Trinkwasser zugegeben zu werden – ein Sachverhalt, der sich bei der Malariabekämpfung in Ländern wie Thailand als nützlich erwies, wo Trinkwasser häufig in offenen Tanks gesammelt wird, die potentielle Brutstätten für Moskitos sind.

III.

Man könnte sich fragen, wie wir es schafften, derart kostspielige und zeitaufwendige Entwicklungsprojekte durchzuziehen, und wie wir mit den Goliaths der Branche – Shell, DuPont und Dow – konkurrieren wollten. Etwas sprach jedoch für uns: Unsere Konkurrenten hatten riesige Märkte für herkömmliche Pestizide zu verteidigen, während wir uns auf etwas völlig Neues konzentrieren konnten. Trotzdem hätten wir es nicht geschafft, wenn wir ausschließlich auf unsere ursprüngliche Firmenaussteuer angewiesen gewesen wären; aber während ich in der Forschung durchaus bereit bin, Risiken einzugehen, bin ich, was Geld betrifft, sehr konservativ. Ein Jahr nach der Gründung von Zoecon – als sich der Kurs unserer Aktien, auf der Basis zukünftiger Erwartungen, an der Börse gut hielt – nahmen wir uns einen Berater, der für uns eine zur Übernahme geeignete Firma ausfindig machen sollte, die bestimmte Kriterien erfüllte: Erfahrung in irgendeiner Marktnische des Pestizidbereichs; gewinnbringend, aber schwach in Forschung und Entwicklung; keine Aktiengesellschaft und folglich an einem Unternehmen interessiert, das an der Börse zugelassen war; und so klein, daß wir der dominierende Partner blieben.

Wir fanden genau die richtige Braut in Thuron Industries, einem Unternehmen mit einem Umsatz von fünf Millionen Dollar, das zwei Chemiker, die Brüder Thurman und Byron Williamson, in Dallas gegründet hatten. Thuron konzentrierte sich auf den Markt für Tierhygiene, vor allem auf Flöhe, Zecken und andere Ektoparasiten. Die Firma hatte keine Forschungsabteilung und vertrieb herkömmliche Pestizide in Form neuartiger Produkte, die sie selbst herstellte, beispielsweise ein Flohhalsband aus Kunststoff für Hunde und Katzen, das gerade auf den Markt kommen sollte, als wir Thuron erwarben. Keine zwei Jahre nach unserer Fusion war Zoecons Tochter in Dallas weltweit zum größten Hersteller von Flohhalsbändern geworden. Anders ausgedrückt: Thuron wurde zu unserer Milchkuh. Drei Jahre nachdem wir Zoecon mit einem Bezugsrecht auf Aktien in Höhe von 10 Millionen Dollar gestartet hatten, hatten wir noch genau diese Summe auf der hohen Kante und näherten uns bereits einem Jahresumsatz von 10 Millionen Dollar. Diese Zahlen lösten keine Besorgnis in den Vorstandsetagen unserer Konkurrenten mit Milliardenumsätzen aus, von denen einige unser baldiges Ende vorausgesagt hatten; aber für uns bedeuteten diese Zahlen ein ausreichendes finanzielles Polster, um ein ehrgeiziges Ziel zu verfolgen: als erstes Unternehmen die EPA-Zulassung für den kommerziellen Einsatz eines Insektenwachstumshemmers an Stelle herkömmlicher Pestizide zu erhalten.

Gleichzeitig mit unserer Arbeit an Insektenhormonen hatten wir noch ein zweites Forschungs- und Entwicklungsprogramm laufen, nämlich auf dem Gebiet der Insektenpheromone, insbesondere der Sexuallockstoffe, von denen viele erst kurz zuvor isoliert und identifiziert worden waren. Clive Henricks Gruppe machte sich an die Synthese von Lockstoffen einiger der ärgsten wirtschaftlichen Schädlinge; und Anfang der siebziger Jahre waren wir weltweit zum größten und vielseitigsten Lieferanten von Pheromonen geworden. Auf diesem Markt konnten wir uns deshalb so schnell etablieren, weil hier keine EPA-Zulassung erforderlich war. Zu der Zeit wurden Pheromone nur als Kontrollmittel eingesetzt. Gummipfropfen mit winzigen Mengen des reinen Stoffes wurden in klebrigen Fallen angebracht, die dann in Bäume oder Büsche gehängt wurden. Die regelmäßige Überprüfung dieser Fallen durch Entomologen lieferte einen qualitativen und quantitativen Hinweis auf den Insektenbefall. Da dieser Markt naturgemäß sehr klein war, hatten ihm die großen Pestizidproduzenten keine Beachtung geschenkt. Wir dagegen waren damals so klein, daß uns selbst winzige Marktnischen attraktiv erschienen, besonders wenn sie auch noch eine gesellschaftlich nützliche Botschaft vermittelten. Wir sahen Pheromone als eine erfolgversprechende Möglichkeit an, uns in entomologischen Fachkreisen und in der breiten Öffentlichkeit einen Namen zu machen.

Eine Chance dazu bot unser alljährlicher Geschäftsbericht für die Aktionäre. Im Gegensatz zu den üblichen aufwendig gestalteten, mehrfarbigen, aber oft einschläfernden Hochglanzbroschüren hatte der Geschäftsbericht von Zoecon das Format eines Nachrichtenmagazins, das in einem Anhang die erforderlichen finanziellen Informationen enthielt. Jedes Jahr brachten wir eine größere Abhandlung über ein technisch und gesellschaftlich interessantes Thema, das mit den Geschäftszielen von Zoecon in Zusammenhang stand. Diese Artikel waren so aktuell und so gut geschrieben, daß wir von Hochschullehrern oft um mehrere Exemplare gebeten wurden. Der Geschäftsbericht für das Jahr 1971 enthielt einen Artikel über »Die Sprache des Duftes« von Morton Grosser. Diesem hervorragenden Aufsatz über Pheromone gaben wir eine wohlriechende Note, indem wir den ganzen Geschäftsbericht mit aromatischer Druckfarbe drucken ließen – so daß er nach Wald und Tannennadeln roch, was dem von uns gewünschten Firmenimage entsprach. Da wir es jedoch versäumt hatten, unseren Transferagenten, die Wells Fargo Bank, über diesen Public-Relations-Gag zu informieren, wurden wir sehr schnell von einem aufgeregten Bankbeamten angerufen – »Ihr Bericht stinkt!« –, als die Kartons mit den 15 000 Exemplaren aus der Druckerei eintrafen. Der Bericht war ein großer Erfolg und wurde sogar vom Starkolumnisten des *San Francisco Chronicle*, Herb Caen, kommentiert, der schrieb, unser Bericht sei der erste wahrhaft, und nicht nur im übertragenen Sinne, anrüchige Geschäftsbericht der amerikanischen Geschichte. Der Ruhm unserer Geschäftsberichte fand sogar Eingang in die Literatur, als 1974 Arthur Herzogs Roman *Die Mörderbienen* erschien, der die Invasion afrikanischer Killerbienen und die daraus resultierende faktische Lahmlegung von New York schildert. Der Präsident ruft den Notstand aus, und das Verteidigungsministerium wählt Zoecons ALTOSID als eines der Mittel zur Bekämpfung der Invasion: »Der Insektenwachstumshemmer (IGR) wurde von Zoecon hergestellt, einem kalifornischen Unternehmen, das sich auf alternative Insektizide spezialisiert hat. Um diesen IGR in der benötigten Größenordnung zu produzieren, war eine Kapazität von 4000 Litern notwendig, über die Zoecon verfügte.« (Ich hoffe, daß Herzog mich nicht für undankbar hält, wenn ich anmerke, daß wir 1974 in unserem kleinen Chemiewerk in East Palo Alto tatsächlich sogar einen 8000 Liter fassenden Reaktionsbehälter hatten.) In Herzogs Buch, das später in Hollywood verfilmt wurde, wird Zoecons Geschäftsbericht für das Jahr 1970 ausdrücklich als Anregung für einige der Szenen genannt.

Literarische Lorbeeren und parfümierte Geschäftsberichte zeugen jedoch nicht unbedingt von finanziellem Erfolg; tatsächlich hätte Zoecon seine Puppenhülle wohl nie gesprengt, wenn das Unternehmen ausschließlich vom Verkauf von IGR-Produkten zur Moskitobekämpfung und Pheromonen zur Insektenkontrolle abhängig gewesen wäre. Aus unseren frühen Feldversuchen hatten wir jedoch eine Menge gelernt, was auch auf unseren markterfahrenen texanischen Teilhaber Thuron zutraf (der bald darauf in Zoecon Industries umbenannt wurde). Ich war so fest davon überzeugt, daß Zoecon eine lebensfähige Muttergesellschaft werden würde, daß ich Ende des Jahres 1972 beschloß, meine Industriekarriere auf diese Überzeugung zu setzen und bei Syntex auszuscheiden.

Die Synergie mit unserem texanischen Marketingbereich manifestierte sich auf vielfältige Weise. Eines der Produkte, die Thuron Industries jahrelang verkauft hatte, war Golden Malrin, ein herkömmliches Organophosphat-Neurotoxin, das mit Zucker vermischt war, um Fliegen anzulocken, die dann auf der Stelle getötet wurden. Als Thuron Teil von Zoecon wurde, benutzten wir Golden Malrin für eine der ersten praktischen Demonstrationen, wie Pheromone die Wirksamkeit eines herkömmlichen Pestizids steigern können. Wir synthetisierten Muscalure, den natürlichen pheromonen Lockstoff der Stubenfliege *(Musca domestica)*, und gaben ihn Golden Malrin bei, was weit mehr Fliegen köderte. Noch eine weitere und innovativere Methode der Fliegenbekämpfung wurde infolge unserer Übernahme von Thuron entwickelt – und zwar indem wir uns unsere Arbeit an Insektenhormonen zunutze machten.

Genau wie Moskitos sind auch Fliegen erstklassige Kandidaten für die Insektenbekämpfung mit IGR, weil sie nur im Adultstadium lästig sind. Stechfliegen, wie die Hornfliege, können Rinder derart plagen, daß ihre Nahrungsaufnahme beeinträchtigt wird und Gewichtsverluste auftreten. Die Wiege und das Kinderzimmer der Hornfliege ist Rindermist. Bei Freilandvieh müßten folglich ganze Felder in regelmäßi-

gen Abständen mit herkömmlichen Insektiziden gespritzt
werden, um alle alten und neuen Exkremente zu behandeln.
Gerardus Staal hatte festgestellt, daß ALTOSID die Enwick-
lung der Hornfliegen-Puppen zu adulten Tieren erfolgreich
verhinderte, aber die Frage war, wie man den aktiven Wirkstoff ausbringen sollte. Hier kam uns Thurons Erfahrung mit
Tierschädlingen zu Hilfe. Das Unternehmen machte uns mit
MoorMan's bekannt, einem der größten amerikanischen Lieferanten von Mineralfutter in Blockform, das von Rindern
geleckt wird und ihren Bedarf an Salzen und Spurenelemen-
ten ergänzt. In Zusammenarbeit mit MoorMan's setzten wir
ALTOSID einem ihrer Salzblöcke zu und entdeckten, daß
von unserem IGR, das auf diese Weise von dem Tier aufgenommen wurde, genug in unveränderter Form den Verdau-
ungskanal passierte, daß das Tier bei jeder Darmentleerung
mit dem Kot eine kleine Menge ALTOSID ausschied, die die
Entwicklung von Hornfliegen völlig verhinderte. Wir hatten
in jedes Exkrement ein äußerst wirksames und absolut ungif-
tiges Insektenbekämpfungsmittel eingepflanzt, das in natürliche, harmlose Stoffe wie Wasser, Kohlendioxid und Essigsäure zerfiel – und dadurch das Tier selbst zum Beförderungs-
system gemacht. Eine Reduzierung der chemischen Belastung
der Umwelt ist zweifellos eines der Hauptziele jeder künftigen
Schädlingsbekämpfung, und diesen Zweck hatten unsere
Salzblöcke voll und ganz erfüllt. Diese Methode der Hornflie-
genbekämpfung wurde 1975 von der EPA zugelassen, im
gleichen Jahr, in dem wir auch die Zulassung für unser
IGR-Moskitomittel erhielten. In wirtschaftlicher Hinsicht erwies sich ersteres für Zoecon als wesentlich wichtiger.
Ein Juvenilhormon-Imitat wie ALTOSID kann bei der
Bekämpfung landwirtschaftlicher Schädlinge nicht verwendet
werden, weil der IGR die Lebensspanne der schadenverursa-
chenden Larve verlängert und diese auch größer werden läßt,
so daß gelegentlich richtige Monster auftreten. Wir stießen
jedoch auf eine interessante wirtschaftliche Nutzung dieses
scheinbaren Nachteils. In Japan, China, Indien und einigen
weiteren Ländern mit natürlicher Seidenindustrie werden Seidenspinnerlarven sorgfältig auf einer Art Tablett gezüchtet

und mit Maulbeerblättern gefüttert, damit sie sich einspinnen. Am Ende der Wachstumsperiode wickelt man die Kokons ab und erhält so den kostbaren Seidenfaden. Wir entdeckten, daß junge Seidenspinnerlarven, denen kleine Mengen unseres IGR verabreicht wurden, länger lebten und größer wurden, so daß diese hormonell stimulierten Insekten 15 bis 40 Prozent mehr Seide produzierten. 1976 erhielten wir von der japanischen Regierung die Genehmigung, unser IGR – unter dem Markennamen MANTA – als »Seidenspinner-Produktionssteigerer« zu verkaufen.

IV.

1976 spiegelte Zoecons Stellung im Insektenbereich die Position wider, die Syntex 20 Jahre davor auf dem Arzneimittelsektor innegehabt hatte: Bei Farmern und in der Öffentlichkeit waren wir so gut wie unbekannt; aber in wissenschaftlichen Kreisen waren wir aufgrund der Qualität und Quantität unserer Veröffentlichungen über Insektenhormone und Pheromone international bekannt geworden. Sogar einige der hämischen Goliathe aus unserer industriellen Konkurrenz hatten begonnen, in uns einen David zu sehen; besonders da wir inzwischen beschlossen hatten, auch auf dem größeren Gebiet des Pflanzenschutzes mitzumischen. Unsere finanziellen Mittel waren noch immer so bescheiden, daß sie uns nur erlaubten, uns auf ein einziges neues, wichtiges Forschungsthema zu konzentrieren. Ich forderte unsere Forschungsgruppe Synthetische Chemie unter Clive Henrick auf, binnen zwei Jahren ein patentierbares und kostengünstigeres Analogon des natürlichen Insektizids zu präsentieren, das in Blumen der Gattung Pyrethrum vorkommt. Damals dachte man, daß diese »synthetischen Pyrethroide« viele der herkömmlicheren Insektizide ersetzen würden, die von der Baumwollindustrie (damals die insektizidintensivste Branche der Vereinigten Staaten) und von Obsterzeugern benutzt wurden. Nur drei der größten Agrarchemie-Konzerne – Shell, Imperial Chemical Industries (ICI) und die FMC Corporation – waren damals auf diesem Markt vertreten, und zwar alle mit Produkten, die im Ausland entwickelt worden waren, nämlich in Großbritannien und Japan. Wenn es uns gelang, ein gesetzlich geschütztes Pyrethroid herzustellen, bestand die Chance, ein großes Unternehmen dazu zu bringen, als Gegenleistung für Vertriebsrechte einen Großteil unserer Forschung zu finanzieren – nach dem Muster von Syntex und Lilly in den fünfziger Jahren. Mein Entschluß, diesen Trick bei Zoecon zu wiederholen, führte letztendlich dazu, daß die Firma geschluckt wurde – und nicht nur einmal, sondern gleich zweimal.

In den ersten sieben Jahren des Bestehens von Zoecon, also bis 1975, war Syntex der größte Aktionär gewesen. Das hatte geschäftliche Verhandlungen mit anderen Unternehmen kompliziert, die nie ganz sicher waren, ob sie es mit Zoecon zu tun hatten – einem kleinen, unbedeutenden Konkurrenten im Insektenbereich – oder aber mit einem Stellvertreter von Syntex, einem potentiell wesentlich größeren Rivalen. Uns wurde klar, daß wir vollkommen unabhängig werden mußten, bevor wir in der Form initiativ werden konnten, die mir vorschwebte. Der Syntex-Vorstand war bereit, seine restlichen Zoecon-Aktien als Dividende an Syntex-Aktionäre zu verteilen. Infolgedessen wurden wir auf einen Schlag ein völlig unabhängiges Unternehmen und hatten gleichzeitig eine große Zahl neuer Aktionäre gewonnen: die Empfänger der großzügigen Gabe der Firma Syntex.

Als erstes fragte ich bei der Monsanto Corporation an, ob sie unser neues Pyrethroid-Projekt finanzieren würden. Einige Jahre davor hatte dieser Chemiegigant die Insektizidforschung völlig aufgegeben, um sich auf Herbizide zu konzentrieren, einen Bereich, in dem er zu einem der führenden Unternehmen Amerikas wurde. Die Monsanto-Manager räumten ein, daß ein neues synthetisches Pyrethrum-Analogon für sie sehr verlockend wäre, daß sie jedoch nicht sicher seien, ob wir unseren ehrgeizigen Zeitplan einhalten könnten. »Kommen Sie wieder, wenn Sie Ihrem Ziel näher sind«, lautete die Botschaft ihres Präsidenten. In anderen Worten: Sie wollten, daß wir die gesamte Forschung selbst finanzierten und erst dann über geschäftliche Vereinbarungen sprachen, wenn das Risiko praktisch gleich Null war. Doch dann tauchte ein unvorhergesehener Partner in Gestalt der Occidental Petroleum Corporation (Oxy) auf, an deren Spitze Armand Hammer stand, Lenins erster kapitalistischer Freund, nachdem die Bolschewiken die Macht übernommen hatten.

Bei einem Bankett in Stanford Ende des Jahres 1976 vertrat ich das Industrial Affiliate Program der chemischen Fakultät, das sich um unbeschränkte finanzielle Mittel von einer Reihe von Firmen bemühte, die als Gegenleistung an technischen Symposien teilnehmen und Forschungspersonal zu Studienurlauben nach Stanford schicken sollten. Einer meiner Tischnachbarn war Donald Baeder, ein ehemaliger Forschungsleiter bei Exxon, der gerade erst den Posten des für die Forschung verantwortlichen Vizepräsidenten bei Oxy angenommen hatte. Das Unternehmen hatte eine große agrochemische Abteilung, die wenig Forschung betrieb und in der Hauptsache Agrochemikalien, einschließlich Düngemitteln, verkaufte. Baeder war über Zoecon und unseren Erfolg mit Insektenwachstumshemmern im Bilde. Als er von unseren Pyrethroid-Plänen hörte, wurde er unser effektvollster Fürsprecher im Oxy-Management. Bald darauf unterzeichnete Zoecon faktisch ein Duplikat des Syntex-Lilly-Vertrags mit der Hooker Chemical Corporation, dem für den Vertrieb von Pestiziden zuständigen Oxy-Fachbereich, der Umsätze in Milliardenhöhe machte. (Hookers traurige Berühmtheit und Verbindung mit der chemischen Kontamination von Love Canal in Niagara Falls kamen erst später ans Licht.) Anfang des Jahres 1977 hatten wir die Wahl unseres Pyrethroids auf vier vielversprechende Substanzen eingeengt, bei denen sich weitere vorläufige Feldversuche zu lohnen schienen. Ich zeigte meinen Stolz auf den Erfolg unserer Gruppe mit typischem Ich-hab's-ja-immer-gesagt-Geprahle, das Baeder, der gerade zum Präsidenten der Hooker Chemical Division befördert worden war, innerhalb von Oxy noch durch seine eigene Freude über unsere Forschungsleistung steigerte. Zu diesem Zeitpunkt hatte der Verkauf unserer Wachstumshemmer, Pheromone, Flohhalsbänder für Hunde und Katzen und anderer

Thuron-Produkte 30 Millionen Dollar erreicht; dieser Erfolg, verbunden mit unseren Forschungsaussichten, überzeugte uns davon, daß wir durch Ausgabe weiterer Aktien zusätzliches Kapital an der Wall Street auftreiben konnten.

Der Verkauf der neuen Aktien war für einen Mittwoch vormittag angesetzt. Montags rief mich Don Baeder an und fragte, ob ich mich am Dienstag mit Dr. Hammer (»dem Doktor«, wie er bei Oxy genannt wurde) in Los Angeles treffen könnte; er sollte am Vormittag aus Moskau zurückkommen und wollte eine im beiderseitigen Interesse liegende Angelegenheit besprechen. Ich war Hammer noch nie begegnet, hatte jedoch viel über ihn gehört. Ich konnte mir sogar denken, was er wollte. Bei einem früheren Treffen mit leitenden Angestellten von Hooker hatte ich zufällig die Frage mitangehört: »Warum nur die Milch kaufen? Warum nicht gleich die ganze Kuh?« Ich hatte das komische Gefühl, daß diesmal ich derjenige war, dem ein Antrag gemacht werden sollte. Ich beschloß, ganz cool zu sein. »Da kann ich nicht«, sagte ich. »Nicht Dienstag vormittags. Ich habe morgens eine Vorlesung und nachmittags ein Seminar.« Das hatte ich tatsächlich, und ich ließ prinzipiell nie eine Lehrveranstaltung ausfallen. Ich schlug vor, am Mittwoch nach Los Angeles zu fliegen (nachdem unser Aktienverkauf gelaufen war), doch Baeder ließ sich nicht abwimmeln, sondern wollte wissen, ob ich mich am Dienstag um 18 Uhr mit dem Doktor und dem Präsidenten von Oxy treffen könnte. »Ausgeschlossen«, antwortete ich. »Ich kann den Campus frühestens Viertel nach vier verlassen und muß dann erst nach San Francisco zum Flughafen fahren, nach Los Angeles fliegen und ein Taxi nehmen.« Woraufhin ich erfuhr, wie ein Dr. Hammer zu reisen pflegt. »Wenn Sie Viertel vor fünf am Flughafen von San Jose sein können«, wurde mir zu meinem Erstaunen versichert, »dann sorgen wir dafür, daß Sie um sechs im Büro des Doktors am Wiltshire Boulevard sind.«

Kaum hatte ich in San Jose die Abflughalle betreten, als mich auch schon ein junger Mann mit Anzug und Krawatte ansprach. »Dr. Djerassi«, sagte er, als hätte ich ein Namensschild auf der Stirn kleben, »hier entlang bitte.« Zwischen den vielen einmotorigen Privatmaschinen auf dem Vorfeld stand ein schnittiger Jet, dessen Motoren bereits liefen. Ich stieg ein, hinter mir wurde die Tür geschlossen, und schon ging es los. Man reichte mir das *Wall Street Journal* und einen Garnelencocktail. Ersteres lehnte ich ab, da ich eine kleine Anthologie imagistischer Gedichte mitgebracht hatte, in der ich schmökerte, während ich mir die Garnelen zu Gemüte führte. Sobald ich in Los Angeles das Flugzeug verließ, brachte mich ein weiterer junger Mann zu einem in der Nähe wartenden Hubschrauber, dessen Rotorblätter sich schon ungeduldig drehten; zehn Minuten später wurde ich auf dem Dach des Bürohochhauses abgesetzt, in dem sich die Zentrale der Occidental Petroleum Corporation befand.

Dr. Hammers damaliges Büro war relativ klein und bescheiden verglichen mit den luxuriösen Räumlichkeiten, in denen er einige Jahre später residierte. Dennoch mußte ich dauernd das Bataillon von Photographien anstarren, das auf dem Tisch hinter seinem Schreibtisch aufgestellt war, darunter Photos mit Widmungen sämtlicher amerikanischer Präsidenten seit Franklin D. Roosevelt und verschiedener Staatsoberhäupter, insbesondere der Sowjetunion. Ich bezweifle, daß noch ein weiterer kapitalistischer Industriekapitän sich einer Photographie mit der handschriftlichen Widmung »Für den Genossen Armand Hammer von W. I. Uljanow (Lenin), 10.XI.1921« rühmen kann. Obwohl Dr. Hammer fast achtzig war und erst am Morgen aus Moskau zurückgekehrt war, war er hellwach und charmant. Während Don Baeder und Joe Baird, der Präsident des Unternehmens, respektvoll zuhörten, erzählte mir Hammer amüsante Geschichten aus seiner Zeit als Medizinstudent, bevor er dann kurz nach der Russischen Revolution als aufstrebender kapitalistischer Unternehmer in die Sowjetunion ging. Er wußte eine Menge über Syntex und besonders über Charles Allen, dessen Bank die Börsengeschäfte von Syntex wie von Zoecon erledigte. Mir waren Gerüchte zu Ohren gekommen über Hammers Rechtsstreitigkeiten mit Allen & Company, bei denen es um Oxys ursprüngliche Erschließung der libyschen Ölfelder ging, doch der Doktor tat sie mit einem Achselzucken ab, das besagte:

»Das ist Schnee von gestern«, jedoch nicht bevor er mir mitgeteilt hatte, daß *er* den Prozeß gewonnen hatte. Das Gespräch wandte sich dann Rindern zu – ich war gerade von meiner zweiten Frau geschieden worden und lebte zu der Zeit auf meiner Ranch – und dann der Kunst, da wir beide Sammler waren (auch wenn ich wohl kaum in Hammers Kategorie gehörte).

Als es sieben Uhr wurde und ich allmählich Hunger bekam und mich fragte, wie lange unser unverbindliches Geplauder denn noch dauern sollte, beugte sich Dr. Hammer plötzlich vor und sagte, indem er ohne Vorwarnung in die Manier des Industriekapitäns verfiel, daß er den Aktionären von Zoecon einen Zuschlag in Höhe von 30 Prozent anbieten würde, um unsere Gesellschaft zu übernehmen. Ich reagierte wie die spröde Jungfrau auf den Heiratsantrag eines reichen, alten Verehrers: »Und was springt dabei für uns heraus?« fragte ich und wies darauf hin, daß die wahren Aktivposten von Zoecon seine Forschungsvorhaben und die daran arbeitenden Menschen waren. Bevor wir uns über Aktienzuschläge unterhielten, mußten wir erst einmal sicher sein, daß unsere betriebliche Selbständigkeit erhalten blieb, daß mehr Mittel für unsere ehrgeizigen Forschungsprojekte zur Verfügung standen und daß unsere Vorstellungen über die Zukunft der Insektenbekämpfung weiterhin unterstützt wurden. Erst nachdem Hammer und seine beiden Kollegen mich davon überzeugt hatten, daß ihr lebhaftes Nicken zu diesen Forderungen tatsächlich ernstgemeint war, wandten wir uns wieder dem *mano-a-mano*-Handeln zu, das der Doktor so liebte. Ich hatte zwei Trümpfe in der Hand: In weniger als 12 Stunden würden wir Zoecon-Aktien im Wert von mehreren Millionen Dollar verkaufen, die, falls wir nicht noch an diesem Abend zu einer Einigung gelangten, Oxy zuzüglich zu den bereits ausgegebenen Aktien würde kaufen müssen. Ein feindliches, direktes Angebot von Oxy an unsere Aktionäre konnte sich jedoch in einen Pyrrhussieg verwandeln, wenn führende Wissenschaftler und leitende Angestellte von Zoecon das Unternehmen verließen. Dann stünde Oxy unter Umständen mit einer Kuh da, die dünne, saure Milch gab.

Gegen 20 Uhr hatten wir uns per Handschlag auf einen achtzigprozentigen Zuschlag für die Zoecon-Aktionäre geeinigt – ein Angebot, das unser Vorstand zweifellos ernsthaft in Erwägung ziehen mußte. Das Problem war jedoch, daß nur noch wenige Stunden blieben, um den für Mittwoch angesetzten Verkauf der neuen Zoecon-Aktien abzublasen. Ich rief unseren Syndikus an, damit er eine Sondersitzung unserer Direktoren für 22 Uhr einberief und unsere beiden externen Mitglieder in New York und in St. Louis bat, per Konferenzschaltung teilzunehmen. Hammer, der eine eiserne Konstitution besitzt, versicherte mir, daß ich ihn auch nach Mitternacht anrufen könne, um ihm die Entscheidung des Vorstands mitzuteilen. Ich begab mich wieder auf das Dach, kletterte in den wartenden Hubschrauber und flog in umgekehrter Reihenfolge wie ein paar Stunden davor zurück. Da es diesmal an Bord des Firmenjets keine Garnelen gab, mußte ich meinen knurrenden Magen mit weiteren imagistischen Gedichten besänftigen. Die Zeilen von Wallace Stevens: »Ich weiß nicht, was vorzuziehen ist, / Die Schönheit der Modulationen / Oder die Schönheit der Anspielungen«, boten Stoff zum Nachdenken darüber, wie ich den Zoecon-Vorstand anpacken sollte.

Die Vorstandsetage von Zoecon war hell erleuchtet, als ich kurz vor 22 Uhr vorfuhr. Alle waren anwesend, entweder in eigener Person oder über Telephon; und gegen Mitternacht hatten sich die Direktoren einstimmig dafür ausgesprochen, das Oxy-Angebot anzunehmen und den Aktienverkauf am Mittwoch rückgängig zu machen. Die Bankiers, die diesen Verkauf organisiert hatten, waren bitter enttäuscht. Ich vermute, daß sie bis zum heutigen Tage einfach nicht glauben wollen, daß wir keine Vorankündigung von Hammers Angebot hatten.

Zoecon war nur fünf Jahre im Besitz von Oxy – was dem Firmenleben von drei Präsidenten der Occidental Petroleum Corporation entsprach. Aber falls es nicht einfach war, unter dem Vorsitz des Doktors Präsident der Muttergesellschaft zu sein, so war es weder schwierig noch unangenehm, als Präsident des Geschäftsbereichs Zoecon der Occidental Petroleum zu fungieren. Hammer und seine wechselnden Präsidenten hielten sich an die Abmachung: Sie redeten uns nie in unsere Forschungsprioritäten hinein und gestatteten uns, dem kleinsten von allen Oxy-Geschäftsbereichen, ein Maß an Autonomie, wie es keiner der anderen genoß. Unser Forschungsetat stieg in diesen fünf Jahren auf mehr als das Dreifache; Oxy stellte uns sogar die Mittel zur Verfügung, eine kleine Samenfabrik in Alabama zu kaufen, die bahnbrechende Forschung mit dem Ziel betrieb, Hybridbaumwolle und -reis in den Vereinigten Staaten einzuführen. Im zweitletzten Jahr unserer Firmenunion machte Oxy bei einer weiteren finanziellen und betrieblichen Expansion mit: der Gründung der Zoecon-Abteilung Molekularbiologie, einem der ersten Industrielabors, das sich mit Anwendungsmöglichkeiten der Gentechnik in der Landwirtschaft beschäftigte.

Ein Charakteristikum des früheren Lebens von Zoecon, unsere innovativen jährlichen Geschäftsberichte, biß allerdings ins Gras, als wir ein Teil von Occidental Petroleum wurden; aber selbst hier trugen wir dazu bei, zumindest einen Geschäftsbericht von Occidental einzigartig zu machen – wenn auch in mikroskopischer Form und auf eine Art und Weise, die Dr. Hammer und allen anderen Mitgliedern des Oxy-Managements vorsichtshalber verschwiegen wurde. Die Geschäftsberichte hatten eine bestimmte Aufmachung: zunächst ein Brief an die Aktionäre, geschmückt mit einem großen Photo des Doktors mit dem jeweils regierenden Präsidenten, der Optimismus und »Anerkennung für die Einsatzbereitschaft aller Mitarbeiterinnen und Mitarbeiter« zum Ausdruck brachte. Dann kamen die detaillierten Betriebsergebnisse der drei wichtigsten Unternehmensbereiche – Öl und Gas, Kohle, Chemie – mit kleineren Photos der Präsidenten der einzelnen Geschäfts- und Produktbereiche. Zoecons Bericht war in dem des Unternehmensbereichs Chemie (Hooker) enthalten, und so erschien ich auf dem Gruppenbild der Präsidenten der sechs Hooker-Geschäftsbereiche, das bei einem meiner monatlichen Besuche in der Hooker-Zentrale in Houston aufgenommen worden war. Auf dem Bild, das für den Geschäftsbericht des Jahres 1979 aufgenommen wurde, fiel der Koordinierungsstelle in Los Angeles gerade noch rechtzeitig auf, daß einer der sechs Präsidenten – entgegen allen Regeln der Firmenpolitik – lächelte. Als ich auf diesen Fauxpas aufmerksam gemacht wurde, hielt ich das zunächst für einen verfrühten Aprilscherz, doch die genaue Prüfung einiger Geschäftsberichte aus den vergangenen Jahren bestätigte, daß, abgesehen von dem ganz leisen Anflug eines Lächelns im Gesicht des Doktors, jeder entschlossen und ernst dreinschaute. Und überdies trug besagter Präsident auch noch einen Rollkragenpullover statt einer Krawatte. Mein Einwand, daß ich im Winter immer Rollkragenpullis trage, wurde am Telephon mit einem verächtlichen Schnauben abgetan und mit der Aufforderung beantwortet, für ein neues Gruppenbild mit Präsidenten nach Houston zu fliegen, diesmal mit Krawatte und ernster Miene. Das lehnte ich kategorisch ab und wies darauf hin, daß mein Lächeln und mein Rollkragenpulli nicht die geringsten Auswirkungen auf das Image oder den Aktienkurs von Oxy hätten. Eine Krise größeren Ausmaßes in meiner Firmenkarriere wurde erst entschärft, als die Stimme am Telephon als Kompromiß vorschlug, daß ich einen Schnappschuß beisteuerte, der mich mit ernster Miene zeigte. Das tat ich, und so wurde in Houston ein neues Gruppenbild gemacht. Mein krawattentragendes Double wurde im Photolabor enthauptet, mein nicht-lächelnder Kopf wurde eingesetzt und das neue Tableau in Los Angeles vorgelegt, wo es Gnade fand. Ich frage mich, wie viele Leser des Geschäftsberichts der Occidental Petroleum Corporation für das Jahr 1979 bemerkten, daß einer der Präsidenten des Unternehmensbereichs Chemie keinen Hals hatte. Am Tag nach dem Erscheinen meines halslosen Photos schickte mir jemand aus der Publicity-Abteilung von Oxy ein anderes Photo, auf dem stand: »Das haben wir gerade noch rechtzeitig entdeckt!« Es war das gleiche Gruppenbild, nur daß darauf mein Kopf auf den Rumpf einer Frau verpflanzt worden war.

V.

Nach fünf Jahren unter Oxys Fittichen hatte Zoecons Umsatz die 100-Millionen-Dollar-Marke überschritten, wobei der Großteil der Gewinne aus dem Verkauf von Wachstumshemmern für *andere* Insekten als Moskitos und Fliegen stammte. Einen von diesen Schädlingen hätte ich für besonders unwahrscheinlich gehalten, da ich schon immer eine unverhohlene Aversion gegen Tabak gehabt habe. Aber als ein Entomologe von der Philip Morris Company sich bei Zoecon nach der Wirksamkeit von ALTOSID gegen den Zigarettenkäfer erkundigte, der sich von eingelagerten Tabakblättern ernährt, war unser Interesse geweckt. Wenn die großen Holzfässer, die jeweils etwa 500 Kilogramm Tabak enthalten, nach monatelanger Lagerung geöffnet werden, ist ihr Inhalt wegen der von hungrigen Käfern angerichteten Schäden gelegentlich nicht mehr für die Zigarettenherstellung zu gebrauchen. Trotz der mit Zigaretten verbundenen Gesundheitsrisiken sträuben sich Tabakfirmen, neue chemische Mittel zu verwenden – teils weil sie nicht beschuldigt werden wollen, noch mehr potentielle Giftstoffe zuzufügen, teils wegen der möglichen Auswirkungen auf den Geschmack. Aber da unser ALTOSID in winzigen Dosen erwiesenermaßen sowohl unschädlich als auch aktiv war, überredete der Entomologe von Philip Morris seine Firma, großangelegte Versuche durchzuführen, sobald die Wirkung von ALTOSID auf den Zigarettenkäfer und einen anderen Schädling, die Tabakmotte, im Labor nachgewiesen worden war. Das Management war bereit, einige Experimente in Lagerhäusern zu finanzieren und Tabak im Wert von zwei Millionen Dollar aufs Spiel zu setzen. Das Experiment gelang, und eine Reihe von Geschmackstests bewiesen, daß mit ALTOSID behandelter Tabak und unbehandelter Tabak nicht voneinander zu unterscheiden waren. Als wir 1979 den Erhalt der EPA-Eintragung feierten, versprach ich leichtsinnigerweise, mich mit einer Zigarre photographieren zu lassen, sobald der Umsatz von KABAT (Tabak rückwärts gelesen), wie wir unser spezielles IGR-Produkt zum Schutz von eingelagertem Tabak genannt hatten, die erste Million erreichte. (Mehr als nur ein Kollege wies darauf hin, daß ich damit den Preis festgelegt hätte, zu dem ich bereit war, meine Prinzipien zu verkaufen.) Es dauerte geraume Zeit, bis ich Farbe bekennen mußte, da Philip Morris nicht gewillt war, KABAT zu benutzen, solange die Konkurrenz nicht mitmachte. Philip Morris befürchtete, es könnten Gerüchte über »Hormontabak« ausgestreut werden. Wenn KABAT verhinderte, daß sich Käfer weiterentwickelten, konnte dann nicht jemand behaupten, daß dies auch bei Rauchern von Marlboro oder Lucky Strike der Fall war? Aber am Ende wurde KABAT doch das erste bedeutende Pflanzenschutzmittel auf der Basis eines Juvenilhormon-Imitats. (Die Anwendung von Wachstumshemmern zum Schutz vor Käferbefall anderer eingelagerter Agrarprodukte wie Erdnüsse kam später.) Doch als es endlich soweit war, drückte ich mich um die Erfüllung meines Versprechens, indem ich behauptete, nur zugesagt zu haben, mich *mit* einer Zigarre photographieren zu lassen. Das Phallusobjekt, das man mir für die Aufnahme in die Hand gedrückt hatte, wurde weder angezündet, noch kam es mir über die Lippen.

Letzten Endes kam der wahre Lohn für die jahrelange Forschung und all die toxikologischen Tests jedoch von Flöhen und Küchenschaben. Diese Schädlinge gelten im allgemeinen als der Fluch der Armen, die sich kaum die billigsten herkömmlichen Insektizide leisten können, ganz zu schweigen von einem relativ teuren Insektenwachstumshemmer. Doch in den Vereinigten Staaten sind Flöhe weitgehend ein Zeichen von Wohlstand: Teppichböden, Polstermöbel und Gardinen sind ideale Brutplätze für Flöhe, die von dem lieben Haustier fortwährend eingeschleppt werden. (Sowohl absolut als auch pro Kopf bezogen besitzen die Amerikaner weltweit die meisten Hunde und Katzen.) Nur wenige Leute sind sich der Überlebensfähigkeit des Flohs bewußt: Er ist schwer zu töten und pflanzt sich das ganze Jahr über üppig fort, wobei die Entwicklungsdauer vom Ei zum adulten Tier zwischen zwei Wochen und einigen Monaten liegt. Wenn erwachsene Flöhe einmal gefüttert wurden, kann man sie 50 bis 100 Tage ohne weitere Nahrungszufuhr am Leben erhalten, während ungefütterte bis zu zwei Jahre überleben können; folglich können Flöhe auch in einem Haus auftreten, das wochen- oder monatelang keinen Hund oder keine Katze mehr gesehen hat. Flöhe sind nicht nur Juckreiz und Kratzen auslösende Plagegeister; sie übertragen auch Seuchen, zum Beispiel die Beulenpest. Diese Art Horrorszenario kann selbst den gleichgültigsten reichen Hundebesitzer in einen potentiellen Kunden verwandeln. Unsere Kollegen in Texas, die jahrelange Erfahrung in der Flohbekämpfung mit herkömmlichen Insektiziden hatten, wußten, wie man unser IGR, unter dem Namen PRECOR, in die Form von Spritz- und Sprühmitteln brachte, wie sie im Haushalt üblicherweise verwendet werden. Versuche an mit Flöhen befallenen Teppichen, die mit PRECOR behandelt wurden, ergaben eine fast vollständige Verhinderung des Auftretens erwachsener Flöhe von bis zu drei Monaten; und als die EPA uns 1980 die Verkaufsgenehmigung erteilte, glaubten wir, daß Zoecon und PRECOR schon bald geläufige Begriffe sein würden. Wir erfuhren jedoch schon bald, wie es im Dschungel des Marktes für Schädlingsbekämpfungsmittel für den privaten Gebrauch tatsächlich zuging.

Obwohl es nicht schwer war, in Nischenmärkte wie Tierärzte und Schädlingsbekämpfungsfirmen einzudringen, machte es die anvisierte Multimillionen-Dollar-Geldgrube erforderlich, daß wir in die Regale der Supermärkte kamen. Wir konnten nicht mit Giganten wie S. C. Johnson konkurrieren, einem Unternehmen, das fast die Hälfte des amerikanischen Insektizidmarktes beherrscht und dessen jährlicher Werbeetat höher war als der ganze Umsatz von Zoecon. Statt dessen starteten wir eine Mini-Werbekampagne auf Testmärkten im Süden – in Miami, New Orleans und Houston –, wobei uns eine kleine Public-Relations-Agentur half, deren Aufgabe es war, uns erschwingliche Sendezeit im Fernsehen zu beschaffen. »Erschwinglich« hieß in unserem Falle »kostenlos«, und so begann meine kurze Karriere als TV-Werbefritze.

Daß ausgerechnet ich dazu ausersehen wurde, Zoecon in der Öffentlichkeit zu vertreten nach dem Muster, wie Lee Iacocca, der Vorstandsvorsitzende von Chrysler, die Automobile seines Unternehmens im US-Fernsehen anpries, kam mir auf den ersten Blick ziemlich absurd vor. Ich dachte dabei nicht nur an den quantitativen Unterschied, der von der Größenordnung her etwa dem zwischen einem Bus und einem Floh entsprach, sondern auch an die Tatsache, daß Chrysler bereit war, Millionen auszuspucken, während wir nicht einen Cent anzubieten hatten. Unser PR-Berater entschied jedoch, daß wir uns meinen Akzent, meine bärtige professorale Erscheinung und meinen wissenschaftlichen Ruf zunutze machen sollten. Wir filmten ein kurzes Interview in den Zoecon-Labors, in dessen Verlauf ich erläuterte, daß Zoecon bei der Geburtenkontrolle der Flöhe, philosophisch betrachtet, nicht viel anders vorging als damals Syntex bei der Erforschung der empfängnisverhütenden Pille für Menschen. Darauf folgte in dem Werbespot ein kurzer Filmausschnitt über unser Insektarium, in dem Gerardus Staal mit ausdruckslosem Gesicht und starkem holländischem Akzent einen Überblick über das Sexualleben der Flöhe gab. Die Videokassetten wurden an Fernsehsender in unseren Testmärkten geschickt, die fast ausnahmslos auf den Köder – »Vater der Pille meldet neue Empfängnisverhütung für Flöhe« – anbissen. Viele Sender rundeten unser fertiges Werbepaket, als Nachrichten aus der Wissenschaft getarnt, mit persönlichen Auftritten von mir ab, bei denen sich das Gespräch oft mehr um orale Kontrazeptiva für Menschen als für Flöhe drehte. Doch das war keineswegs das Ende der kostenlosen Berichterstattung in den Medien. Nachdem *USA Today* einen kurzen Artikel über unsere Lösung des häuslichen Flohproblems veröffentlicht hatte, der eine Flut von Anrufen von Radio-Talkshows im ganzen Land auslöste, wurden Flöhe einige Wochen lang zum Mittelpunkt und Fluch meines täglichen Lebens. Obwohl es bei mir zu Hause keine Flöhe gab, kratzte ich mich in meinen Träumen ständig.

Dieser Publicityrummel verschaffte uns Zutritt zu wichtigen Supermarktketten, doch der eigentliche Erfolg hing davon ab, den entsprechenden Platz in den Regalen zu bekommen, damit der Kunde das Produkt sah, bevor er kaufte. Da wir nur ein einziges Produkt hatten, gaben uns die Supermärkte herzlich wenig Regalfläche, aber selbst das war unseren Konkurrenten, den großen Jungs, noch zuviel. Ihre umherstreifenden Angestellten oder sonstige Spürhunde patrouillierten regelmäßig die Gänge der Supermärkte ab und ließen unsere schwarz- und orangefarbenen Behälter hinter einer Wand aus ihren eigenen Produkten verschwinden. Da wir sie nicht schlagen konnten, beschlossen wir, uns mit ihnen zusammenzutun: Wir boten Vertriebsrechte einigen unserer größten Konkurrenten an, die den patentierten aktiven Wirkstoff PRECOR bei Zoecon kaufen mußten, ihn dann aber abpackten und unter ihrem eigenen Namen und Warenzeichen verkauften. Kunden, die über eine Lupe und ausreichende Neugier verfügen, können uns in der Herkunftsangabe am unteren Ende der Dose entdecken.

VI.

Als Zoecon knapp fünf Jahre im Oxy-Reich war, erwarb der Doktor den dicksten Brocken seiner langen Sammlerlaufbahn: Er kaufte die wesentlich größere Cities Service Company und lud sich dadurch Schulden in Milliardenhöhe auf. In betriebswirtschaftlicher Hinsicht war diese Anschaffung für den größten und rentabelsten Unternehmensbereich von Oxy (Öl und Gas) durchaus sinnvoll, aber sie hatte auch zur Folge, daß Oxy viele angegliederte Firmen abstoßen mußte, um seine gewaltigen Schulden zu verringern. Wir waren ein logischer Kandidat: Obwohl unser Umsatz die 100-Millionen-Dollar-Marke überschritten hatte, waren wir noch immer ein kleiner Fisch im riesigen Oxy-Teich. Unser Wert war jedoch weit über das gestiegen, was Hammer fünf Jahre davor bezahlt hatte, so daß Oxy mit einem stattlichen Gewinn rechnen konnte. Der Doktor erkannte, daß wir selbst uns am besten verkaufen würden; und im Gegensatz zu einigen der anderen Kandidaten, deren Zukunft über ihre Köpfe hinweg in Los Angeles entschieden wurde, übertrug man uns die Verantwortung für unseren eigenen Verkauf. Bei diesem Unterfangen fungierte ich als Sprecher von Zoecon, was mich, um eine

Metapher aus dem Automobilbereich zu wählen, auf den ersten Blick zum Gebrauchtwagenverkäufer zu degradieren schien. Ich achtete jedoch darauf, niemals diesen Eindruck entstehen zu lassen; statt dessen unterstrich ich bei jeder Präsentation vor potentiellen Käufern, daß sie es mit einem einmaligen Rennwagen zu tun hatten, klein, aber leistungsfähig, der für zukünftige Siege in Le Mans konstruiert war und nicht für das Rennen im nächsten Jahr. Als erstes konsultierte ich Führungskräfte von Zoecon, damit sie mir halfen, eine Prioritätenliste aufzustellen, die etwa drei Dutzend Unternehmen aus der Chemie-, Erdöl-, Pestizid- und Pharmabranche umfaßte. Da unser Schwerpunkt auf der Erforschung neuartiger Möglichkeiten bei der Schädlingsbekämpfung in den neunziger Jahren und darüber hinaus lag, waren wir der Meinung, daß für uns nur ein Konzern in Frage kam, der lange Anlaufzeiten gewohnt war und Erfahrung hatte mit den Hindernissen, die von staatlichen Behörden aufgebaut wurden. An die Spitze unserer Wunschliste setzten wir ausländische Pharmaunternehmen in der Annahme, daß ein auf den US-Markt drängendes nichtamerikanisches Unternehmen uns eher die Selbständigkeit gewähren würde, die wir während unserer Oxy-Zeit genossen hatten. Es gelang uns tatsächlich, ein solches Unternehmen zu gewinnen, doch die Selbständigkeit folgte nicht.

Nachdem wir uns zehn Monate lang bei über einem Dutzend Kandidaten »entblößt« hatten, wurde Zoecon 1983 von Sandoz in Basel gekauft, einem der drei großen Schweizer Chemiekonzerne. Im Gegensatz zu Oxy hatte Sandoz eine klare Vorstellung von unseren Geschäfts- und Forschungszielen; lange Anlaufzeiten und die Erfüllung staatlicher Vorschriften waren nichts Neues für ein Unternehmen, das unweigerlich unter den zehn größten Arzneimittelherstellern der Welt zu finden ist. Auf dem amerikanischen Markt für Agrochemikalien spielte Sandoz jedoch eine relativ bescheidene Rolle, und sein Hauptprodukt war das bakterielle Pathogen *Bacillus thuringensis*, das im allgemeinen als »weiches« Insektizid und umweltfreundlicher als chemische Pestizide gilt. (Es lähmt den Darm der meisten Schmetterlingslarven, zu denen einige der schlimmsten Insektenschädlinge der Welt zählen.) Folglich schien eine beträchtliche Synergie vorhanden zu sein; und sobald der Kauf von Zoecon perfekt war, wurde Sandoz' kleiner agrochemischer US-Zweig Zoecon einverleibt, und wir wurden die amerikanische Filiale der Schweizer Muttergesellschaft auf diesem Sektor. Ich blieb Vorsitzender der Geschäftsführung, die im übrigen aus Schweizer Vertretern aus Basel bestand, und unser Vizepräsident, Dr. Alexander Cross (den ich einige Jahre davor von Syntex geholt hatte) wurde Präsident. Nominell schien sich im Zoecon-Management wenig geändert zu haben, doch in Wahrheit wurden alle wichtigen Entscheidungen nun mit Schweizer Gründlichkeit in Basel getroffen. Nach meiner Erfahrung trifft die sprichwörtliche Beschreibung des Lebens in der Schweiz – »Was nicht verboten ist, scheint untersagt zu sein« – mit gleicher Härte auf den Firmenbereich zu.

Im Laufe der ersten drei Jahre unserer Zugehörigkeit zu einem Schweizer Unternehmen Mitte der achtziger Jahre traten dann auch Küchenschaben in mein Leben. Für Küchenschaben wird mehr Geld ausgegeben als für jeden anderen Insektenschädling im Haushalt: Nicht weil sie mehr Schaden anrichten, auch wenn sie so ziemlich alles fressen (Obst, Kekse, Abfall, Marihuana, Fett, Bier, Cola – das sie Diät-Cola vorziehen), sondern weil man sie schlicht ekelhaft findet. Die Küchenschabe steht faktisch immer ganz oben auf der Negativliste eines jeden Entomophoben. Dieser Abscheu überträgt sich auf die jeweils landesübliche Namensgebung: Die Polen nennen ihre Küchenschaben Russen, die Franzosen bezeichnen sie als Preußen, und die Deutschen revanchieren sich, indem sie sie Franzosen nennen. Es sind sogar örtliche Nuancen festzustellen: Im Norden Deutschlands heißen sie Schwaben.

Die große Amerikanische Küchenschabe (*Periplaneta americana*) ist nicht sehr fruchtbar: Ein weibliches Tier bringt pro Jahr höchstens 800 Nachkommen hervor. Der bei weitem verbreitetste Schädling in den USA ist die Deutsche Schabe (*Blatella germanica*), die, obwohl sie nur ein Drittel der Größe ihrer amerikanischen Verwandten aufweist, unglaublich

279

fruchtbar ist. Das weibliche Tier bringt eine Kapsel hervor, die 30 bis 48 Eier enthält, die sich nach 36 Tagen zu Vollinsekten entwickelt haben. Theoretisch kann ein einziges adultes Tier in einer warmen, feuchten Umgebung, wo es Ritzen, Löcher und Schmutz gibt, in einem einzigen Jahr bis zu 400 000 Kakerlaken hervorbringen! Genau wie bei Flöhen haben die Armen auch einen größeren Bedarf an Schabenbekämpfungsmitteln (eine Regierungsstudie in Wohngebieten mit niedrigem Einkommen in Florida ermittelte pro Wohnung 13 000 bis 26 000 Kakerlaken), aber nur die Wohlhabenden können es sich leisten, etwas gegen dieses Problem zu unternehmen.

Erste Käfigexperimente in unserem Insektarium führten zur Entwicklung eines stärkeren Analogons unseres ALTOSIDS (inzwischen auch unter dem Namen METHOPRENE bekannt) namens HYDROPRENE, das 1983 von der EPA zugelassen worden war. Der Haken bei unserem empfängnisverhütenden Vorgehen – also die Verwendung eines Juvenilhormons, um das Leben des unentwickelten »nymphalen« Stadiums der Schabe auszudehnen, damit sich weder weibliche noch männliche Tiere fortpflanzen können – ist, daß man bereit sein muß, sich erst einmal wochenlang mit lebenden Schaben abzufinden, bis die derzeitige Generation durch natürliche Ursachen ausgestorben ist. Das mag zwar akzeptabel sein für Umweltschützer – eine deutliche Minderheit unter den Entomophoben –, aber der echte Kakerlakenhasser will *tote* oder besser noch *gar keine* Kakerlaken sehen. Folglich wurde unser Schaben-IGR, unter dem Markennamen GENCOR, gewöhnlich mit einem Insektizid auf Pyrethrum-Basis kombiniert, das Kakerlaken erwiesenermaßen bei Kontakt tötet. Unsere Marketinggruppe in Texas wollte mit GENCOR unter unserem eigenen Markenzeichen einen weiteren Versuch in Supermärkten starten; wir hätten also zwei Produkte in den Regalen gehabt, PRECOR gegen Flöhe und GENCOR gegen Schaben. Vorsichtigere Köpfe in der Schweiz obsiegten jedoch; und wir vergaben die Marketingrechte für unsere Schaben-IGR in Lizenz an die American Home Products Corporation, die unter dem Markennamen »Black Flag«

Insektizide für den Haushalt verkauft. Da ihre New Yorker Werbeagentur von meinen Iacocca-Auftritten en miniature gehört hatte, fragte sie mich, ob ich mein TV-Repertoire nicht um Kakerlaken erweitern würde.

Die Premiere meiner Kakerlaken-Tournee fand in Orlando, Florida, statt, wo die Zeitungen damals voller Berichte über das Auftreten der asiatischen Schabe *Blatella asahinai* waren (nicht zu vewechseln mit der Orientalischen Schabe *Blatella orientalis*, einer im Freien lebenden gemeinen Schabe). Im Gegensatz zur Deutschen Schabe, der sie, was Größe und Fruchtbarkeit betrifft, ähnelt, kann die neue asiatische Einwanderin fliegen. Ihre Mobilität bei einem Soloflug konnte über eine Entfernung von knapp 40 Metern verfolgt werden, was jeden Haushalt in Florida in Angst und Schrecken versetzte. An einem Tag gab ich vier Lokalsendern ein Fernsehinterview. Die Mutter von John Diekman, Zoecons neuestem Präsidenten, war erstaunt, den ehemaligen Professor ihres Sohnes eines Nachmittags auf ihrem Lieblingskanal über Küchenschaben dozieren zu hören, dann noch einmal auf dem Kanal, auf den sie umschaltete, und dann auch noch in den Abendnachrichten eines dritten Kanals! Meine professorale Darbietung begann mit meiner Arbeit in den fünfziger Jahren an hormonellen oralen Kontrazeptiva, hob dann die konzeptionelle Ähnlichkeit zwischen Zoecons Forschung und der Entwicklung der Pille hervor und schloß damit, daß ich GENCOR ein grundlegend neues prophylaktisches Mittel gegen Schaben nannte. Meine Anspielungen auf »Geburtenkontrolle bei Kakerlaken« waren vielleicht doch etwas zu clever oder aber ich befriedigte zu stark den Anthropomorphismus meiner TV-Moderatorinnen, da ich unweigerlich einen Satz etwa folgenden Inhalts zu hören bekam: »Aber, Herr Doktor, wie kriegen Sie denn eine Kakerlake dazu, die Pille zu nehmen?« Meine Erklärung, daß man nur Zimmerecken, Scheuerleisten und ähnliches zu besprühen brauchte, schien sie immer zu enttäuschen.

Wenn wir über Insektenbekämpfung im frühen 21. Jahrhundert nachdenken wollen, dann muß das Fundament dazu jetzt gelegt werden. Zoecons Erfahrung bei der Verfolgung einer biologischen Spur, die auf eine Achillesferse bei Insekten hindeutete, hat gezeigt, daß es über ein Jahrzehnt dauert, um aus einer derartigen Entdeckung eine kommerzielle Realität zu machen. Anfang der achtziger Jahre lenkte Herbert Röller unsere Aufmerksamkeit auf das neue Gebiet der Neuropeptidhormone der Wirbellosen – chemische Botenstoffe, die vom Zwischenhirn ausgehen und aus verketteten Aminosäuren (Peptiden) bestehen. Die Isolierung und Identifizierung von Peptidhormonen, die vom Hypothalamus abgesondert werden, brachte Roger Guillemin und Andrew Schally 1977 den Nobelpreis für Medizin ein. Da die chemischen Verfahren für den Umgang mit winzigen Mengen von biologisch aktiven Substanzen zur Verfügung standen, dauerte die Übertragung dieses Wissens von Wirbeltieren auf Wirbellose nur ein paar Jahre statt drei Jahrzehnte, wie es bei der früheren Arbeit auf dem Gebiet der Insektenhormone der Fall gewesen war. Aus biologischen Tests mit primitiven Extrakten ging deutlich hervor, daß solche chemischen Neurotransmitter mit zahlreichen lebenswichtigen Funktionen der Insekten in enger Verbindung standen: Der Wasserhaushalt schien durch ein diuretisches Hormon gesteuert zu werden, Herzfunktion und Blutdruck durch einen kardiobeschleunigenden Faktor, der Lipidmetabolismus durch ein adipokinetisches Hormon und die Biosynthese der Sexuallockstoffe durch ein die Pheromon-Biosynthese aktivierendes Hormon (PBAH). Röller empfahl uns, bei Zoecon eine Arbeitsgruppe zu bilden, um einige dieser Hormone zu isolieren und deren chemische Struktur zu bestimmen. Danach konnten wir ihre Biosynthese im Körper des Insekts untersuchen und feststellen, ob wir Substanzen synthetisieren konnten, um auf irgendeine Weise in die körpereigene Produktion dieses entscheidenden Faktors einzugreifen. Eine Störung des diuretischen Hormons könnte das Insekt schlicht austrocknen lassen; ein Herumbasteln an dem

kardiobeschleunigenden Faktor könnte Herzattacken aus-
lösen; ein Antagonist des die Pheromon-Biosynthese aktivie-
renden Hormons könnte es dem männlichen Tier unmöglich
machen, ein weibliches Tier zu finden.

Da niemand bei Zoecon Erfahrung in der Chemie derartiger Peptidhormone hatte, bot David Schooley an, sich für
kurze Zeit als Leiter unserer biochemischen Abteilung beur-
lauben zu lassen, um sich die entsprechenden Fähigkeiten in
Roger Guillemins Labor am Salk-Institut in La Jolla anzueignen, wo die ersten der später mit dem Nobelpreis ausgezeichneten Arbeiten auf diesem Gebiet durchgeführt worden
waren. Als Schooley von seinem Studienaufenthalt bei Guillemins wichtigstem Mitarbeiter Nicholas Ling (der etwa zur
gleichen Zeit wie Schooley in meinem Labor in Stanford
promoviert hatte) zurückkehrte, war Steven Kramer, Zoecons
geschicktester Insektenphysiologe, schon eifrig am Werk, die
entsprechenden Teile des Insektengehirns zu sezieren. Das
Insekt, das er sich dafür aussuchte, war die Schabe, weil sich
ihre Herzfunktion leicht kontrollieren läßt und damit einen
praktischen Biotest für den kardiobeschleunigenden Faktor
darstellte – wie König Carl XVI. Gustaf von Schweden
bezeugen kann.

Anfang des Jahres 1984 kam der König mit einer kleinen
Gruppe schwedischer Industrieller zu einem Informationsbe-
such in das Silicon Valley. (Obwohl er sich bestimmt nicht
mehr daran erinnerte, hatte ich mich einige Jahre davor bei
der Verleihung einer Ehrendoktorwürde anläßlich des
500. Geburtstages der Universität Uppsala schon einmal vor
ihm verbeugt.) Da ich ausländisches Mitglied der Königlichen Schwedischen Akademie der Wissenschaften war, hatte
man mich gebeten, einen Besuch des Königs bei Zoecon zu
organisieren, um Seine Majestät mit Unternehmertum auf
dem Insektensektor bekannt zu machen. Als erstes besichtigten wir das Insektarium – eine Reihe kleiner, befeuchteter
Behälter, in denen eine konstante Temperatur herrschte –, in
das wir den König, die elegante schwedische Generalkonsulin
und einige Leute aus dem industriellen Gefolge des Königs
quetschen mußten. Der Rest der Delegation mußte vor dem

feuchten Raum warten. Gerardus Staal wies stolz auf das Gewimmel der gezüchteten Küchenschaben und begann dann, die morphologischen Abnormitäten vorzuführen, beispielsweise mißgebildete Flügel bei mit IGR behandelten Schaben. Als dem König eine Kakerlake praktisch direkt unter die Nase gehalten wurde, trat er überrascht einen Schritt zurück, da er ja nicht wissen konnte, daß Staal das Insekt vorübergehend immobilisiert hatte, indem er es einige Stunden in den Kühlschrank steckte.

Dann zog die königliche Gruppe in das biochemische Labor weiter, wo Kramer eine sensationelle Demonstration vorbereitet hatte: ein lebendes Schabenherz unter einem Präpariermikroskop, das mit einem Fernsehmonitor verbunden war. Zum ersten und höchstwahrscheinlich letzten Mal während seiner Regierungszeit blickte der König von Schweden auf ein ungeheuer vergrößertes Schabenherz, das zuckenden Eingeweiden gleicht. Dann gab Kramer auf das isolierte Organ eine winzige Menge des kardiobeschleunigenden Faktors, den Schooley und seine Kollegen isoliert hatten. Das daraufhin erfolgende krampfartige Zusammenziehen verschlug jedem von uns den Atem. Als der König fragte, wie bald mit einem Sieg über die Küchenschabe mittels chemisch hervorgerufener Herzattacken denn zu rechnen sei, antwortete Kramer vorsichtig, daß es Kakerlaken schon seit mindestens 350 Millionen Jahren gab und daß die Kakerlake außer dem Hauptherzen noch in jedem ihrer sechs Beine sowie in den Fühlern weitere Herzen hat. Schooleys Gruppe hatte zwar gerade die chemische Struktur dieses Neuropeptidhormons nachgewiesen, aber wir waren noch Jahre davon entfernt, diesen Hinweis in eine praktische und wirtschaftlich sinnvolle Methode der Insektenbekämpfung zu verwandeln. Tatsächlich haben spätere Arbeiten bei Zoecon gezeigt, daß andere Neurohormone vermutlich bessere Ziele darstellen als der kardiobeschleunigende Faktor der vielherzigen Kakerlake. Dennoch hatten der König und seine Entourage das Gefühl, etwas dazugelernt zu haben. Vor dem Gehen überreichte mir Seine Majestät eine Urkunde, die bestätigte, daß ich von einer weiteren königlichen Akademie als ausländisches Mitglied gewählt worden war. Ich wollte mich mit einer Erinnerung an seinen Besuch revanchieren, hielt jedoch eine Kakerlake nicht gerade für angebracht. Statt dessen signierte ich rasch ein Exemplar meines Buches *The Politics of Contraception* und überreichte es dem König. Der 38jährige Monarch war etwas verwirrt, als er den Titel las und ein bißchen darin blätterte. »Glauben Sie wirklich, daß ich das brauche?« fragte er. Das allgemeine Gelächter ersparte mir weitere Verlegenheit.

Gerade als ein Teil des Schweizer Sandoz-Managements bereit war, Zoecon eine kräftige Kapitalspritze für diese neuen Neuropeptid-Projekte zu geben und unsere molekular-biologische Forschung beträchtlich zu erweitern, unternahm die Geschäftsleitung des Bereichs Agrarchemie in Basel Schritte, die das Ende der Firma Zoecon, wie wir sie kannten, einläuteten. Nach Ansicht von Sandoz belegten die wirt-schaftlichen Fakten des Pestizidgeschäfts, daß nur die größten Unternehmen florieren konnten und daß es zu lange dauern würde, eine derartige Größe allein durch internes Wachstum auf der Grundlage hauseigener Forschung zu erreichen. Au-ßerdem war der Markt für Herbizide größer und einträglicher als der für Insektizide. Die Schweizer Pharmariesen halten nicht viel von kooperativem Management, und Sandoz war da keine Ausnahme. Und so erfuhren wir eines Tages *post facto*, daß unsere Schweizer Mutter ein großes Unternehmen für herkömmliche Pestizide in Chicago gekauft hatte, dessen Hauptprodukt ein chemisches Herbizid war, das vor einem Vierteljahrhundert entwickelt worden war. Zoecon wurde dem Chicagoer Unternehmen einverleibt; und abgesehen von unserem Forschungsstab wurde faktisch jeder versetzt oder entlassen. Die von Zoecon eingeleiteten Forschungsprojekte wurden fortgesetzt; doch Ende der achtziger Jahre hatten das gesamte ursprüngliche Management und viele der leitenden Wissenschaftler die Firma verlassen; sogar der Name Zoecon am Eingang wurde getilgt. Er lebt nur noch in dem Unter-nehmen in Dallas weiter, das als äußerst rentabler, aber ver-hältnismäßig kleiner Betrieb weiterhin Insektenwachstums-hemmer zur Bekämpfung von Flöhen, Kakerlaken, Fliegen und Stechmücken verkauft, aber keine Forschung betreibt.

Zoecons Forschung hatte der Firma in relativ kurzer Zeit einen internationalen Ruf eingetragen, der in unserer Branche den von Unternehmen übertraf, die ein Vielfaches unserer Größe hatten; tatsächlich wurde mir 1991 von Präsident Bush die National Medal of Technology in Anerkennung der bahnbrechenden Arbeit von Zoecon auf dem Gebiet umweltverträglicher Insektenbekämpfungsmittel verliehen. Aber wenn der Maßstab des Erfolgs eine unabhängige Firma ist, dann haben wir das Klassenziel nicht erreicht. Wenn Flöhe und Kakerlaken Schadenfreude zeigen könnten, dann würden sie jetzt vermutlich hämisch grinsen.

KAPITEL 13

Pugwash

Aم 9. Juli 1955, auf dem Höhepunkt des Kalten Krieges, verkündete Bertrand Russell in der Londoner Caxton Hall das inzwischen berühmte Russell-Einstein-Manifest, das von sieben weiteren Nobelpreisträgern mitunterzeichnet war. »Angesichts der tragischen Situation, in der sich die Menschheit befindet«, so begann das Manifest,

> sind wir der Auffassung, daß Wissenschaftler zu einer Konferenz zusammenkommen sollten, um die Gefahren abzuschätzen, die infolge der Entwicklung von Massenvernichtungswaffen entstanden sind, und um über eine Resolution im Geiste des beigefügten Entwurfs zu beraten. Wir sprechen aus diesem Anlaß nicht als Vertreter dieses oder jenes Volkes, Kontinents oder Glaubensbekenntnisses, sondern als menschliche Wesen, Vertreter der Spezies Mensch, deren weitere Existenz im ungewissen liegt. Die Welt ist voller Konflikte; und alle kleineren Konflikte werden von dem titanischen Kampf zwischen Kommunismus und Antikommunismus überschattet.

Vier Tage später schrieb Cyrus Eaton, der einzelgängerische Kapitalist und damalige Vorstandsvorsitzende der Chesapeake & Ohio Railway Company, an Russell:

> Ihre aufsehenerregende Erklärung zum Atomkrieg hat weltweit einen dramatischen Eindruck hinterlassen... Könnte ich zur Realisierung Ihres Vorschlags beitragen, indem ich anonym eine Begegnung von Wissenschaftlern Ihrer Gruppe in Pugwash, Nova Scotia, finanziere? Ich habe dort ein komfortabel ausgestattetes Anwesen am Meer wissenschaftlichen Gruppen zugäng-

lich gemacht. ... Ich schlage Pugwash deshalb vor, weil ich glaube, daß Sie an einem so abgelegenen und ruhigen Ort die Aufmerksamkeit der Welt leichter auf die Probleme lenken können, die Sie hervorheben wollen, als in einer der großen Metropolen, wo das Treffen nur eine von mehreren Veranstaltungen wäre, die miteinander um öffentliche Beachtung konkurrieren.

Die erste Tagung fand im Juli 1957 in Eatons Privathaus statt und wurde von 22 Wissenschaftlern (hauptsächlich Physikern, einigen Chemikern und Biologen sowie einem Juristen) aus zehn Ländern besucht. Die drei größten Delegationen kamen aus den Vereinigten Staaten, der Sowjetunion und Japan. Da es in Pugwash kein Hotel gab, wurden die Teilnehmer in Eatons Haus und in drei Eisenbahn-Schlafwagen untergebracht, die Eaton aus Cleveland, der Zentrale seines Unternehmens, hatte heraufschaffen lassen. Dieser bescheidene Anfang führte zu den alljährlich stattfindenden *Pugwash Conferences on Science and World Affairs*, die, obgleich sie später in der ganzen Welt an Orten wie Kitzbühel, Moskau, Stowe, Dubrovnik, Udaipur und Venedig abgehalten wurden, weiterhin den Namen des Dorfes in der kanadischen Provinz Nova Scotia trugen. Insider bezeichnen sich als *»Pugwashites«*, darunter viele Persönlichkeiten, die in der Folge hohe Staatsämter bekleideten. (Henry Kissinger hat beispielsweise fünfmal teilgenommen, desgleichen Georgij Arbatow, viele Jahre oberster Berater der sowjetischen Regierung in amerikanischen Angelegenheiten.) Sowohl die Sowjetische Akademie der Wissenschaften als auch ihre Regierung (darunter von Anfang an Generalsekretär Chruschtschow und Außenminister Gromyko) schätzten diese inoffiziellen Kontakte derart, daß sie sowjetischen Wissenschaftlern selbst dann erlaubten, ins Ausland zu fahren, wenn Auslandsreisen ansonsten stark eingeschränkt waren.

Obwohl die Pugwash-Bewegung in der breiten Öffentlichkeit kaum bekannt ist, zeugt sie davon, daß Wissenschaftler gelegentlich bereit sind, aus ihren akademischen Elfenbeintürmen herabzusteigen, um sich wichtigen politischen Fragen zuzuwenden. Ob die Politiker auch bereit sind, ihnen zuzuhören, steht auf einem anderen Blatt. Das amerikanische Außenministerium beispielsweise hat den Wissenschaften und den Wissenschaftlern nie große Beachtung geschenkt. In den wenigen US-Botschaften, die über einen Wissenschaftsattaché verfügen, steht dieser in der Hackordnung ganz weit unten. (Mitte der fünfziger Jahre schlossen wir sogar die Büros der Wissenschaftsattachés in London und anderen Hauptstädten, um sie dann einige Jahre später schleunigst wieder zu öffnen, als der Sputnik durch das Weltall raste.) Nichstdestoweniger gelang es Pugwash in der kältesten Periode des Kalten Krieges, als die Diplomaten einander am meisten mißtrauten, unter einflußreichen Wissenschaftlern aus Ost und West ein Klima des Vertrauens zu schaffen und dadurch einen Großteil des Fundaments für den Erfolg des Begrenzten Teststoppabkommens zu legen, das 1963 in Genf unterzeichnet wurde.

1966 feierte Schweden 150 Jahre ununterbrochenen Friedens, und zu den Gedenkveranstaltungen zählte auch die 17. Pugwash-Konferenz, die 1967 in Ronneby, einem reizenden Ferienort in Südschweden, stattfand. Die Eröffnungsansprache hielt der schwedische Ministerpräsident Tage Erlander. Mit knapp 200 Teilnehmern aus 44 Ländern war es die bis dahin bei weitem größte Pugwash-Konferenz; und es war meine erste. (Das Datum war auch für das Land selbst von Bedeutung: An diesem Tag ging Schweden vom Links- zum Rechtsverkehr über. Um Unfälle zu vermeiden, war ein 24stündiges Fahrverbot für private Kraftfahrzeuge verhängt worden. Vor und hinter unserem Bus, den ich in Malmö bestieg, nachdem ich mit dem Tragflügelboot aus Kopenhagen gekommen war, sicherte eine Polizeieskorte unsere Fahrt auf den leeren Straßen, und das bei einer Höchstgeschwindigkeit von 40 Kilometern in der Stunde. Ein israelischer Wissenschaftler, der an dem besagten Tag auf dem Stockholmer Flughafen eintraf und über die monumentalen Vorsichtsmaßnahmen des schwedischen Verkehrsministeriums nicht unterrichtet war, schloß aus dem gespenstischen Fehlen von Fahrzeugen, daß der Krieg ausgebrochen war.)

Bis Mitte der sechziger Jahre hatten sich alle Pugwash-Konferenzen mit Fragen der Kriegführung – besonders atomarer, chemischer und biologischer – und der Abrüstung befaßt. Dies waren Bereiche ost-westlicher Interaktion, und die geographische Herkunft der Teilnehmer spiegelte diese Tendenz wider. Doch 1964 begann sich Pugwash im indischen Udaipur auch der Nord-Süd-Achse zuzuwenden, der Kluft zwischen Reichen und Armen. Im Jahr darauf, in Addis Abeba, stand die gesamte Konferenz unter dem Thema »Science in Aid of Developing Countries« (Wissenschaft und Entwicklungshilfe); seit damals konzentriert sich bei den alljährlichen Pugwash-Konferenzen mindestens eine Arbeitsgruppe auf Probleme der Entwicklungsländer. Und das war der Grund, warum ich vom amerikanischen Pugwash-Komitee, in dem damals Wissenschaftler aus dem Nordosten (insbesondere aus Boston) den Ton angaben, aufgefordert wurde, an der Tagung in Ronneby teilzunehmen.

Pugwash-Teilnehmer werden gebeten, Diskussionsbeiträge vorzubereiten, die schon vorher verteilt werden, um den Gedankenaustausch zu beschleunigen. Meine eigene berufliche Kompetenz lag außerhalb der Rüstungskontrolle, aber dafür hatte ich – aufgrund meiner Zeit in Mexiko, meiner Forschungsarbeit in Brasilien und meiner Reisen – reichlich Erfahrung mit dem ständig wachsenden Nord-Süd-Gefälle, besonders was Wissenschaft und Technologie betraf. Mitte der sechziger Jahre hatte ich sogar einige Ämter bekommen: Ich war Vorsitzender des *Latin America Science Board* (Wissenschaftlicher Ausschuß für Lateinamerika) der amerikanischen Nationalakademie und später des *Board on Science and Technology in International Development* (BOSTID – Ausschuß für Wissenschaft und Technologie in der Entwicklungshilfe) gewesen. BOSTID führte bilaterale Workshops und andere Projekte zwischen amerikanischen Wissenschaftlern und unterentwickelten Ländern durch, die finanziell von der Entwicklungshilfebehörde der Vereinigten Staaten unterstützt wurden. Ich nahm die Pugwash-Einladung ernst, weil nach meiner Meinung die Zeit dafür reif war, vor internationalem Publikum allgemeine Schlüsse aus meinen persönlichen Erfahrungen bei der Durchführung wissenschaftlicher Forschung in Mexiko und Brasilien zu ziehen.

Daher legte ich in einem Referat mit dem Titel »Forschungszentren in Entwicklungsländern – eine hohe Priorität?« nahe, daß, vom Standpunkt der wissenschaftlichen Entwicklung aus betrachtet, ein »Entwicklungsland« erst dann zum »entwickelten« Land wird, wenn von ihm originäre Forschung ausgeht. Die Folge einer derartigen Forschung ist letzten Endes die Schaffung technologischer Innovationen, die dann in anderen Ländern angewendet werden können, die über das menschliche Potential verfügen, um derartige Innovationen aufzugreifen, aber nicht unbedingt über die technischen Fähigkeiten, sie hervorzubringen. Die Fähigkeit, anspruchsvolle Forschung zu betreiben, ob an einer Universität oder an einem anderen Forschungszentrum, taucht auf der Prioritätenliste der Entwicklungsländer gewöhnlich ganz weit unten auf. Vorrang haben der Ausbau des Grundschulwesens, um die Analphabetenrate zu senken, und die Errichtung von Universitäten und technologischen Instituten, deren Hauptzweck es ist, Techniker auszubilden. Aus diesem Pool kommen die Lehrer, die Beamten, die Angehörigen des öffentlichen Gesundheitswesens und die praktischen Technologen, die für die Führung eines jeden Landes unerläßlich sind. Verbesserungen dieser Art brauchen jedoch Jahre, um Wirkung zu zeigen. Im Lichte des ständig zunehmenden Tempos des wissenschaftlichen und technologischen Fortschritts in den Industrieländern wird die Schaffung konkurrenzfähiger Zentren für Grundlagenforschung in einem Entwicklungsland mit herkömmlichen Mitteln zu einem hoffnungslosen Unterfangen. Dies trifft insbesondere in der wissenschaftlichen Forschung zu, wo es nur einen einzigen Leistungsstandard gibt. Zu sagen: »Das ist sehr gute chemische Forschung für Kenia, aber nicht für Schweden«, besagt im Grunde doch nur, daß in Kenia mangelhafte chemische Forschung betrieben wird.

Es entbehrt nicht einer gewissen Ironie, daß ich Kenia als Beispiel für ein Entwicklungsland gewählt hatte, denn ausgerechnet dort wurde die in meinem Referat ausgesprochene Empfehlung tatsächlich realisiert. Ich wies darauf hin, um die Zusammenfassung im *Bulletin of the Atomic Scientists* (des Hausorgans des amerikanischen Pugwash-Komitees) zu zitieren, daß sich selbst dann, wenn das erforderliche einheimische wissenschaftliche Potential fehlt, ein Forschungszentrum einrichten läßt, wenn folgende Punkte beachtet werden:

(1) ein internationaler Kader aus Postdoktoranden; (2) wissenschaftliche Gesamtleitung durch eine Gruppe nebenamtlicher Direktoren aus führenden Universitäten verschiedener Industrieländer; und (3) Auswahl von Forschungsbereichen, die letztendlich wirtschaftlichen Gewinn versprechen und als maximaler Multiplikationsfaktor wirken.

Überraschenderweise wurde meine Empfehlung nicht von einem Wissenschaftler aus einem der wohlhabenden Staaten aufgegriffen, sondern von einem afrikanischen Entomologen, nämlich von Professor Thomas Odhiambo von der Universität Nairobi. Er schrieb mir 1968:

Könnte man ein solches leistungsförderndes Zentrum nicht mitten in Afrika einrichten, zum Beispiel in Nairobi? Selbst auf die Gefahr hin, anmaßend zu erscheinen, würde ich ein solches Zentrum – für Insektenphysiologie und -endokrinologie – gerne in Nairobi gegründet sehen. Insekten spielen im tropischen Afrika eine sehr wesentliche Rolle; Insektenendokrinologie ist eines der neueren Gebiete der aufstrebenden modernen Biologie; und es wartet nur darauf, durch interdisziplinäre Forschung ausgebeutet zu werden. Nairobi wäre auch aus anderen Gründen ein idealer Standort (Klima, internationale Verbindungen etc.). Hätten Sie Anregungen, wie dies zu erreichen wäre? Wären Sie bereit, beim Start eines solchen Projekts mitzuhelfen?

Selbst unter normalen Umständen wäre es mir vermutlich schwergefallen, eine Herausforderung dieser Art auszuschlagen. Aber 1968 war das Jahr des Insekts in meinem persönlichen chinesischen Kalender, das Jahr, in dem ich im Begriff war, bei der neugegründeten Zoecon Corporation die Leitung der Erforschung von Anwendungsmöglichkeiten der jüngsten Fortschritte auf dem Gebiet der Insektenendokrinologie zu übernehmen. Außerdem hatte ich mich in Ostafrika verliebt, als ich auf zwei Reisen mit meinen Kindern die Nationalparks in Uganda, Tansania und Kenia durchstreifte. Auf Empfehlung von Victor Rabinowitch, einem weiteren »Pugwashite« und Personalchef von BOSTID, setzte ich mich mit der amerikanischen Akademie der Künste und Wissenschaften in Boston in Verbindung, die damals auch Sitz des amerikanischen Pugwash-Komitees war. Ihrem Generalsekretär John Voss gelang es, den Beirat seiner Akademie dazu zu bewegen, Odhiambos Reise nach Boston zu finanzieren. (Acht Jahre später schrieb Voss im *Bulletin* der Akademie: »Ich werde nie die höfliche, aber ungläubige Reaktion des Beirats vergessen, als bekanntgegeben wurde, daß die Akademie erwog, ausgerechnet in Ostafrika ein Zentrum zur Bekämpfung von Insektenschädlingen gründen zu helfen.«) Zweck der Reise war, Odhiambo mit amerikanischen Insektenbiologen zusammenzubringen, insbesondere mit Carroll Williams aus Harvard, der damals Berater von Syntex war, sowie mehreren anderen Wissenschaftlern aus dem Großraum Boston und von der Cornell-Universität. Der Schlüssel zum Erfolg meiner Ronneby-Empfehlung war die Bereitschaft von Wissenschaftlern aus Industrieländern, als Forschungsleiter auf Teilzeitbasis zu fungieren – so wie ich in Mexiko und Brasilien. Nur dann war es möglich, junge Postdoktoranden für neue Forschungszentren Tausende von Kilometern von zu Hause zu gewinnen, um einheimische Wissenschaftler ausbilden zu helfen und schnell eine Einrichtung von hohem Niveau zu begründen. Carroll Williams, einer der Pioniere auf dem Gebiet der Insektenhormone, war ein erstklassiger Kandidat für die Leitung eines derartigen Projekts, und seine Beteiligung würde höchstwahrscheinlich auch andere Primadonnen aus dem Insektenbereich zum Mitmachen veranlassen. Der charismatische und hochintelligente Odhiambo becircte Williams und mehrere Kollegen, die Durchführbarkeit meiner Empfehlung *in situ* zu prüfen, woraufhin Voss und Rabinowitch alle Hebel in Bewegung setzten, um eine Tagung in Nairobi zu organisieren.

Wir beschafften uns Geld von verschiedenen philanthropischen Einrichtungen, um die Reisekosten einer Reihe von Amerikanern zu bestreiten. Als wir wußten, daß die amerikanische Beteiligung gesichert war, sprachen Voss und Rabinowitch die Funktionäre mehrerer ausländischer Akademien und Forschungsinstitute an – darunter die Royal Society in

London, die holländische Akademie, die Max-Planck-Gesellschaft und die Königlich-Schwedische Akademie der Wissenschaften (was sich als besonders wichtig erwies) – und bewegte sie dazu mitzumachen. Aus dieser vorbereitenden Tagung im Herbst 1969 in Nairobi ging das ICIPE hervor, das *International Centre for Insect Physiology and Ecology* (Internationales Zentrum für Insektenphysiologie und Ökologie), ein bemerkenswertes Beispiel für die internationale Zusammenarbeit wissenschaftlicher Akademien. Sponsor des ICIPE wurde schließlich ein aus 21 nationalen Akademien bestehendes Konsortium, wobei die Schwedische Akademie die Räumlichkeiten und das Personal für ein internationales Sekretariat stellte. Bis Mitte der siebziger Jahre reiste ich ein- bis zweimal im Jahr nach Nairobi und an andere Tagungsorte, wo ich die beiden amerikanischen Sponsor-Akademien vertrat, nämlich die Nationalakademie in Washington und die Amerikanische Akademie der Künste und Wissenschaften (das einzige Mal in meinem Leben, daß ich ganz legal zwei Stimmen abgeben durfte). Unter den ersten externen Forschungsdirektoren waren auch zwei Organiker: Koji Nakanishi aus Columbia und Jerrold Meinwald aus Cornell. Zu meinen lebhaftesten Erinnerungen an meine Afrikareisen gehören zwei, die mit diesen Freunden verbunden sind: wie Meinwald, der seit seiner Studentenzeit in Harvard Flöte spielt und jedem Symphonieorchester Ehre machen würde, in einer traumhaft schönen afrikanischen Nacht in den Wäldern außerhalb von Nairobi für mich Mozart spielt; und wie Nakanishi einer Gruppe skeptischer Massai einen seiner berühmten Taschenspielertricks vorführt, während wir an der tansanischen Grenze auf die Abfertigung warteten. Das war das einzige Mal, daß ich diesen gewöhnlich nicht aus der Ruhe zu bringenden Zauberer ein Requisit fallen lassen sah. Bis zum heutigen Tag will er mir nicht glauben, daß ich einen der Massai murmeln hörte: »Immer das gleiche mit den Japanern.«

In den zwei Jahrzehnten, die seit damals vergangen sind, ist das ICIPE ein international bekanntes Zentrum der Insektenforschung geworden, an dessen Spitze noch immer Tom

Odhiambo steht, der heute über einen Multimillionen-Etat verfügt. Mein ursprüngliches Rezept für die Schaffung einer sofortigen Oase in einer wissenschaftlichen Wüste hätte sich in mildtätige Humanitätsduselei oder gar in eine Art wissenschaftlichen Neokolonialismus verwandeln können. Aber dem war nicht so: Sowohl Odhiambo als auch der Beirat des ICIPE erkannten, daß die Afrikanisierung des Projekts das höchste Kriterium seines Erfolges sein mußte, und tatsächlich bestehen Leitung und Personal heute hauptsächlich aus afrikanischen Wissenschaftlern. Der Jahresbericht der Königlich-Schwedischen Akademie der Wissenschaften stellte 1988 fest: »Das ICIPE wurde als ein Zentrum für wissenschaftliche Spitzenleistungen gegründet, um auf dem gleichen Niveau zu arbeiten wie wissenschaftliche Einrichtungen in Industrieländern und um in Afrika eine eigenständige wissenschaftliche Infrastruktur zu entwickeln . . . Zweifellos ist das ICIPE auf seinem Gebiet die führende wissenschaftliche Einrichtung in Afrika.«

II.

Während der folgenden sieben Jahre war ich Stammgast bei Pugwash-Konferenzen in Nizza, Sotschi (UdSSR), Fontana (Wisconsin), Sinaia (Rumänien), Oxford, Aulanko (Finnland) und Baden (was mich in die Gegend zurückführte, wo ich während meiner Kindheit in Österreich gewandert war), wobei die reizvollen Tagungsorte ebenso der Gastfreundlichkeit als auch nationalistischer Selbstdarstellung zuzuschreiben waren: Jede gastgebende Pugwash-Gruppe war darauf aus, bei den jährlich stattfindenden Konferenzen Eindruck zu schinden. Für Wissenschaftler aus dem Westen waren derartige Reisen beinahe eine Alltäglichkeit, aber für Teilnehmer aus Osteuropa und der Sowjetunion, wo drakonische Reisebeschränkungen herrschten, stellte die staatlich sanktionierte Anwesenheit an derart exotischen Orten die höchste Anerkennung ihres *Persona gratissima*-Status in der Heimat dar. Es war daher kaum verwunderlich, daß viele dieser Wissen-

schaftler ihre Pugwash-Teilnahme als ein einmal jährlich aus-
zuübendes Recht betrachteten, das sie nur höchst ungern
preisgaben. Infolgedessen gab es bei den osteuropäischen und
sowjetischen Mitgliedern kaum Zu- und Abgänge in den
Jahren der eingeschränkten Reisefreiheit.

Die 18. Konferenz in Nizza im Jahre 1968 erwies sich als
ungeheuer streitsüchtig. Viele der Diskussionen – innerhalb
wie außerhalb der Arbeitsgruppen – drehten sich um ein
Thema, das ursprünglich gar nicht auf der Tagesordnung
stand: den wenige Wochen zurückliegenden Einmarsch sowjetischer Truppen in der Tschechoslowakei. Die Tschechen
waren in Pugwash sehr aktiv gewesen, insbesondere der Mi-
krobiologe Ivan Málek und František Šorm, der Präsident der
Tschechoslowakischen Akademie der Wissenschaften und
zweifellos der politisch einflußreichste Wissenschaftler seines
Landes. Jedermann in Nizza erwartete von ihnen einen ak-
tuellen Bericht. War der sowjetische Einmarsch das unwider-
rufliche Ende des Prager Frühlings, wie Alexander Dubčeks
Liberalisierung damals genannt wurde, oder war doch noch
ein Kompromiß zu erzielen? Aber die beiden erschienen
nicht, und daß die sowjetischen Teilnehmer diese Streitfrage
abblockten und darauf bestanden, daß der Abschlußbericht
abgeschwächt wurde, empörte viele von uns. Zusammen mit
vier weiteren Amerikanern, darunter Harrison Brown vom
Caltech, dem für auswärtige Angelegenheiten zuständigen
Sekretär der Nationalakademie, unterzeichnete ich eine
scharfe Protestnote. Gegen den Vietnamkrieg war bei Pugwash-Konferenzen fortwährend protestiert worden, und fast
alle amerikanischen Teilnehmer hatten sich der Verurteilung
angeschlossen. Wir fanden, daß der sowjetische Einmarsch in
der Tschechoslowakei mit der gleichen Offenheit erörtert
werden müßte. Paul Doty aus Harvard, ein Fachmann für
Verhandlungen mit den Russen über Rüstungsbeschränkun-
gen und bei ihnen hochangesehen, brachte es klipp und klar
zum Ausdruck: »Es gibt viel zu tun, die Zeit ist schon fortgeschritten. Aber zuerst müssen die beiden Supermächte ihre
Angelegenheiten in Ordnung bringen. Beenden Sie den Viet-
nam-Krieg! Verlassen Sie die Tschechoslowakei.«

An dem Tag, an dem wir dieses Dokument aufsetzten, hatte ich Doty und Brown – sowie Bentley Glass, den Genetiker von Stony Brook, und Frank Long, einen Physikochemiker aus Cornell und altgedienten *Pugwashite* – dazu überredet, mit mir nach St. Paul zu fahren. Wir wollten uns die Ausstellung in der Fondation Maeght anschauen, die von dem Pariser Kunsthändler Aimé Maeght gegründet worden war, und im »La Colombe d'Or« zu Mittag essen, einem Lokal, das mit Giacomettis, Chagalls und Braques »tapeziert« ist. All das war jedoch nur der Apéritif vor dem Hauptgericht, der Klosterkapelle Notre-Dame du Rosaire in Vence, der sogenannten »Matisse-Kapelle«. Sie gehört zum dortigen Kloster der Dominikanerinnen, und eine alte Nonne erläuterte uns im Flüsterton die schwarzen und weißen Wandgemälde von Matisse, angefangen vom Leidensweg Christi an der Wand neben dem Eingang bis hin zu der mächtigen Statue des heiligen Dominikus hinter dem schlichten weißen Steinaltar. Die einzige Farbe lieferte das Sonnenlicht, das durch die Buntglasfenster einfiel. Diese waren ebenfalls von Matisse entworfen worden, desgleichen die leuchtenden Priestergewänder, für die er nur vier Farben verwendet hatte, die jeweils einer Jahreszeit entsprachen.

Nach Abschluß der Konferenz flog ich von Nizza über Zürich nach Prag, da mich Šorm einige Monate davor eingeladen hatte, dort einen Vortrag zu halten. Šorm war nicht nur Präsident der Tschechoslowakischen Akademie, sondern auch ein Organiker, den ich sehr gut kannte. Eine Gruppe seines Labors hatte sich mit der Chemie der Insektenhormone beschäftigt, und wir hatten ein gemeinsames Forschungsprogramm zwischen Zoecon und der Tschechischen Akademie ins Leben gerufen – das erste offizielle Projekt dieser Art zwischen einem amerikanischen Unternehmen und ihrer Akademie. Šorm und ich hatten Sonderdrucke unserer jeweiligen Veröffentlichungen auf zwei Gebieten ausgetauscht, die uns beide interessierten: Steroide und Terpene. 1956 hatte er mich eingeladen, in Prag einige Vorträge zu halten. Wenige Wochen vor meinem geplanten Besuch waren die Russen in Ungarn einmarschiert, und das politische Klima in Osteuropa hatte sich dramatisch verschlechtert. Der amerikanische Konsul in der Schweiz riet mir nachdrücklich von der Reise ab, doch ich wollte gerne aus erster Hand erfahren, was dort los war. Šorm war sehr sympathisch und wissenschaftlich aufgeschlossen, aber was die Ereignisse in Ungarn betraf, betete er die Parteilinie nach – in Übereinstimmung mit dem beherrschenden Bild Stalins (dessen verschlagene Augen mir zu folgen schienen, egal wie ich mich während des Gesprächs hinsetzte), das an der Wand hinter seinem Schreibtisch hing. Der Himmel in Prag war bewölkt, genau wie die Stimmung der meisten Wissenschaftler, die ich in diesen Tagen traf – außer während einer großartigen Aufführung von Janáčeks *Jeji Pastorkyna* in der Prager Oper. Als wir in einer sowjetischen Version der DC-3 abflogen, rumpelte das Flugzeug unglaublich lange über die Startbahn. »Irgend etwas stimmt nicht mit dieser russischen Maschine«, sagte meine Frau und hielt sich krampfhaft an der Armlehne fest. »Du bist schon richtig paranoid, wenn es um Kommunisten geht«, erwiderte ich, um meine eigene Besorgnis zu überspielen. Als wir am nächsten Tag in Zürich die neuesten Zeitungen verschlangen, um zu erfahren, was während der vergangenen Woche in der Welt passiert war, lasen wir, daß das Flugzeug der tschechoslowakischen Luftverkehrsgesellschaft, mit dem wir angekommen waren, beim Start in Zürich zerschellt war und alle an Bord getötet wurden, einschließlich eines kompletten chinesischen Opernensembles.

Und nun, im Jahre 1968, war wieder ein größerer politischer Umbruch im Gange – diesmal in der Tschechoslowakei, wo ich meinen Vortrag halten sollte. Ich beschloß, trotzdem zu reisen, in der Annahme, daß mein tschechisches Visum, das vor dem Einmarsch der Russen in Prag ausgestellt worden war, noch Gültigkeit hatte. Philip Handler, der Präsident unserer Nationalakademie, bat mich, Šorm mündlich die aufrichtige Anteilnahme und Unterstützung seitens der amerikanischen wissenschaftlichen Gemeinschaft zu übermitteln und zu fragen, ob wir in irgendeiner Weise helfen konnten. Außerdem nahm ich sämtliche Pugwash-Referate mit sowie eine Kopie unserer offiziellen Sympathiebekundung für die tschechischen Pugwash-Teilnehmer. Am Swissair-Schalter in Zürich bat ich wegen meines versteiften linken Knies wie üblich um einen Platz in der ersten Reihe rechts vom Gang. Doch der Angestellte schien mich nicht zu hören. »Sie können sich jeden beliebigen Platz aussuchen, Sir«, erwiderte er. »Aber ich will nicht irgendeinen *beliebigen* Platz, ich möchte. . .« »Ich will damit sagen, Sir«, unterbrach er mich, »daß Sie mit Ihrem Bein keine Probleme haben werden. Für diesen Flug sind nur zwei Passagiere gebucht. Wissen Sie denn nicht«, sagte er und beäugte mich neugierig, »daß das unser erster Flug nach Prag ist, seit die Russen einmarschiert sind? Probleme werden Sie erst bei der Rückreise bekommen. Alle Flüge sind nämlich ausgebucht.«

Als die leere Swissair-Maschine später über die Prager Landebahn donnerte, sah ich rechts und links die Zelte und die Ausrüstung biwakierender russischer Soldaten – und zwar so nahe, daß ich dachte, wir würden sie niedermähen. Eine ganze Schar tschechischer Chemiker hatte sich unter Šorms Führung eingefunden, um mich abzuholen. Eine gespielte Tapferkeit, ja sogar eine Art Hochstimmung ging von den jüngeren Männern aus, von denen einige als Postdoktoranden in meinem Labor gearbeitet hatten. Sie glaubten noch immer nicht, daß die Russen bleiben würden und daß ein stalinistisches Regime an die Macht käme. Sie dachten, daß eine etwas konservativere Version Dubčeks ihre Regierung anführen würde. Wie die chinesischen Studenten auf dem Tienanmen-Platz im Jahre 1989 waren die jungen Tschechen noch viel zu euphorisch, um sich vorstellen zu können, von einem autokratischen Moloch niedergewalzt zu werden. Auf der Fahrt in die Stadt machten mich meine Gastgeber stolz auf die Graffiti und Slogans aufmerksam, die noch nicht entfernt worden waren. Stalins Bild hing schon lange nicht mehr in Šorms Büro; es war bereits 1962 verschwunden, als in Prag eine internationale Konferenz stattfand. Šorm war gerührt von den Sympathiebekundungen, die ich überbrachte, und hoffte, daß der Druck des Westens zu einem für alle akzeptablen Kompromiß führen würde.

Als ich ihn ein knappes Jahr später wiedersah, war er

ungeheuer deprimiert. Es war bei einem seltsamen Treffen in Sofia anläßlich der Hundertjahrfeier der Bulgarischen Akademie der Wissenschaften, einer, was Macht und Hierarchie betraf, Miniaturausgabe der Sowjetischen Akademie. Im Westen, und besonders in den Vereinigten Staaten, sind wissenschaftliche Akademien hauptsächlich Gesellschaften zur gegenseitigen Beweihräucherung; sie haben zwar Prestige, aber kaum echte Macht. Nur wenige verfügen über Forschungsinstitute oder -labors. Die Akademien der sozialistischen Länder stehen dagegen unweigerlich an der Spitze des nationale Macht und Prestige verkörpernden Totempfahles, und ihre riesigen wissenschaftlichen Mitarbeiterstäbe und Labors übertreffen bei weitem die von Universitäten. 1969 war Bulgarien das einzige sozialistische Land Osteuropas, mit dem unsere Nationalakademie noch keine offiziellen Austauschprogramme organisiert hatte. Die Zeit schien dazu reif zu sein, und so hatte der Präsident unserer Akademie beschlossen, als Geste des guten Willens einen offiziellen Vertreter der Vereinigten Staaten zu den Hundertjahrfeiern zu entsenden. Da ich das einzige Mitglied der Akademie war, das irgendwelche bulgarischen Vorfahren hatte, wurde ich dazu ausersehen, die Honneurs zu machen. Als die »andere« Akademie, also die Amerikanische Akademie der Künste und Wissenschaften in Boston, von meiner bevorstehenden Reise hörte, bat man mich – wiederum den einzigen mit gewissen persönlichen Beziehungen zu Bulgarien –, auch in ihrem Namen ein Diplom und Grüße zu überbringen. Als ich dann im Herbst des Jahres 1969 in Sofia eintraf – fast auf den Tag genau 30 Jahre, nachdem ich als Schüler des American College in Simeonovo zum letzten Mal dort gewesen war –, wurden meine Frau und ich daher fürstlich empfangen. Nur drei weitere westliche Akademien waren vertreten, und die protokollbewußten Bulgaren lenkten die Aufmerksamkeit immer wieder auf unsere Anwesenheit unter den zahlreichen Delegationen aus den sowjetischen Republiken und all den Ländern des Ostblocks, von Kuba bis Nordkorea und Vietnam.

Bei einer Baumpflanz-Aktion vor einem Institut der Akademie wurde jedem Delegierten ein kleiner Baum, ein Loch und eine Namensplakette zugewiesen, wobei unsere Bäume als lebende Erinnerung an Bulgariens wissenschaftliche Beziehungen mit unseren jeweiligen Ländern dienen sollten. Ich weiß nicht, ob jemand Sinn für politischen Humor bewiesen hatte oder ob es nur ein Zufall war, daß sich mein Baum ausgerechnet zwischen den mit *Kuba* und *Vietnam* beschilderten Bäumen befand. Ein Ereignis mit politischeren Anklängen war die Kranzniederlegung am Mausoleum von Georgi Dimitrov, Bulgariens Lenin. Die Hauptdurchgangsstraße, der Boulevard Russki, wurde für den Verkehr gesperrt, und dann marschierten alle Delegierten der diversen Akademien feierlich an langen Reihen gaffender Fußgänger vorbei, während unsere Kränze von bulgarischen Vertretern getragen wurden. Die Kränze hatten unsere Gastgeber gestellt; als sie anfragten, was auf meine Schleife gedruckt werden sollte, rief ich unseren Botschafter an. »Etwas Persönliches und Unpolitisches«, empfahl er – ein kluger Rat, wie ich erkannte, als ich einige der leidenschaftlichen revolutionären Slogans sah, die mehrere der anderen Kränze zierten. Šorm, damals noch Präsident der Tschechoslowakischen Akademie und somit der offizielle Repräsentant seines Landes, marschierte neben mir – wohl der einzige Mensch in der ganzen Prozession, der Ehrenmitglied jeder osteuropäischen sowie der Amerikanischen Akademie der Wissenschaften war. »Passen Sie auf, wenn ich unseren Kranz niederlege«, flüsterte er. »Man wird mich auf beide Wangen küssen, aber wenn ich nach Hause komme, bin ich eine Unperson.«

Er hatte recht. Kurz nach seiner Rückkehr aus Sofia verlor er sein Amt; und bis zu seinem Tod wurde ihm nie mehr gestattet, sein Land zu verlassen. Erst nach dem Zusammenbruch des kommunistischen Regimes in der Tschechoslowakei wurde Šorms Name in einer Sonderausgabe der *Collection of Czechoslovak Chemical Communications* rehabilitiert. Um ihm unsere Reverenz zu erweisen, steuerten Christopher Silva, einer meiner Doktoranden, und ich für diese Nummer 1991 einen Artikel bei, in dem wir über die Isolierung und Strukturaufklärung eines neuen Sterins von Meeresschwämmen berichteten, dem wir den Namen »Sormosterol« gegeben hatten.

Im Jahre 1969 fand die Pugwash-Konferenz in Sotschi statt,
einem beliebten Ferienort am Schwarzen Meer. Es war meine
erste Reise in die Sowjetunion, und ich verwendete meine
ersten Tage in Moskau für private Dinge. Zwei meiner technischen Bücher waren ins Russische übersetzt worden, und
zwar auf Anregung des Akademiemitglieds Oleg Reutow, der
mich bat, ein Vorwort für die russische Ausgabe zu schreiben.
Damals erkannte die Sowjetunion das internationale Urheber-
recht nicht an und bezahlte folglich auch keine Tantiemen.
»Keine Tantiemen, kein Vorwort«, hatte ich gekontert, woraufhin man mir mitteilte, daß ich, falls eine Ausnahme gemacht werden sollte, meine Rubel persönlich abzuholen hätte.
Meine Teilnahme an der Konferenz in Sotschi bot dazu erstmals Gelegenheit, nachdem meine Tantiemen schon seit Jahren im Moskauer Mir-Verlag geschmachtet hatten. Als ich
mein sowjetisches Visum beantragte, weigerte ich mich daher,
irgendwelche Kosten über das staatliche Reisebüro Intourist
zu bezahlen, da ich meinen Aufenthalt mit meinen eigenen
Rubeln zu bestreiten gedachte. »Keine Dollar-Vorauszahlung
an Intourist, kein Visum«, lautete die Mitteilung aus der
Botschaft in Washington, die nur wenige Tage vor meinem
Abflug zu einer Vortragsreise in die Schweiz eintraf, von wo
aus ich nach Moskau weiterreisen wollte. Ich telegraphierte
den sowjetischen Veranstaltern der Pugwash-Konferenz, daß
ich nicht nach Sotschi kommen würde, falls nicht ein Visum
ohne Intourist auf mich in der Schweiz wartete. Am Ende
wurde das Visum erteilt; und als ich auf dem Scheremetjewo-
Flughafen landete, wartete dort ein Freund, der Steroidchemiker Igor Torgow, mit einer Handvoll Rubel auf mich, damit
ich in den ersten Tagen über die Runden kam. In den Büros
von Mir wühlte der Direktor in seinen Akten und brachte
schließlich ein dickes Kuvert zum Vorschein, das meine Tantiemen in Form von Zehn-Rubel-Scheinen enthielt. Bis dahin
hatte ich keine Vorstellung davon gehabt, wie eine scheck lose
Gesellschaft funktioniert. Nachdem ich den Empfang von
eintausend Rubel quittiert hatte, griff ich nach meinem Ku-

vert. »Noch nicht«, sagte der Direktor und legte die Hand auf mein Geld. »Erst müssen Sie Einkommenssteuer bezahlen.« Nachdem ich zum ersten Mal im Leben meine Einkommenssteuer bar bezahlt hatte, wollte ich mich mit dem Kuvert in der Hand erheben. »Halt!« rief der Mann. »Erst müssen Sie das Geld zählen.« »Ist schon in Ordnung«, sagte ich, »ich vertraue Ihnen.« »Zählen!« befahl der Kommissar gebieterisch, und so zählte ich brav alle 88 Zehn-Rubel-Scheine.

Wie sich herausstellte, war es äußerst schwierig, in meinen Rubelschatz auch nur ein kleines Loch zu reißen. Die Kosten für Unterkunft und Verpflegung waren minimal, und die wenigen attraktiven Konsumgüter waren nur gegen harte Währung in Berjoska-Läden zu haben. In den späten sechziger Jahren waren die Schlangen sogar noch länger und die Warenknappheit noch größer als heute. Mehrmals wurden meine Frau und ich auf der Straße angesprochen und gefragt, ob wir nicht etwas von unserer Kleidung verkaufen wollten. Ein einziges derartiges Geschäft hätte mich ins Gefängnis bringen können.

Der Service im Restaurant unseres Hotels, dem Ukraine, war lustlos, und die Tische immer voll besetzt. Es war gang und gäbe, mit Fremden an einem Tisch zu sitzen. So lernten wir eines Tages beim Mittagessen ein sympathisches junges Paar kennen (die Frau, eine Ballettänzerin, war perfekt geschminkt und trug das blonde Haar zu einem Nackenknoten zusammengefaßt), das uns sofort ansprach, als es meine Frau und mich englisch sprechen hörte. »Mögen Sie russische Ikonen?« fragte der Mann in erstaunlich fließendem Englisch. »O ja«, antwortete ich, weil ich höflich sein wollte, obwohl Ikonen nicht gerade mein Fall sind. »Möchten Sie Ikonen kaufen?« fuhr er fort. Ich hatte genügend Horrorstories über Ausländer gehört, die verhaftet wurden, weil sie russische Kunstwerke außer Landes schmuggeln wollten, um sofort mit einem entsetzten »Nein!« zu antworten. Doch unser Tischnachbar beruhigte mich: »Keine Dollar, nur ein Tausch.« Er streckte die Hand aus und befühlte mein Hemd. »Schöner Stoff«, murmelte er. Als ich zurückwich, schaltete er prompt auf die sanfte Tour um. »Schauen Sie sich die Ikonen doch einmal an«, drängte er mich. »Kommen Sie zu uns nach Hause.« »Wir haben heute schon etwas vor«, log ich, aber zuletzt siegte doch die Neugier über die Vorsicht. Wir verabredeten uns für den Nachmittag darauf gleich um die Ecke von unserem Hotel.

Diesmal war der Mann derjenige, der auf der Hut war. Er winkte ein Taxi heran und legte, mit einer Bewegung in Richtung des Fahrers, den Zeigefinger an die Lippen. Als wir nach gut halbstündiger Fahrt, die wir in tiefem Schweigen verbracht hatten, in sein Stadtviertel kamen, ging er einige Schritte vor uns. Seine Nervosität legte sich erst, als wir seine vollgestopfte Studiowohnung betraten. Seine Frau hatte eine üppige Mahlzeit aufgetischt – Kaviar, Würste, Kuchen. Ich war peinlich berührt, weil mir klar war, welchen Aufwand diese Mahlzeit erfordert hatte, nicht nur in finanzieller Hinsicht, sondern auch in Form von Schlangestehen. Wir hatten uns bestimmt schon eine Stunde unterhalten, in deren Verlauf ich erfuhr, daß der Mann Antiquitäten restaurierte, bevor die Ikonen zum Vorschein kamen: unter dem Bett hervor, vom altmodischen Schrank herunter, aus Schubladen. Ein paar waren sogar unter der bestickten Tagesdecke versteckt, die auf dem Bett lag. Ich konnte das Kompensationsgeschäft, das er sich ausgedacht hatte, nur bewundern, weil jedes Handeln meinerseits – wenn ich denn überhaupt interessiert gewesen wäre – äußerst grobschlächtig ausgefallen wäre. Wie konnte ich, während ich mir die Wurst und den Kaviar seiner Frau schmecken ließ, sagen, daß die Ikone Unserer Lieben Frau von Smolensk das Hemd nicht wert war, das ich trug, oder daß mein Jackett viel zuviel Entschädigung war für die große Ikone in dem Glaskasten dort, die Unsere Liebe Frau der Zärtlichkeit darstellte? Besonders, wo der vergoldete Heiligenschein um ihr Haupt so verführerisch im Licht der Schreibtischlampe funkelte? Zum Glück verstand er, daß ich nicht bereit war, mich auf der Stelle auszuziehen; wir vereinbarten also ein zweites Treffen nach unserer Rückkehr aus Sotschi, eine Verabredung, die ich nicht zu halten beabsichtigte. Ich war nicht bereit, das Risiko einzugehen, wegen illegalen Besitzes einer Ikone verhaftet zu werden. Und obwohl das junge Paar entwaffnend gastfreundlich war, konnte ich ja nicht wissen, ob der Mann nicht doch ein raffinierter *agent provocateur* war. Ein russischer Chemikerkollege hatte mich vor solchen Situationen gewarnt und gemeint, in unserem Hotelzimmer seien vermutlich Wanzen angebracht.

Aber als wir gehen wollten, drängte mir unser Gastgeber zwei Ikonen auf, die so klein waren, daß sie in meiner Jackentasche Platz hatten – ein Geschenk, das ich nicht mit Anstand ablehnen konnte. War das ein Trick, um sicherzustellen, daß ich mich verpflichtet fühlte, zu unserer nächsten Verabredung zu erscheinen, oder schob er mir etwa Beweisstücke unter? Ich war fest davon überzeugt, daß es sich um letzteres handelte, als er uns mitteilte, daß er uns nicht zurück zum Hotel begleiten könne und daß auch kein Taxi aufzutreiben sei. Statt dessen stellte er sich mitten auf die Straße und hielt den erstbesten Wagen an, der vorbeikam. Nachdem er einige Worte mit dem Fahrer gewechselt hatte, machte er die Wagentür auf und flüsterte, daß uns der Mann für vier Rubel ins Hotel fahren würde. »Aber wer ist das?« fragte ich leicht krächzend, denn ich hatte plötzlich einen trockenen Mund. Er zuckte die Achseln und hielt uns die Tür auf: »Keine Ahnung.« Am Ende stellte sich heraus, daß es nur jemand war, der sich ein paar Rubel dazuverdienen wollte – ein kleiner Vorgeschmack auf die *perestroika* der späten achtziger Jahre.

IV.

Ende Oktober war das Wetter in Moskau schon recht kühl gewesen, aber in Sotschi war es mild und warm. Die Hotels und Sanatorien sind durch die parallel zum Wasser verlaufende Bahnlinie vom Strand getrennt. Um ihn zu erreichen, muß man durch eine Fußgängerunterführung unter den Gleisen hindurchgehen. In unserer ersten Mittagspause machte ich einen Spaziergang, um die Strände und die russischen Touristen zu inspizieren. Als ich die Unterführung betrat, kam mir eine Gruppe junger Leute entgegen. Als sie näherkamen, konnte ich auf einem der T-Shirts »Stanford University«

erkennen. »Was macht ihr denn hier?« rief ich aus und deutete auf die Brust des Mannes, der nur verständnislos zurückgrinste. Keiner der Burschen konnte Englisch, aber nachdem ich es mit diversen Sprachen versucht hatte, stellte ich fest, daß eines der Mädchen gebrochen Deutsch sprach. Der junge Mann hatte seine Trophäe durch einen Tauschhandel in Baku erworben; als er hörte, daß ich aus Stanford kam, fragte er eifrig, wo das sei. Meine Antwort: »Nordkalifornien«, lockte ein strahlendes Lächeln hervor. »Ah, Hollywood!« rief der stolze Besitzer aus und klopfte mir auf die Schulter. »*Mir i druschba*«, riefen sie mir nach, als wir uns trennten.

Diese russischen Worte für Frieden und Freundschaft bekam ich auf der Konferenz häufig zu hören – auch wenn meine eigene Botschaft nicht sehr optimistisch war. Das Referat, das ich für die Tagung in Sotschi vorbereitet hatte, »Die zunehmend düstere Prognose für die Entwicklung neuer chemischer Empfängnisverhütungsmittel«, stellte einen Wendepunkt in meinem Denken über die Zukunft der Geburtenkontrolle dar. Bis Mitte der sechziger Jahre war ich optimistisch gewesen. Das Tempo, mit dem hormonelle orale Kontrazeptiva vom Labor zu breiter Akzeptanz gelangt waren, und die große Nachfrage nach weiteren Verbesserungen im Bereich der Empfängnisverhütung deuteten darauf hin, daß die Forschung auf diesem Gebiet florieren würde. Aber 1968 – in dem Jahr, als ich Präsident von Syntex Research wurde – sah ich schon die ersten Gewitterwolken am Horizont. Ich wollte eine Diskussion über Fragen der Bevölkerungs- und Geburtenkontrolle auf die Tagesordnung setzen, weil ich fand, daß eine Darlegung der technischen Probleme vor einem internationalen Publikum aus Wissenschaftlern ein guter Anfang wäre. Ich war besonders daran interessiert, dies in der Sowjetunion zu tun, wo die Qualität der Geburtenkontrolle miserabel war (und ist). Das Referat verfolgte zwei Ziele: Die spätere Veröffentlichung in *Science*, einer Fachzeitschrift mit hoher Auflage, stellte sicher, daß die Fragen ein breites Publikum erreichten; zum anderen sollte das Referat den Pugwash-Beirat anregen, ähnliche Themen bei späteren Konferenzen auf die Tagesordnung zu setzen.

Daher gab es im Jahr darauf in Fontana, Wisconsin, bei der Pugwash-Konferenz von 1970 ein ganzes Symposion über das Thema »Probleme des Bevölkerungs- und Wirtschaftswachstums«. Ich nutzte dieses Forum, um ein weiteres Thema anzusprechen, das mich schon seit geraumer Zeit beschäftigte. Ich hatte den Eindruck, daß die jüngsten Vorstellungen von neuen Ansätzen in der menschlichen Fertilitätskontrolle allesamt im wesentlichen im Kopf oder im Labor von Wissenschaftlern begonnen hatten. Wenn die technische Durchführbarkeit einer Methode dann geklärt war, gingen die Wissenschaftler mit ihren neuen Kontrazeptiva hausieren. Warum kehrte man diesen Prozeß nicht um und diskutierte zunächst mit Sozialwissenschaftlern (Soziologen, Anthropologen, Politologen, sogar Rechtsanwälten und Wirtschaftswissenschaftlern) über den offenkundigen Bedarf und die Annehmbarkeit einer verbesserten Methode der Fertilitätskontrolle, die von ihrer Bevölkerungsgruppe favorisiert würde? Erst dann sollte eine Gruppe »harter« Wissenschaftler ins Spiel gebracht werden, um die technische Machbarkeit zu prüfen, die Wunschliste der Gesellschaft Wirklichkeit werden zu lassen. Kein neues Empfängnisverhütungsmittel, so attraktiv und logisch es aus wissenschaftlicher Sicht auch erscheinen mag, wird in großem Umfang benutzt werden, wenn es nicht in den kulturellen Rahmen und die daraus resultierenden Einschränkungen in der Familienplanung einer bestimmten Bevölkerungsgruppe paßt.

Zunächst sah es so aus, als ob ich das richtige Forum gewählt hätte, besonders nachdem Hannes Alfvén zum Präsidenten der Pugwash-Konferenz gewählt worden war. Obwohl er von Beruf Plasmaphysiker ist (und 1970 den Nobelpreis für Physik erhielt), beschäftigten er und seine Frau Kirsten sich intensiv mit Geburtenkontrolle und Bevölkerungsfragen. 1971 legte Alfvén auf der Konferenz in Sinaia, Rumänien, ein wichtiges Referat mit dem Titel »Das Bevölkerungsproblem« vor, das die Empfehlung enthielt, diesem Thema bei zukünftigen Pugwash-Diskussionen hohe Priorität einzuräumen. Mein Optimismus wuchs 1972 in Oxford, als die Pugwash-Konferenz meine Empfehlung annahm, in

Stockholm ein Studienzentrum für einen derartigen Meinungsaustausch zwischen Sozial- und Naturwissenschaftlern über bevölkerungspolitische Fragen einzurichten. Daß meine Wahl auf Stockholm fiel, basierte auf dem großen Interesse, das Schweden an bevölkerungspolitischen Programmen in Entwicklungsländern zeigte (ein Großteil seiner Entwicklungshilfe entfiel auf diesen Bereich) und auf Schwedens international hochangesehener Stellung als kleines neutrales Land. Die schwedische Pugwash-Gruppe unter Hannes Alfvén schloß sich dieser Ansicht an und sponserte 1973 auf der Konferenz in Aulanko, Finnland, eine spezielle Podiumsdiskussion über bevölkerungspolitische Fragen. Helvi Sipilä, die finnische stellvertretende Generalsekretärin der Vereinten Nationen, eröffnete die Sitzung, gefolgt von Rednern aus Schweden, Indien, Ägypten, Chile und Kenia. Als Leiter der Veranstaltung ergriff ich die Gelegenheit, über die umfassenden Programme zur Bevölkerungskontrolle in China zu berichten, von denen man damals im Ausland faktisch nichts wußte.

Nur drei Monate davor, im Mai 1973, hatte ich zu den ersten amerikanischen Wissenschaftlern gehört, die China nach Henry Kissingers Reise im Jahre 1971 besuchten, weil mich die Chinesische Akademie der Wissenschaften eingeladen hatte, in verschiedenen Zentren Vorträge über jüngste Fortschritte auf dem Gebiet der Geburtenkontrolle und über neue hormonelle Ansätze bei der Insektenbekämpfung zu halten. Amerikaner waren zu der Zeit eine solche Rarität in China, daß ich sogar Gelegenheit hatte, in Peking an einem einstündigen Gespräch mit Premierminister Tschu En-Lai teilzunehmen. Ich durfte pharmazeutische Fabriken besichtigen und wurde über die chinesischen Anstrengungen auf dem Gebiet der oralen Kontrazeption und die Entwicklung der »Papier-Pille« informiert. Dazu imprägnierten die chinesischen Wissenschaftler wasserlösliche eßbare Papierstreifen mit dem hormonellen Kontrazeptivum, das wir bei Syntex in Mexiko synthetisiert hatten, und perforierten das Papier dann, so daß Segmente von der Größe einer Briefmarke entstanden, die jeweils der Pille für einen Tag entsprachen. Ich kehrte mit einer Schachtel voll empfängnisverhütender »Briefmarken« nach Kalifornien zurück, wo wir sie im Labor analysierten und erstaunlich gut gemacht fanden.

Die Konferenz in Finnland im Jahre 1973 kennzeichnete jedoch sowohl den Höhepunkt als auch das faktische Ende des Pugwash-Engagements für bevölkerungspolitische Fragen. Auf Anregung der schwedischen Wissenschaftler und der Königlich-Schwedischen Akademie der Wissenschaften fuhr ich nach Stockholm, um schwedischen Soziologen meinen Vorschlag zu erläutern. Ich hatte kein Glück. Sie fanden keineswegs, daß Sozialwissenschaftler genug davon verstanden, um sich mit den Themen zu befassen, die mir vorschwebten. Eine ähnliche Reaktion erlebte ich in späteren Jahren, als ich unter Sozialwissenschaftlern in den Vereinigten Staaten und bei mehreren philanthropischen Stiftungen Mitstreiter zu gewinnen suchte. Das überraschte mich: Ich hatte gedacht, daß »weiche« Wissenschaftler die Gelegenheit beim Schopf ergreifen würden, ihren »harten« Kollegen zu sagen, was in einem Bereich mit so enormen sozialen Auswirkungen zu tun sei. Infolge des verblüffenden Mangels an Begeisterung seitens der Sozialwissenschaftler konzentrierte ich mich zunehmend auf die schwierigen »weichen« Punkte, allerdings nicht mehr im Rahmen der Pugwash-Veranstaltungen.

Bei der Pugwash-Konferenz in Baden bei Wien im Jahre 1974 war das Bevölkerungsproblem von der Tagesordnung verschwunden. Und in Baden trat auch Alfvén, eine treibende Kraft bei Bevölkerungsfragen, als Präsident der Pugwash-Bewegung zurück. In meinen Augen zeigte diese Tagung, daß Pugwash noch nicht bereit war, grundlegend neue Themen anzupacken, aber daß Pugwash weiterhin ein wichtiges Forum für den Gedankenaustausch zwischen ideologischen Gegnern darstellte. Auf der Tagung in Baden verbrachte ich zwei Tage in einem überfüllten, verqualmten Raum und hörte mir eine leidenschaftliche Debatte zwischen drei Israelis und einer Gruppe arabischer Wissenschaftler an, bei der der frühere jugoslawische Botschafter in Washington nur mühsam das Dekorum wahren konnte. Ausnahmsweise machte mir der Rauch einmal nichts aus. Am Tag darauf sah ich in einem

Straßencafé einen der renommiertesten wissenschaftlichen Staatsmänner Israels in lebhaftem Gespräch mit dem artikuliertesten arabischen Vertreter des Vortages. Das war Pugwash in seiner besten Form. Ich mußte daran denken, daß der lateinische Spruch über dem Eingang des österreichischen Verteidigungsministeriums, *Si vis pacem, para bellum* (»Wenn du Frieden willst, bereite dich auf den Krieg vor«), sich sehr leicht in ein Motto für Pugwash abwandeln ließ: *Si vis pacem, para pacem.*

V.

Fast acht Jahre nachdem ich in Schweden an meiner ersten Pugwash-Konferenz teilgenommen hatte, besuchte ich 1975 endlich Pugwash in Nova Scotia und lernte Cyrus Eaton kennen, der inzwischen Anfang Neunzig und noch immer gesund und munter, aber schwerhörig war. Eaton hatte nicht nur 1957 die erste Tagung in seinem Haus in Pugwash organisiert, sondern auch die zweite Konferenz in dem kanadischen Wintersportort Lac Beauport in der Provinz Quebec finanziert. Mitte der fünfziger Jahre stand er nicht nur in dem wohlverdienten Ruf, einer der erfolgreichsten Industriekapitäne des Mittleren Westens – Stahl, Kohle, Eisen, Versorgungsbetriebe und Eisenbahnen – zu sein, sondern auch in dem gleichermaßen kontroversen Ruf eines kommunistischen Mitläufers, eines *fellow traveler*, um das freundlichste Schmähwort zu benutzen, mit dem er bedacht wurde. Er war ein persönlicher Freund Nikita Chruschtschows und des Stellvertretenden Ministerpräsidenten Anastas Mikojan, zwei der vielen Russen, deren Gastgeber er in den Vereinigten Staaten gewesen war, und ihm und seiner Frau wurde 1958 von Chruschtschow selbst ein außergewöhnliches Geschenk überreicht: eine russische Troika, bestehend aus drei Schimmeln und einem offenen Wagen. Noch mehr Aufsehen erregte es, als die sowjetische Nachrichtenagentur TASS am 3. Mai 1960 – zwei Tage nachdem Francis Gary Powers in seinem U-2-Aufklärungsflugzeug über der Sowjetunion abgeschossen worden war – bekanntgab, daß Eaton in Anerkennung seiner Bemühungen zur Förderung besserer Beziehungen zwischen der Sowjetunion und den Vereinigten Staaten mit dem Leninorden ausgezeichnet worden war. Unter nordamerikanischen Großkapitalisten konnte es nur Armand Hammer, der Vorsitzende der Occidental Petroleum Corporation, der ein signiertes Photo von Lenin besaß und mit allen sowjetischen Staatschefs von Breschnjew bis Gorbatschow bekannt war, mit Eatons Anerkennung seitens der Russen aufnehmen. (Cyrus Eatons letzter biographischer Eintrag in *Who's Who*, der außerordentlich detailliert seine industriellen Aktivitäten, Mitgliedschaften in Clubs und Institutionen, von der Amerikanischen Akademie der Künste und Wissenschaften bis hin zum Verband der amerikanischen Kurzhorn-Züchter behandelt, erwähnt seltsamerweise weder Pugwash, den Leninorden noch irgendeine andere Auszeichnung durch sozialistische Länder Osteuropas außer seinen Ehrendoktorhüten aus Prag und Sofia. Wollte er etwa nicht als Russophiler in Erinnerung bleiben?)

Dieses Image des *fellow traveler* in der McCarthy-Dulles-Ära hatte zur Trennung der Pugwash-Bewegung von Pugwashs prominentestem Einwohner geführt. 1959, kurz nachdem Eaton angeboten hatte, eine weitere Pugwash-Konferenz zu finanzieren, dankten ihm drei der einflußreichsten amerikanischen Pugwash-Teilnehmer – Harrison Brown, Bentley Glass und Eugene Rabinowitch (Herausgeber des *Bulletin of the American Atomic Scientists* und Vater von Victor Rabinowitch) – für seine Großzügigkeit, »ohne die Zusammensetzung, das Programm und die Folgerungen der Konferenz beeinflussen zu wollen«. Doch dann lehnten sie sein Angebot in einem im *Bulletin* veröffentlichten Brief ab: »Da Mr. Eaton jedoch eine immer aktivere und umstrittenere Rolle in politischen Angelegenheiten zu spielen begonnen hat, sind die Wissenschaftler der Auffassung, daß seine alleinige Finanzierung ihrer Konferenzen ein schiefes Licht auf sie werfen könnte ... Wir bedauern, daß eine ermutigende Zusammenarbeit mit einem großzügigen Unternehmer, der bestrebt ist, die Wissenschaftler der Welt bei ihren Bemühungen zu unterstützen, den Mißbrauch der Wissenschaft zur Zerstörung der

Menschheit zu verhindern und ihre Nutzung für konstruktive Zwecke zu fördern, unmöglich gemacht wurde durch seine Abneigung, eine deutliche Trennungslinie zwischen seiner Unterstützung der wissenschaftlichen Konferenzen und seinem zunehmenden politischen Engagement zu ziehen . . . Der Ständige Ausschuß bemühte sich daher mit Erfolg, den überwiegenden Teil der Mittel für die Konferenz in Kitzbühel von anderen Personen und Institutionen zu erhalten, und hat Mr. Eaton nicht um Mittel gebeten.« Sowohl die Vorsicht der Wissenschaftler, von denen viele bereits als kommunistisch angehauchte Liberale galten und sich keinen knallroten Anstrich verpassen lassen wollten, als auch Eatons Groll angesichts dieser offenkundigen Undankbarkeit sind durchaus verständlich.

Als aber der kalte Krieg der Entspannung Platz machte, ließ Eaton das Vergangene ruhen und lud 1975 eine kleine Gruppe amerikanischer und kanadischer Konferenz-Teilnehmer zu einer Diskussion über Pugwash-Ziele in sein Haus am Ufer der Northumberland-Straße gegenüber der Prince-Edward-Insel ein. Wir wurden von den Eatons zum Cocktail erwartet, einer recht förmlichen Angelegenheit, so daß alle Männer Anzug und Krawatte trugen. Bernard Feld, Professor für Physik am MIT, der an mehr Pugwash-Konferenzen teilgenommen hatte als jeder andere Amerikaner, ging mit mir zusammen hin, als er ein Kanu entdeckte, das in der Nähe des Hauses vertäut war. »Na, wie wär's?« fragte er. »Gute Idee«, sagte ich, »aber wir sollten lieber erst fragen.« Es stellte sich heraus, daß wir ziemlich früh waren und daß Eaton noch nicht erschienen war, und so kletterten wir in das Kanu. Gerade als wir ablegen wollten, winkte uns Antonia Chayes (die bald darauf von Präsident Carter als erste Frau zum stellvertretenden Minister der Air Force ernannt wurde) und fragte, ob sie mitkommen könne. Die schlanke, hübsche und ganz in Weiß gekleidete Frau stieg vorsichtig ins Boot, das ihre beiden akademischen Mitfahrer, in Anzug und Krawatte, festhielten. Feld übernahm den Bug und ich das Heck, und dann stießen wir ab und hielten in das ruhige, aber schnell fließende Wasser hinaus. Nachdem wir eine halbe Stunde stromabwärts gepaddelt waren, machten wir kehrt, um nicht zu spät zur Party zu kommen. Keine 20 Minuten später konnten wir die Gäste auf dem Rasen der Eaton-Villa sehen. Einige winkten uns zu, und Tony Chayes winkte zurück, während wir Männer gleichmäßig weiterpaddelten. Die kühle Brise sorgte dafür, daß ich nicht ins Schwitzen kam und mich rundum wohl und sehr männlich fühlte.

Nach weiteren fünf Minuten rief ich meinem Mitpaddler zu: »Bernie, wir kommen überhaupt nicht vorwärts. Jede Wette, daß uns die Ebbe hinausdrückt.« Da der Tidenhub in Nova Scotia sehr hoch ist, schien meine Erklärung durchaus plausibel. »Wir müssen schneller paddeln«, rief ich und beschleunigte das Tempo. Minuten verstrichen, und ich begann zu schwitzen; aber soweit ich sehen konnte, waren wir unserem Ziel kein bißchen nähergekommen. Wir schienen uns gerade so gegen die einsetzende Ebbe zu behaupten. Wir waren schon in Rufweite der Küste, aber es wäre doch sehr peinlich gewesen, um Hilfe zu rufen. Gerade als ich das Pro und Kontra einer Blamage gegen immer anstrengendere körperliche Arbeit abzuwägen begann, wurden wir von einem Kanu überholt. Tatsächlich schoß es geradezu vorbei, obwohl die beiden Männer mit unverschämter Mühelosigkeit paddelten. Sie sahen keineswegs wie Sportskanonen aus, hatten uns jedoch in wenigen Sekunden hinter sich gelassen, während wir wie verrückt paddelten. Da kam mir ein Gedanke. Ich schob vorsichtig mein Paddel senkrecht ins Wasser und mußte feststellen, daß nur das Blatt bedeckt war, als ich auf Grund stieß. Wir zwei Wissenschaftler, der Physiker vom MIT und der Stanforder Chemiker, mit der zukünftigen stellvertretenden Ministerin der Air Force an Bord, hatten angestrengt auf der Stelle gepaddelt, ohne etwas davon zu merken. Bernie Feld blieb nichts weiter übrig, als Schuhe und Socken auszuziehen, die Hosenbeine hochzukrempeln und uns von der Sandbank zu schieben, auf der wir in den letzten 15 Minuten gesessen hatten.

Obwohl mir dies damals nicht bewußt war, fiel der Besuch in Nova Scotia mit dem Beginn meines Rückzugs von den Pugwash-Aktivitäten zusammen. Das Thema, das mich am meisten interessierte – die globale Bevölkerungspolitik –, war inzwischen von der Pugwash-Tagesordnung gestrichen worden. Selbst Probleme von Entwicklungsländern spielten gegenüber der Rüstungskontrolle nur noch die zweite Geige. Obgleich letztere von entscheidender Bedeutung ist, hatte ich Ende der siebziger Jahre das Gefühl, daß sich Pugwash nur zu einem weiteren Forum zur Erörterung von Abrüstungsfragen entwickelt hatte. Die letzte Tagung, die ich besuchte, war die Konferenz in Warschau im Jahre 1982, wo die polnische Regierung zu der Zeit alles daransetzte, die Solidarność zu unterdrücken – ein Ereignis, das mich zutiefst desillusionierte.

VI.

Ich reiste damals auf Umwegen von San Francisco nach Warschau. Nachdem ich im August 1982 an einer internationalen Konferenz über Naturstoffchemie in Südafrika teilgenommen hatte, verbrachte ich mit meiner späteren Frau, Diane Middlebrook, und ihrer Tochter Leah eine Woche in Namibia, wo wir auch einen denkwürdigen Abstecher zu der ökologischen Forschungsstation in der Gobabeb-Wüste machten. Wie eine Fata Morgana tauchte die Oase plötzlich in der Ferne im flimmernden Sand der Namib-Wüste auf. Der Besuch war über Funk von Pretoria aus vereinbart worden; und als uns die Leiterin begrüßte, zeigte sich wieder einmal, wie klein die wissenschaftliche Welt doch ist: Eine ihrer ersten Fragen galt zwei Zoecon-Wissenschaftlern, deren Arbeit sie verfolgt hatte und die sie sogar einmal in Palo Alto besucht hatte. Als wir eine steile Düne hinaufkletterten, deren Sand feiner und sauberer war als alles, was ich je gesehen hatte, bückte sie sich plötzlich und deutete auf ein Insekt, das, in anthropomorphen Kategorien, auf zweieinhalb Meter hohen Stelzen zu laufen schien, so weit war der Körper von der Erde entfernt – die Methode der Evolution, den Körper vor der Gluthitze der Sandoberfläche zu schützen. Zwei Tage später saßen wir im arabischen Viertel von Jerusalem beim Kaffee und diskutierten hitzig über den gerade stattfindenden Einmarsch der Israelis im Libanon; und am Ende der Woche landeten wir pünktlich zur 25. Pugwash-Konferenz und dem zweiten Jahrestag der Gründung der Solidarność in Warschau.

Zum erstenmal in der Geschichte der Pugwash-Bewegung hatte sich das amerikanische Pugwash-Komitee gegen eine Teilnahme ausgesprochen, weil sie als ein Zeichen hätte ausgelegt werden können, daß man die repressiven Maßnahmen der polnischen Regierung gegen die Solidarność billigte. Die Abstimmung war nicht bindend, und mehrere Amerikaner, darunter auch ich, waren der Meinung, daß wir gerade jetzt dort sein müßten, um den Unterdrückten unsere Unterstützung zu bekunden. Die Polen gaben sich große Mühe, den Aufenthalt der Gäste so angenehm wie möglich zu gestalten. Das einzige, was diese Gastlichkeit erreichte, war jedoch, den Unterschied zwischen uns und den Durchschnittspolen in grotesker Weise zu unterstreichen. Wir waren in einem der Luxushotels untergebracht, dem Victoria Intercontinental, wo man leicht vorgeben konnte, daß an Fleisch, frischem Obst und Süßigkeiten kein Mangel herrschte. Die Versammlungen fanden in dem aus dem 17. Jahrhundert stammenden Palais Radziwill statt, bekannt auch als Haus des Ministerrates, aber die kurze Strecke zwischen den beiden Konferenzorten genügte, um uns klarzumachen, daß etwas in der Luft lag. Überall waren Polizisten und Milizsoldaten in graugrünen oder braunen Uniformen, die zu viert oder fünft herumstolzierten, weiße Schlagstöcke am Gürtel, die Waffen schußbereit, das Visier hochgeklappt. Die wichtigsten Zentren des allgemeinen Widerstands waren die Kirchen. Eine davon, an der ich jeden Tag vorbeikam, zeichnete sich durch ein riesiges Blumenkreuz auf dem Straßenpflaster aus, das daneben religiöse Botschaften und Photos von Lech Walesa aufwies. Das Kreuz wurde mit jedem Tag größer, da immer mehr Menschen frische rote und weiße Blumen brachten – die Farben der polnischen Flagge. Hin und wieder versammelten sich Passanten dort und sangen, die Finger zu Churchills Victory-Zeichen erhoben, wie Walesa es bei den ersten Versammlungen der Solidarność getan hatte. Ich sehe noch deutlich das kleine Mädchen vor mir, nicht älter als drei, das mit erhobenen Armen zwei winzige V in den blauen Himmel reckte, und gleich dahinter die von der Kirche angeregten Plakate mit ihren schrecklichen Abbildungen von Föten. Die Botschaft der Abtreibungsgegner in diesem Land mit unzulänglicher Empfängnisverhütung und Abtreibung auf Verlangen war so dick aufgetragen, daß der polnische Text überflüssig erschien.

Zwei Tage später, am 31. August 1982, war der zweite Jahrestag der verbotenen Solidarność-Bewegung, an dem man mit ernsten Zwischenfällen rechnete. Das polnische Pugwash-Komitee organisierte einen ganztägigen Ausflug nach Thorn, dem Geburtsort von Kopernikus, um alle aus Warschau wegzuschaffen, und drängte alle Ausländer, an diesem Ausflug teilzunehmen. Ich beschloß zu bleiben, um die Ereignisse zu verfolgen, genau wie der amerikanische Physiker Peter Stein aus Cornell. Meiner Meinung nach lag der Zweck einer Pugwash-Tagung nicht darin, uns daran zu hindern, die Folgen politischer Unterdrückung zu sehen. Ein polnischer Pugwash-Teilnehmer und offener Solidarność-Sympathisant hatte mir ein Flugblatt gezeigt, das für 16 Uhr zu Demonstrationen an vier verschiedenen Punkten Warschaus aufrief. Die größte Demonstration wurde im Stadtzentrum am Plac Defilad, Warschaus Paradeplatz, vor dem Palast der Kultur und der Wissenschaften erwartet, einem Bauwerk im typisch stalinistischen Stil der frühen fünfziger Jahre mit mächtigem Zuckerbäcker-Turm, der wie eine Hochzeitstorte aufgeschichtet und von kleineren Türmen umgeben ist. Derartige architektonische Monstrositäten, denen scheinbar ein einziger Plan zugrunde lag, waren in den fünfziger Jahren Rußlands Geschenk an seine Satellitenstaaten und sind in der ganzen kommunistischen Welt anzutreffen, von Ostberlin bis Shanghai. Das Beste, was der offizielle Stadtführer über dieses größte Gebäude Warschaus zu sagen hat, ist: »Ein Kind, das in einem seiner Räume geboren würde und jeden Tag in einem anderen Zimmer verbrächte, würde den Palast im Alter von neun Jahren verlassen.« Stein hatte herausgefunden, daß ein Kamerateam von NBC ein Zimmer im 21. Stock des Forum Hotels hatte, das auf den Paradeplatz blickte. Obwohl uns niemand eingeladen hatte, beschlossen wir, uns dem Team anzuschließen; und so gingen wir gegen 15.30 Uhr durch die Marszalkowska-Straße (gelegentlich Warschaus Broadway genannt), die auf einem längeren Abschnitt die östliche Flanke des Paradeplatzes bildet.

Die Bürgersteige waren überfüllt, doch schienen die Menschen ihren eigenen Geschäften nachzugehen, und auf der Straße herrschte dichter Verkehr. Eine Seite des Platzes war von Militärfahrzeugen, mobilen Wasserwerfern und mehreren hundert Milizsoldaten und anderen uniformierten Männern besetzt. Ich konnte mir nicht vorstellen, wie man angesichts dieser bewaffneten Streitmacht hier eine Demonstration starten, geschweige denn durchführen wollte. Nachdem wir uns als Amerikaner von der Pugwash-Konferenz ausgewiesen hatten, ließen uns die beiden für NBC arbeitenden polnischen Kameramänner in ihr Zimmer, von dem man einen hervorragenden Blick auf den ganzen Platz hatte. Die Jalousien waren herabgelassen und die Lamellen so angeordnet, daß die Kamera die Vorgänge draußen festhalten konnte, ohne vom gegenüberliegenden Gebäude gesehen zu werden. Die Fernsehleute bezweifelten, daß sich in Anbetracht der starken Militärpräsenz überhaupt etwas abspielen würde; als lange nach 16 Uhr, dem angekündigten Zeitpunkt, noch immer alles friedlich schien, beschlossen Stein und ich, wieder zu gehen und die offene und deutlich weniger frequentierte Seite der Marszalkowska-Straße entlangzugehen.

Plötzlich änderte sich das Bild auf unserer Seite: Gruppen junger Männer tauchten scheinbar aus dem Nichts auf (tatsächlich bot eine Fußgängerunterführung einen teilweise versteckten Zugang). Da wir spürten, daß es mulmig werden würde und da zwischen uns und dem wartenden Wasserwerfer freie Bahn war, begannen wir zu laufen, so schnell mein steifes Bein es erlaubte. Aber es war bereits zu spät. Ein Zug von Männern – fast eintausend, dem späteren NBC-Bericht zufolge – hatte sich formiert, Fahnen waren gehißt worden, und der Klang unisono skandierender Stimmen hallte von den Gebäuden auf der anderen Straßenseite wider. Um alles noch schlimmer zu machen, warfen die Demonstranten Feuerwerkskörper und lösten damit einen Tumult aus. Alles geriet in Panik, als nur Sekunden später eine Kolonne Milizsoldaten mit herabgelassenem Visier auf uns vorrückte. Dann begannen die Tränengaskartuschen zu fallen. Menschen rannten über die Straße, um in einem der großen Kaufhäuser Schutz zu suchen, und ich humpelte hinterher, so schnell ich konnte. Als wir das Kaufhaus Wars-Sawa erreichten, war der Eingang bereits versperrt. Wir konnten nur auf die Türen einhämmern und die schweigend herumstehenden Käufer und Belegschaftsangehörigen anbrüllen, die durch die dicken Panzerglasscheiben starrten. Wir liefen um das Gebäude herum, versuchten es an jeder Tür und hatten endlich Glück. Vor uns hatte jemand eine unversperrte Tür entdeckt. Sekunden später hatten sich mehr als drei Dutzend Menschen, darunter Stein und ich, hineingedrängt, bevor jemand herbeieilte und die Tür verriegelte. Es handelte sich nicht um ein Geschäft, sondern um einen großen Korridor, der zu Stufen führte, die unser keuchender Mob von Flüchtenden hinaufeilte. Wir landeten schließlich im zweiten Stock in einem Lesesaal, einem polnischen Pendant eines Christian-Science-Zentrums, wo wir die Angestellte und ein halbes Dutzend Zeitungsleser aufschreckten. Wortlos schnappte sich jeder Eindringling eine Zeitung oder Zeitschrift, setzte sich und gab stillschweigend vor zu lesen. Sogar Stein und ich, beide des Polnischen nicht mächtig, hielten eine Zeitung in der Hand, ich die meine verrückterweise sogar verkehrt herum.

Der Lesesaal hatte eine lange Fensterfront, die mir selbst hinter meiner Zeitung einen ungehinderten Blick auf die Straße erlaubte. Die gepanzerten Fahrzeuge brachten Männer mit Gasmasken und Visieren, die die Tränengaswerfer bedienten und in jede Seitenstraße schossen. Eine Kartusche traf unser Fenster und zerbarst mit einem lauten Knall, der alle erstarren ließ – bis auf drei taube junge Männer, die sich mit Händen und Fingern hektisch in Zeichensprache unterhielten. Ab und zu hastete eine Gestalt aus dem Schutz eines Eingangs, schnappte sich eine Tränengaskartusche und warf sie zurück, bevor sie explodierte. Gleichzeitig lief daneben ein merkwürdiges Schauspiel ab, als würden zwei völlig verschie-

dene Stücke simultan auf der gleichen Bühne aufgeführt. Auf
der anderen Straßenseite, parallel zum Vormarsch der bewaffneten Streitmacht auf unserer Seite, ging ein alter, gebeugter
Mann mit Stock langsam auf und ab, die Augen zu Boden
gerichtet, ohne von dem Inferno und den Tränengasschwa-
den Notiz zu nehmen. Hatte er sein Maß an Tränen bereits
erschöpft? Diese absurde und doch bitterernste Szene wollte
ich unbedingt im Bild festhalten. Aber sobald ich meine kleine
Pocketkamera hob, verbargen die Leute ihre Gesichter, und
ein Mann gab mir wütend zu verstehen, daß ich keine Photos
machen durfte.

Inzwischen drang das Tränengas durch die gesprungenen
Fensterscheiben in den Raum ein, so daß unsere Augen brannten und wir zu gehen beschlossen. Die deutschsprechende
Angestellte, die uns hinunterbegleitete, um die Tür aufzusper-
ren, brachte sogar ein flüchtiges Lächeln zustande. Als ich ihr
auf deutsch zu ihrem Sinn für Humor gratulierte, seufzte sie:
»Humor ist das einzige, was wir noch übrig haben.«

Wir liefen durch eine Seitenstraße, in der dichte Gasschwa-
den lagen. Aber nachdem wir das eigentliche Zentrum hinter
uns gelassen hatten, waren wir in einer anderen Welt. Abgesehen von einigen Leuten, die hie und da in einem Eingang
standen, waren die Straßen leer. Nur das Knattern der in
geringer Höhe fliegenden Hubschrauber deutete darauf hin,
daß etwas nicht stimmte. Die Atmosphäre vor unserem Hotel
täuschte ebenfalls. Das Gebäude ging auf den Ogród Saski,
den Sächsischen Garten, mit dem Grab des Unbekannten
Soldaten zur Linken. Kurze Zeit davor war ein riesiges Kreuz
aus Blumen auf das Grab gelegt worden als weiteres Zeichen
des Widerstandes gegen General Wojciech Jaruzelskis Regime. Die Regierung hatte zurückgeschlagen und den Bereich
mit einem hohen Holzzaun umgeben, um zu verhindern, daß
sich hier Menschen versammelten. Infolgedessen sah man
kaum Fußgänger in der Nähe des Hotels. Nachdem wir uns
bei dem Wachmann an der einzigen nicht abgesperrten Tür
ausgewiesen hatten und in den zweiten Stock hinaufgingen,
um einen besseren Blick über den Holzzaun zu haben, sahen
wir, daß die Senatorska-Straße und der Bereich vor der Oper

am anderen Ende des Parks ein weiterer Bereitstellungsraum für den Wasserwerfer, gepanzerte Fahrzeuge und das dazugehörende bewaffnete Personal geworden war.

Der zweite Jahrestag der Gründung der Solidarność fiel zufällig auf einen Nationalfeiertag Malaysias, dessen Botschafter unser Hotel für einen diplomatischen Empfang gewählt hatte. Mercedesse und Volvos mit diplomatischen Standern fuhren vor, gefolgt vom schwarzen Chrysler des amerikanischen Botschafters, denen die offiziellen Paare entstiegen und das Hotel betraten – ein absurdes Theaterstück aus einer anderen Welt. Obwohl die Ereignisse des Tages das Ganze noch absurder machten, ähnelte es doch auch unseren Erfahrungen vom Abend davor bei dem eleganten Empfang, den der polnische Außenminister im »polnischen Versailles« gegeben hatte, wie das Palais Wilanów oft genannt wird. Die Büffettische bogen sich unter den Delikatessen, und die Pugwash-Gäste, mit den Russen an der Spitze, fielen wie ein Heuschreckenschwarm darüber her. Was wohl die polnischen Pugwash-Teilnehmer dabei empfanden, die mit Fleischknappheit und Mangel an fast allen Grundnahrungsmitteln leben mußten?

Als wir am Tag nach dem Tränengaseinsatz in aller Frühe zum Flughafen fuhren, kamen wir an dem verlassenen Schauplatz der Demonstrationen vorbei. Von Militärfahrzeugen, Polizei, Gaskartuschen oder anderen Überbleibseln war nichts zu sehen; das Pflaster war sauber gefegt und abgespritzt worden, vielleicht mit dem Rest des Wassers, das man gegen die Menschen eingesetzt hatte. Das Fenster des Wagens war offen, und es lag keinerlei Gasgeruch in der Luft. Doch als ich auf den Paradeplatz blickte, traten mir Tränen in die Augen. Hilflosigkeit und Scham überwältigten mich. Weder die Pugwash-Konferenz im Palais Radziwill noch ich, der mit Solidarność-Anhängern durch die Marszalkowski-Straße geflohen war, hatte in Warschau irgend etwas erreicht. Selbst der so tapfere Protest der Polen erschien mir völlig phantastisch. Ob am 1. September 1982 irgendein Pole, geschweige denn ein Ausländer, so optimistisch war, sich vorzustellen, daß die Solidarność sieben Jahre später die ersten freien Wahlen ge-

winnen würde? Und, was noch unwahrscheinlicher war, daß
Walesa General Jaruzelskis Nachfolger als polnischer Staatspräsident werden würde?

KAPITEL 14

Perestroika 1970

Es kommt mir so vor, als wären die Wissenschaftler die modernen Gegenstücke der Seefahrer früherer Zeiten. Während sich die meisten von ihnen auf einer Ost-West-Achse bewegen, die von Japan durch Nordamerika nach Europa und bis in die Sowjetunion verläuft, führt ihr Beruf einige auch in südliche Gefilde, nach Afrika und Lateinamerika. Versuchen Sie nur einmal, einen Ihrer Kollegen in seinem heimischen Revier zu erwischen! Er oder sie ist gerade nach Stockholm abgereist oder hält Vorträge bei einem NATO-Seminar auf Korsika oder verbringt derzeit ein Studienjahr in Kyoto oder München. Alles in allem ist dieses interkontinentale Herumgeflitze natürlich viel sicherer als ehedem die Seefahrt; vielleicht liegt heute die größte Gefahr darin, daß man, was Fluggesellschaften betrifft, sowohl abstumpft als auch außerordentlich anspruchsvoll wird.

Ich bin schon lange über das Stadium hinaus, in dem ich irgendwelche Lieblings-Fluglinien hatte, aber dafür habe ich immer welche ganz unten auf meiner Liste stehen. Alitalia und Iberia haben dort mehrmals gestanden, weil ihre Neigung zu plötzlichen Streiks die Passagiere gleichsam mitten in der Luft stranden lassen kann; aber *eine* Fluglinie hat immer einen der letzten Plätze eingenommen, nämlich die Aeroflot, mit der ich in den sechziger und siebziger Jahren häufig flog. Alle möglichen Gründe für diese schlechte Meinung machen einander den Vorrang streitig. Ist es vor allem deshalb, weil ich bei der Aeroflot noch nie eine Stewardeß habe lächeln sehen?

Oder weil die Klimaanlagen sowjetischer Maschinen – des Motorflugzeugs Iljuschin 12, der Antonows mit Turboprop-Antrieb oder auch der Tupolew-Jets – immer erst dann funktionierten, wenn sie in der Luft waren? (Jeder, der einmal im Juli in einer hermetisch verschlossenen Aeroflot-Maschine in Taschkent oder Kairo auf der Startbahn gesessen hat, weiß, daß es sich hier nicht um die Mäkelei eines Perfektionisten handelt.) Vielleicht liegt es aber auch daran, daß man auf Flügen innerhalb der Sowjetunion morgens, mittags und abends nichts anderes als gekochtes zähes Huhn vorgesetzt bekam. (Vermutlich übertreibe ich, aber genau so lautet nun einmal die Botschaft, die mein noch immer beleidigter Gaumen meinem Gehirn übermittelt.) Oder weil die Schlangen vor den Ticketverkaufsstellen so chaotisch, die Angestellten so grimmig oder muffig waren und das vorsintflutliche Buchungssystem völlig von überlasteten Telephonen und Abakussen abhängig war?

Ich präsentiere diesen Klagenkatalog nicht, um den Geist der *glasnost* zu unterminieren, sondern als Hintergrund eines kleinen Sieges über die sowjetische Bürokratie auf dem Moskauer Flughafen Domodedowo im Sommer 1970 – meine persönliche experimentelle Demonstration, daß Rußland in der Tat für die *perestroika* bereit war.

Zwei Russen – Alena, die fesche zweisprachige Tochter des Akademiemitglieds Wladimir Alexandrowitsch Engelhardt, der damals Direktor des Instituts für Molekularbiologie der Sowjetischen Akademie war, und Boris Saslawski, ein junger Chemiker, der ebenfalls fließend Englisch sprach – waren von der Sowjetischen Akademie der Wissenschaften beauftragt worden, mich nach Mittelasien zu begleiten, zusammen mit meiner Frau, meinen zwei Kindern und meinem Freund Koji Nakanishi, der gerade eine Professur an der Columbia-Universität angenommen hatte. Wir hatten eine Woche in Riga an der Ostsee verbracht, wo wir an einer wissenschaftlichen Konferenz teilnahmen, und fuhren dann nach Usbekistan, um die Überreste des Mongolenreichs zu besichtigen. Taschkent, die Hauptstadt Usbekistans, die nach dem verheerenden Erdbeben von 1966 im poststalinistischen Stil wiederaufgebaut worden war, hatte nicht viel zu bieten; unser Ziel waren die mittelalterlichen Moscheen und Medressen von Samarkand, Buchara und Chiwa. Der eine tägliche Flug nach Chiwa war schon Tage vorher von Intourist gebucht worden. Als private Gruppe, die sich geweigert hatte, von der sowjetischen Touristenbürokratie betreut zu werden (die nur an Kunden mit harter Währung interessiert war), standen wir daher auf dem Flughafen von Taschkent und warteten auf den Aufruf eines Fluges nach Samarkand, der schon Stunden Verspätung hatte. Hier jedoch verwandelten wir die vorübergehende Niederlage in den ersten von zwei Erfolgen, die schließlich zum Sieg von Domodedowo führten.

Während ich mich mit einem unserer russischen Begleiter unterhielt, inspizierte Nakanishi zum Zeitvertreib den einzigen Geschenkartikelkiosk, über den eine rotwangige usbekische Maid wachte. Sie hatte keinen einzigen Kunden und schien auch nicht daran interessiert zu sein, irgendwelche Kunden anzulocken. Hinter der schmutzigen Glasscheibe befand sich der übliche Kitsch – billige usbekische Käppchen, bestickte Taschentücher, die typischen ineinanderpassenden Matrjoschka-Puppen. Koji beugte sich vor und klopfte auf das Glas. »Wieviel?« fragte er, erhielt aber nur einen ausdruckslosen Blick als Antwort. »Alena, würden Sie mir mal helfen?« rief er unserer Begleiterin zu. »Ich möchte die Karten da kaufen.«

Wir gingen zum Kiosk und stellten fest, daß Koji sich nicht für Postkarten interessierte, sondern für einen Pack Spielkarten, der zwei Rubel kostete. Die Karten hatten nichts Besonderes an sich. »Warum willst du diese billigen Karten kaufen?« fragte ich. Es gab zwar tatsächlich nicht viel zu kaufen, aber das hieß denn doch, den Bodensatz des ohnehin schon armseligen Souvenirbestandes zusammenzukratzen. »Ich habe meine vergessen«, murmelte er, während er sich wieder über das Glas beugte und daraufklopfte.

Nakanishi ist nicht nur ein weltberühmter Wissenschaftler, sondern bei Organikern auch gleichermaßen als Zauberkünstler und Kartenmanipulator bekannt. Seine Kartentricks sind geradezu übersinnlich. In San Francisco hielt er meiner Frau einmal einen Stoß Karten hin und forderte sie auf, eine Karte zu wählen. Nachdem sie sie wieder in den Stoß geschoben hatte, starrte er ihr in die Augen und fragte mit spöttischer Stimme: »Warum ruft einer von euch beiden nicht meine Frau an? Sie wird euch sagen, welche Karte du ausgesucht hast.« Also wählte ich die angegebene Nummer in Tokio, als wäre das die natürlichste Sache der Welt, und fragte seine Frau, ob sie wüßte, welche Karte soeben in San Francisco gewählt worden war. »Ach so!« meinte sie und nannte sie dann, die Herzsechs.

Dieser Trick war verständlicherweise zu kompliziert für den Taschkenter Flughafen. Ich bezweifle, daß man dort 1970 nach Moskau durchwählen konnte, geschweige denn nach Tokio. Sobald Koji seine zwei Rubel ausgehändigt und von den usbekischen Karten Besitz ergriffen hatte, mischte er sie mit hartem Geraschel à la Las Vegas und versuchte es mit »etwas Einfachem«. Er ließ die junge Frau hinter dem Ladentisch eine Karte ziehen; nachdem sie sie wieder in den Stoß geschoben hatte, mischte er und breitete die Karten dann, mit der Vorderseite nach unten, auf der Glasplatte aus. »Machen sie daraus zwei Häufchen«, forderte er sie mit Alenas Hilfe auf. Entweder war sie zu schüchtern oder zu dumm, denn sie weigerte sich selbst dann, seinen Anweisungen zu folgen, nachdem er ihr das Ganze pantomimisch auseinandergesetzt hatte. Ich habe schon viele Male über diesen Trick von Koji gestaunt. Man muß nichts weiter tun, als aus den Karten zwei annähernd gleich große Päckchen machen. Dann wählt Koji eines aus und fordert einen auf, den Vorgang zu wiederholen, und zwar so lange, bis nur noch zwei Karten auf dem Tisch liegen, beide mit der Vorderseite nach unten. Er deutet auf eine und sagt, man solle sie umdrehen. Wenn man es tut, ist es unweigerlich die Karte, die man am Anfang ausgewählt hat. Da ich diese Vorstellung gar nicht oft genug sehen kann, bedauerte ich, daß das Mädchen nicht mitspielen wollte, und freute mich, als sie sich schließlich doch dazu entschloß.

Ursprünglich hatten nur wir drei – Koji Nakanishi, Alena Engelhardt und ich – am Kiosk gestanden. Dann kam mein 17jähriger Sohn Dale dazu. Wenn in der Sowjetunion in den sechziger oder frühen siebziger Jahren irgendwo vier Personen vor einem Ladentisch – ob für Fleisch, Schmuck oder Schuhe – standen, war das wie ein Magnet: Sie zogen weitere Leute an, die wissen wollten, ob es tatsächlich irgend etwas zu kaufen gab. Koji, der Zauberkünstler, konnte der Versuchung nicht widerstehen, vor Publikum aufzutreten. Ehe sich die usbekische Maid hinter der Theke versah, stand sie schon im Mittelpunkt des Interesses. Sie zog eine Karte, zeigte sie unbeholfen einigen Zuschauern und schob sie dann wieder in den Pack. Nachdem Koji schnell und laut gemischt hatte, streckte er die Hand aus und zog eine Karte aus der Tasche ihrer Bluse. »Das ist doch die Karte, die Sie eben gezogen haben?« fragte er. Eine Übersetzung war nicht erforderlich; das Mädchen schlug errötend die Hände vor das Gesicht und kicherte.

Es tat uns allen leid, als der Abflug unserer Maschine nach Samarkand angekündigt wurde. Dem Publikum hatte die kostenlose Vorstellung großen Spaß gemacht, und mir hatte es Spaß gemacht, das Publikum zu beobachten. In Samarkand sollten uns die Karten jedoch einen Gewinn anderer Art eintragen. Unsere dortigen Besichtigungen fanden hauptsächlich zu Fuß und bei einer Gluthitze statt, die an Arizona im August erinnerte. Die Bauwerke waren spektakulär: die Nekropole Schah-i-Sindah, deren gerippte Kuppeln sich wie Riesenkakteen vor der Kulisse einer Bergkette abhoben; das imposante Mausoleum Gur-i-Mir aus dem Jahre 1404 mit seinen umlaufenden arabischen Inschriften und dem vielfarbigen Kuppelgewölbe aus glasierten Kacheln; der gigantische, in einen Fels gemeißelte steinerne Quadrant des Observatoriums von Ulu Beg (Tamerlans Enkel). Aber während wir in der flirrenden Hitze herumwanderten und alles bestaunten, wurden wir völlig dehydriert. Endlich fanden wir einen Teegarten, wo man im Schatten hoher Bäume auf erhöhten hölzernen Plattformen saß. Unter normalen Umständen wäre meine Wahl bei einer derartigen Hitze nicht gerade auf heißen Tee gefallen, aber es war immerhin etwas Nasses. Auf einer benachbarten Plattform räkelten sich mehrere Männer, deren bestickte Käppchen wie eine usbekische Version von Jarmulkes aussahen. Während sie die Frauen in unserer Gruppe beäugten, lief mir beim Anblick der saftigen Melonen, die sie aßen, das Wasser im Mund zusammen. »Koji, führe ihnen doch mal einen von deinen Kartentricks vor«, sagte ich. »Mal sehen, was passiert.«

Zunächst waren die Männer mißtrauisch, als Alena ihnen auf russisch erklärte, daß dieser orientalische Mann mit seinen Karten wahre Wunderdinge vollbringe. Nach einigen Aufwärmübungen, die die meisten Männer genauso zum Kichern brachten wie unsere Maid auf dem Taschkenter Flughafen, wurde Kojis Vorstellung immer unglaublicher. Ein Zuschauer, der die Darbietung argwöhnisch aus dem Hintergrund verfolgt hatte, drängte sich durch die Menge und trommelte sich auf die Brust. Alena übersetzte sein Geknurre, mit dem er zu verstehen gab, daß dies Tricks für Kinder seien. Aber traute sich Koji auch, es mit ihm zu versuchen? Koji nahm die Herausforderung an: Er zog dem Mann Karten aus der Hemdtasche, der Gesäßtasche, den Ärmeln – ja er fand sogar eine unter dem Käppchen des verblüfften Mannes. Plötzlich packte der Mann Kojis Hand und flüsterte aufgeregt auf Alena ein. »Er möchte Ihre Zauberkarten kaufen«, übersetzte sie. »Er ist sicher, daß er damit jedes Kartenspiel gewinnt.« Koji war etwas konsterniert: »Sagen Sie ihm, die Karten sind aus Taschkent. Sie haben keine Zauberkräfte. Der Zauberer bin ich.« Doch ich unterbrach ihn: »Nun vergiß mal deinen Stolz und biete ihm die Karten gegen ein paar Melonen an.« Obgleich ich hoffe, daß der Mann mit seinen Karten nicht zu hoch pokerte, erinnere ich mich noch heute an den Geschmack der saftigsten Melonen meines Lebens.

Domodedowo war damals der Moskauer Terminal für Langstreckenflüge aus dem sowjetischen Teil Asiens – einer Landmasse, die sich über acht Zeitzonen bis nach Wladiwostok erstreckt. Die Passagiere, die die ganze Nacht durch die Türen strömten oder auf oder unter den Bänken in den Wartesälen schliefen – Usbeken, Tataren, Tadschiken, Kirgisen, Mongolen, Kasaken – stammen allesamt von dem Volk ab, das von Dschingis Khan und Tamerlan geeint wurde und im Mittelalter Samarkand und Buchara besiedelt hatte.

Wir waren nach einem langen und ermüdenden Flug mit einer Turboprop-Maschine aus Taschkent gekommen, wo wir vor dem Start eine halbe Stunde nach gängiger Aeroflot-Manier bei knapp 40 Grad Hitze, hoher Luftfeuchtigkeit und Schweißgestank eine halbe Stunde in einem hermetisch verschlossenen Flugzeug geschmort hatten. Als wir kurz nach Mitternacht in Moskau eintrafen, wollten wir nur noch in unser Hotel und ins Bett fallen. Aber erst mußten wir auf unser Gepäck warten.

Das Warten auf dem Flughafen Domodedowo ist selbst um Mitternacht nicht langweilig. Das Kaleidoskop der Gesichter und Trachten und das Geplapper in allen möglichen Sprachen weckte mich nicht nur auf, sondern führte mir auch die außerordentliche Mannigfaltigkeit der Sowjetunion vor Augen. Aber nach ungefähr 20 Minuten wurde ich doch ungeduldig. »Wo bleibt denn das verdammte Gepäck?« fragte ich gereizt den Funktionär von der Akademie, der uns in Empfang genommen hatte. »Sie müssen warten«, sagte er mit von lebenslangem Warten resignierter Stimme, »bis Ihre Flugnummer erscheint.« Er deutete auf die elektrischen Anzeigentafeln über den Karussells, die keinerlei Anstalten machten, ihre übliche Gepäcklawine aufzunehmen. »Genau das werde ich nicht tun!« erwiderte ich ziemlich verärgert. »Das ist ja lächerlich!« Meine beiden Kinder grinsten, während meine Frau einen leidenden Blick gen Himmel warf, da alle aus jahrelanger Erfahrung wußten, daß dieses Wort bedeutete, daß ich dabei war, die Sache selbst in die Hand zu nehmen.

Ich ging davon aus, daß unser Gepäck aus dem Flugzeug geholt und in irgendeinem Keller, vermutlich unter der Halle, in der wir warteten, abgestellt worden war. In Domodedowo hielten die Flugzeuge – jedenfalls 1970 – draußen auf dem Vorfeld, und die Passagiere wurden mit Bussen zum Flughafengebäude gefahren. Dort mußte man eine breite Treppe hinaufgehen und Türen passieren, die von bewaffneten Soldaten bewacht wurden, bevor man in die riesige Ankunftshalle mit den Gepäckbändern kam. Ich beschloß, das Verfahren umzukehren: Als sich die nächste asiatische Horde durch eine der Türen ergoß, senkte ich den Kopf wie der *toro* beim Stierkampf und stürmte in die entgegengesetzte Richtung. Die Soldaten riefen mir nach, wurden jedoch durch den vorwärtsdrängenden Strom der Nachkommen Dschingis Khans daran gehindert, mich zu erreichen. Ich steuerte die Treppe an und fand den Weg zu dem Tunnel, aus dem, wie ich annahm, die Gepäckkarussells beschickt wurden. Doch unsere Koffer waren nirgends zu sehen.

Nachdem ich das sowjetische Sicherheitssystem unerwartet mühelos durchbrochen hatte – ähnlich wie der junge Deutsche, der 17 Jahre später mit seinem einmotorigen Flugzeug vor dem Kreml landete –, beschloß ich, meinen Erkundungsgang fortzusetzen. Ich ging in Richtung der Rollbahn, um unter den diversen Iljuschins und Antonows, die militärisch aufgereiht waren, nach unserem Flugzeug zu suchen. Dort fand ich es ohne größere Anstrengung in der Dunkelheit, beleuchtet von einer einzelnen Glühbirne, die an einem Laternenpfahl mit Schwanenhals hing, genau wie die Straßenlampen in Wien, als ich ein Kind war. Ich überlegte mir gerade, wie ich unser Gepäck aus dem verlassenen Flugzeug bekommen sollte, als hinter mir eine barsche Stimme ertönte. Obwohl ich kein Russisch spreche, konnte ich aus dem Ton und, als ich mich umdrehte, dem Gesichtsausdruck des Mannes erraten, was er wollte.

»*Do you speak English?*« fragte ich höflich.

»*Njet.*«

»Sprechen Sie Deutsch?«

»*Njet.*«

»*Parlez-vous français?*«

»*Njet.*«

»*Habla usted español?*«

Das tat er nicht, und ich hatte die Sprachen meiner Kindheit, Schulzeit und beruflichen Anfänge in Mexiko erschöpft. Der Mann war jedoch offensichtlich beeindruckt, da er mich aufmunternd angrinste.

»Passen Sie auf!« rief ich. »Taschkent!« Ich streckte die rechte Hand in die Richtung, in der ich das stockfinstere Mittelasien vermutete. »Moskau!« Ich deutete mit dem linken

Zeigefinger auf das hellerleuchtete Flughafengebäude. »*Bagage!*« brüllte ich, weil ich dachte, daß es dem russischen Wort vielleicht am nächsten kam. »Mein *bagage!*« wiederholte ich, indem ich mir an die Brust klopfte und auf das dunkle Flugzeug zeigte. »Ah!« rief mein neuer Freund aus und bugsierte mich, den Arm um meine Schulter gelegt, zu einem leeren Bus in der Nähe. »Intourist«, sagte er. »Intourist«, wiederholte er, als er mich in den Bus schob, den Motor anließ und losfuhr.

In wenigen Minuten hatten wir das entgegengesetzte Ende des Terminals erreicht, wo sich das örtliche Büro des staatlichen Reisebüros befand und er jemanden zu finden hoffte, der eine der Sprachen sprach, die ich ihm an den Kopf geworfen hatte. Doch um ein Uhr nachts wurden keine ausländischen Touristen erwartet. Die beiden Männer, die er weckte, waren genauso umgänglich wie mein Freund, genauso neugierig wie er, einem nichtasiatischen Ausländer zu begegnen, aber auch genauso einsprachig. Allerdings entdeckte ich in den Augen des einen Mannes ein verstehendes Aufleuchten, als ich meine »Taschkent-Moskau«-Pantomime wiederholte, gefolgt von »*Bagage*« und Trommelschlägen auf meine Brust.

»*Vamonos al autobus!*« verkündete ich und legte meinem neuen russischen Freund den Arm um die Schulter, so wie der Busfahrer, als er mich zum Bus dirigierte. Bis zum heutigen Tag ist mir schleierhaft, wieso ich darauf verfiel, den Mann auf spanisch anzusprechen, als wären wir in Mexico City. Vermutlich dachte ich, daß *vamonos* irgendwie überzeugender klang als »*Let's go*«. Auf jeden Fall funktionierte es. Mein neuester Freund und mein Privatchauffeur gingen mit mir wieder zu dem Bus, den ich inzwischen als *meinen* betrachtete, und sobald ich auf *mein* Flugzeug deutete, das schwach beleuchtet auf dem fernen Rollfeld stand, fuhren wir los. Als wir drei unter meinem Flugzeug ausstiegen, erteilte ich meinen zweiten mehrsprachigen Befehl: »*Vamonos* mit dem *bagage!*«, und ein Wunder geschah. Die beiden Männer machten eine fahrbare Leiter ausfindig, schoben sie an die Tür des Gepäckraums und schafften es, sie zu öffnen! Ich folgte ihnen, denn ein versteiftes Knie ist kein Hindernis, wenn Triumphgefühle einem das Adrenalin durch die Adern pumpen. Meine Genossen begannen das Flugzeug zu entladen. Als sie zu unseren Koffern gelangten, brüllte ich: »*Stoi!*«, da mir plötzlich das bulgarische Wort für »Halt!« wieder einfiel. (Ich erinnere mich eigentlich nur noch an etwa zwei Dutzend bulgarischer Wörter aus meiner Jugend, darunter die Wörter für Streichhölzer, Liebe und Wassermelone sowie ein nützliches Schimpfwort.) Mein »*Stoi!*« muß wohl ziemlich slawisch geklungen haben, da das Entladen sofort eingestellt wurde.

Ich schnappte zwei unserer Koffer und zog Richtung Terminal los. »*Stoi!*« ertönte es wie ein Echo meines früheren Aufschreis, nur mit russischem Beiklang. »*Kwitanzija*«, setzte der Mann hinzu, aber nicht mehr im sanften Ton der Kameradschaftlichkeit, sondern mit barscher sowjetischer Bürokratenstimme. Als er meinen verständnislosen Blick sah, schaltete er auf seine Form von Esperanto um: »*Bilet.*« Er sprach das Wort sehr sorgfältig aus und legte seine schwere Hand auf meine Koffer.

»*Stoi!*« wiederholte ich, diesmal aus Verzweiflung, und deutete erst auf ihn, dann auf unsere Koffer und zuletzt auf die Stelle, wo wir standen. »*Stoi!*« krächzte ich noch einmal. Ich hatte nicht vor, diesen Triumph über die Aeroflot wegen ein paar jämmerlicher Gepäckscheine im letzten Moment in eine Niederlage umschlagen zu lassen.

Mit meinem steifen Bein kann ich zwar nicht rennen, aber dafür ziemlich schnell humpeln. Und diesmal legte ich mich wirklich ins Zeug – mit steifbeinigen Hopsern, wie Kinder es zu tun pflegen, und so schnell wie seit Jahren nicht mehr. Ich hüpfte direkt auf die Türen zu, wo die zwei Soldaten mit ihren Gewehren standen (woraus ich schloß, daß russische Soldaten nur im Fernsehen verfolgen und schießen) und hoppelte an ihnen vorbei in die Haupthalle. Mein Sohn rief: »Da kommt Papa!« Sofort war ich von meiner Familie, meinem japanischen Freund und meinen russischen Kollegen umringt, die mich mit Fragen nach meinem Verbleib bombardierten. »Später!« keuchte ich. »Ich hab sie! Schnell, wer hat die Gepäckscheine?«

Meine russischen Begleiter wollten mitkommen, doch ich sagte entschieden »*Njet!*« Dies sollte ein rein amerikanischer

Sieg über die sowjetische Bürokratie sein. Schließlich fügte ich mich dem jungen Chemiker aber doch. »Okay, Boris, Sie können mir mit den Koffern helfen, aber Sie dürfen kein Wort Russisch sprechen. Denken Sie daran, Sie sind Ausländer.«

Wir liefen hinaus, an den beiden Soldaten vorbei, die mittlerweile bestimmt dachten, daß mir der Flughafen gehört, die Treppe hinunter und auf dem vertrauten Weg zum Flugzeug, wo meine beiden russischen Genossen brav bei unserem Gepäck standen.

»Danke, *spassibo*«, brüllte ich, eines der wenigen russischen Wörter, die ich aufgeschnappt hatte, und drückte ihnen die *kwitanzija* in die Hand. Einige Minuten später standen wir drei triumphierend mit unserem Gepäck vor dem noch immer bewegungslosen Karussell.

Meine sowjetischen Freunde von der Akademie jubelten über meinen Triumph, und der Chauffeur war derart begeistert, daß er die Flughafenausfahrt in der verkehrten Richtung hinunterdonnerte. Und ich selbst war so aufgeregt, daß ich stundenlang nicht einschlafen konnte.

Im September 1989, fast zwei Jahrzehnte nach meinem Triumph über das Gepäckausgabesystem der Aeroflot auf dem Domodedowo-Flughafen, kam ich wieder dort an – diesmal aus Wladiwostok und mit Handgepäck – und wurde von einem alten Freund und emeritierten Mitglied der Sowjetischen Akademie der Wissenschaften abgeholt. Wir fuhren durch eine wunderbare Herbstlandschaft mit Birken, Eichen und Tannen, in der nur selten ein Haus zu sehen war. Es war kaum zu glauben, daß wir auf einem der wichtigsten Flughäfen der größten Stadt der Sowjetunion gelandet waren, so idyllisch ist der erste Eindruck, wenn man von Domodedowo kommt. Moskau beginnt sich durch das jähe Auftauchen einer Reihe riesiger weißer Wohnblocks anzukündigen, die immer häufiger werden, bis man sich plötzlich auf einem der typischen breiten, wenig befahrenen Boulevards befindet. Die Weite lenkt einen von der Mittelmäßigkeit der neueren Gebäude und dem schlechten Zustand der älteren ab. Das Gold der frühen Abendsonne ist das ideale Licht für die Backsteinfassaden. Mein alter Freund fungiert auch als mein hiesiges Sparkonto, da russische Währung nicht ausgeführt werden darf. Es ist mir nie gelungen, alle Rubel auszugeben, die ich hier erhalte, sei es aus den Tantiemen meiner Bücher oder aus der Aufwandsentschädigung, die die Sowjetische Akademie der Wissenschaften ihren offiziellen Gästen pro Tag zahlt, und so empfängt er mich stets mit einigen Banknoten, die ich immer als eine Art Monopoly-Geld betrachte.

Bei dieser Gelegenheit treffe ich auch, nach 19 Jahren, einen meiner Betreuer wieder, die uns 1970 nach Usbekistan begleitet hatten. An meinem letzten Abend in Moskau speise ich in der Wohnung von Boris Saslawski, der mich mit breitem Grinsen begrüßt: »Erinnern Sie sich noch an unsere Ankunft in Domodedowo?« und erzählt die Geschichte dann prompt seiner Frau und seinem Sohn. Doch dann wird er ernst. Boris, inzwischen Ende Vierzig und ein renommierter Physikochemiker, der auf einem esoterischen Gebiet arbeitet, das in der Sowjetunion nicht sonderlich gut vertreten ist, sehnt sich nach wissenschaftlichem Gedankenaustausch und einer Zukunft für seinen Sohn. Er hat beschlossen, alles aufzugeben und in Amerika ein neues Leben anzufangen – falls es dazu nicht bereits zu spät ist. Denn gerade als die sowjetischen Ausreisebestimmungen drastisch gelockert wurden, sind die amerikanischen Barrieren für russische Einwanderer höher geworden.

Ich versuche, optimistisch zu klingen. Als Boris während des Essens davon spricht, wie er und sechs Freunde sich rund 20 Jahre davor exakt eine Nacht lang eine Samisdat-Ausgabe von Solschenizyns *Archipel Gulag* ausliehen und sie die ganze Nacht hindurch in der Küche im Wechsel vorlasen, das Buch aber dennoch nicht beenden konnten, bevor sie es an die nächste Gruppe begieriger Leser weitergeben mußten, sage ich: »Das hat sich inzwischen ja geändert. Heute kann man Solschenizyn im Laden kaufen. Und schauen Sie sich nur Ihre Wohnung an.«

Nach russischen Maßstäben sind sie gutsituiert, doch Boris sagt, das käme alles zu spät. Sein Vater war ein ziemlich hochrangiger Wissenschaftler, der jahrelang im Verteidigungsbereich tätig war. Obwohl der Vater Anspruch auf eine spezielle Wohnraumzuteilung hatte, lebten Boris, seine Eltern und seine Großmutter 20 Jahre lang in einer Zweizimmerwohnung und mußten sich Bad und Küche mit mehreren Familien teilen. »Haben Sie gewußt, daß es kein russisches Wort für ›Privatsphäre‹ gibt?« fragt Boris mit erhobenem Zeigefinger. »Können Sie sich vorstellen, was es heißt, die ersten 20 Jahre Ihres Lebens im gleichen Zimmer zu schlafen wie Ihre Großmutter?«

Als ich bei Boris ankam, war es noch hell gewesen. Aber als er mich nun zum Taxi hinunterbringt, ist der Korridor vor seiner Wohnung nur schwach beleuchtet, und als wir den Fahrstuhl betreten und die Tür schließen, ist es stockfinster. Boris zündet ein Streichholz an, um den richtigen Knopf zu finden. »Ist es hier immer so dunkel?« frage ich. »Nein«, murmelt er, »vermutlich ist die Birne durchgebrannt. Wer weiß, wann sie die auswechseln.« Ich bemerke halb im Ernst: »In diesem Land bieten sich Taschenlampenherstellern tolle Möglichkeiten.« »Aber wo«, fragt die ironische Stimme in der stygischen Finsternis, »bekäme man die Batterien dazu?« Als wir unten angelangt sind, komme ich zu dem Schluß, daß *fehlende Batterien* ein passendes Epitaph für die Perestroika sein könnte.

KAPITEL 15

Glasnost in Wladiwostok

I.

PRAKTISCH gesehen ist die Stadt Wladiwostok seit über einem halben Jahrhundert für Fremde, ob Russen oder Ausländer, Sperrgebiet; und selbst diejenigen, die die Genehmigung für eine Stippvisite erhalten, müssen davor erst noch die Aeroflot überstehen. Auf dem Flug von Niigata in Japan (einer Stadt, in die man nicht einmal von Tokio aus fliegen kann) in die ostsibirische Stadt Chabarowsk muß ich an einen Artikel in der *New York Times* denken, den ich am Tag vor der Abreise im September 1989 aus San Francisco gelesen hatte: »*Aeroflot will mit Extraleistungen Kapitalisten ködern.*« Die Extraleistungen auf meinem Flug bestehen aus dem gleichen gekochten Huhn und der gleichen süßen, lauwarmen Limonade, an die ich mich noch von Aeroflot-Flügen in den sechziger und siebziger Jahren erinnere; einer Toilette ohne Toilettenpapier und ohne Wasser zum Händewaschen; und einer Chance, Zeitzonen zu büffeln, da alle Flugpläne der Aeroflot in Moskauer Zeit angegeben sind – ein Erbe aus der zaristischen Epoche, als alle Fahrpläne auf St. Petersburger Zeit basierten. Aber wozu sollten sie sich auch den Kopf zerbrechen, wo doch jeder Flug völlig ausgebucht ist? In Sibirien zumindest besteht die einzige andere Möglichkeit, in das sieben Zeitzonen entfernte Moskau zu kommen, in einer einwöchigen Fahrt mit der Transsibirischen Eisenbahn. Allein die Strecke Chabarowsk–Wladiwostok beträgt 14 Stunden und war erst wenige Wochen vor meiner Ankunft wieder instand gesetzt worden, nachdem sie im August durch den Taifun Trudy unterbrochen worden war – eine Naturkatastrophe, die auch 60 Prozent der Landwirtschaft in Primorskij Krai zerstörte, dem südöstlichen Zipfel Sibiriens, in dem Wladiwostok liegt.

Wir warten und warten in einer langen Schlange vor der Internationalen Halle des Chabarowsker Flughafens gleich neben einem Beet mit roten Geranien, das eine goldfarbene Lenin-Statue umgibt. Es ist der Spätnachmittag des 8. September, und doch glaube ich, bereits die ersten Vorboten des Winters in der Luft zu spüren. An einem Oktobernachmittag vor elf Jahren ging ich, bei einem Besuch in Akademgorodok, der für Wissenschaftler errichteten Stadt bei Nowosibirsk in Westsibirien, einmal bei Sonnenschein und leichtem Herbstwind in einem Birkenwald spazieren, als ich plötzlich fröstelte und dann, 20 Minuten nachdem ich aufgebrochen war, weiße Flöckchen durch das leuchtend bunte Laub schweben sah. Als ich den Waldrand erreichte, war die Straße weiß und der diagonal fallende Schnee wurde mir vom Wind ins Gesicht geblasen. Ich hatte soeben den Übergang vom Herbst zum langen sibirischen Winter miterlebt.

Die Passagiere in der langsam vorrückenden Schlange sind eine gemischte Gesellschaft; am stärksten fällt eine etwa 30köpfige Gruppe älterer japanischer Touristen auf, die wie Bauern beim ersten Besuch in der Großstadt gekleidet sind und sich zusammendrängen wie Rinder bei Gewitter. Sie sehen ängstlich aus, obwohl sie sich in der Obhut eines übereifrigen, großmäuligen, fähnchenschwenkenden Touristendiktators befinden, der seine verschreckte Herde alle fünfzehn Minuten abzählt. Neben diversen sowjetischen Reisenden – mit ihren verräterischen Reihen blitzender Goldzähne – sind auch ein paar Amerikaner und Kanadier auszumachen. Sie gehören zu zwei Gruppen – Experten für Lachsfischerei und Geophysiker –, die zu Kongressen unterwegs sind, die zufällig am gleichen unwahrscheinlichen Ort stattfinden, nämlich in Juschna-Sachalinsk, der größten Stadt der Insel Sachalin. Obwohl ihr Reiseziel genau nördlich von Hokkaido liegt, auf der anderen Seite der La-Perouse-Straße und somit höchstens eine Flugstunde von Sapporo entfernt, führen alle Luftwege in den riesigen fernöstlichen Teil Sibiriens vom Ausland aus über Chabarowsk am Amur, nur wenige Kilometer von der mandschurischen Grenze. Endlich dürfen wir durch einen Gang in einen großen Raum schlurfen, der mit seiner hohen Stuckdecke, dem Kronleuchter und den hohen Fenstern aussieht wie ein Ballsaal. Ein Passagier nach dem anderen wird langsam durch die Paßkontrolle geschleust; vor dem Fenster kann ich mindestens 15 Aeroflot-Jets in Reih und Glied auf dem Vorfeld stehen sehen und erschauere (glücklicherweise stellt sich heraus, daß es sich um Inlandflüge handelt). Nachdem wir die Paßkontrolle hinter uns gebracht haben, warten wir eine halbe Stunde wie die Ölsardinen vor dem Zoll; inzwischen platze ich schier vor Wut, weil ich gleich auf der anderen Seite des Gangs den leeren Zollbereich sehe, wo das Warten eindeutig angenehmer gewesen wäre. Gerade als ich im Begriff bin, das ruhige Meer geriatrischer japanischer Touristen zu durchpflügen, um meinem Ärger bei dem grimmigen Aeroflot-Zerberus Luft zu machen, der uns den Weg versperrt, erbarmt er sich und entläßt uns in Sechsergrüppchen. Als ich mich der Sperre nähere, die der Mann bewacht, wird mir der Grund klar: In dem Gang, durch den wir vor einer halben Stunde geschlurft sind, ist unser Gepäck zu einem wilden Durcheinander aufgetürmt, das kaum Platz läßt, um darüberzusteigen, Koffer wegzuschieben oder sich an dem Haufen festzuhalten, so daß die weiblichen japanischen Passagiere es fast nicht schaffen. Der Zollbeamte, der einzige Mensch sowohl des fliegenden als auch des Bodenpersonals, der etwas Englisch spricht, fragt, ob ich etwas zu verzollen habe. »Nichts«, versichere ich ihm. »Video?« bohrt er weiter. »Nein, nur eine Kamera.« »Was ist mit dem goldenen Ring?« Er deutet auf den ziselierten Ehering, den ich am kleinen Finger trage, und ich beginne zu befürchten, daß seine Intuition ihn zu den Sterin-Proben führen wird, die ich für die russischen Wissenschaftler in Wladiwostok mitgebracht habe. Die Proben sind klein und sorgfältig in meinem Handgepäck verstaut, aber sie sind radioaktiv. Die Radioaktivität ist jedoch so gering, daß ich sämtliche Proben ohne weiteres hätte schlucken können, und ihre Verpackung wurde vom Strahlenschutzbeauftragten der Universität Stanford genehmigt. Aber wie sollte ich das irgendeinem Zollbeamten, geschweige denn einem russischen in Ostsibirien erklären? »Nichts«, murmele ich und blicke zur Seite.

Einige Sekunden später bin ich durch, und meine Hand wird von zwei Chemikern geschüttelt, die aus Wladiwostok hergeflogen sind, um mich zum Pazifikinstitut für Bioorganische Chemie zu begleiten. Wir nehmen das einzige Taxi, dessen Fahrer seinen fünfjährigen Sohn hüten muß. Während der jüngere meiner beiden Gastgeber das Kind auf dem Schoß hält, prescht der Vater auf der breiten, von Bäumen gesäumten Straße zum Chabarowsker Intourist Hotel am Ufer des schlammigen Amur. Der Speisesaal des relativ neuen zwölfstöckigen Baus ist fast voll besetzt, größtenteils mit russischen Hotelgästen. Ein bärbeißiger alter Mann hält etwaige nicht im Haus wohnende Gäste fern, die er mit schlafwandlerischer Sicherheit dank seiner durch Argwohn gespeisten Antenne entdeckt. Auf dem Podium tobt eine hiesige Rock-Band mit nach Oropax schreiender Lautstärke, was jedes Gespräch unmöglich macht. Die Tanzfläche ist ziemlich voll, in der Hauptsache Frauen, die alleine oder miteinander tanzen. Ich esse Borschtsch, Fisch, Schwarzbrot und Tomaten, trinke dazu ein Mineralwasser und schlafe dann sofort auf der klumpigen schmalen Matratze in meinem Zimmer ein.

Als ich am nächsten Morgen aufwache, glaube ich in San Francisco zu sein: Es ist ein klarer, sonniger Tag, und es weht eine leichte Brise. Bis zum Abflug der Nachmittagsmaschine nach Wladiwostok schlagen meine beiden Gastgeber eine Taxifahrt durch die Stadt vor. Vor dem Hotel stehen keine Taxis, und die wenigen, die von Zeit zu Zeit vorfahren, behaupten, reserviert zu sein. Es dauert fast eine Stunde, um telephonisch ein Taxi zu bestellen, dessen Fahrer, ein Kettenraucher, sich jedoch freut, einem Besucher aus Amerika als Fremdenführer zu dienen. Wie die Wilden rasen wir auf den breiten Straßen von einem Denkmal zum anderen. Wenn wir eines erreichen, tritt der Fahrer auf die quietschende Bremse und setzt zu einem historischen Vortrag an. Die Denkmäler selbst – zur Erinnerung an die sibirischen Partisanen während der Intervention der Japaner und Amerikaner auf seiten der Weißrussen Ende des Ersten Weltkriegs oder an die Gründung der Sowjetunion im Jahre 1922 — sind im üblichen sowjetischen Stil. Sie zeigen heroische Bauern, Soldaten, Arbeiter (immer mit der einen obligaten Frau), die allesamt mit dem Finger unerschrocken in die endlose sibirische Weite deuten. An den «Großen Vaterländischen Krieg», wie der Zweite Weltkrieg unweigerlich genannt wird, erinnern gleich zwei Monumente. Das weniger interessante ist den hiesigen Kriegshelden gewidmet, etwa dreißig insgesamt, deren Namen in großen Buchstaben auf einer Seite zweier weißer Obelisken stehen, die neben skulpturalen Nachbildungen von Kriegsgerät und Fahnen auch Sichel, Hammer und Stern aufweisen. Ein paar hundert Meter weiter erhebt sich eine mächtige geschwungene Mauer aus braunem Sandstein, vor der eine ewige Flamme brennt. Genau wie das Vietnam War Memorial in Washington verzeichnet es die Namen von abertausend Soldaten (aus der Region Chabarowsk), die im Großen Vaterländischen Krieg fielen. Die lange, lange Liste, mit militärischer Präzision in senkrechten Reihen angeordnet, und die brutale Monotonie identischer Namen — die kyrillischen Müllers und Meiers — ist sehr ergreifend. »Ein paar von unseren 20 Millionen«, murmelt einer meiner Begleiter.

Während wir, auf meinen Wunsch nach ein wenig unmotorisierter Fortbewegung hin, ins Stadtzentrum fahren, beeindrucke ich meine beiden Begleiter und insbesondere den Chauffeur (der nicht mehr auf den Verkehr achtet, sondern mich anstarrt, während wir die Straße hinuntersausen), als ich ihnen erzähle, daß Alexander Fjodorowitsch Kerenskij einmal im Stanforder Faculty Club am Tisch neben mir zu Mittag gegessen hat. Ihr Erstaunen, daß ich den Ministerpräsidenten des revolutionären Rußland mit eigenen Augen gesehen habe, macht nervöser Scheu Platz, als ich ihnen mitteile, daß der Enkel von Leon Trotzkij einmal als Chemiker in meinem Labor beschäftigt war.

Es ist Samstag, und bei den Menschen auf den Straßen handelt es sich meistens um Gruppen von Freunden und

Familien, die zum Amur und den örtlichen Parks unterwegs sind, oder aber um Leute, die Lebensmittel und andere notwendige Dinge einkaufen wollen. Von weitem sieht das Leben in Chabarowsk angenehm aus. Auf den von Bäumen gesäumten Straßen und den weiten, offenen Plätzen herrscht wenig Verkehr, und die meisten Wohnhäuser sind nur vier bis sechs Stockwerke hoch. Die Haupteinkaufsstraße gefällt mir wegen der zahlreichen restaurierten zweistöckigen Gebäude aus der Zeit vor der Revolution. Aber die Schlangen vor den staatlichen Lebensmittelgeschäften und selbst vor den kleinsten Ständen sagen alles über die Perestroika. Vor einem schönen Gebäude, das mit weißen und blauen Mosaikkacheln restauriert wurde, hat sich eine größtenteils aus Frauen bestehende Menge versammelt; auf einem Lastwagen, der auf dem breiten, mit Ziegelsteinen gepflasterten Bürgersteig parkt, lädt ein Fahrer Wassermelonen aus. Die wartenden Kunden helfen ihm; sie reichen die Melonen von Hand zu Hand vom Lastwagen bis in den Laden weiter. Der Angestellte dort beginnt erst dann mit dem Verkauf, wenn der Laster entladen ist, doch die Kunden sind nicht ungeduldig, da diese Melonen das einzige frische Obst sind, das in diesem Teil des Landes zu bekommen ist, abgesehen von den sporadischen Lieferungen grüner Weintrauben aus Usbekistan und den halb verrotteten Äpfeln, die man hie und da sieht. Die gleiche Szene werde ich auch in Wladiwostok und später in Moskau erleben, nur daß sie in der Hauptstadt gelegentlich in Sichtweite eines Devisenladens stattfindet, wo Ausländer zu unverschämten Preisen Luxus-Lebensmittel wie Kiwis aus Neuseeland oder Toblerone-Schokolade aus der Schweiz kaufen können (Russen mit Dollars werden häufig durch den simplen Trick ferngehalten, daß man auf Kreditkarten besteht, die den Bewohnern der Stadt nicht zur Verfügung stehen). Ein sibirischer Kommentar erscheint mir sehr zutreffend: »Moskau ist der Kopf und wir sind der Schwanz; jetzt wissen Sie, was für uns hier übrig bleibt.«

Wir brechen früh zum Flughafen auf, wo wir uns auf ein Chaos gefaßt machen, jedoch unverzüglich in das fast leere internationale Gebäude bugsiert werden, wo nur ein paar

Nordkoreaner auf einen verspäteten Flug nach Pjöngjang warten. Ich vertreibe mir die Zeit mit der Lektüre der neuesten Nummer der englischsprachigen Ausgabe des Wochenblattes *Moscow News* – einem außergewöhnlichen Produkt der Glasnost, das jedes innenpolitische Problem mit atemberaubender Offenheit enthüllt. Im Vergleich dazu und zu anderen jüngsten Publikationen der Nach-Glasnost-Ära wirkt die «Voice of America» so verwässert, wie viele Russen klagen, daß nur die unvollkommene Berichterstattung der offiziellen sowjetischen Presse über Nachrichten aus dem Ausland die inzwischen nicht mehr gestörten amerikanischen Rundfunksendungen hörenswert macht. Endlich besteigen wir einen leeren Bus, der uns zu einer kleinen Düsenmaschine vom Typ Jakowlew 40 bringt, die 32 Passagiere faßt. Ich entdecke große abgefahrene Stellen an den Flugzeugreifen und frage mich, ob sie wohl bis zum Ende der Startbahn halten werden. Wir schleppen unser Gepäck die schmale Treppe hinauf und müssen oben feststellen, daß das Flugzeug voll ist und daß der nur durch Segeltuchgurte von den Passagieren getrennte Gepäckraum total vollgestopft ist. Die stämmige Stewardeß bedeutet mir, daß das kein Problem ist; sie bringt mich und unser Gepäck neben dem Notausgang unter, so daß er völlig blockiert ist. Der Passagier, der auf der anderen Seite des Ganges in der ersten Reihe sitzt, hat einen Stapel Säcke dabei, auf dem sich Pappkartons türmen; damit das Ganze nicht umfällt, hat er die Beine daraufgelegt. Der Pilot, der durch den schmalen Gang zum Cockpit geht, bleibt stehen und besieht sich den blockierten Notausgang, streckt aber nur die Hand aus, um den Hebel nach unten zu drücken, der nicht richtig geschlossen war, und beantwortet mein nervöses *»Spassibo«* mit nach oben gerecktem Daumen. Fast unmittelbar nach dem Anlassen der Triebwerke, und ohne Warmlaufen oder Rollen, donnern wir schon über die Startbahn. Ich vermute, daß der Pilot sich ebenfalls Sorgen wegen der Reifen macht und sich in der Luft sicherer fühlt.

Wir fliegen eine scharfe Kurve über der Stadt und überqueren dann den Amur, vorbei am Industriegebiet auf dem linken Ufer und an einer Ansammlung nichtssagender Betonhochhäuser, zwischen denen braune Mikro-Oasen aus frisch gerodeter Erde liegen. Ich wundere mich über diese Abscheulichkeiten ganz in der Nähe der hübschen Wohnhäuser in der Stadtmitte von Chabarowsk, werde jedoch bald verstehen, daß das größte Einzelbedürfnis der Menschen in Rußland ein eigenes Zimmer ist – irgendeine Unterkunft, die ein Minimum an Privatsphäre bietet. Wichtig ist allein das Bautempo. Zukünftige Bewohner werden oft aufgefordert, beim Bau mitzuhelfen; mehr als ein hochqualifizierter Wissenschaftler sieht sich wochenlang Balken schleppen oder Backsteinwände mauern.

II.

Eine Minute später ist auch die letzte menschliche Behausung außer Sicht, und wir überqueren die einzelne leere Fernstraße, die aus der Stadt führt und geradewegs in der Ferne verschwindet. Zu dieser Jahreszeit ist die sibirische Taiga ein grüner Teppich, den die ersten bunten Tupfer des Herbstlaubs zieren. Mein sowjetischer Gastgeber Valentin Stonik – ein in Wladiwostok geborener, aufgewachsener und ausgebildeter Chemiker – ist ein stolzer Führer. Sein Englisch, das einen köstlichen Akzent hat (»Hotel« heißt bei ihm »Chotel«) und voller Förmlichkeiten ist, reicht aus, um meine Neugier zu befriedigen. Ich entdecke, daß Wladiwostok *nicht* nach irgendeinem tapferen oder edlen Wladimir genannt ist, sondern »den Osten besitzen« heißt. Geographie hat mich schon seit meiner Kindheit fasziniert, als ich zum erstenmal hörte, daß Wladiwostok auf dem gleichen Breitengrad wie Rom liegt, doch die faktisch leeren Landkarten des fernöstlichen Sibiriens geben mir nur die Bergkette des Sichote-Alin, die knapp tausend Kilometer parallel zur Küste verläuft, als Orientierungshilfe. Nun bilden diese Berge die ferne Kulisse, während wir parallel zu ihnen den Anflug auf Artjom beginnen, eine kleine Stadt eine Autostunde nördlich von Wladiwostok, dem sie als Flughafen dient. Die wogenden grünen Rundungen gigantischer Brüste, Bäuche und Gesäße unter uns – dichtbewaldete und durch Täler und Schluchten getrennte Ausläufer – erinnern mich sofort auf seltsame Weise an mein Zuhause auf der Westseite der Santa-Cruz-Berge südlich von San Francisco, nur daß ich auch nicht die kleinste freie Fläche oder Wiese sehen kann; alles ist mit Bäumen und Büschen bedeckt. Plötzlich taucht vor uns das Meer auf und dann die Amurski-Bucht auf der Westseite der Halbinsel Wladiwostok. Nach dem Aufsetzen rasen wir an einem Schwarm grauer, dickbäuchiger Turboprop-Transportflugzeuge des Militärs und vereinzelten schnittigen Düsenjägern vorbei, die durch grasbedeckte Hügel gleichzeitig geschützt und getarnt sind.

Als wir unser Gepäck zu dem wartenden Bus schleppen, fährt ein weißer Wolga vor, und mein ranghöchster Gastgeber, Georgi Eljakow, der Leiter des Pazifikinstituts für Bioorganische Chemie der Sowjetischen Akademie, springt mit der Videokamera in der Hand heraus. Noch bevor ich ihn begrüßen kann, werde ich schon gefilmt. Als aufmerksame und gastfreundliche Geste – und nicht zum Zwecke der Überwachung – werde ich während der ganzen Woche vom Berufsphotographen des Instituts verfolgt werden und zum Abschluß eine komplette Photo- und Videodokumentation meines Aufenthalts geschenkt bekommen.

Der Himmel ist blau und das Wetter hemdsärmelig. Auf der Fahrt nach Wladiwostok staune ich über die vielen Privatfahrzeuge. Ich erfahre, daß viele der Autos, vor allem Ladas (einem in der Sowjetunion gebauten Fiat), Wochenendausflügler auf ihre Datschas auf dem Lande bringen. Mit meiner voll ausgefahrenen Touristenantenne entdecke ich, daß viele Autos trotz des Sonnenscheins mit Scheibenwischern protzen. Als ich das letzte Mal in Moskau war, bewahrte jeder Autobesitzer seine kostbaren Scheibenwischer im Handschuhfach auf und montierte sie nur, wenn die ersten Regentropfen auf die Windschutzscheibe fielen. Ich frage mich: Hat die Perestroika plötzlich genug Scheibenwischer hervorgebracht, um Rußlands notorische Scheibenwischer-Kleptomanie zu einem Anachronismus zu machen? Als ich zehn Tage später in Moskau die übliche bis zum letzten Moment hinausgeschobene Scheibenwischer-Montage erlebe, schreibe ich meine Beobachtung in Wladiwostok einer fernöstlichen Verirrung zu.

Die dichte Vegetation rechts und links der Straße gestattet nur gelegentliche Ausblicke; mir fallen die vielen kleinen Datschas auf, jede umgeben von üppig wuchernden winzigen Gartenparzellen, in denen ich Mais, Sonnenblumen und Erbsen erkenne. Auf der Straße sind viele Verkehrspolizisten, die dort, wo die vorgeschriebene Geschwindigkeitsbegrenzung von 90 auf 60 Kilometer in der Stunde sinkt, rundum Strafzettel verteilen und die fälligen 10 Rubel an Ort und Stelle kassieren. (Als später in Moskau eine Freundin von einem Milizsoldaten angehalten wird, weil sie angeblich bei Rot über eine Kreuzung gefahren ist, wird ihr Angebot, einen geringeren Betrag ohne Quittung zu bezahlen, sofort und ohne mit der Wimper zu zucken angenommen.) Unser Chauffeur kümmert sich nicht darum und fährt viel schneller als erlaubt; er hat die Herausforderung seines Chefs angenommen, den knappen Zeitplan dieses Nachmittags einzuhalten. Bei der Ankunft auf dem Flughafen wurde mir nämlich mitgeteilt, daß ich die Erlaubnis habe, mit dem Tragflügelboot zur meeresbiologischen Forschungsstation der Sowjetischen Akademie bei Sarubina im Peter-des-Großen-Golf zu fahren, die in den letzten 15 Jahren nur drei Ausländer zu sehen bekommen haben, da sie in einem neuralgischen Gebiet liegt, wo China, Nordkorea und die UdSSR aneinandergrenzen. Das Tragflügelboot soll um 18.30 Uhr ablegen, und da es bereits nach vier ist, bleibt nicht mehr viel Zeit, um mich in meinem »Chotel« abzusetzen. Aber vorher müssen wir noch im Büro des Institutsleiters Tee trinken.

Ein russischer Tee kann eine extravagante Mahlzeit sein. Obwohl es Samstag nachmittag ist, bietet die strahlende Sekretärin mit dem passenden Namen Ljubow (»Liebe«) Tee und Pulverkaffee an, in schmale Streifen geschnittenes Brot, das mit rotem Kaviar, Salami, Räucherlachs oder Wurst belegt ist, sowie Cremetörtchen und in Silberfolie gewickelte russische Bonbons – genug für ein Dutzend Gäste. Wir sind nur zu dritt, und obwohl wir wenig Zeit haben, halte ich mich an meine auf Reisen übliche Vorsichtsmaßnahme, zu essen, wenn man mir etwas vorsetzt (und auf die Toilette zu gehen, wenn eine auftaucht). Bevor wir gehen, wird mir eine hiesige

Spezialität kredenzt: ein dunkelbrauner Balsamlikör, 45prozentig, hergestellt aus 17 Kräutern dieser Gegend, einschließlich Ginseng, der garantiert jedes erdenkliche Leiden kuriert – außer Schlafmangel, woran ich derzeit leide.

Als wir durch die »Straße des 100. Geburtstags von Wladiwostok« fahren (die später zur Nekrassow-Straße wird – nach einem Dichter aus dem 19. Jahrhundert), werde ich abermals auf seltsame Weise an San Francisco erinnert: erst durch das Wetter und nun durch die Lage der Stadt. Ich rufe mir ins Gedächtnis, daß topographische Ähnlichkeit allein, so auffallend sie auch sein mag, noch lange kein Spiegelbild ergibt. Trotzdem bin ich immer wieder überrascht, weil ich mir ein so völlig anderes Bild von Wladiwostok gemacht hatte. Die bescheiden dimensionierten Häuser in diesem Teil der Stadt, die im Gegensatz zu den riesigen, unpersönlichen Wohnblocks in Moskau nicht mehr als acht bis 12 Stockwerke haben, scheinen nicht auf einen Plan zurückzugehen, der in einem zentralen Bauamt ausgearbeitet wurde – besonders in Anbetracht der an San Francisco gemahnenden Topographie. Während unser Wagen steile Hügel hinauf- und hinunterfährt, denen nur die Gleise der Cable Cars fehlen, bieten sich uns Ausblicke auf das Meer und die jenseits der Bucht gelegenen grünen Berge. Leuchtend grün ist auch das architektonische Paradestück, die zierliche, aus der Zeit vor der Revolution stammende Endstation der Transsibirischen Eisenbahn. Ich erfahre, daß sich die Bevölkerung von Wladiwostok in den letzten drei Jahrzehnten – seit Nikita Chruschtschows Rückkehr von seinem Besuch in San Francisco im Jahre 1959 – mehr als verdreifacht hat und demographisch auf Haaresbreite an San Franciscos derzeit 700 000 Einwohner herangerückt ist. »Dies wird das San Francisco von Sibirien werden«, soll Chuschtschow bei seinem nächsten Besuch im fernöstlichen Sibirien geprahlt haben. Selbst die gemeißelten Gesichtszüge Lenins auf dem Platz vor dem Bahnhof, auf den er zeigt, scheinen zu sagen: »Nicht schlecht.«

Da ich bei früheren Reisen nach Rußland nicht viel photographieren durfte und diese Hafenstadt Sperrgebiet ist, habe ich nicht viele Filme mitgebracht. Das beginne ich zu bedauern, als der Fahrer auf der Kuppe eines der höchsten Hügel anhält. Unter mir liegt der Haupthafen, »Goldenes Horn« genannt, den man, wie Istanbul, von See her durch einen »Östlichen Bosporus« erreicht – wie die Hafeneinfahrt zwischen der Russki- und der Popow-Insel heißt. Das Wasser ist tief – fast 60 Meter, wie ich höre –, aber furchtbar verschmutzt. Zwanzig Kilometer weiter weg ist derzeit eine zentrale Kläranlage im Bau, doch inzwischen geht die Verschmutzung weiter, so daß im Goldenen Horn nur noch wenige Fische leben. Die Zahl der Schiffe – vor Anker, in Docks und auf dem offenen Meer – ist ebenso überwältigend wie ihre Vielförmigkeit: Fähren, Frachter, Passagierdampfer, Schlepper, dazwischen dunkelgraue Zerstörer, U-Boote, ein Flugzeugträger und diverse Schiffe der Marine, deren genaue Bezeichnung mir entfallen ist. Wann wird aus einer Fregatte ein Zerstörer? Aus einem Zerstörer ein Kreuzer? »Kann ich ein Photo machen?« frage ich beiläufig, während ich auf das Panorama deute und vorgebe, die verräterischen grauen Schiffe nicht zu sehen. Schließlich hatte ich nur mein Normalobjektiv, und wir standen hoch oben auf einem Hügel; Aufklärungssatelliten haben diese Szene bestimmt schon oft photographiert. »Nur zu«, erwidert mein Gastgeber, »alles, was Sie wollen.« »Alles?« wiederhole ich und laufe zurück zum Wagen, um mein Teleobjektiv zu holen. Und so wird auf jedem Photo des Hafens sowie der Popow- und der Russki-Insel jenseits des Goldenen Horns auch der graue Stolz der sowjetischen Flotte zu sehen sein. Würden wir das einem russischen Besucher auch in San Diego oder Norfolk erlauben? Das frage ich mich, während ich (noch immer mit einer gewissen Nervosität) bemerke, daß ich mit der Videokamera gefilmt werde, während ich den Hafen photographiere.

Das Hotel Wladiwostok in der Nabereschnaja-Straße nahe dem Wasser ist ein recht hohes Gebäude mit einem phantastischen Blick auf das Meer und die fernen Berge. Ich fange an zu glauben, daß es hier einen Kommissar geben muß, der den Auftrag hat, die Besucher zu beeindrucken, und der den Pulk von Segelbooten in Bewegung setzt, die plötzlich am Hotel vorbeiziehen, während ich hinausschaue. Es ist sechs Uhr, und die Zeit drängt. Ich habe genau 15 Minuten, um mich einzutragen und mein Gepäck auf das Zimmer zu bringen, bevor wir zum Tragflügelboot aufbrechen müssen. Obwohl kein weiterer Gast an der Anmeldung steht, dauert es zehn Minuten, um die Formalitäten zu erledigen – sogar mit Hilfe eines 28jährigen, noch pickeligen jungen Mannes, der mir gerade als mein persönlicher Dolmetscher für den Rest meines Aufenthaltes in Sibirien vorgestellt wurde. Der Händedruck von Eduard ist feucht, seine Miene überängstlich, sein Verhalten kriecherisch und aufdringlich zugleich. (Erst gegen Ende meiner Reise gesteht er mir, daß ich erst der zweite Ausländer bin, dem er je begegnet ist.) Als ich endlich in den siebten Stock hetzen darf, stehe ich dort vor einer weiteren bürokratischen Hürde: der Schlüsselwächterin der Etage, die sich Zeit läßt, mir den Schlüssel zu meiner Zwei-Zimmer-Suite auszuhändigen. Ich habe gerade noch Zeit, Badehose, Toilettenartikel, Vortragsnotizen und Dias sowie Wäsche zum Wechseln in meinen Rucksack zu stopfen, bevor mein nervöser Dolmetscher an die Tür klopft und wir, mit dem Rennfahrer am Steuer des Wolga, zum Pier des Tragflügelbootes vor dem Denkmal für die Gefallenen des Zweiten Weltkrieges unterwegs sind – einem gehobenen U-Boot aus dem Jahre 1940, das man besichtigen kann. Hier treffe ich auf eine fröhliche Gruppe sowjetischer Wissenschaftler des hiesigen Instituts für Meeresbiologie, die mich zur meeresbiologischen Forschungsstation in der Troizki-Bucht begleiten. Auf der Planke wird es einen Moment lang mulmig, als sich der uniformierte Grenzbeamte mit einem amerikanischen Paß konfrontiert sieht, noch dazu einem, an den das Paßamt in San Francisco 20 weitere Seiten anheften mußte, die nun in Ziehharmonika-Manier herausfallen. Da er vielleicht denkt, daß nur ganz wichtige Persönlichkeiten einen solchen Paß besitzen, winkt er mich durch.

III.

Im Spätsommer wird es in Sibirien erst um neun Uhr dunkel, und die untergehende Sonne wirft ihr weiches Licht auf die scheinbar verpflanzte kalifornische Küste, die ich durch den Sprühnebel auf den Fenstern an Steuerbord sehe. Am Ufer sind nur wenige Bauwerke auszumachen, in der Hauptsache Funktürme, Navigationslichter und gelegentlich Gebäude, die auf den Russisch-Japanischen Krieg zurückgehen. Gegen halb neun, als die Sonne gerade untergeht, kommen wir in Sarubina an, einer kleinen Stadt, die von einer Fischverarbeitungsfabrik beherrscht wird. Zusammen mit Eljakow und einigen ranghöheren Wissenschaftlern springe ich für die 30minütige Überfahrt zur Troizki-Bucht in eine finnische Version eines Bostoner Walfängers. Der Rest der Gruppe muß die wesentlich längere Strecke auf der fürchterlichen Küstenstraße in einem klapprigen Bus zurücklegen. Die Troizki-Bucht ist eine von mehreren geschützten Buchten innerhalb des ausgedehnten Peter-des-Großen-Golfs und Standort einer wichtigen meeresbiologischen Forschungsstation, die der Sowjetischen Akademie der Wissenschaften gehört. Das Wasser ist klar, ganz anders als im Hafen von Wladiwostok, und somit zur Entnahme von Proben von Meerestieren geeignet. Die Station wurde im Peter-des-Großen-Golf eingerichtet, weil das Meer hier – wo die warme Strömung aus Korea auf die kalten Meeresströmungen aus dem Norden trifft und das Wasser einen normalen Salzgehalt hat, im Gegensatz zu einer anderen Stelle, wo die Sowjets meeresbiologische Studien betreiben, nämlich dem wenig salzhaltigen Schwarzen Meer – die größte Anzahl unterschiedlicher biologischer Spezies aller sowjetischer Gewässer aufzuweisen hat. Eine ausgefahrene unbefestigte Straße führt über einen Hügel in das Hinterland, wo hier und da kleine Landhäuschen stehen, die jeweils vom Stab eines bestimmten Labors der beiden Akademie-Institute gebaut wurden, die die Einrichtungen der Forschungsstation nutzen (das Institut für Meeresbiologie und das für Bioorganische Chemie). Die Anlage wirkt wie eine mitteleuropäische Sommerfrische aus den dreißiger Jahren. Durch die offenen Fenster sehe ich Matratzen auf dem Boden und sehr wenig Mobiliar. Wäsche flattert im Wind; in einer Grube brennt ein kleines Feuer, über dem Essen zubereitet wird; ein Mann hockt vor einer Waschschüssel und rasiert sich mit einem altmodischen Rasiermesser, mit dem er uns zuwinkt, als er uns vorbeigehen sieht.

Inzwischen ist es fast dunkel. Kaum habe ich meinen Rucksack im Schlafzimmer abgestellt, als zwei junge Frauen mit zugedeckten Schüsseln auf Zehenspitzen das Gästehaus betreten. Sie scheinen Ende Zwanzig zu sein; beide sind größer als ich, hübsch, haben einen wunderbaren Teint und sind sehr schüchtern. Jedesmal, wenn ich eine auf englisch anspreche, kichert sie und wendet sich hilfesuchend an ihre Begleiterin. Später erfahre ich, daß Irina und Alla promovierte Chemikerinnen Mitte Dreißig sind (ich hatte sie ein halbes Dutzend Jahre jünger geschätzt) und, was unter sowjetischen Wissenschaftlern häufig der Fall ist, mit ehemaligen Klassenkameraden verheiratet sind. Jede ist die Mutter eines 14jährigen Mädchens. In typisch männlicher »Ihr-könnt-euch-glücklich-schätzen«-Manier waren sie damit beauftragt worden, mich und die ranghöheren Wissenschaftler, die die Mahlzeiten mit mir einnehmen, zu verköstigen. Während Irina und Alla in der Küche beschäftigt sind, die so klein ist, daß der größte Teil der Essenszubereitung irgendwo anders stattfinden muß, macht Eljakow mit mir einen Rundgang durch das Haus. Ich bin gerührt von der Gastfreundlichkeit und Großzügigkeit meines Gastgebers (ich brauche doch wohl kein ganzes Haus für mich allein).

Obwohl ich mich meiner kritischen Taxierung häuslicher Details schäme, stelle ich fest, daß der größte Reiz des Hauses in seiner Mischung aus dilettantischer Blockhütte und pompösem Bürgerhaus liegt. Die kleine Eingangshalle führt in den zentralen Bereitstellungsraum: ein großes Eß- und Empfangszimmer, durch das man in den übrigen Teil des Hauses gelangt. Das glänzende neue Büfett und der Geschirrschrank sind schwer und dunkel und im typischen mitteleuropäischen Stil der fünfziger Jahre. Desgleichen der Eßtisch, der so gar nicht mit den eher in eine Frühstücksecke passenden Stühlen harmoniert. Während dieser Raum hell und luftig ist – die vielen Fenster und der Balkon des Eßzimmers bieten Aussicht auf die umstehenden Bäume und das Meer drunten –, ist das angrenzende Wohnzimmer dunkel, da es kein einziges Außenfenster besitzt. Die schweren Polstermöbel sind um einen primitiven gemauerten Kamin gruppiert; in den wenigen Lampen sind nur 20-Watt-Birnen, was zum Lesen nicht ausreicht. (Am Abend darauf lerne ich diesen Raum jedoch schätzen: Er eignet sich vorzüglich, um im Halbdunkel dem umfangreichen Repertoire von Ljubow zu lauschen, die genauso hervorragend singt wie sie kocht. Die Lieder und der ganze Rahmen würden perfekt zu einem Stück von Tschechow passen.) Im Schlafzimmer gibt es keinen Spiegel, doch dieses Problem löse ich später dadurch, daß ich mich in der auf Hochglanz polierten Schleiflackfläche des Kleiderschrankes betrachte. Die Wände sind mit einer Blümchentapete beklebt und wurden offenbar vor dem Verlegen der elektrischen Leitungen tapeziert. Die Lampen am Bett weisen zur Decke statt hinunter auf das Bett und sind so weit oben angebracht, als sollten sie unbedingt davon abschrecken, in dem schmalen, harten Doppelbett zu lesen.

Als ich mich verstohlen nach einer weiteren Tür umsehe, führt mich mein Gastgeber zu einer großen Öffnung in einer Ecke des Zimmers. Er klettert eine steile Hühnerleiter ohne Handlauf hinunter. Wegen meines versteiften linken Knies kann ich ihm nur mühsam und mit größter Vorsicht folgen, wobei ich mir ins Gedächtnis rufe, daß dies nun einmal keine Vorortvilla in Palo Alto, Kalifornien, ist, sondern ein schlichtes Landhaus im fernöstlichen Sibirien. Im Keller kommen wir an der Sauna vorbei, deren rohe Kiefertür der Institutsleiter nun öffnet, um mir die aus noch roherer spreißeliger Kiefer angefertigten Bänke zu zeigen. Damit die Tür geschlossen bleibt, muß man einen Lappen zwischen Rahmen und Klinke stopfen. Unbewußt mokiere ich mich über diese schlampige, hastige Konstruktion und vergleiche sie im Geiste mit der ausgezeichneten Passung der vorgefertigten glatten Profilbretter der skandinavischen Sauna, die in meinem Ranch-Haus daheim in Kalifornien eingebaut wurde. Eine Mikrosekunde später schäme ich mich meiner Überheblichkeit und Taktlosigkeit, doch mein introspektives *mea culpa* verflüchtigt sich, als mir die beiden angrenzenden Kabäuschen gezeigt werden, in denen das Wasserklosett und die

Duschkabine untergebracht sind und deren Türen eindeutig vom gleichen Schreinerlehrling angefertigt wurden. Für die übrigen Installationen muß ebenfalls ein blutiger Anfänger verantwortlich gewesen sein: Die Klempnerarbeiten wurden offenkundig zuletzt ausgeführt, da die Rohre vor statt hinter den Kacheln verlaufen, in die überall dort, wo ein Rohr oder eine Armatur die Wand oder den Fußboden durchstößt, ein Loch geschlagen wurde. Außerdem sind die Lichtschalter für Toilette und Dusche vertauscht, desgleichen die Schildchen an den Wasserhähnen. Obwohl ich auf handwerklichem Gebiet zwei linke Hände habe, kritisiere ich nun geradezu zwanghaft die Arbeit eines anderen.

Beim Frühstück widerstrebt es mir, mich über die eiskalte Dusche zu beklagen, nach der ich mich erst einmal in der Sauna aufwärmen mußte. Aber dann erwähne ich es doch, woraufhin der Verwalter der Anlage von meinem bestürzten Gastgeber herbeizitiert wird, um das Geheimnis des Warmwasserboilers mit all seinen Ventilen und seinem mysteriösen Gegurgel zu lüften. Einige sachkundige Drehungen an den Ventilen (die ich, auf der Suche nach Wärme, in der falschen Reihenfolge aufgedreht hatte) bringen kochend heißes Wasser hervor. Das Waschbecken ist außen, neben dem Warmwasserboiler, und so an der Wand befestigt, daß sich auch nicht das kleinste Stück Seife ablegen läßt. Ich komme zu dem Schluß, daß auf diese Weise der chronische Seifenmangel in der Sowjetunion verschleiert werden soll. Auf diesen Sachverhalt hatte ich mich ebenso eingerichtet wie auf den Mangel an Toilettenpapier. Ich bin jedoch gerührt, als ich auf dem Klosettbecken einen Teller vorfinde, der zu Dreiecken gefaltete Papierservietten enthält, die ich prompt während meines Aufenthalts benutze, statt meinen Vorrat an »hautfreundlichem« CHARMIN-Toilettenpapier anzugreifen, den ich aus Kalifornien mitgebracht habe.

Das Essen am Abend ist ungemein üppig. Unter anderem gibt es Hummerschwänze, fette Wurst, pochierten Lachs, Seegurken à la Stroganoff, Calamari, einen leckeren Salat aus einem Farn dieser Gegend, Rotkohl, einen Knoblauchsalat, Tomaten, Gurken, dunkles und helles Brot und Wassermelonen. Zu Hause hatte ich zwei Monate lang eine Stouffer-Diät gemacht, um fünf hartnäckige Pfunde loszuwerden. Nun ertappe ich mich dabei, daß ich das mühsam verlorene Gewicht ausgerechnet in Sibirien bei einer einzigen Mahlzeit wieder ansetze. Ich stehe auf und nehme ein paar Teller in die Hand, um sie in die Küche zu tragen, was das promovierte Küchenpersonal herbeistürzen läßt und bei den Männern am Tisch Konsternation hervorruft. Aber ich bestehe darauf, und so packen alle ungeschickt mit an. Der Tisch ist schnell abgeräumt, aber die Küche sieht aus wie ein Schlachtfeld, weil die schuldbewußten männlichen Gäste Teller auf Tassen und Schüsseln auf Gläser stapeln. Natürlich gibt es weder einen Geschirrspüler noch einen Müllschlucker. Die Spüle ist winzig, und es gibt keines der arbeitssparenden Geräte, die für uns eine Selbstverständlichkeit sind, nicht einmal einen Geschirrständer. Angesichts dieser Gegebenheiten füge ich mich den Bitten der Frauen und ziehe mich zurück. Mit verblüffender Geschwindigkeit schaffen sie es, die Essensreste ohne Frischhaltefolie oder Plastikbeutel in dem kleinen Kühlschrank zu verstauen; den Abfall in einem überquellenden Eimer zu sammeln; und das ganze Geschirr zu spülen, und zwar nur mit einer einzigen Schüssel voll Seifenlauge (die auf dem Herd erhitzt wurde, da es in der Küche kein fließendes heißes Wasser gibt) und ein paar Lappen. Als ich von meinem vorsichtigen Abstieg zu dem im Keller gelegenen Klosett und Waschbecken zurückkomme, sind sie mit allem fertig und abmarschbereit. Endlich bin ich in meinem Haus an der Troizki-Bucht allein, und trotz des Piperonalgeruchs des langsam brennenden japanischen Moskitoabwehrmittels (»Mondtiger« in Ägypten), für das mein aufmerksamer Gastgeber gesorgt hat, da die Fenster keine Fliegenfenster haben, schlafe ich auf der Stelle ein.

IV.

Am nächsten Morgen erfahre ich, was man in diesem Gästehaus unter »Frühstück« versteht. Das Mahl, geschickt aus den

Resten des Abendessens vom Vortag komponiert, nämlich aus Wurst, Hummer, Lachs, Tomaten und Brot, und durch köstliche russische Ravioli ergänzt, ist so verlockend, daß ich fröhlichen Herzens jede Diät vergesse. Danach watschele ich auf der unbefestigten Straße den kleinen Hügel hinunter zum Laborgebäude, einem abbröckelnden Stuckbau, in dem früher Marineoffiziere untergebracht waren. Die Straße ist schlammig, da es letzte Nacht geregnet hat, und so streife ich meine Schuhe an der organischen Türmatte vor dem Haupteingang ab: frischgeschnittenen Zweigen eines Baumes mit aromatischen Blättern, denen ein angenehmer Duft entströmt, als ich damit meine Schuhe putze. Das Labor ist altmodisch, aber brauchbar, und die Schildchen an den größtenteils veralteten Geräten deuten auf ihre unterschiedliche Herkunft hin: Polen, Ostdeutschland, Japan und Rußland. Die Mitarbeiter sind fleißig, und die Moral scheint hervorragend zu sein. Die ländliche Umgebung und das Meer sind einer effektiven Forschungsarbeit offenbar sehr förderlich. Nachdem ich allen die Hand geschüttelt habe, gestehe ich, daß ich mich an keinen einzigen Namen erinnern werde, doch man versichert mir, daß ich entsprechend beschriftete Abzüge aller Photos bekommen werde, die aufgenommen werden.

Wir gehen in einen langen und schmalen Seminarraum, der auf der einen Seite Wandtafeln aufweist und auf der anderen Poster für die offiziellen Präsentationen. Heute vormittag sollen meine russischen Kollegen über ihre Arbeit sprechen. Sie konzentrieren sich auf zwei Gebiete, für die das Institut für Bioorganische Chemie in Wladiwostok zu Recht bekannt ist und die sich mit meiner eigenen derzeitigen Forschungsarbeit überlappen: die chemische Zusammensetzung von Seegurken-Toxinen und von Sterinen von Meeresschwämmen. In den folgenden Stunden geben mir die Wladiwostoker Wissenschaftler einen Überblick über ihre Untersuchungen, nach dem es zu einer lebhaften Diskussion kommt. Zwei Teilnehmer liefern die Simultanübersetzung, die sie mir ins Ohr flüstern, aber in Anbetracht der großzügigen Verwendung von chemischen Strukturzeichnungen und tabellarischen Daten brauche ich relativ wenig Hilfe. Ich beneide sie, weil sie ihre Schwämme in Gegenden sammeln können, die für uns nicht zugänglich sind, beispielsweise im Ochotskischen Meer oder in Gewässern vor den Küsten Vietnams und Kubas. Ich stelle fest, daß ich mich mit mehreren der kein Englisch sprechenden Wissenschaftler auf spanisch verständigen kann, da so viele von ihnen einige Zeit in Kuba verbracht haben.

Im Laufe des Vormittags trifft eine unerwartete Nachricht ein: Die Grenzbeamten in Sarubina haben einem Boot der Akademie die Erlaubnis erteilt, am Nachmittag zu der nahe der Grenze zu Nordkorea gelegenen Insel Furugelm zu fahren. Die abgesehen von Ausnahmefällen für Besucher gesperrte Insel ist ein Vogel- und Naturschutzgebiet; vierzig Leute der Meeresbiologischen Forschungsstation schließen sich uns an, da nur wenige von ihnen schon einmal auf Furugelm waren. Auf der Fahrt nach Süden halten wir uns viel dichter ans Ufer als das Tragflügelboot; wieder staune ich über die Schönheit der Natur und die Ähnlichkeit, die diese Küstenlandschaft mit Nordkalifornien hat. Nur die Redwoods fehlen. Fünfzehn Mitglieder unserer Gruppe dürfen in einem kleinen Motorboot an Land gehen, und ich schließe mich ihnen in der Badehose an – was pflichtgemäß mit Video- und Photokamera festgehalten wird. Das Wasser ist sehr klar, aber kühl; als mir einer der Männer Schnorchel und Taucherbrille leiht, erkunde ich die Unterwasserwelt in ziemlich flottem Tempo, um warm zu bleiben. Da die Meeesfauna sich nicht von der in der Troizki-Bucht unterscheidet, beschließe ich, meine Erkundungen an Land fortzusetzen. Nahe am Wasser sind zwei Zelte aufgebaut: Das eine dient zwei Ökologen als primitives Labor, das andere als ihre persönliche Unterkunft. Am Hang eines Hügels mache ich die Überreste von Geschützstellungen und die dachlose Ruine einer Kaserne aus. Ansonsten scheint Furugelm unbewohnt zu sein; heute sind sogar die Vögel abwesend.

Nach einem Frühstück aus Ravioli, Rotkohl mit saurer Sahne, Käse, Zwiebeln und Brot halte ich meinen Vortrag über die chemische Zusammensetzung und Biosynthese der Phospholipide von Schwämmen. Er dauert über zwei Stunden, weil Victor Waskowski vom Meeresbiologischen Institut, der selbst Fachmann für Phospholipide ist, jeweils nach ein paar Sätzen übersetzt. Anschließend führt er mich in sein Labor und zeigt mir seine derzeitige Arbeit: Er sammelt Pilze aus der ganzen Region und benutzt ihre ungewöhnlichen Phospholipide für taxonomische Zwecke. Als wir uns in seinem Labor in Wladiwostok wiedersehen, schenkt er mir einen Stapel seiner mit einer persönlichen Widmung versehenen Sonderdrucke (alle in Englisch) und bittet mich dann, einen Artikel zu signieren. Ich bin sprachlos, als ich in seinen Händen eine Ausgabe neueren Datums der *Current Contents* (herausgegeben vom Institute for Scientific Information in Philadelphia) sehe, in der eine in einer literarischen Zeitschrift erschienene Geschichte von mir, mit dem Titel »Die Suche nach Alfred E. Neuman«, nachgedruckt ist. Ich kann mir kaum vorstellen, daß die Bezugnahme auf die Zeitschrift *MAD* hier in Sibirien einen Sinn ergab.

Einer der Biologen lädt mich ein, mit ihm in der benachbarten Idol-Bucht schnorcheln zu gehen. Ich bin etwas erstaunt über die relativ geringe Vielfalt der dort lebenden wirbellosen Meerestiere – vor allem Seeigel, Seesterne und Seegurken –, doch meine Enttäuschung bezüglich der niederen Lebewesen wird durch meine Freude an den höheren mehr als wettgemacht. Der Mann spricht kein Englisch, aber sein Gesicht ist voller Ausdruckskraft, und seine Gesten sind die eines Schauspielers; er ist mir auf der Stelle sympathisch. Auf dem Rückweg zu meinem Gästequartier werde ich auf ein Kanu aufmerksam, das neben einem der Häuschen am Strand liegt. Der mit Shorts und Mütze bekleidete Besitzer des Kanus, Waleri Galkin, hat den Torso und die Muskeln eines Gewichthebers. (Später erfahre ich, daß er Biochemiker ist und sich mit Seeigel-Eiern beschäftigt.) Auch Galkin spricht kein Englisch, aber dafür ein paar Brocken Deutsch. Diese und meine Gebärden reichen aus. Bevor ich weiß, wie mir geschieht, sitze ich im Bug, und der Gewichtheber schiebt das Boot ins Wasser. Wind ist aufgekommen, und so paddele ich tüchtig, um warm zu bleiben. Schon bald sind wir aus der Bucht heraus und im offenen Wasser, wo wir uns parallel zur Küste Richtung Norden halten. Ich drehe mich zu meinem Begleiter um, dessen Nicken einen Rest von Machismo in mir zum Vorschein bringt, der aus meinem langjährigen Aufenthalt in Mexiko übrig geblieben ist. »*Vamonos!*« rufe ich und lege einen Zahn zu. Inzwischen sind die weißen Schaumkronen so zahlreich geworden, daß es schwierig wäre umzukehren. Also paddeln wir fast eine Stunde weiter, bis wir zu einer herrlichen Grotte kommen, in der wir wenden können. Abgesehen von der Blase, die sich an der Innenseite meines Daumens entwickelt, fühle ich mich pudelwohl und friere auch nicht, obwohl ich von der Taille aufwärts nackt und von der Gischt naß bin. Plötzlich sehen wir ein Motorboot auf uns zukommen; es hat den besorgten Institutsleiter, einen seiner Stellvertreter und den Photographen an Bord. Ich schwenke triumphierend mein Paddel und ziehe den Bauch ein; das leicht verwackelte Photo, das dabei entstand, begründete meinen Ruf als *sportist*.

Nach dem Abendessen, zu dem es als Dessert zwei köstliche Obstkuchen gibt – einen mit Äpfeln und einen mit Beeren –, die Ljubow am Nachmittag gebacken hat, verlieren Irina und Alla etwas von ihrer Schüchternheit. »Erzählen Sie uns etwas von sich«, sagt Irina, »von Ihrem Leben, Ihrem Labor.« »Das ist aber nicht dasselbe«, verwahre ich mich, woraufhin einige in der Runde in Gelächter ausbrechen. »Bei uns schon!« Das mußte mir nicht erst gesagt werden: Der Ernst und das Engagement dieser Wissenschaftler sind anders als bei uns, zum Teil deshalb, weil ihr Privatleben so trist und schwierig ist und ihre Zeit zur Muße äußerst knapp bemessen. Die meisten sind gezwungen, mit altersschwachen und antiquierten Geräten zu arbeiten, die sie durch geschicktes Improvisieren instand halten. Weil ihnen so gut wie keine Kopiermöglichkeiten zur Verfügung stehen, lesen sie die wissenschaftliche Literatur sehr viel gründlicher als unsere Studenten und Doktoranden, für die das Photokopieren eines Artikels bedeutet, seinen Inhalt aufzunehmen.

Die Wissenschaftler sprechen offen über die Bedeutung, die sie kollegialen Beziehungen beimessen, und über ihren

Unmut angesichts des Mißtrauens der westlichen Welt. Ihre *Akademik Oparin*, möglicherweise das beste Forschungsschiff seiner Art auf dem Gebiet der organischen Chemie von Meereslebewesen, durfte nicht in Tokio anlegen, als dort ein internationales Symposium über marine Biotechnologie stattfand, obwohl den Russen sehr daran gelegen war, den teilnehmenden ausländischen Wissenschaftlern das Schiff im Hinblick auf eine spätere Zusammenarbeit zur Besichtigung zu öffnen. Und im Frühjahr 1989, als eine Gruppe amerikanischer Naturstoffchemiker von der Arizona State University an Bord der *Oparin* war, um Material für ihre Krebsforschung zu sammeln, wurde das Schiff aufgefordert, Hawaii zu verlassen, kaum daß es dort angelegt hatte. Der amerikanische Admiral argumentierte, die sowjetischen Taucher könnten Spionage treiben und das Schiff womöglich spezielle Aufklärungseinrichtungen an Bord haben. Der Admiral war angeblich erstaunt, als die Russen ihn einluden, Marineangehörige auf ihr Schiff zu schicken, doch da war es bereits zu spät, um die Direktive des Verteidigungsministeriums in Washington rückgängig zu machen. Das gleiche Fiasko passierte in Neuseeland, was einen Aufschrei seitens der neuseeländischen Meeresforscher auslöste – ein Protest, den ich später in Wladiwostok auf Video sehen konnte. Nur die australische Regierung gestattete der *Akademik Oparin*, längs des Großen Barriereriffs zu arbeiten, und zehn australische Wissenschaftler nutzten diese Gelegenheit. Hier in der Troizki-Bucht wird nun vereinbart, daß ich einige Zeit auf dem Schiff verbringen werde, wenn es das nächste Mal im Indischen Ozean kreuzt.

Um das Aus-meinem-Leben-Erzählen zu vereinfachen, beschließe ich, meine wissenschaftliche *persona* hinter dem Deckmantel meiner neuen literarischen Karriere zu verstecken, von der sie nichts wissen. Mit aller Bescheidenheit, derer ich fähig bin (was, absolut betrachtet, immer noch an Angeberei grenzen könnte), erwähne ich meine gesammelten Kurzgeschichten, *Der Futurist und andere Geschichten*, die in England herausgekommen waren, und einen gerade in den Staaten erschienenen Roman, *Cantors Dilemma*. Zum Schluß erzähle ich ihnen von der Künstlerkolonie, die ich in der Nähe von

San Francisco gegründet habe, und von meinem Interesse, sowjetische Künstler kennenzulernen, die sie eventuell nutzen könnten. Private Philanthropie ist für sie ebenso neu wie die Idee einer Künstlerkolonie; aber ich habe ein Samenkorn eingepflanzt.

Am nächsten Morgen ist es sonnig, obwohl ein kräftiger Wind weht und das Meer mit weißen Schaumkronen bedeckt ist. Der Anlegeplatz unterhalb meines Hauses ist voller Segelboote, die hier Schutz gesucht haben, nachdem ihre Regatta letzte Nacht von einem Sturm unterbrochen wurde. Die See ist für das Tragflügelboot noch zu rauh, so daß nur zwei Alternativen bleiben: eine zweistündige Autofahrt nach Slawjanka, der Endstation des Fährdienstes nach Wladiwostok und Haltepunkt eines anderen Tragflügelbootes; oder mit dem Auto mindestens sechs Stunden auf einer generell schlechten Straße – die infolge des Taifuns Trudy in noch schlechterem Zustand als üblich ist – an der Küste entlang bis Ussurijsk und von dort die Halbinsel wieder nach Süden hinunter bis Wladiwostok. Eljakow entschuldigt sich für diese Unannehmlichkeiten, doch ich freue mich, weil es mir Gelegenheit gibt, ein Gebiet, das im allgemeinen für Ausländer gesperrt ist, vom Land aus zu sehen. Eljakow, Stonik und ich fahren vor zehn Uhr morgens im Wolga los; mit 20 Kilometern in der Stunde folgen wir einer miserablen unbefestigten Straße voller Schlaglöcher, die uns sämtliche Eingeweide durcheinanderschüttelt. Wir kommen an dem Dorf Andrejewka vorbei, das von einem gut drei Meter hohen Zaun umgeben ist, der die Axishirsche einschließt. Ihr Geweih ist ein wichtiger Ausfuhrartikel ist, der gegen harte Währung nach Hongkong exportiert wird (wo das pulverisierte Horn wegen seiner angeblich aphrodisischen Eigenschaften sehr geschätzt wird). Daneben züchten die Dorfbewohner auch Nerze, aber ansonsten sehe ich keine besonderen Anzeichen von Landwirtschaft. Nahe der Küste erinnert mich die Landschaft mit ihren welligen Hügeln, die mit Gras bewachsen und mit Eichen gesprenkelt sind, wiederum an die Santa-Cruz-Berge im Süden von San Francisco. Aber als wir in das Küstengebirge hinauffahren, fällt mir auf, daß es weder menschliche Behausungen noch irgendwelche freien Flächen gibt. Als wir auf der anderen Seite hinunterfahren, begegnen wir plötzlich einem Konvoi aus 13 mit Soldaten vollbesetzten Militärfahrzeugen, die so glänzen, als kämen sie gerade aus der Waschstraße, die Scheinwerfer eingeschaltet und mit Tarnnetzen auf den Dächern.

Endlich kommen wir an den üblichen kleinen Datschas und Gärten vorbei, die man am Rande russischer Städte findet, und erreichen Slawjanka: Die Lage an einer großen, wunderschönen Bucht ist überwältigend, doch die Stadt selbst ist größtenteils ein Konglomerat aus häßlichen Betonklötzen und Werften. Einige Minuten nach zwölf sind wir am Hafen und sehen gerade noch das Tragflügelboot nach Wladiwostok abfahren. Die Autofähre geht um 14 Uhr, und so beschließe ich, mir in der Nähe des Piers ein Plätzchen zu suchen und mein Tagebuch aufzuarbeiten. Ich setze mich auf eine Winde, was zum Schreiben nicht gerade ideal ist, aber etwas Besseres finde ich nicht. Hin und wieder halte ich inne, um das Treiben um mich herum zu betrachten: die Matrosen und Marineoffiziere, die Lastwagen und Busse besteigen oder verlassen, die beiden mürrischen Grenzbeamten in der Nähe, die die Papiere kontrollieren, bevor sie jemanden auf den Pier lassen. Einmal erhasche ich beim Aufblicken das verschlagene Grinsen des Photographen, der mich beim Schreiben aufgenommen hat. Dieser Paparazzo ist so *simpatico*, daß ich in meinem Rucksack nach einem kleinen Geschenk für seinen sechsjährigen Sohn krame, auf den er so stolz ist.

v.

Von einer unrühmlichen Ausnahme abgesehen, erweist sich die Rückfahrt in jeder Hinsicht als denkwürdig. Die Fähre sieht modern aus und hat drei Decks; die beiden oberen sind strahlend weiß gestrichen, während der Schornstein eine rote Bauchbinde trägt. Da sie sowohl Personen- als auch Lastwagen befördert, bietet sie sogar solche Annehmlichkeiten wie zwei Innensalons, wo in einem ein alter amerikanischer Horrorfilm läuft. Unterhalb der Brücke befindet sich ein geräumiges offenes Deck, von wo aus man in aller Ruhe mit Fernglas und Photoapparat die Küste erkunden kann, die mir im Tragflügelboot entgangen war und auf die ich mich nun freue, während wir unter einem blauen, mit Rorschach-Wolken geschmückten Himmel aus der Bucht von Slawjanka auslaufen. Aber bevor ich es mir gemütlich mache, suche ich das WC auf. Ich komme erschüttert zurück. Es gibt nicht den geringsten Zweifel, daß diese Fähre mit einer der übelsten Toiletten gestraft ist, die mir auf meinen vielen Reisen jemals untergekommen sind: kein fließendes Wasser, keine Leitungshähne, in dem verstopften Waschbecken schwappt eine braune, halb erstarrte Flüssigkeit, kein Toilettenpapier und eine schmutzige «türkische» Toilette ohne Spülung — wie wir in meiner Kindheit in Europa das Loch im Boden nannten, neben dem die Umrisse von zwei Füßen im Beton markiert waren, damit der Uneingeweihte wußte, wie er sich hinzuhokken hatte. Unbewußt wische ich die Hand am Hosenbein ab, nachdem ich beim Hinausgehen die Türklinke berührt habe. Ich bin nicht einmal sicher, ob ich damit die Piroschki anfassen dürfte, die mir Ljubow anbietet, aber inzwischen bin ich viel zu hungrig, um mir darüber den Kopf zu zerbrechen.

Auf der Fahrt habe ich Gelegenheit, mich mit drei jüngeren Wissenschaftlern zu unterhalten, deren Englisch schnell besser wird, als sie merken, daß ich das meiste von dem verstehe, was sie mir zu sagen versuchen. Alle drei stammen aus Wladiwostok, zwei von ihnen in der zweiten Generation; ihre spezielle Mischung aus Stolz und scharfer Kritik gefällt mir. Sie schildern die ideologischen Dilemmata ihrer Väter — der eine ehemaliger KGB-Funktionär, der andere Politkommissar in der Marine. Alles, was diese Väter lehrten oder zu glauben vorgaben, fiel nun in sich zusammen wie ein Kartenhaus. Die beiden jungen Chemiker und der Dolmetscher — alle Ende Zwanzig oder Anfang Dreißig — hätten sich unter amerikanischen Doktoranden wie zu Hause gefühlt und sich nicht einschüchtern lassen: »Wie erklären Sie sich die ganzen Obdachlosen in einem so reichen Land wie Amerika?« fragt mich einer.

Der Chemiker mit der Reihe blitzender Goldzähne ist Amateurhistoriker; während der folgenden Stunde bekomme ich, während wir an der Reling stehen und die kühle Brise uns das Haar zerzaust, eine detaillierte Geschichte der Besiedelung der Halbinsel Wladiwostok vorgetragen. Inzwischen habe ich die Topographie dieser Gegend so oft mit Nordkalifornien verglichen, daß es mich nicht überrascht zu hören, daß das Dampfschiff, mit dem Graf Nikolai Nikolajewitsch Mirawjewow-Amurski, der Gouverneur von Ostsibirien, 1859 zum ersten Mal dieses Gebiet erreichte, *Amerika* hieß. Im Jahr darauf wurde der erste Militärposten errichtet; 1871 war Wladiwostock bereits der größte russische Pazifikhafen und dreißig Jahre später Endstation der Transsibirischen Eisenbahn. Als Chruschtschow 1959 seinen Plan verkündete, Wladiwostok zum sibirischen San Francisco zu machen, begann er, die sowjetische Pazifikflotte auf mehrere Basen zu verteilen, so daß Wladiwostok heute zwar noch immer das Hauptquartier der sowjetischen Marine ist, aber nicht mehr der wichtigste Pazifikhafen. Chruschtschows Versuche, die Region Wladiwostok zu öffnen, wurden in der Breschnjew-Ära unterbunden; und erst nach Gorbatschows Besuch im Jahre 1986 wurden Schritte unternommen, die drakonischen Zugangsbeschränkungen *de facto* (und 1988 auch *de jure*) zu lockern.

Das Gespräch wird gelegentlich durch einen vorbeiziehenden Orientierungspunkt unterbrochen. »Das ist Kap Brina«, ruft mein Historiker mit den Goldzähnen aus und deutet auf das Vorgebirge am Ende eines Halbmonds, den der längste Sandstrand von Primorskij Kraj bildet. »Genannt nach Dschuhls Vater«, setzt er hinzu, als er meinen verständnislosen Blick sieht. Erst nach längerem mühsamen Buchstabieren dämmert es mir, daß er keinen anderen als den König von Siam, Yul Brynner, meint. Einige Tage später zeigt mir der gleiche Chemiker das Haus der Familie Brynner in der Puschkinskaja-Straße in Wladiwostok, gegenüber der ehemaligen deutschen Kirche, einen roten Ziegelbau mit neugotischem Turm, in dem jetzt das örtliche Militärmuseum untergebracht ist. Die Brynner-Villa ist auch heute noch sehr eindrucksvoll; als sie um die Jahrhundertwende gebaut wurde, muß sie eines der prächtigsten Wohnhäuser der Stadt gewesen sein. Der dreistöckige Bau, der an der einen Ecke ein Türmchen und über dem Haupteingang zwei Balkons aufweist, zeichnet sich durch einen großen ornamentalen Fries aus. Die Dimensionen der unerwartet schmalen, hohen Fenster lassen darauf schließen, daß die Räume sehr hoch sind. (Nach meiner Rückkehr nach San Francisco lese ich Yul Brynners Lebensläufe nach und stelle fest, daß er, was persönliche Einzelheiten betrifft, ziemlich geheimnisvoll war. Jedes Kompendium, biographische Werk oder Interview nennt ein anderes Geburtsdatum und einen anderen Geburtsort. Eine der Biographien erwähnt jedoch Brynners Paßantrag aus dem Jahre 1939, auf dem als Geburtsort Wladiwostok angegeben ist, und ich gehe jede Wette ein, daß das stimmt.)

Die Nachmittagssonne scheint auf das ferne Wladiwostok, und fast eine Stunde lang werden die Stadt und die umliegenden Inseln immer größer, während sich die schwerfällige Fähre durch den Östlichen Bosporus schiebt. Diesmal habe ich das Zoomobjektiv zur Hand und knipse Hügel um Hügel, Schiff um Schiff, einen grauen Kreuzer vor dem Marinehauptquartier, einen Flugzeugträger, der eine neue Wohnanlage teilweise verbirgt, während wir uns durch den regen Schiffsverkehr zu unserem Dock am Leninskij Prospekt manövrieren.

Zum ersten Mal auf dieser Reise ist nichts für mich geplant worden, und so freue ich mich darauf, Wladiwostok ganz allein zu erkunden. Aber Eduard, mein Dolmetscher, hängt sich wie eine Klette an mich, und es gelingt mir nicht, ihn abzuschütteln. Selbst meine Drohung, bis zum Einbruch der Dunkelheit mindestens drei Stunden herumzulaufen, schreckt ihn nicht ab. Sobald ich meinen Rucksack im Hotel deponiert habe, brechen wir bergab in Richtung des Bahnhofs auf. Unterwegs sehe ich ein im Bau befindliches chinesisches Luxusrestaurant und auf der anderen Straßenseite eine Tierhandlung. Der Laden führt nur Aquarien und Fische, aber die Fische sind billig, eineinhalb Rubel für einen großen Goldfisch. Ich sehe, wie einer der Kunden so lange auf das große Aquarium deutet, bis der Verkäufer das gewünschte Exemplar im Netz hat. Der Kunde stellt einen Behälter für den Heimtransport des Fisches zur Verfügung – einen kleinen Plastikbeutel, den wir zu Hause für Sandwiches benutzen würden. Dem Fisch zuliebe hoffe ich, daß der neue Besitzer in der Nähe wohnt.

In meiner Jugend in Europa träumte ich gelegentlich davon, Sibirien mit der Transsibirischen Eisenbahn zu durchqueren, die für mich etwas genauso Geheimnisvolles hatte wie der Orientexpress, mit dem ich jeden Sommer von Wien nach Sofia reiste. Ich stehe auf der Überführung oberhalb der Gleise und blicke sehnsüchtig auf die lange Schlange der Personen- und Schlafwagen, die bald ihre einwöchige Reise nach Westen antreten wird. Ich sage Eduard, daß ich einen Stadtplan von Wladiwostok kaufen möchte und deute auf einen Zeitungskiosk, der Miniaturausgaben des bronzenen Lenins vom Platz vor dem Bahnhof verkauft. Eduard ist verwirrt, fragt den Mann dort aber dennoch, dessen Achselzucken alles besagt. »Na schön«, sage ich, »dann eben irgendeine Karte dieser Gegend.« »Sie können hier keine Karten kaufen«, murmelt er. Er hat noch nie im Leben einen Stadtplan von Wladiwostok gesehen. Als ich ihn frage, wie sich Neuankömmlinge zurechtfinden sollen, sagt er: »Sie fragen.« Ich fasse das als Herausforderung auf und wiederhole meine Frage nach Karten in einer Buchhandlung, nur um wieder dem gleichen verständnislosen Blick zu begegnen. Die Sache spricht sich jedoch herum; als ich zwei Tage später im Institut für Bioorganische Chemie von einem Labor zu einem anderen unterwegs bin, drückt mir ein junger Chemiker einen Umschlag in die Hand. »Für Sie«, murmelt er und blickt verlegen zu Boden. In dem Umschlag steckt eine riesige Landkarte, die so oft gefaltet wurde, daß sie mit dem örtlichen Äquivalent von Tesafilm geflickt werden mußte. »Sie wollten doch eine«, setzt er mit einem schüchternen Lächeln hinzu. Ich bin von der Großzügigkeit des Mannes überwältigt, da mir inzwischen klar ist, wie kostbar diese Karte sein muß. Im übrigen konnte ich damit auf dem Moskauer Flughafen ganz schön in die Bredouille kommen. Wie sollte ich den Besitz dieser detaillierten Seekarte erklären, auf der sämtliche Buchten, selbst die kleinsten (samt Meerestiefen und Navigationshilfen), von Wladiwostok bis zur nordkoreanischen Grenze verzeichnet sind? Doch der junge Mann besteht darauf, und so gebe ich nach.

Am Bahnhofskiosk stoße ich auf etwas Interessantes: eine englische Ausgabe der *Moscow News* vom 10. September. Ich frage mich, wieso die englische, nicht aber die russische Ausgabe der Zeitung erhältlich ist, die angeblich eine Auflage von knapp drei Millionen hat. Als ich die Zeitung am späten Abend in der Badewanne von der ersten bis zur letzten Seite lese, entdecke ich die Antwort in empörten Leserbriefen. Ein Moskauer schreibt: »Warum muß ich, ein alter Kommunist, im Großen Vaterländischen Krieg versehrt, Oberst im Ruhestand, ehemaliger Angehöriger der Streitkräfte, Träger von Orden und Auszeichnungen, Kandidat der Wissenschaften, jeden Mittwoch morgens um 5.30 Uhr nach der *Moscow News* anstehen, und das manchmal bis 7.30 Uhr (wegen der späten Belieferung der Kioske), während irgendein Apparatschik sie automatisch zugestellt bekommt?« Ein weiteres Schreiben kommt aus Alma-Ata: »Nennen Sie mir konkret anhand der Namen und der Ämter, die sie innehaben, diejenigen Personen, die durch Anführen lächerlicher, an den Haaren herbeigezogener Argumente seit Jahren hartnäckig Hunderttausende von Menschen stundenlang an Kiosken anstehen lassen in der Hoffnung, möglicherweise zufällig Ihre Zeitung zu bekommen.«

In diesem Land steht jedoch jeder an. Genau vor dem Bahnhof befindet sich ein kleiner privater Markt – ein Fünkchen Perestroika –, wo sich eine lange Menschenschlange gebildet hat, um Weintrauben aus Usbekistan zu kaufen. Der traurige Zustand dieser Agrarprodukte läßt darauf schließen, daß sie wochenlang in usbekischen Eisenbahnwaggons geschmort haben. Trotzdem kaufen die Kunden jede einzelne Traube. Als den Verkäufern das Zeitungspapier ausgeht, das sie zu Tüten rollen und in das sie die Trauben legen, öffnet ein Mann einfach seine Aktentasche, und der Obsthändler schüttet die bereits zermantschten Trauben hinein und wendet sich dem nächsten Kunden zu.

Ich besehe mir viele Schaufenster, und da ich zwar kyrillisch lesen kann, aber kaum ein russisches Wort kenne, bombardiere ich Eduard mit Fragen. Als wir ein Geschäft für Haushaltswaren betreten, werden wir von einem betrunkenen Matrosen angehalten, der mich Englisch sprechen hört. »*Junk*«, brüllt er, »nichts als Ramsch«, und fuchtelt mit den Händen herum. »Wo kommen Sie her?« fragt er. »Aus Kalifornien«, gestehe ich. »Ah«, seufzt er und torkelt hinaus auf die Straße. Wir bleiben vor einem Schild stehen, auf dem ich *Videosalon* entziffere, und betreten den Hof eines baufälligen Hauses, das nach hinten lauter Balkons hat. Abfall liegt herum, gleich neben offenen Mülltonnen; ein Mann schaut unter einem Auto hervor, an dessen Bremsen er herumwerkelt. Durch eine kleine Tür treten wir in den privaten *Videosalon*, der von zwei smarten jungen Männern geleitet wird, die erst mißtrauisch und dann entzückt sind, als sie hören, daß ich Amerikaner bin; sie bringen mich in ihren Vorführungssaal, der nicht viel größer ist als ein anständiges Wohnzimmer und in dem vor zwei TV-Monitoren 35 Stühle aufgestellt sind. Für einen Rubel können sich die Kunden zwei Stunden lang Filme ansehen; Zeichentrickfilme werden kostenlos dreingegeben. Die meisten Filme stammen aus Amerika, und der um 20 Uhr ist nur für Erwachsene. »Kein richtiger Porno«, sagt Eduard, der offensichtlich schon einmal hier war, »nur sexy.« Wie ich erfahre, wollen die Behörden diese Manifestation privaten Unternehmertums schließen, doch der Laden scheint zu florieren. Um 19.30 Uhr ist der Raum bereits zur Hälfte mit Leuten gefüllt, die sich einen Bugs-Bunny-Film ansehen.

Eduard besteht darauf, mit mir zu Abend zu essen, und zwar im Hotelrestaurant. Da ich annehme, daß er gerne in einem der vermeintlich besseren Lokale der Stadt speisen möchte, willige ich ein. Nachdem er sich bei einem weiteren bärbeißigen Türsteher als mein Begleiter ausgewiesen hat, führt er mich in einen riesigen, niedrigen Speisesaal, der (wie in Chabarowsk) von Rock-Musik widerhallt. Eduard geht jedoch schnurstracks auf den hinteren Teil zu, an der Küche vorbei und in einen leeren hohen Speisesaal »für Touristen«. Wir warten, und als niemand kommt, geht Eduard die Speisekarte holen. Ich schlage Suppe und Salat vor, aber da kein Salat auf der Karte steht, beschließe ich, mich mit einer Bouillon, Tomaten, Käse, Brot und einem Mineralwasser zu begnügen. Eduard, der von meinen lukullischen Ausschweifungen in der Troizki-Bucht keine Ahnung hat, ist angesichts meiner bescheidenen Wahl peinlich berührt, aber als der Kellner endlich erscheint, stellen wir fest, daß die Bouillon ausgegangen ist. »Dann eben Borschtsch«, sage ich. »Kein Borschtsch«, verkündet der Kellner. »Irgendeine andere Suppe?« kontere ich. Der Kellner schüttelt den Kopf: »Keine Suppe.« Ich bin bereit, die Suppe zu überspringen und mich an Käse, Brot und Tomaten sowie Mineralwasser zu halten. »Kein Käse, kein Mineralwasser«, gibt der Kellner zurück. »Gute Nacht«, sage ich und stehe auf.

Meine Geduld mit diesem Etablissement und mit dem hartnäckig an mir klebenden Eduard ist endgültig erschöpft. Im übrigen habe ich so meine Hilfsquellen. Einige Stunden davor hatte mir Ljubow auf dem Weg von der Fähre zum Auto eine schwere Einkaufstasche aus Plastik in die Hand gedrückt. In meinem Zimmer entdecke ich darin Mineralwasser, einen halben pochierten Lachs, zwei Laibe Schwarzbrot, Butter und ein großes Stück von der Beerentorte, die sie dort gebacken hatte. Zusammen mit den getrockneten Aprikosen und Pflaumen, dem Studentenfutter und dem Earl-Grey-Tee, die ich aus Kalifornien mitgebracht habe, verfüge ich über genug Vorräte, um eine einwöchige Blockade Wladiwostoks zu überstehen.

Da ich mich nach einem heißen Bad sehne, stelle ich angenehm überrascht fest, daß das Wasser heiß ist, das Waschbecken einen Stöpsel hat (eine Seltenheit in sowjetischen Hotels) und ein winziges Stück Seife aufweist, daß die bunten Handtücher (obgleich dünn wie Geschirrtücher) auf einem funktionierenden Handtuchwärmer hängen und daß der Toilettenpapierhalter tatsächlich eine Rolle Toilettenpapier hält – auch wenn das Papier so dick wie Löschpapier ist.

Ich betrachte die herrliche Aussicht vom Fenster auf die Amurski-Bucht und die umliegenden Berge und inspiziere dann mein Logis. Auf dem Bett liegen eine dünne, klumpige

Matratze und fleckige Laken (die während meines Aufenthalts nicht gewechselt werden); des weiteren befinden sich im Zimmer ein polierter Kleiderschrank mit einer Kommode daneben, ein Kofferständer, ein leuchtend orangerotes Telephon und ein Radio, das wie ein Lautsprecher aussieht und an der Wand hängt. Außerdem steht mir ein großes Wohnzimmer zur Verfügung, das mit einem roten Orientteppich ausgelegt und mit den gleichen schweren dunkelbraunen Möbeln ausgestattet ist wie mein Gästehaus in der Troizki-Bucht: einer verschnörkelten Vitrine, in der eine Kristallschale, Champagnergläser, ein Satz zusammengehörender Tassen und Untertassen aus Porzellan stehen und unten, hinter massiven Holztüren, Teller und ein komplettes Eßbesteck; zwei Sesseln und einem Sofa, durchgesessen und schlecht gefedert und in einem unbestimmbaren Beigeton bezogen; einem Eßtisch mit drei gepolsterten Stühlen; einem Riesenmonstrum von Fernseher, dessen Lautstärke sich nicht regulieren läßt und dessen Schwarzweißbild flimmert; und einem riesigen Kühlschrank, der in regelmäßigen Abständen asthmatische Laute von sich gibt und in dem alle Delikatessen von Ljubow sowie meine kalifornischen Vorräte untergebracht sind. Ein gut zwei Zentimeter hoher Streifen aus weißem Pulver erstreckt sich über sämtliche Scheuerleisten – Borax, um Kakerlaken abzuhalten. Und alle elektrischen Steckdosen sind in Brusthöhe angebracht.

Bevor ich einschlafe, denke ich über meine zwanghafte Beschäftigung mit Unterkunft und Verpflegung nach und darüber, daß ich mich schlicht in die Zwänge der Einheimischen hineinversetze. Wenn die Perestroika Erfolg haben soll, dann muß sie zumindest diese beiden wichtigen körperlichen Bedürfnisse befriedigen: bessere Wohnungen und abwechslungsreichere Kost.

Am nächsten Morgen begrüßt mich Eduard mit vorwurfsvollem Unterton am Hoteleingang. »Sie haben ja gar nicht gefrühstückt«, sagt er, da er sich anscheinend im Restaurant erkundigt hat. Ich habe Gewissensbisse, weil ich mir heimlich ein selbstgemachtes Frühstück aus Kuchen, getrockneten Aprikosen und Earl-Grey-Tee habe schmecken lassen, und murmele daher nicht gerade überzeugend, daß ich keinen Hunger hätte. Mein offizieller Vortrag am Institut über die Biosynthese der Sterine von Schwämmen wird um eine Stunde verschoben, da anläßlich des sechzigsten Geburtstags von Georgi Eljakow eine Überraschungsparty stattfindet. Ein Dutzend oder mehr Sprecher – der Vorsitzende der örtlichen Gewerkschaft der Wissenschaftlichen Arbeiter, der stellvertretende Institutsleiter, ein Funktionär des fernöstlichen Zweigs der Sowjetischen Akademie, die Leiter benachbarter wissenschaftlicher Institute, Krankenhäuser und der Fernöstlichen Universität sowie persönliche Freunde – überreichen Blumensträuße, meist rote Rosen, und rote Ledermappen mit blumigen Glückwunschschreiben, die laut verlesen werden, gefolgt von Umarmungen und Küssen auf beide Wangen. Eljakow ist sichtlich gerührt, wie er da hinter dem Demonstrationstisch steht, der inzwischen so mit Blumen überhäuft ist, daß er dem Katafalk eines Helden der Revolution gleicht.

Vormittags hatte ich im Institut mein Erstaunen über die an San Francisco erinnernde Lage Wladiwostoks und meinen Wunsch zum Ausdruck gebracht, mehr von der Stadt und ihrer Umgebung zu sehen. Und nun werde ich von einem der jungen Chemiker von der Fähre und seinem Freund (mit Eduard als Drittem im Bunde) zu einer Stadtrundfahrt abgeholt. Im Gegensatz zu dem Taxifahrer in Chabarowsk läßt sich mein derzeitiger Chauffeur Zeit und hält jedesmal an, wenn ich ein Photo machen oder durch eine Straße schlendern möchte. Wir beginnen auf einem der höchsten Hügel, dem »Adlerhorst«. Meine Fremdenführer deuten auf die frühere Chinatown und Koreatown, deren ethnische Minderheiten 1938 von Stalin deportiert wurden, und auf den früheren »Italienischen Garten« auf der anderen Seite des Goldenen Horns, wo jetzt große Wohnblocks für Militär- und Marineangehörige stehen. Wir kommen an der ehemaligen KGB-Zentrale in der Sutschanow-Straße vorbei (genannt nach dem ersten kommunistischen Bürgermeister der Stadt), die inzwischen in das Chemische Institut der Fernöstlichen Universität umgewandelt wurde. Wir steigen aus und gehen zu Fuß weiter. Als erstes machen wir an einem grauen neunstöckigen

Gebäude halt, das passenderweise »Graues Haus« heißt und 1943 in der Stalin-Ära gebaut wurde; seine reichverzierten Balkons und die grauen Stuckflächen erinnern mich eigentlich eher an Antonio Gaudís Bauten in Barcelona als an den üblichen stalinistischen Zuckerbäckerstil. Im Erdgeschoß befindet sich eine fremdsprachige Buchhandlung, die meine Neugier weckt. Aber der Bestand des Ladens ist so armselig, daß ich nur einige englische Übersetzungen illustrierter litauischer Kindermärchen für meinen Enkel kaufe. Wir beschließen, die Leninskaja entlangzugehen, die Hauptstraße Wladiwostoks, die parallel zum Hafen verläuft und die architektonisch interessantesten Gebäude aufweist. Da ich sie immer vom gegenüberliegenden Bürgersteig aus betrachte, bemerke ich nicht allzu viel von ihrem schlechten Zustand und den schlampig ausgeführten Reparaturen und bekomme statt dessen einen Eindruck von der eigentümlichen Anmut dieser Häuser, von denen viele um die Jahrhundertwende oder davor für wohlhabende Kaufleute gebaut wurden. Das erste wirklich reizvolle Gebäude ist das aus roten Backsteinen errichtete Postamt. Ein Großteil der Außenfläche ist mit einem herrlich verrückten Sammelsurium von Formen aus weißem Stuck bedeckt und mit Säulen und Bögen mit maurischen Anklängen sowie Tympana geschmückt, einem beliebten ornamentalen Element. Vor einem der wenigen noch vorhandenen Holzhäuser, dessen Erkerfenster von einem funkelnden metallischen Helmdach gekrönt sind, stehen 16 riesige Photographien der sozialistischen Helden dieses Monats: Arbeiter, kleine Beamte, Ingenieure. Fast ein Drittel davon sind Frauen; und nicht einer von den 16 lächelt.

Wir machen einen kurzen Rundgang durch das Kaufhaus Univermag, das größte der Stadt, dessen Warenangebot ebenso eintönig ist wie das des Moskauer Kaufhauses GUM. Bis jetzt habe ich nur minderwertige, langweilige Waren gesehen; doch nun folge ich einem meiner Begleiter zu einem Kiosk, der weder Raucher noch Zeitungsleser versorgt, sondern Briefmarkensammler. Ich betrachte das kleine Schaufenster und sehe mit Vergnügen, was sie anzieht: Picasso und Manet auf Briefmarken aus Obervolta und eine Ehrung Albrecht Dürers aus Mauretanien.

Wir biegen von der Leninskaja ab, gehen ein Stück bergauf bis zur Puschkinskaja-Straße und an der Brynner-Villa vorbei zu einem anderen größeren Gebäude aus der Zeit vor der Revolution: Der ursprünglich als Wladiwostoker Orientinstitut geplante Bau wurde später zum ersten Gebäude der Fernöstlichen Universität, wo auf dem Höhepunkt des stalinistischen Terrors eine große Anzahl von Studenten und Professoren ausgewiesen oder umgebracht wurde. Nach dem Großen Vaterländischen Krieg wurde daraus das Polytechnische Institut von Wladiwostok. Auf der anderen Straßenseite befindet sich die kleine Endstation einer Drahtseilbahn, die den steilen Hügel zum »Adlerhorst« hinaufführt, dem derzeitigen Standort der neuesten Bauten des Polytechnikums.

VI.

Von *glasnost* habe ich viel gesehen; zumindest in den Kreisen, mit denen ich in Kontakt kam, wurde Offenheit praktiziert und geschätzt. Aber *perestroika* ist etwas anderes. »Nur Veränderungen, aber keine Stabilität«, hatte Eljakow auf dem Tragflügelboot geklagt, und die Umstehenden hatten dazu genickt. Als wir nun an einem großen, modernen Gebäude aus hellblauen Ziegelsteinen vorbeikommen, höre ich von einem der Chemiker, es sei »ein medizinisches Forschungsinstitut«, während sein Freund in abfälligem Ton »*Obschtscheschchytije*« sagt, was meine Neugier weckt. Meine Frage: »Und was bedeutet das?« löst eine Lawine bitterer Kommentare aus, die uns fast eine Stunde lang beschäftigen. »Gemeinschaftsunterkunft«, übersetzt er, »da wohnen wir.« Diese glorifizierten Familienschlafstätten, die bestimmten Instituten oder Fakultäten gehören, bieten ihren Angestellten einen kombinierten Wohn-Schlafraum von ungefähr 10 Quadratmetern, häufig ohne fließendes Wasser, so daß sich bis zu 12 Familien die Küche und das Badezimmer teilen. »Ich bin seit acht Jahren verheiratet; meine Tochter ist sechs; da meine Frau Dozentin ist, leben wir in ihrem *obschtscheschchytije*.« Dabei kann er noch von Glück sagen: Der etwa 2,5 mal 3,5 Meter große Raum für die dreiköpfige Familie enthält auch einen winzigen Küchenherd (aber weder Wasser noch eine Spüle) in einem Alkoven neben dem Eingang sowie ein Mini-Bad. Viele seiner Kollegen haben nicht einmal das.

»Wo haben Sie vorher gewohnt?« frage ich. »Zu Hause natürlich«, erwidert er, als hätte ich eine dumme Frage gestellt. »Ich bin 28«, wirft Eduard ein, »und lebe bei meinen Eltern und meinem Bruder. Ich habe noch nie im Leben ein eigenes Zimmer gehabt so wie er.« Mit deutlichem Neid zeigt er auf den anderen Chemiker, der trotz seiner 32 Jahre noch unverheiratet ist und mit seinen Eltern in einer Dreizimmerwohnung lebt. Obwohl die Wohnung offiziell dem Staat gehört, wird sie nach dem Tod der Eltern auf ihn übergehen – eine beneidenswerte Aussicht, die ihn jedoch gleichzeitig praktisch unbeweglich macht.

»Und was war, als Sie dann geheiratet haben?« frage ich den Mann aus der *obschtscheschytije*. »Bis das Kind kam, haben wir bei meinen Eltern gelebt«, sagt er, doch dann wurde der Mangel an Privatsphäre unerträglich – eine unter seinen Altersgenossen nur allzu bekannte Situation. Jeder Akademiker hat Anspruch auf 10 Quadratmeter Wohnfläche, die sich angeblich verdoppelt, wenn man einen Doktortitel erwirbt. Der höhere Rang eines Doktors der Naturwissenschaften bringt eine weitere Zuteilung und die Mitgliedschaft in der Akademie eine vierte. »Aber Sie haben doch einen Doktor . . .« fange ich an, werde jedoch sofort vom sardonischen Lachen aller drei unterbrochen. *»Theoretisch«*, betonen sie. Wenn man verheiratet ist, kann man sich auf die *Warteliste* für vom Institut zugeteilten Wohnraum setzen lassen. Vor acht Jahren, gleich nach der Hochzeit, wurde er auf die offizielle Liste gesetzt, wo er inzwischen die Nummer 87 ist. »Und wie lange wird es noch dauern?« »Fünf Jahre«, meint der Junggeselle mit dem eigenen Zimmer, doch der Ehemann und Vater unterbricht ihn: »Mindestens zehn«, sagt er bitter, und Eduard nickt. Sein Vater, ein Universitätsprofessor, hat immer noch kein Telephon, obwohl er seit Jahren auf der entsprechenden Warteliste steht.

Ich erfahre, daß man mit Do-it-yourself einiges abkürzen

kann. Manche wissenschaftlich Tätigen, die schon mehrere Jahre Wartezeit hinter sich haben, dürfen für eine bestimmte Zeit bezahlten Urlaub nehmen, um als Hilfskräfte beim Bau neuer Häuser mitzuarbeiten; aber allein auf diese spezielle Liste zu kommen, braucht seine Zeit. Ich entdecke, daß das neue Institut für Meeresbiologie, das unmittelbar vor der Stadtgrenze am Ufer liegt, zum Teil auf diese Weise gebaut wurde. Der Bauunternehmer konnte den Bau nicht in der festgesetzten Zeit fertigstellen und begann seine Arbeiter abzuziehen. Erst als Wissenschaftlertrupps dazu abgestellt wurden, konnte das Projekt schließlich abgeschlossen werden – elf Jahre nach Ausheben der Baugrube! Selbst heute, da es längst voll besetzt ist, sieht das Gebäude noch irgendwie unfertig aus. Bei einer meiner zwanghaften Inspektionen sibirischer Badezimmer stelle ich fest, daß keines der Klosetts im Institut bislang mit einem Sitz versehen worden ist.

Anfänglich bin ich geneigt, den extremen Wohnungsmangel dem explosionsartigen Wachstum der Bevölkerung von Wladiwostok und dem hohen Prozentsatz von Wissenschaftlern mit theoretisch überdurchschnittlich großem Wohnraumanspruch zuzuschieben. Schließlich gibt es in Wladiwostok mindestens 17 wissenschaftliche Institute, und jedes davon hat Hunderte von Angestellten. Doch ich irre mich, wie sie mir versichern, wenn ich darin nur ein lokales Problem sehe; sollte es in dem gegenwärtigen lahmen Schneckentempo weitergehen, so wird die Perestroika die Lage wohl kaum bessern können, bevor die Geduld der Menschen erschöpft ist.

Die demographischen Auswirkungen des Wohnungsmangels lagen für mich schon immer auf der Hand: Selbst die am besten untergebrachten akademischen Ehepaare haben kaum genügend Platz für zwei Kinder. Die soziologischen Folgen waren mir bis jetzt jedoch weitgehend entgangen. Für viele junge Akademiker besteht ein echter Anreiz, früh zu heiraten, weil sie sich erst dann auf die Warteliste für Wohnungen setzen lassen können. Leute, die eine akzeptable Wohnung von ihren Eltern »erben«, sind folglich äußerst begehrte Ehekandidaten. Daneben läßt der Wohnungsmangel aber auch vor einer Scheidung zurückschrecken; falls nicht einer der geschiedenen Eheleute zu einem neuen Partner mit ausreichendem Wohnraum ziehen kann, müssen alle möglichen unbefriedigenden Kompromisse gemacht werden.

»Und was ist mit der Perestroika?« frage ich. Die beiden Junggesellen favorisieren ein neues Wirtschaftssystem mit Betonung des privaten Unternehmertums, obgleich beide die Meinung ihrer Väter zitieren: »Die zentrale Planwirtschaft war gar nicht so schlecht. Schaut euch doch nur den Schlamassel an, in dem wir jetzt sind!« Ihr verheirateter Kollege zuckt nur die Achseln und blickt finster drein. Auf meine diesbezügliche Frage sagen sie, sie hätten ihre neuen wirtschaftlichen Vorstellungen von der »Voice of America« und von Reisen nach Singapur. Singapur ist der wichtigste Hafen, in dem die *Akademik Oparin* Vorräte an Bord nimmt; für viele dieser Wladiwostoker Wissenschaftler, besonders die nach dem Großen Vaterländischen Krieg geborenen, war Singapur der erste Blick auf den Konsumgüterüberfluß der kapitalistischen Welt. Eduard, der noch nie gereist ist, sagt, er würde von den vielen zurückkehrenden Matrosen lernen. »Und durch Nachdenken«, setzt er ohne zu lächeln hinzu.

Während meines Aufenthalts werfe ich oft die Frage nach der Perestroika auf – erst in Wladiwostok und später in Moskau. Alle sagen, daß sie im Prinzip dafür sind, aber nur wenige räumen ihr Erfolgschancen ein, da sich die Regierung einfach nicht dazu aufraffen kann, die drakonischen Maßnahmen zu ergreifen – die eskalierende Preise, Inflation und Arbeitslosigkeit zur Folge hätten –, die für den Übergang zu einem marktwirtschaftlichen System erforderlich sind. »Und wie wird es ausgehen?« Einige prophezeien einen Militärputsch, da der Preis der Perestroika – Autonomieforderungen seitens ethnisch vielfältiger Sowjetrepubliken – für den Kreml zu hoch wird. Eine andere Antwort, »Bonapartismus«, hat eine alte Freundin parat, die häufig ins Ausland reist: Eine Machtübernahme durch einen starken Mann nach napoleonischem statt stalinistischem Muster. Als ich Zweifel an diesem alles beherrschenden düsteren Ausblick äußere, fragt sie mich aggressiv: »Glaubst du wirklich, daß *wir alle* unrecht haben können?« »Wir alle« sind natürlich die Intellektuellen, mit denen ich sprach. Die Ansichten der Arbeiter und Bauern kenne ich nicht.

In Wladiwostok mache ich ein Experiment: »Was wünschen Sie sich in fünf Jahren?« frage ich meine drei Begleiter. Der mürrische Chemiker schüttelt den Kopf; er ist viel zu pessimistisch, um sich irgend etwas zu wünschen, da in einem so kurzen Zeitraum nichts passieren kann. Eduard findet die Frage interessant, braucht jedoch Zeit, um darüber nachzudenken. »Eine offene Stadt«, sagt der Dritte ohne jedes Zögern. Ich bin überrascht, daß keiner als erstes die Wohnverhältnisse nennt. »Offene Stadt« bedeutet für ihn, daß endlich der Tag ungehinderter persönlicher wissenschaftlicher Kontakte gekommen ist. Für ihn sind Labor und Leben gleichbedeutend, und da er schon ein eigenes Zimmer hat, wünscht er sich eine Erweiterung seines wissenschaftlichen Lebens. Doch Eduard setzt diesem Wunsch sofort einen Dämpfer auf, und zwar mit solchem Nachdruck, daß ihm nicht einmal ein eigener Wunsch einfällt: »Wie sollen wir hier Gäste empfangen?« fragt er und gibt damit offen zu, wie gedemütigt er sich im Restaurant fühlte. »Keine Suppe, kein Käse, kein Mineralwasser. Tee und Zucker rationiert . . .« Alle drei nicken. Es klingt entsetzlich hoffnungslos.

Betroffen vom Pessimismus meiner Fremdenführer, versuche ich sie aufzumuntern; aber trotz des spektakulären Panoramas habe ich den falschen Ort gewählt. Wir haben den höchsten Punkt der Jegerscheld-Halbinsel gegenüber der Russki-Insel erreicht, am Ende einer steilen Straße, die nirgendwo hinführt. Das einzige Anzeichen menschlicher Aktivität ist ein kleines Haus mit sechs uralten Benzinpumpen. Ich hatte sie für Wracks gehalten, doch da fährt ein Wagen vor, und gleich darauf beginnt der Fahrer Benzin zu pumpen. Ich folge ihm, als er bezahlen will, und entdecke hinter einem Fenster, und teilweise durch eine Spitzengardine verdeckt, eine Frau, die eine selbstgebastelte Vorrichtung bedient, in die das Geld gelegt und dann durch einen Schlitz geschoben wird. »Das«, sagt einer der Chemiker, »ist eine der wenigen Tankstellen in Wladiwostok.« Wenn das stimmt, dann wäre das für eine Stadt von der Größe San Franciscos einer der absurdesten Standorte überhaupt. Eine Woche später erlebe ich jedoch etwas in Moskau, das darauf hindeutet, daß der Mann die Wahrheit sagte: Eine russische Freundin, die zwei Autos – wenn auch alte – und eine große Datscha im exklusivsten Außenbezirk von Moskau besitzt, hat in einem Schuppen mehrere 20-Liter-Kanister Benzin gelagert. Wie sie sagt, wäre es geradezu tollkühn, sich darauf zu verlassen, *ad hoc* oder *ad libitum* Kraftstoff für ihre Autos zu bekommen, selbst in ihrer Wohngegend, wo Gorbatschows Datscha und das ehemalige Landhaus Stalins stehen.

Wir beschließen unseren Nachmittagsausflug am jüngsten Denkmal der russisch-amerikanischen Freundschaft, einer knapp fünf Meter hohen Skulptur dreier in die Luft springender Wale vor dem Kulturpalast der Seeleute. Das von einem amerikanischen Bildhauer geschaffene und hierher transportierte Denkmal erinnert an die Ankunft des Eisbrechers aus Wladiwostok, der 1988 in Alaska drei gestrandete Wale aus dem Eis befreite. Die Plakette mit dem zweisprachigen Text »Freundschaft, Vertrauen und Frieden – Ein Geschenk des amerikanischen Volkes für das russische Volk« wurde offenbar von einem Amerikaner mit ungenügenden Russischkenntnissen angefertigt: Die kyrillischen Wörter für »Vertrauen« und »russische« sind falsch geschrieben, und die russische Version von »Freundschaft« bedeutet »Brüderlichkeit«. Na und? Es gibt dem Ganzen eine realistische Note, die dem bislang griesgrämig dreinblickenden verheirateten Mitglied meiner Troika das erste Lächeln entlockt.

Als wir uns später im Hotelrestaurant durch die tanzenden Paare (meist Frauen) in mein sibirisches Exil im Hinterzimmer schlängeln, verliert Eduard etwas von seiner Verlegenheit, doch allmählich habe ich sein Essensangebot satt. Ich bitte um die Speisekarte; »Borschtsch«, sage ich zum Kellner und deute auf das kyrillische Wort auf der Karte. »*Njet*«, murmelt er und schüttelt den Kopf. »Borschtsch gibt es nicht«, sagt Eduard, bemüht, sich nützlich zu machen. »Was hat er denn?« frage ich gereizt, weil das jetzt schon wieder losgeht. »Alles, was auf der Speisekarte steht«, übersetzt Eduard, nachdem er den Kellner konsultiert hat. »Aber Borschtsch *steht* doch auf der Speisekarte«, sage ich und bohre mit dem Finger ein Loch in die Karte. Mit niedergeschlagener Miene flüstert Eduard heiser: »Alles außer Borschtsch.« Ich habe Mitleid mit ihm und begnüge mich mit Farnsalat, Tomaten und kalten Muscheln mit saurer Sahne und trinke dazu eine süße lauwarme Limonade mit Traubengeschmack.

VII.

Eine jüngere Chemikerin, die anwesend war, als ich in der Troizki-Bucht über unsere Künstlerkolonie in Kalifornien sprach, hatte mir kurz vor meinem Vortrag einen Zettel zugesteckt. Offenbar hatte sie von einem der Chemiker gehört, daß ich vorhatte, am Abend noch einmal zum »Adlerhorst« zu fahren, um die Lichter von Wladiwostok zu sehen. Ob ich Lust hätte, mich dort um 21 Uhr mit ihr und einem hiesigen Künstler zu treffen, der mir seine Arbeiten zeigen möchte? Ich hatte genickt. Und so begegne ich ihr und ihrem Künstlerfreund am Abend ganz zufällig auf dem »Adlerhorst«. Nach einigem nichtssagenden Geplauder bewege ich Eduard dazu, mich in der Obhut der beiden zu lassen, was er auch tatsächlich tut.

Der Maler, Wladimir Fjodorowitsch Kossenko, ist ein gutaussehender Mann Mitte Vierzig und trägt einen braunen Anzug und eine passende Krawatte – nach amerikanischen Begriffen eine ziemlich un-malerhafte Entfaltung von Konservatismus. Ich erwarte, in eine Galerie geführt zu werden, erfahre aber schnell, daß es so etwas in Wladiwostok nicht gibt. Statt dessen führt man mich in ein neues Hotel für Seeleute. Genau wie im Hotel Wladiwostok – oder in jedem anderen Hotel in der Sowjetunion – gibt es auch hier auf jedem Stockwerk eine Etagenfrau, die die Schlüssel und damit den Zugang zu den Zimmern kontrolliert. In diesem Hotel fungiert sie auch als Anstandsdame für die Salons jeder Etage. Wir fahren mit dem Lift in den neunten Stock und arbeiten uns dann auf der Treppe Stockwerk um Stockwerk nach unten vor. Der Grund für diesen senkrechten Abstieg, ein bißchen in der Manier, wie die meisten Besucher sich die Exponate im New Yorker Guggenheim-Museum betrachten, ist der, daß der für die Ausstattung der öffentlichen Räume dieser Matrosen-*obschtscheschytije* verantwortliche Innenarchitekt das komplette Werk von Kossenko an Lithographien, Seidenbildern, Aquarellen und, seine Spezialität, »Gobelins« gekauft hat. Es sind natürlich keine Gobelins im klassischen Sinn, doch Kossenko bevorzugt diesen Begriff, um die gewebten Bilder zu beschreiben, die hauptsächlich auf abstrakten Landschaftsmotiven basieren. Die Salons sind auffallend, oft protzig möbliert, doch die Qualität der Sofas und Sessel ist gut, und der Raum selbst unweigerlich blitzsauber. An den Wänden hängen nur Kunstwerke von Kossenko. An diesem Abend sind alle Salons leer und nur schwach beleuchtet. Kossenko stellt sich jeder Etagenfrau ruhig und fast zurückhaltend vor, was Wunder bewirkt; alle lächeln und schalten sämtliche Lichter ein. Im siebten Stock zeigt mir Kossenko grinsend eine leere Wand. Hier wurde ihm das größte Kompliment gemacht: Jemand hat einen seiner Gobelins gestohlen.

Im Zwischengeschoß kommen wir an einem verqualmten Raum vorbei, dessen Funktion ich anhand der auf den Korridor dringenden Geräusche erraten kann: nachklingendes Klacken von Billardkugeln, durchsetzt mit dem Ping und Pong einer Tischtennispartie. Der Standard des Hotels deutet darauf hin, daß der Staat um seine Matrosen besorgt ist, und nicht nur um die der Kriegsmarine. Aber schließlich ist die Seefahrt in allen Erscheinungsformen ein großes Geschäft in Wladiwostok und Umgebung und ein wichtiger Arbeitgeber. Nur Wladiwostok sowie Leningrad in Rußland können sich einer Marineakademie der Handelsflotte rühmen; an der hiesigen, benannt nach Admiral Makarow, einem Helden des Russisch-Japanischen Krieges, sollen über 20 000 Studenten eingeschrieben sein.

Kossenko fragt, ob ich das Atelier eines weiteren Malers sehen möchte. Obwohl es schon 22.30 Uhr ist, schlage ich vor, erst in mein Hotel zu fahren, um einen Prospekt unserer kalifornischen Künstlerkolonie und ein englisch-russisches Wörterbuch zu holen. Während Wladimir (inzwischen reden wir uns mit Vornamen an) ein Taxi sucht, trotzt meine Begleiterin dem strengen Auge meiner Etagen-Anstandsdame und begleitet mich in meine Suite, die sie gerne sehen wollte und fürstlich findet.

Als wir wieder an den Hoteleingang kommen, lehnt Wladimir an der Tür eines Niwa (eines in der Sowjetunion hergestellten neuen Wagens mit Allradantrieb) und unterhält sich mit einem sportlichen Typ in Blue jeans und modischem Pullover. Ich erfahre, daß in der Nähe des Hotels zu so später Stunde kein Taxi zu bekommen war und daß Wladimir in seiner charmanten überzeugenden Art einfach den erstbesten Privatwagen requiriert hat, der vor dem Hotel hielt. Und so steigen wir vier kurz nach 23 Uhr hinter einem der riesigen Wohnkomplexe im Zentrum von Wladiwostok aus einem Wagen mit Irkutsker Nummernschild und betreten einen dunklen miefigen Korridor. Ich bin bestürzt über den Gegensatz zwischen der ordentlichen Erscheinung der Fassade und dem Inneren des Hauses, das noch keine zehn Jahre alt ist. Wir fahren mit dem Lift, in den nur drei Personen passen, in das oberste Stockwerk, während Wladimir die Treppe hinaufsprintet und mühelos vor uns oben ist. Niemand antwortet auf unser Klopfen, was Wladimir überrascht, der am frühen Abend angerufen und unseren Besuch avisiert hat. Aber dann wird die Tür doch aufgesperrt, und es brennt Licht. Durch eine niedrige, dunkle Diele gehen wir an der Küche vorbei in ein riesiges, eineinhalb Stockwerke hohes Zimmer mit einem Dachboden, der durch ein Laken abgetrennt ist, das als Vorhang dient. Die Wände sind über und über mit einem verwirrenden Potpourri aus Kunst bedeckt: große Ölgemälde in Keilrahmen, kleine Zeichnungen, Lithographien, Holzschnitte, Poster. Abgesehen von einem langen Arbeitstisch am Fenster, einem Sofa und einem Frühstückstisch mit Stühlen ist das große Atelier vollgestopft mit Handwerkszeug, Farbtuben, Pinseln und anderen Künstlerutensilien. Wie ich im Laufe meines Besuches entdecke, sind selbst die Lichtschalter mit Kunst bedeckt und die Badezimmertür hinter einem großen Ölgemälde versteckt. Plötzlich taucht aus dem Nichts Igor Kusnezow auf. An dem kleinen, kahl werdenden 51jährigen (»aber die Frauen lieben mich noch immer«, wie er mir mit anzüglichem Grinsen verrät) beeindrucken vor allem die scharfen, vergnügten Augen und das ansteckende Lachen, das seine vom Tabak verfärbten Zähne enthüllt. Er spricht kein Englisch, aber sobald ich den Mund aufmache, schaut er mir aufmerksam auf die Lippen. »Nach drei Tagen mit Ihnen«, informiert er mich über unsere Dolmetscherin, »verstehe ich Sie.« Igor und Wladimir haben noch nie von einer Künstlerkolonie gehört, und während der Prospekt, den ich mitgebracht habe, mühsam und unter häufigem Zurückgreifen auf das Wörterbuch übersetzt wird, wandere ich im Atelier herum und sehe mir die Bilder an. Ab und zu stelle ich eine Frage, da mich sowohl die Bandbreite der Ausdrucksmittel als auch der Themen überrascht. Ich erfahre, daß ich die erst kürzlich zurückgekommenen Werke aus einer Retrospektive betrachte sowie Stücke, die schon in Westdeutschland und Polen ausgestellt worden waren. Im Gegensatz zu Wladimir, dessen Bilder keine menschlichen Figuren enthalten, bestehen die großen bunten Acrylgemälde von Igor hauptsächlich aus weiblichen Akten mit riesigen Brüsten und übertriebenen Brustwarzen im Stile Richard Lindners.

Am besten gefallen mir seine Graphiken. Da sie nicht numeriert sind, frage ich: »Wie viele Abzüge machen Sie von jeder?« Igor zuckt die Achseln: »Ein paar.« Er bringt eine Mappe mit Aquarellen, die er auf dem Boden ausbreitet. Es besteht kein Zweifel, daß er ein Künstler mit einer erstklassigen Technik ist. Einige der Sachen erinnern mich an die Art, wie Nolde Farben benutzte; bei anderen sehe ich den Einfluß von Klee, doch diese Namen sagen ihm nichts, jedenfalls nicht so, wie sie transkribiert werden. Selbst unser Irkutsker Chauffeur, der bis dahin nur eine Zigarette nach der anderen geraucht und eher verwirrt dreingeschaut hat, hört auf zu paffen und starrt mit ernster Miene auf die Bilder. Igor ist von dieser Reaktion offensichtlich entzückt. Künstler haben selten Mühe, zwischen echter Anerkennung und Kommentaren wie »Sehr interessant« zu unterscheiden. Zum ersten Mal an diesem Abend bekunde ich erstere. Jetzt öffnet Wladimir seine eigene Mappe mit Pastellen und Aquarellen. Seine Technik ist ebenso ausgefeilt wie Igors, doch seine Bilder sind ruhiger und erinnern gelegentlich an chinesische Landschaften.

Ich versuche meine Reaktion auf die kalifornisch wirkende Landschaft zu beschreiben, die ich im Laufe der vergangenen Woche gesehen habe, und schließe mit dem Wunsch, Kalifornien einmal mit den Augen dieser Wladiwostoker Künstler zu sehen. Ich erwähne logistische Hürden, die es zu überwinden gilt, bevor sie eingeladen werden können: Visa- und Reisekomplikationen und zumindest ein Minimum an Alltagsenglisch. »Kein Problem«, meint Wladimir und deutet auf seine Augen und dann auf meinen Mund. *»Tri dnja«,* sagt Igor und lacht. »Drei Tage?« rate ich. Igor nickt zufrieden. »Sehen Sie? Kein Problem«, lese ich in seinen Augen.

Inzwischen ist es schon nach Mitternacht. Igor verschwindet ohne ein Wort, um zehn Minuten später, eine Zigarette im Mund, mit einem überquellenden Tablett wiederzukommen, auf dem sich mit Zwiebeln gebratene Calamari, Brot, Tomaten und Wodka befinden. Er bringt sogar Mineralwasser bei, als ich den Wodka ablehne. Zum Abschluß gibt es Tee, der in einem wunderschönen Samowar zubereitet wird, und Gebäck und Fragen nach kommerziellen Kunstausstellungen in Amerika. Sie wollen wissen, ob sie unmittelbar nach einem Aufenthalt in unserer Künstlerkolonie irgendwo ausstellen können. Ich versuche ihnen zu erklären, daß man berufliche Biographien und Diapositive braucht und daß es in kommerziellen Galerien Terminschwierigkeiten geben kann. Igor und Wladimir nicken nur und strahlen.

Am nächsten Morgen erfahre ich von meiner Chemikerin, daß Wladimir, nachdem er mich um 1.30 Uhr am Hotel abgesetzt hatte, wieder in Igors Atelier gegangen war, wo die beiden bis zum Morgengrauen darüber debattierten, wie man eine für amerikanische Galeriebesitzer geeignete berufliche Biographie abfaßt. Sieben Wochen später erhalte ich ein dickes Manilakuvert mit Dias und Dokumenten: Wladimir und Igor hatten verstanden.

VIII

Gestern kam die *Oparin* in Wladiwostok an, und morgen reise
ich nach Moskau weiter. Also fahren wir am Nachmittag
hinaus zum Dock. Im Wagen berichtet man mir von einer sich
in Holz einbohrenden Molluske, die russische Wissenschaftler
entdeckt haben, bei der das männliche Tier bestenfalls ein
Zehntel der Größe des weiblichen Tieres aufweist. Letzteres
trägt das männliche Tier in einer Tasche und holt es nur
heraus, wenn es zur Fortpflanzung benötigt wird. Ich spei-
chere diese nützliche Information für den Fall, daß mir einmal
der Stoff für Tischgespräche ausgehen sollte, als wir am Dock
ankommen, dessen heilloses Durcheinander neben dem strahlend weißen Schiff nur noch schlimmer aussieht. Die vor vier
Jahren für über 30 Millionen Dollar in Finnland gebaute
Oparin ist mit Forschungsgeräten vollgestopft. Vom Pier aus
sehe ich die orangefarbenen Rümpfe der fünf Beiboote, die
mit einem Kran zu Wasser gelassen werden können. (Jedes
Boot verfügt über eine Heckplatte, die sich in eine Plattform
verwandeln läßt, von der aus ein vollbeladener Taucher mühelos ins Wasser gleiten oder heraussteigen kann; für diese
Einrichtung war ich einige Wochen später, an Bord der *Oparin* im Indischen Ozean, jedesmal dankbar, wenn ich mir die
schwere Sauerstoffflasche auf den Rücken band.) Am Ende
der Gangway werden wir vom Kapitän begrüßt, der uns
unverzüglich auf die Brücke führt. An der einen Wand hängt
ein großes Plakat, das der russischen Mannschaft hilft, das
Wort *Oparin* in Englisch zu buchstabieren: Oscar, Papa, Alfa,
Romeo, India, November. Und es gibt ein Faxgerät, das über
den Fernmeldesatelliten COMSAT arbeitet und folglich vom
sowjetischen Telephonnetz unabhängig ist. Wenn das Schiff in
Wladiwostok liegt, ist sein Telephon (Vorwahl 872 für Pazifi-
scher Ozean) vermutlich einer der ganz wenigen international
über Direktwahl zu erreichenden Anschlüsse in der UdSSR.

(Ich hätte mir nie träumen lassen, daß dieses Faxgerät mir
mein nächstes Geburtstagsgeschenk bescheren würde. Am
29. Oktober 1989, meinem 66. Geburtstag, waren mein Sohn
und ich, nach einem anstrengenden Flug aus San Francisco, in

Male gelandet, der Hauptstadt der Malediven, um an Bord der *Akademik Oparin* zu gehen. Während wir unserem geplanten Tauchrevier entgegendampften, den nördlichsten, unbewohnten Atollen der Malediven, nahmen wir mit dem Kapitän unser erstes Abendessen an Bord ein. Plötzlich kam der Funkoffizier herein und schwenkte aufgeregt ein Blatt Papier. »Ein Fax für den Professor«, keuchte er und händigte mir den Geburtstagsbrief meiner Frau aus: eine Kopie der am 29. Oktober in der *Los Angeles Times* erschienenen ausführlichen Besprechung meines Romans *Cantors Dilemma.* »Wo gibt es solche Freuden in der Chemie?« fragte ich meinen Sohn.)

Was mich jedoch wirklich interessiert, sind die zehn Labors an Bord, die weit besser ausgestattet sind als alles, was ich an Land gesehen habe. Es gibt drei Labors für biochemische Forschungen, ein Labor für Mikrobiologie, Einrichtungen für die biosynthetische Arbeit mit radioaktiven Substanzen, einen sauberen und kompakten Tierraum mit fünftausend Mäusen und ein geräumiges physikalisch-chemisches Labor, das sogar über ein Massenspektrometer verfügt. Alle Geräte und Einrichtungen zur Datenerfassung sind vollelektronisch, und jeder Laborleiter an Bord will mir unbedingt sein kleines maritimes Reich vorführen. Erfreut stelle ich fest, daß viele der ranghöheren Wissenschaftler Frauen sind. Mein Gastgeber lädt mich in die Sauna ein, ein finnisches Modell und allem weit überlegen, was ich aus Kalifornien gewohnt bin. Während wir nackt und triefend dort sitzen, verabreden wir uns für Ende Oktober auf den Malediven. »Das wird Ihre Kabine sein«, sagt er später und zeigt mir eine kompakte Zwei-Zimmer-Suite mit eigener Toilette und Dusche.

Der Kapitän hat für den späten Nachmittag eine Mahlzeit vorbereiten lassen, deren Herkunft die letzte Reiseroute des Schiffes widerspiegelt: Das kalte Huhn und das Rindfleisch stammen aus dem Einsatz in Australien; das Bier kommt aus Singapur, desgleichen der indische Tee, der in diesem Land der Teetrinker derzeit sehr knapp ist; nur der rote Kaviar, die Essiggurken, die Tomaten und das Schwarzbrot sind einheimische Erzeugnisse. Der Kapitän erzählt die bewegende Geschichte einer internationalen Zusammenarbeit auf der *Aka-*

demik Alexander Nesmejanov, einem Schwesterschiff der *Akademik Oparin*. Anfang des Jahres war es bei zwei sowjetischen Wissenschaftlern, die vor den Seychellen tauchten, durch die fehlerhafte Bedienung der Dekompressionskammer zu einem lebensgefährlichen Fall von Druckluftkrankheit gekommen. Die über Satellit erteilten Anweisungen des Experimental Diving Unit der US-Navy in Florida an den amerikanischen Biologen Philip Dustan, der an Bord der *Nesmejanow* arbeitete, gefolgt von Spezialgeräten und Experten, die von dem amerikanischen Marinestützpunkt Diego Garcia im Indischen Ozean geschickt wurden, retteten den beiden Russen das Leben. Der Institutsleiter hat eine amüsantere Anekdote parat: Auf einer früheren Fahrt der *Oparin* zu den Seychellen lag das Schiff vor Daro's Island vor Anker, wo der Neffe des ehemaligen Schahs von Persien seinen Wohnsitz hatte. Zwei iranische Kampfflugzeuge vom Typ Mirage wurden in geheimer Mission ausgesandt, um besagtes Anwesen zu bombardieren. Den Neffen des Schahs rettete nur die Anwesenheit der *Oparin*, die die sowjetische Flagge führte, was die iranischen Piloten derart verwirrte, daß sie heimflogen, ohne ihre Bomben abgeworfen zu haben. Angeblich wird die *Oparin* seither mit offenen Armen empfangen, wenn sie dieses Gebiet der Seychellen befährt.

Der Wagen des Institutsleiters bringt uns in seine Wohnung zum »Tee«. Ich bin gespannt, wie ein an der Spitze der Pyramide stehender Wissenschaftler in Wladiwostok lebt. Der Zugang über geborstene Stufen, durch einen ziemlich primitiven Korridor und drei Treppen hinauf sieht nicht gerade vielversprechend aus, obwohl es hier wesentlich sauberer ist als in dem Wohnblock vom Vorabend. Auf jeder Etage befinden sich drei Türen, die mit schwerem Plastikmaterial gegen Lärm und Kälte gepolstert sind. Die Wohnung der Familie besteht aus vier behaglichen Zimmern, Küche und Bad (mit einer normal funktionierenden Toilette und mehreren Rollen Toilettenpapier in einem Kasten), die allesamt den üblichen stark bewohnten Eindruck machen, den ich aus den Wohnungen leitender Wissenschaftler in Moskau oder Akademgorodok kenne: vollgestopft mit schweren Möbeln aus den vierziger Jahren, Unmengen von Büchern und etwas Kunst. Die Bücherwände sind typisch. Das Lesen, diese subversive Tätigkeit, ließ sich in Rußland nie völlig kontrollieren, weder von den Zaren noch von Stalin und seinen Nachfolgern.

Die Kunstwerke in Eljakows Wohnung sind eine Mischung aus russischer *fin de siècle*-Malerei und Souvenirs von Reisen an Bord der *Akademik Oparin* nach Kuba, Australien, Sri Lanka und zu den Seychellen. Bis Ende der achtziger Jahre war die Erlaubnis, ins Ausland zu reisen, für Russen der höchste Beweis einer privilegierten Stellung, und Zeugnisse derartiger Reisen, so kitschig sie auch sein mögen (wie der ausgestopfte Alligator aus Kuba), werden voller Stolz zur Schau gestellt. Auf einem japanischen Gerät modernster Bauart führt mir Eljakow das Videoband meiner sibirischen Reise vor und überreicht mir die Kassette dann als Geschenk. Seine Frau ist ebenfalls Wissenschaftlerin, und trotz einer gerade erst überstandenen Krankheit und vielen anderen Verpflichtungen tischt sie ein mehrgängiges Menü auf, das ich einfach nicht ausschlagen kann. Nach einem Toast mit süßem Champagner aus Chabarowsk (»Schauderhaft!« entschuldigt sich die Gastgeberin) setzt man mir schwarzen Kaviar, kalten Lachs, grüne Paprika, Auberginensalat, Krautsalat und einen Salat aus Meeresfrüchten vor. Kaum habe ich diesem sibirischen Smörgåsbord nach Kräften zugesprochen, als sie mit zwei Arten von köstlichem Bœuf Stroganoff, herzhaft mit Knoblauch und Zwiebeln gewürzt, und Salzkartoffeln erscheint. Das war aber nun bestimmt der letzte Gang, denke ich, doch nach einem kurzen Intermezzo, in dem mir meine Gastgeberin ihre Sammlung russischer Erstausgaben aus dem 18. und 19. Jahrhundert zeigt, serviert sie mir selbstgebackene Plätzchen sowie eine ungemein leckere Konfitüre aus Beeren der Gegend und dazu wieder Champagner, schottischen Whisky aus Australien und Tee. Ich bin von der Qualität und Bandbreite dieser Küche ebenso überwältigt wie von der in der Troizki-Bucht – vor allem wenn ich sie mit dem äußerst begrenzten Angebot des Restaurants vergleiche, das die übliche Kost der hiesigen Bevölkerung weit exakter widerspiegelt.

An meinem letzten Vormittag in Wladiwostok beschließe ich, als ich den blauen Himmel und die Segelboote draußen sehe, noch einmal in der Nähe des Hotels einen Spaziergang am Ufer zu machen. Eduard lungert am Eingang herum, um sicherzustellen, daß ich im Hotel zu Mittag esse, und so schlage ich ihm vor, mich zu begleiten. Er benutzt die Gelegenheit, um den Katalog von Klagen abzuschließen, den er vor ein paar Tagen begonnen hat: Nach sowjetischen Maßstäben ist die knapp 40 Quadratmeter große Dreizimmerwohnung seiner Familie zwar verhältnismäßig geräumig, aber er muß sich das Zimmer mit seinem Bruder teilen; ihr hauptsächlicher Proteinlieferant ist Wurst, die alle von ihnen einkaufen müssen, da pro Person nur zwei Pfund abgegeben werden. »Warum eßt ihr keinen Fisch, der nicht so fett ist?« frage ich, doch er schüttelt nur den Kopf. Er ist ein Fleisch-und-Kartoffel-Typ, was man seinem Körper auch ansieht. Nach Abschluß des Studiums wurde er in ein 300 Kilometer von Wladiwostok entferntes Dorf geschickt, um drei Jahre lang Kindern im Alter von 11 bis 17 Jahren Englischunterricht zu erteilen. Die Dorfbewohner stellten ihm eine Hütte mit zwei Zimmern zur Verfügung, ohne fließendes Wasser, Toilette oder Zentralheizung. Länger als ein Jahr hielt er es dort nicht aus, bevor Langeweile und Unbequemlichkeit auch den letzten Funken von sozialistischem Idealismus erstickten; es gelang ihm, sich nach Wladiwostok versetzen zu lassen und seine derzeitige Stelle als Übersetzer und *ad hoc*-Dolmetscher zu bekommen. Seine Situation hat ihn bitter gemacht, und ein Ende ist für ihn nicht absehbar. Er kann nicht einmal mit seinen Freunden telephonieren, weil es noch Jahre dauern wird, ehe sich sein Vater, ein Universitätsprofessor, auf der entsprechenden Warteliste bis nach oben vorgearbeitet hat. Bis dahin muß er, wenn er beispielsweise abends mit einem Freund ausgehen will, auf gut Glück eine Stunde mit dem Bus fahren und hoffen, daß er den Freund zu Hause antrifft, um sich mit ihm verabreden zu können. Ich frage, warum ein Telephon so schwer zu bekommen ist. Er sagt, daß die monatlichen Fernsprechgebühren so spottbillig sind und eine unbegrenzte Anzahl von Gesprächen abdecken, daß jeder, der das

Glück hat, ein Telephon zu besitzen, es stundenlang benutzt, was das staatliche Unternehmen Unsummen kostet. »Warum stellt man nicht die tatsächlich geführten Gespräche in Rechnung, damit das Ganze kosteneffizienter wird?« frage ich, bereit, eines der Probleme der Sowjetunion auf einen Streich zu lösen. Doch Eduard lacht höhnisch; er sieht darin nur einen weiteren Fall, bei dem die Kosten der Perestroika einfach als viel zu hoch erachtet werden. »Die Leute *mit* Telephon würden sich beschweren. Also wozu das Ganze?« Nach einem letzten Mittagessen aus Hühnerbouillon (ich beginne Suppe zu hassen), Tomaten, Farnsalat und einer gräßlichen sprudelnden Limonade (diesmal von grüner Farbe) schüttele ich seine Hand und hoffe, daß er am Abend daheim seine Wurst bekommt.

Natürlich macht Wurst allein die Eduards Sibiriens nicht glücklich. Aber ein vernünftiger Zugang zu einem abwechslungsreicheren Lebensmittelangebot, ein eigenes Zimmer (vorzugsweise mit Telephon) und ein offenes Fenster nach Osten – nach Japan und über den Pazifik nach Amerika – könnte das Leben in Wladiwostok mehr als nur erträglich machen. Mit etwas Glück und weniger Kontrolle durch Moskau ist Chruschtschows Traum, diese Stadt über die bloße Größe und die geographische Ähnlichkeit hinaus zum San Francisco Sibiriens zu machen, nicht völlig unmöglich. Aber die Kluft zwischen einem Traum und einer nicht völligen Unmöglichkeit ist gewaltig.

KAPITEL 16

Zwergschimpansen

I.

1971 war das Land noch die Demokratische Republik Kongo und begann sich gerade von der Zerrüttung und Instabilität zu erholen, die auf den Abzug der Belgier im Jahre 1960 folgten. Der erste Ministerpräsident, Patrice Lumumba, war ermordet worden; der erste Staatspräsident der Republik, Joseph Kasawubu, war gestorben; die von Moise Tschombé betriebene Loslösung der Provinz Katanga war beendet worden; und durch eine Kombination aus Gerissenheit und Korruption war Mobutu Sese-Seko als neuer Machthaber hervorgetreten. Da den Kongolesen daran lag, ihre Unabhängigkeit von ihren ehemaligen Kolonialherren auf jede erdenkliche Weise zu demonstrieren, luden sie die Nationale Akademie der Wissenschaften in Washington ein, in Kinshasa ein Seminar zu veranstalten, das Forschungsprioritäten für ihr Land empfehlen sollte. Die amerikanische Reaktion illustriert nicht nur den Enthusiasmus, sondern auch die Naivität wohlmeinender Wissenschaftler aus einem hochtechnisierten Land, die versuchen, sich mit Bedürfnissen von Menschen zu befassen, die vor grundlegenden Überlebensfragen stehen.

In den späten sechziger und frühen siebziger Jahren war ich bei BOSTID aktiv, dem *Board on Science and Technology for International Development* der Akademie, davon die letzten Jahre als Vorsitzender. Das von den Kongolesen angesprochene Problem ähnelte in hohem Maße dem, das ich vier

Jahre davor in einem Referat für eine Pugwash-Konferenz in Schweden erörtert hatte. Da mein Modell in Kenia bereits realisiert worden war, fragte ich mich, ob es sich nicht auch auf den Kongo übertragen ließ. Daß ich von diesem Land nicht viel wußte, störte mich nicht weiter; die Kongolesen waren nicht auf der Suche nach Kongo-Experten (dazu hätten sie auf die Belgier zurückgreifen können), sondern suchten den unvoreingenommenen Rat von Fachleuten in bestimmten technischen Bereichen und in der Wissenschaftspolitik. Harrison Brown, ein Geochemiker vom Caltech und damals der für auswärtige Angelegenheiten zuständige Sekretär der Akademie, bat mich, den Vorsitz einer kleinen amerikanischen Projektgruppe zu übernehmen. Neben Brown gehörten ihr unter anderem an: John McKelvey, der Leiter des landwirtschaftlichen Entwicklungsprogramms der Rockefeller Foundation; Carl Eicher, ein Agrarwirtschaftler von der Michigan State University; Ernst Pariser, ein Ernährungswissenschaftler vom MIT; und James Carter, ein schwarzer Facharzt für Pädiatrie. BOSTIDs Stabsoffizier für unsere Gruppe war Julien Engel, ein Afrikanist, der fehlerfrei Französisch sprach. Wir sollten in Kinshasa zusammenkommen und dort von unseren Gastgebern instruiert werden, an ihrer Spitze Joseph Ileo, ein cleverer kongolesischer Politiker, der eine führende Persönlichkeit der Unabhängigkeitsbewegung und Herausgeber einer Zeitung gewesen war. Obwohl er ein wissenschaftlicher Laie war, hatte ihn Staatspräsident Mobutu zum Präsidenten des kongolesischen Nationalen Forschungs- und Entwicklungsrates ernannt, auch in Anerkennung seiner Dienste als Interimspräsident nach Lumumba und als Kabinettsminister in mehreren Regierungen während der sechziger Jahre. Die Ernennung war ein Beweis für Ileos Überlebenstalent in einem notorisch unbeständigen Land: Er war einer der wenigen Politiker, denen es gelungen war, ununterbrochen Mitglied des Politbüros der Einheitspartei des Landes zu bleiben. Nach der Einweisung wollten Ileo und sein Stab mit uns eine einwöchige Inspektionsreise durch den östlichen Kongo unternehmen, gefolgt von offiziellen Gesprächen in Kinshasa und dem abschließenden Bericht für die Regierung.

Die amerikanische Gruppe flog von Washington aus nach Kinshasa, aber da ich gerade eine Woche in ICIPE-Angelegenheiten in Nairobi verbrachte, hatte ich vor, eine Maschine der East African Airways zu nehmen, die zweimal in der Woche nach Kinshasa flog. Ich wußte zwar, daß die meisten Flugrouten in Afrika auf einer Nord-Süd-Achse verliefen und der Zielflughafen meist Johannesburg war, ganz gleich, wo im anglophonen Ostafrika oder in den frankophonen ehemaligen Kolonien im Westen Zwischenstopps eingelegt wurden. Trotzdem war ich mir nicht bewußt, wie planlos eine Reise quer durch die breite Mitte des Kontinents sein konnte. Drei Tage vor meinem Abflug hatte die East African Airways ihren Flug in der Woche gestrichen, ohne mich zu benachrichtigen – eine Tatsache, die ich nur aufgrund meines chronischen Mißtrauens gegenüber Flugplänen erfuhr. Eine andere Möglichkeit, rechtzeitig zu der Konferenz nach Kinshasa zu kommen, gab es nicht. Selbst Ferngespräche zwischen Nairobi und Kinshasa (entlang der Ost-West-Achse) waren auf ein paar Stunden mitten am Tag beschränkt, eine Zeit, in der die meisten kongolesischen Regierungsstellen aller Wahrscheinlichkeit nach geschlossen waren. Schließlich arbeitete ein Beamter der Internationalen Entwicklungshilfeagentur an der amerikanischen Botschaft in Nairobi einen Plan aus, wie ich doch noch am größten Teil des amerikanisch-kongolesischen Seminars teilnehmen konnte: Ich sollte mit der Air Zaire nach Bujumbura, der Hauptstadt von Burundi, fliegen, wo ich weitere Instruktionen erhalten würde.

Als ich in Burundi das Flugzeug verließ, teilte mir ein Angehöriger der vierköpfigen amerikanischen Botschaft mit, daß die übrigen Amerikaner und die kongolesischen Teilnehmer in zwei Tagen im nahen Bukavu erwartet wurden, einer kongolesischen Stadt am Kiwu-See, der vor der Unabhängigkeit eines der beliebtesten Urlaubsgebiete der belgischen Kolonisten war. Botschafter Thomas Melady bot mir das Gästezimmer seiner Residenz an, eine willkommene Geste, die mir die Erkundung von Bujumbura und seiner Umgebung sehr viel leichter machte. Obwohl ich wußte, daß Burundi eines der am dichtesten besiedelten Länder der Erde war, verblüfften mich doch die wogenden Massen von Kindern und jungen Leuten – eine anschauliche Demonstration des afrikanischen Bevölkerungsproblems. Am späten Vormittag des zweiten Tages brachte mich der Chauffeur des Botschafters über die Grenzen von Burundi und Ruanda in den Kongo. Mein Ziel war das amerikanische »Konsulat« in Bukavu, wo eine weitere Nachricht aus Kinshasa auf mich warten sollte. Alles, was ich vorfand, waren jedoch zwei junge Männer in Hemdsärmeln, die sich über ein Telexgerät beugten. Sie sahen wie CIA-Typen aus: Warum hätte es denn sonst ein amerikanisches Konsulat an einem Ort geben sollen, in den in Anbetracht der periodisch stattfindenden Aufstände und der allgemeinen Instabilität seit Jahren kaum mehr ein Tourist oder Geschäftsmann gekommen war? Die beiden waren offenkundig bemüht, mich loszuwerden. »Ihre Gruppe wird morgen zu Ihnen stoßen«, lautete die Botschaft, aber sie wußten nicht, wo. »Versuchen Sie es am IRSAC in Lwiro«, sagte der eine barsch.

Das klang plausibel. Das IRSAC war das *Institut pour la Recherche Scientifique en Afrique Centrale* – das führende belgische Forschungsinstitut der ehemaligen Kolonie und eine vorgesehene Station unserer Reiseroute. Leider legte der burundische Fahrer, obwohl er behauptete, den Weg nach Lwiro zu kennen, erst über hundert Kilometer auf ausgefahrenen Straßen zurück, ehe er zugab, daß wir uns verirrt hatten. Wir begannen uns beide Sorgen zu machen: Er, weil die Grenzübergänge geschlossen sein würden, bevor er wieder in Bujumbura sein konnte, und ich, weil ich mich fragte, wo ich die Nacht verbringen sollte. Schließlich setzte er mich vor einem abbröckelnden, schimmelig-grauen Hotel mit fest geschlossenen Fensterläden ab, das unter den Belgiern eindeutig bessere Tage gesehen hatte. Das verwahrloste bejahrte Subjekt, das hinter dem Empfang herumlungerte – Portier, Page und Kassierer in einem –, war offensichtlich überrascht, einen zahlenden Gast vor sich zu sehen; später erfuhr ich, daß das vierstöckige Haus nur noch einen weiteren Gast hatte. Als ich nach einem Restaurant fragte, wurde ich an ein Bistro am Ende der Straße verwiesen, das einem der wenigen Belgier

gehörte, die nach dem Söldneraufstand von 1967 zurückgeblieben waren. Das einzige Hauptgericht erwies sich als Fisch
in einer Tunke aus goldgelber Mayonnaise, dem idealen Nähr-
boden für sämtliche bekannten Krankheitserreger und eine
ganze Reihe unbekannter dazu. Aber da ich seit dem Frühstück nichts mehr gegessen hatte, ließ ich es auf Magen-
krämpfe und Durchfall ankommen und langte zu – allerdings
nicht, ohne zuvor den Versuch zu machen, den größten Teil
des goldgelben Giftes abzukratzen.

Als ich wieder im Hotel war, tat ich mir selbst derart leid,
daß ich beschloß, mich mit einem heißen Bad zu trösten. Das
Hotelbadezimmer war riesengroß und zweifellos einmal
etwas anderes gewesen; in der einen Ecke stand eine Wanne
mit vier Beinen, Waschbecken und Handtuchhalter waren ein
halbes Dutzend Schritte entfernt, und die Toilette befand sich
in einem angrenzenden Kabäuschen. Das Wasser hatte eine
bräunliche Färbung, aber es war immerhin heiß, und so
begann ich mich zu entspannen. Einen Moment lang schloß
ich sogar die Augen. Als ich sie wieder öffnete und zu der gut
drei Meter über mir befindlichen fleckigen Decke blickte,
kam es mir so vor, als hätte sich einer der größten dunklen
Flecken bewegt. Zunächst schrieb ich es einem optischen
Effekt des Dampfes und dem schwachen Licht der einzelnen
nackten Glühbirne zu. Doch nein, er bewegte sich wirklich.
Ich stand in der Badewanne auf und sah genauer hin. Der
Fleck war lebendig; es war ein Riesenskorpion. Obwohl ich
ziemlich sicher war, daß der Mann unten mich verstehen
würde, wenn ich mich mit den Worten *»Il y a un scorpion«*
beschwerte, kam das nicht in Frage, da es kein Telephon gab
und ich keinesfalls vorhatte, das Biest allein zu lassen, das
größer zu werden schien, wenn man nicht hinsah. Statt dessen
warf ich meinen Hausschuh an die Decke. Er verfehlte das
anvisierte Ziel und plumpste ins Badewasser. Ich zog den
Stöpsel heraus und wartete, bis das Wasser zu gluckern aufhörte, ohne dabei jedoch meine spinnenartige Nemesis aus
den Augen zu lassen. Ich packte den patschnassen Hausschuh
sowie den trockenen und begann ein solches Bombardement,
daß der Skorpion von der Decke fiel. Als das Untier über den

Fußboden spazierte, rannte ich hinter ihm her und machte ihm mit dem kraftvollsten nassen Schlag, dessen ich fähig war, den Garaus. Ohne mich um den ekligen Beweis meiner Entomophobie zu kümmern, begab ich mich ins Bett und wandte die Augen so lange von der Schlafzimmerdecke ab, bis ich das Licht ausknipsen konnte. Ich wollte nicht noch etwas an der Decke herumkrabbeln sehen.

Hundemüde, wie ich war, schlief ich bis nach zehn Uhr, als das hartnäckige Hupen eines Autos mich weckte. Vom Fenster meines im zweiten Stock gelegenen Zimmers bot sich mir ein willkommener Anblick: Mehrere sandfarbene Mercedesse waren vor dem Hotel geparkt, denen eine sehr gemischte Gesellschaft entstieg. Die Kongolesen, die dunkle Straßenanzüge mit Westen und Krawatten trugen, schwitzten stark. Die Amerikaner waren in Hemdsärmeln und bis auf McKelvey ohne Schlips, während Engel mit seinem Krawattenschal wie ein europäischer Dandy aussah. *»Monsieur le Président«,* rief er herauf, als er mich winken sah, »kommen Sie herunter! Ich möchte Ihnen Ihre Delegation vorstellen!« Von da an nannten mich die Kongolesen bei allen offiziellen Anlässen *»Monsieur le Président de la Délégation Américaine«.* Was mir immer besser gefiel.

Da wir im Gefolge von Präsident Ileo reisten, wurde uns große Beachtung geschenkt und die unter den gegebenen Umständen bestmögliche Behandlung zuteil. Wir verbrachten die nächsten Tage in der Provinz Kiwu mit einer Vielzahl von Besichtigungen und etwas Tourismus. Bukavu machte einen verlotterten Eindruck. Die Villen und Häuser der zweifellos von schlechtbezahlten Dienstboten umsorgten belgischen Kolonisten müssen einmal üppige, gepflegte Gärten besessen haben, doch inzwischen waren sie voller Unkraut. Viele der Fenster waren eingeschlagen, die Farbe blätterte ab, der Putz bröckelte, und die Häuser selbst waren verlassen oder von irgendwelchen Leuten in Besitz genommen worden, die sich mehr um das Überleben sorgten als um den Erhalt einer Immobilie.

Das IRSAC erwies sich als Monument einer kurzsichtigen Kolonialherrschaft, die ihr zwangsläufiges Ende nie in Betracht gezogen hatte. Die riesige Einrichtung, angeblich einst das beste Forschungsinstitut Zentralafrikas, war von den Belgiern bei der Unabhängigkeit aufgegeben worden. Sie hatten praktisch keine einheimischen Wissenschaftler ausgebildet; und bis auf eine Handvoll kongolesischer Techniker und einen deutschen Primatologen, der als Interimsleiter fungierte, bot das Institut einen erbärmlichen Anblick. Obwohl die Primatologie eines der Spezialgebiete des IRSAC war, hockten jetzt nur noch ein paar armselige Gorillas in einem großen, vertieft angelegten Gehege herum. Die Bibliothek war lächerlich pompös und mit schwerem dunklen Holz getäfelt wie eine alte mitteleuropäische Universität. Zeitschriften-Abonnements und Bücherkäufe waren natürlich eingestellt worden, doch die Bibliothek selbst war unangetastet und offenbar unbenutzt geblieben. Als ich in einem Wust ungebundener Publikationen blätterte, fielen mir zu meinem Erstaunen die Protokolle der albanischen Akademie der Wissenschaften in die Hand. Ich wußte gar nicht, daß es ein derartiges Journal überhaupt gab; selbst die Library of Congress in Washington führte es nicht, wie ich nach meiner Rückkehr in die Staaten herausfand. Doch hier in Zentralafrika lag eine komplette Sammlung, ungelesen, und wartete nur auf die unvermeidliche Ankunft der Termiten. Als ich meine Verwunderung über diese und andere, kaum weniger esoterische und (in Anbetracht der dringenden Bedürfnisse des Kongos) unnütze Zeitschriften zum Ausdruck brachte, erfuhr ich, daß man sie im Gegenzug erhalten hatte, als die Berichte des IRSAC in seiner belgischen Glanzzeit an Berufsverbände und Institute auf der ganzen Welt verschickt worden waren. Sollte ich jemals nach Tirana kommen, so werde ich die Albaner nach ihrer Kongo-Connection fragen.

Etwas positiver war für mich der Besuch des noch in Betrieb befindlichen Nationalen Bergwerksinstituts, dessen europäischer Leiter mir die linke Hand reichte; seine Rechte fehlte unterhalb des Handgelenks, wie ich bemerkte. *»Monsieur le Président«,* sagte einer unserer kongolesischen Gastgeber zu mir, »darf ich Ihnen den Institutsleiter, Monsieur Alexandre Prigogine vorstellen?« »Prigogine?« wiederholte ich überrascht. »Es gibt einen Chemiker dieses Namens, einen Ilya Prigogine.« Dieser belgische Physikochemiker erhielt 1977 den Nobelpreis. »Das ist mein Bruder«, lautete die Antwort, und ich dachte nicht weiter darüber nach.

Zwei Tage später fuhren wir über den Kiwu-See nach Goma, dem Ausgangspunkt unseres einzigen touristischen Abstechers: einer zweitägigen Safari zu den Tieren des Parc Albert, dem ausgedehnten Nationalpark im nordöstlichen Kongo, samt einem Ausflug zu dem erst kurz zuvor ausgebrochenen Vulkan Nyamuragira. Ich werde es nie müde, wilde Tiere in ihrem natürlichen Lebensraum zu beobachten, doch was sich mir auf dieser Reise unauslöschlich in das Gedächtnis eingeprägt hat, sind die weißen Pelikane in einem der Fischerdörfer bei Goma. Hunderte von ihnen drängten sich dort so dicht zusammen, daß ihre Körper das Wasser verdeckten und sie auf festem Boden zu gehen schienen. In der Nähe unterstrich ihr Weiß die absolut gerade schmale blaue Linie um ihre langen Schnäbel und das scharf abgegrenzte Lätzchen an ihren Hälsen. Diese lebende weiße Masse wurde ab und zu von dunkel gefiederten Pelikanen unterbrochen, die mit ihren wurstartigen, fleischfarbenen Köpfen einen auffallenden Kontrast zu ihren eleganten schwanenartigen Vettern bildeten.

Der Organisator unseres Ausflugs war eine verwegene schwarze Version des gutaussehenden Großwildjägers. Sein australischer Buschhut paßte zu dieser Rolle. »Nennen Sie mich Albert«, sagte er zu uns. Sein Humor war allerdings ebenfalls ziemlich verwegen. Auf der Fahrt nach Rwindi, wo wir übernachten sollten, hielt er den Jeep neben einem Flußlauf an, auf dessen anderer Seite wir Nilpferde und Wasserbüffel sehen konnten. Während wir sie beobachteten, brüllte er plötzlich: *»Attention! Un crocodile!«* und rannte davon. Alle stoben auseinander, am schnellsten unsere kongolesischen Gastgeber, die noch immer in ihren Straßenanzügen herumliefen. »Wo ist es?« keuchte ich, als ich Albert endlich einholte. »Nur ein kleiner Scherz«, lachte er. Obwohl ich ihm Vorhaltungen machte, daß man, falls er damit fortfuhr, seine ernstgemeinten Warnungen nicht beachten würde, war seine unbekümmerte Art doch ansteckend. Als wir auf eine herrliche Elefantenherde stießen, ermunterte er mich, den Jeep zu verlassen und mich mit ihm den Tieren zu Fuß zu nähern. Im Krüger-Nationalpark in Südafrika, wo ich einige Jahre davor meine ersten Elefanten auf freier Wildbahn gesehen hatte, wäre jeder Ranger, der so etwas vorgeschlagen hätte, auf der Stelle gefeuert und jeder Tourist heimgeschickt worden. Selbst in den ostafrikanischen Tierparks wäre dieses prahlerische Gehabe mißbilligt worden. Aber bei Albert ließ ich alle Vorsicht außer acht.

Am Ende unseres Ausflugs, kurz bevor wir unsere Fokker Friendship für den Flug nach Kinshasa bestiegen, sagte er zu mir: »Kommen Sie alleine wieder, dann arrangiere ich eine richtige Safari für Sie.« Er führte von Berufs wegen Safaris durch, und die Fahrzeuge, die wir benutzt hatten, gehörten ihm. »Geben Sie mir Ihre Adresse«, sagte ich, und tatsächlich nahm mein Sohn einige Jahre später Alberts Angebot an. »Schreiben Sie einfach an ›Albert in Goma‹, Postfach brauchen Sie nicht.« »Aber wie ist Ihr Nachname?« drängte ich. »Prigogine«, antwortete er. Ich wiederholte meinen Satz von vor ein paar Tagen: »Es gibt einen Chemiker . . .« Albert zuckte die Achseln. »Mein Onkel in Brüssel.« »Und der Leiter des Bergwerksinstituts?« »Mein Vater«, sagte er und erzählte mir dann von seiner eingeborenen Mutter und von dem Leoparden, der seinem Vater die Hand abgebissen hatte, bevor dieser die Bestie töten konnte.

II.

Der ernste Teil der Reise begann in Kinshasa. Meine Kollegen beschäftigten sich mit Forschungsbereichen, die mit vielen der brennenden Probleme des Kongos in Verbindung standen. Harrison Brown sprach über die Notwendigkeit, einheimische Geologen auszubilden, wenn man die reichen Bodenschätze des Kongo jemals richtig ausbeuten wollte. Angesichts des traurigen Zustands der Kinder, die wir in der Nähe von Bukavu gesehen hatten und deren aufgedunsene Bäuche

und rötliche Haare darauf hindeuteten, daß sie an Kwashior-
kor litten, weil sie in der Hauptsache Bananen aßen und so gut
wie keine proteinhaltige Nahrung, schlugen James Carter und
Ernst Pariser unter anderem vor, Protein in Form von Fisch
erhältlich zu machen. McKelvey und Eicher wandten sich
landwirtschaftlichen Projekten zu. Und ich empfahl ein neues
Forschungsgebiet, basierend auf einem ganz speziellen natürlichen Reichtum des Kongos.

Als ich mich daheim in den Staaten in diese Region einzuarbeiten begann, hatte ich überrascht festgestellt, daß sie der
natürliche Lebensraum der größten Anzahl von Gorillas und
Schimpansen in der Welt ist. Außerdem beschäftigte mich
damals das Fehlen geeigneter Tiermodelle für die Kontrazeptiva-Forschung. Die Fortpflanzung ist die artspezifischste
Eigenschaft lebender Organismen; und die höheren Primaten,
besonders die Schimpansen, galten als für diesen Zweck am
geeignetsten. Doch wegen ihrer Größe, ihrer Kraft und ihrem
unbändigen Temperament sind sie nicht leicht zu handhaben;
zudem brachten die Schimpansen-Zuchtstätten in den Vereinigten Staaten nur eine begrenzte Zahl von Tieren hervor,
und das genau zu dem Zeitpunkt, als die Food and Drug
Administration für die Zulassung hormoneller Kontrazeptiva
zehnjährige toxikologische Studien an Affen vorschrieb. Deshalb, und auch wegen der Kosten, mußten die weniger geeigneten niederen Primaten verwendet werden. Ich wußte, daß
Pan paniscus, allgemein Zwergschimpanse (oder *Bonobo*, nach
dem afrikanischen Sprachgebrauch) genannt, höchstens drei-
viertel so groß war wie der gewöhnliche Schimpanse (*Pan
troglodytes*) und daß er auf die Liste der bedrohten Tiere
gesetzt worden war. Ich fragte mich, ob wir erwägen sollten,
Pan paniscus als biomedizinisches Tiermodell zu benutzen und
gleichzeitig etwas gegen seinen bedrohten Status zu tun. Das
müßte doch allen recht sein, dachte ich, den Wissenschaftlern,
die sich mit Geburtenkontrolle beschäftigten, und den Umwelt-
schützern, denen es um die Erhaltung einer schwindenden
Tierart ging. Rückblickend bezweifle ich, daß ich diesen
scheinbar harmlosen Vorschlag gemacht hätte, wenn ich einige
seiner hochpolitischen Konsequenzen vorausgesehen hätte.

Auf der Tagung in Kinshasa schlug ich ein mehrstufiges Projekt vor: Das Einfangen einiger Tiere beiderlei Geschlechts, die Ermittlung ihres Gesundheitszustands und schließlich ihre Freilassung auf einer Insel in der Nähe ihres natürlichen Lebensraums, um festzustellen, ob sie sich in dieser relativen Freiheit fortpflanzten. Kakowet, das hochgeschätzte Zwergaffenmännchen des Zoos von San Diego, hatte in der Gefangenschaft vier Nachkommen gezeugt. Eine kleinere Insel hätte den Vorteil, daß keine Einzäunung nötig war, um die Tiere am Entwischen zu hindern; gleichzeitig konnte man eine ausreichende Versorgung sicherstellen, indem man zusätzlich zu der Bereitstellung ihrer Hauptnahrung auch Obstbäume pflanzte, wie Orangen, Papayas und Guaven. Eine Insel würde es auch erleichtern, Wilderei zu verhindern, die in bewohnten Gebieten gang und gäbe war. Gleichzeitig müßten an einigen männlichen und weiblichen Tieren detaillierte biochemische Analysen durchgeführt werden, um festzustellen, ob *Pan paniscus* dem Menschen ähnelt, was sowohl die endokrinologischen Funktionen, die Blutzusammensetzung und den Stoffwechsel betrifft. Falls sich die Annahme einer engen evolutionären Verwandtschaft bestätigte, konnte der Zwergschimpanse durchaus eine wichtige Ergänzung der kleinen Gruppe von Tierarten werden, die Pharmakologen und Toxikologen bei der Entwicklung von Arzneimitteln für Menschen benutzen. Tiere sind nun einmal, ob es uns paßt oder nicht, unentbehrliche Komponenten fast aller vorklinischen Erprobungen; außerdem sind Primaten in bestimmten Bereichen die einzigen geeigneten Tiermodelle. Ein Beispiel dafür ist die reproduktive Biologie, wo staatliche Bestimmungen die Verwendung von Primaten *vorschreiben.*

Die kleinere Größe des Zwergschimpansen würde die Handhabung im Labor ebenso erleichtern wie sein friedlicheres Wesen und sein relativer Mangel an Aggression, wie in Zoos und in der Wildnis beobachtet wurde. Seine typischen »Hei, hei, hei«-Schreie, in deutlichem Kontrast zu dem schrillen, lauten »Hu, hu, hu« des normalen Schimpansen, verdeutlichen die Unterschiede im Temperament. Wenn vorbereitende Studien es rechtfertigten, konnte man im Kongo ein interdisziplinäres Institut einrichten nach dem Muster des Internationalen Zentrums für Insektenphysiologie und Ökologie in Nairobi. Dort konnte man kongolesische Staatsangehörige nicht nur in einer Vielzahl von wissenschaftlichen Disziplinen ausbilden, die mit reproduktiver Biologie und Toxikologie verwandt sind, sondern sie auch im Verhalten von Primaten und in der großangelegten Züchtung von *Pan paniscus* unterweisen. Es konnte sogar das Interesse an empfängnisverhütenden Maßnahmen fördern, die überhaupt kein Thema waren in diesem Land, dessen derzeitige fehlende Geburtenkontrolle eine tickende Zeitbombe war.

Mein Vorschlag wurde von Ileo und Beamten anderer Institutionen in Kinshasa begeistert angenommen, so auch vom *Institut National pour la Conservation de la Nature*, das in Anbetracht seiner völlig unzureichenden Mittel darin eine willkommene Zufuhr von Geldern und sachkundigen Arbeitskräften sah, um sein Ziel, die Erhaltung bedrohter Tierarten, zu fördern. Das letztgenannte Ziel wurde zu einem der Kernpunkte unserer offiziellen schriftlichen Empfehlung an die kongolesische Regierung. Aus mehr als einem Grund wußte ich von früheren BOSTID-Seminaren in Lateinamerika und Asien, daß man Empfehlungen auch ablegen kann und sich nicht unbedingt daran halten muß. Doch schon wenige Monate später bat der kongolesische Nationale Forschungsrat offiziell unsere Nationale Akademie der Wissenschaften, eine kleine Arbeitsgruppe zu bilden, um das Bonobo-Projekt in Gang zu bringen. Obwohl ich selbst diesen Vorschlag gemacht hatte, war ich überrascht, als die Nationalakademie mich, einen Organiker ohne Erfahrung auf dem Gebiet der Primatologie, auswählte, als Vorsitzender der amerikanischen Gruppe zu fungieren. Die Ernennung machte mich unter Affenspezialisten sofort zur *persona summa grata*. Als Außenseiter, der kein Verlangen hatte, in ihr berufliches Revier einzudringen, regte ich ein internationales Forschungsprojekt unter der Schirmherrschaft der erlauchtesten wissenschaftlichen Körperschaft Amerikas in einem Land an, das zwar ein Paradies für Primatologen war, aber wegen der politischen Unruhen das Arbeiten zur Hölle machte.

Die anderen von der Akademie ausgewählten Amerikaner waren der Harvarder Endokrinologe Roy Greep, Richard Thorington von der Abteilung Säugetiere der Smithsonian Institution und Geoffrey Bourne, der Leiter des Yerkes Regional Primate Research Center der Emory University und Herausgeber einer sechsbändigen Abhandlung über Schimpansen. Vor unserer Abreise verbrachte Bourne ein ganzes Wochenende damit, mir die Einrichtungen seines Primaten-Forschungszentrums zu zeigen; manch ein menschliches Baby würde als verwöhnt gelten, wenn es so behandelt würde, wie das Yerkes Center seine Orang-Utan-Babys unterbrachte und versorgte. Bourne war ein enthusiastischer Anhänger des Zwergschimpansen-Projekts, da *Pan paniscus* die einzige höhere Affenspezies war, die am Yerkes damals nicht vertreten war. Nicht in seinen kühnsten Träumen sah er die Schwierigkeiten voraus, die die ersten Zwergschimpansen dort verursachen sollten.

Norma, meine frühere Frau, die mich gewöhnlich auf Geschäftsreisen ins Ausland begleitete, war das einzige weibliche Mitglied unserer afrikanischen Gruppe, der auch Julien Engel angehörte, der auf unserer ersten Kongo-Reise die Bürde des administrativen Kleinkrams getragen hatte und, wie sich herausstellte, auf dieser sein ganzes beachtliches diplomatisches Geschick brauchen sollte. In den elf Monaten seit meinem ersten Besuch waren größere Veränderungen eingetreten. Nach seiner Wahl im Jahre 1970 hatte Staatspräsident Mobutu seine politische Vormachtstellung konsolidiert. Als Teil seines Versuchs, aus den zahlreichen Stämmen der ehemaligen belgischen Kolonie eine staatliche Einheit mit eigener nationaler Identität zu formen, hatte er den Namen des Landes und seiner Währung geändert. Als wir im April 1972 in Kinshasa ankamen, hießen beide nun Zaire. Selbst aus dem Kongo, dem großen Strom, war der Zaire geworden (das einheimische Wort für »Fluß«). An Stelle von Straßenanzügen trugen die meisten Regierungsbeamten nun Mobutus afrikanische Version des Mao-Anzuges, allerdings mit kurzen Ärmeln und offenem Hemd. Diese allgemein *abacost* (*à bas le costume*, »weg mit dem Anzug«) genannte Kombination war in dem heißen, feuchten Äquatorialklima zweifellos wesentlich sinnvoller. Jedermann wurde nun *citoyen* genannt, und folglich wurde unsere Delegation von »Bürger« Ileo empfangen. Das wichtigste Mitglied der Gruppe aus Zaire war jedoch Joseph Ghesquiere, ein im Lande lebender Belgier und Professor für Physiologie an der Universität Kinshasa. Seine Kenntnis der früheren und derzeitigen politischen Verhältnisse, gepaart mit einem brutalen, aber auch humorvollen Realismus, erwies sich als unschätzbar. Noch bedeutsamer aber war, daß er erst vor kurzem zum stellvertretenden Leiter des IRSAC ernannt worden und für die Versuchsstation Mabali in der Äquatorialprovinz zuständig war, wo die meisten Zwergschimpansen leben sollten. Er hatte wunderbare Neuigkeiten für uns: Die Regierung von Zaire würde uns eine oder mehrere kleine Inseln im Tumba-See für die Bonobo-Zuchtkolonie überlassen und stellte unserer Gruppe ansonsten schwer zu erhaltende Transportmittel zur Verfügung.

III.

Am frühen Morgen fuhren wir von unserem Hotel in Kinshasa zum Militärflugplatz, wo wir unser Privatflugzeug bestiegen, eine alte, weiße DC-3 mit einem leuchtend roten Streifen an den Fenstern. Der Flug nach Mbandaka, einem wichtigen Handelszentrum am Zaire, dauerte über zwei Stunden, wobei wir die meiste Zeit in weniger als 300 Meter Höhe über dem dichten Baldachin des tropischen Urwalds flogen, einem verschwommenen Mosaik aus Grüntönen. Wir hatten einen großartigen Blick auf die mannigfaltige tropische Flora, auf Bäche und gelegentliche Siedlungen, aber da das Flugzeug keine funktionierende Klimaanlage besaß, war es heiß und stickig. Die beste Möglichkeit, sich etwas abzukühlen, bestand darin, sich neben die Tür zu stellen, die sich nicht ganz schließen ließ, und den frischen Luftstrom zu genießen, der durch den Spalt kam; und so verbrachte ich den größten Teil des Fluges im Stehen. Als wir Mbandaka erreichten, kreisten wir über dem Flugplatz, der faktisch verlassen wirkte bis auf

eweis einer erfolgreichen Knieversteifung: 1990 mit dem steifen Bein auf Skiern am Mt. Rose, Nevada

Tochter Pamela im Alter von 25

...le und Pamela 1977 auf der SMIP-Ranch – ein Jahr vor Pamelas Selbstmord

...er Generationen von Djerassis: der Autor, Sohn Dale, Enkel Alexander, Vater Samuel (92 Jahre) – die ...weils 31 Jahre voneinander trennen – 1984 auf der SMIP-Ranch

1943 mit seiner ersten Frau, Virginia, zur Zeit der Promotion an der Universität Wisconsin

Mit seiner zweiten Frau, Norma Lundholm, 1951 in Hidalgo, Mexiko

Mit seiner dritten Frau, Diane Middlebrook, bei der Hochzeitsfeier auf der SMIP-Ranch am 22. Juni 198

utogrammstunde im November 1989, kurz nach der Veröffentlichung von *Cantors Dilemma* in den USA, n Beisein von Leah Middlebrook, der Stieftochter des Autors

ährend einer Lesung aus der deutschen Ausgabe von *Cantors Dilemma* in Berlin 1991

Die Mutter der Pille

das Flugzeug, das auf der Nase stand und die einzige Start-
und Landebahn blockierte. Der belgische Pilot teilte uns mit,
daß sich der Unfall an diesem Morgen ereignet hatte und daß
wir, da er hier nicht landen konnte, bevor das Wrack wegge-
räumt war, woanders landen mußten – und zwar schleunigst.

Der Ausweichflugplatz machte ebenfalls einen verlassenen
Eindruck. Aber als wir die Stadt mehrmals in geringer Höhe
überflogen, kamen von überall Menschen herbei, zu Fuß, mit
Fahrrädern und sogar in motorisierten Fahrzeugen. Als wir
auf der unbefestigten Piste aus dem Flugzeug kletterten, stand
das Empfangskomitee schon bereit, und eine Kapelle schlug
die ersten Töne an. Ich sehe noch die brusthohen Trommeln
vor mir, die an den Seiten rote und weiße Verzierungen
hatten, und die singenden, sich wiegenden Frauen. Die meisten trugen zu Turbanen gebundene Kopftücher, doch die
wahren Knüller waren die Frauen ohne Kopfbedeckung. Die
Mannigfaltigkeit der Frisuren übertraf mit Sicherheit die
Phantasie der meisten westlichen Haarkünstler. Zierliche Reihen geflochtener Rattenschwänzchen bildeten das ordentlich-
ste und symmetrischste Arrangement; kompaktere stummel-
artige Zöpfe ließen an Voodoo-Köpfe denken, in die Nägel
getrieben worden waren. Die phantasievollsten Kreationen
aber waren abstrakte Haarskulpturen, die wie gespannte
Drähte auf allen Seiten vom Kopf abstanden und sich hoch
droben in der Luft vereinigten. Sie ähnelten komplizierten
Käfigen, in denen ein kleines Haustier Platz gehabt hätte.

In der Stadt wurde uns prompt ein Festmahl vorgesetzt.
Später fanden wir heraus, wieso praktisch auf der Stelle ein
Empfangskomitee und ein Mittagessen bereitstanden. Ein
Minister der Zentralregierung in Kinshasa wurde dieser Tage
erwartet, und die Bevölkerung hatte einfach angenommen,
daß wir das seien. Sie machten aber dennoch weiter, nachdem
sie ihren Irrtum bemerkt hatten: Die städtische Gastlichkeit
war nun einmal entkorkt worden. Abgesehen von einem
milchigen vergorenen Gebräu aus Kokossaft, das ich ablehnte, aß ich aus einem Gefühl von *noblesse oblige* fast alles,
was man mir vorsetzte. Und da ich beobachtet und gedrängt
wurde, konnte ich auch nicht nur daran knabbern. Seit mei-

nen Forschertagen bei Syntex in Mexiko – wo meine Tochter
Typhus bekam, meine Frau eine üble Amöbenruhr und ich
mindestens dreimal im Monat unkontrollierbaren Durchfall –
hatte ich bei Reisen in Länder, die einen eisernen Magen und
unangreifbare Därme erfordern, die üblichen Vorsichtsmaßnahmen ergriffen: Nichts Rohes essen, das man nicht schälen
kann, und sich immer vergewissern, was einem auf den Teller
gelegt wird. Doch nun verstieß ich gegen sämtliche Regeln.
Erst später erfuhr ich von meiner Frau, daß der unbekannte
Mischmasch auf meinem Teller aus Maniok-Klößchen und
Ziegengulasch bestand. Ich betete zu allen heidnischen Göt-
tern der Gastfreundschaft, meine Eingeweide zu verschonen
– und sie erhörten mich. Ich überstand diese kulinarische
Hürde unbeschadet.

Einige Stunden später erfuhr unser Pilot über Funk, daß
die Landebahn in Mbandaka geräumt war, und so starteten
wir zu unserem ursprünglichen Bestimmungsort. Die Autofahrt über fürchterliche Pisten zur IRSAC-Station in Mabali
am Tumba-See dauerte fast vier Stunden, so daß wir danach
völlig erschöpft waren. Außer meiner Frau und mir fuhren
alle in Toyota-Jeeps mit Segeltuchverdeck. Das Protokoll
verlangte, daß wir das einzige Automobil benutzten, einen
weißen Volkswagen-Käfer, der sich für den roten Morast und
die tiefen Pfützen, die wir in einem tropischen Platzregen
durchqueren mußten, und für den feinen roten Staub, der
später durch jede Ritze und Öffnung drang, als das denkbar
schlechteste Gefährt erwies. Als wir unser Gästehaus erreichten, waren wir ebenso rot wie der VW. Wie man mir
sagte, war das riesige Bett, das darin stand, eigens für den
ungewöhnlich großen König Leopold III. angefertigt worden, der hier einen Besuch machte, als Zaire noch Belgisch-
Kongo war. Mir und meiner Gemahlin wurde das königliche
Lager zugewiesen.

Die nächsten Tage vergingen damit, die zukünftige Insel-
heimat der Zwergschimpansen zu besichtigen, das einge-
zäunte Gehege der Station zu überprüfen, das für die anfängliche Quarantäne und die Untersuchungen auf Tuberkulose
und Parasiten bestimmt war, und logistische Details zu klä-

ren: Sollte man einen Tierarzt vom Yerkes Center an das IRSAC abkommandieren, oder sollte man einen Zairer nach Atlanta schicken und dort in den anerkannten Methoden umsichtiger und humaner Behandlung von Affen unterweisen? Wie durch ein Wunder waren der IRSAC-Station die Verwüstungen erspart geblieben, die in den frühen sechziger Jahren im Kongo gang und gäbe waren. Neben mehreren größeren Gebäuden, in denen die Forschungs- und Nebeneinrichtungen untergebracht waren, gab es acht Wohnhäuser für leitende Angestellte, unser Gästehaus und zwei Eingeborenendörfer für die Arbeiter der Versuchsstation. Die Bauweise der im europäischen Stil errichteten Wohnhäuser war sehr einfach: gemauerte Stützen, weiße Stuckwände und Strohdächer. Was die Gebäude unterschied, waren die primitiven Wandmalereien einheimischer Pflanzen, Tiere und Menschen, die in der Ausführung an Höhlenzeichnungen erinnerten und erstaunlich gut erhalten waren. Die Station und die Eingeborenendörfer lagen in einem tropischen Urwald, doch jedes Haus und jede Hütte war von einem freien Streifen umgeben, der häufig geharkt oder gefegt wurde. Zweck dieser freien Flächen war es unter anderem, Giftschlangen schneller zu entdecken. Die Tarnung dieser Tiere war erstaunlich. So machte ich einmal Farbdias von einer Einfriedung aus Maschendraht, in den sich ein langer, bräunlicher, blattloser Zweig geschlungen hatte. Erst als ich seine rote Zunge herausschnellen sah, wurde mir klar, welchen Gefahren die nackten Dorfkinder jeden Tag ausgesetzt waren und weshalb ihre Eltern die Flächen rings um die Hütten, wo sie spielten, so sorgfältig fegten.

Wir waren uns einig, daß der Tumba-See sich für unsere Zwecke eignete und daß die Insel groß genug war, um ihren zukünftigen Bewohnern ein akzeptables Abbild ihres natürlichen Urwald-Habitats zu bieten. Das einzige, was fehlte, waren die Schimpansen. Ein Jahr davor war in der Nähe der IRSAC-Station eine Gruppe gesichtet worden, doch inzwischen waren ihre Schlafnester in den Bäumen verlassen. Wurden die Schimpansen von Jägern getötet, oder zogen sie sich einfach in ein natürliches Refugium zurück, beispielsweise in den neuerrichteten und faktisch unzugänglichen Salonga-Nationalpark? (Einige Monate nach unserer Abreise und unabhängig von unserem Projekt kam der amerikanische Primatologe Arthur Horn vom Peabody-Museum in Yale nach Mabali und bemühte sich über ein Jahr lang mit minimalem Erfolg um eine Bestandsaufnahme der *Pan paniscus*-Population.) Wir kamen zu dem Schluß, daß wir, um eine Zuchtkolonie auf die Insel zu bringen, eine Expedition mit Netzen und Beruhigungsmitteln starten mußten.

Zwergschimpansen bekam ich nicht zu sehen, aber dafür Pygmäen. Auf einem Ausflug folgten Ghesquire und ich eines Tages Tierspuren, bis unser Jeep plötzlich starke Schlagseite hatte. Ohne unser Wissen waren wir in ein Sumpfgebiet gelangt; die linken Räder standen bis zum Trittbrett im Schlamm. Ich sah uns schon stundenlang zurück zur Station marschieren, obwohl Ghesquire losgezogen war, um zu sehen, ob in der Nähe Hilfe zu finden war. Aber noch bevor ich mir richtig Sorgen machen konnte, hörte ich Stimmen in der Ferne und sah Ghesquire mit Pygmäen im Schlepptau auf mich zulaufen. Ich bin nicht gerade groß, knapp 1,70 Meter, doch ich überragte alle zwanzig von ihnen. Voller Selbstgefälligkeit, die auf meine unerwartete Erhebung in den bislang ungewohnten Rang eines Riesen zurückzuführen war, flüsterte ich Ghesquire zu: »Wie wollen *die* uns denn hier rauskriegen?«, als ob mich die Pygmäen verstanden hätten, wenn ich laut gesprochen hätte. Auf einen Befehl ihres Anführers hin stellten sie sich an die geneigte Seite des Jeeps, packten das Auto, wo es gerade ging, und begannen sich mit der pygmäischen Version von »Hau ruck! Hau ruck!« anzufeuern. In kürzester Zeit stand der Jeep wieder auf *terra firma*.

»Was jetzt?« fragte ich, umringt von unseren fröhlichen Miniatur-Rettern. »Sie sollten sie lieber bezahlen«, riet Ghesquire, woraufhin ich jedem einen Zaire aushändigte. Meine Reiseabrechnung für die Nationalakademie wanderte bis in das Büro des Präsidenten und wieder zurück zu Engel mit der Bitte um Bestätigung, bevor der 20-Dollar-Posten »Trinkgeld für 20 Pygmäen, die Jeep aus dem Sumpf hoben« genehmigt wurde.

Auch der Rückflug nach Kinshasa war kaum ereignislos zu nennen. Eine Stunde nach dem Start packte mich meine Frau am Arm und deutete aus dem Fenster. Einer der Propeller drehte sich nicht. Ich weiß nicht, wie lange das schon der Fall war, aber gleich darauf flog die Maschine eine weite Kurve und der Pilot erschien in der Kabine. »Wir fliegen zurück nach Mbandaka«, verkündete er mit merklich fehlender Zuversicht in der Stimme, »bevor wir *le point de non retour* erreichen.« Keiner von uns sprach, während wir verfolgten, wie der grüne Baldachin des Urwalds nur etwa hundert Meter unter uns vorbeirauschte. Nach einer niedrigen Schleife über der Stadt, um jemanden zu alarmieren, zum Flugplatz zu kommen, landeten wir dicht neben dem beschädigten Flugzeug, das noch immer im Gras lag, wohin es einige Tage davor geschoben worden war. Es überraschte mich nicht zu hören, daß wir die Nacht hier verbringen und auf eine Ersatzmaschine warten mußten, weil niemand den Motor reparieren konnte. Es war glühend heiß, als wir dort auf den Stufen des geschlossenen Flughafengebäudes saßen und hofften, daß irgend jemand in Mbandaka so neugierig war, daß er herausgefahren kam. Um die Zeit sinnvoll zu nutzen, zog ich mein schmutziges, verschwitztes Hemd aus und wusch es unter einem Wasserhahn an der Seite des Gebäudes. Kaum hatte ich das Hemd auf einer niedrigen Backsteinmauer ausgelegt, als wir Motorengeräusche in der Ferne hörten. Kurz darauf sahen wir einen Mercedes und einen Pickup auf uns zukommen. Im ersteren saß der örtliche Gouverneur, der uns erst vor wenigen Stunden verabschiedet hatte und gefahren kam, um festzustellen, was passiert war. Als *Monsieur le Président* konnte ich diesem Beamten im frisch gestärkten *abacost* unmöglich halbnackt gegenübertreten. Also zog ich mein Hemd schnell wieder an und hoffte, daß er entweder nicht bemerken würde, daß es tropfnaß war, oder aber die Nässe auf den Schweiß des weißen Mannes zurückführen würde. Wie ich mir hätte denken können, wurde ich aufgefordert, im Mercedes mitzufahren, was ich auch tat, aber stocksteif und ohne die Rücklehne des Sitzes zu berühren aus Angst, einen nassen Fleck zu hinterlassen. Während der Fahrt sorgte der natürliche Kapillareffekt dafür, daß kleine Bäche an meinem Hemd herunterliefen. Ich konnte nur hoffen, daß wir am Rathaus ankamen, bevor der Strom meine Leistengegend und mein Gesäß erreichte. Glücklicherweise endete die Fahrt, bevor ich auf die plumpe förmliche Erklärung zurückgreifen mußte, die ich mir zurechtgelegt hatte: *Je ne souffre pas d'incontinence.*

Das Protokoll setzte mir auch weiterhin zu. Da es in der Stadt kein Hotel gab, wurden drei der Amerikaner im Gästequartier der Brauerei von Mbandaka untergebracht. Ich hätte nichts dagegen gehabt, ebenfalls dort abzusteigen: Obwohl ich kein Biertrinker bin, hatte ich auf dieser Reise den Äquator entlang das Erzeugnis der Brauerei gleich faßweise konsumiert, wie mir schien, weil ich es für das einzige ungefährliche Getränk in der ganzen Äquatorialprovinz hielt. Doch meine Frau und ich wurden zusammen mit Roy Greep, dem ältesten Mitglied unserer Gruppe, in muffigen, staubigen Räumen der örtlichen Bank untergebracht, ohne Zimmermädchen und sogar ohne Kassierer, da die Schalterstunden längst vorbei waren. Die Bank galt als absolute Spitze der örtlichen Hackordnung.

Während unseres erzwungenen Aufenthalts in Mbandaka schlenderten wir stundenlang über den Markt, der bezüglich der Mannigfaltigkeit der Farben, Menschen und Waren wirklich sehenswert war. Es gab eine erstaunliche Vielfalt von Tonwaren – weiße, braune, schwarze, ockerfarbene –, wobei die Karaffen elegante lange Tüllen und häufig anmutige abstrakte Muster eingeritzt hatten. An einem Stand war ein herrlich bizarres Sammelsurium von leuchtend bunten Plastikkoffern ausgestellt sowie eine Auswahl an schwarzen Lokkenperücken, was in diesem Land der ungewöhnlichen Frisuren besonders erstaunlich war. Später gingen wir an das Ufer des Zaire, der Hauptverkehrsader des Landes, und schauten dem Be- und Entladen der Waren zu, die häufig von Frauen mit flinker Anmut auf dem Kopf balanciert wurden. Es tat mir beinahe leid, als eine Ersatzmaschine vom Typ DC-3 aus Kinshasa eintraf, um uns zu unserem ersten heißen Bad seit einer Woche zu bringen.

In Kinshasa einigten sich die Zairer und die Amerikaner

kurz vor unserer Abreise in die Vereinigten Staaten darauf, Ghesquiere zum örtlichen Betreuer des Projekts zu ernennen. Seine Aufgabe war es, den Transport einiger Zwergschimpansen an das Yerkes Center in die Wege zu leiten, wo erste biochemische, immunologische und genetische Studien durchgeführt werden sollten, bevor man die nächsten und kostspieligeren Phasen meines Vorschlags in Angriff nahm. Das Yerkes sollte die Mittel beschaffen, damit ein zairischer Tierarzt die Schimpansen begleiten und ein Jahr an der Emory University ausgebildet werden konnte. Obgleich ich enttäuscht war, keinem einzigen Zwergschimpansen auf freier Wildbahn begegnet zu sein (am Tumba-See dachte ich jeden Morgen beim Aufwachen: »Heute ist es soweit«), hatte ich doch das Gefühl, daß die Sache genauso schnell vorankam wie das Projekt, das innerhalb von zwei Jahren zur Gründung des ICIPE in Nairobi geführt hatte. Wie sich herausstellte, dauerte es drei Jahre, bevor die ersten Zwergschimpansen am Yerkes Center eintrafen; und wie alle wichtigen und selbst unwichtigen Entscheidungen in Zaire erforderte auch diese Angelegenheit das Eingreifen von Staatspräsident Mobutu.

IV.

Aufgrund einer statistischen Unwahrscheinlichkeit, wie sie im Leben immer wieder einmal eintritt, schreibe ich diesen Bericht über den Ausgang der *Pan paniscus*-Affäre an Bord einer Sabena-Maschine auf dem Flug von Afrika nach Brüssel. Es ist 17 Jahre später, Mitte Juli 1989, und ich bin auf dem Weg zurück nach Stanford nach einer einwöchigen wissenschaftlichen Konferenz über Meereschemie im Senegal. Auf dem Hinflug war der Film, der gezeigt wurde, kein anderer als *Gorillas im Nebel*, die Geschichte der Amerikanerin Dian Fossey, die jahrelang die Berggorillas in Ruanda studierte, ehe sie ermordet wurde. Ausnahmsweise bat ich die Stewardeß um Kopfhörer. Ich hatte Dian Fosseys Arbeit eine Zeitlang verfolgt und wußte, daß sie in Zaire angefangen hatte und nur von den politischen Unruhen dort über die Grenze nach

407

Ruanda getrieben worden war. Während ich auf den Beginn des Films wartete, dachte ich über die Gorilla-Connection meiner Familie nach.

Als Student in Stanford lernte mein Sohn Dale Anfang der siebziger Jahre Francine Patterson kennen, eine Diplom-Psychologin, deren Doktorarbeit ihren Versuch zum Thema hatte, mittels Zeichensprache eine Kommunikationsmöglichkeit mit Koko herzustellen, einem jungen Gorillaweibchen, das mit ihr zusammen in einem Wohnwagen auf dem Campus lebte. Dale interessierte sich für das Projekt, und die beiden wurden rasch Freunde. Einmal mußte ich auf der schmalen Bear Gulch Road abbremsen, um einen entgegenkommenden Wagen vorbeizulassen, in dem ein Gorilla aufrecht auf dem Beifahrersitz saß. Es waren Francine Patterson und Koko, die zu Dales Haus fuhren. Ich folgte ihnen und merkte schnell, was für ein zutrauliches Tier die junge Koko war. Bestimmt, aber freundlich legte sie einen Arm um meine Schultern und versuchte dann mit Zeigefinger und Daumen der anderen Hand, einen Leberfleck auf meiner Stirn zu entfernen, den sie offensichtlich für ein Insekt hielt. Bald darauf ließ ich ihn chirurgisch entfernen. Ein andermal, als ich einen Spaziergang auf Dales Seite der Ranch machte, sah ich plötzlich zwei Gorillas auf mich zulaufen und glaubte einen verrückten Moment lang, wieder in Afrika zu sein. Ich wußte nicht, daß Koko einen Gefährten namens Michael bekommen hatte.

Koko war auch der Star von Dales Debüt als Filmemacher. Zusammen mit einem Freund, dem französischen Produzenten und Regisseur Barbet Schroeder, produzierte er einen Dokumentarfilm über Francine Pattersons enge Beziehung und Interaktion mit Koko, der sowohl in den Staaten als auch in Europa gezeigt wurde. Dieses Projekt war der Auftakt zu einem wesentlich ehrgeizigeren Spielfilm über die Rückkehr von Koko, die im Zoo von San Francisco geboren war, in ihre afrikanische Heimat. Michael war noch nicht in Kokos Leben getreten; und bis das der Fall war, hatte das Gorillaweibchen nur menschliche Gesellschaft gekannt und mittels Zeichensprache eine primitive Verständigung hergestellt. Der Spielfilm sollte gewissermaßen den Kulturschock zeigen, wenn

Koko ihren Berggorilla-Vettern im Osten von Zaire begegnete. Dale und Schroeder beauftragten Sam Shepard, das Drehbuch zu schreiben; und im Dezember 1976 flogen sie nach Bujumbura, um festzustellen, was zur Realisierung des Films notwendig war. Adrien Deschryver, ein Belgier, der damals in der Nähe von Bukavu lebte und die Berggorillas auf der zairischen Seite eingehend studiert hatte, stellte ihnen ein kleines Flugzeug zur Verfügung, damit sie sich einen Überblick über das Gebiet verschaffen konnten. Später wanderten sie, teils mit Hilfe von Albert Prigogine, durch den Kahuzi-Biega-Nationalpark, ein von Deschryver gegründetes Gorillaschutzgebiet in den Bergen zwischen Zaire und Ruanda, wo sie ihre erste Gemeinschaft von Gorillas aufspürten. Dales Familienname verschaffte ihm sogar Zutritt beim neuen zairischen Leiter des IRSAC, der ihnen für ihren Film Unterstützung vor Ort zusagte. Doch leider wurde das Vorhaben nie in die Tat umgesetzt, und nur der Dokumentarfilm wurde gedreht. Während mein Jet Richtung Dakar raste, konnte ich die Professionalität von *Gorillas im Nebel* nur bewundern und mir die logistischen Schwierigkeiten ausmalen, die der Produzent und der Regisseur zu überwinden hatten.

In Dakar hatten mich meine Gastgeber im Nu durch die klimatisierte VIP-Lounge geschleust. Erst beim Abflug eine Woche später merkte ich – wobei mein Vorstellungsvermögen nur geringfügig durch meine Frustration gesteigert wurde –, daß der Flughafen von Dakar den Passagieren einen Eindruck davon vermittelt, wie sich die Sklaven gefühlt haben müssen, die im Hafen von Dakar zusammengepfercht waren, als dieser noch eines der Hauptzentren des Sklavenhandels mit der Neuen Welt war. In dem schwach beleuchteten Terminal herrschte eine Luftfeuchtigkeit von 100 Prozent, und obwohl es später Abend war, war ich schweißgebadet, als ich mir einen Weg durch die dichtgedrängte, drängelnde Menge zum Abfertigungsschalter bahnte. Trotz der wunderbaren Woche im Senegal sank meine Irritationsschwelle rapide, als ich 20 Minuten warten mußte, während der Fluggast vor mir, eine *grande dame* im dunklen Kostüm, in elegantem Französisch über die Beförderung ihres Pudels in der ersten Klasse verhandelte. Drei Sabena-Angestellte (Lakaien in meinen vor-eingenommenen Augen), zwei Senegalesen und ein Belgier, waren voll und ganz mit dieser Frau beschäftigt, die anscheinend keine Schweißdrüsen besaß, während ich, wie die meisten Passagiere um uns herum, bestimmt ein bis zwei Pfund H_2O ausschied. Endlich wurde dem Pudel Einlaß in die erste Klasse gewährt, nachdem man sich ohne Zuhilfenahme einer Waage darauf geeinigt hatte (»Ça va, Madame, ça va«), daß er nur 4,5 Kilogramm wog (die Höchstgrenze für Kabinenpassagiere der Spezies Hund beträgt bei der Sabena fünf Kilogramm).

Auch wenn es mir nicht gefällt, so habe ich doch Verständnis dafür, wenn ein Baby im Flugzeug brüllt. Aber muß man sich auch bellende Hunde gefallen lassen? Das Flugzeug war im Begriff zu starten, und der Platz neben mir war immer noch frei, als meine Nemesis vom Abfertigungsschalter mit ihrem Schoßhündchen erschien. Aus Mitleid mit dem Wollknäuel unterdrückte ich ein Knurren und verfluchte statt dessen im stillen die Sabena. Ich erkundigte mich leise auf englisch bei der neben mir stehenden Stewardeß, wie sie so etwas überhaupt an Bord dulden konnten. Und wenn er mich nun vollpinkelte? Ich hätte meine Blase jedenfalls nicht von Dakar bis Brüssel im Zaum halten können. Sie zuckte nur in typisch gallischer Manier die Achseln, aber meine angehende Reisebegleiterin hatte mich gehört. Kühl und in einwandfreiem Englisch teilte sie mir mit, daß der Pudel eine Pille genommen hatte, die Kontinenz garantiere. Nachdem ich einige Stunden geschrieben hatte, schlief ich schließlich ein. Als ich aufwachte und mich zum Fenster umdrehte, um einen Blick hinauszuwerfen, sah ich nur den Hund, der wachsam auf dem Sitz stand und mich nicht aus den Augen ließ. »Na also, wozu das ganze Getue?« schien mich der knuddelige, ruhige Pudel zu fragen. Als sein Frauchen zurückkam, entschuldigte ich mich bei ihr. Seit dem Tag bin ich jederzeit bereit, mit Pudeln zu reisen – und ziehe sie sogar Babys vor.

V.

Wenn nur unsere Zwergschimpansen, nachdem man sie endlich hatte, ebenso angenehm von Kinshasa nach Atlanta hätten reisen können! Wie es in Zaire so oft der Fall ist, hatte es im IRSAC und im Nationalen Forschungs- und Entwicklungsrat einen kompletten Personalwechsel gegeben, was bedeutete, daß erst noch einmal das Rad erfunden werden mußte, bevor eine annehmbare Vereinbarung über den Transfer der Tiere an das Yerkes Center erzielt werden konnte – ein Vorgang, der meine Akten über das Zaire-Projekt exponential anwachsen ließ. In dieser Zeit entdeckte Ghesquiere, daß ein belgisches Ärztehepaar, das in der Nähe von Bosondjo in der Äquatorialprovinz lebte, von Jägern vier Zwergschimpansenbabys gekauft hatte und diese liebevoll aufzog. Die beiden waren bereit, Yerkes ein Pärchen zu leihen. Doch bevor dieses Angebot weiter verfolgt werden konnte, war das Ehepaar wieder nach Belgien gezogen und hatte es irgendwie geschafft, die Schimpansen ohne Genehmigung »auszuführen«. Die Tiere wurden schließlich in erstklassigen Einrichtungen im Stuttgarter Zoo untergebracht, dessen Direktor anbot, Yerkes zwei dieser Tiere für biomedizinische Untersuchungen zu leihen. Als sich diese Möglichkeit aufgrund einer gesetzlichen (und meiner Meinung nach weisen) Bestimmung zerschlug – Tiere, die auf der Liste der bedrohten Arten stehen, dürfen nicht ohne amtliche Erlaubnis des Herkunftslandes (in diesem Falle Zaire) in die Vereinigten Staaten eingeführt werden –, griffen wir auf unseren ursprünglichen Plan zurück, der vorsah, unter der Schirmherrschaft des IRSAC einige Tiere zu fangen. Inzwischen war das Büro von Staatspräsident Mobutu auf der Bildfläche erschienen. Mobutu hatte sich einen eigenen Privatzoo eingerichtet und wollte, daß die Zuchtkolonie dort statt am Tumba-See errichtet wurde. Dem amerikanischen Botschafter Sheldon Vance gelang es jedoch, Mobutu dazu zu bewegen, im Rahmen eines Leih-Pacht-Abkommens den Versand von drei ausgewachsenen Zwergschimpansen an das Yerkes Center zu autorisieren, woraufhin ich es schaffte, einen kleinen Forschungszuschuß vom Commonwealth Fund zu bekommen, um die Kosten für das Einfangen und den Transport der Tiere zu decken.

Ghesquiere schrieb mir ausführlich, wie alles ablief. Bürger Jeje Songo, der außer seiner Muttersprache Lingala auch fließend Französisch und Deutsch sprach, aber kein Englisch, war am IRSAC schon früher beim Fangen von Gorillas und Schimpansen dabeigewesen. Geoffrey Bourne hatte die Mittel aufgetrieben, um Jeje nach Atlanta zu holen und ein Jahr am Yerkes auszubilden; und Jeje wurde dazu bestimmt, die eingefangenen Tiere in die Vereinigten Staaten zu begleiten. Jeje und Sinclair Dunnett, ein Engländer, der mit einer britischen Expedition nach Zaire gekommen war, um Stanleys Route durch den Kongo zu folgen (»Mr. Livingstone, I presume?«), machten sich auf den Weg zu der Plantage bei Bosondjo, wo das belgische Ehepaar seine vier Zwergschimpansenbabys gekauft und aufgezogen hatte.

Über das Einfangen selbst schrieb Ghesquiere: »Die südliche Route war seit Jahren nicht mehr benutzt worden, und so brauchten wir fünf Stunden (in einem Toyota-Pickup mit Allradantrieb), um etwa 25 Kilometer zurückzulegen, da wir uns die meiste Zeit den Weg freihacken mußten. Wir setzten uns mit den Dorfbewohnern in Verbindung, die allesamt bestätigten, daß es im Urwald jede Menge Bonobos (Pan paniscus) gab. Das Einfangen von Jungtieren sei kein Problem – die könnten sie innerhalb von ein bis zwei Tagen liefern –, aber bei ausgewachsenen Tieren sei das etwas völlig anderes. Sie waren sich jedoch einig, daß es mit ihren eigenen Netzen zu schaffen sei. Das Ganze läuft im Grunde genau so ab, wie Citoyen Jeje die Fangexpeditionen in Kiwu schilderte. Erst folgen Späher den Schimpansen, manchmal tagelang, bis sie die Schlafnester ausfindig machen, die die Tiere gewöhnlich eine Stunde vor Einbruch der Dunkelheit aufsuchen und vor Tagesanbruch nicht mehr verlassen. Dann werden die übrigen Fänger dort hingebracht, wo sie die Netze auslegen. Am frühen Morgen wird ein Mann auf den Baum geschickt, auf dem sich die Schimpansen befinden, um sie aufzuscheuchen. Die Zwergaffen lassen sich auf die Erde fallen, wo sie von den anderen Männern in Richtung der Netze getrieben werden.

Sobald ein Schimpanse im Netz ist, hält ihn der Fänger, der am nächsten steht, mit einem langen Stock fest, bis ihn einer von uns mit einer intramuskulären Injektion Natriumpentothal betäuben kann. Dann wird der Schimpanse in einen Käfig gesetzt und bekommt am ersten Tag etwas Valium ins Futter, damit er ruhig bleibt.«

Auf diese Weise fingen *Citoyen* Jeje und Sinclair Dunnett ein pubeszentes Männchen und Weibchen sowie ein älteres Weibchen. Die Bewohner von Bosondji boten ihnen zwei Schimpansenbabys an, offenbar die unverspeisten Überreste von einer Jagd nach Fleisch. Diese Tiere waren schwach und litten an Darmparasiten, was bei Tieren, die von Dorfbewohnern gehalten werden, häufig der Fall ist. Alle fünf Schimpansen wurden vom amerikanischen Militärattaché in seiner Beechcraft nach Kinshasa geflogen und dann, nach einem zweiwöchigen Aufenthalt in Präsident Mobutus Privatzoo, wo die ersten medizinischen Untersuchungen durchgeführt wurden, in ein Transportflugzeug der Pan Am nach New York verladen. Jeje blieb auf dem ganzen Flug bei ihnen, gab ihnen Futter und Wasser und kontrollierte die Kabinentemperatur. Am 26. März 1975 trafen die fünf Schimpansen kurz vor Mitternacht auf dem New Yorker Kennedy Airport ein, wo sie von Dr. Grant Kuhn in Empfang genommen wurden, dem leitenden Tierarzt des Yerkes Center, der sie in einem geheizten Lastwagen in das örtliche Tierheim brachte. Am nächsten Tag ging es mit einer DC-10 der Delta Airlines nach Atlanta und in einem geheizten Lastwagen zur Quarantänestation des Yerkes. Innerhalb eines Tages wurden Rektum- und Halsabstriche gemacht, Blutproben für diverse hämatologische Untersuchungen entnommen und TB-Tests durchgeführt. Es war unbedingt erforderlich, ihren Gesundheitszustand zu ermitteln, bevor man mit ernsthaften biochemischen, immunologischen und endokrinologischen Tests begann.

Nach zehn Tagen hörten die Babys, genannt Mukili und Masikini, wegen einer schweren *Candida*-Infektion auf zu fressen. Trotz einer Behandlung mit Penicillin und dem Fungizid Nystatin und nachfolgender künstlicher Ernährung starben die beiden Kleinen. Die Autopsie ergab, daß sie an einer

Vielzahl von Krankheiten litten, darunter Angina, Leberne-krose und chronische Perikarditis; es besteht kaum ein Zwei-fel, daß sie auch in Zaire an diesen Krankheiten gestorben wären. Die drei Schimpansen, die Jeje und Dunnett gefangen hatten, erhielten die Namen Lokolema (ein ausgewachsenes Weibchen, das über 50 Pfund wog), Matata (ein 20 Pfund schweres Weibchen) und Bosondjo (ein 23 Pfund schweres Männchen). Abgesehen von Darmparasiten, die sie aus Zaire mitgebracht hatten und die mit Wurmkuren leicht in Schach zu halten waren, gediehen die drei Tiere am Yerkes Center und lieferten mit der Zeit eine Fülle von Informationen.

1923 erwarb Robert Yerkes, der damals in Yale lehrte und später das nach ihm benannte Primatenzentrum gründete, vom Bronx Zoo seine beiden ersten Schimpansen, denen er die Namen Chim und Panzee gab. Erst nachdem *Pan paniscus* im Jahre 1928 offiziell beschrieben worden war, stellte sich heraus, daß Chim, den Yerkes ein »intellektuelles Genie« nannte und dessen »bemerkenswerte Flinkheit und schnelle Auffassungsgabe sich mit einem fröhlichen und zufriedenen Wesen verbanden, das ihn bei jedermann beliebt machte«, ein Zwergschimpanse war. Seit seiner wissenschaftlichen Erfas-sung glaubt man, daß *Pan paniscus*, unter anderem wegen seiner Größe und Körperhaltung, enger mit den mutmaß-lichen Vorfahren des Menschen (wie dem *Ramapithecus* und dem *Australopithecus*) verwandt ist als jeder andere lebende Menschenaffe.

Die ersten Blutwerte und hämatologischen Ergebnisse der drei Zwergschimpansen schienen diese Ansicht über eine Verwandtschaft zu erhärten. Als jemand, der seinen Choleste-rinspiegel aufmerksam beobachtet und ihn nur dank heroi-scher Diätkuren bei 195 hält, freute es mich zu hören, daß Lokolema einen Cholesterinspiegel von 202 hatte, Matata und Bosondjo dagegen von 182 und 195 – und das ohne fettarmen Joghurt und Fisch. Nach den ersten Gesundheitskontrollen wurden die drei Zwergschimpansen einer sorgfältigen Beob-achtung unterworfen, die im Falle der jüngeren Tiere Matata und Lokolema auch den engen körperlichen Kontakt mit einem menschlichen Beobachter beinhaltete. Die Psychologin

Sue Savage beschrieb die beiden Tiere in Worten, die Dr. Yerkes gefallen hätten. Neben ihrer Flinkheit und Lebhaftigkeit und ihrer Empfänglichkeit für soziale Winke vermerkte sie »eine Scheu, Unentschlossenheit, Sensibilität und Zärtlichkeit, die man unter normalen Schimpansen nicht findet«. Während letztere meist für sich sitzen, wenn sie nicht gerade spielen oder sich pflegen, »neigen Zwergschimpansen dazu zusammenzusitzen, den einen Arm gewöhnlich lässig um die Schultern des Gefährten gelegt«. Auch das Sexualverhalten des Zwergschimpansen hört sich in Sue Savages Bericht nachgerade menschlich an: »Die Kopulation findet entweder ventro-ventral oder dorso-ventral statt, und in beiden Lagen können verschiedene Stellungen eingenommen werden. Direktes Anstarren und Blickkontakt gehen fast jedem Begattungsakt voraus ... Empfänglichkeit für den Gesichtsausdruck des Partners und das Ausstoßen von Lauten während des Begattungsaktes scheinen eher die Regel als die Ausnahme zu sein.«

Diese Beispiele beweisen, welche Fürsorge und Aufmerksamkeit die Leute am Yerkes ihren zeitweiligen Gästen aus Zaire zuteil werden ließen. Folglich waren alle am Projekt Beteiligten über den plötzlichen Ausbruch geradezu hysterischer Anschuldigungen und Unterstellungen sehr verärgert. Diese wurden durch einen einseitigen Artikel in der *New York Times* vom 15. Mai 1975 ausgelöst, in dem die Ankunft der fünf Tiere am Yerkes Center, der Tod der beiden Schimpansenbabys und die wissenschaftliche Grundlage des Projekts geschildert wurden. Die folgende wüste Beschimpfung ging vermutlich auf die in dem Artikel aufgestellte falsche Behauptung zurück, alle fünf Schimpansen seien unter der Schirmherrschaft unseres Projekts mit Netzen gefangen worden, und implizierte, daß wir für den Tod von zwei Mitgliedern einer bedrohten Spezies verantwortlich seien. Die ersten Sendschreiben kamen von einer Shirley McGreal, die sich als zweite Vorsitzende der »International Primate Protection League« in Bangkok auswies. Nachdem sie an Bourne geschrieben und eine lange, höfliche Antwort erhalten hatte, schrieb sie an Engel und bat um eine ausführliche Darstellung der Beteiligung der Nationalakademie, einschließlich genauer Angaben, wann unser Komitee in Zaire gewesen war und wieviel Zeit jeweils in Kinshasa und vor Ort verbracht wurde. Nachdem Engel mit einem langen Brief geantwortet hatte, schrieb McGreal an das amerikanische Außenministerium, an den Präsidenten der Nationalen Akademie der Wissenschaften und schließlich an mich. Detaillierte Antworten von jedem von uns stellten sie nicht zufrieden: Sie war überzeugt, daß wir ein finsteres Komplott geschmiedet hatten, um den Bonobo-Bestand zu dezimieren. Obgleich ich viel Verständnis für Umweltschützer habe und Bewunderung empfinde, wie sie sich mit bescheidenen Mitteln und gegen übermächtige Interessen darum bemühen, eine wichtige Sache zu fördern, war mein reiches Reservoir an gutem Willen fast erschöpft, ehe mir klar wurde, daß McGreal gar nicht so sehr an den Fakten interessiert war, sondern uns schlicht und einfach als brutale Tiermörder teeren und federn wollte. (Ich habe noch nie zugelassen, daß auf unserer Ranch ein Reh oder ein Kojote getötet wurde; ich bin weder jemals auf die Jagd gegangen, noch habe ich je ein Gewehr besessen.) Folglich war Bournes in der *New York Times* zitierte Erklärung, ein wichtiges Ziel der Zusammenarbeit zwischen dem Yerkes und dem IRSAC sei es, »ein Naturschutzprogramm für den letzten in Freiheit lebenden Zwergschimpansenbestand zu entwickeln«, für diese Dame ohne jede Bedeutung. Genausowenig wie die schriftliche Widerlegung seitens des Schimpansen-Fachmanns und Verhaltensforschers A. Kortlandt aus Amsterdam und des früheren Generaldirektors des kongolesischen Nationalinstituts für die Erhaltung der Natur, Jacques Verschuren, der sogar den bedrohten Status von *Pan paniscus* in Zweifel zog. Aber es sollte noch schlimmer kommen.

Veranlaßt durch den gleichen *Times*-Artikel ließ ein Dr. W. C. McGrew von der Universität Stirling in Schottland eine schließlich von 43 Einzelpersonen unterzeichnete Petition zirkulieren, die mit der eklatanten Anschuldigung begann, das Yerkes Center habe illegal fünf Schimpansen eingeführt, die zu diesem Zweck gefangen worden seien, von denen zwei bereits gestorben seien. Nach einer Verurteilung des Yerkes Center forderte die Resolution »die Regierung und das Volk von Zaire dringend auf, das Einfangen von Zwergschimpansen in der Wildnis unverzüglich zu unterbinden«. Kopien wurden an zahlreiche wissenschaftliche und staatliche Einrichtungen geschickt, unter anderem an das amerikanische Innenministerium und an Präsident Mobutu. Und dann war wirklich die Hölle los.

Die Ausfuhr und das Fangen von Schimpansen war in Zaire bereits streng verboten und nur mit einer Sondererlaubnis gestattet, wie wir sie erhalten hatten. Daß weder die Regierung von Zaire noch irgendein anderes afrikanisches Land imstande gewesen war, die Jagd und den Schmuggel insgesamt zu unterbinden, war natürlich allgemein bekannt; aber es war auch nicht gerade hilfreich, auf dieser Tatsache herumzureiten, schon gar nicht bei Präsident Mobutu, der auf einer Tagung des Internationalen Naturschutzbundes in Kinshasa die Eröffnungsansprache halten sollte. Ein lustiger Brief aus Zaire schilderte mir, wie der neue Leiter des IRSAC, auf den Knien liegend und praktisch den Boden küssend, den Präsidenten von McGreals und McGrews Petitionen unterrichtete, woraufhin Mobutu – offiziell bekannt als *Citoyen Président Fondateur du Mouvement Populaire et Président de la République* – tobte, dies sei ein »*outrage à la souveraineté nationale*«. Ghesquiere zufolge war es ein Glück, daß die Kopie der Petition, die Mobutu vorgelegt wurde, nicht die Namen der Unterzeichner enthielt, da ihnen sonst verboten worden wäre, jemals nach Zaire einzureisen und eben jene Spezies zu studieren, die sie schützen wollten. Mobutu verkündete, daß Zaire sich, was den Naturschutz betraf, von niemandem Vorschriften machen lassen werde; daß *Pan paniscus* der alleinige und ausschließliche Besitz von Zaire sei und mit ihm so verfahren werde, wie die Regierung es für richtig erachte; und schließlich, daß die Pläne für die Zuchtkolonie mit Volldampf weiterverfolgt würden.

Trotz dieses Präsidenten-Edikts kam das Zwergschimpansen-Projekt nie über die biomedizinische Forschungsphase am Yerkes Center hinaus – und zwar aus zwei Gründen. Erstens gab es einfach keinen Zairer, der entsprechend einflußreich und gewillt gewesen wäre, seine Zeit und seine Karriere der Verwirklichung dieses Projekts zu opfern, wie Thomas Odhiambo es beim ICIPE in Kenia getan hatte. Ghesquiere war zwar Belgier, besaß jedoch die Fähigkeiten und auch die Tatkraft, um diese Aufgabe auszuführen, doch er war nach Belgien zurückgekehrt, um in Louvain zu lehren. Der zweite Grund war, daß die mittleren und späten siebziger Jahre keine gute Zeit waren, um Geld für wissenschaftliche Forschungsarbeiten in Entwicklungsländern aufzutreiben, schon gar nicht in Afrika; die erforderlichen Mittel waren von Organisationen wie der UNESCO und der WHO, bei denen Anträge eingereicht worden waren, einfach nicht zu bekommen.

Die Unterzeichner der McGrew-Petition waren ein bunter Haufen, der auch einige berühmte Namen aufwies, beispielsweise Jane Goodall, die Schimpansen-Verhaltensforscherin. Fast ein Viertel der Unterzeichner waren Studenten aus Stanford, die bei Jane Goodall am Forschungszentrum Gombe im westlichen Tansania gearbeitet hatten. Drei von ihnen waren von Rebellen aus Zaire entführt worden, die sie mehrere Wochen in der Provinz Kiwu festhielten, bevor ein Lösegeld bezahlt wurde, um ihre Freilassung zu erwirken. Diese unglückselige Affäre war im wesentlichen der Grund für Jane Goodalls »Trennung« von Stanford. Ich lud acht von diesen Studenten in mein Büro ein und fand dann heraus, wie wenig sie in Wahrheit über *Pan paniscus* als Spezies und das Projekt selbst wußten. Erst als ich in meinen dicken Aktenordnern kramte, um konkrete Beweise vorzulegen, wurde klar, daß man ihnen eine verfälschte und unvollständige Version serviert hatte; als sie gingen, wußten sie, daß unser Projekt kein korruptes Unternehmen war, um den Zwergschimpansen-Bestand von Zaire zu dezimieren.

Das Bonobo-Projekt hatte noch ein weiteres Resultat. Im August 1976 schrieb Geoffrey Bourne an den Leiter des IRSAC: »Als Zeichen möchten wir die Gelegenheit ergreifen, dem Staatspräsidenten Mobutu ein junges Orang-Utan-Pärchen zum Geschenk zu machen, eine Affenart, die in Afrika nicht heimisch ist. Wir tun dies in der Hoffnung, daß ihr Aufenthalt in Zaire zu einem weiteren Symbol der freundschaftlichen und brüderlichen Bande werden möge, die bereits in so erfreulicher Weise zwischen unseren beiden Ländern bestehen.« Dann begannen langsam und fein die diplomatischen Mühlen zu mahlen. Der amerikanische Botschafter Walter Cutler schlug vor, die beiden Orang-Utans in einem der zweimal im Monat aus Charleston, South Carolina, eintreffenden Militärflugzeuge zu befördern, die das amerikanische Militär und die Botschaft in Zaire versorgten. Nach umfangreichem trilateralen Telegrammverkehr zwischen der Botschaft in Kinshasa, dem Pentagon und dem Außenministerium in Washington erfuhren wir, daß die Air Force bereit war, für die fürstliche Summe von 400 Dollar den aller Wahrscheinlichkeit nach ersten Transport eines Orang-Utan nach Afrika durchzuführen. Und wer machte schließlich dieses großzügige Angebot? Ein Oberst namens Geraci. Ich hätte diesem phonetischen Namensvetter vermutlich schreiben und mich erkundigen sollen, ob ein dyslexischer Einwanderungsbeamter in Ellis Island für die sonderbare Schreibweise seines Namens verantwortlich war, doch ich widerstand dieser Versuchung. Die Ablagen in meinem Büro und in meinem Kopf waren bereits bis zum Überquellen mit Zwergschimpansen-Schmankerln vollgestopft. Irgendwie hatte ich das Gefühl, daß sich Geracis genealogische Abstammung als arge Enttäuschung erweisen würde.

VI.

Es war April 1991. Als im Überfliegen wissenschaftlicher Zeitschriften erfahrener Mensch blätterte ich rasch die neueste Ausgabe von *Science* durch, als ein erstaunliches Farbphoto meinem ungeduldigen Finger Einhalt gebot. Die Bildunterschrift »*Big talker.* Zwergschimpanse Kanzi formt Steinwerkzeug« ließ die Seite eine Mikrosekunde lang vor meinen Augen erstarren, gerade so lange, daß ich den Satz erhaschte: »Sue Savage-Rumbaugh von der Georgia State University und Patricia Marks Greenfield von der University of California in Los Angeles behaupten, ein Zwergschimpanse namens

Kanzi könne grammatikalische Sätze bilden wie ein zweijähriges Kind – und sogar neue Syntaxregeln erfinden.« Das war schon recht überzeugend, doch der nächste Satz des *Science*-Artikels – »Es hat den Anschein, als müßte die Debatte, ob Sprache etwas nur dem Menschen eigenes ist, neu eröffnet werden« – ließ mich endgültig wieder einmal zu meinen überquellenden Zwergschimpansen-Akten greifen.

Sie führten mich zwar nicht zu Kanzi, aber ich fand dort eine Sue Savage ohne Bindestrich, die Psychologin, die Mitte der siebziger Jahre als erste längere Zeit persönlichen Kontakt mit zwei unserer zairischen Zwergschimpansen-Einwanderer am Yerkes Center hatte, nämlich mit Matata und Lokolema. Auf meine Anfrage hin schrieb sie mir, daß Matata später vier Junge zur Welt gebracht hatte – drei Weibchen und ein Männchen –, die alle von Bosondjo gezeugt worden waren, dem älteren männlichen Einwanderer aus den siebziger Jahren. Unsere Matata war auch die Stiefmutter von Kanzi, den sie seiner leiblichen Mutter Lorel (einer Leihgabe des Zoos von San Diego) gestohlen hatte. Kanzi und zwei seiner Stiefschwestern leben heute außerhalb von Atlanta in einem etwa 20 Hektar großen Wald, dem Language Research Center (einem gemeinsamen Unternehmen des Yerkes und der Georgia State University), wo sie Teil eines Programms zur Erforschung ihrer kognitiven Fähigkeiten sind.

Ich war viel zu stolz auf diese erst jetzt entdeckten Auswirkungen unseres Bonobo-Projekts, um bei den vorläufigen Forschungsergebnissen zu kiebitzen, die Sue Savage-Rumbaugh zusammengetragen hatte, selbst wenn ich beruflich dazu qualifiziert gewesen wäre. Warum sollte ich Kanzis Fähigkeiten in Frage stellen, eine geänderte Bedeutung durch eine Veränderung der Wortfolge auszudrücken? Als die Trainerin beispielsweise Kanzis Stiefmutter Matata packte, benutzte Kanzi die entsprechenden Symbole in der Reihenfolge »Packen Matata«. Aber als die Stiefmutter einen Mann biß, wählte Kanzi »Matata beißen«. Andere Beweise der Sprachgewandtheit des Zwergschimpansen sind Auszügen eines Briefes zu entnehmen, den mir Sue Savage-Rumbaugh schrieb: »Heute morgen sagte er: ›Sue Ball‹, um mich zu bitten, ihm einen Ball zu bringen, ›Schlüssel öffnen‹, um in den angrenzenden Wohnbereich zu Matata gelassen zu werden, und ›Verstecken Matata‹, als ich ihm sagte, daß er die Tür nicht öffnen könne. Dann sagte er: ›Kolonieraum Schlafzimmer‹, um mir zu sagen, daß er durch den Kolonieraum in das Schlafzimmer gehen wollte.« Wie Sue Savage 1976 erwähnt hatte, unterscheiden sich Zwergschimpansen vom normalen Schimpansen *Pan troglodytes* durch die große Ähnlichkeit mit dem Menschen, die sie in ihrem Sozial- und Sexualverhalten zeigen. Nun, im Jahre 1991, ließ sie durchblicken, daß das Sprachverhalten unserer Zwergschimpansen-Verwandten darauf hindeuten könnte, daß die Sprache auf einen gemeinsamen affenartigen Vorfahren (vor rund fünf Millionen Jahren) zurückgehen könnte und nicht allein dem Menschen eigen ist.

Ein anderer Forscher, Nicholas Toth von der Universität Indiana, hat Kanzi gelehrt, wie man Keile von einem Stein abschlägt und sie dann als Werkzeug benutzt. Toth überprüft zur Zeit, ob Kanzi imstande ist, den anderen Zwergschimpansen in Georgia die Herstellung von Keilen und den Gebrauch von Werkzeugen beizubringen und vielleicht eine kleine Gemeinschaft von Steinwerkzeugmachern ähnlich den frühen Hominiden ins Leben rufen kann.

Das größte Problem bei der Ausdehnung dieser aufregenden Studien ist die äußerst geringe Zahl von Versuchstieren (nur sieben Gründertiere in ganz Nordamerika). Wäre unsere Zuchtkolonie am Tumba-See zustande gekommen, dann wäre diese Insel in Zaire der ideale Ort für eine Art idyllischen Bonobo-Kibbutz gewesen angesichts der Tatsache, daß die Zwergschimpansen im Gegensatz zu anderen Menschenaffen Kibbutz-Verhalten an den Tag legen: Alle erwachsenen Tiere beiderlei Geschlechts beteiligen sich an der Aufzucht der Jungen sowie am Sammeln und an der Verteilung der Nahrung. Ihr Sexualverhalten, das erst jüngst von dem japanischen Primatologen Takayoshi Kano beschrieben wurde, unterscheidet sich zwar deutlich von dem normaler Schimpansen, würde aber in einem Kibbutz wohl kaum Zustimmung finden.

Von einem Versteck aus konnte Kano eine Gemeinschaft

von etwa 60 Zwergschimpansen beobachten, die sich an einer Futterstelle versammelten, die jeden Tag mit frischen Früchten und Zuckerrohr versorgt wurde. Genau wie normale Schimpansen ließen die Zwergschimpansen zunächst große Erregung erkennen; aber im Gegensatz zu den erstgenannten, wo diese Erregung rasch in Aggression und in Streit um die Nahrung umschlägt, verwandelte sich die anfängliche Erregung der Zwergschimpansen prompt in sexuellen Verkehr in der Missionarsstellung. Nicht ein einziges Mal konnte Kano eine erzwungene Kopulation oder heterosexuellen Analverkehr beobachten.

Wenn sich zwei Weibchen während der anfänglichen Erregungsphase, die mit Nahrung im Zusammenhang steht, begegnen, nähern sie sich Bauch an Bauch, reiben ihre Genitalien aneinander und beginnen dann zu fressen. Eine ähnliche Begegnung zwischen zwei Männchen gleichen Ranges manifestiert sich in einer Annäherung Rücken an Rücken, gefolgt von schnellem Reiben der Hinterteile. Kano interpretiert dieses Reiben als eine Form der Begrüßung und sowohl die heterosexuelle als auch die homosexuelle Aktivität als einen Mechanismus zum Abbau der Erregung, die beim Anblick einer größeren Nahrungsmenge auftritt. All diese sexuellen Äußerungen hören innerhalb von zehn Minuten auf, woraufhin sich die Tiere zusammendrängen und friedlich die Nahrung teilen. Ein weiterer faszinierender Unterschied zwischen normalen und Zwergschimpansen ist laut Kano die hierarchische Stellung der weiblichen Tiere. Bei den gewöhnlichen Schimpansen dominiert in der Regel das Männchen, so daß selbst das niederste Männchen noch über dem ranghöchsten Weibchen steht. Bei den Bonobos dagegen nehmen häufig rangältere Weibchen, und besonders Muttertiere, die dominierende Position ein. Es freute mich zu hören, daß der Feminismus unter den Primaten seinen Ursprung unter den Zwergschimpansen gehabt haben könnte.

Zusammen mit einer Gruppe japanischer Primatologen versucht Sue Savage-Rumbaugh derzeit, etwa 300 Kilometer westlich unseres ursprünglichen Standorts am Tumba-See eine oder zwei Bonobo-Schutzstationen einzurichten. Ich wünsche ihnen viel Glück, damit Matata und ihre amerikanischen Zwergschimpansen-Sprößlinge eines Tages an einen sicheren Zufluchtsort in ihrer angestammten Heimat zurückkehren können.

KAPITEL 17

Intermezzo:
Modische Eitelkeiten

Bɪs zu meinem 15. Geburtstag, als ich in das American College in Sofia eintrat, besaß ich keine langen Hosen. In Wien trugen wir vor dem Anschluß vom Frühjahr bis zum Herbst Lederhosen oder andere kurze Hosen und im Winter Knickerbocker. In Bulgarien mußten die Schüler staatlicher Schulen Uniform tragen, was für Jungen schwarze Jacke, schwarze Hose und eine schwarze Mütze bedeutete, die den rasierten Kopf bedeckte. An den renommierteren privaten Oberschulen lernten die Kinder der Bourgeoisie eine der beiden *linguae francae* des Balkan (Deutsch oder Französisch) oder auch beide. Nur die wagemutigsten oder kosmopolitischsten Familien schickten ihre Sprößlinge auf das American College am Stadtrand von Sofia. Im Gegensatz zu den Schülern anderer Privatschulen, die zu Hause wohnten, lebten wir im Internat und mußten unsere Uniformen nur tragen, wenn wir das Wochenende in Sofia verbrachten. Noch wichtiger war, daß wir das Haar nach Belieben wachsen lassen durften; außerdem war der obligate Wochenendanzug keine richtige Uniform, sondern nur eine blaue Kombination aus Zweireiher und langen Hosen sowie weißem Hemd und schwarzen Schuhen. Nur die Mütze trug das Emblem der Schule.

Statt für diese minimalen Kleidervorschriften dankbar zu sein, weigerte ich mich vom Tag meiner Ankunft im Hafen von New York im Jahre 1939 an, blaue Bekleidung oder schwarze Schuhe zu tragen. Zwei Jahrzehnte verharrte ich im Vor-Stutzer-Stadium: Meine Sachen waren von der Stange gekauft, nie maßgeschneidert, die Anzüge braun oder grau, meine sämtlichen Schuhe braun, meine Krawatten aus Wolle, meine Hemden weiß oder gelegentlich in einem unaufdringlichen Roséton. Aber schließlich kam doch noch der Pfau in mir zum Vorschein.

I.

Im Februar 1958 flog ich mit Alex Zaffaroni, dem damaligen Vizepräsidenten von Syntex, von Mexico City nach Tokio, um einen japanischen Vertreiber für Syntex' Anti-Baby-Pille zu finden. Es war ein langer Flug, den wir jedoch recht luxuriös verbrachten: Wir nahmen eine DC-6 der Canadian Pacific, die im hinteren Teil mit Schlafkojen ausgestattet war. Da wir somit ungestört im Pyjama schliefen, morgens im Bett eine Tasse Tee serviert bekamen und uns hoch über dem Pazifik ausgesuchte Delikatessen schmecken ließen, verlief unsere Reise in den Orient äußerst schmerzlos.

Im Gegensatz zum transpazifischen Herumgeflitze der amerikanischen Wissenschaftler von heute waren in den fünfziger Jahren nur wenige amerikanische Chemiker jemals Gast einer japanischen Universität gewesen. Wir wurden fürstlich empfangen, desgleichen unsere Ehefrauen, die Einkäufe machten und die Sehenswürdigkeiten besichtigten, während wir unsere Vorträge hielten. An einem Vormittag gingen wir alle zusammen zu einem Seidenhändler in Kyoto. In meiner üblichen Konfektionskäufer-Manier wählte ich für mich einen roten Kimono mit einem hexagonalen Muster, das mit seinen schwarzen Benzolringen auf rotem Grund aussah wie das Traum-Logo eines Chemikers. Und genau da brachte mich Zaffaroni auf die schiefe Bahn.

»Schau dir diese graue Rohseide an«, murmelte er. »Fühl doch mal.«

»Da ist schon ein Unterschied«, räumte ich ein, während ich das sinnliche Material zwischen Daumen und Zeigefinger der rechten Hand rieb. Die meisten Seidenstoffe, die ich bis dahin angefaßt hatte, wurden von Frauen getragen; über eine kühle

Seidenbahn zu streichen, fühlte sich irgendwie anders an, als wenn man die Körperwärme hindurchspürte.

»Kauf sie«, sagte Alex.

»Kaufen? Norma hat doch wirklich schon genug ausgesucht.«

»Kauf sie für dich. Denk dran, daß wir nach Hongkong fahren. Da nähen sie dir über Nacht ein Hemd.«

Alex, ein hochgewachsener Uruguayer mit schmalem Oberlippenbart à la Cesar Romero, sah aus wie ein lateinamerikanischer Diplomat oder Bankier, war immer tadellos gekleidet und frisiert und trug nur Maßanzüge. Unser geplanter dreitägiger Aufenthalt in Hongkong genügte Alex, um sich eine komplette Garderobe zu besorgen. Als er in Mexico City zum ersten Mal von einem Abstecher nach Hongkong gesprochen hatte, war meine Hand leicht über den Ärmel seines Kaschmirjacketts geglitten, und ich hatte mich gefragt, wie es wohl wäre, über mein eigenes Kaschmirjackett zu streichen. Ein Hemd aus grauer Rohseide würde sehr gut zu grauem Kaschmir passen. Ich war 35 Jahre alt und hatte noch nie ein Seidenhemd besessen. Warum nicht, dachte ich mir und kaufte genug von der sündhaft eleganten grauen Seide für zwei Hemden.

Alex hatte recht: In Hongkong machten sie innerhalb von 24 Stunden alles und das zu Preisen, die damals wirklich eine Bagatelle waren. Alex suchte einen Schneider aus und wählte dann den Stoff: Am Nachmittag wurde er zum Maßnehmen bestellt und am nächsten Morgen zur Anprobe, und am Abend sollten seine Sachen fertig sein. Als ich nach Kaschmirstoffen fragte, blickte der Schneider erfreut drein. »Ah ja«, hauchte er und verschwand, um gleich darauf mit zwei Ballen weichem Kaschmir zu erscheinen – einem blauen und einem grauen. Dreißig Jahre danach trage ich noch immer das graue Kaschmirjackett, das der Schneider in Hongkong für mich anfertigte. Es hat ein neues Futter und schwarze Lederflecken an den Ellbogen bekommen, trägt sich jedoch wie ein 30 Jahre alter Rolls Royce.

Wir waren schon im Begriff zu gehen, um unsere Frauen abzuholen, als Alex mich an die Seide erinnerte. »Übrigens«, fragte ich den Schneider mit neugewonnenem Selbstvertrauen, »fertigen Sie auch Hemden nach Maß an?«

»Aber ja! Ich zeige Ihnen gerne . . .«

»Das ist nicht nötig«, unterbrach ich ihn. »Ich habe die Seide mitgebracht.« Sofort versteifte sich das einschmeichelnde Gebaren des Mannes. »Gewiß«, zischte er geradezu, »aber das dauert seine Zeit. Es ist schwierig . . .«

»Das ist mir natürlich klar«, sagte ich schnell, obwohl mir überhaupt nichts klar war. Schließlich hatte ich noch nie ein maßgeschneidertes Hemd besessen. In den fünfziger Jahren war ein Fünf-Dollar-Hemd von hervorragender Qualität, wie manch eine Reklame verkündete, die den Mann mit der schwarzen Augenklappe und dem Hathaway-Hemd zeigte. Ich konnte mir durchaus vorstellen, daß es schwieriger war, ein Seidenhemd zu nähen als ein Kaschmirjackett. »Drei Tage«, schlug ich vor. »Wir reisen erst am Donnerstag ab.« Ich dachte, daß ein zeitliches Zugeständnis von 200 Prozent zum Ziel führen würde.

»Zwei Wochen«, erklärte er in unerbittlichem Ton, der eher zu einem hohen britischen Kolonialbeamten als zu einem chinesischen Herrenausstatter gepaßt hätte. »Vergiß es«, unterbrach Alex, bevor ich weitere Einwände erheben konnte. »Laß es in Mexiko nähen. Mein Schneider macht zwar keine Hemden, aber der von George bestimmt.«

George Rosenkranz, der dritte Mann der Syntex-Troika in Mexico City, war klein und untersetzt und wirkte eher wie ein wohlhabender mitteleuropäischer Geschäftsmann – wie es sich bei seiner ungarischen Abstammung und seiner Schweizer Ausbildung geziemte – als wie ein südamerikanischer Diplomat, der einem womöglich die Ehefrau im Tangoschritt entführte. Ich wußte jedoch, daß Georges Anzüge ebenfalls maßgeschneidert waren: Er hielt nichts von Reißverschlüssen und hatte nur Hosen mit vier Knöpfen vorne. Hatte ihn etwa ein Reißverschluß-Mißgeschick zum leidenschaftlichen Hosenschlitz-Knöpfer gemacht? Trotz unserer Freundschaft habe ich ihn nie danach gefragt.

Doch in diesem Fall irrte sich Alex. Georges Schneider fertigte keine Hemden auf Bestellung an. Und George kannte auch keinen Schneider in Mexico City, der das tat. Folglich lag meine graue japanische Seide monatelang unangetastet in meiner Schreibtischschublade, bis ich eines Tages im *New Yorker* eine Annonce von A. Sulka & Company sah: »Hemden nach Maß. Paris, London, New York, San Francisco.«

Ich war erst ein einziges Mal in San Francisco gewesen, nämlich 1946 bei meinem ersten Urlaub nach dem Krieg, als Gilbert Stork, mein ältester Freund aus meiner Studienzeit an der Universität Wisconsin, und ich beschlossen hatten, mit unseren Frauen in den Westen zu fahren, um einen Teil Amerikas zu sehen, den wir mitteleuropäischen Einwanderer noch nie besucht hatten.

Nun wollte ich wieder an die Westküste aufbrechen, diesmal mit dem Flugzeug von Mexico City aus, um in San Francisco auf dem Kongreß der American Chemical Society den »Award in Pure Chemistry« entgegenzunehmen. Ich riß die Sulka-Annonce aus dem *New Yorker* und steckte sie mit der Rohseide in meine Reisetasche.

Es war ein herrlicher Frühlingsmorgen in San Francisco: blauer Himmel, kühl, windig. Vom Hotel aus rief ich bei Sulka an. »Fertigen Sie Hemden nach Maß an?« Gewiß. »Auch wenn der Kunde den Stoff mitbringt?« Selbstverständlich. »Auch Seide?« Der Ton, in dem dies am anderen Ende der Leitung bejaht wurde, gab zu verstehen, daß ich eine beleidigende Frage gestellt hatte.

Um keinen Zoll bezahlen zu müssen, hatte ich die Seide in meine Unterwäsche gewickelt; nun legte ich sie in einen Wäschesack des Hotels und machte mich damit auf den zehnminütigen Weg in die Post Street. Zuerst konnte ich das Geschäft nicht finden, doch dann entdeckte ich ein unauffälliges Metallschild: »A. Sulka, 2. Etage«. Mit meinem Wäschesack in der Hand stieg ich die Treppe hinauf. Ich stieß die schmale Glastür von Sulkas Ausstellungsraum im zweiten Stock auf, der leer war – bis auf zwei tadellos gekleidete Herren mittleren Alters. Mit ihren geschniegelten Haaren sahen sie auf den ersten Blick wie Privatbankiers aus; aber sobald sie meiner ansichtig wurden, setzten sie sich in Bewegung, wobei sich der eine von links näherte, der andere von rechts. Der erste, der mich erreichte, richtete seinen Röntgenblick auf den Wäschesack, den ich unter den linken Arm geklemmt hatte. »Sie sind also der Herr, der wegen des Seidenhemdes angerufen hat.« Das war keinesfalls als Frage gemeint, sondern der schlichte Auftakt zu einem »Sie gestatten?«, mit dem er nach dem Sack griff und ihn auf die Glasplatte legte, unter der exakt ausgerichtet edle Seidenkrawatten lagen. Behutsam, aber flink zog er die Seide heraus und breitete sie mit einer Handbewegung, aus der lange Erfahrung sprach, auf der Glasplatte aus. Mit einem leichten Kopfnicken forderte er seinen Kollegen auf, zusammen mit ihm die Seide zu begutachten. Nach kurzem Schweigen befühlte einer meiner beiden Bankiers die Seide. Nicht so, wie ich es in dem Geschäft in Kyoto getan hatte, wo ich den Stoff zwischen Daumen und Zeigefinger gerieben hatte wie ein Händler im Basar, sondern so, wie Kunsthändler eine seltene Radierung oder ein Aquarell anfassen.

»Erstklassig«, murmelte er schließlich. »Würden Sie bitte Ihren Mantel ablegen?« bat er in so respektvollem Ton, als würde ich soeben in einen exklusiven Club aufgenommen. »Mein Kollege und ich werden Ihre Maße aufnehmen.«

Sie unterzogen mich einer quantitativen anatomischen Analyse, wie ich sie weder davor noch danach jemals erlebt habe. Vermutlich bilde ich mir nur ein, daß sie meine Maße bis auf die zweite Stelle hinter dem Komma festhielten, aber *se non è vero, è ben trovato*. Dafür erinnere ich mich aber noch genau an das Kompliment, das mir mit unverhüllter Bewunderung in der Stimme gemacht wurde: »Ihre Arme haben die gleiche Länge, Sir. Sehr ungewöhnlich.«

Ich war noch damit beschäftigt, diese unerwartete Neuigkeit zu verdauen, als ich aufgefordert wurde, mich gewichtigeren Dingen zuzuwenden: der Lage des Monogramms, dem Stil der Buchstaben, der Wahl des Kragens und der Manschetten. Nach längerem Überlegen entschied ich mich für Umschlagmanschetten. »Sehr klug, Sir«, flüsterte mein jüngerer Bankier. »Wenn Umschlagmanschetten abgetragen sind, kann man sie wenden.« Ich dachte an die Bemerkung Scott Fitzgeralds: »Die wirklich Reichen sind anders als du und ich« – und an Ernest Hemingways Antwort: »Stimmt, sie haben mehr Geld« –, dem ich nun hinzufügen konnte: »Und sie können sich ihre abgewetzten Umschlagmanschetten bei Sulka wenden lassen.«

Die Mitteilung, daß die Sulka-Filiale in San Francisco meine Rohseide zur Metamorphose an den New Yorker Firmensitz schicken mußte, schreckte mich nicht. Ich hatte ohnehin vor, einige Monate später in New York zu sein und konnte das fertige Meisterwerk leicht dort abholen. Außerdem machten sie mir die erfreuliche Mitteilung, daß ich von nun an jederzeit schriftlich oder fernmündlich ein Hemd bestellen konnte, da meine symmetrischen Armmaße einschließlich der Entfernung zwischen Achselhöhle und Ellbogenbeuge für alle Zeiten in ihrer Kundenkartei ruhten. »Soll ich jetzt bezahlen«, fragte ich, »oder erst, wenn ich sie abhole?« »Wie der Herr wünschen«, erwiderte der Jüngere, wozu sein Kollege leicht die Stirn runzelte; anscheinend hatte ich ihn mit meiner unverblümten Frage verletzt. »Ich kann ebensogut gleich bezahlen«, sagte ich, woraufhin die beiden im hinteren Teil des Ladens verschwanden und geraume Zeit dort blieben.

Sie kehrten nicht mit ihrer ursprünglichen Zangenbewegung zu mir zurück, sondern im Gänsemarsch und gemessenen Schrittes, die Augen fest auf einen imaginären Punkt hinter meinem rechten Ohr gerichtet. War ihnen etwa mein einziges angeborenes Kennzeichen aufgefallen, nämlich mein rechtes Ohrläppchen, das viel kleiner ist als sein linkes Gegenstück? Der grauhaarigere meiner Bankiers überreichte mir ein gefaltetes Blatt Papier – ganz genau so, wie mein Orthopäde mir ein Jahr davor die teuerste Arztrechnung meines Lebens präsentiert hatte. Während ich das gestärkte Stück Papier entfaltete, wurden meine beiden Bankiers von der Aussicht auf die Post Street fasziniert, die sich von Sulkas Fenster im zweiten Stock bot, wiederum genau wie Dr. Farill, der, nachdem er mir die gefaltete Rechnung ausgehändigt hatte, sich seitwärts seinem Schreibtisch zugewandt hatte, als wäre ihm plötzlich eine dringende unerledigte Sache eingefallen.

Erst als ich auf die Rechnung des Herrenausstatters starrte

– eine bodenlose Unverschämtheit in jener Zeit der Drei- bis Fünf-Dollar-Hathaway-Hemden –, stellte ich zwischen der plötzlichen Konzentration meines Chirurgen auf seinen Schreibtisch und dem Verhalten meiner beiden Bankiers einen Zusammenhang her. Aber eine Rechnung für die Versteifung eines Knies, selbst wenn sie noch so gesalzen war, konnte man irgendwie tolerieren; ich war bereit, Dr. Farills Honorar über eine Periode von 40 schmerzfreien Jahren abzuschreiben, was, wenn man die Inflation berücksichtigte, gar nicht so astronomisch erschien. Aber zwei Hemden waren doch eine völlig andere Investition, was Nutzungsdauer und Haltbarkeit betraf. Eine unerfahrene mexikanische Wäscherin konnte so ein Hemd im Handumdrehen total ruinieren.

Natürlich hätte ich meine Seide nehmen und den Laden fluchtartig verlassen können außer, daß mein versteiftes Knie mir bestenfalls ein ungeschicktes Hoppeln gestattet. Oder ich hätte nach der Toilette fragen und mich von dort aus absetzen können, indem ich die ganze Sache aufgab und meine Seide zurückließ. Doch eine nur Mikrosekunden währende finanzielle Analyse überzeugte mich davon, daß ich das Ganze nur mir selbst zuzuschreiben hatte. Ich hatte bei Sulka mindestens 40 Minuten als einziges Objekt der Aufmerksamkeit zweier äußerst gut gekleideter Männer verbracht, die bestimmt nicht nur zum Vergnügen hier arbeiteten. Nicht ein einziger Kunde hatte die gepflegte Stille des Etablissements gestört. Mir hätte klar sein müssen, daß irgend jemand oder irgend etwas – beispielsweise meine zwei Hemden – die laufenden Geschäftskosten dieses schicken Herrenausstatters tragen mußte. Im brutalen Licht dieser Realität kam ich zu dem Schluß, daß die groteske Summe beinahe angemessen war. »Nehmen Sie auch einen Scheck?« fragte ich mit unsicherer Stimme; eine Barzahlung (in jener Zeit vor dem Aufkommen der Kreditkarte) hätte den sofortigen Umzug aus meinem schönen Hotel in den YMCA für den Rest meines Aufenthaltes in San Francisco erforderlich gemacht.

Trotz außerordentlich sorgfältiger Pflege hielten die zwei grauen Seidenhemden nicht einmal zehn Jahre. Ich ließ die Umschlagmanschetten nie wenden. Als sie auszufransen begannen, ließ ich die Ärmel am Ellbogen abschneiden; aber ein kurzärmeliges graues Seidenhemd mit handgesticktem Monogramm und spitzem Button-down-Kragen hatte irgendwie nicht mehr das Flair des Sulka-Originals.

II.

Inzwischen lebte ich im Großraum San Francisco, und mein Stutzertum begann sich im Ernst zu entfalten – ein Prozeß, der durch meine neue Partnerin (meine heutige Frau) gefördert wurde, die eleganteste Frau, mit der ich je zusammengelebt hatte. Im Sommer 1981 schlug sie einen Besuch der jährlichen Pacific Arts and Crafts Show in San Francisco vor, eine Kunstgewerbeausstellung, die in jenem Jahr an einem der Piers vor Fort Mason stattfand. Wir schlenderten an den Ständen entlang und sahen uns das breite Angebot an Schmuck, Lederwaren, mundgeblasenen Gläsern, von Hand angefertigten Möbeln und bemalten Seidenkleidern an. Ich blieb an einem Stand stehen, der einer großen Frau mit Sommersprossen gehörte, deren gelocktes rotes Haar sich um ihr offenes lächelndes Gesicht und bis auf ihre Schultern ergoß. »Power-Coats von Tegen Greene, Pt. Reyes« stand auf dem Schild. »Warum nennen Sie sie ›Power-Coats‹?« fragte ich und deutete auf die mantelartigen Kleidungsstücke mit Kapuze, die in einer Art Fleckerlmuster aus Kordsamt, Velours, Whipcord, Leder und schwerer Baumwolle genäht waren. »Probieren Sie einen an, dann wissen Sie es«, sagte sie grinsend. »Aber die sind doch nicht für Männer, oder?« sagte ich argwöhnisch. Sie zuckte die Achseln. »Probieren Sie einen an.«

Ich wählte einen bläulichen, der meine Größe zu haben schien, und stellte mich vor den Spiegel. Nicht schlecht, fand ich, als ich mir die Kapuze über den Kopf zog, so daß nur noch mein silbergrauer Bart und mein Gesicht zu sehen waren. Der mittelalterliche Abt, der aus dem Spiegel blickte, gefiel mir ausgesprochen gut. Ein junger Mann trat neben mich. »Das ist super!« rief er aus. »Sie sollten eine Sekte gründen.«

Also bestellte ich einen, eine Patchwork-Arbeit in Grün und Ocker, aber ohne Kapuze. Für soviel Power war ich noch nicht ganz bereit. »Wollen Sie denn nicht meine Maße nehmen?« fragte ich Tegen Greene, als sie die Bestellung ausfüllte. »Das brauche ich nicht«, sagte sie mit einem entwaffnenden Lächeln. »Ich sehe ja, was Sie für eine Größe haben.«

Es machte mir nichts aus, daß mein Power-Coat erst in ein paar Monaten fertig sein würde. Ich hatte ihn als Geburtstagsgeschenk für mich selbst gekauft. Das war Ende August, und ich brauchte ihn erst am 29. Oktober, nach meiner Rückkehr von einer Trekking-Tour durch den Nordwesten Bhutans im Himalaya. Dort kaufte ich ein Stück von dem vielfarbigen gewebten und bestickten Stoff, den die bhutanesischen Frauen für ihre Festtagskleider verwenden. Als ich nach meiner Rückkehr nach San Francisco meinen Power-Coat abholte, der lose, aber genau richtig saß und mir fast bis zu den Knien ging, kam ich zu dem Schluß, daß Tegen Greene genau den Geschmack und das Gespür besaß, um die bhutanesische Stickerei in ein einmaliges mantelartiges blaues Gewand für die Frau zu verwandeln, die den Stutzer in mir zum Vorschein gebracht hatte.

Das fertige Kleid war so sensationell, daß ich, als Tegen erwähnte, daß von dem bhutanesischen Stoff etwas übriggeblieben sei, sie bat, die Reste bei einer blauen Samtjacke für mich mitzuverarbeiten. Man bräuchte ein Modevokabular, über das ich nicht verfüge, um das Kleidungsstück zu beschreiben, das sie hervorbrachte – aber auf jeden Fall waren wir zwei bhutanisierten Prachtstücke eine Sensation in der San Franciscoer Oper. Ein Dutzend Jahre lang hatten mein Vater und seine Frau ihr Abonnement am gleichen Abend wie ich, und gewöhnlich machte ich ihnen vor Beginn der Oper und in der Pause meine Aufwartung im prunkvollen Foyer. Mein Vater war damals 89, aber so elegant und weltmännisch wie eh und je; doch als er an diesem Abend die leuchtend bunte Stickerei auf dem blauen Hintergrund meiner Ärmel und auf dem Vorderteil der Jacke sah, war sein Befremden nicht zu übersehen. »Carli!« rief er aus (er war der einzige Mensch, der noch diese Wiener Verkleinerungsform be-

nutzte). »Wie konntest du!« »Wie konnte ich was?« erwiderte
ich, ein 58jähriger Jugendlicher, der sehr wohl wußte, was
kommen würde und jede Sekunde davon genoß.

Nach der bhutanesischen Jacke machte Tegen mir noch
sechs weitere, eine aufwendiger und ausgefallener als die
andere. Eine davon war der purpur-silberne Seiden-Coat, den
ich trug, als Diane Middlebrook, in einem roten italienischen
Seidenkostüm, mich 1985 heiratete. Tegen nähte mir sogar ein
Hochzeitshemd mit einem Kragen im indisch-russischen Stil,
der keine Krawatte erforderte. Eine andere war eine rein
schwarze Samtkreation, geschmückt mit einem subtilen Muster aus schmalen schwarzen Lederstreifen und leicht gepuff-
ten und geschlitzten Shakespeare-Ärmeln, die ich immer mit
Smokinghosen als Abendanzug trage. Die komplizierteste
von allen – eine Jacke aus über 600 einzelnen Stoffstücken in
allen erdenklichen Variationen der Farbe Braun – erwies sich
buchstäblich als mein königliches Krönungsmosaik.

Als König Carl XVI. Gustaf von Schweden Mitte der
achtziger Jahre die Firma Zoecon besuchte, begrüßte ich, als
Geschäftsführer des Unternehmens und offizieller Gastgeber
des Königs, ihn in einem weiteren Tegen-Greene-Modell,
diesmal in Champagner. Es bildete einen starken Kontrast zu
den konservativen dunklen Straßenanzügen des königlichen
Gefolges, obwohl es Tegens zurückhaltendster Entwurf war.
Aber nachdem ich mich einmal auf das Glatteis des modischen
Exhibitionismus begeben hatte, rutschte ich fröhlich weiter.
Am Tag darauf nahm ich an einem Empfang im schwedischen
Konsulat teil, wo ich das Defilée vor dem König in einem
bläulich-grauen Tegen-Greene-Power-Coat absolvierte. Am
dritten Tag, als der König ein Abschiedsessen für seine hiesi-
gen Gastgeber gab, kam ich in Tegens braunem Mosaik-Coat.
Als wir uns die Hände schüttelten und ich mich vor dem
König verneigte, einem gutaussehenden und elegant geklei-
deten jungen Mann, beugte sich Seine Majestät vor und
flüsterte: »Und wer macht Ihre Jacken, Professor Djerassi?«

Ich entlohnte Tegen mit mehr als Geld und Treue. 1983, in
der fieberhaftesten Periode ihres künstlerischen Coat-Schaf-
fens, beschloß das bekannte italienische Modejournal für Her-

ren *L'Uomo Vogue*, eine ganze Hochglanzausgabe italienischen Modellen zu widmen, die von amerikanischen Wissenschaftlern vom MIT, aus Stanford, Berkeley und Harvard vorgeführt wurden. Mein Sohn kannte einen der *Vogue*-Photographen durch seine Tätigkeit als Filmemacher und warnte mich am Abend davor, daß sie sich mich als einen ihrer Dressmen ausgesucht hatten. Ich beschloß, *Vogue* mit ihren eigenen Waffen zu schlagen und »rein zufällig« eine von Tegens spektakulärsten Jacken zu tragen, als wäre es ein ganz gewöhnlicher Labormantel. Prompt photographierten mich die *Vogue*-Leute in meinem Labor in Tegens blaugrauem Meisterwerk. Ihre Jacke erschien als farbige Doppelseite in *L'Uomo Vogue* mit der Unterschrift: »*Casacca di veluto patchwork, pezzo unico.*« Nun war ich wirklich zum Stutzer geworden.

III.

Als ich 1984 auf einer Vortragsreise nach Korea Geschenke einkaufte, sah ich mich plötzlich mein Kyotoer Erlebnis von 1958 noch einmal durchleben. Ich hatte eine exquisite grüne Seide gekauft, die mit Goldfäden bestickt war, mit der ich Diane überraschen wollte. »Seide für Sie?« hatte die Verkäuferin gefragt und mich auf der Stelle mit einem champagnerfarbenen Seidenstoff verführt, in den ein Muster aus orangenen und blauen Linien gewebt war. Ich war sicher, daß Tegen aus dieser koreanischen Seide etwas Tolles kreieren würde. Doch da irrte ich mich. Als ich sie nach meiner Rückkehr anrief, erfuhr ich, daß sie die Nadel-und-Faden-Kunst an den Nagel gehängt hatte, um in Berkeley Toyotas zu verkaufen. An dieser tragischen Veränderung war indirekt das sechshundertteilige braune Mosaik schuld, das dem König von Schweden so imponiert hatte. Obwohl ich sehr viel dafür bezahlt hatte, hatte Tegen über drei Monate gebraucht, um dieses Meisterwerk anzufertigen, und sie rechnete mir vor, daß es ihr den unter dem gesetzlichen Minimum liegenden Stundenlohn von 2,50 Dollar eingebracht hatte. Sie kam zu dem Schluß, daß eine anständige Entlohnung, die ihrem Talent und ihrer Erfahrung angemessen war, Preise erforderlich machte, die sich nur das Getty Museum leisten konnte, wenn es denn eine Abteilung für zeitgenössisches Kleiderdesign gehabt hätte. Toyotas verkaufen war einfacher und lukrativer. Ich tröstete mich damit, daß es ja noch A. Sulka & Company gab. Ich war seit 30 Jahren nicht mehr dort gewesen, doch ein Blick in die Gelben Seiten bestätigte mir, daß sie noch immer in der Post Street waren.

»A. Sulka, Bob am Apparat.« Der lässige Ton der Stimme am Telephon bestürzte mich. Die bankiersmäßigen Sulka-Angestellten aus den fünfziger Jahren hätten bestimmt ihren Nachnamen genannt.

»Fertigen Sie Seidenhemden nach Maß an?« fragte ich vorsichtig.

»Tjaaaaa, das könnten wir schon.«

»Auch wenn man seine eigene Seide mitbringt?« fragte ich in meinem einschmeichelndsten Ton.

»Nein, mit so was geben wir uns nicht ab!« kam die schroffe Antwort von Sulkas Bob. *Sic transit gloria Sulka!*

Ein paar Jahre später stieß ich, als ich für eine Reise nach London packte, in einer meiner Schubladen auf die längst vergessene koreanische Seide. Einer plötzlichen Eingebung folgend, stopfte ich sie in meinen Koffer. Was die Savile Row für maßgeschneiderte Anzüge ist, das ist die Jermyn Street für Hemden nach Maß, wie mir bekannt war. Ich ging in vier exklusive Geschäfte, die ihre Sachkenntnis im Anfertigen maßgeschneiderter Hemden anpriesen, nur um dort auf Hochnäsigkeit und faule Ausreden zu stoßen. Keines von ihnen zeigte das geringste Interesse an einem Kunden, der seinen eigenen Stoff mitbrachte, wobei es im letzten Geschäft hieß: »Wenn die Arbeit nicht mit unserem eigenen Material ausgeführt wird, können wir keine Garantie übernehmen, Sir.« »Aber das ist doch lächerlich!« konterte ich. »Es wird in London ja wohl einen Laden geben, der einem Hemden aus der eigenen Seide näht!« Vielleicht rührte die Verzweiflung in meiner Stimme den Angestellten, oder aber er wollte mich nur loswerden. »Versuchen Sie es in der Brewer Street in Soho«, sagte er. Einen Namen konnte er mir nicht nennen; ich sollte einfach nach den Schildern in Fenstern im zweiten Stock Ausschau halten. Meine Suche in Soho führte mich schließlich eine schmale Treppe hinauf zu einem brummigen Griechen, der an seiner Nähmaschine hockte. »Fertigen Sie auch Hemden an?« fragte ich, obwohl ich die Antwort zu kennen glaubte. Doch anders als die Snobs in der Jermyn Street, die sich nicht einmal dazu herabgelassen hatten, sich meinen Stoff auch nur anzusehen, deutete dieser Schneider auf das Paket unter meinem Arm. Nachdem ich die Seide ausgepackt hatte, betrachtete er sie ähnlich respektvoll wie meine Sulka-Bankiers. »Ich weiß, wer Ihnen da helfen kann«, sagte er und schickte mich ein paar Blocks weiter zu einem Griechen in der Lexington Street. »Sagen Sie ihm, Andy hat Sie geschickt.«

Alles weitere ist ein modernes Märchen mit nur einer Figur: einem als Schneider verkleideten Zauberer. Sein Aushängeschild war unprätentiös, der Empfangsraum im Erdgeschoß klein, gerade so breit wie das eine Schaufenster, sauber und – außer Stapeln von Stoffballen – nur mit einem Tisch und zwei Stühlen möbliert. Der lächelnde Mann mittleren Alters, der aus dem Hinterzimmer kam, um mich zu begrüßen, warf einen einzigen Blick auf meinen Stoff und sagte: »Ja.« Obwohl er mit der Zunge schnalzte und bestürzt dreinblickte, als ich ihm mitteilte, daß ich in drei Tagen nach Kalifornien zurückflog, sagte er: »Ich will's versuchen.« Ich gab ihm meine Karte mit der Adresse der Abteilung Chemie der Stanford-Universität, woraufhin er mir erzählte, daß sein Sohn im Begriff sei, Chemie zu studieren. Ich schwebte im siebten Himmel und fragte nicht einmal, was er verlangte. Nach meiner Erfahrung mit Sulka drei Jahrzehnte davor war ich bereit, alles unter 150 Pfund ein Schnäppchen zu nennen.

Drei Tage später suchte ich den Schneider auf dem Weg ins Theatre Royal am Haymarket auf, wo ich mir *Orpheus in der Unterwelt* ansehen wollte. Nachdem wir uns die Hände geschüttelt hatten, sagte er mir, daß er alle Hemden für *Das Phantom der Oper* und für *Liaisons Dangereuses* gemacht hatte, zwei Hits der Londoner Theatersaison, daß mein Stoff aber nur für *ein* Hemd gereicht hätte und nicht für zwei, wie ich gemeint hatte. Er hielt es mir so liebevoll hin, als reichte er einem frischgebackenen Vater sein Neugeborenes. Das Hemd war wunderschön, und so machte ich mich auf eine saftige Rechnung gefaßt. »Nehmen Sie Kreditkarten?« fragte ich, da mir plötzlich einfiel, daß ich vermutlich nur 50 oder 60 Pfund in bar bei mir hatte. »Alle Karten«, versicherte er mir, ohne daß mich sein Gebaren an meinen mexikanischen Chirurgen oder an meine beiden Sulka-Bankiers erinnert hätte. »Wieviel?« fragte ich und hoffte, daß das Beben in meiner Stimme nicht herauszuhören war. Statt den Blick auf den neben ihm stehenden Tisch zu richten oder sich plötzlich brennend für den abendlichen Straßenverkehr zu interessieren, sah er mir fest in die Augen und sagte: »Fünfunddreißig.« Einen Moment lang war ich sprachlos. Fünfunddreißig was? Selbstverständlich konnte er keinesfalls 35 Pfund für diese von Hand angefertigte koreanische Seidenkreation verlangen, die er in ganzen drei Tagen zustande gebracht hatte, während alle Stars im Westend nach seinen Blusen schrien. Aber selbst in Anbetracht der Inflation erschienen mir 350 Dollar für ein einziges Hemd ziemlich happig, und 350 Pfund absolut unverschämt, besonders im Januar 1989, als der Wechselkurs des englischen Pfundes bei 1,81 Dollar lag. »Fünfunddreißig?« krächzte ich. »Fünfunddreißig Pfund«, sagte er ruhig und nahm die Kreditkarte aus meiner schlaffen Hand. »Nachdem ich jetzt Ihre Maße habe, können Sie Ihre Hemden auch mit der Post bestellen. Ich kann Ihnen sogar Muster schicken.«

Wir alle wissen, wie sehr man sich ins eigene Fleisch schnitte, würde man ein hervorragendes Restaurant in Frankreich entdecken, das vernünftige Preise hat und nur wenigen bekannt ist, und seinen Namen dann an den *Guide Michelin* weitergeben. Die gleiche pure Selbstsucht hindert mich daran, den Namen meines Schneiders publik zu machen. Die Adresse ist einfach zu gut, um sie auszuposaunen, doch der Genauigkeit zuliebe will ich etwas verraten: Der gute Mann ist gar kein Grieche, sondern zypriotischer Abstammung. Ich habe ihm zwar noch nicht geschrieben, aber falls sein Chemie studierender Sohn in meinem Labor arbeiten möchte, so ist er mir willkommen.

KAPITEL 18

Degas' Pferd

JEDER statistischen Wahrscheinlichkeit zum Trotz kommt mein Koffer immer als einer der letzten vom Band. Als er endlich auftauchte, waren die Schlangen am Zoll bereits entmutigend lang. Da ich nach Washington geflogen war, um an einer Sitzung unserer Nationalen Akademie der Wissenschaften teilzunehmen, mußte ich jedoch keine Anschlußmaschine erreichen. Außerdem brauchte ich Zeit, um mir einen Zollbeamten auszusuchen, der entweder völlig naiv oder sehr versiert war. Alles dazwischen konnte mir nur Scherereien verursachen, von mehreren tausend Dollar ganz zu schweigen, die man möglicherweise als Einfuhrzoll von mir verlangen würde. Ich entschied mich für den ältesten der gestreßten Beamten. Er sah nicht wie einer dieser pampigen, eiskalten Typen aus, bei denen man sich wie ein Schmuggler vorkommt, selbst wenn man nur ein besticktes Taschentuch gekauft und ordnungsgemäß deklariert hat. Und ich dachte, daß der Älteste der ganzen Gesellschaft vielleicht schon so müde war, wenn ich vor ihm erschien, daß er mich einfach durchwinken würde.

Die Schlange der Passagiere bewegte sich so langsam vorwärts, daß ich Zeit hatte, noch einmal über die Zollerklärung nachzudenken, die ich in meiner feuchten Hand hielt und auf der ich angegeben hatte, daß ich nichts zu verzollen hatte. Und ich hatte auch tatsächlich nichts auf meiner kurzen Vortragsreise nach London damals im März 1972 gekauft. Doch in meiner Umhängetasche befand sich, nicht einmal eingepackt, Edgar Degas' Bronzepferd *Cheval au Trot*, auf das drei Monate davor ein Freund in meinem Auftrag bei Sotheby's geboten hatte. Zu meiner Überraschung und Freude war es ihm sogar gelungen, es für weniger als das von mir gesetzte Limit zu erwerben. Da ich ohnehin nach London mußte, beschloß ich, das Pferd selbst abzuholen statt es mir zuschikken zu lassen. Ich wollte es nach Möglichkeit vermeiden, dafür Einfuhrzoll zu zahlen, der nicht unbeträchtlich gewesen wäre in Anbetracht dessen, was ich, selbst 1971, für das 22,5 cm große Pferd von Degas bezahlt hatte.

Ich überlegte mir, wie ich den Zollbeamten behandeln sollte, in dessen Reihe ich anstand. Wenn ich ein Gemälde von Degas gekauft hätte, eine Zeichnung, eine Monotypie oder auch ein Gipsmodell des Pferdes, dann hätte sich die Zollfrage überhaupt nicht gestellt. Aber alle 73 bekannten Bronzen von Pferden und Tänzern wurden erst nach Degas' Tod gegossen, und zwar jeweils in einer Auflage von 22 Exemplaren. Die amerikanische Zollbehörde betrachtet die ersten zehn Abgüsse einer Skulptur als zollfrei; bei allen nachfolgenden wird ein saftiger Zoll erhoben. Ich hatte die Rechnung von Sotheby's bei mir, die nachwies, daß die Skulptur von Degas war. Manch ein Beamter hätte sie sicher durchgehen lassen, wenn er nicht wußte, daß die jeweilige Nummer eines Degas-Abgusses immer durch einen einzelnen Buchstaben, beginnend bei A, angegeben wird, der an einer unauffälligen Stelle der Skulptur eingraviert ist. Aber außer den 20 Bronzen, die mit A bis T gekennzeichnet sind und für den Verkauf bestimmt waren, wurden immer noch zwei weitere Abgüsse gemacht: eine für die Gießerei Hébrard, die andere für Degas' Erben, die – wie in meinem Fall – mit *HER* gekennzeichnet waren. Während ich in der langsam vorrückenden Schlange wartete, legte ich mir noch einmal das Argument zurecht, das ich mir im Flugzeug ausgedacht hatte. Jeder vernünftige Mensch mußte doch zugeben, daß die Buchstaben *HER* vor dem Buchstaben A und nicht etwa nach T kamen. Die Frage war nur, ob der Beamte ein vernünftiger Mensch war.

Der Beamte war gar nicht so alt, wie er aus der Ferne erschien, sondern höchstens ein paar Jahre älter als ich. Wenn ich ihm auf einer Party begegnet wäre, hätte ich ihn vermutlich für einen Lehrer oder vielleicht einen Anwalt gehalten – nicht gerade für den Syndicus eines Großunternehmens, sondern eher für einen Gewerkschaftsanwalt oder Schiedsrichter. Ich reichte ihm meinen Paß und die Zollerklärung. Er warf einen Blick auf letztere und fragte dann, indem er mir fest in die Augen sah: »Nichts zu verzollen? Wie lange waren Sie in London?« Ich zögerte einige Sekunden. »Nichts?« wiederholte er, »Sie haben nichts gekauft?« Meine Umhängetasche stand neben meinem Koffer auf der niedrigen Bank zwischen uns. Ich legte schützend die Hand auf die Tasche. »Ob ich etwas gekauft habe?« echote ich. »Tja, ich habe zwar etwas gekauft, aber nichts, was man verzollen muß. Es ist nur ein Kunstgegenstand«, setzte ich hinzu, während ich mich im stillen bei dem toten Degas entschuldigte.

»Ich verstehe«, nickte der Beamte, als hätte er genau diese Antwort erwartet. »Und was haben Sie dafür bezahlt?« Da ich merkte, daß Lässigkeit nicht länger angebracht war, nannte ich die keineswegs triviale fünfstellige Summe, die ich bezahlt hatte, und murmelte: »Guineas«. Seinem Gesicht war weder Überraschung anzumerken, noch ging er der Währungsfrage weiter nach. Er fragte nicht einmal nach der Art des »Kunstgegenstandes«. Er strich sich über das Kinn: »Sind Sie Kunsthändler?« »Nein«, erwiderte ich rasch, »ich bin nur Sammler.« Gleichmütig fragte er weiter: »Und was sammeln Sie?« Mein linker Zeigefinger folgte langsam den Umrissen des Bronzepferdes in der dünnen Umhängetasche. Ich kam mir vor wie ein Angeklagter, der genau weiß, daß jede Antwort nur zu weiteren Fragen führt. »Kunst«, sagte ich. »Das ist mir klar«, erwiderte der Inspektor mit grenzenloser Geduld. »Von wem?«

Von wem? Er war also doch kein Einfaltspinsel, aber verstand er auch etwas von Kunst? Ich erwog, »Picasso« zu murmeln – obwohl ich nur eine seiner Skulpturen besaß, und eine ziemlich unbedeutende dazu. Meine zweite Frau und ich hatten mit unseren beiden Kindern 1967 die große Retrospektive von Picasso-Skulpturen in der Tate Gallery besucht; und als wir ganz überwältigt und begeistert vor einer Glasvitrine standen, die kleine weibliche Bronzefiguren aus dem Jahre 1945 enthielt, hatte meine Frau ausgerufen: »Schaut mal da! Man kann noch den Umriß von Picassos Daumen auf ihrem Bauch sehen.« Es stimmte; ein Kriminalbeamter von Scotland Yard hätte vermutlich Picassos Fingerabdruck von dem Abguß abnehmen können. Als ich im Katalog sah, daß die meisten Figuren dem Pariser Kunsthändler Heinz Berggruen gehörten, ließ ich mir von der Pariser Auskunft seine Telefonnummer geben. Ich hatte keine Ahnung von den gängigen Preisen für Picasso-Skulpturen und war überrascht, als ich von Berggruen (nachdem ich ihn davon überzeugt hatte, daß ich kein Hochstapler war), hörte, daß er bereit war, mir besagte Figur für einen Betrag zu verkaufen, den ich mir leisten konnte. In der Woche darauf überreichte ich meiner Frau in einem Wildpark in Uganda, während wir Nilpferde beobachteten, die sich unterhalb der Murchison-Fälle vergnügten, eine Geburtstagskarte mit dem etwas kitschigen Text: »Was jede Frau zum Geburtstag bekommen sollte: Eine Picasso-Skulptur aus der Tate.« Statt mich zu umarmen, warf sie mir einen skeptischen Blick zu, an den ich mich noch heute, Jahre nach unserer Scheidung, erinnere. »Du hast den Picasso ja gar nicht für mich gekauft«, sagte sie. »Du hast ihn für dich selbst gekauft.«

Davon erzählte ich dem Zollbeamten natürlich nichts. Ich beschloß vielmehr, ihn lieber auf die Probe zu stellen, als zu beeindrucken. »Klee«, sagte ich, indem ich das Wort nicht wie in Amerika üblich »Klie« aussprach, sondern korrekt deutsch. Das, dachte ich mir, müßte die Dilettanten unter den Zöllnern von den wahren Kennern trennen. »Paul Klee!« rief er aus, während sich auf seinem Gesicht ein Lächeln abzeichnete. »Mein Lieblingsmaler! Waren Sie schon in der Phillips Collection hier in D.C.?« fuhr er fort. »Wenn nicht, sollten Sie sich unbedingt ihre Klees anschauen.« Es stellte sich heraus, daß ich an den führenden Kunstspezialisten der Washingtoner Zollbehörde geraten war. Seine Hauptaufgabe bestand darin, wichtige Kunstimporte zu schätzen, besonders die örtlicher Händler und Sammler, die er erwähnte und von denen ich einige kannte; er arbeitete nur vorübergehend als Verstärkung der regulären Zollbeamten am Washingtoner Dulles Airport. Wir unterhielten uns einige Minuten über Klee. »Der intellektuellste Maler überhaupt, und der verbalste«, verkündete ich, ohne die hinter mir wartenden Passagiere zu beachten. »Oder können Sie sich vorstellen, daß ein anderer einen Titel verwenden würde wie *Zwei Männer, einander in höherer Stellung vermutend, begegnen sich?*« Ich erwähnte, daß ich mehrere Klees in Berggruens Galerie in Paris gekauft hatte; und als er verständnisvoll nickte, deutete ich auf meine Tasche. »Wollen Sie es sehen?« »Bemühen Sie sich nicht«, lächelte er. »Ich muß mich wieder um die Passagiere kümmern. Viel Spaß in D.C.«, sagte er und winkte mich durch, »und vergessen Sie nicht, in die Phillips zu gehen.«

II.

Es tat mir fast leid, daß er mich hatte gehen lassen. Ich hätte ihm gern den Degas gezeigt – und ihn mit den Anfängen meiner Klee-Sammlung ergötzt, eine Geschichte, die ich noch kaum jemandem erzählt habe. Klee war nämlich der Künstler, der mich ernsthaft zum Sammeln veranlaßte, was durch die Wertsteigerung der Syntex-Aktien (die ich Ende der fünfziger und Anfang der sechziger Jahre erworben hatte) möglich gemacht wurde. Während meiner Studienzeit hatte ich auf Postkarten, Kalendern, Posters, in Katalogen und Kunstbänden Reproduktionen der berühmtesten Werke Paul Klees gesehen, beispielsweise *Die Zwitscher-Maschine* oder *Ad Parnassum*. Später sah ich dann viele seiner Ölgemälde, Zeichnungen und Aquarelle in Museen in Europa sowie in den USA. Mitte der sechziger Jahre besuchte ich meine erste Klee-Ausstellung in einer Galerie in London, wo alle Werke zum Verkauf standen. Immer wieder kehrte ich zu zwei herrlichen Aquarellen aus seiner Bauhaus-Zeit in den zwanziger Jahren zurück – ziemlich großen für einen Künstler, der gewöhnlich in einem so kleinen Format arbeitete. »Soll ich? Kann ich?« fragte ich mich, da mir zum ersten Mal klar wurde, daß ich mir tatsächlich eines davon leisten konnte. Schließlich wandte

443

ich mich an einen Angestellten der Galerie und fragte nach dem Preis. »*Pferd und Mann* von 1925?« fragte er und musterte mich von oben bis unten. »Sechzehn«, sagte er schließlich.

»Sechzehn was?« hätte ich am liebsten gefragt, tat es aber nicht. Ich wußte, daß es nicht 1600 sein konnte und aller Wahrscheinlichkeit nach auch nicht 160 000; es mußte sich also um 16 000 handeln. Aber um 16 000 was? Dollar, Pfund Sterling oder gar Guineas? »Und das andere, die *Heldenmutter* von 1927?« fragte ich zögernd.

»Achtzehn.«

»Hm«, antwortete ich und ging wieder zu den Bildern zurück. Einige Minuten später tauchte der Mann neben mir auf. »Welches gefällt Ihnen besser?« fragte er in etwas freundlicherem Ton.

»Ich kann mich nicht entscheiden. Alle beide sind großartig.«

»Kaufen Sie beide«, sagte er ganz sachlich. »Vielleicht können wir Ihnen einen günstigeren Preis machen.«

Wenn ich handeln muß, sei es auf einem Markt in Mexiko oder in einem Basar in Kairo, ist mir immer unwohl; doch in diesem Fall feilschte ich, indem ich genau das nicht tat. Jeder Rückzug meinerseits, jede Prüfung und erneute Inspektion erst des einen und dann des anderen Klees ließ den Preis heruntergehen. Es waren keine großen Nachlässe, aber in Anbetracht der Gesamtsumme – weit mehr als alles, was ich jemals für Kunst ausgegeben hatte – waren sie doch nicht unerheblich. Schließlich sagte ich: »Ich muß es mir noch überlegen.« Einige Tage später war ich stolzer Besitzer zweier Klees. Inzwischen besitze ich fast hundert seiner Werke in unterschiedlichen Techniken, aber diese beiden gehören noch immer zur *crème de la crème*.

Der Kauf der beiden Aquarelle unterschied sich vermutlich nicht sehr von der Erfahrung, die andere Sammlernovizen machen – ganz im Gegensatz zum Erwerb meines dritten Klees. Ich sah ihn an den Wänden des Guggenheim-Museums, mit der Notiz: »Sammlung Galerie Rosengart«. Ich brauchte weder lange, um die Adresse dieser Galerie in Luzern herauszufinden, noch um per Post den Ankauf dieses

Kleinods – eine Bezeichnung, mit der Klee einverstanden gewesen wäre, auch wenn ich das damals nicht wußte – zum Abschluß zu bringen. Die Galerie Rosengart gehörte einem Vater-Tochter-Gespann, nämlich Siegfried und Angela Rosengart, die zu den bedeutendsten Klee-Händlern und -Sammlern gehörten. Im Laufe der Zeit lernte ich sie gut kennen und pilgerte häufig in ihre Galerie. Einige Jahre nachdem ich das Aquarell von den Wänden des Guggenheim-Museums weggekauft hatte, erklärte mir Herr Rosengart die Bedeutung der Buchstaben »S Cl«, die Klee mit Bleistift in der linken unteren Ecke des Aquarells angebracht hatte. Diese Abkürzung für »Sonderclasse« kennzeichnete seine eigenen Lieblingsstücke unter seinen über 9000 Werken. Später erfuhr ich, daß Klee frühere Werke mit »S Kl« gekennzeichnet hatte, bis ihm jemand sagte, daß Klasse mit C zu schreiben sozusagen mehr Klasse habe.

Einige Jahre später begann ich auch Klee-Graphiken zu sammeln, von denen es nur etwa einhundert gibt. Die frühen Graphiken, die zwischen 1901 und 1905 entstanden, sind die ersten wirklich originären Schöpfungen Klees und gehören mit zu seinen besten. Mitte der siebziger Jahre fand eine größere Auktion von Klee-Graphiken in Bern statt, wo Klee seine letzten Jahre verbrachte, wo sein Sohn Felix noch immer lebt und wo, in den Mauern des Kunstmuseums, die Klee-Stiftung untergebracht ist. Zu diesem Zeitpunkt kannte ich die meisten wichtigen Klee-Händler als Kunde und war mit einigen sogar befreundet. Vor Beginn der Auktion hatte ich den Katalog studiert und sorgfältig die einzelnen Stücke geprüft. Ich hatte mir ein Kunstbudget für das laufende Jahr bewilligt, das – mit etwas Glück – für den Kauf zweier früher Graphiken auszureichen versprach. Aber bei einer Auktion kann man ja nie wissen. Es brauchen sich nur zwei Leute in das gleiche Stück zu verlieben, schon schnellt der Preis in schwindelnde Höhen.

Ich informierte zwei von den Händlern, die ich im Publikum sah, daß ich auf diese beiden Radierungen aus war; obwohl ich sie nicht rundheraus bitten konnte, nicht gegen mich zu bieten, war ich doch ziemlich sicher, daß sie den Preis nicht hochtreiben würden, wenn sie meine Pläne kannten. Doch dann sah ich plötzlich schwarz, als ich in der Ferne Heinz Berggruen erkannte, den Pariser Kunsthändler, von dem ich 1967 die Picasso-Skulptur und danach mehrere Klees gekauft hatte. Berggruen hatte eine herrliche private Klee-Sammlung und bot, wie man wußte, auf Auktionen kräftig mit. Ich ging zu ihm, und nach dem üblichen Austausch von Höflichkeiten erwähnte ich die Katalognummern, bei denen ich mitbieten wollte. »Das sind sehr gute Blätter«, räumte er ein. »Ich hatte daran gedacht, sie für die Galerie zu kaufen.« Es bestand kein Zweifel, daß Berggruen mich jederzeit überbieten konnte, doch er muß mir die Enttäuschung wohl am Gesicht abgelesen haben, da er anbot, für mich zu bieten, und meinte, daß er mir für ein erfolgreiches Gebot nur eine Kommission berechnen würde. Ich nahm auf der Stelle an, da ich eine solche Kommission für eine günstige Versicherungsprämie hielt, Berggruen nicht als Konkurrenten zu haben. Ich verließ die Auktion völlig geschockt. Ich hatte nicht zwei, sondern sieben Klees gekauft und innerhalb weniger Minuten mein Kunstbudget für fünf Jahre verpulvert. Dennoch habe ich es nie bereut, Berggruens Rat befolgt zu haben. Mehrere der Graphiken, die ich kaufte, sind nie wieder zum Verkauf angeboten worden; und obwohl ich die Drucke nur zum Vergnügen gekauft habe, tut es meiner Freude keinen Abbruch, daß sie stark im Wert gestiegen sind. Auf der Auktion machte mich Berggruen auf einen Mann aufmerksam, der hinter uns saß und den wir überboten hatten, und sagte, das sei Felix Klee, der Sohn des Malers. Einige Jahre später besuchte ich ihn in seiner Wohnung in Bern und sah seine außergewöhnliche Sammlung, zu der auch Marionetten gehörten, die sein Vater für ihn gemacht hatte – ein Genre Klees, von dem ich bis dahin nichts gewußt hatte. Außerdem zeigte er mir das Gästebuch seiner Mutter. Der erste Eintrag stammte von Wassily Kandinsky, der nicht nur etwas in das Buch schrieb, sondern auch ein koloriertes Bild auf die Seite malte. Um sich nicht ausstechen zu lassen, taten es ihm viele der anderen Gäste nach – Lyonel Feininger, George Grosz und andere, an die ich mich nicht mehr erinnere. Es ist eines der intimsten und exquisitesten Dokumente europäischer Kunst der zwanziger und dreißiger Jahre. Auf dieser Berner Auktion lernte ich, wenn auch indirekt, einen weiteren Kunsthändler kennen, der inzwischen ein Freund geworden ist. Eine der Radierungen, die ich auf dieser Auktion nicht bekam, wurde mir einige Monate später von einem Robert Light aus Santa Barbara angeboten. Da er gehört hatte, daß ich Werke von Klee sammelte, fragte er brieflich an, ob ich an diesem speziellen Werk interessiert sei, ohne zu wissen, daß ich bei jener Auktion der unterlegene Bieter gewesen war. Ich glaubte mir den von ihm genannten Preis nicht leisten zu können und lehnte ab. Im Jahr darauf bot ein Freund, bei einer anderen Klee-Auktion in Bern, in meinem Auftrag ohne Erfolg auf einen weiteren seltenen Klee-Stich. Zwei Monate später erhielt ich wiederum einen Brief aus Santa Barbara mit der Frage, ob ich dieses Stück kaufen wollte. Diesmal gestand ich, daß ich in beiden Fällen der unterlegene Bieter gewesen war, woraufhin Light und ich fanden, daß es an der Zeit war, uns zu treffen und eine sinnvollere Strategie à la Berggruen auszuarbeiten. Seit damals ist Light bei vielen Gelegenheiten mein Alter ego auf Klee-Auktionen gewesen.

III.

Indirekt hatte ich es Paul Klee zu verdanken, daß mein erstes Gedicht veröffentlicht wurde. 1983 organisierte das Avery Center for the Arts am Bard College, New York, eine wichtige Klee-Ausstellung und stellte einen der besten und am elegantesten gedruckten Kataloge von Klee-Graphiken zusammen, den es in den letzten Jahren gegeben hatte. Sogar das Museum of Modern Art in New York hat ihn ständig in seiner Graphikabteilung ausgestellt. Da ein Großteil der Drucke dieser Ausstellung Leihgaben von mir waren, fragte mich der Museumsdirektor, ob ich eine Einführung schreiben würde, gefolgt von Essays diverser Experten und von Felix Klee persönlich. Nachdem ich zugesagt hatte, kam mir die

Idee, daß es vielleicht ganz reizvoll wäre, die Einführung in freien Versen zu schreiben statt zu versuchen, den üblichen Katalogstil nachzuahmen. Ich bin sicher, daß die Veranstalter überrascht und vermutlich auch etwas entsetzt waren – schließlich war ich nicht gerade John Ashbery oder James Merrill; dennoch veröffentlichten sie das Gedicht anstandslos und ohne Veränderungen. Es geschieht nicht oft, daß ein junger Dichter zwei ganze Seiten auf Hochglanzpapier und mit Farbillustrationen von Paul Klee bekommt.

Seit der Ausstellung am Bard College habe ich zahlreiche weitere Gedichte geschrieben und veröffentlicht, darunter viele sehr persönliche, einige humorvolle, aber nur ein einziges, das Paul Klee zum Thema hat. Nachdem ich begonnen hatte, Wallace Stevens zu lesen, größtenteils auf Drängen meiner jetzigen Frau, die Vorlesungen über Stevens hält und ein Buch über ihn geschrieben hat, erfuhr ich, daß dieser großartige Dichter 1878 geboren wurde, im gleichen Jahr wie Paul Klee, dieser großartige Maler. Klees Vernarrtheit in Worte (er war selbst Dichter) faszinierte mich schon seit geraumer Zeit. Viele seiner Titel sind sehr anschaulich, aber ebenso viele sind kompliziert, zweideutig, auf den ersten Blick unverständlich in ihrem Bezug zu der bildlichen Darstellung. Stevens-Lesern werden die Ähnlichkeiten auffallen, aber wie viele wissen schon, daß Klee der Lieblingsmaler von Stevens war? Ich weiß aus erster Quelle, nämlich von Klees Sohn, daß Klee nie etwas von Wallace Stevens gelesen hat; dennoch bin ich sicher, daß sie sich »in einer höheren Vorstellungswelt« kannten. Aus diesem Gefühl heraus schrieb ich am Super-Bowl-Sonntag des Jahres 1985 ein Gedicht mit dem Titel »Die Zwillinge«, einen imaginären Dialog zwischen den beiden Künstlern, bei dem ihre Aussagen und Antworten weitgehend aus den Titeln bestehen, die in einem bestimmten Jahr entstanden. Zum Beispiel:

1919

Stevens schreibt »Leben ist Bewegung«.
Klee stimmt ihm zu. Er malt »Höher, ferner schwindend«.

448

1922

Stevens klagt: »So ›Eine vornehme alte christliche Frau!‹«
Klee nickt: »Ich werde ihr einen ›Narr in Christo‹ malen.«

1938

»›Die Poesie ist eine zerstörerische Kraft‹«, warnt Stevens.
»Nicht, wenn man ›Ein leicht trockenes Gedicht‹ malt«, grinst
Klee.

IV.

»Ich bin nur Sammler«, hatte ich auf die Frage des Zollbeamten in Washington geantwortet. Dabei hatte ich mich zu der Zeit bereits in einen ernsthaften Sammler verwandelt. Meine eigene Definition von »ernsthaftem Sammeln« ist eher eng: Ich meine damit weder den planlosen Ankauf eines Kunstwerks hin und wieder noch das Sammeln primär als Kapitalanlage. Für mich ist ein ernsthafter Sammler vielmehr jemand, der sich auf einen bestimmten Künstler oder eine bestimmte Kunstrichtung konzentriert oder sich an irgendein anderes selbstgesetztes Kriterium hält; der ein intellektuelles Urteil fällt und der Sammlung dadurch seinen persönlichen Stempel aufdrückt. Aufs Geratewohl fünf Picassos zusammenzutragen ist etwas völlig anderes, als ganz bewußt fünf Picassos auszuwählen, um eine bestimmte ästhetische, pädagogische, historische oder persönliche Aussage über den Künstler zu machen.

Die Zeitspanne von Anfang der sechziger Jahre bis zu meiner zweiten Scheidung im Jahre 1976 war die Periode meines ernsthaften Sammelns. Abgesehen von Klee hatten es mir insbesondere moderne (aber nicht zeitgenössische) Künstler angetan, die als Maler und Bildhauer gleichermaßen sachkundig waren – wie beispielsweise Alberto Giacometti und Marino Marini. Doch meine Scheidung wurde zu einem Wendepunkt nicht nur in meinem Eheleben. Damals wandelte ich mich ziemlich abrupt vom Sammler zum Kunstmäzen. Das Sammeln von Werken toter Künstler wie Paul Klee wird erst dann zu einer Form von Mäzenatentum, wenn es der Öffentlichkeit dient. In mancher Hinsicht ist der ernsthafte Sammler der Interpret des Künstlers. Wird eine solche interpretative Sammlung der Öffentlichkeit zugänglich gemacht, so liegt der soziale Nutzen auf der Hand, und der Sammler hat begonnen, sich in einen Mäzen zu verwandeln.

Etwa zu der Zeit, als ich »Die Zwillinge« schrieb, versprach ich meine Klee-Sammlung dem Museum of Modern Art in San Francisco. Meine Beweggründe waren natürlich kompliziert, aber mit am wichtigsten war meine feste Überzeugung, daß wenn ein beträchtlicher Teil des Œuvres eines Künstlers in einer einzigen Sammlung konzentriert ist, diese irgendwann der Öffentlichkeit zugänglich gemacht werden sollte.

Eine noch wichtigere Form des Mäzenatentums ist für mich jedoch, Kunstwerke in Auftrag zu geben. Als ich nach meiner Scheidung im Jahre 1976 auf meine Ranch in den Santa-Cruz-Bergen zog, regte mich das weite, offene Gelände dazu an, im Freien aufzustellende und häufig für eine konkrete Stelle bestimmte Skulpturen in Auftrag zu geben – ein Entschluß, der zu meinen ersten Schritten in Richtung Kunstförderung führte. Meine Interaktion mit den Künstlern überzeugte mich davon, daß ein Förderer der Künste dann am effektivsten ist, wenn er lebende statt tote Künstler unterstützt. Dennoch sind die avantgardistischsten und wagemutigsten Künstler im allgemeinen diejenigen, die am wenigsten gefördert werden, und zwar in erster Linie deshalb, weil sie fremdes ästhetisches oder intellektuelles Terrain erkunden. Der Tod meiner Tochter Pamela im Jahre 1978, einer vielversprechenden Künstlerin auf mehreren Gebieten, lehrte mich, daß die höchste Form des Mäzenatentums in hohem Maße eine Trennung macht zwischen der Bewertung des *Produkts* eines Künstlers und der Bewertung seiner *Kreativität*, wodurch die Folgen von Subjektivität und Fremdheit reduziert, wenn nicht gar völlig eliminiert werden. Warum mußte erst meine Tochter sterben, bevor ich das begriff?

KAPITEL 19

Das Ausstreuen der Asche

1.

ICH fürchte mich immer vor der Frage:»Haben Sie Kinder?«
oder wie es im Orient formuliert wird:»Wie viele Kinder
haben Sie?« Sollte ich antworten:»Einen Sohn«, und es dabei
bewenden lassen? Oder sollte ich sagen, daß ich auch einmal
eine Tochter hatte? Wenn ich das tue, verfolgt jeder zweite das
Thema weiter, gewöhnlich nach einem verlegenen und mitlei-
digen Blick.»Wie ist sie gestorben?« schließt sich dann fast
zwangsläufig an.

Sollte ich den Fragestellern die ganze Geschichte erzählen?
Wie ich am 5. Juli 1978 vom Labor auf die Ranch heimkam,
wo ich damals allein lebte, um die von panischer Angst
erfüllte Stimme meines Schwiegersohnes zu hören, die mir
mitteilte, daß meine Tochter Pamela am Morgen einen Brief
hinterlassen hatte. Er lautete:

»Nach langen Gesprächen mit mir selbst, mit Dir und mit
anderen bin ich zu dem Schluß gekommen, daß heute der Tag ist,
der mein letzter sein soll. Ich kann nicht so nutzlos weiterleben
– ich bin in meiner Kunst schon zu lange gelähmt und inaktiv
und kann nicht noch einmal von vorne anfangen . . . Ich habe
seit Jahren chronische Depressionen, und es wird nur immer
schlimmer. Ich will einfach nicht mehr darunter leiden, auch
nicht unter meinen eigenen Schuldgefühlen, weil ich zu nichts
nütze bin, noch unter meiner Einsamkeit und Isoliertheit . . . Ich
gehe von hier weg, um irgendwo im Wald aus dem Leben zu

scheiden, weil ich nicht möchte, daß Du mich findest. Diese Aufgabe soll ein anderer übernehmen . . .«

Am Ende fiel diese Aufgabe mir zu. Auf Pamis Brief stand oben »11 Uhr«. Falls sie sich für Schmerztabletten oder Beruhigungsmittel entschieden hatte, wovon sie wegen ihrer chronischen Rückenschmerzen einen großen Vorrat besaß, war es ausschlaggebend, sie schnell zu finden: Durch Auspumpen des Magens war ihr Leben möglicherweise noch zu retten. Steve berichtete, daß ihr grüner 1972er Opel Caravan verschwunden war. Ich rief das Büro des Sheriffs an, wo eine mitfühlende Stimme mich zu beruhigen versuchte: »Verschwundene Autos finden wir fast immer.« »Aber wann?« hätte ich am liebsten geschrien. Ich versuchte örtliche Rundfunksender zu erreichen, um sie zu bitten, eine Beschreibung des Wagens durchzugeben und eine Belohnung auszusetzen. Aber inzwischen war es bereits nach 18 Uhr, und bei jedem Sender, den ich anrief, meldete sich nur der Anrufbeantworter mit Hinweisen auf das Programm und die regulären Bürostunden. In meiner Panik kam es mir nicht in den Sinn, mich bei der Telefonauskunft nach anderen Nummern zu erkundigen. Statt dessen nutzten Steve und ich die wenigen Stunden bis zum Einbruch der Dunkelheit, um den Opel zu suchen.

Dreizehn Jahre davor, als Pami fünfzehn und Dale zwölf war, hatten wir beschlossen, den größten Teil unseres Geldes für ein sagenhaft schönes Stück Land in den Santa-Cruz-Bergen auszugeben, bevor die Baulöwen es entdeckten und ruinierten. Es gab dort Redwood-Wälder, tiefe Cañons, Panoramablicke auf den Pazifik, Hochwild, Kojoten, Rotluchse – sogar den gelegentlichen Berglöwen; und es lag nur wenige Kilometer von der Stanford-Universität und einem Ballungsraum entfernt, in dem mehrere Millionen Menschen lebten. In weniger als einer Stunde konnte man mit dem Wagen von der Oper in San Francisco in die märchenhafte Einsamkeit gelangen, der wir den Namen SMIP – für *Syntex Made It Possible* (»Syntex machte es möglich«) – gegeben hatten und die wir später in *Sic Manebimus in Pace* (»So werden wir in Frieden wohnen«) umbenannten. Die ersten 40 Hektar, die wir kauften, lagen tief im Wald; in den Jahren darauf erwarben wir weitere Parzellen, die sich von den Redwoods über Gruppen von Erdbeerbäumen und Eichen bis zu den gewellten Wiesen erstreckten, die sich zur Küste schoben. 1970 war aus SMIP ein knapp 500 Hektar großer Grundbesitz – von dem drei Viertel auf meine Kinder eingetragen waren – zu beiden Seiten der Bear Gulch Road geworden, einer gewundenen Landstraße, die am Grundstück unseres Nachbarn, des Rockmusikers Neil Young, endete. Auf der östlichen Hälfte des Besitzes, der auf über 600 Meter ansteigt und auf 250 Meter abfällt, errichteten wir eine zwölfseitige Scheune und ein Wohnhaus für den Ranchverwalter, die mitten auf offenem Weideland standen, wo wir reinrassige Kurzhornrinder züchteten. Am Rande des Redwood-Waldes bauten wir ein kleines zweites Domizil, das von Gerald McCue entworfen wurde, dem damaligen Leiter der Abteilung Architektur der University of California. Dieses Haus lag so abgeschieden, daß man es nur erreichen konnte, indem man – durch ein schützendes Wäldchen aus Lorbeerbäumen, Immergrünen Eichen und Tannen – rund 75 unregelmäßige, aus Eisenbahnschwellen bestehende Stufen hinabstieg. Etwa zu dieser Zeit kam mein noch nicht zwanzigjähriger Sohn in den Genuß eines Treuhandvermögens, das auf einem frühen Geschenk in Form von Syntex-Aktien basierte, deren Wert um ein Vielfaches gestiegen war. Er bat darum, den größten Teil des Geldes für den Bau eines eigenen adlerhorstartigen Hauses an einem Teich im westlichen Abschnitt der Ranch zu verwenden, eine Stunde Fußmarsch vom Ranchhaus seiner Eltern entfernt. Meine Tochter Pamela, die damals in La Jolla lebte, während ihr Mann sein Medizinstudium beendete, folgte 1974 seinem Beispiel. Ihr Haus und ihr Atelier entstanden auf der Westseite der Bear Gulch Road, zu Fuß eine halbe Stunde vom Haus ihres Bruders entfernt. Wenn sie auf einem ihrer Hügel saß, die Ausblick auf die weite Fläche des Pazifik boten, und der Wind aus der richtigen Richtung kam, konnte sie manchmal undeutlich Neil Young üben hören.

Pami und Steve hatten ihr Haus auf der Ranch bezogen, als

Steve als Assistenzarzt für Radiologie in Stanford anfing, wo sich die beiden während des Studiums kennengelernt hatten. Im Juli 1978 war ich seit fast zwei Jahren geschieden und lebte ebenfalls auf SMIP. Über ein Jahrzehnt lang waren wir an den Wochenenden, und unter der Woche häufig auch abends, auf dem ganzen Besitz herumgewandert. Trotzdem gab es viele Bereiche, die wir noch nie erkundet hatten; manche Stellen waren einfach zu zerklüftet oder aus anderen Gründen nicht zu erreichen. Als ich mir 1983 mein steifes Bein brach, während ich in einem Bachbett über umgestürzte Bäume kletterte, brauchten die Sanitäter und die Forstbeamten sieben Stunden, um mich ins Stanford Hospital zu bringen, eine Zeitspanne, während der ich genug Morphium bekam, um mehrere ausgewachsene Elefanten zu betäuben. Wenn ich nicht einige Studenten bei mir gehabt hätte, wäre ich tage- oder wochenlang nicht gefunden worden und bestimmt gestorben.

Das war das Gebiet, das Steve und ich an diesem 5. Juli in den verbliebenen zwei bis drei Stunden, bevor es Nacht wurde, durchsuchen mußten – er im Westen und ich im Osten der Bear Gulch Road. Auf dieser Straße fuhr ich bis zum Skyline Boulevard hinaus, der wichtigsten Nord-Süd-Zufahrt am Rande der Santa-Cruz-Berge. Nirgends war ein grüner Opel geparkt. Verzweifelt suchte ich den inneren Waldweg der Ranch ab, der zwar unbefestigt, aber außer im Winter während der Regenzeit für Kraftfahrzeuge zugänglich ist. Als es dunkel wurde und wir nichts gefunden hatten, erkannten Steve und ich, daß die Lage hoffnungslos war.

Da meine frühere Frau zu der Zeit nicht mit mir sprach, rief ich ihren Anwalt an, der mir während unserer äußerst unerquicklichen Scheidung als ein warmherziger Mensch erschienen war. Er fand heraus, daß Norma in Hawaii war, und versprach, sie ausfindig zu machen. Mein Vater befand sich in Europa, und ich brachte es einfach nicht übers Herz, ihn zu benachrichtigen. Dale war in Argentinien, wo er einen Dokumentarfilm über den südamerikanischen Fußball drehte. Obwohl ich die Privatnummer eines Kollegen von ihm in der Provinzstadt San Juan hatte, beschloß ich, ihn erst anzurufen, wenn wir Näheres über Pamis Schicksal wußten. Schließlich telegraphierte ihm seine Mutter, als sie die Nachricht erhielt, und er flog sofort nach Hause.

Jahre später berichtete er mir von einigen erstaunlichen Zufällen. Am 5. Juli filmte er in dem Städtchen Balcarce, dem Standort der ersten Satelliten-Bodenstation Argentiniens, die für die Übertragung der Fußballweltmeisterschaft errichtet worden war. Am Abend las er Georg Büchners Novelle *Lenz*, die auf dem traurigen Leben und mutmaßlichen Selbstmord von Goethes Freund Jakob Lenz basiert und von manchen als das erste »moderne« Prosawerk der deutschen Sprache betrachtet wird. Büchner, der selbst im Alter von 23 Jahren starb, faßt Lenz' Melancholie in den letzten Sätzen der Erzählung zusammen: »Er tat Alles wie es die Andern taten, es war aber eine entsetzliche Leere in ihm, er fühlte keine Angst mehr, kein Verlangen. Sein Dasein war ihm eine notwendige Last. So lebte er hin.« Dale erinnerte sich noch an den schrecklichen Alptraum, aus dem er am Morgen erwachte, die Laken zerknüllt, er selbst schweißgebadet. Als er nach Buenos Aires zurückkam und das Telegramm seiner Mutter vorfand, die ihn von einem Notfall in der Familie unterrichtete, buchte er einen Platz im nächsten Flugzeug. Wolkenbruchartige Regenfälle, die schlimmsten seit Jahren, hinderten ihn fast daran, zum Flughafen zu kommen. Als er zwei Jahre später seine zukünftige Frau kennenlernte, entdeckte er, daß sie an dem besagten Tag ebenfalls auf dem Flughafen von Buenos Aires gewesen war und zur gleichen Zeit in der Abflughalle gesessen hatte, um nach einem Besuch bei ihrem Bruder in Argentinien nach Hause zu fliegen.

In den folgenden vier Tagen waren meine eigene Angst und Einsamkeit so konzentriert, daß ich mich noch nicht mit der eigentlichen Tragödie von Pamis Entschluß auseinandersetzen konnte. Am frühen Morgen des 6. Juli informierte ich die wenigen Rancher in der Nachbarschaft sowie Robin Toews, die ehemalige Grundschullehrerin meines Sohnes, die als Mieterin mit ihrer Tochter im ehemaligen Verwalterhaus lebte, seit wir die Rinderzucht im Jahre meiner Scheidung aufgegeben hatten. Alle wollten mitsuchen; am Abend waren alle zu dem Schluß gekommen, daß sich der grüne Opel nicht auf der Ranch befand. Trotz der vielen Pfade und Cañons und unerschlossenen Gebiete, in denen ein Leichnam verborgen sein konnte, war nur eine begrenzte Anzahl von Stellen mit dem Wagen zu erreichen. Pami mußte woanders hingefahren sein, »um im Wald aus dem Leben zu scheiden«. Bestärkt durch den Rat von Freunden, klammerte sich ihre Mutter an die Hoffnung, daß Pami sich nur irgendwo verkrochen hatte, vielleicht in einem Motel. Norma hatte sogar eine Hellseherin ausfindig gemacht, die versprochen hatte, ihre Kräfte zu benutzen, um Pami zu finden. Steve und ich waren jedoch davon überzeugt, daß Pami sich umgebracht hatte. Aber wo? Und was war, wenn ihr Wagen gestohlen worden war, nachdem sie ihn an irgendeinem Waldweg abgestellt hatte, und der unfehlbare Sheriff spürte ihn nicht Tage, sondern Wochen später an einer ganz anderen Stelle auf, vielleicht Hunderte von Kilometern entfernt? Wie sollten wir da überhaupt wissen, wo wir mit dem Suchen anfangen sollten?

Meine größte Angst war, daß ich nie erfahren würde, was mit meiner Tochter geschehen war, die während der vergangenen vier Jahre meine engste Freundin und einzige Vertraute geworden war. »Irgendwo im Wald« mußte nicht heißen in *unserem* Wald. Die Santa-Cruz-Berge umfaßten meilenweite unbewohnte Wälder. Und was war mit den Sierras? Wir waren früher mit dem Rucksack durch das Desolation Valley am Tahoe-See und durch die Tuolumne Meadows im Yosemite gewandert. Nur zwei Winter davor hatten Pami und ich ein verlängertes Wochenende auf Langlaufskiern in der Nähe des Donner Pass verbracht. Es waren mit die märchenhaftesten Wintertage, die wir je erlebt hatten: blauer Himmel, frisch gefallener Schnee, der bis auf die neuesten Spuren alles zudeckte, die Temperatur gerade kalt genug, um nach stundenlangem schnellem Langlaufen nicht ins Schwitzen zu kommen. Während der stundenlangen intimen Gespräche, in der Sauna oder im heißen Whirlpool draußen im Schnee unter den Redwood-Bäumen, hatte sich meine Tochter in eine Ebenbürtige verwandelt, ja sogar in meinen Beichtvater und meine Ratgeberin. Und wenn sie nun in diese Bergwälder gefahren war, dreihundert Kilometer nördlich von uns?

Am Abend des 9. Juli, nach vier furchtbaren Tagen, stand ich in der Küche meines Hauses an der Spüle, als ich plötzlich spürte, daß ich nicht allein war. Die Sonne war noch nicht untergegangen, doch unter den Redwood-Bäumen vor dem Haus war die Dämmerung so weit fortgeschritten, daß es innen bis auf das Licht in der Küche dunkel war. Als ich mich zur Glastür umdrehte, konnte ich die Silhouette von drei Personen ausmachen. Ich konnte die Gestalten nicht erkennen, aber angesichts ihrer absoluten Regungslosigkeit blieb mir das Herz stehen. Schließlich ging ich auf sie zu und sah, daß es meine Mieterin, ihre kleine Tochter und Bob Mann waren, der Verwalter der Ranch, die auf Pamis Seite an unseren Besitz grenzt. Als ich vor ihnen stand und uns nur noch die Glasscheibe trennte, sah ich Tränen in Bobs' Augen.

An dem Abend, so berichtete Bob, als die Sonne horizontal über den Pazifik auf eine Stelle fiel, an der er während seiner Suche schon zweimal vorbeigekommen war, bemerkte er im Gras die schwachen Umrisse von Reifenspuren, die ihm davor entgangen waren. Als er den Spuren hinunter zum Waldrand folgte, sah er den grünen Opel, der teilweise zwischen Büschen versteckt war. Daraufhin kam er unverzüglich zu meinem Haus auf der anderen Seite der Bear Gulch Road. Ich rief sofort den Sheriff und meinen Schwiegersohn an. Steve bat mich zu tun, was getan werden mußte.

Als Arzt hatte Steve Bush schon manche Leiche gesehen, während ich in dieser Hinsicht ein bemerkenswert behütetes Leben geführt hatte. Obwohl ich aus dem nationalsozialistischen Österreich geflohen und auf der ganzen Welt herumgereist war, hatte ich noch nie gesehen, wie ein Mensch durch eine Schußwaffe oder eine andere Art von Gewaltanwendung getötet wurde; tatsächlich hatte ich bis dahin noch nie einen Leichnam gesehen. Abgesehen vom Tod meiner Großmutter, an den ich mich kaum erinnere, da ich damals noch ein Kind war, und dem Tod meiner Mutter, die mit 91 Jahren in einem Pflegeheim starb, das 5000 Kilometer weit weg war, hatte ich kaum jemals auch nur an den Tod *gedacht*.

Ich folgte Bobs Jeep zu der Stelle, wo die schwachen Reifenspuren in der Dämmerung gerade noch auszumachen waren. Er weigerte sich, mich weiter zu begleiten, und so ging ich alleine die goldbraune Wiese hinunter. Durch die Windschutzscheibe des Opels sah ich das hübsche Gesicht meiner Tochter entsetzlich verunstaltet und aufgedunsen; ich floh, ohne die Wagentür zu öffnen. Mit meinem steifen Bein kämpfend, humpelte ich so schnell wie möglich zu meinem Wagen und fuhr weg. Endlose Minuten später sah ich in der Ferne die blinkenden Lichter des Polizeifahrzeugs und dahinter die des Rettungswagens.

Bis zu diesem Zeitpunkt hatte ich als Erwachsener so gut wie nie geweint. Doch in dieser Nacht weinte ich stundenlang. Selbst heute, über ein Jahrzehnt danach, weine ich hemmungslos, wenn ich an diesen Abend zurückdenke, an das Entsetzen jenes ersten Anblicks, an die plötzliche Erleichterung, daß die bohrende Ungewißheit ein Ende hatte, an die heraufdämmernde furchtbare Erkenntnis, daß Pamis Selbstmord nun eine unabänderliche Tatsache war.

Wir waren uns einig, daß Pamis Leichnam nach der Autopsie verbrannt und die Asche an der Stelle verstreut werden sollte, die sie am meisten liebte – obwohl ich dazu lügen mußte. Ein merkwürdiges kalifornisches Gesetz verbietet das offene Verstreuen menschlicher Asche überall außer im Ozean, so daß das Gebot »Asche zu Asche, Staub zu Staub« im *Golden State* rechtswidrig ist. Wir wählten eine Stelle, die Pami und ich Jahre davor zum schönsten Platz von ganz SMIP erklärt hatten: einen kleinen Wasserfall, wo der Harrington Creek an moosbedeckten Felsen vorbei auf einen glatten, glänzenden Felsbrocken fließt, der wie die Öffnung einer geneigten Amphore geformt ist, von wo aus sich das Wasser in einen klaren Teich ergießt. Da der Harrington Creek in den San Gregorio Creek mündet, der wiederum im Pazifik endet, lag unsere Handlung vielleicht doch nicht ganz außerhalb der Legalität. Dieser Ort mit den riesigen, üppigen Farnen am Rande des Teichs und den Bäumen, die eine natürliche Kuppel bilden, durch die die Sonnenstrahlen einfallen, erinnert an Hawaii. Pami und ich hatten ihn vor Jahren auf einer unserer Wanderungen entdeckt. Ich hatte beschlossen, daß dies der Ort war, an dem einmal meine eigene Asche

verstreut werden sollte, ohne mir je träumen zu lassen, daß ich
das Schlimmste durchmachen würde, was einem Vater oder
einer Mutter widerfahren kann: nämlich der Überlebende zu
sein und im Krematorium die Schachtel mit der Asche meines
Kindes abholen zu müssen.

Diane Middlebrook, die, obwohl noch nicht meine Frau,
eine von Pamis wenigen Vertrauten geworden war, war anwesend, als Steve, zu den Klängen sephardischer Gesänge aus
dem 15. Jahrhundert, die Asche auf den geformten Fels an der
Mündung des Wasserfalls streute, während wir Blütenblätter
in den rasch wieder klar werdenden Teich warfen. Dale und
ich hielten einander fest – wohl das erste Mal seit seiner
Jugend; und ich flehte leise: »Bitte verlaß mich nicht, Dalito.«
Später schrieb Diane »Beim Verstreuen der Asche«:

> Eine Wolke zieht durch meine Träume,
> Die nun Teil meines Lebensstromes ist:
> Wolkig, dann klar, der Teich am Fuße der Fälle – –
> Ein gleichförmiges Grau: Du . . .
> So sei es. Doch mich verfolgt das reine Bild
> Des Wassers, das deinen Tod empfängt;
> Verändert wird; weiterfließt.

II.

Bei einem Todesfall – besonders wenn er durch ein Unglück
oder eine plötzliche Krankheit verursacht wird – stellt sich oft
die bittere Frage: »Warum?« Unweigerlich ist sie an Gott oder
gegen Gott gerichtet und besagt: »Warum hast DU das zugelassen?« Aber bei einem Selbstmord gibt es noch ein anderes
»Warum«, das sich an den Menschen richten muß, der nun tot
ist. Doch dazu war ich damals viel zu verzweifelt, und ich war
auch noch nicht bereit, mich selbst zu fragen, ob ich etwas
hätte tun können, um ihn zu verhindern. Am 4. Juli, dem Tag,
bevor sie sich umbrachte, hatte Pami einen Spaziergang zu
meinem Haus gemacht, um ein paar Stunden mit mir in der
Sonne zu sitzen und über ihre Zukunft zu sprechen. Nichts in
ihrem Ton oder ihren Worten hatte mich auch nur dunkel
ahnen lassen, daß sie sich am Rande des Abgrunds bewegte.

Meine unmittelbare Reaktion auf Pamis Tod war typisch dafür, wie ich in jener Phase meines Lebens mit persönlichen Katastrophen fertig wurde: Ich stürzte mich in die Arbeit. Siebzehn-Stunden-Tage sorgten dafür, daß ich auf der Stelle einschlief, wenn ich endlich ins Bett fiel. Außerdem hatte ich juristische und finanzielle Dinge zu regeln, da ich Pamis Testamentsvollstrecker war und sich ihr Besitz, genau wie Dales, durch das Steigen der Syntex-Aktien um ein Vielfaches vermehrt hatte. Aber nach elf Wochen dieser durch Arbeit herbeigeführten Anästhesie beschloß ich plötzlich zu verreisen und lud Diane Middlebrook ein, mich zu begleiten. Bei all meinen Reisen nach Italien hatte ich es bewußt vermieden, Venedig und Florenz zu besuchen: Ich fand, daß man diese beiden Kleinode nicht im Rahmen eines Touristenprogramms besuchen sollte, bei dem eine Sehenswürdigkeit auf die andere folgt und die jeweiligen Bestandteile nicht zur Geltung kommen. Insbesondere in Florenz wollte ich mich auf die Kunst konzentrieren und das mit der richtigen Begleiterin.

Drei Abende hintereinander saßen Diane und ich in einem Straßencafé an der Piazza della Signoria gegenüber dem Palazzo Vecchio, um die Eindrücke des Tages Revue passieren zu lassen – und um über Pamis Entschluß zu sprechen. War es eine unvermeidliche Konsequenz einer an Depressionen leidenden jungen Frau, die nicht bereit gewesen war, eine Therapie in Betracht zu ziehen? Waren es die chronischen körperlichen Schmerzen, die sie in den letzten beiden Jahren ihres Lebens daran gehindert hatten, im Garten oder mit Tieren zu arbeiten, was sie so liebte? Sie konnte kaum mehr die Pferde füttern, die ihr so viel bedeutet hatten, vom Reiten ganz zu schweigen. Waren es ihre desillusionierenden Erfahrungen mit der kommerziellen Kunstszene, mit den demütigenden Kompromissen, die einem jungen Künstler abverlangt werden? Oder war es der Mangel an Gleichgesinnten, der sich aus ihrer selbstgewählten Isoliertheit in der majestätischen, aber auch überwältigenden Welt von SMIP ergab? Ihr Mann, der den ganzen Tag lang im Krankenhaus von Menschen umgeben war, hatte kaum eine freie Minute, um nachzudenken. Wie mich beruhigte es ihn, am Abend in die

Einsamkeit des Küstengebirges mit seinen Nebelschleiern heimzukehren, die vom Ozean her durch die Cañons hereindrangen. Die außerordentliche Stille, das Fehlen menschlicher Laute, abgesehen vom gelegentlichen Brummen des Kühlschrankmotors, war ein wohltuender Kontrast zu dem lauten Treiben am Arbeitsplatz. Aber was war mit dem Menschen, der den ganzen Tag allein zurückblieb? Muß die Schönheit der Natur, wenn sie in Einsamkeit erlebt wird, immer beruhigen und gefallen, oder kann sie nicht auch Angst einflößen? Einige von Pamis bittersten Gedichten, die von ihrer Mutter posthum veröffentlicht wurden, entstanden in dieser Periode ihres Lebens.

Pami hatte schon immer gerne gelesen, und in diesen letzten Jahren las sie besonders viel. Ein Großteil davon waren Werke von Frauen und feministische Literatur, die den fruchtbaren Boden für ihre eigenen Vorstellungen von dem Platz der Frau in der Kunst lieferten. Alle ihre künstlerischen Vorbilder, alle ihre ehemaligen Lehrer am San Francisco Art Institute und an der Stanford-Universität waren Männer gewesen. Tatsächlich gab es an der Stanford-Universität bis zu Pamis Tod kein einziges weibliches Fakultätsmitglied in der Abteilung Bildende Kunst. Diane Middlebrook, die damals neben ihrem Lehrstuhl in Englisch auch das *Center for Research in Women* (CROW) leitete, machte mich mit den tagtäglichen Affronts bekannt, denen Frauen in einer männlich orientierten Kultur ausgesetzt sind. Ich bin sicher, daß mein eigener quasipatriarchalischer Stil zu Pamis Sensibilität beitrug. Diese und viele andere Themen waren Gegenstand unserer abendlichen Gespräche auf der Piazza della Signoria, praktisch zu Füßen des tänzelnden Bronzepferdes, auf dem Cosimo de Medici auf die Pracht blickte, die der Förderung seiner Familie zu verdanken ist. »Nicht auszudenken, was Florenz ohne die Medici wäre«, sagte ich und deutete auf die Bronzestatue von Giambologna. »Aber stell dir erst einmal vor, was es heute wäre, wenn sich ihr Mäzenatentum auch auf Frauen erstreckt hätte«, sagte Diane.

In dieser Stunde nahm meine eigene Reaktion auf Pamis Selbstmord schließlich Gestalt an. Ein Selbstmord ist eine

Botschaft an die Überlebenden, doch der Text muß von jedem einzelnen – ob Vater, Mutter, Bruder, Schwester, Ehemann, Ehefrau, Freund oder Freundin – im Lichte seiner oder ihrer Beziehung zu dem Verstorbenen gelesen werden. Eine Antwort auf die Frage »Warum?« kann nur der Überlebende geben; an jenem Septemberabend in Florenz beschloß ich, daß meine Antwort, oder zumindest meine Reaktion, ein Mäzenatentum von der Art sein sollte, wie es Pami zugute gekommen wäre. Bei dieser Aufgabe wurde Diane – sowohl intellektuell als auch in der Praxis – meine Partnerin. Als wir in den sechziger Jahren das Land erwarben, aus dem SMIP wurde, pflichteten meine Kinder mir bei, daß es in unverfälschtem Zustand erhalten bleiben sollte, um später einmal der Öffentlichkeit zugute zu kommen. Obwohl wir uns über die näheren Einzelheiten noch nicht klar waren, trug dieser Entschluß zur rechtsgültigen Gründung der Djerassi Foundation bei, einer gemeinnützigen Stiftung, die wir als den späteren Nutznießer unserer jeweiligen Testamente ins Auge gefaßt hatten. Alle philanthropischen Schenkungen, die ich in den späten sechziger und in den siebziger Jahren machte, liefen über diese Stiftung, aber größere Aktivitäten mußten bis zu meinem Tod warten. 1978 waren Pamela und Dale die beiden Treuhänder, die dazu ermächtigt waren zu entscheiden, wie mein eigenes Vermögen – Land, Kunstgegenstände und andere Werte – von der Stiftung verteilt werden sollte; aber keiner von uns dachte damals an den Tod, und die eigentliche Tätigkeit der Stiftung schien noch Jahre entfernt zu sein.

Das änderte sich am 5. Juli 1978, als ein Fläschchen Tabletten das Konzept der Stiftung in ein reales Gebilde mit beträchtlichem Kapital und Eigentumsrechten an einem beachtlichen Teil des SMIP-Grundbesitzes sowie an Pamelas Haus und Atelier verwandelte. Kurz nachdem Diane und ich aus Italien zurückkehrten, schloß sich Steve einer radiologischen Forschungsgruppe in Los Alamos, New Mexico, an, um sich mit einer neuen Strahlenquelle zur Krebsbehandlung vertraut zu machen. Da Pamelas Haus und Atelier somit zur Verfügung standen, beschlossen wir, der Abteilung Bildende Kunst der Stanford-Universität die Nutzung dieser Einrichtungen sowie ein jährliches Stipendium anzubieten, um Künstlerinnen von Rang einen einjährigen Aufenthalt auf SMIP zu ermöglichen. Die Stipendiatin sollte keinen Lehrauftrag erfüllen müssen, sondern bereit sein, offene Atelierveranstaltungen durchzuführen und die Interaktion zwischen Kunststudenten und Lehrkörper zu fördern. Gegen Ende ihres Aufenthalts sollten die während des zurückliegenden Jahres entstandenen Arbeiten im Kunstmuseum der Stanford-Universität ausgestellt werden. Die Stiftung verpflichtete sich zunächst für vier Jahre, um die Durchführbarkeit des Projekts zu testen. Wir glaubten, daß dadurch zumindest zwei Dinge erreicht werden könnten, die Pamela am Herzen lagen: Förderung durch eine öffentliche Ausstellung in einem Museum, frei von kommerziellen Erwägungen; und enger Kontakt erfahrener Künstlerinnen mit der Stanforder Kunstszene. Aber während der Museumsdirektor mit der geforderten Ausstellung einverstanden war und einige Professoren für Kunstgeschichte, insbesondere Albert Elsen, die Sache unterstützten, war die Abteilung Bildende Kunst nicht bereit, Verpflichtungen einzugehen, die es einer Gastkünstlerin erlaubt hätten, sich willkommen zu fühlen. Am Ende wurde CROW der Stanforder Sponsor, und Mitglieder von CROW, die Abteilung Kunst und einige externe Kunstsachverständige und Museumsdirektoren gründeten ein Auswahlgremium, das überall auf der Welt Fachleute zu werben begann, die Vorschläge machen sollten.

Aus den etwa 40 Kandidatinnen wurden vier ausgewählt. 1979 kam Tamara Rikman, eine Graphikerin aus Jerusalem, die von ihrem Mann, dem Dichter T. Carmi, begleitet wurde. Ihr folgte Barbara Greenberg, eine New Yorker Faserkünstlerin und Bildhauerin, die von ihrer Lehrerin nominiert worden war, der bekannten polnischen Faserkünstlerin Magdalena Abakanowicz. Barbara Greenberg brachte in Pamis Haus ihr erstes Kind zur Welt und baute außerdem ein drei Meter hohes »Vogelnest« aus Zweigen, Ästen und Sisal. Da das Nest zu groß war, um in einem Lastwagen auf der schmalen Bear Gulch Road transportiert zu werden, nahm ein Hubschrauber das Nest in einer Schlinge auf und deponierte es vor dem

Stanford Museum, wo es sich im Laufe der nächsten sechs Monate allmählich auflöste. Als große Anhängerin der ephemeren Kunst schuf Barbara Greenberg auch eine bemerkenswerte dreitägige Installation auf einem der SMIP-Hügel, für die mehrere hundert (geliehene) rote Straßenpfosten erforderlich waren. Die dritte Künstlerin, die Malerin Kathryn Porter aus Maine, war von der Stadt San Francisco mit der Schaffung eines Denkmals für den vor kurzem ermordeten Bürgermeister George Moscone beauftragt worden. Während ihres Aufenthalts auf SMIP änderte sie den gebilligten Entwurf, indem sie Anspielungen auf Che Guevara, Rosa Luxemburg, George Jackson, Malcolm X und andere Revolutionäre einarbeitete. Die Folge war, daß der Auftrag storniert wurde, woraufhin Kathryn Porter, die das als Zensur bezeichnete, verärgert abreiste. Um die unerwartete Vakanz zu füllen, schlug der CROW-Stab als Interimskandidatin eine schwarze Schriftstellerin und Dichterin aus Berkeley vor, nämlich Joyce Carol Thomas, die kurz vor der Vollendung ihres ersten Romans, *Marked by Fire*, stand. Pamis Haus bot die ungestörte Konzentration, die sie dazu brauchte; außerdem schrieb sie während ihrer Zeit als Stipendiatin der Djerassi Foundation einen beträchtlichen Teil ihres zweiten Romans. *Marked by Fire* trug Joyce Carol Thomas den National Book Award in der Kategorie Jugendbuch ein, und zwar zum gleichen Zeitpunkt, als ihre Freundin Alice Walker diese Auszeichnung für *Die Farbe Lila* erhielt.

Die vierte Künstlerin war Sue Gussow, Professorin für Malerei an der New Yorker Cooper Union, deren künstlerisches Werk sich qualitativ und quantitativ als überragend erwies, die sich aber von der Stanforder Künstlergemeinschaft zu isoliert fühlte. Wir kamen schließlich zu dem Schluß, daß die Kluft in der Geisteshaltung einfach zu groß war, obwohl die räumliche Entfernung zwischen Pamis Atelier und der Stanford-Universität nur wenige Kilometer betrug. Die Künstlerinnen konnten zwar unter geradezu idealen äußeren Bedingungen arbeiten, doch ihre Anwesenheit hatte nur minimale Auswirkungen auf die Stanforder Kunstszene. Barbara Greenberg hatte während ihres Aufenthalts angedeutet, daß sich die mir gehörenden Gebäude auf meiner Seite der Ranch – das Haus des Ranchverwalters und die zwölfseitige Scheune – gut in eine kleine Künstlerkolonie verwandeln ließen, die das Gefühl der Isoliertheit und die fehlende Interaktion mit Gleichgesinnten (auch Pamis Problem) überwinden würde, die Künstlerinnen empfanden, die ohne Begleitung für ein Jahr gekommen waren. Ich begann zu erkennen, daß frei verfügbare kreative Zeit, die mit keinerlei Bedingungen verknüpft ist, für einen Künstler vielleicht das größte Geschenk ist, daß es aber ein unvollkommenes Geschenk ist, wenn es das grundlegende menschliche Bedürfnis nach Gesellschaft leugnet.

In ihrer Funktion als Treuhänderin der Stiftung besuchte Diane nicht nur die beiden ältesten Künstlerkolonien an der Ostküste, Yaddo und McDowell, sondern auch zwei kleinere, nämlich die Edna St. Vincent Millay Colony und Hand Hollow – letztere hatte ein Freund von mir, der kinetische Bildhauer George Rickey, auf seiner Farm in East Chatham, New York, gegründet. Dianes Bericht und Rickeys Ratschläge veranlaßten mich, das ehemalige Verwalterhaus mit seinen vier Schlafzimmern umzubauen, so daß acht Schlafzimmer und fünf Badezimmer entstanden, und in der Scheune zwei Ateliers einzurichten. Leigh Hyams, eine Malerin aus San Francisco, wurde zur Interimsdirektorin ernannt; und Ende des Jahres 1982 wurde die Künstlerkolonie der Djerassi Foundation geboren. Als sich die Gemeinschaft erweiterte, wurde die Beschränkung auf Frauen gestrichen; und um unser Programm einer größeren Zahl von Künstlern zugänglich zu machen, wurden die Aufenthalte auf ein bis drei Monate begrenzt. Da alle Schlafzimmer groß waren und, mit einer Ausnahme, Balkons oder direkten Zugang zum Garten hatten, konnten sie den Schriftstellern ohne weiteres auch als Arbeitsraum dienen. Die beiden Ateliers in der Scheune waren für bildende Künstler und Komponisten gedacht. Rickey betrachtete gutes Essen für den Erfolg einer Künstlerkolonie als unerläßlich – ein Rat, den wir dadurch befolgten, daß wir seine Köchin Siri Wright einstellten, die in Hand Hollow für eine erstklassige Küche gesorgt hatte.

Am Ende des ersten Jahres hatten wir 52 Künstler beherbergt und verköstigt, darunter 28 Frauen. Die Freundschaften und Gemeinschaftsprojekte, die auf SMIP entstanden, gingen über das rein Berufliche hinaus: zwei Bildhauer, Patricia Leighton aus Schottland und Del Geist aus New York, der Schriftsteller Alan Cheuse und die Choreographin Kristin O'Shee sowie die Houstoner Malerin Josefa Vaughan und der San Franciscoer Komponist Charles Boone heirateten, nachdem sie sich auf SMIP kennengelernt hatten. Unser erster Komponist, John Adams, der später mit seiner Oper *Nixon in China* internationale Anerkennung fand, verbrachte drei Monate in der Stiftung, wo er die Musik zu *Available Light* schrieb, einem Werk, das für die Eröffnung des Museum of Contemporary Art in Los Angeles in Auftrag gegeben worden war. Bei mehreren Gelegenheiten klagte Adams bei mir darüber, wie schwierig es sei, mit seiner fünftausend Kilometer entfernt lebenden Choreographin Lucinda Childs zusammenzuarbeiten. Adams' Bemerkungen überzeugten mich davon, daß wir die interdisziplinäre Zusammenarbeit fördern sollten, indem wir in der zwölfseitigen Scheune weitere Ateliers einrichteten.

Inzwischen hatten die Kosten der Kolonie begonnen, die Gelder der Stiftung und meine persönlichen Mittel zu übersteigen. Zum einen hatte sich mein Vermögen durch meine Scheidung um die Hälfte verringert, zum anderen war viel davon in Grundbesitz auf SMIP und in Kunstwerken angelegt. Den größten Teil meines Besitztums auf SMIP sowie das Haus mit den Künstlerappartements und die zu Ateliers umgebaute Scheune hatte ich der Stiftung geschenkt, doch den Hauptteil meiner Kunstsammlung – die Werke Paul Klees – hatte ich bereits dem Museum of Modern Art in San Francisco versprochen, so daß er folglich der Stiftung nicht zur Verfügung stand. Ich begann viele meiner anderen Kunstwerke zu verkaufen, in der Hauptsache die Werke toter Künstler, um die Arbeit lebender Künstler zu unterstützen. Aber selbst das reichte nicht aus: Neben dem Koch hatten wir inzwischen auch einen hauptamtlichen Direktor (der im Haus meiner Tochter wohnte), einen auf SMIP lebenden Manager und einen Verwalter. Mehrere örtliche Stiftungen – insbesondere die Hewlett, die Irvine und die San Francisco Foundation – und später auch die MacArthur Foundation und das National Endowment for the Arts in Washington ließen uns großzügige Zuschüsse zukommen, die es uns, zusammen mit Beiträgen von Einzelpersonen und Unternehmen, erlaubten, weitere Ateliers zu bauen, die für Choreographie und darstellende Künste, Musik, Photographie und Keramik bestimmt waren. Beim Umbau der Scheune wurden außerdem drei Schlafräume unter dem Dach geschaffen, so daß unsere Aufnahmekapazität auf elf Künstler stieg. Dies hat sich als eine ideale Größe herausgestellt: klein genug, daß beim Essen alle an einem Tisch sitzen können, aber groß genug, um echten Gedankenaustausch zu bieten.

Am Ende unseres siebten Jahres – zunächst unter der Leitung von Susan Learned-Driscoll und später, nach der Geburt von Sues zweitem Kind, unter Sally M. Stillman und jetzt unter Charles Boone – hat das Projekt einen solchen Umfang erreicht, daß es sich, mit über 500 Künstlern aus 34 US-Bundesstaaten und 22 Ländern, zur größten Künstlerkolonie westlich des Mississippi entwickelt hat. Unter den Künstlern waren ein Nobelpreisträger, ein Stipendiat der MacArthur Foundation, zahlreiche Inhaber von Guggenheim-Stipendien und Preisträger von Literatur- und Kunstwettbewerben sowie viele Künstler, die noch keine breite öffentliche Anerkennung gefunden hatten, aber von unseren Auswahlgremien für würdig befunden wurden. Bei der einen oder anderen Gelegenheit habe ich die meisten Künstler kennengelernt, gewöhnlich bei einem Abendessen, meist gefolgt von Lesungen, Diavorträgen, musikalischen oder tänzerischen Darbietungen oder einfach nur interessanten Gesprächen. Wenn ich Musik höre, die gerade erst komponiert wurde, oder in einem Atelier vor einer Leinwand stehe, die noch feucht ist; wenn ich einen Dichter Zeilen vortragen höre, die nur hier hervorgebracht werden konnten; wenn ich mich mit einem Bildhauer nach einem Standort in dem Wald umsehe, wo ich einst Pamis Leiche suchte; dann ertappe ich mich dabei, daß ich mich frage, was meine Tochter von all dem gehalten hätte.

Fünf Jahre nach Pamis Tod erhielt ich wieder einen aufgeregten Anruf, diesmal von der Künstlerin, die damals in Pamis früherem Haus wohnte und die mir mitteilte, daß sie ebenfalls einen Brief gefunden hatte, ganz hinten in einer Schublade. Sie zitterte, als sie mir das Blatt Papier mit der Handschrift meiner Tochter reichte, die Botschaft eines Geistes. Am Abend schrieb ich in mein Tagebuch:

Meine einzige Tochter,
Ich finde diese Nachricht:

»Ich habe nichts mehr zu sagen,
Also spreche ich nicht mehr.
Ich habe nichts mehr zu tun,
Also mache ich den Laden dicht.«

Kein Datum
Keine Adresse
Kein Namenszug
Deine Handschrift

Geschrieben für wen?
Dich selbst?
An alle, die es angeht?

Geschrieben wann?
Tage,
Wochen,
Vielleicht Monate
Bevor du in den Wald gingst?

Hättest du diese Worte doch zu mir gesprochen.

Hätte es doch, so füge ich rückblickend hinzu, nicht deines Todes bedurft, um mich die Förderung der Lebenden ernstnehmen zu lassen.

CODA

Thanksgiving Day 1988. Seit vier Stunden sind wir schon auf der Suche nach gefällten Redwood-Stämmen mit einem Durchmesser von mindestens 1,50 Metern. Das ist das mindeste, was David Nash für die dreiteilige Skulptur braucht, die er neben einigen mächtigen ausgebrannten Redwood-Stümpfen aufstellen will, die auf unserem Besitz noch hier und da von Holzfällungen aus dem 19. Jahrhundert zu finden sind. Nash ist einer der renommiertesten Künstler, die wir in der Stiftung je hatten. Der britische Bildhauer, der heute in Wales arbeitet, kam 1987 zur Zeit seiner Retrospektive im Museum of Modern Art in San Francisco zum ersten Mal in die Stiftung. Obwohl Holz (das er den »König der Pflanzen« nennt) sein einziges künstlerisches Ausdrucksmittel ist und Kettensäge oder Axt sein wichtigstes Werkzeug, hatte er davor noch nie mit dem Holz von Redwood oder Erdbeerbäumen gearbeitet, den beiden verbreitesten Arten in unserem Wald. Während seines ersten Aufenthalts hatte er eine Gruppe von Erdbeerbaum-Skulpturen für eine äußerst erfolgreiche Ausstellung in Los Angeles geschaffen; außerdem hatte Nash aus einem riesigen Redwood-Stamm, der jahrzehntelang im Harrington Creek gelegen hatte, seine *Sylvan Steps* angefertigt – eine Jakobsleiter, die im steilen Winkel aus dem Wasser in den Himmel ragt. Als er die Stelle auswählte – die nur entlang des Bachbetts zu erreichen ist, indem man über Felsen und umgestürzte Bäume klettert –, hatte er keine Ahnung gehabt, daß wir nur ein kleines Stück flußaufwärts 1978 die Asche meiner Tochter ausgestreut hatten. Gleich darauf müssen einige Partikel von Pamis Asche an der Stelle vorbeigeschwommen sein, an der nun Nashs Leiter emporragt. *Sylvan Steps* ist eine wunderbar schlichte Skulptur, die von vielen nachfolgenden Künstlern gezeichnet, photographiert oder beschrieben wurde.

Aber nun, zwei Jahre später, während seines zweiten Aufenthalts, können wir den mächtigen Stamm, den er braucht, einfach nicht finden. Auf unserer Suche haben wir am Vormittag vier Stellen im Wald entdeckt, wo geschwärzte Stämme aus dem Farn ragen – genau der richtige Hintergrund für die Pyramide, den Würfel und die Kugel aus versengtem Holz, die Nash gestalten will, aber was noch immer fehlt, ist der richtige hölzerne Ahn für diese Formen. Natürlich durchqueren wir den Schatten vieler lebender Redwoodbäume, aber einen zu fällen, kommt nicht in Frage. Dann erinnere ich mich, daß der Wald auf dem Land unseres Nachbarn auf der anderen Seite der Bear Gulch Road gerade gelichtet wurde; erst vor wenigen Tagen mußte ich ungeduldig hinter einem langsamen Laster herfahren, der hoch mit Redwood-Stämmen beladen war. Vielleicht war *unser* Exemplar noch nicht abtransportiert worden.

Ich rechne nicht damit, daß an Thanksgiving irgend jemand dort arbeitet, aber nachdem wir über das versperrte Tor geklettert sind und den Waldweg hinuntergehen, der mit zentimeterhohem Staub bedeckt ist (es hatte seit Wochen nicht geregnet), hören wir in der Ferne Motorengeräusche. Bald darauf stoßen wir auf einen gigantischen Traktor, der Gräben anlegt, um zu verhindern, daß die Straßenbettung während der winterlichen Regenzeit unterspült wird.

»Haben Sie schon alle Stämme abtransportiert?« rufe ich zu dem bärtigen Fahrer hinauf, nachdem er den donnernden Motor abgestellt hat. »Wir brauchen . . .« sage ich und erkläre dann, wer David Nash ist und warum wir einen ganz speziellen gefällten Redwood-Stamm suchen und nicht etwa einen Truthahn für Thanksgiving.

»Alles schon weg«, sagt er, doch dann fällt ihm etwas ein: »Ein großer ist auf den Zaun an der Grundstücksgrenze gestürzt. Vermutlich schon vor Jahren . . . bei einem Sturm.« Er soll schon teilweise verfault sein, so daß es sich nicht mehr lohnte, ihn ins Sägewerk zu bringen. Nash bezweifelt, daß er zu gebrauchen sein wird, doch ich sage: »Wir können ihn ja mal anschauen.«

Wir folgen den Anweisungen des Mannes zu dem Zaun, den man nach einem knappen Kilometer auf dem Waldweg erreicht. Als wir dort ankommen, verschlägt es mir die Sprache. Vor elf Jahren war ich hier entlanggehumpelt, so schnell mein steifes Bein es erlaubte – aber aus der entgegengesetzten Richtung kommend, nämlich von unserer Seite des Grundstücks her die Wiese herunter und auf diesen Zaun zu, auf dem nun der mächtige Stamm liegt, in drei gewaltige Teile zerborsten. Es ist die Stelle, an der sich meine Tochter umbrachte und an die ich nie zurückzukehren wagte. Wir stellen fest, daß die Fäule nur oberflächlich ist; das Holz ist genau das, was David Nash den ganzen Tag über gesucht hat.

KAPITEL 20

»Wien, Wien, nur du allein . . .«

Iᴄʜ bin auf dem Weg von San Francisco zu den Malediven, um im Indischen Ozean an Bord des sowjetischen Forschungsschiffes *Akademik Oparin* zu gehen. Eigenartigerweise führt die beste Verbindung über Wien, von wo aus die Singapore Airlines zweimal wöchentlich nonstop nach Male fliegt, die Hauptstadt der Malediven. Da mein Sohn und ich in Wien einige Stunden Aufenthalt haben, beschließen wir, durch die Innenstadt zu schlendern. Unser Taxi fährt an dem Wohnhaus vorbei, in dem ich vor 51 Jahren lebte und von dessen Balkon aus ich die Nazi-Braunhemden über die Aspernbrücke in den überwiegend jüdischen Zweiten Bezirk Wiens marschieren sah. Wir steigen in der Nähe des Stephansdomes aus und gehen die Kärntnerstraße entlang – die eleganteste Einkaufsstraße Wiens, die zur Oper führt und heute eine Fußgängerzone ist.

Das Wetter ist mild für Ende Oktober, und viele Leute sitzen in Straßencafés oder machen einen typischen Samstagnachmittagsbummel. Plötzlich stoßen wir auf zwei Musiker, einen Geiger und einen Cellisten, die von stillen, fast andächtigen Passanten umringt sind. Mit schwungvollem Bogeneinsatz beginnt der Geiger sehr professionell Mozarts *Kleine Nachtmusik* zu spielen. Diese Wahl ist so typisch wienerisch, daß sie Attributen wie »kitschig« oder »banal« trotzt. Als wir stehenbleiben, um zuzuhören, singe ich Dale leise »Wien, Wien, nur du allein« ins Ohr.

»Du klingst wie Großpapa in der Oper«, flüstert mein

Sohn. Ich weiß, was er meint: In der Pause pflegte mein Vater auf dem Weg ins Foyer mit verzücktem Lächeln seine Lieblingsarie aus dem letzten Akt zu summen. »Was ist das für ein Lied?« fragt Dale, der kein Deutsch kann. Ich übersetze ihm den Text ins Englische und füge hinzu: »Das kennt jeder Wiener von Geburt an.« Dale drückt meinen Arm, um mich wissen zu lassen, daß er diesen plötzlichen Ausbruch urwienerischer Gefühlsduselei versteht. Doch dann sehe ich drei hochgewachsene Polizisten – jung und noch ohne Schmerbauch – auf den Kreis der Zuhörer zustolzieren, und mein rührseliges Kartenhaus fällt in sich zusammen. »Paß auf«, warne ich meinen Sohn mit typischem, durch Waldheim bedingtem Argwohn, »die werden es bestimmt verbieten.« »Nie und nimmer!« flüstert mein amerikanischer Sohn, der nicht mit einer Wiener Kindheit in den dreißiger Jahren belastet ist, zu der Verfolgungsjagden der Großväter dieser jungen Polizisten gehörten, in genau den gleichen grünen Uniformen, wenn wir im Park Fußball spielten.

»Mozart abbrechen in Wien?« setzt Dale ungläubig hinzu und greift in die Tasche, um eine der beliebtesten Pralinen Wiens hervorzuholen, deren Verpackung Mozarts Porträt trägt.

Aber ich habe recht: Das Polizistentrio marschiert geradewegs durch den Kordon der Zuhörer, der sich öffnet wie eine Zelle, die von einem eindringenden Virus penetriert wird. Der größte von ihnen geht auf den Geiger zu und baut sich so dicht vor ihm auf, daß der Musiker von seinem Notenständer aufblicken muß. Mozart erstirbt auf der Stelle. Der junge Geiger sieht ganz geknickt aus, als der Polizist ihn anspricht und dabei derart arrogant grinst, daß das einzige, was fehlt, um das Bild zu komplettieren, das in meinem Kopf Gestalt annimmt, das Klopfen des Offiziersstöckchens ist. Der andere Musiker greift rasch nach seinem offenen Cellokasten und beginnt sein Instrument zu verstauen. Erst da tritt einer der stummen Zuhörer vor, um als einziger in der Menge seine Anteilnahme oder seinen Protest auszudrücken: mit einem Zwanzig-Schilling-Schein, den er gerade noch in den Kasten legen kann, bevor der Deckel zuschnappt. Das diensteifrige

Trio geht weiter; doch etwa zehn Meter hinter der verdrossenen Gruppe bleiben die drei stehen, drehen sich in Zeitlupentempo um und vergewissern sich, daß Mozart nicht wieder zum Leben erweckt wird. Vorbei an überfütterten Bürgern im Lodenmantel, die Kuchen und Kaffee mit Schlag in sich hineinschlingen, gehen mein Sohn und ich weiter, jeder auf seine Weise sprachlos.

Auf unserem Weg zur Oper ist auf der Kärntnerstraße nirgends Musik zu hören. Die einzige Andeutung von Kultur sind ein paar Gedichte, die an einem Baum befestigt sind wie japanische Gebete an einem Schrein.

KAPITEL 21

Die Pille mit vierzig: Was nun?

Vıele Frauen – nicht nur Befürworterinnen, sondern auch Kritikerinnen hormoneller oraler Kontrazeptiva – betrachten die sechziger Jahre mit Recht als die Dekade der Pille. Die siebziger Jahre, in denen die Pille erwachsen wurde, lassen sich insbesondere in den Vereinigten Staaten ebenso zutreffend die Dekade der Abtreibung nennen. Die Pille erschien weniger wichtig, weil die Abtreibung zu einem Grundrecht der Frau geworden war, ein Status, den die Pille als schlicht ein weiteres, wenn auch noch so revolutionäres Arzneimittel nie errungen hatte. Die siebziger Jahre zeichneten sich in den USA durch vehemente Auseinandersetzungen unter Frauen (und Männern) aus, ob die Abtreibung legalisiert oder aber wieder verboten werden sollte; darüber wurde eine wesentlich wichtigere und weniger entzweiende Frage weitgehend vergessen, nämlich wie eine Abtreibung überflüssig zu machen ist.

Das ist die Frage, die meine Aufmerksamkeit fesselte – nicht über Nacht, sondern ganz allmählich. In meinem eigenen Berufsleben war die Dekade der Abtreibung voller Widersprüche. Als »harter« Wissenschaftler war ich damals Leiter der gesamten Forschung – von der Chemie bis hin zu klinischen Studien – von Syntex, einer Firma, die bis zu diesem Zeitpunkt einen höheren Prozentsatz ihres Forschungsbudgets für den Bereich Empfängnisverhütung ausgegeben hatte als jedes andere Pharmaunternehmen. In dieser Funktion sah ich mich zu dem bedauerlichen, wenn auch unvermeidlichen Schritt gezwungen, den anderen Direktoren des Syntex-Vorstands zu empfehlen, uns aus diesem Forschungsgebiet zurückzuziehen und das Geld unserer Aktionäre für Gesundheitsbereiche auszugeben, in denen es weniger FDA-Hürden und kürzere Entwicklungszeiten gab. Gleichzeitig begann ich, als Professor an der benachbarten Stanford-Universität und als betroffener Bürger, mich mehr und mehr zu den schwierigeren »weichen« Fragen zu äußern, die mit der Geburtenkontrolle und dem wachsenden Bevölkerungsdruck verbunden sind.

I.

Nach außen begann diese allmähliche Verlagerung im Jahre 1969, als in *Science* ein Artikel von mir erschien, in dem ich darlegte, daß alles, was die Vereinigten Staaten auf dem Gebiet der Kontrazeptiva-Politik und -Forschung tun, durchschlagende Auswirkungen auf die Entwicklungsländer hat; und daß der elementare Anstand und sogar der aufgeklärte Eigennutz es uns gebieten, die Empfängnisverhütung aus globaler Sicht zu betrachten. Aus dieser Perspektive, so fand ich, sollte sich die Welt für uns nicht so sehr aus entwickelten und unterentwickelten Ländern zusammensetzen, sondern vielmehr aus geriatrischen und pädiatrischen Gemeinwesen. In einigen der wohlhabendsten Staaten wird schon bald ein Fünftel der Bevölkerung über 60 sein, während in vielen Teilen der dritten Welt knapp die Hälfte der Bevölkerung unter 15 ist. Kein Wunder, daß Herzleiden, Krebs und rheumatische Krankheiten ganz oben auf der Dringlichkeitsliste der Pharmaunternehmen stehen, die sich in erster Linie auf die wohlhabenden geriatrischen Verbraucher konzentrieren und nicht auf die verarmten pädiatrischen Konsumenten, deren Leben durch eine verbesserte Geburtenkontrolle wesentlich erleichtert werden könnte.

Im Jahr darauf, also 1970, veröffentlichte ich in der gleichen Zeitschrift einen zweiten Artikel, »Geburtenkontrolle nach 1984«, in dem ich unterstrich, daß sich das Angebot an empfängnisverhütenden Mitteln im Jahre 1984 kaum von dem des Jahres 1970 unterscheiden werde, falls es in der Rechtsordnung nicht zu größeren und weitgehend unpopulären Veränderungen kommt (beispielsweise durch die Schaffung konstruktiver und legaler Anreize, um zu verhindern, daß sich die Pharmaindustrie aus diesem Bereich zurückzog). Unser wachsendes Wissen über die menschliche Fortpflanzung, zusammen mit der neuen Beschäftigung der amerikanischen Gesellschaft mit Fragen der Sicherheit und der Risikovermeidung, machten es inzwischen erforderlich, für ein neues chemisches Verhütungsmittel eine Entwicklungsdauer von 12 bis 20 Jahren einzuplanen. In anderen Worten: Um den 20. Geburtstag der Pille herum hatten sich die Spielregeln dramatisch verändert.

Als ich mich von den rein technischen Überlegungen abzuwenden begann und mehr über die mit der Geburtenkontrolle verbundenen globalen Fragen nachdachte, benutzte ich immer häufiger eine Computer-Metapher. Als *Hardware* bezeichnete ich alle gängigen Methoden, die angewandt wurden – hormonelle Kontrazeptiva, Abtreibung, Kondome, Sterilisation und verwandte Dinge, die ich wie jeder andere auf dem Gebiet der Geburtenkontrolle tätige Wissenschaftler verstand und ansprach. *Software* umfaßte die schwierigeren politischen, religiösen, juristischen, wirtschaftlichen und soziokulturellen Fragen, die jeder einzelne, und letzten Endes die Regierung, entscheiden muß, bevor er sich der empfängnisverhütenden Hardware bedient. Die wachsende Überzeugung, daß ohne einen Fortschritt bei der Software keine Verbesserungen bei der kontrazeptiven Hardware möglich waren, veranlaßte mich, einen Großteil meiner universitären Lehrveranstaltungen und sogar einen Teil meiner externen Vorträge diesem Thema zu widmen. (Ich hielt trotz der unbeabsichtigten sexuellen Anspielungen von *Hardware* und *Software* an dieser Metapher fest, die inzwischen zur gängigen Terminologie dieses Gebietes gehört.)

In den sechziger Jahren hatte die Gefahr einer unkontrollierbar überfüllten Welt (die sogenannte »Bevölkerungsbombe«) in der Presse und in der populärwissenschaftlichen

Literatur solch notorische Berühmtheit erlangt, daß einige Wissenschaftler und naive Technokraten es sogar wagten, eine Radikallösung ins Gespräch zu bringen: ein vom Staat verordneter kontrazeptiver Zusatz zu Lebensmitteln oder dem Trinkwasser. Ich hielt ein solches Vorgehen schon aus rein technischen Gründen für so abwegig, daß ich es für sinnlos erachtete, mich mit seinen ethischen Konsequenzen auch nur auseinanderzusetzen. Meine früheren Artikel zur Geburtenkontrolle waren stets in der wissenschaftlichen Literatur erschienen; nun fand ich es an der Zeit, ein breiteres Publikum anzusprechen, hauptsächlich aufgrund des Feedbacks, das ich in den frühen siebziger Jahren von meinen Stanforder Studenten meines neuen Seminars »Biosoziale Aspekte der Geburtenkontrolle« erhalten hatte. Im Herbst des Jahres 1978 setzte ich mich an meine 30 Jahre alte Olivetti-Reiseschreibmaschine, um mein erstes an ein Laienpublikum gerichtetes Buch zu schreiben: *The Politics of Contraception.* Darin stellte ich, in einem Kapitel mit der Überschrift »Geburtenkontrolle à la 1984«, eine Reihe hypothetischer Fragen:

Was würde ein Kommissar für Geburtenkontrolle à la 1984 im Hinblick auf die Mehrheit der Weltbevölkerung unternehmen, die keinen Zugang zu Leitungswasser hat? Wie konnte man es anpacken, ein Mittel zu entdecken, das nur beim Menschen wirksam ist, nicht aber bei Haustieren? Wie sollte man eine Substanz finden, deren Dosierung sich nicht steuern läßt; deren Wirksamkeit auf die fruchtbare Lebensspanne des Menschen begrenzt ist, ohne die sexuelle Entwicklung von Kleinkindern und Jugendlichen zu hemmen; deren Wirkung sich durch eine weitere chemische Wunderpille ausgleichen läßt?

Bei der Vorbereitung dieses Kapitels las ich nochmals George Orwells *1984* und Aldous Huxleys *Schöne neue Welt*, die beide in einer staatlich verordneten Geburtenkontrolle einen Aspekt einer alptraumhaften zukünftigen Gesellschaft sehen. Gerade als ich zu schreiben anfangen wollte, fand ich in Huxleys 1958 erschienener Essay-Sammlung *Wiedersehen mit der Schönen neuen Welt* den Ursprung der »Pille«: »Die meisten von uns wählen die Geburtenbeschränkung – und sehen sich sogleich einem Problem gegenüber, das für die Physiologie, die Pharmakologie, die Soziologie, die Psychologie und sogar die Theologie gleichermaßen verwirrend ist. Die ›Pille‹ ist noch nicht erfunden worden.« Sollte mein imaginärer Journalist, dem ich die Urheberschaft an der neuen Bedeutung des Begriffs »Die Pille« zugeschrieben hatte, tatsächlich Huxley gelesen haben?

II.

Heute, kurz vor dem Eintritt der Pille in ihre mittleren Jahre, ist das Studium der Behandlung der Unfruchtbarkeit und nicht die Kontrolle der Fertilität zum glamourösen Gebiet der menschlichen Fortpflanzung geworden. Dies schlägt sich in der Tatsache nieder, daß es kaum neue Talente anzieht. Inzwischen wird für die Erforschung und Entwicklung neuer Kontrazeptiva viel weniger Geld ausgegeben als vor 20 Jahren, und da die Pharmaindustrie beiden entschlossen den Rücken gekehrt hat, haben sich viele Wissenschaftler angesichts der fehlenden materiellen und gesellschaftlichen Unterstützung anderen Gebieten zugewandt.

Der um den 20. Geburtstag der Pille beginnende Rückzug der großen amerikanischen Pharmaunternehmen aus diesem Forschungs- und Entwicklungsbereich hatte drei Hauptursachen, wie ich in Kapitel 9 ausgeführt habe. Zum einen waren es die extrem strengen toxikologischen Tierversuche, die die FDA als Reaktion auf die Besorgnis wegen der langfristigen Auswirkungen hormoneller Kontrazeptiva seit neuestem verlangte. Zum zweiten hatten die scharfen Nelson-Hearings im amerikanischen Kongreß der Empfängnisverhütung ein äußerst schlechtes Image gegeben, das durch die Kommentare bestimmter Frauengruppen verstärkt und von der Presse zusätzlich ausgeschlachtet wurde. Der dritte Faktor, der letztendlich die verheerendsten Folgen hatte, war der zunehmend prozeßwütigere Charakter der amerikanischen Gesellschaft in den letzten zwei Jahrzehnten, besonders in bezug auf Arzneimittel und medizinische Behandlung.

Fraglos hatte die Angst vor einem Rechtsstreit ihre heilsame Wirkung bei manchen Ärzten und Herstellern von Arzneimitteln im allgemeinen und von empfängnisverhütenden Mitteln im besonderen. Das Dalkon-Pessar ist ein hervorragendes Beispiel für einen Fall, in dem ein Prozeß unbedingt erforderlich war. Aber ebenso klar ist, daß die Juristen des Guten zuviel getan haben und daß das derzeitige Schadensersatzrecht im Hinblick auf die Haftbarmachung die ärztliche Praxis zum Schlechteren gewendet hat. Kein anderes Land legt eine derartige Prozeßsucht im medizinischen Bereich an den Tag, was falsche ärztliche Behandlung oder Schadensersatzklagen wegen mangelhafter Produkte betrifft; und einige Länder, beispielsweise Neuseeland, eliminieren die Notwendigkeit, Regreßansprüche vor Gericht durchfechten zu müssen, durch eine spezielle Haftpflichtversicherung. Gibt es irgendeinen Beweis, daß die skandinavischen, holländischen oder Schweizer Verbraucher – um nur ein paar Beispiele zu nennen – schlechter gestellt sind als der Durchschnittsamerikaner, was die Sicherstellung akzeptabler medizinischer Standards betrifft, nur weil ihnen eine Denkweise nach dem Motto »Der Kerl wird verklagt!« abgeht?

Im Falle von Kontrazeptiva hat die Prozeßwut in Amerika schon geradezu bizarre Formen angenommen. So wurde die Ortho Pharmaceutical Company 1986 in Georgia zur Zahlung von 5 151 030 Dollar verurteilt, weil eine Frau, die das Spermizid Ortho-Gynol benutzt hatte, während sie, ohne es zu wissen, schwanger war, ihm die Schuld an den Geburtsschäden ihres Kindes gab – eine Möglichkeit, die durch aktuelle epidemiologische Beweise so gut wie ausgeschlossen wird. Und da das Opfer bei den meisten Prozessen, in denen es um Kunstfehler und Produkthaftung geht, oft erst nach Jahren weniger als die Hälfte der Schadensersatzsumme erhält, weil der Rest von der juristischen Gemeinschaft aufgefressen wird, bürdet ein Rechtsstreit dieser Art ausgerechnet dem Teil der Bevölkerung, nämlich dem ungeschädigten Verbraucher, den das Rechtssystem eigentlich schützen soll, eine enorme finanzielle Belastung auf. Peter W. Huber, ein Rechtsgelehrter, der den Ausdruck »die Bhopalisierung des amerikanischen Schadensersatzrechts« prägte (nach dem furchtbaren Giftgasunfall im indischen Bhopal im Jahre 1984), faßte die Situation 1985 in einem Satz zusammen: »Für die vielen mit einem gewissen Risiko behafteten – aber alles in allem risikoreduzierenden – Produkte und Dienstleistungen, die durch das neue Schadensersatzrecht abgeschreckt werden können, stehen die Interessen zukünftiger Verbraucher in direktem Gegensatz zu denen unglücklicher früherer Verbraucher, die durch das zur Debatte stehende Risiko bereits geschädigt wurden.«

Die Auswirkungen der Prozeßsucht auf die Pille sind besonders aufschlußreich. Es läßt sich nicht leugnen, daß ein kleiner Prozentsatz von Frauen durch die Einnahme der Pille Schaden genommen hat. Die Gesellschaft ist genau wie ich der Meinung, daß diese Opfer entschädigt werden müssen. Doch im Gegensatz zu den meisten fortschrittlichen Industrieländern scheint die amerikanische Gesellschaft nicht der Ansicht zu sein, daß der Steuerzahler dafür aufkommen muß oder daß sich die Millionen Nutznießer eines Medikaments – in diesem Fall der Pille – die Kosten gerecht teilen sollten. Unser System wälzt das Problem durch Produkthaftungsprozesse einfach auf die Hersteller ab. Obwohl bisher nur wenige Pillen-Prozesse von den Klägern gewonnen wurden, sind die Gerichts- und Anwaltskosten für die Pharma- und Versicherungsunternehmen zwischen Ende der sechziger und Ende der siebziger Jahre in einem solchen Umfang angestiegen – insbesondere aufgrund gelockerter Bestimmungen bei der Offenlegung wichtiger Urkunden vor Prozeßbeginn, die es den Anwälten des Klägers erlauben, Zehntausende von Dokumenten anzufordern –, daß außergerichtliche Vergleiche oft billiger waren, als die Sache vor Gericht durchzufechten. Dieser Sachverhalt blieb seinen Hauptnutznießern nicht verborgen, nämlich den Anwälten, die sich auf derartige Streitfälle spezialisieren und sich oft Computer-Datenbanken teilen, die aus Unmengen von Dokumenten aufgebaut sind.

Das *Office of Technology Assessment* des US-Kongresses berichtete 1982, daß im Jahrzehnt davor die Haftungskosten im Bereich oraler empfängnisverhütender Mittel höher gewesen waren als in jeder anderen Arzneimittel-Kategorie. Und wer bezalt diese Rechtskosten? Die Millionen von Frauen, die von der Pille profitieren und die sich heftig wehren würden, wenn sie wieder auf das karge Angebot an Kontrazeptiva zurückgreifen müßten, das vor dem Zweiten Weltkrieg zur Verfügung stand. Die Kosten für eine Monatspackung Anti-Baby-Pillen haben sich in den USA in den letzten 12 Jahren verzehnfacht, obwohl das Patent auf die meisten derzeit auf dem amerikanischen Markt erhältlichen Pillen seit vielen Jahren erloschen ist. Die Angst vor Prozessen und der fehlende Versicherungsschutz haben den Wettbewerb eliminiert: Bis 1988 standen keine allgemeinen Varianten zur Verfügung, und selbst diejenigen, die seither auf den Markt gekommen sind, decken nur einen Bruchteil der Nachfrage (und werden ohnehin von den Herstellern der ursprünglichen Rezepturen hergestellt). Auf dem Höhepunkt der Pillenprozesse, etwa von Mitte der sechziger bis gegen Ende der siebziger Jahre, waren Arzneimittelfirmen nicht bereit, die Zahl der Klagen und die Summe der damit verbundenen Rechtskosten publik zu machen, angeblich deshalb, weil dies weitere leichtfertige Prozesse nach sich gezogen hätte. Echte Knochensammler schrecken jedoch vor keiner Klage zurück; in Wahrheit verhindert diese Geheimniskrämerei nur, daß die Öffentlichkeit erfährt, welche tatsächliche finanzielle Belastung die Pillenbenutzerinnen letzten Endes auf sich nehmen müssen. Nur auf dem Gebiet der Impfstoffe hat die Öffentlichkeit, oder zumindest der Kongreß, begonnen, sich mit den Gegebenheiten im medizinischen Prozeßdschungel auseinanderzusetzen.

Impfstoffe und Kontrazeptiva sind offenkundige Ziele für Superprozesse, da sie keine Heilmittel sind, die von bereits Kranken eingenommen werden; sie werden Gesunden verabreicht, um sie vor etwas zu schützen, das möglicherweise nie eintritt. Und obwohl eine spezielle Haftpflichtversicherung für bestimmte Medikamente, die die FDA-Zulassung erhalten haben, der bedeutsamste Einzelanreiz für den allmählichen Wiedereinstieg der Pharmaindustrie in die Empfängnisverhütung wäre, wirken die unterschiedlichen Auffassungen der Öffentlichkeit von Impfstoffen im Gegensatz zu Kontrazeptiva der Erweiterung spezieller Anreize für letztere entgegen.

Die *National Childhood Vaccine Injury Act* von 1986 war von dem demokratischen Kongreßabgeordneten Henry A. Waxman aus Kalifornien eingebracht worden, um eine Art Haftpflichtversicherung gegen mögliche Schäden durch die sieben pädiatrischen Impfstoffe einzuführen. Die Überlegung hinter dieser Begrenzung war, daß alle Kinder diese Impfungen bekommen müssen, um die Schule besuchen zu können, und daß einige Kinder zwangsläufig durch diese Impfpflicht geschädigt werden (ein stillschweigendes Eingeständnis, daß »sicher« nicht »absolut sicher« ist). Hersteller dieser Impfstoffe drohten, sich wegen der ständig zunehmenden Schadensersatzklagen aus diesem Bereich zurückzuziehen, und die Waxman-Vorlage sollte eine derartige Krise in der amerikanischen Impfstoff-Produktion abwenden. Die Einnahmen kommen aus einer speziellen Steuer, mit der alle Impfstoffe für Kinder belegt werden. Wie bei jeder Versicherung wird von den Nutznießern erwartet, daß sie den Preis für den Schutz vor Risiken bezahlen. Die *Childhood Vaccine Injury Act* wurde zum Modell für ein später vom kalifornischen Abgeordnetenhaus verabschiedetes Gesetz, das eventuelle Aids-Impfstoffe von diesen Hürden der Produkthaftung befreit. Meiner Meinung nach sind diese beiden Gesetze passende Präzedenzfälle für ähnliche Initiativen auf dem Gebiet der Empfängnisverhütung.

Ein beträchtlicher Teil der Öffentlichkeit setzt jedoch die sozialen und persönlichen Kosten einer ungewollten Schwangerschaft und eines ungewollten Kindes nicht mit den unmittelbar ersichtlichen Gesundheitsfolgen einer Krankheit gleich, seien es Masern oder Aids. In manchen Kreisen in den Vereinigten Staaten, vor allem im Kongreß und in der Regierung, ist die Empfängnisverhütung wegen ihrer tatsächlichen oder vermeintlichen Auswirkungen auf die Sexualmoral schon an sich etwas Suspektes. Das Entscheidende ist jedoch, daß die amerikanische Gesellschaft dazu neigt, Anreize mit Argwohn zu betrachten, die direkt oder indirekt Pharmaunternehmen zugute kommen, da diese Firmen im allgemeinen zu den gewinnträchtigsten Zweigen der amerikanischen Industrie gehören. Obgleich wir im kapitalistischsten Land der

Welt leben, sind wir gegenüber Unternehmensgewinnen, besonders wenn sie mit der Gesundheitsfürsorge verbunden sind, doch so mißtrauisch, daß wir es vorziehen, lieber dem eigenen Geldbeutel zu schaden als den Eindruck zu erwecken, das Säckel von Unternehmen zu füllen.

III.

Einer statistischen Erhebung des *Population Council* aus dem Jahre 1990 zufolge sind die Kosten für einen Jahresvorrat der Anti-Baby-Pille mit 216 Dollar in den Vereinigten Staaten weltweit am höchsten. Um nur einige Vergleiche zu nennen: Die deutschen Frauen kommen mit 105 Dollar pro Jahr am nächsten, gefolgt von den Holländerinnen ($ 96), Schwedinnen ($ 58), Engländerinnen ($ 43), Französinnen ($ 30) und den Frauen in Singapur ($ 7). Noch vernichtender ist die Beobachtung, daß die Kosten für die Pille, bezogen auf das Pro-Kopf-Bruttosozialprodukt, ebenfalls in den USA am höchsten sind: viermal so hoch wie in Schweden und zehnmal so hoch wie in Singapur.

Was das Ganze noch schlimmer macht, ist die Tatsache, daß den Anti-Baby-Pillen der Amerikanerinnen seit den sechziger Jahren keine neuen aktiven gestagenen Wirkstoffe beigefügt wurden. (Was die Pille betrifft, ist Amerika inzwischen faktisch eine Bananenrepublik: *Keiner* der aktiven steroidalen Bestandteile der Pille wird in den Vereinigten Staaten hergestellt; alle werden aus Deutschland, Frankreich oder Japan importiert.) Im Gegensatz dazu kamen in Europa in den achtziger Jahren nicht weniger als drei neue Wirkstoffe hinzu. Der führende Hersteller der in Europa am häufigsten verschriebenen Pille hat sein Produkt (Desogestrel) noch immer nicht in den Vereinigten Staaten auf den Markt gebracht – teilweise wegen einer eventuellen Haftbarmachung. Dabei weist dieses Produkt eine der niedrigsten Dosierungen aller Pillen auf und darüber hinaus ein verbessertes Stoffwechselprofil verglichen mit den anderen gestagenen Steroiden, die den Amerikanerinnen derzeit zur Verfügung stehen.

In mancher Hinsicht hat sich die Situation seit dem Schreck der Nelson-Hearings gebessert, zum Teil weil die Pillen-Dosierungen seit Mitte der siebziger Jahre fortwährend reduziert wurden und sich dadurch auch die Häufigkeit ernster Nebenwirkungen verringert hat. Obwohl die Zahl der amerikanischen Benutzerinnen in den siebziger Jahren um über 20 Prozent auf etwa acht Millionen Frauen sank (während sie in Ländern der dritten Welt weiter stieg), ist sie seit 1981 steil auf derzeit über 16 Millionen geklettert, den höchsten Stand überhaupt. Heute ist man allgemein der Meinung, daß die Pille für gesunde junge Frauen zweifellos die wirksamste Methode der Empfängnisverhütung und vermutlich auch eine der gefahrlosesten ist. Frauen über 35 hielt man bezüglich kardiovaskulärer Komplikationen für stärker gefährdet, und das derzeitige Nutzungsmuster besagter Altersgruppe in den Vereinigten Staaten spiegelt diese Auffassung noch immer wider, obwohl die neuesten epidemiologischen Beweise mit schwach dosierten Pillen darauf hindeuten, daß diese Risiken sich nur auf starke Raucherinnen beziehen. Die Reduzierung der Dosis ist nicht nur durch eine weitere Verringerung der gestagenen und östrogenen Komponenten der Pille erzielt worden; daneben wurden auch Sequenzpräparate eingeführt, bei denen der hormonelle Inhalt der Pille nicht gleich bleibt, sondern sich ändert und so mehr den Schwankungen des natürlichen Hormonspiegels während des Monatszyklus der Frau entspricht. Diese Wirkung hat viele Ärzte sogar veranlaßt, diese Dreistufenpille (mit ihrem reduzierten Einfluß auf die Lipide und dem Fehlen negativer Auswirkungen auf die Glukose-Verträglichkeit) auch jungen, auf Insulin angewiesenen Diabetikerinnen zu empfehlen – einer Gruppe, bei der die Pille bislang entschieden kontraindiziert war.

Dennoch wäre es naiv anzunehmen, die meisten Frauen hätten ihre Vorbehalte bezüglich möglicher Gefahren der Pille inzwischen aufgegeben. Das Erbe der frühen siebziger Jahre ist vielen noch präsent; als Folge dieser Ängste und kultureller Veränderungen, wie dem deutlichen Anstieg der Zahl berufstätiger Frauen, sowie dem Mangel an anderen akzeptablen Alternativen haben die Sterilisationen derart rapide zugenommen, daß diese im Grunde irreversible Methode bei amerikanischen Ehepaaren heute den Gebrauch der Pille übersteigt.

Hier liegt ein weiteres eigentümlich amerikanisches Phänomen, verglichen mit Westeuropa: Einer Mitte der achtziger Jahre durchgeführten Erhebung zufolge entschieden sich in Italien ein Prozent, in Frankreich fünf Prozent und in Westdeutschland sieben Prozent der Frauen bei der Geburtenkontrolle für die Sterilisation, verglichen mit über 30 Prozent der Amerikanerinnen.

Die Einstellung feministischer Aktivistinnen gegenüber der Pille hat sich ebenfalls geändert. Sarkastische Äußerungen wie »High werden mit unserer neuesten Spezialität! Schluckt die Pille des Power-Penis-Potenz-Komplexes!«, wie sie Ende der sechziger und Anfang der siebziger Jahre in Teilen der radikalen Presse zu finden waren, liest man heute selten. Germaine Greer, die Autorin von *Der weibliche Eunuch* – einem einflußreichen Buch der sechziger Jahre –, ist eine der wenigen Feministinnen, deren Widerstand gegen die Pille ungebrochen ist. Wenn auf dem Einband ihres neuen gewichtigen Werkes *Die heimliche Kastration* nicht ihr Name gestanden hätte, wäre ich nie darauf gekommen, daß es sich bei der Verfasserin um die scharfsinnige und witzige Frau handelt, die ich einst in einer Dick-Cavett-Show im Fernsehen gesehen hatte. Das Erscheinungsjahr von Germaine Greers *Die heimliche Kastration* (ausgerechnet 1984) scheint etwa ein Jahrhundert danebenzuliegen. Ihr wiedergeborener Empfängnisverhütungs-Fundamentalismus hat immer noch nichts für die Pille übrig und verunglimpft das Diaphragma sogar zugunsten der klassischen, aus dem 19. Jahrhundert stammenden Kombination aus Portiokappe, Kondomen und ihrem großen Favoriten, dem Coitus interruptus. Germaine Greer zollt den italienischen Männern Anerkennung, weil diese – ihren romantischen Erinnerungen zufolge – ihre Coitus-interruptus-Technik nur aus Rücksichtnahme auf den sexuellen Genuß ihrer Partnerinnen verfeinern. Ich werde das Gefühl nicht los, daß es sich bei dieser lyrischen Darstellung besagter Kunstfertigkeit der Italiener um eine diskrete öffentliche Verbeugung vor einem verflossenen italienischen Liebhaber handelt, denn generell ist der Stand der Geburtenkontrolle für Frauen in Italien erbärmlich: 1987 veröffentlichte Studien zeigen, daß die Qualität der Empfängnisverhütung in Italien die schlechteste ganz Westeuropas ist. Kein Wunder, daß Mitte der siebziger Jahre die Abtreibung legalisiert wurde und daß die Einwände des Vatikans in zwei Volksentscheiden abgeschmettert wurden. Die derzeitige Einstellung der Mehrzahl der informierten und einflußreichen feministischen Sprecherinnen gegenüber der Empfängnisverhütung im allgemeinen und der Pille im besonderen spiegelt die Realitäten der achtziger Jahre wider. Wie die meisten Amerikanerinnen wollen sie für sich und ihre Partner eine größere Auswahl, die dem privaten und beruflichen Leben von Frauen entspricht, die außer Hauses arbeiten. Sie wollen aktuelle Informationen über jede Methode, wozu im Falle der Pille sowohl die Erörterung potentieller negativer Nebenwirkungen gehört als auch die erst jetzt entdeckter nichtkontrazeptiver Vorteile, beispielsweise die Reduzierung von Beckenentzündungen, Extrauterinschwangerschaften, gutartigen Brusttumoren, Eierstockzysten, Endometrium- und Ovarialkarzinomen, Dysmenorrhöe und prämenstruellen Symptomen. Die Presse begann diese erst in den letzten Jahren zu propagieren, und die FDA ist inzwischen ihrem Beispiel gefolgt, so daß in den USA auf den Packungsbeilagen oraler Kontrazeptiva nicht nur die Nebenwirkungen, sondern nun auch die positiven Begleiterscheinungen aufgelistet sind.

Außerdem sind die Frauen heute, hauptsächlich infolge ihrer eigenen Aktivitäten, in beachtlicher Zahl in Entscheidungsgremien vertreten, die sich mit Empfängnisverhütung befassen, beispielsweise in den beratenden Ausschüssen der FDA, der Nationalen Akademie der Wissenschaften, den National Institutes of Health (NIH) und der Weltgesundheitsorganisation. Unter den Wissenschaftlern und Abteilungsleitern der *Centers for Disease Control* (CDC) in Atlanta – dem wichtigsten Institut der amerikanischen Regierung für epidemiologische Studien über Kontrazeptiva – befinden sich viele Frauen, und der derzeitige Direktor des *Center for Population Research* der NIH, das alle mit NIH-Mitteln geförderten Forschungsarbeiten an Kontrazeptiva finanziert, ist ebenfalls eine Frau. Und während in den sechziger Jahren die überwältigende Mehrzahl der amerikanischen Geburtshelfer und Frauenärzte Männer waren, sind mehr als die Hälfte der Assistenzärzte und jungen Fachärzte in dieser Disziplin heute Frauen. Zum ersten Mal in der Geschichte der medizinischen Fakultät meiner eigenen Universität wird die Stanforder Abteilung Gynäkologie und Geburtshilfe von einer Frau geleitet, von Professor Dr. Mary Lake Polan, die es schafft, neben ihrer aktiven Forschung, ihrer klinischen Arbeit und ihrer Verwaltungstätigkeit auch drei kleine Kinder großzuziehen.

Doch nun, da die amerikanischen Frauen endlich in jeden Bereich der Kontrazeptiva-Entwicklung – von der Forschung und Erprobung bis hin zur Verabreichung des Produkts – vorgedrungen sind, stehen ihnen immer weniger Alternativen zur Verfügung. Dies ist in erster Linie wiederum eine Folge der Reaktion der Öffentlichkeit, des Staates und der Medien auf die in den sechziger und siebziger Jahren erhobenen Klagen von Frauen, die von einer absolut »sicheren« Pille oder anderen empfängnisverhütenden Methoden träumten, ohne den Vorbehalt gelten zu lassen, daß »sicher« schlicht und einfach »im allgemeinen nicht unsicher« heißt. Wenige dieser Frauen hätten damals wohl vorausgesagt, daß ihr verständlicher Aufschrei in den Teenagerjahren der Pille auch die Chancen einer Pille für den Mann wesentlich beeinträchtigen würde. Wenn eine Frau gegen unklare Antworten auf die Frage »Was passiert, wenn ich die Pille 20 Jahre lang nehme?« protestiert, wie würde sie dann erst denken, wenn der Zeitraum – wie bei Männern – auf 40 oder mehr Jahre anstiege? Bei Frauen spiegelt diese Frage gewöhnlich die Angst vor Krebs wider, wohingegen Männer sich noch viel mehr vor einer etwaigen Beeinträchtigung ihrer sexuellen Potenz fürchten. Man stelle sich nur einmal vor, welche Schadensersatzklagen folgen könnten: Impotenz oder Prostatakrebs sind zwei Krankheiten, die im allgemeinen bei älteren Männern auftreten; wäre es da nicht denkbar, daß manch ein Mann, der *seine* Pille nähme, die eine oder andere Krankheit auf das empfängnisverhütende Mittel zurückführen würde, das er im fortpflanzungsfähigen Alter jahrzehntelang geschluckt hat?

In meinem 1979 erschienenen Buch *The Politics of Contraception* widmete ich dem Thema »Zukünftige Aussichten auf dem Gebiet der männlichen Kontrazeption« ein langes Kapitel, in dem ich darauf hinwies, daß »es nicht unbillig ist, vom Mann zu verlangen, mehr als seinen Anteil an der Bürde der Empfängnisverhütung zu übernehmen, da die Frau schließlich die gesamte Last der Fortpflanzung trägt« (aus diesem Grund habe ich schon vor Jahren eine Vasektomie vornehmen lassen). Doch trotz interessanter Forschungsansätze sah ich mich zu der brutalen, aber auch realistischen Vorhersage veranlaßt, »daß jede postpubeszente Amerikanerin, die 1979 dieses Kapitel liest, das Klimakterium bereits hinter sich haben wird, bevor sie sich darauf verlassen kann, daß ihr Partner seine Pille nimmt«. Wenn die Pharmaunternehmen schon nicht bereit sind, sich der Fülle von Fragen und Problemen zu stellen, die mit der Entwicklung eines neuen Kontrazeptivums verbunden sind, das gesunde Frauen ein Jahrzehnt oder länger einnehmen sollen, wie kann man da erwarten, daß diese Firmen sich angesichts des noch viel komplizierteren Problems der männlichen Kontrazeption anders besinnen?

Als die *New York Times Sunday Book Review* eine lange Besprechung meines Buches veröffentlichte, nannte der Verfasser, ein Politologe, diesen Satz »abstoßend« und meine Einstellung zu Frauen »deprimierend«. Seine Schlußfolgerung – ich hätte wohl »größte Sympathie für Männer, die Kontrazeptiva ablehnen« – veranlaßte mich prompt, in seinem Namen, A. Hacker, eine Tätigkeitsbeschreibung zu sehen. Aber selbst die instinktive Reaktion eines Verhackstückers, einfach den Boten zu verurteilen, ohne sich damit abzugeben, die Botschaft zu verstehen, macht deutlich, daß die Öffentlichkeit von den ständig sinkenden Chancen einer Pille für den Mann schlicht und einfach nichts hören will.

IV.

Ein weiterer Grund, weshalb sich die wissenschaftliche Aufmerksamkeit von der Kontrazeptiva-Forschung abgewandt

hat, ist der, daß seit Ende der sechziger Jahre ein Entwicklungsland nach dem anderen die Gefahr eines ungezügelten
Bevölkerungswachstums erkannt und begonnen hat, Maßnahmen zur Geburtenkontrolle durchzuführen – in einigen
Fällen, wie in China, in großem Umfang. Die im Gesundheitswesen dieser Länder tätigen Personen konzentrieren sich
mehr auf die *Anwendung* als auf die *Entwicklung* empfängnisverhütender Methoden und fördern folglich – meiner Meinung nach zu Recht – das Bildungswesen, den Aufbau der
entsprechenden Infrastruktur, die Integration der Empfängnisverhütung in die medizinische Versorgung von Mutter und
Kind sowie die optimale Nutzung *vorhandener* Methoden (Anti-Baby-Pille, Intrauterinpessar, Kondom, injizierbare Steroide und Sterilisation), statt nach neuen Methoden der Empfängnisverhütung zu suchen. Das heißt, daß die Betonung
heute auf der kontrazeptiven Software, gepaart mit der zur
Verfügung stehenden Hardware, liegt und nicht auf der Entwicklung größerer Veränderungen im letzteren Bereich, weil
die Zeit zu einem entscheidenden Faktor geworden ist, wenn
das Bevölkerungswachstum gebremst werden soll.

Am 40. Geburtstag der Pille beträgt die natürliche Bevöl-
kerungszunahme auf der Welt insgesamt schätzungsweise
1,8 Prozent im Jahr – eine beträchtliche Verbesserung gegenüber der Situation vor zehn Jahren, was in erheblichem Umfang der Effektivität des Geburtenbeschränkungsprogramms
in China zuzuschreiben ist, wo ein Fünftel der Weltbevölkerung lebt. Obwohl 1,8 Prozent eine schlechte Kapitalverzin-
sung wären, hat ein anhaltender jährlicher Bevölkerungszu-
wachs in dieser Höhe noch immer die bestürzende Tatsache
zur Folge, daß sich die Zahl der potentiellen zukünftigen
Eltern innerhalb von 39 Jahren verdoppelt – was einen Anstieg von heute 5,3 Milliarden Menschen auf über 10 Milliarden noch vor dem Jahre 2030 bedeutet. Aber selbst eine
flüchtige Analyse zeigt, daß die Lage sehr viel ernster ist, als
diese Zahlen erkennen lassen, weil die Menschen genausowenig gleichmäßig über die Erde verteilt sind wie die wirtschaftlichen und natürlichen Ressourcen.

Zwei Drittel der Erdbevölkerung konzentrieren sich auf

nur 12 Länder, die hier in absteigender Rangfolge aufgeführt sind: China, Indien, die ehemalige Sowjetunion, die Vereinigten Staaten, Indonesien, Brasilien, Japan, Nigeria, Bangladesch, Pakistan, Mexiko und Deutschland. Wie werden diese Zahlen, die natürlichen Wachstumsraten von 1990 vorausgesetzt, in 24 Jahren lauten, einer unbedeutenden Zeitspanne auf der Skala der menschlichen Existenz? (Wenn ich so alt werden sollte wie mein Vater, werde ich diesen Zeitpunkt noch erleben.)

Lange vor dem Jahr 2015 (in dem die Pille 64 sein wird – alt für ein Arzneimittel, aber noch munter für manche Frau) wird der einzige Vertreter Europas, nämlich Deutschland, von dieser Liste verschwunden sein, da die Verdoppelungszeit seiner Bevölkerung siebentausend Jahre beträgt! Neulinge auf der Liste, beispielsweise Ägypten, dessen derzeit 55 Millionen Menschen sich in 24 Jahren verdoppeln, werden den Platz des einzigen europäischen Vertreters einnehmen. Aber statt auf Neulinge wollen wir uns lieber auf den Vertreter Afrikas konzentrieren, auf Nigeria, das derzeit achtgrößte Land der Erde. Genau wie im Fall von Ägypten beträgt seine Verdoppelungszeit nur 24 Jahre, was bedeutet, daß die Bevölkerung von Nigeria, falls nicht bald drastische Maßnahmen ergriffen werden, im Jahre 2015 im wesentlichen den Stand der Vereinigten Staaten von heute erreicht haben wird, also des viertgrößten Landes der Erde, was sowohl die Bevölkerung als auch die Fläche betrifft. Nigeria ist nicht nur unvergleichlich ärmer, sondern steht bezüglich der Fläche auch nur auf dem 31. Platz. Ich könnte noch andere Horrorszenarien anführen, beispielsweise Bangladesch: In Anbetracht seiner derzeitigen Verdoppelungszeit könnte es bis zum Jahre 2015 ebenfalls die derzeitige Bevölkerungszahl der Vereinigten Staaten erreichen. Dabei ist Bangladesch, das wirtschaftlich oft ein hoffnungsloser Fall genannt wird, nicht einmal unter den ersten 50 Ländern, was die Landfläche betrifft.

Die Verfügbarkeit von empfängnisverhütenden Mitteln allein wird dieses Bevölkerungswachstum natürlich nicht eindämmen. Viele mit der »Software« verbundene Fragen politischer, wirtschaftlicher, kultureller und religiöser Art spielen dabei eine entscheidende Rolle. Nichtsdestoweniger ist auch die derzeit in diesen Ländern erhältliche und akzeptable kontrazeptive Hardware von Bedeutung; und hier ist auch die unterschiedliche Perspektive von Frauen in Amerika verglichen mit der ihrer Pendants in armen Ländern besonders auffallend.

In den Vereinigten Staaten ist Intrauterinpessar praktisch ein unanständiges Wort geworden; doch in China benutzen schätzungsweise 45 Millionen Frauen ein in den sechziger Jahren entwickeltes Intrauterinpessar und machen es damit zum verbreitetsten empfängnisverhütenden Mittel in diesem Land. Ähnlich verhält es sich in Mexiko, wo die Regierung 1974 von einer toleranten, geburtenfördernden Linie zu einer immer aggressiveren Bevölkerungspolitik überging, deren Hauptkomponenten Intrauterinpessare und hormonelle Kontrazeptiva sind, gefolgt vom Schwangerschaftsabbruch. Aber schließlich hat Mexiko daneben noch andere Probleme, die Produkthaftungsklagen oder sonstige Extravaganzen einer reichen Gesellschaft schwerlich gestatten. Im Jahre 1951, als unsere Gruppe in einem mexikanischen Labor die Pille synthetisierte, hatte Mexiko 28 Millionen Einwohner, 1991, da ich diese Worte schreibe, steht es mit 86 Millionen an elfter Stelle. Seine Hauptstadt ist inzwischen die größte Stadt der Welt und auch die Stadt mit der größten Umweltverschmutzung; bis zur Jahrtausendwende wird die mischBevölkerung von Mexico City vermutlich genau so hoch sein wie die des ganzen Landes im Jahre der Geburt der Pille. In anderen lateinamerikanischen Ländern, beispielsweise in Brasilien, werden Intrauterinpessare kaum benutzt, und die Pille ist weiterhin die Methode der Wahl. Und viele asiatische Frauen ziehen steroidale Injektionsmittel vor, gegen die bestimmte Frauengruppen in Amerika weiterhin leidenschaftlich zu Felde ziehen.

Was die Vereinigten Staaten, Japan und die ehemalige UdSSR betrifft – die beiden erstgenannten ökonomische und technische Supermächte, von denen man erwarten könnte, daß sie bei der Verbesserung der Palette und Qualität der menschlichen Geburtenkontrolle die technologische Führung übernehmen –, ist die Situation dort eindeutig stagnierend.

Keine nennenswerte Forschung auf diesem Gebiet wird in Rußland betrieben, dem Land mit der, pro Kopf der Bevölkerung bezogen, höchsten Abtreibungsrate der Welt; die Qualität der Geburtenkontrolle ist miserabel und die Pille im Grunde unerhältlich. Japans Beitrag beschränkt sich auf die Verbesserung von Kondomen; und die Vereinigten Staaten haben, infolge des auf das Weiße Haus ausgeübten Drucks, im Grunde die staatliche Förderung der Forschung nach Methoden verboten, die in die Fortpflanzung eingreifen, wenn das Ei erst einmal befruchtet ist – genau auf dem Gebiet, wo Fortschritte am ehesten zu erwarten sind. Bis heute sind die Regierungen dieser drei Länder gefährlich blind gegenüber der nackten Tatsache, daß *die Häufigkeit der Abtreibungen die Qualität der Empfängnisverhütung widerspiegelt*. In Japan ist die Anti-Baby-Pille noch immer nicht zugelassen; und so vertraut dieses Land, obwohl es fast in jeder technologischen und wirtschaftlichen Hinsicht dem 21. Jahrhundert entgegenrast, noch immer zwei aus der Vorkriegszeit stammenden Methoden der Geburtenkontrolle, nämlich Kondomen und dem Schwangerschaftsabbruch. Obwohl dies von offizieller Seite nicht eingestanden wird, ist Japans Abtreibungsrate eine der höchsten der Welt.

v.

Weil sich daraus wichtige Lehren über »Software«-Fragen ziehen lassen, spreche ich in meinen öffentlichen Vorträgen häufig den kaum bekannten Hintergrund an, der für die anachronistische Situation in Japan verantwortlich ist. Warum sollte die Verwendung der Pille zu empfängnisverhütenden Zwecken an ihrem 40. Geburtstag in einer technologischen Supermacht noch immer verboten sein? Die Geschichte beginnt Anfang 1958, als Dr. Edward Tyler vom *Planned Parenthood Center* in Los Angeles, mein Syntex-Kollege Alejandro Zaffaroni und ich auf Einladung der japanischen Pharmazeutischen Gesellschaft nach Japan flogen, um Vorträge zu halten über die Chemie, Biochemie und klinischen Resultate im Hinblick auf Norethindron von Syntex als oral wirksames gestagenes Mittel zur Menstruationsregulierung und zur Empfängnisverhütung. Unser Ziel war es, den kommerziellen Vertrieb dieses Arzneimittels in Japan in die Wege zu leiten. In erstaunlich kurzer Zeit wurde Shionogi & Company, das große Pharmaunternehmen mit Sitz in Osaka, zum japanischen Vertreter der Firma Syntex und erhielt bald darauf die Erlaubnis der japanischen Regierung, Norethindron zur Behandlung von Menstruationsstörungen zu vertreiben. Ich war überzeugt, daß Japan eines der ersten Länder nach den Vereinigten Staaten werden würde, das die Verwendung von hormonellen oralen Kontrazeptiva sanktionierte. Religiöse oder moralische Hindernisse gab es nicht. Nach Kriegsende hatte die japanische Regierung eine ausgesprochen geburtenfeindliche Politik betrieben, die in erster Linie durch leicht erhältliche Abtreibungen durchgesetzt wurde, die der *private medizinische Sektor* vornahm. Meine Vorhersage war im Begriff, sich zu verwirklichen, da *Kosei-sho*, die japanische Gesundheitsbehörde, Anfang der sechziger Jahre nahe daran war, die Zulassung der Pille für die orale Kontrazeption zu empfehlen. Die Contergan-Affäre und andere mit der Toxizität von Arzneimitteln verbundene Probleme ließen *Kosei-sho* jedoch außerordentlich vorsichtig werden. Seit damals heißt die Parole der mit der Zulassung von Arzneimitteln betrauten japanischen Behörden nicht Wirksamkeit, sondern Sicherheit. Kein Wunder, daß Japan heute mehr »unnütze«, aber ansonsten harmlose Arzneimittel vorzuweisen hat als jedes andere moderne Land (einschließlich eines angeblichen Heilmittels gegen Krebs, dessen Absatz über eine halbe Milliarde Dollar im Jahr erreicht, das aber von keinem anderen Land zugelassen wurde).

Zwei weitere Gründe, die ironischerweise ausgerechnet mit der unübertroffenen Wirksamkeit oraler Kontrazeptiva in Verbindung stehen, hielten die Pille vom japanischen Markt fern, obwohl die Verzögerung offiziell einzig der Sorge bezüglich der Nebenwirkungen zugeschrieben wurde. Der erste Grund war der Widerstand eines Teils der japanischen Ärzteschaft, der Abtreibungen durchführte und beträchtliche Einkommenseinbußen befürchtete, falls die Pille in Japan allgemeine Anwendung fand. Um welche Summen es dabei ging, läßt sich anhand der Tatsache ermessen, daß die meisten japanischen Ärzte Abtreibungen nicht über die staatliche Krankenversicherung sondern privat abrechnen und dies zu Preisen, die mit amerikanischen Sätzen vergleichbar sind oder sie gar übersteigen. Ende der achtziger Jahre lagen diese jährlichen Einnahmen bestimmt über einer halben Milliarde Dollar und wurden häufig auch nicht versteuert. Außerdem befürchtete die Regierung, die Zulassung der Pille werde sie auch unverheirateten jungen Frauen leicht zugänglich machen und den vorehelichen Sex ansteigen lassen. Diese Einstellung entspricht dem japanischen Gesellschaftsgefüge; die Jugend des Landes legt angeblich mit die niedrigste voreheliche sexuelle Aktivität der ganzen industrialisierten Welt an den Tag.

Warum erwog die japanische Regierung in Anbetracht dieses Hintergrunds – und nach dreißigjähriger klinischer Erfahrung in den Vereinigten Staaten und Westeuropa – plötzlich, sich bezüglich moderner Geburtenkontrolle dem Rest der Welt anzuschließen und die Zulassung der Pille zur Empfängnisverhütung für 1992 ins Auge zu fassen? *Kosei-sho* beschloß, den Empfehlungen eines eigens ernannten Beratergremiums aus 12 Männern zu folgen. (Das Fehlen weiblicher Mitglieder veranlaßte die Zeitung *Asahi Shimbun* zu folgendem Kommentar: »Alle 12 Mitglieder der Forschungsgruppe ›Anti-Baby-Pille‹ des Gesundheitsministeriums waren Männer. Wir wissen nicht, warum in diesem Gremium die Männer dominierten, aber es kommt uns doch merkwürdig vor.«) Dieses Dutzend weiser Männer legte die folgenden überzeugenden Argumente vor:

1. Die Einführung schwach dosierter oraler Kontrazeptiva im Westen während der vergangenen 15 Jahre, die eine Reihe gesundheitsschädigender Nebenwirkungen reduzierten oder sogar eliminierten.

2. Die Veröffentlichung in den achtziger Jahren von wichtigen Studien in Großbritannien und den Vereinigten Staaten, die von mehreren bedeutsamen, förderlichen, nicht-

kontrazeptiven Wirkungen berichten, die mit der Einnahme der Pille verbunden sind.

3. Die Berücksichtigung der *tatsächlichen* (statt der *offiziell* genannten) Zahl der Abtreibungen in Japan. Eine Senkung dieser Zahl durch die breitere Verwendung oraler Kontrazeptiva wird heute ebenfalls als ein wesentlicher Gewinn betrachtet, der früher nicht berücksichtigt wurde.

4. Vor allem aber die Anerkennung der Tatsache, daß derzeit fast eine Million Japanerinnen das hochdosierte Gestagen-Östrogen-Kombinationspräparat nehmen, das *Kosei-sho* vor über 30 Jahren genehmigt hatte. Offiziell dürfen diese Präparate nur therapeutisch zur Behandlung gynäkologischer Störungen verwendet werden, aber in Wahrheit dienen sie bis zu 80 Prozent der Benutzerinnen ausschließlich zu empfängnisverhütenden Zwecken. Das bedeutet, daß Hunderttausende von Japanerinnen eine Anti-Baby-Pille nehmen, die mindestens zehnmal stärker ist als jede in anderen Ländern benutzte, und nicht auf die schwächeren Dosierungen zurückgreifen können, deren Vorzüge bei der Langzeiteinnahme eindeutig nachgewiesen sind. Noch wichtiger ist, daß aufgrund der Tatsache, daß die Verwendung zur Empfängnisverhütung nicht offiziell sanktioniert ist, keine der derzeit erhältlichen japanischen steroidalen Präparate eine Packungsbeilage oder sonstige Informationen enthalten kann, die eine Frau vor den Folgen der Langzeiteinnahme dieser hochdosierten Pillen warnen.

Aber im letzten Moment, nämlich im Februar 1992, bekam die japanische Regierung kalte Füße, da sie annahm, daß die Verfügbarkeit der Pille eine Reduzierung der Verwendung von Kondomen zur Folge hätte, was in Anbetracht von Aids nicht wünschenswert wäre. So wurde die japanische Verhütungs-Uhr mit einem Schlag dorthin zurückgedreht, wo sie vor 30 Jahren stehengeblieben war.

Rußland und Japan illustrieren deutlich die enge Beziehung zwischen Abtreibung und Empfängnisverhütung. Doch in diesen Ländern wird die Abtreibung nicht zu einem Politikum gemacht. Wie sieht es nun in den Vereinigten Staaten aus, die eine im Verhältnis wesentlich niedrigere Abtreibungsrate (»nur« 1,6 Millionen pro Jahr) haben, aber von allen Industriestaaten die höchste Schwangerschafts- und Abtreibungsziffer bei Minderjährigen? Genau hier haben wir in den siebziger und achtziger Jahren jede Aussicht auf einen aufgeklärten Umgang mit der Geburtenkontrolle verloren, weil wir die Abtreibung zu einem hochpolitischen Thema werden ließen. Ich muß daher, bevor ich mich der Zukunft der Pille nach ihrem 40. Geburtstag zuwende, die politischen Fragen untersuchen, die in Amerika mit der Abtreibung verbunden sind. Dieses Thema beschäftigt meine Gedanken und meine Vorträge seit fast zwei Jahrzehnten.

VI.

Für die meisten Frauen, die eine Abtreibung vornehmen lassen, ist dies der letzte Ausweg. Aber ob es uns gefällt oder nicht: Von den vielfältigen Möglichkeiten der Geburtenkontrolle ist Schwangerschaftsabbruch weltweit eine der am häufigsten praktizierten Methoden, da jedes Jahr annähernd 50 Millionen vorgenommen werden. Nur die Pille und die Sterilisation werden breiter angewendet. Außer in China sind die meisten Abtreibungen die Folge der persönlichen Entscheidung der Frau und nicht staatlicherseits verordnet.

Fast 40 Prozent der Weltbevölkerung leben in Ländern, in denen ein Schwangerschaftsabbruch in den ersten drei Monaten faktisch uneingeschränkt gestattet ist. Sie reichen von den Vereinigten Staaten und Holland über katholische Länder wie Italien und Frankreich bis hin zu muslimischen Ländern wie Tunesien und offiziell atheistischen Ländern wie China und die ehemalige Sowjetunion. In weiteren 25 Prozent der Welt – in so unterschiedlichen Staaten wie Indien, Großbritannien, Japan und den meisten osteuropäischen Ländern (das streng katholische Polen eingeschlossen) – wird die Erlaubnis zu einer Abtreibung fast ebenso großzügig erteilt, da soziale Faktoren, wie geringes Einkommen und Ledigsein, in Betracht gezogen werden. In weiteren 10 Prozent der Staaten gelten bestimmte Sachverhalte (Schädigung des Fötus, Vergewaltigung und Inzest) als Gründe für eine Abtreibung.

Folglich lebt nur ein Viertel der Weltbevölkerung in Ländern, in denen die Abtreibung noch immer entweder völlig verboten oder aber nur gestattet ist, um das Leben der Schwangeren zu retten. Dazu gehören die meisten muslimischen Staaten Asiens, die Mehrheit der afrikanischen Staaten, vier westeuropäische Länder (Irland, Spanien, Portugal und Belgien) sowie zwei Drittel der lateinamerikanischen Länder. In diesen lateinamerikanischen Staaten ist die Zahl der illegalen Abtreibungen (und der damit verbundenen Todesfälle) am höchsten. Obwohl heute der Schwangerschaftsabbruch in den Vereinigten Staaten legal ist, und zwar seit der Entscheidung des Obersten Gerichtshofs im Fall *Roe versus Wade* im Jahre 1973, könnten die Bemühungen der Präsidenten Reagan und Bush, den Obersten Gerichtshof mit Abtreibungsgegnern zu besetzen, das Rad der Zeit bis in jene Tage zurückdrehen, als Hunderttausende von Frauen illegal abtrieben, und dies oft unter gefährlichen und lebensbedrohlichen Bedingungen. Bevor wir das zulassen, sollten wir aus den Erfahrungen anderer Länder lernen, die versucht haben, die Abtreibung zu verbieten – wie zum Beispiel Rumänien.

1965 war der Schwangerschaftsabbruch in Rumänien legal und faktisch unentgeltlich, während empfängnisverhütende Mittel im wesentlichen nicht erhältlich waren; so wurde die Abtreibung zum wichtigsten Vehikel der Fertilitätskontrolle. Die rumänische Regierung sorgte sich weniger um die Zahl der Abtreibungen als vielmehr um die sinkende Geburtenziffer des Landes in einer Zeit relativ rapiden wirtschaftlichen Wachstums. Über Nacht führte die Regierung ein sehr restriktives Abtreibungsgesetz ein, was zur Folge hatte, daß die rumänische Geburtenrate innerhalb eines Jahres von 13 auf 34 Geburten je 1000 Einwohner emporschnellte. So etwas hatte es auf der ganzen Welt noch nicht gegeben. Wie müssen sich die Männer in Bukarest – und ich benutze das Wort *Männer* mit Absicht – zu dem spektakulären Erfolg ihrer Abtreibungspolitik beglückwünscht haben!

Zugegebenermaßen war dies eine politische Maßnahme und keine Politik, doch die Folgen waren eine nahezu komplette Katastrophe. Bis zum Jahre 1968 sank die Geburtenziffer ebenso dramatisch – von 34 auf 19 je 1000 Einwohner –, weil das Abtreibungswesen keine zwei Jahre brauchte, um in den Untergrund zu gehen. Was die Männer in Bukarest nicht berücksichtigt hatten, aber leicht hätten vorhersehen können, war die Zunahme der Todesfälle im Zusammenhang mit illegalen Abtreibungen. Ein Jahrzehnt später hatte sich diese Sterblichkeitsziffer um den Faktor 10 erhöht; aber die Geburtenziffer hat sich seit 1972 nicht verändert. Falls die von Reagan und Bush ernannten Richter des Obersten Gerichtshofes die Entscheidung *Roe v. Wade* umstoßen, wird es in den USA fraglos zu einem ähnlichen Anstieg der Müttersterblichkeit kommen. Dieser Anstieg würde jedoch bei den ärmsten Frauen auftreten und ansonsten nicht so weitverbreitet sein, wie manche vorhersagen. Der Grund ist der, daß die Amerikanerinnen, nachdem sie fast zwei Jahrzehnte lang Zugang zu sicheren Schwangerschaftsabbrüchen hatten, es wohl kaum zulassen werden, daß sie wieder auf die Stricknadel zurückgreifen müssen. Anfänglich würden sich weit über eine Million Frauen nach einer illegalen, aber relativ sicheren Abtreibung umsehen – und das organisierte Verbrechen würde die Gelegenheit ergreifen, sie gegen einen stattlichen Betrag zu bieten. Außer den ganz Naiven wird mir jeder beipflichten, daß die Kriminalisierung der Abtreibung zwangsläufig mehr Kriminelle anlocken wird. Die Erfahrungen aus der Zeit der Prohibition sollten uns ebenso eine Lehre sein wie das heutige Drogenproblem. Wenn wir uns nicht mit den tieferen Ursachen dieser sozialen Probleme befassen, dann ist es nahezu sinnlos, sie für gesetzwidrig zu erklären, und wenn wir uns dabei noch so edel vorkommen.

Während die Gesetze gegen Alkohol- und Drogenmißbrauch zum Schutz des Verbrauchers bestimmt sind, ist noch nie irgendwo ein Gesetz gegen die Abtreibung erlassen worden, das die Frau schützen sollte. Gelegentlich waren die Beweggründe, wie in Rumänien, offenkundig demographischer Art. Die meisten Länder, die Vereinigten Staaten eingeschlossen, haben sich dieser Gesetze bedient, um ein bestimmtes sittliches Verhalten zu erzwingen; selbst heute spiegelt der häufige Einwand, die Entfernung eines wenige Wochen alten

Embryos sei »Kindestötung«, häufig puritanische Einstellungen zum Sex wider, die nach Meinung des Gegners, ob ernsthaft oder nicht, anderen aufgezwungen werden müssen. Warum macht die große Mehrheit der Abtreibungsgegner dann Ausnahmen im Falle von Inzest oder Vergewaltigung? Die Antwort ist, daß die Abtreibungsgegner eine vergewaltigte Frau als unschuldig betrachten und ihr das Recht auf eine Abtreibung zugestehen, wohingegen eine Frau, die sich freiwillig dem Geschlechtsverkehr hingibt, für schuldig gehalten und folglich zu einer ungewünschten Schwangerschaft verurteilt wird.

Die Sinnlosigkeit gesetzlicher Sanktionen zeigt sich am deutlichsten in der beängstigend hohen Abtreibungsrate amerikanischer Teenager. Für die Frommen, die Sodom und Gomorra zitieren, zeugt dies von lockeren sexuellen Sitten, der stark gestiegenen sexuellen Betätigung in immer jüngerem Alter und dem Versagen der amerikanischen Familie. Natürlich sind die Gründe für das Versagen der amerikanischen Familie umfassend belegt, und ein Verbot des Schwangerschaftsabbruchs macht die Familie auch nicht wieder heil. Und das Argument bezüglich der Schwangerschaftsabbrüche amerikanischer Teenager ist zumindest teilweise trügerisch. Eine Studie über das sexuelle Verhalten und die Abtreibungen amerikanischer Teenager im Vergleich zu anderen wohlhabenden Ländern wie Schweden, Holland und Frankreich hat gezeigt, daß dort die Abbruchrate bei Teenagern nur einen Bruchteil der amerikanischen Ziffer ausmacht. In Holland beispielsweise beträgt sie nur ein Zehntel der amerikanischen Rate. Dabei ist ein ebenso hoher Prozentsatz der holländischen und französischen Mädchen mit 17 Jahren sexuell aktiv wie in den USA. In Schweden weist jede Altersgruppe einen deutlich höheren Anteil an sexuell erfahrenen Frauen auf als in den Vereinigten Staaten, aber die schwedische Abtreibungsrate ist nicht einmal halb so hoch wie die amerikanische.

Unter den vielen Gründen für unser extrem schlechtes Abschneiden in bezug auf Schwangerschaften Minderjähriger sind vor allem drei zu nennen. Statt schon früh einen realistischen Sexualkundeunterricht anzubieten, in dessen Mittelpunkt wie in Schweden die menschliche Sexualität steht, und danach als logische Folge Geburtenkontrolle zu lehren, erweist das dezentralisierte amerikanische Bildungswesen vielen Kindern einen Bärendienst, die Schulen besuchen, wo ein paar lautstarke Eltern genügen, um dieses Fach vom Lehrplan zu streichen. In ähnlicher Weise war bis vor kurzem keine amerikanische High-School bereit, ihre Schüler zu beraten, wo sie Kontrazeptiva erhalten können, obwohl an vielen dieser Schulen mehr als die Hälfte der Schüler nachgewiesenermaßen sexuell aktiv war. Schließlich geben wir unserer Jugend auffallend widersprüchliche Signale: Einerseits wird Sex in laszivster Form anschaulich in Zeitschriften und Filmen zur Schau gestellt, während wir gleichzeitig eine Sexualmoral predigen, die Erinnerungen an die Puritaner wachruft. Ende der achtziger Jahre, als sexuell übertragene Krankheiten und Aids um sich griffen, weigerten sich beispielsweise alle drei landesweiten TV-Sendernetze, einen zweiminütigen Werbespot auszustrahlen, der vom Verband der amerikanischen Geburtshelfer und Gynäkologen hergestellt und bezahlt worden war. Und um was ging es in dieser gefährlichen Anzeige? Um eine kurze Erörterung verschiedener empfängnisverhütender Mittel und eine Telephonnummer, die Teenager gebührenfrei anrufen konnten, um eine kostenlose Broschüre über Geburtenkontrolle anzufordern. Ein leitender CBS-Angestellter hatte sogar die Unverfrorenheit zu erklären: »Das Thema Empfängnisverhütung ist für der Allgemeinheit dienende Werbesendungen untragbar.« Das Sendernetz hatte jedoch keine Probleme, ein tägliches Fernsehangebot für Teenager voll Brutalität, Mord und Totschlag und unverhohlenem Sex rational zu erklären. Aber Kondome? Nie und nimmer!

VII.

Die Anti-Baby-Pille, Kondome, Intrauterin- und Scheidenpessare sind allesamt präkoitale Methoden der Geburtenkontrolle und würden, konsequent benutzt, eine Abtreibung nur selten erforderlich machen. Für die meisten Frauen ist eine ungewollte Schwangerschaft die Folge nicht verfügbarer Kontrazeptiva oder nicht ausreichender Kontrazeption und/ oder Information. Wenn wir das gesellschaftliche Ziel erreichen wollen, jede Schwangerschaft zu einer bewußten Entscheidung zu machen und jedes Neugeborene zu einem Wunschkind, dann ist das meiner Meinung nach wohl nur durch ein Eingreifen im frühesten Stadium der Befruchtung zu erreichen – das heißt durch postkoitale Kontrazeption.

Das einzige postkoitale Mittel, das gegenwärtig zur Verfügung steht, ist der Schwangerschaftsabbruch, da die »Pille für den Morgen danach« – eine hohe Dosis oral wirksamer Progesterone oder Östrogene, die die Frau innerhalb weniger Tage nach dem Verkehr einnimmt – wegen der ansonsten übermäßig hohen, kumulativen Wirkung starker Hormone nur als gelegentliche Notmaßnahme verabreicht wird. Für diejenigen, für die jede Manipulation der befruchteten Eizelle – und sei es unmittelbar nach der Befruchtung – eine Abtreibung darstellt, wäre eine postkoitale Kontrazeption nur während eines extrem kurzen Zeitraums zu akzeptieren: nämlich während das Sperma zum Ei wandert. Es gibt jedoch Millionen von Frauen, die auch eine Manipulation der befruchteten Eizelle ein paar Tage und vielleicht auch bis zu drei oder vier Wochen nach der Empfängnis als Kontrazeption akzeptieren würden. Dieser großen Gruppe, der die überwiegende Mehrzahl der schwangeren Teenager angehört, würden Forschungsarbeiten auf dem Gebiet einer derart weitgefaßten postkoitalen Kontrazeption eindeutig zugute kommen.

Leider hält die Regierung seit 1980, erst unter Präsident Reagan und nun unter Präsident Bush, an einer sehr engen Definition von *postkoital* fest. Die Obsession der amerikanischen Regierung in bezug auf den Schwangerschaftsabbruch spiegelt sich darin wider, daß sie seit 1986 alle Zahlungen an den Bevölkerungsfond der UNO eingestellt hat, weil dieser das Familienplanungsprogramm in China unterstützt, das neben vielen anderen Wahlmöglichkeiten angeblich auch die Zwangsabtreibung einschließt. Statt eine Initiative der Vereinten Nationen zu unterstützen, die durch Förderung einer besseren Empfängnisverhütung eindeutig die globalen Abbruchraten senkt, besteht das Weiße Haus darauf, diese weltweite Anstrengung zu boykottieren, um sein Mißfallen über eine einzige Komponente des Geburtenkontrollprogramms eines einzigen Landes zum Ausdruck zu bringen. Wenn ich mich für ein einzelnes neues Kontrazeptivum entscheiden müßte, dann wäre das eine Einmonatspille, die als Menstruationsauslöser wirkt. Statt der derzeitigen oralen Kontrazeptiva, die eine Frau das ganze Jahr hindurch fast jeden Tag einnehmen muß, würde sie einmal im Monat einen Menstruationsauslöser schlucken, eine einzelne Pille, die einen kurzlebigen und schnell umwandelbaren Wirkstoff enthält, um zu der erwarteten Zeit die Monatsblutung herbeizuführen; oder aber nur in den Monaten, in denen sie ungeschützten Verkehr hatte, statt abwarten zu müssen, ob ihre Periode ausbleibt. Diese Methode wäre zwar nicht für jede Frau akzeptabel oder geeignet, würde aber für viele eine enorme Verbesserung darstellen: Eine Frau müßte höchstens 12 Pillen im Jahr einnehmen, anstatt wie derzeit 250 oder mehr, und wüßte in keinem Fall, ob ihr Ei befruchtet worden war. Der Kernpunkt dieser Methode ist, daß man sich erst nach dem Verkehr für die Empfängnisverhütung entscheidet.

Für eine solche hypothetische Einmonatspille plädierte ich zum ersten Mal 1970 in meinem *Science*-Artikel »Geburtenkontrolle nach 1984«, wo ich die Ansicht vertrat, daß es etwa 14 Jahre dauern würde, um eine solche Entdeckung in eine praktische Methode der Geburtenkontrolle zu verwandeln. *Mirabile dictu* berichtete Anfang der achtziger Jahre eine Gruppe französischer Forscher (Georges Teutsch, Daniel Philibert und André Ulmann von Roussel-Uclaf sowie Etienne-Emile Baulieu von INSERM in Paris), daß ein synthetisches steroidales Anti-Progesteron namens RU-486 eben diese die Menstruation herbeiführenden Eigenschaften besaß. Obwohl sich RU-486 für die regelmäßige Herbeiführung der Monatsblutung, wie ich sie postuliert hatte, nicht eignet, hat sich herausgestellt, daß dieses Präparat die wichtigste neue Einzelentwicklung auf dem Gebiet der Geburtenkontrolle der letzten zwei Jahrzehnte als maßgebliche Alternative zum chirurgischen Abbruch ist. Eine einzige orale Einnahme von RU-486 (nach der Feststellung einer Schwangerschaft, aber höchstens sieben Wochen nach der letzten Menstruation), auf die zwei Tage später eine einzige (intramuskuläre, intravaginale oder orale) Verabreichung eines Prostaglandins folgt, hatte bei 96 Prozent der Testpersonen starke Blutungen und das komplette Ausschwemmen des Embryos zur Folge. Inzwischen wird mindestens ein Drittel aller in Frankreich durchgeführten Schwangerschaftsabbrüche mit RU-486 vorgenommen. Diese Methode eliminiert nicht nur die Kosten und die Belastung eines chirurgischen Eingriffs und einer Narkose, sondern sorgt auch für einen frühen Abbruch – genau wie es Frauen, die sich für eine Abtreibung entscheiden, aus Gründen der Sicherheit empfohlen wird.

Seit 1983 fördert die Weltgesundheitsorganisation (WHO) die klinische Erprobung von RU-486 in einer Vielzahl von Ländern (China, Indien, Singapur, Kuba, Italien, Ungarn, Jugoslawien etc.), um die Wirksamkeit dieses Mittels bei Frauen unterschiedlicher ethnischer Herkunft zu untersuchen. Großbritannien hat RU-486 für den frühen Schwangerschaftsabbruch bereits zugelassen, eine Entscheidung, der sich vermutlich schon bald einige der skandinavischen Länder, Holland und China anschließen werden. Doch in den Vereinigten Staaten, wo der Abbruch legal ist und jährlich an 1,6 Millionen Frauen (mindestens ein Viertel davon Teenager) vorgenommen wird, hat es kein Pharmaunternehmen gewagt, angesichts der virulenten Kampagne der Abtreibungsgegner, die gegen RU-486 gerichtet ist und von den letzten beiden Regierungen tatkräftig unterstützt wurde, die staatliche Zulassung zu beantragen. Der Widerstand der amerikanischen Regierung beschränkt sich jedoch nicht auf das eigene Land. Obwohl die Vereinigten Staaten keinen Beitrag zum *Special Programme of Research, Development and Research Training in Human Reproduction* leisten – einem internationalen Projekt der WHO, das von den skandinavischen Ländern, Großbritannien, Deutschland, Kanada und vielen anderen Staaten nachhaltig unterstützt wird –, hielt es das State Department 1991 für angebracht, sich zu erkundigen, ob die WHO bei der klinischen Erprobung von RU-486 auch Gelder der Weltbank verwendete, woraus hervorging, daß sich die Vereinigten Staaten in diesem Fall die weitere Finanzierung von Aktivitäten der Weltbank nochmals überlegen könnten.

Ich führe diese Details an, um die enorme Politisierung der Geburtenkontrolle in meinem Land zu illustrieren: Dieses Gebiet ist zu einem Streitpunkt geworden statt zu einem neutralen Bereich zur Erforschung wirklich revolutionärer Methoden der Empfängnisverhütung. Ich denke beispielsweise an ein die Menstruation auslösendes Anti-Progesteron für Frauen, an einen Anti-Fruchtbarkeits-Impfstoff oder an eine Pille für den Mann, um nur drei neuartige und wissenschaftlich machbare Möglichkeiten der Geburtenkontrolle zu nennen (die allesamt unter der Schirmherrschaft der WHO und anderer Einrichtungen an Tieren und Menschen erprobt wurden, denen aber in den Vereinigten Staaten so gut wie nicht klinisch nachgegangen wird). Natürlich wird weiter entwickelt; aber eine neue Verabreichungsform für steroidale Kontrazeptiva, die die tägliche Einnahme einer Tablette durch mit Steroiden präparierte Vaginalringe oder subkutane Implantate ersetzt (wie das vor kurzem von der FDA zugelassene NORPLANT), ist zwar für die öffentliche Gesundheit und in demographischer Hinsicht bestimmt nützlich, aber kein Trost für Frauen, die nach neuen nicht-hormonellen Methoden der Geburtenkontrolle suchen. Noch entmutigender ist die Tatsache, daß an diesen verbesserten steroidalen Verabreichungsformen seit über zwei Jahrzehnten gearbeitet wird, auch wenn sie den leichtgläubigen Medien und der erwartungsvollen Öffentlichkeit noch so sehr als »neu« oder »revolutionär« angepriesen werden. Alle Experten wissen, daß »neu« nicht unbedingt neu sein muß, daß »sicher« niemals absolut sicher ist, daß »ein paar Jahre« fast mit Sicherheit wesentlich länger dauern. Aber der Öffentlichkeit ist eigentlich gar nicht klar, wie spärlich die Regale des amerikanischen Kontrazeptiva-Supermarkts um die Jahrtausendwende bestückt sein werden.

VIII

Um nicht mit diesen entmutigenden Worten zu schließen, möchte ich – der ich an der »High-Tech«-Kontrazeption stark beteiligt war – mich etwas zuwenden, das man als die niedrigste »Low-Tech«-Methode bezeichnen könnte, nämlich der »natürlichen Familienplanung« (NFP), der Knaus-Ogino-Methode, der Enthaltsamkeit während der fruchtbaren Tage, dem »Vatikanischen Roulette« oder welches euphemistische oder abschätzige Wort man auch immer verwenden will, um die Bestimmung der »sicheren« Tage zu bezeichnen. Obwohl sie eine der ältesten und, in vielfacher Hinsicht, am wenigsten zuverlässigen Methoden der Geburtenkontrolle ist, gehört die Bestimmung der »sicheren« Tage zu den wenigen Gebieten der Kontrazeption, wo derzeitige wissenschaftliche Fortschritte – das heißt die Spitzentechnologie – tatsächlich dazu dienen könnten, einige der politischen Hindernisse zu überwinden und daneben auch Vorteile außerhalb des eigentlichen Bereichs der Geburtenkontrolle böten.

Abgesehen von der lästigen Tatsache, jeden Tag Buch führen zu müssen, macht es die »sympto-thermale« Methode (die Kontrolle der Basaltemperatur und der Konsistenz des Gebärmutterhalsschleims) im Durchschnitt erforderlich, sich 17 Tage des intravaginalen Geschlechtsverkehrs zu enthalten. Durch die exakte Bestimmung des Beginns des Eisprungs könnte diese Periode der Enthaltsamkeit im Prinzip um über 50 Prozent verringert und damit die schlechte Akzeptanz und Wirksamkeit der natürlichen Familienplanung deutlich verbessert werden. Da die fruchtbare Periode einer Eizelle etwa einen Tag beträgt, würde die genaue Kenntnis der Beendigung der Ovulation »grünes Licht« geben: Jetzt ist der ungeschützte Koitus sicher. Dieser Moment läßt sich durch einen nach der Ovulation (das heißt in der *post*ovulatorischen Phase des Menstruationszyklus') erfolgenden Anstieg des weiblichen Sexualhormons Progesteron (oder seiner Metaboliten) im Blut, Speichel oder Urin nachweisen.

Um die erste Hälfte (oder *prä*ovulatorische Phase) des Monats abzudecken, muß man die Ovulation um drei bis vier

Tage *vorhersagen* können: Eine Vorwarnung (»rotes Licht«) ist deshalb nötig, weil Sperma im fruchtbaren Cervixschleim der Frau etwa drei Tage lebensfähig bleibt. Der Ovulation geht ein Anstieg des weiblichen Sexualhormons Östradiol in den Körperflüssigkeiten der Frau voraus; und in den siebziger und achtziger Jahren haben Fortschritte auf dem Gebiet der analytischen Biochemie (insbesondere Radioimmunoassays) im Labor zu genauen Bestimmungen dieser hormonellen Veränderungen geführt. Überdies machen monoklonale Antikörper in originellen Rezepturen es seit neuestem möglich, visuell – durch Erscheinen eines bunten Flecks in einem Tropfen Urin – den Anstieg der Progesteron-Metaboliten in weniger als einer Minute nachzuweisen. Das heißt, daß man heute ein praktisches »grünes Licht« bei sich zu Hause haben kann, indem man in der postovulatorischen Phase zwei oder höchstens drei solcher Tests ausführt.

Obwohl die absoluten Konzentrationen östrogener Hormone und Metaboliten beträchtlich geringer sind als die des Progesterons, steht es meiner Meinung nach außer Frage, daß ein ähnlicher »rotes Licht« gebender Test zur Ermittlung des präovulatorischen Anstiegs der Östrogene auf der Basis von Urin oder Speichel innerhalb von zwei bis drei Jahren entwikkelt werden kann. Aber lohnt sich die Mühe?

Als Mittel zur Geburtenkontrolle in Ländern der dritten Welt wäre eine solche High-Tech-Methode schon aus finanziellen und praktischen Gründen unbrauchbar. Angesichts des schlechten Rufs, den die natürliche Familienplanung (NFP) selbst in fortschrittlichen Staaten wie den USA hat, wären die Auswirkungen eines solchen Urintests in bezug auf eine verbesserte Geburtenkontrolle aller Wahrscheinlichkeit nach zunächst gering, obwohl jeder weitere Artikel im Kontrazeptiva-Supermarkt (metaphorisch gesprochen) wünschenswert ist. Da ein kombinierter »Rotes-Licht-Grünes-Licht«-Test, für den etwa fünf Analysen im Monat erforderlich wären, nicht mehr kosten würde als eine Monatspackung oraler Kontrazeptiva, müßte er für einen Teil jener Frauen akzeptabel sein, die bereits natürliche Familienplanung praktizieren oder die Pille nicht vertragen.

Ich möchte mich jedoch auf eine potentiell wesentlich breitere Basis von Verbraucherinnen konzentrieren, und zwar unter dem Banner »Fruchtbarkeitsbewußtsein«. Ich spreche dabei nicht von Frauen mit bekannten Unfruchtbarkeitsleiden – eine begrenzte, wenn auch stark motivierte Gruppe, durch deren Mitarbeit viele Fortschritte in der hormonellen Bestimmung der Ovulation überhaupt erzielt wurden und die sich weder durch Kosten noch durch Unannehmlichkeiten abschrecken lassen. Ich denke vielmehr an die vielen Frauen, die ein starkes Gesundheitsbewußtsein entwickelt haben und mit der Gesundheit verknüpfte Entscheidungen mehr und mehr selbst treffen wollen: beispielsweise die so schnell ansteigende Zahl berufstätiger Frauen in Amerika, die das Gebären auf ihre späten Dreißiger verschieben; oder die ernsthaften Joggerinnen und Sportlerinnen. Für manch eine Frau in unserer wohlhabenden Gesellschaft sollte das Wissen, ob und wann sie ovuliert, ein fester Bestandteil ihrer persönlichen Gesundheitsinformation sein, was sich auch außerhalb der Geburtenkontrolle als vorteilhaft erweisen könnte.

Zwei umfangreiche Erhebungen, die von Stanforder Studentinnen meines Seminars »Feministische Perspektiven der Geburtenkontrolle« durchgeführt wurden, haben gezeigt, daß die Mehrzahl dieser Frauen daran interessiert wäre, ein solches biochemisches Testgerät zu erwerben und zu benutzen, und das ungeachtet ihrer sexuellen Betätigung. Für viele Ärzte, besonders Epidemiologen, die die Häufigkeit von Karzinomen der weiblichen Fortpflanzungsorgane untersuchen, wären langfristige Aufzeichnungen über das Ovulationsverhalten von großem Nutzen. Beweise für exzessiven Kalziumverlust bei Frauen, die regelmäßig menstruieren, jedoch nicht ovulieren, sind ein weiteres Beispiel dafür, wo derartiges Wissen nützliche Informationen liefern könnte. Und warum sollte man diese hormonellen Methoden der Ovulationsbestimmung und -vorhersage schließlich nicht routinemäßig als Lehrmittel an weiterführenden Schulen verwenden? Die Betonung des Fruchtbarkeitsbewußtseins statt der Geburtenkontrolle wäre vielleicht eine effektive Strategie, um die anhaltende Politisierung des Sexualkundeunterrichts an amerikanischen High-Schools zu bekämpfen. Wer weiß, ob dies nicht sogar zu einer Senkung der ungewollten Schwangerschaften führen würde.

Abschließend könnte eine genaue und bequeme Bestimmung des Eisprungs auch weit mehr sein als nur eine Knaus-Ogino-Methode des Düsenzeitalters. Sie könnte sogar zu einer dem Düsenzeitalter angemessenen Empfängnisverhütung führen, die Schwangerschaftsabbrüche beträchtlich reduziert. Im vierzigsten Lebensjahr der Pille machte Professor Dr. Marc Bygdeman vom Karolinska Institut in Stockholm, der als erster Kliniker die Verwendung von Prostaglandin in Verbindung mit RU-486 einführte, die interessante Beobachtung, daß die Verabreichung einer einzigen Pille RU-486 zwei Tage nach der Ovulation die Einnistung des befruchteten Eies verhindert, ohne die nächste Monatsblutung zu beeinträchtigen. Vermutlich hätte jedes Anti-Progesteron, und nicht nur RU-486, die gleiche Wirkung. Obgleich noch wesentlich umfangreichere klinische Erprobungen erforderlich sind, ist damit ein bedeutender Fortschritt auf dem Gebiet der postkoitalen Kontrazeption in Sicht, vorausgesetzt, er ist mit einem bequem zu Hause auszuführenden und erschwinglichen Test zur Ovulationsbestimmung verbunden.

Für verhältnismäßig wohlhabende, gebildete und motivierte Paare ist die Prognose für wesentliche Fortschritte in der Geburtenkontrolle düster, wenn auch nicht völlig hoffnungslos. Aber der Rest der Welt wird noch lange auf vorhandene Methoden oder geringfügige Modifikationen derselben zurückgreifen müssen. So bitter das auch klingen mag, liegt für mich die allerbitterste Pille jedoch in der Tatsache, daß die Vereinigten Staaten das einzige Land außer dem Iran sind, das auf dem Gebiet der Geburtenkontrolle das Rad der Zeit in den letzten zehn Jahren zurückgedreht hat, und sogar der Iran hat begonnen, sich diesbezüglich zu ändern. Abgesehen davon, daß sich an der derzeitigen Qualität der Geburtenkontrolle in den USA, und damit an den 1,6 Millionen Abtreibungen jährlich, bis zum Jahre 2000 nicht viel ändern wird, ist es auch durchaus möglich, daß die Auswahl an Kontrazeptiva bis zur Jahrhundertwende noch begrenzter sein wird, als sie

es in Amerika heute schon ist. Nachdem ich das »Was nun?«
der Überschrift dieses Kapitels ziemlich ausführlich behandelt
habe, schließe ich mit einer weiteren kurzen Frage: »Was
dann?« Darauf habe ich keine Antwort.

KAPITEL 22

Vorsicht Lücken!

Alles, was man über das Sichgehenlassen, die Unaufrichtigkeit, die bewußte oder unbewußte Image-Pflege autobiographischer Werke sagen kann, ist zweifellos schon viele Male gesagt worden, und es ist wohl auch nicht gerade originell, eine Autobiographie mit einem Schweizer Käse zu vergleichen. Die Löcher in einer Lebensbeschreibung können geplant oder unbeabsichtigt sein, aber sie sind nun einmal da; Selbstreflexion und Enthüllung müssen ein ganz persönliches psychisches Sieb passieren. Je nach Feinheit des Siebes bleiben alle möglichen Fakten und Interpretationen in den Maschen hängen: mikroskopische oder makroskopische Fehler, Tragödien, Gebrechen, Faux pas, vielleicht sogar Sünden, geheime Lügen, Treulosigkeit... Als mir die Analogie zwischen einem Schweizer Käse und einer Autobiographie in den Sinn kam, fand ich sie treffend, wenn auch etwas kitschig. Aber nun, da ich einen Schluß für meine Lebensbeschreibung suche und einen Titel, sehe ich nur die Löcher, die unzähligen unerwähnten kleinen Ereignisse, die weggelassen wurden, die jedoch, obwohl sie oft prosaisch sind, etwas Unerwartetes aussagen könnten.

Die Lücken in einer Autobiographie auszufüllen, ist ebenso zwecklos wie die Löcher eines Schweizer Käses zu füllen. Mein Erinnerungsvermögen, mein Schamgefühl und was mir sonst an Anstand übriggeblieben ist, sorgen dafür, daß die Füllsel, die ich liefere, falsch sind. Die Lücken, so groß sie auch sein mögen, sind folglich ehrlicher, ein getreueres Spiegelbild meiner selbst. Freuds Erkenntnis trifft in vollem Maße zu: Das Unbewußte spricht durch die Lücken der normalen Sprache. Die Leser werden aus meiner Prosa Dinge über mich erfahren, die mir verborgen bleiben.

I.

Von zwei wichtigen Lücken in meiner Lebensbeschreibung, zu denen ich mich ausdrücklich bekennen möchte, betrifft die eine meinen Sohn, der hier nur flüchtig in einigen Szenen aufgetreten ist, als wäre er ein unbedeutender Schauspieler in einem komplizierten Stück. Nichts könnte der Wahrheit ferner liegen. Ich bin ein Einzelkind; meine Eltern sind tot und ihre Geschwister ebenfalls; Dale und mein Enkel Alexander sind meine einzigen direkten chromosomalen Verbindungen. Unsere Vater-Sohn-Beziehung war schon immer eine der kompliziertesten Komponenten seines und meines Lebens, auch wenn wir das zuzeiten nicht klar erkannt haben. Unsere Beziehung ist immer noch so verwundbar, daß Behutsamkeit geboten ist. Wir bewegen uns noch immer auf ein gegenseitiges Verständnis zu, über das ich nicht schreiben kann und über das ich auch nicht schreiben würde, selbst wenn ich es völlig verstünde. Diese Kluft wird sich zwangsläufig nach dem Zwiegespräch verkleinern, das wir noch nicht so recht geführt haben, aber bestimmt einmal führen werden (es sei denn, einer von uns sagt einmal zu oft »mañana«). Das einzige, was ich hier dazu vorbringen werde, ist die übliche Einleitung eines wissenschaftlichen Artikels, das Abstrakte in Form eines Gedichtes, das ich an meinem 60. Geburtstag schrieb.

GÖTTERVATER

*Den eigenen Charakter zu
beschreiben ist schwierig
und nicht unbedingt
aufschlußreich.*

IRIS MURDOCH

»Quod licet Jovi, non licet bovi«
Sagte ich lachend
Zu meinen Kindern.
Jahre danach
Merkte ich, sie nahmen mich ernst.

»Was Jupiter erlaubt ist, ist nicht dem Ochsen erlaubt.«

War dies gesagt als Gott –
Folglich im Ernst, wenn auch lachend –
Oder als Göttervater?

Kann ein Vater ein Gott sein?

Warum meine amerikanischen Kinder
Mit dem Detritus meiner Latein-Büffelei belasten?

Vergebt mir beide:
Lebender Sohn.
Tote Tochter.

II.

Die andere gewaltige Lücke betrifft die Frauen in meinem Leben. Ich habe von vier Frauen geschrieben: meiner Mutter, die starb, als wir einander am entfremdetsten waren; meiner Tochter Pamela, die sich das Leben nahm, als wir einander am nächsten waren; und von meinen beiden ersten Ehefrauen, die bezüglich der psychischen Distanz heute Welten von mir entfernt sind. Aber es gibt noch zwei weitere Geliebte, die ich erwähnen muß.

Die eine ist in Wahrheit eine generische Persona. Während der letzten 20 Jahre großer persönlicher Veränderungen, des schrittweisen Abbaus meiner dicken Mauer der selbstauferlegten, ja zwanghaften Zurückgezogenheit, habe ich unter Männern keine neuen engen Freunde gewonnen, unter Frauen dagegen viele. Warum nur unter Frauen? Es wäre unaufrichtig zu bestreiten, daß das Mysterium der sexuellen Anziehung, oder zumindest die potentielle Möglichkeit einer solchen, eine Rolle spielte. Doch wenn das alles wäre, dann hätte der Abbau meiner Mauer – ein Stein hier, eine größere Öffnung dort, ein gelegentliches Herablassen der Zugbrücke über den Graben vor der Mauer – nicht erst begonnen, als ich Mitte Vierzig war, in einem Alter, in dem ich eigentlich meine festen Gewohnheiten hätte haben müssen und von meiner wissenschaftlichen Forschung und meinen unternehmerischen Aktivitäten am stärksten in Anspruch genommen war, so daß ich scheinbar keinen freien Augenblick für derartiges psychisches Auftauen hatte.

Eine grob vereinfachende Diagnose lautet, daß die meisten Männerfreundschaften ihren Ursprung im frühen Konkurrenzkampf haben: in der Schule, im Sport, beim Festsetzen von Hackordnungen, bei sexuellen Eroberungen. In diesem frühen Stadium ist die Grenze zwischen Intimität und freundschaftlicher Prahlerei verschwommen. In der Wissenschaft überschneiden sich Freundschaft und Zusammenarbeit häufig; der Konkurrenzkampf ist eingeengter, wird aber nichtsdestoweniger stillschweigend anerkannt und akzeptiert. In meinem eigenen männlichen Universum waren Konkurrenzdenken und Ehrgeiz besonders ausgeprägt, so daß ich, als ich reifer wurde, nicht noch mehr davon suchte. Ich habe mich nie für das alle Amerikaner verbindende Erlebnis erwärmen können, mir Football, Baseball und Basketball anzuschauen (vielleicht weil meine europäische Kindheit mich total auf Fußball ausgerichtet hatte); und Skilaufen und Schwimmen, die ich derzeit aktiv betreibe, sind keine Mannschaftssportarten. Vielleicht würde sich Golf als Basis für neue Männerfreundschaften anbieten, aber für mich ist Golf nichts weiter als ein Altherrensport oder eine Jungmännertorheit, über die ich aus einer Mischung aus Ignoranz und umgekehrtem Snobismus heraus nur hohnlächeln kann. Kein Wunder, daß die emotionalen, psychischen und sogar sozialen Stärken der Frauen, denen die aufreibende männliche Neigung zum konkurrierenden Gerangel um Positionen fehlt, in meinen mittleren und späteren Jahren zu starken Pheromonen wurden.

Bis weit in meine Dreißiger hinein waren alle mir nahestehenden Frauen, meine beiden ersten Ehefrauen eingeschlossen, beträchtlich älter als ich. Erst später schwang das Pendel in die entgegengesetzte Richtung. Suchte ich erst nach einer Mutter und dann nach einer Tochter? Die schlichte Tatsache war, daß der Ort, wo ich in den späteren Jahren der emotionalen Einsamkeit und schließlich der rechtsgültigen Ungebundenheit am ehesten neue Freunde kennenlernen konnte, nicht im üblichen gesellschaftlichen Rahmen privater Parties lag, deren Gäste mittleren Alters oder älter waren. Ich gab keine derartigen Parties und wurde selten zu welchen eingeladen. Statt dessen lernte ich neue Bekannte und Freunde im intellektuellen Betrieb und Trubel einer renommierten Universität kennen. In jener Zeit des sozialen Umbruchs – des Feminismus, des schwarzen Aktivismus, der sexuellen Revolution, der Antikriegsbewegung, der Entspannungsdrogen – hatten alle, außer den letztgenannten Drogen, starken Einfluß auf mich, und zwar in erster Linie durch die weibliche Generation der siebziger Jahre, die Frauen, die zu gesellschaftlich Gleichrangigen wurden.

Von einer Ausnahme abgesehen – einer Episode im Jahre 1955 mit Mescalin, von der ich schon berichtet habe –, haben mich Entspannungsdrogen nie gereizt. Aldous Huxley, dessen Buch *Die Pforten der Wahrnehmung* mich zu meinem einzigen Ausflug in die Welt der chemisch induzierten Halluzinationen veranlaßte, entnahm seinen Titel einer Zeile aus *Die Hochzeit von Himmel und Hölle* von William Blake: »Wären die Pforten der Wahrnehmung gereinigt, erschiene dem Menschen alles so, wie es ist – unendlich«, ein Aphorismus, den Blake als »Eine bemerkenswerte Erscheinung« kategorisiert. Obgleich mein einziger Versuch einer Huxleyschen Reinigung in der Tat bemerkenswert war, war er doch größtenteils eine Erscheinung. Das führt mich zu einer anderen Schlußfolgerung als Huxley: Ich brauche ein schärferes Reinigungsmittel als Mescalin, um durch meine Pforten der Wahrnehmung blicken zu können. Blake fährt mit einer anderen Metapher fort:»Denn der Mensch hat sich selbst eingesperrt, so daß er alle Dinge nur durch die engen Ritzen seiner Höhle sieht.« Jahre vergingen, bevor meine Ritzen sich wahrnehmbar zu erweitern begannen, weil ich ganz allmählich entdeckte, daß es mehr als Chemie braucht, um die Persona eines Menschen zu verändern. Die wirkende Kraft bei meiner eigenen Veränderung waren Frauen, und insbesondere eine.

III.

Diane Wood Middlebrook wurde schließlich zu dem Mentor, den ich nie hatte, und zu der Muse, von der ich nie träumte. In der Regel halten Wissenschaftler nicht nach Musen Ausschau, und ihr Bedürfnis nach Mentoren tritt früh ein, bevor sie in den schützenden Mantel einer Professur schlüpfen. Als ich Diane begegnete, war ich in meiner akademischen Welt fest etabliert, im Privatleben kurz zuvor geschieden worden und ganz gewiß nicht auf der Suche nach einer mich leitenden Muse. Oder etwa doch?

An einem Sonntag im Frühjahr 1977 blätterte ich gerade die Winterausgabe des *Stanford Observer* durch, einer Vierteljahreszeitschrift ehemaliger Stanforder Studenten, als mein wachsames Auge an einem Photo hängenblieb. Es war nicht nur das Äußere der Frau, das meinen Blick festhielt, sondern auch ihr Name. Ich war Diane Middlebrook noch nie begegnet und wußte auch nicht, wie sie aussah. Dennoch war mir ihr Name im Gedächtnis geblieben, weil bei zwei völlig verschiedenen Anlässen zwei Frauen unterschiedlichen Alters – zum einen meine frühere Frau, zum anderen eine meiner Lieblingsstudentinnen – sie mir in Worten mit subtil sexuellen Untertönen geschildert hatten. Ich begann den Artikel über die Dichterin Middlebrook zu lesen und ertappte mich dann bei etwas, was ich meines Wissens noch nie zuvor getan hatte: Ich wählte die Nummer einer wildfremden Frau, um sie um ein Rendezvous zu bitten. Was hätte ich gesagt, wenn sie den Hörer abgenommen hätte? »Professor Middlebrook, würden Sie mit mir zu Abend essen?« Und wie hätte ich mich aus der Affäre gezogen, wenn sie geantwortet hätte: »Darf ich meinen Mann mitbringen? Meine Tochter? Meinen . . .«

Sie war an besagtem Sonntagnachmittag nicht zu Hause, und am Tag darauf erschien mir mein plötzlicher Einfall so pennälerhaft, daß ich es nicht noch einmal versuchte. Aber einige Wochen später ergab sich eine elegantere Gelegenheit: Miriam Stoppard, mit der ich seit den sechziger Jahren befreundet bin und die damals Medizinische Leiterin von Syntex in England war, schrieb mir, daß sie und ihr Mann, der englische Bühnenautor Tom Stoppard, nach San Francisco kämen. Wir hatten einmal ein fröhliches Picknick auf meiner Ranch veranstaltet, und so dachte ich an eine Wiederholung, doch dann wurden meine Pläne für mich geändert. Alex Cross, ein gemeinsamer Freund aus Syntex- und Zoecon-Tagen, hatte ebenfalls von den Stoppards gehört; da er wußte, daß ich sie einladen würde, schlug er statt dessen ein Abendessen in seinem Haus vor, für das ich die Gästeliste zusammenstellen sollte. Ich war einverstanden und lieferte Cross zu gegebener Zeit eine Liste von Leuten, die er nicht kannte, die aber, wie ich ihm versicherte, für einen anregenden Abend sorgen würden. Ganz oben standen zwei Wissenschaftler – die Nobelpreisträger Don Glaser und Paul Berg – und zur Abwechslung eine Dichterin namens Diane Middlebrook. Der weitere Verlauf der Geschichte stammt teilweise aus zweiter Hand, wie Diane sie mir erzählt hat:

»Mein Name ist Dr. Cross«, sagte eine englische Stimme am Telephon. »Wir kennen uns zwar nicht, aber meine Frau und ich würden Sie gerne zu einem Abendessen mit dem Bühnenautor Tom Stoppard einladen.«

»Warum gerade mich?« fragte sie.

»Ich weiß, daß sie Dichterin sind«, improvisierte Cross. »Ich dachte, daß Stoppard Sie gerne kennenlernen würde.«

»Warum nicht?« soll Diane geantwortet haben. »Welche

Professorin für englische Literatur möchte Tom Stoppard *nicht* kennenlernen?«

Einige Wochen später war Diane, die ein bodenlanges, hautenges rotes Seidenkleid und weiter nicht viel trug, der erste Gast, der in einem ähnlich gewagten Gewand von Alex Cross' ungarischer Frau Tony begrüßt wurde, die ohne weiteres Zsa Zsa Gabor hätte Konkurrenz machen können. Kurz darauf trafen die übrigen Gäste ein und endlich auch die glamourösen Stoppards. Bei der allgemeinen Vorstellung begann es Diane zu dämmern, daß die Gastgeber außer den Stoppards keinen von ihren Gästen kannten. In dem Moment erschien ich mit meiner Begleiterin, einer griechischen Bildhauerin; außer Diane begrüßte ich alle wie alte Freunde. Erst da ging ihr auf, daß ich derjenige war, der für ihre Einladung verantwortlich war.

Tony Cross ist eine sensationell elegante Frau, die ebenso sensationell ungarisch kocht und als Gastgeberin einen sechsten Sinn hat, wenn es darum geht, wer neben wem sitzen soll. Abgesehen vom ersten Gang – einer ungarischen Kirschensuppe – ist das einzige, was mir von diesem Abend im Gedächtnis geblieben ist, der Eindruck, den meine Tischnachbarin zur Rechten auf mich machte. Zwei Tage später machte ich ihr einen Vorschlag, den sie nicht ablehnte: »Zieh zu mir, und ich will für dich waschen und kochen, während du schreibst.«

IV.

Sechs Jahre lang war ich mir meiner Beziehung mit dieser jungen Literaturprofessorin – von so auffallender Eleganz in bezug auf Stimme, Erscheinung und Intellekt – derart sicher, daß ich sie als selbstverständlich betrachtete. Als Diane während eines einjährigen Studienurlaubs in Harvard mir eines Tages verkündete, daß sie beschlossen hatte, mit einem anderen Mann zusammenzuleben, reagierte ich darauf erwartungsgemäß und merkwürdig zugleich.

Das Erwartungsgemäße war die Mischung aus Groll, Selbstmitleid, verletzten Gefühlen und dem Verlangen nach

Rache. Der emotionale und körperliche Trost, den alte und neue Freundinnen spendeten, hätte das Feuer eigentlich ersticken müssen, tat es aber nicht. So seltsam das auch erscheinen mag, war diese finstere Stimmung doch der Ansporn für ein neues intellektuelles Leben. Ich, der ich noch nie ein Gedicht oder etwas Belletristisches geschrieben hatte, beschloß, mich an dieser ausgezeichneten Dichterin und Literaturprofessorin in ihrem eigenen Revier zu rächen. (War das nur eine weitere uneingestandene Manifestation männlichen Konkurrenzdenkens?) Meiner Schreibmaschine entströmte eine Flut bitterer und mich selbst bemitleidender Gedichte, von denen einige sogar von angesehenen Literaturzeitschriften angenommen wurden. Nachdem dieses Reservoir an Galle geleert war, drehte ich einen zweiten Hahn auf, diesmal den der bekennenden Dichtung, was sowohl poetisch als auch emotional eine bescheidene Verbesserung war. Doch diese Gedichte waren nur ein Umweg. Das unbewußte *pièce de revanche* war ein Schlüsselroman mit dem leicht zu durchschauenden Titel »Middles«. Der Sinnspruch des Titels, der *Quetschkartoffeln gegen Trübsinn* von Nora Ephron entnommen war, sollte den wahren Ursprung verbergen: »Ich bestehe auf glücklichen Ausgängen; ich würde auch auf glücklichen Anfängen bestehen, doch das ist nicht nötig, weil alle Anfänge an sich glücklich sind . . . das Problem sind die Teile in der Mitte (*middles*). Die mittleren Teile sind vielleicht das größte Problem der modernen Gesellschaft.«

Wir hatten uns seit einem Jahr nicht gesehen, als ich von Diane Blumen und einen Brief bekam, der auf eine mögliche Versöhnung hindeutete. Ich revanchierte mich in typischer Macho-Manier: Statt Rosen schickte ich ihr das Manuskript meines »Romans«. Zum Glück brachte sie mich dazu, das Manuskript zu vergessen. Nora Ephrons Racheroman über ihren früheren Mann funktionierte aus zwei Gründen: Es war das Werk einer Frau vom Fach, und es war mit bittersüßem Humor durchsetzt. Mein »Middles« war amateurhaft, bitter und völlig humorlos. Dennoch hatte es mich in die Disziplin des nichtwissenschaftlichen Schreibens eingeführt. Noch wichtiger aber war, daß das Manuskript Diane und mich wieder zusammenbrachte; und ein Jahr darauf traten wir – beide davor zweimal verheiratet und scheinbar endgültig von allen Illusionen bezüglich der Institution Ehe befreit – vor den Traualtar.»Middles« blieb unveröffentlicht, aber meine Lust am Schreiben wuchs.

Ein zweiter Roman, der nie über die Hälfte hinaus gedieh, enthielt eine Geschichte innerhalb einer Geschichte; diesen Stoff verwandelte ich auf Anregung meiner Frau, um mir die Selbstdisziplin für wiederholte Überarbeitung – etwas, das ich bei meinen wissenschaftlichen Artikeln nie tue – anzueignen, in meine erste erfolgreiche Kurzgeschichte, die in der *Hudson Review* erschien. Darauf folgte ein Sommer in Oxford im Jahre 1986, eine ganz neue Erfahrung als Ehepartner eines Fakultätsmitglieds, wo meine Frau lehrte, während ich tagsüber Einkäufe machte und Kurzgeschichten schrieb. *Der Futurist und andere Geschichten*, mein erstes belletristisches Werk, wurde 1988 passenderweise zuerst in England veröffentlicht, wo die meisten der Geschichten zu Papier gebracht wurden. Eine dieser Kurzgeschichten wurde zum Kern meines ersten Romans, der in den Staaten erschien. *Cantors Dilemma* wurde größtenteils in den Sommern 1987 und 1988 in London geschrieben, wo ich den notwendigen räumlichen und zeitlichen Abstand zu meinem Stanforder Labor und Büro hatte. Jeden Abend legte ich den Ausstoß des Tages meinen beiden treuesten und unnachgiebigsten Kritikerinnen vor, nämlich Diane Middlebrook und ihrer Tochter Leah, die alle Anlagen dazu hat, eine zweite Vocalissima zu werden.

Trotz der außergewöhnlichen Horizonte, die sich mir durch die Chemie eröffnet haben, und der Momente intensiver Freude, die mir mein Leben als Chemiker über die Jahre hinweg beschert hat, wurde mein Ehrgeiz dadurch nie ganz befriedigt. In amerikanischen akademischen Kreisen blieb ich weitgehend ein Außenseiter. In den drei Jahrzehnten als Professor für Chemie an der Stanford-Universität veröffentlichte ich Hunderte von Artikeln über unsere Forschungen auf dem Gebiet der organischen Massenspektrometrie, begann und beendete alle unsere methodologischen Forschungen auf dem Gebiet des optischen und magnetischen Zirkulardichroismus und der wissensbasierten Expertensysteme und schloß zahlreiche Arbeiten über die Struktur und Biosynthese mariner Naturstoffe ab – genug für mehrere ausgewachsene akademische Laufbahnen. Ich habe viele Ehren und Auszeichnungen erhalten, darunter mehrere der American Chemical Society, aber abgesehen von der *Priestley Medal*, die mir diese Gesellschaft im Jahre 1992 verlieh, waren alle in Anerkennung meiner Arbeit in der Industrie oder für »öffentliche Verdienste«. Daß mich das gestört hat, ist ein Beispiel dafür, daß eine gespaltene Forscherkarriere nicht zwangsläufig zu einer gespaltenen Persönlichkeit führt. Das Konkurrenzdenken und der Egozentrismus des im universitären Bereich tätigen Wissenschaftlers verlangen gewöhnlich nach externen, öffentlichen Ehren: Auszeichnungen, Ehrendoktorhüte, Einladungen zu Vorträgen – lauter Dinge, mit denen individuelle Leistungen belohnt werden. In der Industrie tätige Wissenschaftler erwarten dagegen hauptsächlich interne Belohnungen seitens des jeweiligen Unternehmens in Form von finanziellen Vergütungen, Sonderleistungen und Beförderungen. Was Elan und persönlichen Ehrgeiz anbelangt, scheine ich die meiste Zeit meine akademische Tracht getragen zu haben. Reagiere ich deshalb so überempfindlich auf die Tatsache, daß mir in all den Jahrzehnten als ordentlicher Professor in Stanford die meisten akademischen Auszeichnungen in meiner Wahlheimat – im Gegensatz zu den im Ausland erhaltenen – für meine industriellen Beiträge verliehen worden zu sein scheinen?

Als ich das reife Alter von 60 erreichte, erkannte ich, daß diese empfundene Kränkung (wenn es denn eine war) mich ärgerte. In dem für mein weiteres persönliches Leben entscheidenden Jahr 1985, als ein Krankenhausaufenthalt mir eine noch nie dagewesene Periode der Selbstreflexion aufzwang, kam ich zu dem Schluß, daß dieser Wurm der Unzufriedenheit zertreten werden mußte, wenn er nicht alles herabsetzen und entwürdigen sollte, um was es in der Forschung eigentlich geht. Für jemanden, der in dem Umfang und mit der Intensität arbeitete, wie ich es zu tun pflegte, war es unmöglich, abrupt aufzuhören, ohne das Leben von Doktoranden, Postdocs und Forschungsassistenten zu beeinflussen. Aber Ende 1989 zog ich die Bremse und ließ die Reibung ans Werk gehen, genau zu dem Zeitpunkt, an dem ich mein eigenes literarisches Reservoir entdeckte und feststellte, daß es sich zu füllen begann. Schriftsteller sind schwerlich ohne Ehrgeiz, aber ehrgeizig zu sein ganz am Anfang einer neuen Karriere, auch wenn sie erst im späten Leben beginnt, ist etwas ganz anderes, als am Ende einer Laufbahn zu versuchen, ein Gefäß ohne Boden zu füllen. Man hat mich oft genug daran erinnert, daß Schriftsteller ihre eigenen Probleme haben: die berüchtigte geistige Sperre, wenn die Amphore trocken ist und auch nicht die kleinste Inspiration widerhallt; die Angst, daß kein Mensch das Meisterwerk lesen wird, wenn es erst einmal veröffentlicht ist. Aber genau so, wie ich während des ersten Viertels meines Lebens alle Vorsicht in bezug auf berufliche Risiken über Bord warf und nach Mexiko ging, so ignoriere ich nun in meinem letzten Viertel die wohlbegründete Angst vor geistigen Sperren und die leicht vorstellbare Demütigung, von den Lesern nicht beachtet zu werden. Obwohl ich etwa zur Zeit meiner Bar-Mizwa aufhörte, Poker zu spielen, bin ich im Herzen ein Spieler geblieben. Und genau aus diesem Grund habe ich vor, noch einmal neu anzufangen – als Schriftsteller, der größtenteils, aber nicht ausschließlich, in einer ganz speziellen und mir angemessenen Literaturgattung arbeitet: der *Science-in-fiction*. Ich bin überglücklich, in meinen Sechzigern eine neue intellektuelle Karriere zu beginnen – in einem der wenigen Berufe, wo das Alter ein Vorteil ist wegen des Reservoirs an unerschlossenem Material, das ein jüngerer Autor noch nicht besitzt, sondern sich nur ausmalen kann. Nichts von alledem wäre eingetreten, wenn sich die große Liebe meines Lebens nicht ein Jahr von mir getrennt hätte. Natürlich bleibt faktisch alles, was zu diesem Thema zu sagen wäre, ungeschrieben. Aber die Lücke ist kleiner geworden.

NEUE AUTOREN
IM HAFFMANS VERLAG

HEINZ LUDWIG ARNOLD (Hrsg.)
Komm. Zieh dich aus
Handbuch der lyrischen Hocherotik
deutscher Zunge

Schriftsteller im Gespräch I & II
Interviews mit Böll, Koeppen, Grass,
Frisch, Dürrenmatt sowie Wallraff, von
der Grün, Handke, Rühmkorf,
Heißenbüttel, Weiss

JULIAN BARNES
Als sie mich noch nicht kannte
Roman. Deutsch von Michael
Walter

Darüber reden
Roman. Deutsch von Gertraude
Krueger

Flauberts Papagei
Roman. Deutsch von Michael Walter

**Eine Geschichte der Welt
in 10$^{1/2}$ Kapiteln**
Roman. Deutsch von Gertraude
Krueger

In die Sonne sehen
Roman. Deutsch von Gertraude
Krueger

Metroland
Roman. Deutsch von Gertraude
Krueger

GEORGE BAXT
Mordfall für Dorothy Parker
Krimi. Deutsch von Ruth Keen

ULI BECKER
Alles kurz und klein
Erinnerungen

Meine Fresse!
Gedichte

Das Wetter von morgen
Gedichte

F.W. BERNSTEIN
Hört, hört!
Das WimS-Vorlesebuch
(zusammen mit Robert Gernhardt)

Lockruf der Liebe
Gedichte

TV-Zombies
Bilder und Charaktere
(zusammen mit Eckhard Henscheid)

SVEN BÖTTCHER
Götterdämmerung
Roman

**SVEN BÖTTCHER &
KRISTIAN KLIPPEL**
Störmer im Dreck
Krimi

Mord zwischen den Zeilen
Ein Störmer-Krimi

VALENTIN BRAITENBERG
Gescheit sein
Wissenschaftliche und unwissen-
schaftliche Essays

ANTHONY BURGESS
Der lange Weg zur Teetasse
Eine Geschichte. Deutsch von Harry
Rowohlt. Mit Bildern von Almut
Gernhardt

Meine 99 besten Romane
Burgess' Kleiner Romanführer.
Deutsch von Wolfgang Krege

**JOHN CLEESE &
CHARLES CRICHTON**
Ein Fisch namens Wanda
Das vollständige Drehbuch mit vielen
Fotos. Deutsch von Michel Bodmer

PHILIP K. DICK
Erinnerungen en gros
Science-Fiction-Geschichten. Deutsch
von Thomas Mohr, Denis Scheck,
Michel Bodmer, Harry Rowohlt u.a.

HUGO DITTBERNER
Geschichte einiger Leser
Roman

Das Internat
Papiere vom Kaffeetisch

Über Wohltäter
Essays und Rezensionen

CARL DJERASSI
Cantors Dilemma
Wissenschafts-Roman.
Deutsch von Ursula-Maria Mössner

Der Futurist
und andere Geschichten.
Deutsch von Ursula-Maria Mössner

Die Mutter der Pille
Eine Autobiographie.
Deutsch von Ursula-Maria Mössner

NORBERT EBERLEIN
Seidenmatt
Liebesroman

EMANUEL ECKARDT
Der Hausmeister
Ein Schlüsselroman

EUGEN EGNER
Als der Weihnachtsmann
ein Frau war
und andere erstaunliche Geschichten

Aus dem Tagebuch eines Trinkers:
Das letzte Jahr
Mit Illustrationen des Autors

Der künstliche Mann
Eine Geschichte in 24 Bildern

BERND EILERT
Das aboriginale Horoskop
Ein Senigiroba-Weg des Wissens.
Nach den Lehren des Altmeisters
Urug. Mit Zeichnungen von Hilke
Raddatz

Eingebildete Notwehr
Krimi

Humoore/Scherzgebirge/
Schiefebenen
Hochkomik I - III. Herausgegeben von
Bernd Eilert

Die 701 peinlichsten
Persönlichkeiten 1979 – 1989
Beiträge zur Sozialhygiene.
Herausgegeben von Bernd Eilert.
Mit Jahresblättern von Hilke Raddatz

Windige Passagen
Vier Erzählungen

BERND EILERT/
ROBERT GERNHARDT/
PETER KNORR/OTTO WAALKES
Otto – Der Film
Drehbuch mit Farbfotos

Otto – Der Neue Film
Drehbuch mit Farbfotos

Otto – Der Heimatfilm
Drehbuch mit Farbfotos

AARON ELKINS
Alte Knochen
Krimi. Deutsch von Jürgen Bürger

STANLEY ELLIN
Sanfter Schrecken
10 kriminelle Geschichten. Deutsch
und mit einem Nachwort von Arno
Schmidt

FRIEDER FAIST
Der Ersatzmann
Roman

Nebenrollen
Ein Schauspielerleben in deutscher
Provinz

Schattenspiele
Ein Krimi aus deutscher Provinz

KINKY FRIEDMAN
Greenwich Killing Time
Krimi. Deutsch von Hans-Michael
Bock

ROBERT GERNHARDT
Es gibt kein richtiges Leben im
valschen
Humoresken aus unseren Kreisen

Gedanken zum Gedicht
Thesen zum Thema

Glück Glanz Ruhm
Erzählung Betrachtung Bericht

Hört, hört!
Das WimS-Vorlesebuch
(zusammen mit F.W. Bernstein)

Ich Ich Ich
Roman

Kippfigur
Erzählungen

Körper in Cafés
Gedichte

Letzte Ölung
Ausgesuchte Satiren

Lug und Trug
Drei exemplarische Erzählungen

Die Toscana-Therapie
Schauspiel in 19 Bildern

Was bleibt
Gedanken zur deutschsprachigen
Literatur unserer Zeit

Was gibt's denn da zu lachen?
Kritik der Komiker – Kritik der Kritiker
– Kritik der Komik

Wörtersee
Gedichte

MAX GOLDT
Die Radiotrinkerin
Ausgesuchte schöne Texte. Mit einem
Vorwort von Robert Gernhardt

PETER GREENAWAY
**Der Koch, der Dieb, seine Frau
und ihr Liebhaber**
Drehbuch mit Farbfotos.
Deutsch von Michel Bodmer

Prosperos Bücher
Drehbuch mit Farbfotos.
Deutsch von Michel Bodmer

GISBERT HAEFS
Alexander
Der Roman Alexanders des Großen.
1. Folge:»Hellas«

Barakuda I: Pasdan
Science-Fiction-Roman

Freudige Ereignisse
Geschichten

Hannibal
Der Roman Karthagos

Das Doppelgrab in der Provence
Krimi

Mörder und Marder
Krimi

Und oben sitzt ein Rabe
Krimi

ROBERT HARRIS
Vaterland
Thriller. Deutsch von Hanswilhelm
Haefs

**MARTIN HENKEL & ROLF
TAUBERT**
Versteh mich bitte falsch!
Zum Verständnis des Verstehens

ECKHARD HENSCHEID
Dolce Madonna Bionda
Roman

Die drei Müllerssöhne
Märchen und Erzählungen

Erledigte Fälle
Bilder deutscher Menschen. Mit
24 Portraitstudien von Hans Traxler

Franz Kafka verfilmt seinen ›Landarzt‹
Erzählung

Frau Killermann greift ein
Erzählungen und Bagatellen

Helmut Kohl
Biographie einer Jugend

**Hoch lebe Erzbischof
Paul Casimir Marcinkus!**
Ausgewählte Satiren und Glossen

Kleine Trilogie der großen Zerwirrnis
Beim Fressen beim Fernsehen fällt der
Vater dem Kartoffel aus dem Maul /
Der Neger (Negerl) / Wir standen an
offenen Gräbern

Kleine Poesien
Neue Prosa

Maria Schnee
Eine Idylle

Roßmann, Roßmann...
Drei Kafka-Geschichten

Standardsituationen
Fußball-Dramen

Sudelblätter
Aufzeichnungen

TV-Zombies
Bilder und Charaktere
(zusammen mit F.W. Bernstein)

**Was ist eigentlich der
Herr Engholm für einer?**
Ausgewählte Satiren und Glossen

**Wie Max Horkheimer einmal
sogar Adorno hereinlegte**
Anekdoten über Fußball, Kritische
Theorie, Hegel und Schach

Wie man eine Dame verräumt
Ausgewählte Satiren und Glossen

CHARLES LEWINSKY
Mattscheibe
Ein Fernseh-Roman

DAVID LODGE
Literatenspiele oder Das kreative
Wochenendseminar für kommende
Schriftsteller
Eine Komödie. Deutsch von Inge
Greiffenhagen und Daniel Karasek.

»Paradise News« – Neues aus dem
Paradies
Roman. Deutsch von Renate Orth-
Guttmann

Saubere Arbeit
Roman. Deutsch von Renate
Orth-Guttmann

AXEL MARQUARDT
Der Betriebsdichter
und andere Geschichten

Hundert Jahre Lyrik!
Deutsche Gedichte aus zehn
Jahrzehnten. Herausgegeben von
Axel Marquardt

Die Reisenden
Erzählungen

Standbein Spielbein
Gedichte

GERHARD MENSCHING
Die abschaltbare Frau
Roman
Der Bauch der schönen Schwarzen
Kriminalroman

E.T.A. Hoffmanns letzte Erzählung
Roman

Die Insel der sprechenden Tiere
Eine Ferienabenteuergeschichte.
Mit Bildern von Nikolaus Heidelbach

Löwe in Aspik
Ein lustvoller Roman

Rotkäppchen und der Schwan
Drei erotische Humoresken

Die violetten Briefe
Drei kriminelle Novellen

MONTY PYTHON
Das Leben Brians
Drehbuch mit Fotos .
Deutsch von Michel Bodmer

WOLF v. NIEBELSCHÜTZ
Der Blaue Kammerherr
Galanter Roman in 4 Bänden:
1. Der Botschafter der Republik
2. Der Reichsgraf zu Weißenstein
3. Der Herzog von Scheria
4. Die Bürgerin Valente

Die Kinder der Finsternis
Roman

FLANN O'BRIEN
Durst und andere
dringende Dinge
Geschichten und Stücke.
Deutsch von Harry Rowohlt

In Schwimmen-zwei-Vögel
oder Sweeny auf den Bäumen
Roman. Vollständig neu übersetzt
von Helmut Mennicken und
Harry Rowohlt

Trost und Rat
Geschichten und Gedanken.
Ausgesucht und übersetzt
von Harry Rowohlt

DOROTHY PARKER
Close Harmony oder
Die liebe Familie
Schauspiel. Deutsch von
Friederike Roth

Die Geschlechter
New Yorker Geschichten.
Deutsch von Ursula-Maria Mössner

Ladies im Hotel
Schauspiel. Deutsch von
Friederike Roth

Eine starke Blondine
New Yorker Geschichten.
Deutsch von Pieke Biermann

DAVID M. PIERCE
Down in the Valley
Ein Victor-Daniel-Krimi. Deutsch von
Harry Rowohlt

HANS PLESCHINSKI
Gabi Lenz
Werden und Wollen.
Ein Dokument

Der Holzvulkan
Bericht einer Biographie